La mesure de l'être

History of Metaphysics: Ancient, Medieval, Modern

Edited by

Olivier Boulnois (*École Pratique des Hautes Études*)
Dragos Calma (*University College Dublin*)
Wouter Goris (*Rheinische Friedrich-Wilhelms-Universität*)
Pasquale Porro (*Università di Torino*)

VOLUME 3

The titles published in this series are listed at *brill.com/hmtp*

La mesure de l'être

Le problème de la quantification des formes au Moyen Âge (ca. 1250–1370)

Par

Sylvain Roudaut

BRILL

LEIDEN | BOSTON

Library of Congress Cataloging-in-Publication Data

Names: Roudaut, Sylvain, author.
Title: La mesure de l'être : le problème de la quantification des formes au Moyen Âge (ca. 1250-1370) / Sylvain Roudaut.
Description: Leiden ; Boston : Brill, 2022. | Series: History of metaphysics : ancient, medieval, modern, 2666-9307 ; volume 3 | Includes bibliographical references and index. | Summary: "How many times does a body under constant acceleration travel in the second half of its motion the distance covered in the first half of it? Is it possible to compare the whiteness of a pearl to that of snow? Is a human being two times, three times or infinitely more perfect than a horse? In the late Middle Ages, these questions were hotly debated in relation to the problem of quantifying forms. This book is about understanding why these questions arose and how some of them contributed to the development of scientific knowledge. Combien de fois un corps en accélération constante pendant un temps donné parcourt-il dans la seconde moitié de son mouvement la distance traversée durant la première ? Peut-on comparer la blancheur d'une perle à celle de la neige ? L'être humain est-il deux fois, trois fois, ou infiniment plus parfait que le cheval ? À la fin du Moyen Âge, de telles questions furent au centre de vifs débats autour du problème de la quantification des formes. Comprendre pourquoi ces questions se posèrent et comment certaines d'entre elles nous devinrent étrangères, quand d'autres contribuèrent directement au développement du savoir scientifique, est l'objet de cet ouvrage"-- Provided by publisher.
Identifiers: LCCN 2021042338 (print) | LCCN 2021042339 (ebook) | ISBN 9789004499799 (hardback) | ISBN 9789004501898 (ebook)
Subjects: LCSH: Philosophy, Medieval. | Science and philosophy.
Classification: LCC B738.S55 R68 2022 (print) | LCC B738.S55 (ebook) | DDC 189–dc23
LC record available at https://lccn.loc.gov/2021042338
LC ebook record available at https://lccn.loc.gov/2021042339

Typeface for the Latin, Greek, and Cyrillic scripts: "Brill". See and download: brill.com/brill-typeface.

ISSN 2666-9307
ISBN 978-90-04-49979-9 (hardback)
ISBN 978-90-04-50189-8 (e-book)

Copyright 2022 by Sylvain Roudaut. Published by Koninklijke Brill NV, Leiden, The Netherlands.
Koninklijke Brill NV incorporates the imprints Brill, Brill Nijhoff, Brill Hotei, Brill Schöningh, Brill Fink, Brill mentis, Vandenhoeck & Ruprecht, Böhlau Verlag and V&R Unipress.
Koninklijke Brill NV reserves the right to protect this publication against unauthorized use. Requests for re-use and/or translations must be addressed to Koninklijke Brill NV via brill.com or copyright.com.

This book is printed on acid-free paper and produced in a sustainable manner.

Table des matières

Remerciements IX

1 **Introduction** 1
    1   Sujet 1
    2   État de l'art 4
    3   Périodisation et sources 14
    4   Méthodologie 18

PARTIE 1
Un nouveau vocabulaire de la quantification

2 **La notion de « degrés » à la confluence des débats** 23
    1   La définition des problèmes – le concept de degré dans la synthèse d'Albert le Grand 23
    2   Le refus des degrés formels 28
        2.1 *L'unité de la forme comme principe : la théorie thomiste des phénomènes intensifs* 28
        2.2 *La notion de participation et ses déclinaisons* 35
    3   Les variétés du gradualisme 48
        3.1 *Pluralité des formes et additivité des degrés : la ligne franciscaine* 48
        3.2 *Degrés des formes et formes graduelles* 56

3 **L'émergence du concept de latitude** 62
    1   Intensité *in subiecto* et intensité intrinsèque chez Henri de Gand 62
    2   La généralisation du concept d'intensité 67
        2.1 *Intensivité de l'être et théorie de l'addition chez Jean Duns Scot* 67
        2.2 *De l'accroissement des qualités aux degrés de l'être* 73
    3   Unité et participation 84
        3.1 *Entre deux écoles : les maîtres Carmes* 84
        3.2 *L'école dominicaine allemande et la mouvance albertinienne* 87

4   Définir l'intensification   96
     1   Les théories de la succession et leur influence   96
          1.1   *Un aristotélisme radical : le cas Godefroid de Fontaines*   96
          1.2   *Le contexte parisien au tournant du XIVe siècle*   100
          1.3   *La consolidation du modèle successiviste chez Gauthier Burley*   103
     2   L'addition des degrés selon Guillaume d'Ockham   113

PARTIE 2
L'intensité des formes au croisement des disciplines

5   Entre théologie et mathématiques   125
     1   L'hybridation des théories au XIVe siècle   127
     2   Des questionnements théologiques renouvelés   133
          2.1   *L'extension du vocabulaire des qualités intensives*   133
          2.2   *Calculer la foi humaine, mesurer l'amour divin*   138
     3   Le traitement du continu en contexte théologique   143
          3.1   *Limites et divisibilité*   143
          3.2   *Une analogie entre continu physique et vision béatifique – Nicolas d'Autrécourt*   146

6   Entre médecine et philosophie   149
     1   Latitude et degré en contexte pharmacologique   151
          1.1   *Les premières théories quantitatives des degrés formels*   151
          1.2   *Le calcul des degrés chez Arnaud de Villeneuve*   168
     2   Latitude et complexion d'un point de vue empirique   177
          2.1   *Les latitudes de complexion*   177
          2.2   *La définition de la santé*   184
     3   De Paris à Bologne, tradition médicale et averroïsme   191
          3.1   *Le problème des éléments*   191
          3.2   *Les questions disputées du* studium *bolonais*   196

7   Entre physique et métaphysique   208
     1   Le statut d'une *scientia media*   208
     2   La transformation du problème dans la physique parisienne   212
          2.1   *Les degrés comme* modi rerum   212
          2.2   *L'interprétation des propriétés intensives chez Buridan et son influence*   217

2.3   *Mesure des degrés et déterminations des vitesses : la théorie des intensités d'Albert de Saxe*   237

PARTIE 3
Du calcul des qualités à la mesure des espèces

8   **La mathématisation des intensités**   245
   1   Les fondements conceptuels de la philosophie naturelle oxfordienne   245
      1.1   *Une conception transversale du mouvement*   245
      1.2   *Un cadre pour la quantification :* forma fluens *et théorie de l'addition*   249
      1.3   *Multitude de forme, puissance et extension*   253
   2   L'ontologie sous les calculs   263
      2.1   *Intension des substances et statut des qualités*   263
      2.2   *La causalité et les étages de la substance chez Jean Dumbleton*   273
   3   Calculer les formes   278
      3.1   *Les conventions de mesure dans les* Calculationes   278
      3.2   *L'usage de la théorie des proportions chez Richard Swineshead*   288
   4   Le traitement géométrique des intensités chez Oresme   291
      4.1   *Le cas Jean Casali*   291
      4.2   *La réinterprétation géométrique des formes chez Oresme*   294
      4.3   *Portée de la doctrine des configurations*   306

9   **Mesurer les êtres : de l'*intensio formarum* à la *latitudo specierum***   321
   1   Sources et influences des débats sur la perfection des espèces   321
      1.1   *L'enjeu physique du problème (Nicole Oresme et Albert de Saxe)*   322
      1.2   *La perspective théologique : entre commentaires et traités*   327
   2   La transposition des débats   328
      2.1   *Continuité et divisibilité des latitudes spécifiques*   328
      2.2   *Arithmétique et géométrie : des modèles concurrents*   331
      2.3   *La mesure des espèces et le problème de l'infini*   334

3   La structure de la latitude de l'être   336
    3.1   *Latitude individuelle et noblesse spécifique : la solution d'Hugolin d'Orvieto*   336
    3.2   *Un monde d'intensités (Jean de Ripa)*   345
    3.3   *La mathématisation de la métaphysique*   363

Conclusion   374

Bibliographie   383
Index des manuscrits   427
Index des sources primaires   428
Index des sources secondaires   431
Index des thèmes   435

Remerciements

La présente étude a bénéficié de l'aide de nombreuses personnes. Elle est en partie issue d'une thèse de doctorat, qui fut menée sous la direction bienveillante de J.-C. Bardout, et qui bénéficia de la lecture et des commentaires de J. Biard, O. Boulnois, C. Grellard, C. König-Pralong et K. Trego, à qui je souhaite exprimer ma profonde gratitude pour tous leurs conseils et leur soutien. Je suis aussi reconnaissant à E. Åkerlund et H. Lagerlund pour la discussion amicale de certains points de ce travail. Un immense merci, également, à S. Rommevaux-Tani et J. Chandelier pour en avoir relu certains chapitres. Je dois enfin adresser mes plus chaleureux remerciements à l'équipe qui s'est chargée de la mise en forme du manuscrit et, avant tout, aux éditeurs de la série *History of Metaphysics : Ancient, Medieval, Modern* pour l'honneur qu'ils me font d'accueillir cet ouvrage dans leur collection.

CHAPITRE 1

Introduction

1   Sujet

Combien de fois un corps en accélération constante pendant un temps donné parcourt-il dans la seconde moitié de son mouvement la distance traversée durant la première ? Peut-on comparer la blancheur d'une perle à celle de la neige ? L'être humain est-il deux fois, trois fois, ou infiniment plus parfait que le cheval ?

La première interrogation admet une réponse claire, qui peut être vérifiée au moyen d'une procédure physique déterminée. La seconde est aussi susceptible d'une réponse moyennant, cette fois, précision du sens de la question. La troisième nous est devenue étrangère. Ces questions se posent pourtant de manière conjointe à l'époque médiévale. L'abandon de la dernière question et le sens nouveau accordé à la seconde marquent, en partie, le passage à l'époque moderne. Les réflexions sur la quantification des formes furent un des lieux principaux de cette transformation à la fin du Moyen Âge. Non qu'elles soient typiquement médiévales : le problème de la quantification des formes, c'est-à-dire celui d'expliquer les variations de phénomènes qualitatifs, traverse l'histoire de la philosophie.

C'est dans celle de l'aristotélisme qu'il a reçu l'attention la plus grande : les premiers commentateurs d'Aristote s'attachent à comprendre en quel sens certaines qualités peuvent, d'après les *Catégories*, admettre le plus et le moins. Dès l'époque héllénistique, jusqu'à la fin de l'Antiquité, les opinions divergent et s'inscrivent dans des systèmes d'interprétations différents de l'ontologie du Stagirite. Aristote l'admet : le μᾶλλον καὶ ἧττον est prédicable de certaines qualités[1]. Un corps peut être plus ou moins chaud ; un objet plus ou moins coloré. La physique d'Aristote est pourtant mal équipée pour rendre compte de ces observations banales : alors que le changement s'analyse comme le remplacement d'une forme par une autre en un même substrat, la variation intrinsèque d'une même forme – car c'est bien la chaleur elle-même qui peut être plus ou moins intense – s'avère plus difficile à expliquer. L'impossibilité d'une forme de la forme, comme d'un mouvement du mouvement, se déduit du risque de régression à l'infini. En contexte aristotélicien, l'assimilation de

---

1   Aristote, *Catégories*, 8, 10b27–29.

la forme à l'acte d'un sujet complique l'élucidation du phénomène : si l'acte se définit par l'évacuation complète de la puissance, l'idée de degrés d'acte fait difficulté. À première vue, le phénomène des variations d'intensités met en cause la compatibilité d'une ontologie de l'*eidos* et d'une théorie correcte de la dynamique du sensible.

Les médiévaux discutent certaines théories des premiers commentateurs d'Aristote, qui ont anticipé leurs solutions en exploitant certaines pistes du *corpus aristotelicum*. Boèce, qui rend l'expression ἐπίτασις καί ἄνεσις par les termes *intensio et remissio*, prenait parti en faveur d'une théorie de la participation d'un sujet à sa forme, sur fond d'un réalisme transcendant de l'essence[2]. Le sujet est plus ou moins qualifié en tant qu'il participe plus ou moins à la détermination qui l'informe. Interprété d'une certaine manière, le propos d'Aristote pouvait orienter en ce sens. En *Physique* IV, Aristote souligne que l'altération doit s'effectuer comme actualisation de ce qui est contenu en puissance, sans ajout extérieur d'une autre réalité[3]. Il remarque que la justice et la santé ne varient pas elles-mêmes, mais seulement leur sujet[4]. Ailleurs, en *Physique* V, Aristote semble plutôt expliquer les variations intensives grâce à la notion de contraire : le plus ou moins d'une qualité est dû à la présence plus ou moins grande de la qualité opposée[5]. Certaines formes sujettes au phénomène n'ont pourtant pas de contraires : tel paraît être le cas de certaines vertus, dont fait partie la charité, qui sera le point de départ du moment proprement médiéval du problème. Au XIIIe siècle, le catalyseur des débats sur l'*intensio* et la *remissio* des formes est en effet le texte des *Sentences* de Pierre Lombard qui,

---

2 R. Cross, « Form and Universal in Boethius », dans *British Journal for the History of Philosophy* 20/3(2012), p. 439–458. Pour la position de Boèce sur l'intension des formes, voir *In Categorias Aristotelis commentaria*, III, dans *Patrologia latina* 64, ed. J.-P. Migne (Paris, 1847), p. 247 B–C.

3 Aristote, *Physique*, IV 9, 217a 33–34.

4 Aristote, *Catégories*, 8, 10b32–11a2 : « Certains balancent en effet dans les cas de ce genre. Ainsi prétendent-ils d'un côté qu'on ne peut pas du tout comparer justice et justice selon le plus et le moins, ni santé et santé ; cependant, soutiennent-ils, on peut dire que l'un a moins de santé que l'autre ou moins de justice que l'autre ; et on peut encore dire la même chose de la science des lettres et des autres dispositions » (trad. Bodéüs) ; Ἔνιοι γὰρ διαμφισβητοῦσι περὶ τῶν τοιούτων· δικαιοσύνην μὲν γὰρ δικαιοσύνης οὐ πάνυ φασὶ μᾶλλον καὶ ἧττον λέγεσθαι, οὐδὲ ὑγίειαν ὑγιείας, ἧττον μέντοι ἔχειν ἕτερον ἑτέρου ὑγίειάν φασι, καὶ δικαιοσύνην ἧττον ἕτερον ἑτέρου, ὡσαύτως δὲ καὶ γραμματικὴν καὶ τὰς ἄλλας διαθέσεις.

5 Aristote, *Physique*, V 2, 226b7s8 ; cf. VII 4, 229a2–3 ; *Topiques* III 5, 119a27–28. Sur la théorie aristotélicienne de la contrariété, voir J.P. Anton, *Aristotle's Theory of Contrariety* (London : Routledge and Kegan, 1957) ; C. Rossitto, « Aristotele, *Categorie*, 11 : la contrarietà », dans J. Barnes, M. Bonelli, F.G. Masi (eds.), *Studi sulle* Categorie *di Aristotele* (Amsterdam : Adolf M. Hakkert Editore, 2011), p. 265–287.

tout en identifiant la charité à l'Esprit saint, affirme son augmentation en l'être humain[6].

La question de l'intensité des formes à la fin du Moyen Âge, cependant, déborde ce cadre théologique. Les questions morales, également nourries de la doctrine aristotélicienne de la médiété, y trouvent un point d'ancrage pour expliquer la vertu – *habitus* sujet à variation, et réalisant sa perfection dans un équilibre entre extrêmes[7]. Surtout, l'explication des propriétés intensives mène dès la fin du XIIIe siècle à l'idée d'une quantification possible des phénomènes physiques, qui sera bientôt développée de façon spectaculaire, donnant naissance à un nouveau rapport à la nature, qu'il devient désormais possible de « mesurer ».

On se gardera toutefois de superposer trop vite les conceptions philosophiques médiévales de la mesure et le projet de quantifier certains phénomènes naturels : tandis que bon nombre de penseurs du XIVe siècle acceptent l'usage de concepts mathématiques pour décrire l'ordre des étants, ces réflexions ne donnent pas lieu à des procédures de mesure effectives, ni même à des spéculations sur la manière dont de telles procédures *pourraient* être mises en place. En réalité, l'histoire du problème médiéval de la quantification des formes correspond à une évolution du concept de mesure, qui présente une certaine équivocité liée à la diversité de ses usages. Pris dans le contexte de la philosophie naturelle, et *a fortiori* dans celui de la métaphysique, il se distingue de la notion commune de mesure qui vaut à la même époque au sein du monde marchand et, plus généralement, des échanges matériels. Mais au sein même du savoir universitaire, ce concept évolue à la fin du Moyen Âge. La scolastique de la fin du XIIIe siècle se dote d'un vocabulaire nouveau (en premier lieu des concepts de *degré* et de *latitude*) permettant d'appréhender des objets qualitatifs en termes quantitatifs, sans qu'on tente immédiatement d'y associer une métrique proprement dite. Cette opération, on le devine, implique reconfiguration de thèses qui forment système dans la doctrine du Stagirite, mais aussi de diverses autorités – y compris extra-philosophiques – qu'on entend respecter. Les controverses *de intensione formarum* ne font pas exception au fonctionnement de la pensée scolastique, et se meuvent dans un complexe d'autorités et *dicta* aux poids variables : entre autres, celle d'Aristote, profane mais incontournable, et du principe d'indivisibilité de l'essence, qui

---

[6] Pierre Lombard, *Libri IV Sententiarum* (Quaracchi : Editiones Collegii S. Bonaventurae, 1916), vol. 1, I, d. 17, c. 5, p. 111–113.

[7] O. Lottin, « La connexion des vertus chez saint Thomas d'Aquin et ses prédécesseurs », dans *Psychologie et morale aux XIIe et XIIIe siècles* (Louvain / Gembloux : Abbaye du Mont-César / Duculot, 1957), vol. 3, p. 197–252, ici p. 223–228.

implique l'absence de plus ou moins dans les formes et justifie leur analogie avec les nombres[8] ; celle, sacrée, mais d'interprétation plus souple, de *Sagesse* XI 21 selon laquelle la création est selon « le nombre, le poids et la mesure ».

Les débats sur l'intensité des formes sont un moment important de l'histoire de la pensée en Occident, de celle des relations entre sciences et philosophie en particulier, et plus largement des différents champs du savoir médiéval. Il apparaît que le problème de l'intensité des formes, relativement local au milieu du XIIIe siècle, investit en à peine plus d'un siècle l'ensemble des sciences philosophiques et théologiques. La « manie de la mesure » issue des réflexions sur l'intensité des formes affecte durant cette période un nombre croissant de sujets et acquiert entre 1340 et 1370 son extension maximale, qui s'expriment dans les débats sur la mesure de l'être s'imposant alors dans la réflexion métaphysique. La mise en place de ce projet laisse peut-être apercevoir, déjà, les causes prochaines de sa déconstruction : cette approche quantitative – voire mathématique – de la métaphysique demeure attachée à un concept de « forme » encore aristotélicien qui, fonction d'une ontologie essentialiste et qualitative, sera appelée à s'effacer progressivement pour que se déploie une nouvelle science de la nature à l'aube de l'époque moderne. Mais comment cette idée d'un calcul de l'être a-t-elle simplement pu apparaître ? Comment, dans un premier temps, l'idée d'une quantification du qualitatif et des essences a-t-elle pu voir le jour ? Jusqu'à quel point ces idées étaient-elles, pour certaines, vouées à être abandonnées, et, pour d'autres, destinées à faire passer du Moyen Âge à la modernité ? C'est une partie de cette histoire, contenant encore des zones de flou, qu'il s'agit de reconstituer.

2 État de l'art

Le rôle des controverses sur l'intensité des formes dans l'avènement d'une approche quantitative des phénomènes naturels ne fait plus débat. Pour l'historiographie contemporaine, les travaux de Pierre Duhem sur le sujet dégagèrent au début du XXe siècle l'évolution globale du problème en indiquant ses relations aux grandes questions de la philosophie naturelle du Moyen Âge tardif[9].

---

8 Aristote, *Métaphysique*, VIII 3, 1043b33–1044a9. Voir l'étude récente de G. Galluzzo, « *Substantiae sunt sicut numeri* : Aristotle on the Structure of Numbers », dans M. Sialaros (ed.), *Revolutions and Continuity in Greek Mathematics* (Berlin / Boston : De Gruyter, 2018), p. 295–318.

9 P. Duhem, *Études sur Léonard de Vinci*, (Paris : Hermann, 1906–1913), vol. 3, p. 314–346 ; P. Duhem, *Le système du monde* (Paris : Hermann, 1913–1959), vol. 7, p. 462–653.

INTRODUCTION 5

Il est aujourd'hui admis que le monumental travail de Duhem, en dépit de son caractère pionnier, est entaché d'une mauvaise appréciation de ce qui constitue paradoxalement l'un des moments les plus importants de cette histoire, à savoir le mouvement des Calculateurs d'Oxford[10]. Les travaux de Duhem furent d'abord complétés par les études toujours indispensables d'Anneliese Maier, qui en corrigeait les remarques dépréciatives à l'égard des Calculateurs, auxquels elle rendait leur place cruciale[11]. Les études de « l'école de Clagett » sur la physique du XIVe siècle ont marqué les progrès historiographiques suivants[12]. Parallèlement à la reconnaissance de l'apport capital de la tradition archimédienne – via la statique de Jordanus de Nemore – pour la mathématisation de la mécanique médiévale, le rôle de Bradwardine et son influence sur les percées des Calculateurs ainsi que sur la physique parisienne furent les premiers à être étudiés en détail, grâce à l'édition de plusieurs œuvres marquantes de la période[13].

Depuis lors, de nombreux travaux ont mis en lumière des aspects différents de l'histoire tardo-médiévale de la quantification des formes. On doit notamment à John Murdoch un travail d'investigation de ses liens à d'autres thèmes de la logique, de la métaphysique et de la théologie du XIVe siècle[14]. Le travail de fond d'Edith Sylla sur les principaux Calculateurs d'Oxford a éclairé

---

10 Duhem, *Le système du monde*, vol. 7, p. 651–653.
11 A. Maier, « Das Problem der intensiven Grösse », dans *Zwei Grundprobleme der scholastischen Naturphilosophie*, dans *Studien zur Naturphilosophie der Spätscholastik* (Roma : Edizioni di Storia e Letteratura, 1949–1958), vol. 2, p. 1–109 ; A. Maier, *Die Vorläufer Galileis im 14. Jarhundert*, dans *Studien*, vol. 1, p. 81–131 ; A. Maier, *An der Grenze von Scholastik und Naturwissenschaft*, dans *Studien*, vol. 3, p. 255–384.
12 M. Clagett, *The Science of Mechanics in the Middle Ages* (Madison : The University of Wisconsin Press, 1959).
13 Thomas Bradwardine, *Tractatus de proportionibus*, ed. H.L. Crosby (Madison : The University of Wisconsin Press, 1961). Cf. C. Wilson, *William Heytesbury. Medieval Logic and the Rise of Mathematical Physics* (Madison : The University of Wisconsin Press, 1960) ; Nicole Oresme, *De proportionibus proportionum and Ad pauca respicientes*, ed. E. Grant (Madison : The University of Wisconsin Press, 1966).
14 En particulier J.E. Murdoch, « *Subtilitates Anglicanae* in Fourteenth-Century Paris : John of Mirecourt and Peter Ceffons », dans M.P. Chandler, B. Cosman (eds.), *Machaut's World : Science and Art in the Fourteenth Century* (New York : Academy of Sciences, 1978), p. 51–86 ; J.E. Murdoch, « From Social into Intellectual Factors : An Aspect of the Unitary Character of Late Medieval Learning », dans J.E. Murdoch, E.D. Sylla (eds.), *The Cultural Context of Medieval Learning. Proceedings of the First International Colloquium on Philosophy, Science, and Theology in the Middle Ages* (Dordrecht / Boston : D. Reidel Publishing Company, 1975), p. 271–339 ; J.E. Murdoch, « *Mathesis in philosophiam scholasticam introducta* : The Rise and Development of the Application of Mathematics in Fourteenth-Century Philosophy and Theology », dans *Arts libéraux et philosophie au Moyen Âge* (Montréal : Éditions de l'Institut d'études médiévales, 1969), p. 215–246.

l'évolution et les divergences théoriques internes à un mouvement parfois rendu trop homogène par les historiens[15], balisant les grands repères d'une histoire complétée depuis lors par plusieurs monographies consacrées à des figures de cette mouvance dans un premier temps moins étudiées, comme Richard Kilvington ou Roger Roseth[16].

Alors que l'ensemble de ces travaux permet de mieux apprécier les premières conclusions tirées par Duhem et Maier quant à l'évolution du problème, les études se sont multipliées à la fois sur ses sources et son évolution ultérieure. En amont, l'enracinement des débats dans la philosophie arabe qui accompagne la réception latine des œuvres centrales d'Aristote a fait l'objet d'études élucidant leur arrière-plan physique et cosmologique. Le débat d'Averroès et d'Avicenne sur l'intensité des formes est d'autant mieux reconstitué qu'ont paru plusieurs travaux relatifs à ses origines – chez les commentateurs d'Aristote, surtout, mais aussi dans le néo-platonisme ou la littérature médicale, dont le rôle pour l'histoire du problème est aujourd'hui mieux étudié[17]. Les travaux de Jean-Luc Solère ont contribué à replacer dans une histoire au long cours le moment médiéval d'un problème que l'on peut faire remonter au moins à Platon, et qui n'a cessé de se poser jusqu'à aujourd'hui[18].

En aval, les prolongements de cette histoire sont aussi désormais mieux connus. Le thème de la quantification des formes appliqué au mouvement local a assuré la transmission des travaux physiques du XIVe siècle jusqu'à

---

15   E.D. Sylla, *The Oxford Calculators and the Mathematics of Motion, 1320–1350 : Physics and Measurement by Latitudes* (New York / London : Harvard University Dissertations, 1991) ; E.D. Sylla, « Medieval Concepts of the Latitudes of Forms : the Oxford Calculators », dans *Archives d'Histoire Doctrinale et Littéraire du Moyen Âge* 40(1973), p. 223–283 ; E.D. Sylla, « Medieval Quantifications of Qualities : The 'Merton School' », dans *Archive for the History of the Exact Sciences* 8(1971), p. 9–39.

16   E. Jung, « Richard Kilvington on Local Motion », dans P.J.J.M. Bakker, C. Grellard, E. Faye (eds.), *Chemins de la pensée médiévale, études offertes à Zénon Kaluza* (Turnhout : Brepols, 2002), p. 113–134 ; E. Jung. « Works by Richard Kilvington », dans *Archives d'Histoire Doctrinale et Littéraire du Moyen Âge* 67(2000), p. 181–223 ; O. Hallamaa, *Science in Theology. Studies in the Interaction Between Late Medieval Natural Philosophy, Logic and Theology*, Thèse de doctorat (Helsinki : University of Helsinki, 2005).

17   Sur les positions d'Avicenne et Averroès, voir J. McGinnis, « Avicenna's Natural Philosophy », dans P. Adamson (ed.), *Interpreting Avicenna, Critical Essays* (Cambridge : Cambridge University Press, 2013), en part. p. 85–90 ; C. Cerami, *Génération et substance. Aristote et Averroès entre physique et métaphysique* (Berlin : De Gruyter, 2015), p. 440–534.

18   J.-L. Solère, « Plus ou moins : le vocabulaire de la latitude des formes », dans J. Hamesse, C. Steel (eds.), *L'élaboration du vocabulaire philosophique au Moyen Âge* (Turnhout : Brepols, 2000), p. 437–488 ; J.-L. Solère, « Tension et intention. Esquisse de l'histoire d'une notion », dans L. Couloubaritsis, A. Mazzù (eds.), *Questions sur l'Intentionnalité* (Bruxelles : Ousia, 2007), p. 59–124.

l'époque de Galilée, qui les cite dans ses œuvres de jeunesse[19]. L'enthousiasme de Duhem quant à la portée de la physique du XIVᵉ siècle pour l'avènement de la science moderne a certes constamment été modéré depuis les travaux de Maier et Clagett. Cependant, le rôle précurseur au sens large de ces travaux, et l'héritage de certains résultats remontant au XIVᵉ siècle, solidement étayés, sont aujourd'hui indiscutables. Tandis que leur filiation italienne par l'intermédiaire d'auteurs comme Blaise de Parme a fait l'objet d'études récentes, la transmission des enseignements *de latitudinibus formarum* au sein des universités d'Europe centrale à la fin du Moyen Âge est dorénavant établie d'un point de vue historique[20]. Parallèlement, les mutations de la problématique de l'intension des formes et leur extension au sein de questionnements à caractère métaphysique et théologique, suggérées par les travaux de Maier et de Clagett, ont été peu à peu élucidées. Les études de Daniel Di Liscia ont ainsi démontré l'incidence des travaux des Mertoniens sur les techniques argumentatives et méthodes philosophiques du Moyen Âge tardif[21].

Bien que la place des réflexions médiévales sur la quantification des formes soit donc désormais mieux connue, plusieurs raisons et différents manques justifient la présente étude. Tout d'abord, au vu des travaux consacrés à la transformation des débats depuis leurs prémices jusqu'à leur évolution dans la physique du XIVᵉ siècle, les vues de plusieurs penseurs influents de la même

---

19 Sur les relations de Galilée aux Mertoniens, voir Clagett, *The Science of Mechanics*, p. 209–212, p. 237, p. 252–253 ; E.D. Sylla, « Galileo and the Oxford Calculators : Analytical Languages and the Mean Speed Theorem for Accelerated Motion », dans W.A. Wallace (ed.), *Reinterpreting Galileo* (Washington D.C. : The Catholic University of America Press, 1986), p. 53–108 ; M. Clavelin, *La philosophie naturelle de Galilée* (Paris : Albin Michel, 1968), c. 2.

20 J. Biard, A. Robert (eds.), *La philosophie de Blaise de Parme. Physique, psychologie, éthique* (Firenze : Sismel – Edizioni del Galluzzo, 2019) ; J. Biard, S. Rommevaux (eds.), *Mathématiques et théorie du mouvement. XIVᵉ-XVIᵉ siècles* (Villeneuve-d'Ascq : Presses Universitaires du Septentrion, 2008) ; D.A. Di Liscia, « The *Latitudines Breves* and Late Medieval University Teaching », dans SCIAMVS 17(2016), p. 55–120 ; R. Podkoński, « Richard Swineshead's *Liber calculationum* in Italy : Some Remarks On Manuscripts, Editions And Dissemination », dans *Recherches de Théologie et Philosophie Médiévales* 80/2(2013), p. 307–361 ; S. Caroti, « La filosofia nelle università italiane : spinte dinamiche e resistenze nel dibattito sulla intensio e remissio (secoli XV–XVI) », dans S. Caroti, V.P. Compagni (eds.), *Nuovi maestri e antichi testi. Umanesimo e rinascimento alle origini del pensiero moderno* (Firenze : Olschki 2012), p. 127–156 ; C. Lewis, *The Merton Tradition and Kinematics in Late Sixteenth and Early Seventeenth Century Italy* (Padova : Editrice Antenore, 1980).

21 D.A. Di Liscia, *Zwischen Geometrie und Naturphilosophie : Die Entwicklung der Formlatitudenlehre im deutschen Sprachraum*, Thèse de Doctorat (München : Ludwig-Maximilians-Universität München, 2003) ; D.A. Di Liscia, « La 'latitud de las formas' y la geometrización de la ciencia del movimiento », dans *Mediaevalia. Textos e estudos* 36(2017), p. 75–114.

époque ont été relativement négligées, par exemple dans la philosophie et la théologie parisiennes de la première moitié du XIVe siècle, ou dans les productions liées à l'aristotélisme averroïsant qui se développe alors à Bologne.

Par ailleurs, en dépit de la progression des études de cas consacrées à certains auteurs, aucun travail de synthèse n'a été réellement entrepris pour la période retenue, les résultats acquis par Maier n'ayant pas été actualisés au prisme des données nouvelles. Or, si la recension actuelle des théories ne remet pas en question le fond des conclusions de Maier – qui établissait l'importance croissante du paradigme quantitatif pour penser les phénomènes intensifs –, plusieurs aspects de ses analyses demandent aujourd'hui à être nuancés, notamment au vu des théories de l'intensification dont l'évolution au XIVe siècle témoigne d'une complexité insuffisamment analysée, et révélée par le progrès constant de l'édition des textes.

Ce premier constat est en lien direct avec une autre difficulté, liée aux catégories historiographiques usuellement mobilisées pour lire les débats *de intensione formarum*. Ces débats sont couramment présentés comme étant organisés autour de quatre positions principales qui structureraient l'espace des solutions au problème d'expliquer comment une forme peut varier en intensité :

1. la théorie de la « participation », qui affirme que l'intensification est due à la participation plus ou moins grande à une essence.
2. la théorie du « mélange », qui explique l'intensification par le mélange (et donc la proportion) de qualités contraires en un même sujet.
3. la théorie de « l'addition », selon laquelle l'intensification est due à l'ajout d'un nouveau « degré » qualitatif.
4. la théorie de la « succession », qui nie qu'une forme soit susceptible de changer en elle-même, et qui définit l'altération intensive comme série de substitutions successives d'une forme à une autre (plus ou moins parfaite).

Cette classification présente une double limite. D'une part, elle occulte l'hybridation des théories qui, on le constatera, caractérise le XIVe siècle. Elle conduit de ce fait à manquer l'intérêt des discussions qui, sans prendre en compte cet aspect, semblent piétiner. D'autre part, cette nomenclature simplifie démesurément les variations doctrinales repérables au sein d'un même camp, quand les textes eux-mêmes attestent d'oppositions entre auteurs qu'il est parfois difficile de rapprocher, même sur la base de catégories aussi larges. À titre d'exemple, nous verrons que certains théoriciens de l'addition pensent l'addition comme ajout d'un degré au sein du sujet, quand d'autres la définissent comme ajout au sein de la forme. Par ailleurs, certains « additistes » admettent que la forme persiste numériquement à travers l'intensification, tandis que d'autres refusent ce point[22]. Or, les lignes argumentatives sont ici décisives : la non-persistance numérique de la forme est un des arguments adressés à l'encontre de la théorie de la succession, tandis que l'addition par ajout au sujet (et non à la qualité) ramène à ce qui est généralement perçu comme un défaut des théories de la participation et du mélange : l'incapacité à rendre compte de l'augmentation de la qualité *en tant que telle*. Ces étiquettes ne sont pourtant pas totalement inadéquates. Certes, les quatre théories mentionnées ne reçoivent pas systématiquement de tels titres dans les textes, mais elles conservent une certaine opérativité à condition d'observer qu'elles sont moins des « théories » que des familles de solutions apportées au problème, susceptibles d'alliance, de croisement et aussi, si l'on ose dire, de trahison.

À ces manques s'ajoute enfin une lacune plus profonde, qui concerne la mise en rapport de la problématique de l'*intensio formarum* à d'autres questions vivement débattues à la même époque. À partir du XIIIe siècle, le concept de forme est au centre de plusieurs débats. Or, les concepts relevant de la théorie des intensités, en premier lieu celui de degré, sont eux-mêmes partis prenants de différentes controverses philosophiques, anthropologiques, théologiques, au gré desquelles ils évoluent. Dans la mesure où ces questions serviront de points de repères récurrents pour notre histoire, il convient d'indiquer les liens principaux qu'elles entretiennent à la problématique de la quantification des formes.

L'intensité des formes est intimement liée à d'autres débats qui animent cette période, comme ceux de la pluralité des formes, de la consistance ontologique des accidents, du problème de l'universel et de la nature du mouvement. Les réflexions sur l'intensité des formes supposent en effet une détermination du statut ontologique de l'accident, de ses propriétés et de sa composition. Cette analyse du statut des accidents engage simultanément des positions relatives à l'universel, dans la mesure où plusieurs théories de l'intensification suppose un concept de forme accidentelle indétachable d'un réalisme des natures communes, quand d'autres échafaudent au contraire une conception des variations intensives au regard des exigences d'un singularisme strict. Dans

---

22   Certaines présentations contemporaines du débat rapprochent ainsi hâtivement théories de l'addition et de la succession par le rejet d'une persistance numérique de la forme : R. Wood, « Calculating Grace : the Debate About Latitude of Forms According to Adam De Wodeham », dans S. Knuuttila, S. Ebbesen, R. Työrinoja (eds.), *Knowledge and the Sciences in Medieval Philosophy. Proceedings of the Eighth International Congress of Medieval Philosophy II* (Helsinki : Publications of Luther-Agricola Society B19, 1990), p. 373–391, ici p. 375 ; E. Jung, « Intension and Remission of Forms », dans H. Lagerlund (ed.), *Encyclopedia of Medieval Philosophy* (Berlin : Springer, 2011), p. 551–555 ; Sylla, « Medieval Concepts », p. 230–231 ; Maier, *Zwei Grundprobleme*, p. 54.

les débats suscités par l'interprétation du texte de Pierre Lombard, les théories de l'*intensio formarum* vont rapidement dépasser le seul cas de la charité. Les auteurs conviendront, en effet, qu'une explication satisfaisante de ce cas doit être une théorie *générale* de l'intensification des formes. Ce point explique l'importation d'arguments relevant de la physique pour rendre compte de l'accroissement de la charité. Il explique aussi le rapport étroit que va nouer dès le XIIIe siècle la problématique de l'intension des formes à celle de la nature du mouvement, et en particulier au débat opposant les définitions du mouvement comme *forma fluens* ou comme *fluxus formae*[23]. Cette opposition engage le fait de savoir si le mouvement est réductible aux états successifs traversés par le mobile (thèse du mouvement comme une *forma fluens*), ou s'il suppose quelque chose d'autre que la forme graduellement acquise (thèse du *fluxus formae*), mettant en cause le problème de la continuité du mouvement sur le fond duquel vont s'affronter les théories de l'*intensio formarum*.

D'un point de vue structurel, les disputes concernant la forme sont moins des controverses radicalement distinctes que des variations déclinant un même noyau problématique, qu'il est possible de caractériser comme une instance démultipliant les conflits de l'un et du multiple : le problème de l'universel (identique à ses instances ?), du flux du mouvement (identique aux états successifs de la forme ?), celui de la variation intensive de la forme (persistant à travers ces états ?), de sa pluralité au sein d'un même composé individuel. L'ensemble de ces problèmes met en scène une tension analogue déclinée selon les aspects causaux, méréologiques, dynamiques et anthropologiques du concept.

À cause de cette intrication des questionnements, le thème de la quantification des formes ne saurait être circonscrit aux débats *de intensione formarum*, si l'on entend par là les commentaires à la distinction 17 du premier livre des *Sentences*. Ses notions centrales ont été travaillées au Moyen Âge à partir de matériaux hétérogènes, en l'occurrence des productions relevant de genres distincts et des sources philosophiques parfois discordantes. Le concept central de degré, en particulier, a été pensé dans la scolastique latine à l'intersection du problème de la pluralité des formes et de leur intensité, qui se joue à l'occasion des commentaires au *De generatione* et au *De caelo* – textes dont la réception fut d'emblée marquée par les ambiguïtés de la théorie aristotélicienne des éléments[24]. Le *De generatione*, notamment, aborde la question du devenir des

---

23   Pour une présentation générale du débat, voir Maier, « *Forma fluens* ou *fluxus formae* », dans *Zwischen Philosophie und Mechanik* (*Studien*, vol. 5), p. 59–143.

24   Sur ce point, voir I. Düring, *Aristoteles. Darstellung und Interpretationes seines Denkens* (Heidelberg : Carl Winter, 1966), p. 370–385.

éléments lors de la formation du mixte. Le mixte héritant des qualités des éléments, ceux-ci paraissent y subsister[25]. Cette subsistance, cependant, semble menacer l'unité en acte du mixte acquise par la génération – génération qui implique normalement la corruption d'autre chose[26]. Ce problème, résultant de la confrontation de la théorie antique des éléments et de l'hylémorphisme[27], est l'un des lieux extra-théologiques où s'est élaborée la réflexion médiévale sur les degrés des formes.

Dans le monde latin, cette question est indissociable de la réception d'Averroès et Avicenne. La position d'Avicenne reconnaît uniquement une atténuation des qualités propres aux éléments, qui persistent d'une existence actuelle au sein du mixte qu'ils composent[28]. Cette conception du mixte vise aussi, d'un point de vue médical, à théoriser l'action conjuguée des qualités présentes dans les remèdes composés. Averroès hérite des réflexions d'Avicenne pour comprendre le mode d'être des formes élémentaires dans le mixte et, tout en bénéficiant des discussions menées au sein de la pensée arabe sur le sujet, s'y oppose[29]. Averroès expose une thèse qui sera l'objet de vives discussions dans le monde latin : il admet que, non seulement les qualités, mais encore la forme des éléments elle-même est susceptible d'une intensification (*tazayyud*) ou, dans le mixte, d'une atténuation (*tannaquṣ*) – cette variation étant rendue dans l'Averroès latin par la mention d'un *esse diminutum* qui les caractérise

---

25   Aristote, *De generatione et corruptione*, I, 10, 327a29–328b25.
26   Maier diagnostiquait dans la confrontation de ces deux conceptions de la substance deux approches de la composition par principe irréconciliables ; voir Maier, *An der Grenze*, p. 4–5.
27   J. Groisard, *Mixis : le problème du mélange dans la philosophie grecque d'Aristote à Simplicius* (Paris : Les Belles Lettres, 2016) ; M. Weisberg, R. Wood, « Interpreting Aristotle on Mixture : Problems about Elemental Composition from Philoponus to Cooper », dans *Studies in History and Philosophy of Science* 35/4(2004), p. 681–706 ; V. Boudon-Millot, « La notion de mélange dans la pensée médicale de Galien : *mixis* ou *crasis* ? », dans *Revue des études grecques* 124/2(2011), p. 261–279 ; V. Cordonier, « Du moyen-platonisme au néo-platonisme : sources et postérité des arguments d'Alexandre d'Aphrodise contre la doctrine stoïcienne des mélanges », dans T. Benatouïl, E. Maffi, F. Trabattoni (eds.), *Plato, Aristotle, or Both ? Dialogues between Platonism and Aristotelianism in Antiquity* (Europea Memoria Reihen I) (Hildesheim / Zürich / New York : G. Olms, 2011), p. 95–116 ; V. Cordonier, « Matière, qualités, mélange. La physique élémentaire d'Aristote chez Galien et Alexandre d'Aphrodise », dans *Quaestio* 7(2007), p. 79–103.
28   A. Stone, « Avicenna's Theory of Primary Mixture », dans *Arabic Sciences and Philosophy* 18(2008), p. 99–119.
29   V. Cordonier, « Le mélange chez Averroès. Sources textuelles et implications théoriques », dans A. Hasnawi, G. Federici Vescovini (eds.), *Circolazione dei saperi nel Mediterraneo : filosofia e scienze (secoli IX-XVII)* (Firenze : Cadmo, 2013), p. 361–376.

au sein du composé[30]. La thèse est sujette à caution : elle semble enfreindre le principe aristotélicien de l'invariabilité des espèces, dans la mesure où la forme substantielle est ce qui confère l'être spécifique, d'une part ; elle suppose d'autre part une distinction entre forme substantielle et qualité de l'élément, qu'il est difficile d'autoriser de manière incontestable par le texte du Stagirite[31].

Dès les prémices de sa construction médiévale, le débat sur l'intensité des formes se trouve de ce fait partiellement lié à celui de la pluralité des formes, du moins au pan de ce problème relatif à la composition du mixte. On ne s'étonnera guère, dès lors, que les réflexions sur la structure du mixte aient pu constituer l'interface où la compréhension de la substance matérielle et l'étude des qualités furent conjointement bouleversées par une tendance nouvelle à conceptualiser les formes en termes quantitatifs.

À cet écheveau de problématiques héritées de la tradition arabe s'associent des difficultés herméneutiques davantage liées aux sources chrétiennes : tel est le cas de la notion de raisons séminales, que les médiévaux associent au thème de l'*inchoatio formarum*. Cette idée d'une certaine présence des formes au sein de la matière renvoie à Augustin, dont la lecture de la *Genèse* recycle la doctrine stoïcienne des λόγοι σπερματικοί. Permettant de penser l'information d'un principe informe et réfractaire à la détermination, les raisons séminales expliquent comment la matière contient en soi les ressources nécessaires pour recevoir une telle détermination. Rien ne pouvant être naturellement tiré de rien, la matière doit contenir en elle-même le germe (la *ratio seminalis*) de son information future pour que celle-ci soit possible[32]. L'herméneutique de l'*inchoatio formarum* et des raisons séminales, au prisme d'une conceptualité d'inspiration aristotélicienne, engage le vocabulaire des degrés d'un double point de vue, soit que l'émergence des formes soit pensée comme passage graduel de la puissance à l'acte, soit que l'on pose la présence d'une forme incomplète déjà actuelle cachée dans la matière (on parlera alors davantage de *latitatio formarum*) mais susceptible d'une détermination ultérieure par un degré plus parfait.

Dans le cadre du Moyen Âge latin, le chiasme entre pluralité et intensité des formes donne lieu à un vocabulaire ambigu : il est autant question de *degrés*

---

30   Averroès, *In De caelo* (Venise : Editio Juntina secunda, vol. 5, 1562), III, 67, f. 227raCD : *Dicemus quod formae istorum substantiales sunt diminutae a formis substantialibus perfectis, et quasi suum esse est medium inter formas et accidentia*. Sur la fortune de l'expression, qui infiltrera les noétiques du XIIIe siècle, voir A. Maurer, « *Ens Diminutum* : a Note on its Origin and Meaning », dans *Mediaeval Studies* 12(1950), p. 216–222.

31   Groisard, *Mixis*, p. 294.

32   Augustin d'Hippone, *De Genesi ad litteram libri duodecim*, dans Œuvres (Paris : Desclée de Brouwer / Institut d'Études Augustiniennes, 1936–), vol. 48, V, 23, p. 436–439.

pour penser les variations d'une qualité que pour désigner l'étagement perfectionnel de plusieurs principes substantiels au sein d'un même être. En ce contexte, le concept évoque alors une hiérarchie d'êtres plus ou moins parfaits, depuis ceux qui, englués dans la matière, en constituent l'étage le plus inférieur, jusqu'aux formes pures et ultimement, à Dieu conçu comme forme des formes. Or, la théorie de la pluralité des formes, dont certaines versions conçoivent le composé individuel sur le modèle d'une subordination de principes plus ou moins généraux (par exemple : genre généralissime/forme de corporéité ; genre prochain/forme de l'animalité ; espèce/forme spécifique), engage par là à son tour une prise de position sur la nature de l'universel, qui fait fond sur des ressources conceptuelles analogues à celles employées pour penser les processus d'intensification, en particulier les notions de formes « complètes » ou « incomplètes ».

La controverse autour de la quantification des formes appelle à être analysée au regard de ce réseau de problèmes (pluralité des formes, nature du mixte, mais aussi nature de l'universel et problème du mouvement) au sein desquels le concept fut engagé, et qui participèrent à son évolution. Cette prise en compte apparaît nécessaire pour deux raisons au moins : tout d'abord, parce que la position des auteurs sur le problème de l'intensité des formes se veut généralement cohérente, d'un point de vue systématique, avec les autres usages du concept. Alors que la solidarité de ces problématiques est patente dans certains cas, comme celui des formes intensives et du mouvement, elle l'est moins dans d'autres. Cette solidarité a été suggérée par plusieurs chercheurs, sans pourtant faire l'objet d'études détaillées[33]. Elle s'exprime dans le fait que les auteurs emploient souvent pour les résoudre une même clé conceptuelle déclinée en fonction des différents problèmes où la notion de forme est impliquée. Certes, la période étudiée voit précisément se différencier des associations fréquentes au départ de la période retenue : tandis que l'unité de la forme est couplée chez la plupart des dominicains au refus des degrés pour expliquer l'intensité des qualités, une partie importante de leurs opposants franciscains associent pluralité des formes et théorie de l'addition qualitative. Cette opposition, qui revêt dans la seconde moitié du XIIIe siècle un caractère quasi-politique, n'a plus rien d'évident quelques décennies plus tard : un auteur comme Nicole Oresme

---

33   T. Suarez-Nani, *La matière et l'esprit. Études sur François de la Marche* (Paris / Fribourg : Cerf / Academic Press Fribourg, 2015), p. 83 ; J.-L. Solère, « Les degrés de forme selon Henri de Gand (*Quodl.* IV, q.15) », dans G. Guldentops, C. Steel (eds.), *Henry of Ghent and the Transformation of Scholastic Thought,* (Leuven : Leuven University Press, 2003), p. 127–128 ; E.D., Sylla, « Medieval Concepts of the Latitudes of Forms, p. 231 ; E. Hocedez, *Richard de Middleton : sa vie, ses œuvres, sa doctrine* (Louvain / Paris : Honoré Champion, 1925), p. 173.

défend un type de pluralisme des formes substantielles mais refuse les théories additistes des intensités, tandis qu'un « uniciste » comme Buridan accepte le vocabulaire des degrés intensifs.

La prise en compte des controverses annexes à celle des phénomènes intensifs s'avère ensuite nécessaire pour comprendre la propagation des procédures de quantification des formes vers des domaines d'investigation philosophiques variés (métaphysique, philosophie naturelle, biologie) et divers champs du savoir médiéval (théologie, médecine, mais aussi musique, où les notions d'intension, de rémission et de degrés présentent un lien au moins analogique à la latitude des formes[34], voire des disciplines périphériques comme l'alchimie[35]). Cette extension est en partie permise par la structure du cursus universitaire et la formation commune reçue à la faculté des Arts. Elle est ici conditionnée par le caractère transversal des concepts de matière et de forme qu'Aristote – matériau d'étude privilégié – applique à différents champs du savoir et différents niveaux d'analyse du réel. Elle est encore facilitée par la promotion du modèle aristotélicien de la science dont les champs disciplinaires de l'époque (y compris des domaines comme la médecine, la logique ou la grammaire) revendiquent pour eux-mêmes le modèle, en adaptant le schème hylémorphique à leur objet d'étude. Par ce caractère transversal, qui entraîne une certaine équivocité dans sa signification, la théorie de l'hylémorphisme a fait jonction entre les disciplines, dont elle a favorisé les influences et emprunts réciproques. L'extension la plus frappante des outils conceptuels de la quantification des formes, à savoir les réflexions sur la perfection et la mesure des espèces, demeure peu compréhensible d'un point de vue historique sans envisager ces autres débats qui participent à l'intégration croissante de ce vocabulaire vers le milieu du XIVe siècle.

3   Périodisation et sources

Il demeure difficile d'assigner un point de départ absolu aux controverses sur l'intensité des formes dans le monde médiéval latin. Certains textes essentiels dans cette controverse tombent en dehors de la période retenue. Le *Liber sex principiorum* a joué en particulier un rôle décisif pour des auteurs qui s'en approprient diversement le contenu, exploitant par exemple l'affirmation de

---

34   D.E. Tanay, « Jean de Murs's Musical Theory and the Mathematics of the Fourteenth Century », dans *Tractrix* 5(1993), p. 17–43.

35   D. Skabelund, P. Thomas, « Walter of Odington's Mathematical Treatment of the Primary Qualities » dans *Isis* 60(1969), p. 331–350.

INTRODUCTION 15

la non-composition essentielle d'une forme dans des théories de la participation ou de la succession[36], quand d'autres passages semblent inviter à des interprétations différentes, en termes d'addition ou de mélange[37]. À tout le moins doit-on considérer l'enracinement de la dimension « scolastique » du problème dans la lecture de la distinction 17 du livre I des *Sentences*, et l'explication de l'augmentation de la charité. Des réponses sont déjà formulées dans le cadre des premiers commentaires aux *Sentences* produits au sein des écoles franciscaine et dominicaine. Alexandre de Halès exprime dans les années 1220 son point de vue, et chez les dominicains, et Roland de Crémone envisage lui-même la question.

Le traitement du problème chez ces auteurs demeure toutefois encore étranger aux controverses structurées autour d'options théoriques nettement départagées comme à partir des années 1250. La dimension morale du questionnement relatif à la charité et à ses difficultés d'augmentation domine nettement[38]. Les questions mêmes témoignent d'une prise de conscience encore inchoative du problème, leur formulation pointant une difficulté sémantique liée à la grammaire des comparatifs plutôt qu'une enquête sur la dynamique des propriétés intensives. Alexandre de Halès propose dans ses *Glossa* sur les *Sentences* (ca. 1225) une paraphrase du texte du Lombard qui n'interroge pas les modalités d'augmentation de la charité[39]. La *Summa fratris Alexandri* détermine simplement que la grâce créée, à la différence de la grâce incréée qui est substance, est susceptible d'intensification et d'atténuation dans le sujet dans la mesure où elle est accident[40].

Les concepts mobilisés dans les premiers commentaires aux *Sentences* sur le problème de la charité anticipent pourtant les développements les plus originaux du siècle suivant. La *Summa aurea* de Guillaume d'Auxerre aborde en particulier le sujet par un traitement précis du concept d'infini. Il exploite les propriétés métriques de l'angle de contingence, c'est-à-dire de l'angle formé par

---

36   Anonyme, *Liber sex principiorum*, dans *Aristoteles latinus* I, 6–7, eds. L. Minio-Paluello, B.G. Dod (Bruges / Paris, Desclée de Brouwer, 1966), p. 35, l. 1–2 : *Forma vero est compositioni contingens, simplici et invariabili essentia consistens*.
37   Anonyme, *Liber sex principiorum*, p. 41, p. 53–56.
38   A. Landgraf, « Caritas und Widerstand gegen die Versuchungen nach der Lehre des ausgehenden 12. und beginnenden 13. Jahrhunderts », dans *Gregorianum* 24(1943), p. 48–61, p. 327–346.
39   Alexandre de Halès, *Glossa in quatuor libros Sententiarum* (Quaracchi : Editionis Collegii S. Bonaventurae, 1951), p. 168–181.
40   Anonyme, *Summa theologica* (Quaracchi : Editiones Collegii S. Bonaventurae, 1924–1948), vol. 3, part. 3, inq. 1, tr. 1, q. 4, c. 2, a. 2, p. 987.

un arc-de-cercle et sa tangente en un point[41]. Un tel angle peut être infiniment augmenté (en réduisant le rayon du cercle deux, trois, quatre fois, etc.) sans jamais excéder le degré de l'angle droit. Il ne satisfait donc pas aux propriétés des grandeurs dites archimédiennes (d'après *De la sphère et du cylindre*, postulat I, 5) pour lesquelles, deux grandeurs m et n étant données, il existe toujours un entier naturel a tel que $ma \geq n$. Cette propriété explique la popularité à laquelle sera appelé cet objet mathématique dans les réflexions sur la perfection des espèces, illustrant qu'une perfection finie peut augmenter infiniment (en un sens) sans jamais atteindre la perfection d'une espèce supérieure[42].

La *Summa* de Roland de Crémone, quant à elle, propose déjà un certain inventaire des positions et témoigne de la mise en place des concepts qui vont former le noyau de la théorie des propriétés intensives. Roland affronte le problème de comprendre en quel sens un mouvement de la charité peut être dit plus intense qu'un autre, en prenant pour analogie le mouvement local[43], et supposant la notion de quantité de charité[44]. Diverses modalités de l'intensification sont suggérées pour éclairer en quel sens la charité peut s'intensifier : une des raisons avance que la théorie du mélange a pour conséquence que la forme en tant que telle ne s'intensifie pas[45]. Roland souligne le problème de la permanence à l'identique de la charité au cours de l'intensification, et soutient que la charité intensifiée n'est pas la même, au sens d'une permanence numérique d'une même essence accompagnée de ses accidents, bien qu'elle demeure la même au sens de la persistance d'une essence commune[46].

---

41   P.M.J.E., Tummers, « Geometry and Theology in the XIIIth century : An Example of their Interrelation as Found in the Ms Admont 442 The Influence of William of Auxerre ? », dans *Vivarium* 18/2(1980), p. 112–142 ; C. Baladier, « *Intensio* de la charité et géométrie de l'infini chez Guillaume d'Auxerre », dans *Revue d'histoire des religions* 225/3(2008), p. 347–342.

42   Sur l'angle de contingence en contexte théologique, voir Murdoch, « *Subtilitates Anglicanae* » ; Murdoch, « *Mathesis in Philosophiam* » ; C. Trifogli, « Egidio Romano e la dottrina aristotelica dell' infinito », dans *Documenti e studi sulla tradizione filosofica medievale* 2/1(1990), p. 217–238.

43   Roland de Crémone, *Summae liber tertius*, ed. A. Cortesi (Bergamo : Edizioni Monumenta Bergomensia, 1962), CXXVII, p. 383–385 ; CLI, p. 454–457 ; voir aussi CLII, p. 457–458.

44   Roland de Crémone, *Summae liber tertius*, CXLIX, p. 446–449.

45   Roland de Crémone, *Summae liber tertius*, CXL, p. 449.

46   Roland de Crémone, *Summae liber tertius*, CXL, p. 451 : *Dicuntur aliqua esse idem in numero quando natura eorum est eadem, quamvis accidentia sint diversa. Et secundum hoc, Socrates iuvenis et Socrates senex sunt idem in numero, et idem in specie et natura, sive essentia. Et secundum hoc, dicimus nos quod albedo intensa et remissa sunt idem in numero.*

C'est à partir des années 1250 que les débats relatifs à la charité aboutissent au problème spécial des modalités de l'intensification des formes. Tout d'abord, en gagnant en importance vis-à-vis des aspects connexes du problème, comme la possibilité d'une charité infinie, la diminution possible de cet *habitus*, ou l'identification de la charité à l'Esprit saint. Ensuite, en se soumettant pleinement au régime de la dispute, structurée autour d'options théoriques bien démarquées, incluant examen et réponses aux arguments contraires. Cette époque est celle où Albert le Grand prend position sur les principales « querelles de la forme » en en définissant les termes, comme pour la question de la nature du mouvement (*forma fluens* ou *fluxus formae*). Les années 1250 sont également celles des débuts de l'enseignement de Thomas d'Aquin, dont la théorie de l'intensification de la charité influence durablement la controverse et stimule les solutions opposées qui s'imposeront d'abord majoritairement chez les franciscains.

On assiste au XIVe siècle à une propagation impressionnante du vocabulaire élaboré dans le cadre des réflexions sur l'augmentation de la charité dans d'autres champs discursifs. En philosophie naturelle, en médecine, mais aussi au sein même de la discipline théologique, le vocabulaire des formes intensives et ses langages d'analyse investissent des problèmes traditionnels et initient de nouveaux questionnements. Mais c'est en débordant le cadre des formes *stricto sensu* que l'essor du vocabulaire des intensités atteint finalement son amplitude maximale. Vers le milieu du XIVe siècle, il se trouve appliqué à l'ordre des espèces et à la structure du monde créé, et aboutit à l'idée d'un ordre des perfections de l'être susceptible d'être mesuré (*mensuratur* ou *attenditur penes*). Le *terminus ad quem* de la présente étude se situe dans les années 1370, époque à laquelle les débats sur la perfection des espèces se sont déjà largement développés et connaissent une certaine diffusion au sein des nouvelles universités et centres d'études européens. La même époque achève aussi ce qu'il convient d'appeler un mouvement de spécialisation des débats sur l'intensité des formes. Ces débats se configurent différemment selon le cadre des universités les plus influentes de l'époque, donnant naissance à des productions significatives dans le cadre de la physique parisienne, comme le *Traité des proportions* d'Albert de Saxe, tout en maintenant un lien essentiel à la médecine dans le contexte italien, comme en témoigne le *De intensione formarum* de Jacques de Forlì, tandis que la transmission assurée par Blaise de Parme des travaux des Calculateurs pose les bases, dans ce même contexte, de la physique du dernier Moyen Âge. Vers 1370, les spéculations sur la quantification des formes se sont développées en adoptant la configuration des différents lieux où elle est mise en œuvre, en même temps que ses conditions de prolongement et de diffusion sont posées, et que l'enseignement universitaire subit déjà certaines mutations.

4 Méthodologie

Si le contexte d'élaboration d'un vocabulaire de la quantification puis de ses applications demande à être élucidé en tenant compte de disciplines annexes à la philosophie naturelle comme la théologie ou la médecine, la présente étude se limite à une approche internaliste de la question. Le problème de l'intensité des formes s'inscrit sans doute dans une tendance générale de l'époque à accorder une importance de plus en plus grande à la mesure hors du cadre strict des savoirs universitaires, au moment où l'horloge mécanique, peu après son invention, fait par exemple son apparition dans les grandes villes d'Europe. Comme l'ont montré des historiens comme A.W. Crosby ou W. Kula, le souci de mesurer affecte à la fin du Moyen Âge différents secteurs de l'activité humaine, et s'applique autant à la durée qu'aux choses matérielles liées au monde de la technique et du commerce[47]. L'usage des concepts de « latitude » et de « degrés » chez des auteurs comme Pierre de Jean Olivi ou Jean Duns Scot pour penser des questions économiques relatives aux notions de prix et de juste prix suggère autant l'adaptabilité de concepts opérant sur un ensemble de questions poreuses (théologie, morale, économie) que l'implication d'un contexte historique plus large que les textes ne suffisent peut-être pas à circonscrire[48]. La thèse de J. Kaye, mettant en avant les responsabilités administratives des ordres mendiants comme explication possible de la manie du calcul qui caractérise la spéculation philosophique du XIVe siècle, apparaît sans doute insuffisante pour expliquer l'ampleur et les différents aspects de cette tendance[49]. Il ne saurait pourtant s'agir d'exclure les approches favorisant une contextualisation large des productions universitaires, partiellement liées à l'évolution du monde économique et à l'organisation sociale du travail. Mais, parce qu'une telle étude suppose l'établissement préalable des données historiques, le présent travail entend retracer factuellement l'évolution des théories

---

47 W. Kula, *Measures and Men* (Princeton : Princeton University Press, 2014) ; A.W. Crosby, *The Measure of Reality. Quantification and Western Society, 1250–1600* (Cambridge : Cambridge University Press, 1997) ; cf. G. Beaujouan, *L'interdépendance entre la science scolastique et les techniques utilitaires (XIIe, XIIIe et XIVe siècles)* (Paris : Palais de la Découverte, 1957).

48 Pierre de Jean Olivi, *Traité des contrats*, ed. S. Piron (Paris : Les Belles Lettres, 2012), p. 102, p. 132 ; Jean Duns Scot, *Ordinatio*, dans *Opera omnia* (Paris : L. Vivès, 1891–1895), vol. 18, IV, d. 15, q. 2, p. 283b.

49 J. Kaye, *A History of Balance, 1250–1375. The Emergence of a New Model of Equilibrium and its Impact on Thought* (Cambridge : Cambridge University Press, 2014) ; J. Kaye, *Economy and Nature in the Fourteenth Century. Money, Market Exchange and the Emergence of Scientific Thought* (Cambridge : Cambridge University Press, 2000).

à partir des textes eux-mêmes, tâche qui pourra servir de base d'étude pour une histoire des idées plus compréhensive.

La première partie de ce travail s'attache à retracer la constitution d'un vocabulaire spécifique à l'expression et la mesure des propriétés intensives. Ce vocabulaire (*intensio, gradus, latitudo*) s'est nourri des différents débats où la notion de forme se trouvait concernée et qui servirent de cadre argumentatif à l'évolution des théories des intensités. La seconde partie explore l'extension qui a résulté, à partir du tournant du XIVe siècle, de cette conceptualité transversale aux champs du savoir médiéval. En participant, du fait de la généralité de la notion de forme, à différents types de discours scientifiques, la quantification des formes s'est vue appliquée à un nombre croissant d'objets, au croisement des disciplines[50]. Empruntant au registre de la science physique et des prémices de sa mathématisation au XIVe siècle, comme aux réflexions plus abstraites de la métaphysique, ce développement a mené à des procédures de calcul et de mesure des qualités. Ces procédures, qui finissent par s'appliquer vers 1350 à l'ordre des êtres en général et achèvent ainsi la généralisation de la tendance à la quantification des formes, sont l'objet de la dernière partie de l'étude.

Les auteurs ayant déjà bénéficié d'une attention détaillée ont fait l'objet d'une présentation plus brève, s'appuyant autant qu'il était possible sur les monographies existantes pour insister sur la relation des solutions apportées aux autres problèmes afférents à la doctrine de l'hylémorphisme. Les auteurs dits *minores* dont les écrits n'ont pas encore été complètement étudiés, mais dont l'influence historique n'est pas toujours négligeable, sont présentés de manière plus descriptive. Dans la mesure où cette histoire suit un développement organique nourri de filiations théoriques, d'oppositions doctrinales, mais aussi de problématiques distinctes parfois dépendantes des aires géographiques, il a paru préférable de s'écarter ponctuellement de la stricte succession chronologique pour suivre un ordre thématique favorisant l'intelligibilité de son développement. Du point de vue textuel, l'expression *attenditur* (*penes*), dont l'usage alterne avec le verbe *mensuratur*, a été également rendue par « mesurer ». Pour des raisons d'usage liées au français, le terme *remittere*, qui exprime une diminution qualitative, a été rendu par « atténuer » ; le terme *intensio* par « intension » et parfois, par souci de clarté, par « intensification ».

---

50   Voir J.-L. Solère, « D'un commentaire l'autre : l'interaction entre philosophie et théologie au Moyen Âge dans le problème de l'intensification des formes », dans M.-O. Goulet (ed.), *Le Commentaire entre tradition et innovation* (Paris : Vrin, 2000), p. 411–424.

PARTIE 1
Un nouveau vocabulaire de la quantification

∴

CHAPITRE 2

La notion de « degrés » à la confluence des débats

1 La définition des problèmes – le concept de degré dans la synthèse d'Albert le Grand

Dans son commentaire au troisième livre de la *Physique*, Albert le Grand demande : *An in praedicamentis sit motus et qualiter sit in illis*. En examinant ce point, Albert officialise le débat *forma fluens* / *fluxus formae*, c'est-à-dire la confrontation des thèses, qu'il fait remonter au dialogue d'Averroès avec Avicenne, selon lesquelles le mouvement ne serait que l'acquisition graduelle de la forme, ou quelque chose de supplémentaire[1]. La question du mouvement n'est qu'un des problèmes nouveaux suscités par l'œuvre d'Albert, élaborée au gré d'une vaste réunion de sources philosophiques variées, mise en place dans ses traités et ses commentaires. C'est à lui, en grande partie, qu'il revient d'avoir défini les termes dans lesquels se posent les problèmes de la forme au XIIIe siècle. Chez lui, ces termes forment la base d'un système rendu cohérent par la synthèse de quelques concepts fondamentaux qui, comme celui de flux, furent élaborés à l'intersection de la théologie, de la métaphysique et de la philosophie naturelle. Un autre concept central du système d'Albert réside dans la notion de degré, autour de laquelle se concentreront dans la seconde moitié du XIIIe siècle les débats relatifs à l'*intensio formarum*. La notion de degré a amplement

---

[1] Albert le Grand, *Physica*, ed. P. Hossfeld, ed. Coloniensis 4/1 (Münster i.W. : Aschendorff, 1987), III, tr. 1, c. 3, p. 149–156. Voir S. Baldner, « Albertus Magnus and the Categorization of Motion », dans *The Thomist* 70/2(2006), p. 203–235 ; E.J. McCullough, « St Albert on Motion as *Forma Fluens* and *Fluxus Formae* », dans J.A. Weisheipl (ed.), *Albertus Magnus and the Sciences. Commemorative Essays 1980* (Toronto : The Pontifical Institute of Mediaeval Studies, 1980), p. 129–153. Sur l'origine gréco-arabe de ce débat, voir A. Hasnawi, « Le statut catégorial du mouvement chez Avicenne : contexte grec et postérité médiévale latine », dans A. Hasnawi, R. Morelon (eds.), *De Zénon d'Elée à Poincaré : recueil d'études en hommage à Roshdi Rashed* (Leuven / Paris : Peeters, 2004), p. 561–605 ; A. Hasnawi, « Le mouvement et les catégories selon Avicenne et Averroès : l'arrière-fond grec et les prolongements latins médiévaux », dans Oriens-Occidens. *Sciences, Mathématiques et Philosophie de l'Antiquité à l'Âge classique* 2(1998), p. 119–124 ; A. Hasnawi, « La définition du mouvement dans la physique du Shifā' d'Avicenne », dans *Arabic Sciences and Philosophy* 11(2001), p. 219–255 ; A. Hasnawi, « Alexandre d'Aphrodise vs Jean Philopon ; notes sur quelques traités d'Alexandre perdus en grec », dans *Arabic Sciences and Philosophy* 4/1(1994), p. 53–109 ; A. Hasnawi, « La Dynamique d'Ibn Sina (la notion d'"inclination' : *mayl*) », dans J. Jolivet, R. Rashed (eds.), *Études sur Avicenne* (Paris : Les Belles Lettres, 1984), p. 103–123.

conditionné l'ensemble de la problématique médiévale relative à la quantification des formes. Parce que le rayonnement du maître colonais fut considérable, elle mérite d'être brièvement examinée dans ses premières élaborations chez Albert aux confins de la métaphysique et de la philosophie naturelle.

La question des degrés des formes est notamment étudiée par Albert à propos du *Liber sex principiorum*. Pour cette raison, et bien que le maître dominicain propose une brève revue des explications anciennes à ce sujet[2], le problème y est abordé d'un point de vue essentiellement logique : la forme étant simple, le plus ou moins est envisagé du point de vue de l'imposition du nom[3]. L'imposition du nom est absolue quand l'actualisation d'un être est à son terme, ce qui explique que les qualités de quatrième espèce (selon la classification des *Catégories* d'Aristote) comme les figures n'admettent pas le plus ou moins, tout comme les formes substantielles qui confèrent à la matière un être spécifique déterminé[4]. On aura peine à trouver dans ce texte des indications claires quant à l'explication des phénomènes intensifs. Différenciant nettement la génération de l'altération[5], il esquisse toutefois ce qui pourrait s'apparenter à une théorie de la succession. Albert distingue ainsi deux sens de génération, dont l'un revient à la substance (*generatio simpliciter*) par rapport à l'accident, et dont l'autre peut s'appliquer à certains accidents lors de l'altération[6]. Les qualités susceptibles de plus ou moins dans l'altération sont ainsi engendrées, non pas *simpliciter*, mais *secundum quid*[7].

Le commentaire aux *Catégories* d'Albert apporte une réponse plus franche au problème. Dans ce texte, c'est à Aristote qu'est décerné le mérite d'avoir expliqué correctement le plus ou moins dans les qualités. L'opinion du Stagirite est présentée comme intermédiaire entre celle de Platon (qui pense l'intension par « immiscion » du bien divin dans le sujet) et Épicure (qui l'attribue à une augmentation des parties du sujet lui-même) : l'intensification s'effectue par changement du mélange des qualités avec leur contraire, quand elles en

---

2   Albert le Grand, *De sex principiis*, ed. R. Meyer, ed. Coloniensis 1/2 (Münster i.W. : Aschendorff, 2006), tr. 8, c. 1, p. 70–73.
3   Albert le Grand, *De sex principiis*, tr. 8, c. 2, p. 73–75.
4   Albert le Grand, *De sex principiis*, tr. 8, c. 3, p. 76, l. 7–13, l. 19–26.
5   Albert le Grand, *De sex principiis*, tr. 8, c. 4, p. 77–79.
6   Albert le Grand, *De sex principiis*, tr. 8, c. 4, p. 78, l. 34–39 : *Secundum autem quod generatio simplex opponitur generationi secundum quid, sic est generatio secundum accidentia, sicut dicimus, quando de musico per musicae oblivionem fit inmusicus, quod musicus corruptus est, et homo inmusicus est generatus salvato subiecto uno et eodem in utroque.*
7   Albert le Grand, *De sex principiis*, tr. 8, c. 4, p. 79, l. 13–21.

ont un, ou par accès à leur terme, pour celles qui n'en ont pas[8]. En soutenant l'idée d'une intensification par les contraires, Albert souscrit à une thèse relativement minoritaire dans la seconde moitié du XIIIe siècle, où la comprésence des contraires en un sujet est le plus souvent jugée contradictoire, un corps ne pouvant être chaud et froid à la fois, par exemple.

La réflexion d'Albert sur les degrés ne s'arrête pas là, et concerne également sa cosmologie, qui suppose en effet une certaine permanence des éléments dans le mixte. Sur ce point, les formules données par Albert diffèrent cependant quelque peu. Selon son commentaire au *De generatione*, où Albert convoque Avicenne, les éléments restent dans le mixte selon leur forme essentielle mais d'une manière « liée » (aux autres éléments)[9]. L'exposé, qui distingue l'être premier (substantiel) des formes de leur être second (selon leur opération), conduit à un résultat surprenant. Albert affirme que les éléments demeurent *virtute* dans le mixte. Cette expression sera reprise par Thomas d'Aquin et, globalement, par ceux qui refuseront la permanence réelle des éléments dans le mixte tout en acceptant la persistance de leur action qualitative. Mais Albert entend précisément cette expression en sens contraire : selon leur être second, les formes des éléments ne survivent pas au sein du composé, mais ils demeurent selon leur être essentiel, duquel fluent les qualités observables dans le mixte. Dans le commentaire au *De caelo*, Albert reprend la même distinction, mais se place sous le patronage d'Averroès pour défendre une certaine persistance potentielle des éléments selon leur sens second, leurs qualités étant atténuées dans le mixte qu'ils composent[10] :

> Et si aliquis obiciat dicens, quod formae substantiales non diminuuntur nec remittuntur, eo quod sunt simplices, respondet Averroes dicens, quod formae substantiales elementorum non completae sunt sicut formae substantiarum perfectarum et ideo possunt intendi et remitti, quia sunt mediae inter formas substantiales et accidentia. Et hanc responsionem ego non improbo, sed addo, quod elementorum formae duplices sunt, scilicet primae et secundae. Primae quidem sunt, a quibus est esse elementi substantiale sine contrarietate, et secundae sunt, a quibus est elementi esse et actio ; et quoad primas formas salvantur meo iudicio in

---

8   Albert le Grand, *De praedicamentis*, eds. M. Santos-Noya, C. Steel, S. Donati, ed. Coloniensis 1/1B (Münster i.W. : Aschendorff, 2013), tr. 5, c. 12, p. 127–128.
9   Albert le Grand, *De generatione et corruptione*, ed. P. Hossfeld, ed. Coloniensis 5/2 (Münster i.W. : Aschendorff, 1980), I, tr. 6, c. 5, p. 172, l. 2–19.
10 Albert le Grand, *De caelo et mundo*, ed. P. Hossfeld, ed. Coloniensis 5/1 (Münster i.W. : Aschendorff, 1971), III, tr. 2, c. 1, p. 220, l. 44–62.

> composito, quia aliter compositum non resolveretur ad elementa et aliter miscibilia non essent separabilia a mixto, cum constet ipsa esse separabilia ; et quoad secundas formas sive quoad secundum esse non remanent in actu, sed in potentia, non quidem proprie materiali, sed sicut intensum est potentialiter et virtualiter in remisso. Et quia sic dupliciter salvatur elementum in composito, ideo ambiguum est, utrum sit potentia vel actu in ipso, quia utroque modo inest ei secundum aliquem modum.

La caractérisation du mode d'être (en puissance ou en acte) des éléments n'admet donc pas une réponse simple, dans la mesure où l'être second persiste de manière « virtuelle », tandis que l'être substantiel des éléments demeure. Si la présentation de sa position change quelque peu, ces deux textes convergent dans l'affirmation d'une permanence de l'être des éléments dans le mixte, justifiée par la thèse de leur statut « atténué ».

La position d'Albert participe d'un cadre cosmologique dans lequel la doctrine du mixte constitue la base d'une théorie plus large de l'émergence des formes. Il revient à la notion d'*éduction* des formes de concilier, dans ce cadre, l'émergence des formes d'un point de vue physique et l'activité émanative des principes supérieurs – autrement dit : l'intégration d'éléments hérités des cosmologies néo-platoniciennes arabes, et le refus d'une interprétation purement inductiviste de la causalité formelle. Le processus d'information de la matière par une forme met en jeu selon Albert l'action supérieure de la cause première, médiatisée par celle de la lumière des sphères célestes et de leurs vertus[11]. Mais il refuse catégoriquement l'idée qu'une forme soit infusée dans un sujet à partir d'une cause dont elle émanerait, contre l'opinion des « platoniciens ». Il ne saurait y avoir communication des formes pour Albert – lucide quant au caractère synthétique de ce modèle qui suppose le concept de flux[12] – si l'on entend par là communication d'une forme numériquement identique. S'il y a communication de quelque chose, c'est de l'action informante des formes exemplaires relayée par les sphères célestes, et non des formes elles-mêmes. La notion d'éduction bien comprise tient en équilibre entre communication d'une forme numériquement une et apparition *ex nihilo* d'une forme au sein

---

11   Albert le Grand, *Metaphysica*, ed. B. Geyer, ed. Coloniensis 16/2 (Münster i.W. : Aschendorff, 1964), XI, tr. I, c. 8, p. 469–471 ; *De anima*, ed. C. Stroick, ed. Coloniensis 7/1 (Münster i.W. : Aschendorff, 1968), I, tr. 2, c. 7, p. 32–38 ; *De intellectu et intelligibili*, ed. A. Borgnet (Paris : Vivès, 1890–1899), vol 9, I, tr. 1, c. 4, p. 481–483.

12   Albert le Grand, *De causis et processu universitatis*, ed. W. Fauser, ed. Coloniensis 17/2 (Münster i.W., Aschendorff, 1993), I, tr. 4, c. 1, p. 43, l. 8–12 : *Ex quo patet, quod licet forma secundum Peripateticos educatur de materia, tamen secundum hanc viam non dicitur fluere, sed potius causari vel produci* […].

de la matière. Le processus d'information est moins une réception que le processus actif par lequel la matière tend d'elle-même vers la perfection émanée par une cause supérieure. Cette communication sous-entend une identité seulement spécifique de la nature partagée et implique, ainsi, un engagement envers la réalité de l'universel.

Cependant, cette notion d'éduction suppose aussi une puissance active au sein de la matière, dont elle explique le mouvement vers sa perfection. La théorie albertinienne de la génération s'avère pour cette raison dépendante de la thèse de l'*incohatio formae*, c'est-à-dire de la présence de la forme, sous un certain mode d'être atténué, au sein de la matière. Albert conçoit cette présence d'une manière particulière en posant l'idée d'une identité *secundum essentiam* au sein de la matière de la forme potentielle vis-à-vis de son actualisation, de laquelle elle diffère seulement *secundum esse*[13]. Il soutient que les formes sont essentiellement identiques à leur privation au sein de la matière, demeurant les mêmes d'un point de vue essentiel et ne changeant que selon l'être, la génération s'interprétant comme actualisation de leur degré d'être (*gradus essendi*). Dans sa *Métaphysique*, la thèse permet d'éviter le double écueil d'une préexistence actuelle des formes dans la matière et de leur induction *ab extra* par l'intervention divine[14]. La puissance active de la matière sauve l'idée que rien ne vient de rien – Albert appelant cette puissance *aptitudo formalis*, et la faisant correspondre aux *rationes seminales*[15].

Ce modèle causal (identité selon l'essence, différence selon l'être) est employé par Albert à la fois pour décrire l'émergence des formes naturelles au sein de la matière et pour penser l'émanation des réalités dérivées à partir du premier principe[16]. De façon notable, Albert emploie encore la notion de « degrés » pour décrire l'ordre hiérarchique des êtres émanant du flux

---

13   La théorie albertinienne de la puissance active de la matière et de l'*inchoatio formae* est présente en différentes oeuvres (notamment *Physica* I, tr. 3, c. 10 ; *De anima* I, tr. 2, c. 7 ; *De caelo* I, tr. 3, c. 4) ; voir A. Rodolfi, *Il concetto di materia nell'opera di Alberto Magno* (Firenze : SISMEL – Edizioni del Galluzzo, 2004) ; B. Nardi, « La Dottrina d'Alberto Magno sull' inchoatio formae », dans B. Nardi, *Studi di filosofia medievale* (Roma : 1960), p. 69–101 ; G. Galluzo, *The Medieval Reception of Book Zeta of Aristotle's Metaphysics* (Leiden / Boston : Brill, 2013), vol. 1, p. 355–361.
14   Albert le Grand, *Metaphysica* XI, 1, 8, p. 468–471.
15   Voir P.M. Wengel, *Die Lehre von den rationes seminales bei Albert dem Grossen : Eine terminologische und problemgeschichtliche Untersuchung* (Würzburg : Richard Mayr, 1937).
16   A. De Libera, *Métaphysique et noétique : Albert le Grand* (Paris : Vrin, 2005), p. 143–209 ; T.M. Bonin, *Creation as Emanation, The Origin of Diversity in Albert the Great's* On the Causes and Procession of the Universe (Notre Dame : Notre Dame University Press, 2001).

ontologique du premier principe[17]. Cette compréhension du flux lui permet de modéliser par analogie l'agencement des puissances psychiques au sein de l'être humain, et de refuser tout particulièrement l'idée d'une pluralité des formes composant l'esprit : de même que les degrés de l'être sont émanés à partir du premier principe en vertu de la conservation d'une nature commune et d'une différence selon l'être, les puissances de l'être humain ne sont pas des formes réellement distinctes, mais des pouvoirs graduels découlant de l'information du corps par l'âme humaine[18].

La réflexion d'Albert sur les « degrés » des formes rassemble, on le voit, plusieurs niveaux d'organisation du réel. Elle met en cause la structure des composés et la physique des éléments, d'abord. Elle recouvre le problème de la génération dans sa dimension métaphysique, c'est-à-dire le rapport de l'essence à son actualisation, ensuite. Elle inclut l'ordre émanatif des étants et la structure de l'univers, qui constituent eux-mêmes un modèle analogique pour penser la relation de l'âme à ses puissances, enfin. À la confluence de diverses problématiques – statut de l'universel, inchoation et pluralité des formes, nature du flux (dans sa dimension émanative et dans sa dimension physique) – le Docteur universel s'est efforcé d'harmoniser les usages variés d'un concept appelés à être plus nettement différenciés après lui.

2   Le refus des degrés formels

2.1   *L'unité de la forme comme principe : la théorie thomiste des phénomènes intensifs*

Tandis que la notion de degré apparaît en divers lieux de la pensée d'Albert, sans toujours recouvrir le même sens, Thomas d'Aquin s'efforce pour sa part d'expliquer les modalités de l'intensification des formes de manière cohérente avec les autres usages du concept dans son système. Il aborde à plusieurs reprises le problème, en lui apportant des réponses quelque peu différentes[19]. C'est avant tout le cas de la charité qui suscite ces développements. Dans l'une

---

17   Albert le Grand, *De causis et processu universitatis*, I, tr. 4, c. 5, p. 48, l. 80 ; I, tr. 4, c. 5, p. 50, l. 41 ; II, tr. 1, c. 22, p. 87, l. 23 ; II. tr. 3, c. 5, p. 143, l. 71 ; II, tr. 3, c. 7, p. 145, l. 72 ; II, tr. 4, tr. 2, p. 157, l. 41, l. 49 ; II, tr. 5, c. 23, p. 189, l. 51.

18   C. Erhet, « The Flow of Powers : Emanation in the Psychologies of Avicenna, Albert the Great and Aquinas », dans *Oxford Studies in Medieval Philosophy* 5(2017), p. 87–121.

19   G. Frost, « Aquinas on the Intension and Remission of Accidental Forms », dans *Oxford Studies in Medieval Philosophy* 7(2019), p. 115–146 ; J.-L Solère, « Les variations qualitatives dans les théories post-thomistes », dans *Revue Thomiste* 112/1(2012), p. 157–204 ; J.-L Solère, « Thomas d'Aquin et les variations qualitatives », dans C. Erismann, A. Schniewind (eds.),

de ses premières œuvres, son commentaire des *Sentences* (1254-1256), Thomas interprète le texte de Pierre Lombard en affirmant l'augmentation essentielle de la charité en l'être humain. Il s'oppose à ceux qui refusent que cet *habitus* varie dans son essence[20], et à ceux pour qui l'enracinement (*radicatio*) de l'accident dans le sujet suffit à en expliquer l'intensification, sans reconnaître la variation essentielle de cet accident[21].

Dans cet écrit précoce, Thomas décrit l'intensification en termes d'actualisation plus ou moins parfaite de la charité en l'être humain ou, selon ses mots, *secundum accessum ad terminum*. Cette façon d'expliquer l'intensification est opposée à l'explication selon l'addition, avec laquelle elle partage cependant la thèse d'une augmentation essentielle de l'accident – idée qui respecte le texte de la distinction 17 des *Sentences*. Le vocabulaire de l'accès au terme de la perfection suppose une réceptivité première du sujet plus ou moins actualisée, que l'Aquinate décrit en termes de disposition et qui signale l'accès de l'imparfait au parfait[22]. La démarcation de ces positions – à l'époque de sa lecture des *Sentences* – ne va totalement pas de soi. Un auteur comme Pierre de Tarentaise, rédigeant son commentaire des *Sentences* entre 1357 et 1359, suggère de manière assez prudente une forme d'équivalence entre le vocabulaire de l'actualisation progressive et celui de l'addition[23].

Dans ses œuvres plus tardives et en particulier dans la *Somme théologique*, Thomas privilégie nettement pour penser les phénomènes intensifs la notion de « participation », dont on sait la centralité pour sa doctrine de la création[24].

    Compléments de Substance. Études sur les propriétés accidentelles offertes à Alain de Libera (Paris : Vrin, 2008), p. 147–165.

20   Thomas d'Aquin, *Scriptum super Sententiis*, I, d. 17, q. 2, a. 1, resp. : *Et ideo dicendum, quod caritas essentialiter augetur. Sciendum tamen est, quod augeri nihil aliud est quam sumere majorem quantitatem ; unde secundum quod aliquid se habet ad quantitatem, ita se habet ad augmentum.*

21   Thomas d'Aquin, *Scriptum super Sententiis*, I, d. 17, q. 2, a. 1, resp. : *Alii dixerunt, quod caritas essentialiter non augetur, sed dicitur augeri, inquantum magis firmatur in subjecto, secundum ipsam radicationem. Sed ex hoc etiam sequitur ipsam augeri essentialiter. Nulla enim forma potest intelligi magis firmari in subjecto, nisi per hoc quod habet majorem victoriam super subjectum suum.*

22   Thomas d'Aquin, *Scriptum super Sententiis*, I, d. 17, q. 2, a. 2, resp. : *Intensio autem caritatis non contingit ex hoc quod virtus agentis fortificetur, sed tantum ex hoc quod natura recipiens, quae quantum in se est, dispositionem quamdam habet secundum quod est in potentia ad plura, magis ac magis praeparatur ad susceptionem gratiae* [...].

23   Pierre de Tarentaise, *In quatuor libros Sententiarum commentaria* (Toulouse : Apud Arnaldum Colomerium, 1652), I, d. 17, q. 2, a. 2, f. 145rb–vb.

24   Thomas d'Aquin, *Quaestiones de virtutibus*, q. 1, a. 11, resp., ad 2m ; *Summa theologiae*, I-IIae, q. 50, a. 1, ad 3m ; I-IIae, q. 52, a. 1, resp. ; I-IIae, q. 52, a. 2, resp., ad 2m, ad 3m ; I-IIae, q. 52, a. 3, resp. ; I-IIae, q. 53, a. 2, ad 1m, ad 2m. Voir encore les formules des *Commentaria*

La doctrine des formes de l'Aquinate, qui englobe sa théorie des intensités, se montre ici inséparable de sa métaphysique de l'acte d'être[25]. Dans ses *Questions disputées sur les vertus*, Thomas pointe l'équivalence de ces deux façons d'expliquer le phénomène, l'actualisation plus ou moins parfaite d'un *habitus* ou d'une perfection du point de vue du sujet s'expliquant, *in fine*, par sa participation à cette perfection. L'assimilation de l'*esse* de l'accident à son *inesse* au sein de la substance permet d'établir qu'en augmentant selon son enracinement ou actualisation dans le sujet, la qualité augmente *aussi* intrinsèquement. Cette remarque s'adresse à l'hypothèse de l'intensification selon la *radicatio*, c'est-à-dire à « certains » auteurs, dont l'identité n'est pas déterminée (l'idée étant déjà évoquée par Roland de Crémone et Philippe le Chancelier), qui tentent de concilier l'idée d'invariabilité de la forme avec son processus d'intensification : l'intensification serait en fait un enracinement plus profond de la forme dans le sujet, la forme comme telle restant invariable. Mais selon Thomas, la qualité inhérente ne peut augmenter dans le sujet sans augmenter simultanément en elle-même, par participation à sa perfection[26] :

> Sed alii, aestimantes caritatem esse qualitatem quamdam, penitus irrationabiliter sunt locuti. Nihil enim est aliud qualitatem aliquam augeri, quam subiectum magis participare qualitatem ; non enim est aliquod esse qualitatis nisi quod habet in subiecto. Ex hoc autem ipso quod subiectum magis participat qualitatem, vehementius operatur ; quia unumquodque agit in quantum est actu ; unde quod magis est reductum in actum, perfectius agit. Ponere igitur quod aliqua qualitas non augeatur secundum essentiam, sed augeatur secundum radicationem in subiecto, vel secundum intensionem actus, est ponere contradictoria esse simul.

---

in octo libros Physicorum, l. 3 lect. 2, n. 3. Sur les rapports entre intensification, disposition et participation chez Thomas, voir V. Boland, « Aquinas and Simplicius on Dispositions – A Question in Fundamental Moral Theory », dans *New Blackfriars* 82/968(2001), p. 467–478.

25 Sur les rapports entre être et forme chez Thomas, voir J.F. Wippel, « Aquinas on Creatures as Causes of Esse » dans J.F. Wippel, *Metaphysical Themes in Thomas Aquinas II* (Washington D.C. : The Catholic University of America Press, 2007), p. 175–179 ; L. Dewan, *Saint Thomas and Form as Something Divine in Things* (Milwaukee : Marquette University Press, 2007) ; L. Dewan, *Form and Being, Studies in Thomistic Metaphysics* (Washington D.C. : The Catholic University of America Press, 2006).

26 Thomas d'Aquin, *Quaestiones de virtutibus*, q. 1, a. 11, resp.

Thomas, qui en dépit de son emploi du concept de participation repousse le réalisme transcendant des essences[27], précise toutefois une différence relative à l'augmentation du sujet et à celle de la forme. Il faut distinguer les comparatifs *magis* et *maius*, qui n'ont pas la même référence : *magis* quantifie la qualité elle-même, tandis que l'adjectif *maius* signifie l'augmentation du porteur de la qualité (un sujet *maius frigidum* est un sujet froid de plus grande dimension[28]).

La théorie de Thomas fut aussi influente pour les raisons négatives qu'elle oppose aux vues concurrentes que pour sa *pars construens*. La réponse apportée dans la *Somme théologique* présente le détail des quatre opinions rapportées par Simplicius dans son commentaire aux *Catégories*, dont trois sont attribuées aux platoniciens (Platon et Plotin), à Aristote et aux Stoïciens (intermédiaires entre ces deux camps, posant que l'ἕξις reçoit le plus ou le moins, comme dans le cas des arts, mais pas la vertu)[29]. Mais l'essentiel des critiques visent des opinions contemporaines. Thomas rejette toute théorie impliquant la corruption de la qualité individuelle durant l'intensification car elle suppose quelque chose d'impossible en l'absence d'un contraire[30].

Sa réfutation de la perspective additiste différencie deux possibilités : tandis que certains pensent l'intensification comme augmentation intrinsèque d'une forme, d'autres admettent seulement que le sujet (et non un accident individuel) s'intensifie par la réception de nouvelles formes. La réfutation de la théorie de l'intensification par addition au sujet repose sur son assimilation à une théorie de l'addition des *formes* : penser l'intensification comme addition revient selon Thomas à poser différentes formes numériquement distinctes en un même sujet. Point d'autant moins acceptable que la comprésence de ces formes d'une même espèce spécialissime s'oppose à sa théorie de l'individuation selon laquelle la différenciation des formes suppose la diversité des sujets matériels[31] :

---

27   Voir, récemment, J.E. Brower, « Aquinas on the Problem of Universals », dans *Philosophy and Phenomenological Research* 92/3(2016), p. 715–735.
28   Thomas d'Aquin, *Summa theologiae*, I-IIae, q. 52, a. 2, resp.
29   Thomas d'Aquin, *Summa theologiae*, I-IIae, q. 52, a. 1, resp.
30   Thomas d'Aquin, *Scriptum super Sententiis*, I, d. 17, q. 2, a. 1, resp. : *Alii dixerunt, quod caritas essentialiter non augetur, sed adveniente majori caritate, minor caritas, quae inerat, destruitur. Hoc etiam non potest stare : quia nulla forma destruitur, nisi vel ex contrario agente, vel per accidens ex corruptione subjecti.*
31   Thomas d'Aquin, *Quaestiones disputatae de virtutibus*, q. 1, a. 11, resp.

> Nam non potest intelligi additio unius ad alterum nisi praeintellecta dualitate. Dualitas autem in formis unius speciei non potest intelligi nisi per alietatem subiecti. Formae enim unius speciei non diversificantur numero nisi per subiectum.

Les théories additistes supposant une variation interne à l'accident contredisent pour leur part sa simplicité essentielle. La façon dont Thomas interprète le rapport de la forme à la matière, qui est condition de son individuation, implique une absence de composition réelle du côté de la forme, suivant un postulat que l'on pourra appeler « principe de simplicité » :

> *Principe de simplicité* : une forme n'est pas composée de parties réellement distinctes.

L'assimilation aristotélicienne des espèces aux nombres entraîne dans cette version de l'hypothèse additiste une conséquence contraire à ce que l'on cherche à expliquer : ajouter à une forme en tant que telle, c'est en faire varier l'espèce, en ajoutant une perfection à la différence spécifique qui détermine un genre[32]. Le principe de simplicité de la forme, malgré la marge d'interprétation qu'il autorise – le sens du terme « partie » étant sous-déterminé – est au fondement du « principe d'invariabilité des espèces ». Une perfection spécifique, conférée par une forme substantielle, n'est pas sujette à variation, d'où l'on tire la conclusion qu'une forme substantielle, en tant que telle, n'admet pas le plus ou moins :

> *Principe d'invariabilité des espèces* : une perfection spécifique, en tant que telle, ne varie pas.

Pour faire sens d'une augmentation *essentielle* de la charité, exigée par le texte du Lombard, Thomas n'a d'autre choix que de concéder une variation interne à certaines qualités. Sa stratégie consiste à distinguer : certains accidents ordonnés à un terme, comme le mouvement, subissent une variation selon le plus ou moins. Mais cette variation n'affecte pas l'espèce, car ce terme, qui reste le même, définit l'identité spécifique[33]. C'est toujours par participation, malgré tout, que s'effectue cette variation. Certes, par ailleurs, certaines qualités paraissent augmenter par une sorte d'addition. Mais les exemples de tels *habi-*

---

32 Thomas d'Aquin, *Quaestiones disputatae de virtutibus*, q. 5, a. 3, resp. ; *Summa contra Gentiles*, III, c. 97, n. 3 ; IV, c. 24, n. 14.
33 Thomas d'Aquin, *Quaestiones disputatae de virtutibus*, q. 5, a. 3, resp.

tus comme la science semblant s'intensifier par addition ne dérogent pas à la règle. L'augmentation de la science chez un individu passe bien par l'addition de conclusions qu'il possède, mais cette augmentation qui, en elle-même, suppose une sorte d'addition, se ramène, du point de vue du sujet, à sa participation à la sagesse[34] :

> Similiter etiam et scientia potest augeri secundum seipsam per additionem, sicut cum aliquis plures conclusiones geometriae addiscit, augetur in eo habitus eiusdem scientiae secundum speciem. Augetur nihilominus scientia in aliquo, secundum participationem subiecti, per intensionem, prout scilicet expeditius et clarius unus homo se habet alio in eisdem conclusionibus considerandis.

L'affirmation de l'invariabilité des espèces, relevant comme les nombres d'une quantité fixe, est ainsi refondue dans une doctrine de la participation[35], qui ménage une place à l'action des accidents au niveau le plus inférieur des causes secondes[36]. Les variations sont dues à la participation du sujet, c'est-à-dire au facteur limitatif que représente le sujet vis-à-vis de l'action d'une forme. Celle-ci, indépendamment de cette limitation, confère par son action l'actualité maximale dont elle est capable et à laquelle elle s'identifie essentiellement. Une conception essentialiste de la forme et la thèse d'une orientation de l'action accidentelle vers son maximum apparaissent donc comme deux corollaires de la théorie de la participation.

De façon notable, en tenant à l'idée d'une variation essentielle de la charité, Thomas n'emploie pas directement la thèse d'une distinction réelle de l'être et de l'essence pour penser l'intensification. Cette thèse constitue la clé par laquelle Thomas résout les autres problèmes de la forme : le problème de la nature de l'universel (l'essence ou nature commune, distincte de son être, ne le reçoit que dans un individu qui lui confère l'être individuel[37]) ; de la distinction de l'âme et de ses facultés (celles-ci fluant de l'essence de l'âme à partir de l'être qu'elle donne au corps, qui en diffracte les pouvoirs virtuellement inclus

---

34 Thomas d'Aquin, *Summa theologiae*, I-IIae, q. 52, a. 2, resp. ; cf. *Quaestiones disputatae de virtutibus*, q. 1, a. 11, ad 10m.

35 Voir R.A. Te Velde, *Participation and Substantiality in Thomas Aquinas* (Leiden : Brill, 1995), p. 227–230.

36 Sur le rapport entre cause et participation chez Thomas, voir C. Fabro, *Participation et causalité selon Thomas d'Aquin* (Paris : B. Nauwelaerts, 1961).

37 Thomas d'Aquin, *De ente et essentia*, c. 2.

en elle[38]) ; des degrés des formes, refusés au nom de l'inclusion virtuelle des puissances dans l'intellective[39]. Thomas n'exploite pas de la même manière la distinction de l'être et de l'essence pour expliquer les phénomènes intensifs, dont la notion de participation est toutefois étroitement solidaire.

La position thomiste se trouve de ce fait tiraillée entre deux exigences qu'elle peine à concilier : (1) l'idée que la qualité elle-même augmente intensivement ; (2) la thèse de la participation – déduite de l'invariabilité des formes – qui semble impliquer que le sujet (et non la forme) varie par sa réceptivité plus ou moins grande à une perfection. Thomas a vu la difficulté, comme en témoigne sa reconnaissance d'une certaine latitude propre à la forme, seule à même d'expliquer son augmentation *essentialiter* dans le sujet. À la différence de la réponse qu'il apporte dans son commentaire des *Sentences*, Thomas est en effet amené dans ses œuvres tardives à évoquer une certaine latitude (c'est-à-dire une certaine indétermination) *interne* à la forme[40]. Comme J.-L. Solère l'a montré, l'équilibre atteint par Thomas s'avère délicat, et ses hésitations contiennent en germe les variations explorées par ses disciples plus ou moins fidèles, qui accentueront en un sens ou en un autre la thèse de l'Aquinate[41].

La solution de Thomas s'exprime avant tout comme une réponse métaphysique au problème de l'intensification, témoin d'une conception essentialisante des formes, manifeste dans le traitement des différents problèmes afférents au concept : comme le processus d'individuation, due chez lui à la matière, l'intensification a une cause externe à l'essence spécifique, qui se maintient dans une unité absolue. En dépit de sa compatibilité de principe avec des approches plus empiriques, la réticence de Thomas à employer le vocabulaire des degrés pour conserver le principe d'invariabilité des essences condamnera la théorie face à ses concurrentes, mieux adaptées à une exploitation calculatoire. Malgré sa défense perpétuée par plusieurs penseurs du XIVe siècle[42], elle deviendra minoritaire à mesure que des réponses résolument physiques voire mécanistes seront apportées au problème.

---

38 Thomas d'Aquin, *Summa theologiae*, I, q. 77, a. 1 ad 1m ; voir ici É.-H. Wéber, *La personne humaine au XIIIe siècle*, Paris, Vrin, 1991, p. 150sq.

39 Thomas d'Aquin, *Summa theologiae*, I, q. 76, a. 3–4 ; *Quaestiones disputatae de anima*, a. 9, resp. ; *Quaestiones disputatae de spiritualibus creaturis*, a. 3.

40 Thomas d'Aquin, *Summa theologiae*, I-IIae, q. 1, a. 1, resp., *Quaestiones disputatae de virtutibus*, q. 1, a. 11, ad 16m.

41 Solère, « Les variations qualitatives ».

42 L'idée de participation, comme telle, est assez souple pour être conciliable avec d'autres explications de l'augmentation de la charité. Certains auteurs défendent toutefois Thomas en refusant l'idée d'addition proprement dite ; voir par exemple, vers 1315–1317, Jean de Naples, *Quaestiones variae Parisiis disputatae* (Naples : Typis Constantini Vitalis, 1618), q. 4, f. 29rb.

2.2 La notion de participation et ses déclinaisons

2.2.1 La thèse de Gilles de Rome

Dès sa formulation, la position thomiste a ses détracteurs et ses fidèles. Chez les premiers, on pointe la circularité de la théorie. L'idée d'une participation soumise aux dispositions du sujet paraît entraîner régression : il faut d'abord que le sujet participe plus ou moins à la dite disposition pour recevoir proportionnellement la forme dont il est question. En refusant que l'intensification soit interne à la forme, mais plutôt due aux dispositions du sujet, on doit concéder que la disposition en question, qui est elle-même une forme, admet intrinsèquement le plus ou le moins[43].

Les auteurs enclins à suivre l'Aquinate, eux, ne présentent pas un front uni. Inégalement appréciée par les opposants à Thomas, qui confondront parfois les diverses options « participatives », la variété des positions inspirées par le maître dominicain témoigne du souci d'en dépasser les hésitations. Les divergences vis-à-vis de la position thomasienne exploitent les différentes manières de concevoir le rapport de l'essence de l'accident à son inhérence. Gilles de Rome (†1316) récupère ainsi à la fois le principe de la solution thomiste et une ontologie réductionniste de l'accident assimilant son *esse* à un *inesse*. Cependant, le durcissement de la distinction entre l'être et l'essence *ut res et res* occasionne chez lui l'infléchissement la théorie de la participation du sujet à la forme vers une théorie de la participation de l'*essence de la forme* à son être. Selon Gilles, l'essence ne peut pas changer de degré sans changer d'espèce[44]. À ses yeux, la position de Thomas a coupé le lien entre le principe de simplicité de la forme et celui d'invariabilité de l'espèce : elle préserve le premier, mais doit sacrifier le second. Selon Gilles, la charité ne varie donc pas *essentialiter* – mais seul l'être de la forme inhérente au sujet varie[45] :

> Hec autem positio stare non potest, quia augmentari aliquid essentialiter est ipsum augeri secundum gradus essentiae : quod nec formae substantiali nec accidentali competere potest manente eadem forma secundum speciem.

Gilles admet que les vertus présentent une analogie avec certaines quantités comme les grandeurs géométriques. Les vertus ne sont pas seulement

---

43 Voir Jean Duns Scot, *Ordinatio*, dans *Opera Omnia*, Commissio Scotistica, eds. C. Balić *et al.* (Città del Vaticano : Typis Polyglottis Vaticanis, 1950–), vol. 5, I, d. 17, p. 2, q. 2, n. 45, p. 256–258 ; Godefroid de Fontaines, *Quodlibet* II, q. 10, dans *Quodlibet I-XV*, eds. M. De Wulf *et al.* (Louvain : Institut Supérieur de Philosophie, 1904–1937), vol. 1, p. 142–143.

44 Gilles de Rome, *Primus Sententiarum* (Venise : Octavianus Scotus, 1521), d. 17, p. 2, q. 1, a. un., f. 95vaK.

45 Gilles de Rome, *Primus Sententiarum*, d. 17, p. 2, q. 1, a. un., f. 95vaK.

susceptibles d'altération, comme les qualités sensibles, mais aussi d'augmentation comme les quantités. La vertu, pour cette raison, peut être dite plus grande (*maior*) en fonction de la quantité qu'elle instancie dans le sujet, celui-ci étant alors dit plus vertueux (*magis*)[46]. Gilles refuse par contre certaines explications de l'intensification qui espèrent ménager l'identité intrinsèque de la charité, comme celle qui invoque la ferveur comme *cause* réelle de l'augmentation de la charité. Cette idée avait déjà été rejetée par Thomas d'Aquin au motif qu'elle inverse cause et effet[47].

Le principe de la solution égidienne, si elle ressemble à celle de Thomas, revient en fait à la thèse de la radication : la sujet s'intensifie à mesure que la forme « s'enracine » davantage en lui. À cause de cela, Gilles se prive de rendre compte du phénomène central qu'une lecture des *Sentences* se proposait généralement d'expliquer, et que Thomas d'Aquin entendait préserver : la charité augmente essentiellement[48]. Ce point est assumé par Gilles, et le modèle de l'intensification selon l'*esse* seulement n'est, au demeurant, pas étendu à toutes les formes, mais seulement aux accidents. Les formes substantielles, déterminant l'individu à être ce qu'il est (donnant l'être *simpliciter*), ne peuvent varier selon l'être sans faire varier l'espèce dont elles sont l'acte[49] :

> Alii autem sunt secundum esse et tales esse non possunt in forma substantiali in eadem specie, quia cum forma substantialis det esse specificum supposito et esse simpliciter, si variabitur tale esse, variabitur esse specificum, et esse simpliciter, quod non potest esse absque variatione formae.

Seule la dévaluation du statut ontologique de l'accident, qui n'existe qu'en inhérant, explique la possibilité pour une même essence d'être reçue selon divers degrés dans un sujet plus ou moins disposé[50]. L'axiome selon lequel la forme donne l'être (*forma dat esse*) justifie l'idée que seules les dispositions matérielles peuvent causer le plus ou moins dans l'être reçu de la forme, dont l'action est empêchée par ces dispositions[51].

---

46 Gilles de Rome, *Primus Sententiarum*, d. 17, p. 2, q. 2, a. 2, f. 96vbP.
47 Thomas d'Aquin, *Scriptum super Sententiis*, I, d. 17, q. 2, a. 1, resp. ; Gilles de Rome, *Primus Sententiarum*, I, d. 17, p. 2, q. 1, a. un., f. 95raH.
48 À ce titre, la réaction des thomistes plus orthodoxes est significative ; voir ainsi Robert d'Orford, *Reprobationes dictorum a fratre Egidio in primum Sententiarum*, ed. A.P. Vella (Paris : Vrin, 1968), d. 17, q. 63, p. 167–173.
49 Gilles de Rome, *Primus Sententiarum*, d. 17, p. 2, q. 2, a. 1, f. 96raD.
50 Gilles de Rome, *Primus Sententiarum*, d. 17, p. 2, q. 2, a. 1, f. 96rbE.
51 Gilles de Rome, *Commentaria in libros de generatione et corruptione* (Venise : Apud Iuntas, 1518), I, q. 18, f. 60vb.

Dans son commentaire au *De generatione*, Gilles explique plus spécialement l'impossibilité des variations intensives dans les formes substantielles. Tandis que leur essence est invariable, il est également impossible que ces formes varient selon une modification de l'*esse* : puisque les formes substantielles donnent l'être spécifique, cette variation reviendrait aussi à en faire varier l'essence. Le plus ou moins pour ces formes ne peut être envisagé qu'en un sens étendu, selon lequel les différentes espèces sont ordonnées depuis Dieu selon des degrés de perfection relatifs, comme des nombres[52]. Ce sens étendu n'est qu'analogique, dans la mesure où il n'est pas d'univocité réelle entre les espèces du point de vue de l'être[53], mais il justifie l'usage des adverbes *magis* et *minus* pour des réalités participant diversement à l'être, comme la forme par comparaison à la matière ou l'animal à l'embryon.

Le refus des degrés de substance est justifié de manière plus rigoureuse encore dans les écrits sur les degrés rédigés par Gilles (ca. 1277–1278) à l'encontre des théories pluriformistes, marqués par une position strictement uniciste qu'il assouplira par la suite[54]. Dans ces écrits, la notion de degré concerne la pluralité des formes et la structure du composé substantiel. Gilles y précise néanmoins le sens de concepts qu'il réemploie sur la question de l'intensification. Tel est le cas du concept de « contenance » selon le plus ou le moins. Par-delà ses inconvénients théologiques (affectant l'identité du Christ durant le *triduum*), la thèse des degrés formels contrevient d'un point de vue philosophique à l'unité de la substance. La notion de contenance virtuelle donne sens à l'idée d'une pluralité de puissances subsumées sous une même forme. Comme une qualité participant plus parfaitement à son essence, les formes supérieures, moins attachées à la matière, possèdent les pouvoirs causaux de celles qu'elles contiennent virtuellement[55]. Gilles se montre toutefois attentif à prévenir les confusions possibles entre les divers emplois de cette notion : la contenance *secundum rem* des éléments dans le mixte, en particulier, est à

---

52 Gilles de Rome, *De generatione et corruptione*, I, q. 18, f. 60rb.

53 Gilles de Rome, *De generatione et corruptione*, I, q. 18, f. 60rb : *Entitas in rebus creatis univoce reperiri non poterit, sed analogice.*

54 G.A. Wilson, « Le *Contra gradus* de Gilles de Rome et le *Quodlibet* IV, 13 d'Henri de Gand », dans V. Cordonier, T. Suarez-Nani (eds.), *L'aristotélisme exposé. Aspects du débat philosophique entre Henri de Gand et Gilles de Rome* (Fribourg : Academic Press Fribourg, 2014), p. 29–54.

55 Gilles de Rome, *Contra gradus et pluralitatem formarum* (Venise : Bonetus Locatellus, 1502), p. 2, c. 10, f. 209va ; c. 11, f. 210rb. La courte *Quaestio de gradibus formarum accidentalium* (Naples : Antonium de Frisis de Corinaldo, 1525) tient le même propos mais s'ouvre sur la comparaison explicite des degrés accidentels et substantiels ; *op. cit.*, f. 18vb-19vb.

distinguer de la contenance purement rationnelle de la détermination générique dans la forme spécifique[56].

En dépit du délaissement relatif des théories de la participation et, plus encore, de la thèse de la distinction de l'être et de l'essence, la position égidienne trouvera des défenseurs au XIVe siècle. Gérard de Sienne, ermite de saint Augustin, maître en théologie en 1330, offre dans son commentaire des *Sentences* (lues à Paris autour de 1325) une revue détaillée de neuf positions relatives à l'intensification de la charité. L'importance accordée aux variantes des différentes positions est significative : à titre d'exemple, Gérard consacre trois articles séparés à l'examen des thèses selon lesquelles l'intensification s'effectue soit par ajout de degrés, soit par ajout d'une réalité qui serait une charité (on le verra, la position d'Auriol), soit par ajout d'une réalité qui serait une « partie matérielle » de la charité[57]. Il traite par ailleurs en deux articles distincts l'idée selon laquelle l'intensification s'effectuerait de manière interne à l'essence et l'idée qu'elle se produirait selon un « mode quantitatif intrinsèque à son essence » – formule qui, évoquant la position d'un Duns Scot, était aussi employée par Jacques de Viterbe (†1308)[58]. C'est à l'opinion de Gilles qu'il se range finalement, congédiant l'ensemble de ces vues, aussi sophistiquées soient-elles[59].

Thomas de Strasbourg, prieur général de l'ordre des ermites de saint Augustin entre 1345 et 1357, aboutira à des conclusions similaires, défendant Gilles de Rome contre les objections de Pierre Auriol (†1322) et Alexandre de Marchia (†1326). Les degrés de la forme sont des degrés de participation à son être[60], la forme, en tant que telle, étant simple et n'ayant pas de parties[61].

Chez les ermites de saint Augustin, toutefois, la théorie de Gilles ne sera pas universellement admise. Alphonse Vargas Toletanus (†1366) s'oppose aux tentatives de Gérard de Sienne et de Thomas de Strasbourg pour sauver la théorie égidienne. Sa réponse au problème met en exergue les tentatives

---

56   Gilles de Rome, *Contra gradus et pluralitatem formarum*, p. 2, c. 13, f. 211ra.
57   Gérard de Sienne, *In primum librum Sententiarum* (Padoue : Petrus Paulus Tozzius, 1598), d. 17, q. 2, a. 4, f. 390b.
58   Gérard de Sienne, *In primum Sententiarum*, d. 17, q. 2, a. 8, f. 397a.
59   Gérard de Sienne, *In primum Sententiarum*, d. 17, q. 2, a. 9, f. 398b.
60   Thomas de Strasbourg, *Scripta super quatuor libros Sententiarum* (Venise : Iordani Ziletti, 1564), I, d. 17, q. 2, f. 73rb : *Ad undecimum dicendum, quod forma est fundamentum illius participationis non quomodocunque, sed ut virtualiter continet pluralitatem graduum in esse, quos gradus formaliter communicat subiecto cum capax eorum efficitur per congruentem sui dispositionem et ideo ut sic, sibi mutuo correspondent fundamentum et relatio, puta esse secundum gradus in esse, et ipsa participatio.*
61   Thomas de Strasbourg, *Scripta super libros Sententiarum*, I, d. 17, q. 2, f. 74ra.

amorcées au sein de l'ordre augustinien pour rendre plus acceptable la théorie de l'intensification basée sur la distinction de l'être et de l'essence. La notion de *mode*, en particulier, est au centre des débats. Jacques de Viterbe avait qualifié ce qui s'ajoute à l'essence d'une chose comme un mode de cette essence[62], mais s'écartait de Gilles en soutenant l'augmentation *secundum essentiam* de l'accident[63]. Gérard de Sienne avait toutefois recherché une solution médiane : rejetant l'idée d'un mode *interne* à l'essence, il trouvait dans la notion de mode conçu comme un « effet formel de la forme » un expédient censé clarifier la notion de participation, c'est-à-dire préservant l'invariabilité de la forme et justifiant son degré d'inhérence au sujet[64]. Michel de Massa (†1337) avait déjà souligné l'insuffisance de cette solution, qui reposait selon lui sur des distinctions trop fragiles (mode / chose ; effet formel / forme), et indiquait la nécessité de penser l'intensification comme acquisition d'une nouvelle réalité[65]. Alphonse Vargas Toletanus, de même, estime la tentative caduque. Il établit pour cela que le concept de mode distinct de la chose, par lequel on espérerait penser la variabilité du sujet indépendamment de l'essence de la forme, est logiquement inconsistant : un mode est une chose. On n'aura d'autre recours que d'admettre, à un niveau ou à un autre, l'intensification interne d'une essence. Par ailleurs, même à supposer que l'être d'une forme soit distinct de son essence, il n'expliquerait pas son intensification[66]. L'intensification, pour expliquer la variation intensive du sujet, doit être interne à la forme elle-même, selon un argument caractéristique des approches additistes. Vers 1350, Grégoire de Rimini (†1358) rejoindra également le camp additiste, délaissant pour de bon l'opinion du plus influent augustinien de la fin du XIIIe siècle[67].

2.2.2   Les défenses de la position thomiste : l'époque des correctoires

Le correctoire de Guillaume de la Mare, à l'instar des *Declarationes de variis sententiis s. Thomae Aquinatis* rédigées entre 1277 et 1282, mentionne la thèse

---

62   Jacques de Viterbe, *Quodlibet*, ed. E. Ypma (Roma : Augustinianum, 1968–1975), vol. 2, II, q. 19, p. 201, l. 66.

63   Jacques de Viterbe, *Quodlibet* II, q. 3, p. 37, l. 141–143.

64   Gérard de Sienne, *In primum Sententiarum*, d. 17, q. 2, a. 9, f. 398b.

65   Michel de Massa, *Commentarium in primum librum Sententiarum*, ms. Firenze, Biblioteca Nazionale Centrale, Conventi Soppressi C.8.794, d. 17, p. 2, q. 2, a. 1-2, f. 78vb–79vb.

66   Alphonse Vargas Toletanus, *Lectura in primum librum Sententiarum* (Venise : Thomas de Spilimbergo, 1490), d. 17, f. 106ra (deux folios portent le n°106 dans l'édition, voir ici le second).

67   Voir l'étude minutieuse de C.L. Löwe, « Gregory of Rimini on the Intension and Remission of Corporeal Forms », dans *Recherches de Théologie et Philosophie Médiévales* 81/2(2014), p. 273–330.

thomiste d'un accroissement de la charité sans addition[68]. C'est toutefois dans son commentaire aux *Sentences* que le « correcteur » franciscain éclaire ce qui est selon lui la cause de l'erreur de Thomas, en soulignant deux points précis. D'une part, l'identification opérée par Pierre Lombard entre le Saint-Esprit et la charité empêche de voir en celle-ci, considérée en soi, une augmentation[69]. Mais cette augmentation s'effectue en nous, et s'effectue *secundum substantiam*, si l'on entend par là non l'augmentation d'une substance indépendante, mais celle de la quiddité d'une chose comme dans le cas de la charité[70]. D'autre part, cette distinction entre deux sens de « substance », à savoir le particulier concret et la quiddité, permet de justifier dans le second cas le modèle de l'addition. L'intensification s'effectue selon une addition, qui ne signifie nullement coprésence de deux ou plusieurs qualités dans un même sujet, mais qui implique leur union en une seule par essence (*cedunt in unam per essentiam*[71]). Refusant que la charité n'augmente que par sa radication dans le sujet, ou selon une plus grande ferveur, Guillaume refuse tout autant l'idée qu'une charité nouvelle succèderait à la précédente durant l'intensification, admettant ainsi la permanence *numero* de la même charité[72].

Comprise entre 1279 – date de la rédaction du texte de Guillaume de la Mare – et 1285, l'époque des correctoires voit se constituer différentes défenses de la position thomiste. Le correctoire *Quare*, composé entre 1280 et 1283 et attribué à Richard Knapwell, justifie l'unité de la forme en invoquant l'idée de contenance des perfections inférieures dans les supérieures, soulignant contre les théories franciscaines de la pluralité des formes qu'une chose complète et une autre incomplète ne sauraient co-exister dans le même sujet[73]. Contre les articles 31 et

---

68 Guillaume de la Mare, *Declarationes Magistri Guilelmi de la Mare O.F.M. de variis sententiis s. Thomae Aquinatis*, ed. F. Pelster (Münster i.W. : Aschendorff, 1956), p. 24 : <38. C. 61> *Secundi libri secunda parte questione 24. articulo 5. responsione principale dicit quod 'caritas nullo modo augeri potest per addicionem caritatis'. – Hoc derogat omnipotencie divine.* Cum enim nullus possit dare vel augere caritatem nisi Deus, dicere quod non potest augeri per additionem caritatis est dicere quod Deus non potest sic augere.

69 Guillaume de la Mare, *Scriptum in primum librum Sententiarum*, ed. H. Kraml (München : Verlag der Bayerischen Akademie der Wissenschaften, 1989), d. 17, q. 5, p. 214, l. 15–18.

70 Guillaume de la Mare, *Scriptum*, d. 17, q. 5, p. 215, l. 48–52 : *Ulterius sciendum quod augetur caritas secundum substantiam, id est secundum id quod est quia substantia dicitur dupliciter. Uno modo proprie, scilicet res existens per se quae non habet esse in altero, scilicet res praedicamenti substantiae, alio modo quidditas cuiuslibet rei et hoc ultimo modo accipiendo substantiam dicendum est quod caritas augetur secundum substantiam.*

71 Guillaume de la Mare, *Scriptum*, d. 17, q. 6, p. 218, l. 31

72 Guillaume de la Mare, *Scriptum*, d. 17, q. 5, p. 214, l. 22–30.

73 Richard Knapwell, *Correctorium corruptorii Quare*, ed. P. Glorieux (Kain, 1927), a. 31, Ia, p. 141.

48 du correctoire de Guillaume, l'unité de la forme est défendue dans ses dimensions psychologiques ou anthropologiques (unité de la forme en l'homme) et physiques (unité de la forme dans les mixtes[74]), la notion de degré et de noblesse de perfection qualifiant à la fois la relation des différents corps et des différentes âmes[75]. La réponse à l'article 32 relatif aux dispositions accidentelles préexistant à la réception de la forme substantielle recourt aussi à la notion de « degré » pour désigner l'état plus ou moins parfait de la forme dans l'embryogenèse[76].

À propos de l'intension des formes proprement dite, l'auteur concède que l'addition d'une perfection à une forme substantielle en fait varier l'espèce, contrairement au cas de la forme accidentelle[77]. Cependant, la critique adressée par Guillaume à la théorie thomiste de l'intension de la charité est moquée comme un ensemble de sophismes (*cavillationes*)[78] : l'inférence de la *quantitas virtutis* (expression adaptée d'Augustin pour dire la quantité de perfection) à la théorie additiste ne vaut pas, car la première n'implique ni partibilité ni divisibilité dans son sujet[79].

Comme l'a montré son éditeur Francis Kelley, le *De unitate formae* de Knapwell, réaction aux condamnations de Kilwardby du 18 mars 1277, se distancie du modèle thomiste de la génération – fidèlement suivie dans le correctoire *Quare* – en accentuant le sens d'une persistance numérique de la qualité « symbole » à travers le changement substantiel. La qualité symbole désigne une qualité commune à la substance corrompue et la substance nouvellement engendrée, telle que la chaleur de l'air qui semble persister quand l'air se corrompt pour laisser place à un feu, et qui paraît ainsi résister à la corruption de son substrat d'inhérence (la notion renvoyant premièrement à la transformation des éléments, mais engageant simultanément le statut des qualités liées à la production des mixtes, comme la chaleur d'un organisme persistant peu après sa mort, par exemple)[80]. Or, en se montrant favorable à l'idée d'une persistance numérique des qualités à travers le changement subsantiel, à l'inverse

---

74   Richard Knapwell, *Correctorium corruptorii « Quare »*, a. 48, Ia, p. 202–204.
75   Richard Knapwell, *Correctorium corruptorii « Quare »*, a. 48, Ia, p. 204–205.
76   Richard Knapwell, *Correctorium « Quare »*, a. 32, Ia, p. 146–147, p. 149, p. 154 ; voir de même l'article 91 de Guillaume (a. 5, *In Quaest. de anima*), en part. p. 373–374.
77   Richard Knapwell, *Correctorium corruptorii « Quare »*, a. 47, Ia, p. 197.
78   Richard Knapwell, *Correctorium corruptorii « Quare »*, a. 61 (a. 1, IIa IIae), p. 249 *sqq*.
79   Richard Knapwell, *Correctorium corruptorii « Quare »*, a. 61, p. 251 : *Quod dicunt quinto ad rationem primam, quod caritas habet quantitatem virtutis, licet non molis, ratione cuius augeri potest per additionem, frivolum est quia quantitas virtutis nullam ponit divisibilitatem vel partium pluralitatem in eo cuius est* […].
80   F. E. Kelley, « Introduction », dans Richard Knapwell, *Quaestio disputata de unitate formae*, ed. F.E. Kelley (Paris : Vrin, 1982), p. 39–40.

de Thomas d'Aquin, Knapwell est conduit à préciser les conditions d'identité d'une qualité à travers son intensification. La persistance d'une qualité parvenue à un certain degré lors du changement substantiel n'autorise pas à inférer la permanence des éléments dont elle est le propre, comme le pensent les pluralistes. Cependant, la nature des qualités est telle qu'elle tolère une certaine altérité dans l'identité. La variation d'une qualité est interne à son essence, à la différence de la quantité : on ne peut dire d'une ligne qu'elle est plus ou moins ligne que telle autre, que son degré de lignéité est supérieur. En revanche, un tel langage est admis pour les qualités qui peuvent être tout aussi bien comparées au moyen de l'adverbe *magis* que de l'adjectif *maior*[81]. Les qualités constituent en effet une détermination actuelle du sujet, quand la quantité en exprime la puissance, ce qui explique qu'une altération de la qualité en fasse varier la nature. Or, bien qu'une certaine multiplication *quantum ad esse* accompagne ce changement, la nature de la qualité demeure à travers le changement substantiel, dans la mesure où la matière, principe d'individuation, demeure elle-même identique[82]. Ce détail concernant le mécanisme de la génération n'est pas tout à fait anodin, dans la mesure où la persistance « virtuelle » des formes des éléments, qu'il faut entendre en un sens actif, atteste selon Knapwell de la proximité des positions thomiste et pluriformiste, là où Thomas la considérait comme une conséquence nécessaire de la thèse uniciste.

Le correctoire *Sciendum* attribué à Robert d'Orford témoigne d'une semblable prise en compte des points de vue pluriformistes et additistes. Il défend pareillement l'idée qu'une addition au sein de la forme substantielle en fait varier l'espèce, précisant que l'argumentation de Thomas sur ce point ne s'applique pas aux variations accidentelles[83]. L'unicité de la forme substantielle est défendue en concédant l'idée de formes partielles (parties de forme), présentée comme inoffensive si l'on admet l'unité de la forme totale que ces formes partielles composent[84]. Le point est notable, puisque ce qui se présente derrière cet argument comme une défense de la position de Thomas s'apparente en réalité à une formulation de la thèse de la pluralité des formes qui, nous allons le constater, gagne en influence dans le dernier tiers du XIIIe siècle.

---

81   Richard Knapwell, *Quaestio de unitate formae*, p. 70.
82   Richard Knapwell, *Quaestio de unitate formae*, p. 71. Notons qu'Hervé de Nédellec aborde de façon similaire le plus ou moins de la qualité symbole ; voir *Tractatus de formis*, dans *De quattuor materiis sive Determinationes contra magistrum Henricum de Gandavo*, ed. L.M. De Rijk (Turnhout : Brepols, 2011), vol. 1, p. 48–49, l. 1–5.
83   Robert d'Orford, *Correctorium corruptorii « Sciendum »*, ed. P. Glorieux (Paris : Vrin, 1956), a. 47, p. 191.
84   Robert d'Orford, *Correctorium corruptorii « Sciendum »*, a. 31, p. 138.

Le correctoire *Sciendum* apparaît en revanche plus fidèle à la lettre de la pensée thomiste quant à la notion de degré. Poser des dispositions intermédiaires entre l'âme et le corps est selon lui inutile, dans la mesure où l'intellective contient en elle-même les degrés d'être (*gradus essendi*) imparfaits des formes qui la préparent[85]. Pour le cas de la charité, Robert répète aussi fidèlement les vues de Thomas : la charité appartient aux formes qui peuvent être plus ou moins participées par leur sujet, cette participation impliquant une certaine divisibilité dans l'accès à l'actualité parfaite, bien que la charité soit en elle-même indivisible.

Le correctoire *Circa* de Jean Quidort (†1306), composé avant 1285, présente un usage similaire de la notion de degré. Cette notion sert à décrire les étapes menant au terme de la forme substantielle[86]. De même, les intellects humains constituent un seul et unique « degré » dans la mesure où, du point de vue de l'espèce, ils n'admettent pas le plus ou le moins[87]. Bien qu'il emploie la notion de latitude de puissance (*latitudo potentiae*) à propos de la vision divine[88], le correctoire *Circa* n'offre en revanche pas d'indication sur la question de la charité.

Les idées de son auteur sur le sujet nous sont toutefois connues par son commentaire aux *Sentences* (ca. 1292–1294). Jean Quidort adapte sa théorie de l'être et de l'essence, influencée par celle de Gilles de Rome, au cas de la charité[89]. Concernant l'augmentation de la charité selon l'essence, Jean superpose théorie de la radication dans le sujet et théorie de l'augmentation selon l'*esse* seulement, version qu'il distingue de l'augmentation selon la ferveur de la charité[90]. Les théories de la radication s'égarent en confondant l'ordre de l'intensif et celui de l'extensif, ne parvenant guère à rendre compte de l'augmentation de la forme comme telle[91]. *Toutes* les formes exceptées les formes indivisibles

---

85   Robert d'Orford, *Correctorium corruptorii « Sciendum »*, a. 32, p. 145 ; a. 90bis, p. 314 ; contre les théories de l'*inchoatio formarum*, voir a. 85, p. 303–304.

86   Jean Quidort, *Correctorium corruptorii « Circa »*, ed. J.-P. Muller (Roma : Herder, 1941), a. 31, p. 190, l. 61–65.

87   Jean Quidort, *Correctorium corruptorii « Circa »*, a. 46, p. 236, l. 17–20.

88   Jean Quidort, *Correctorium corruptorii « Circa »*, a. 1, p. 7, l. 197.

89   Voir C. Trabold, « *Esse* und *Essentia* nach Johaness Quidort von Paris im Vergleich mit Thomas von Aquin », dans *Freiburger Zeitschrift für Philosophie und Theologie* 5(1958), p. 3–36 ; J.-P. Muller, « Un cas d'éclectisme métaphysique : Jean de Paris (Quidort) O. P. », dans P. Wilpert (ed.), *Die Metaphysik im der Mittelalter, Miscellanea Mediaevalia* 2 (Berlin : De Gruyter : 1963), p. 651–660.

90   Jean Quidort, *Commentaire sur les Sentences. Reportatio I*, ed. J.-P. Muller (Roma : Pontificum Institutum S. Anselmi, 1961), d. 17, q. 2, p. 200, l. 23–27, l. 37–39.

91   Jean Quidort, *Reportatio I*, d. 17, q. 2, p. 201, l. 61–66 : *Quia numquam in concreto est magis et minus secundum formam, sicut album dicitur magis et minus album secundum albedinem, quin forma secundum se habeat magis et minus, non dico secundum extensionem, sed secundum intensionem, cum concretum non sit magis et minus nisi secundum formam suam.*

et les quantités déterminées ont en elles une « latitude » (une marge d'indétermination ou de variation) rendant raison d'un plus ou moins (« secundum quam latitudinem ipsa forma dicitur maior et minor »[92]). Le principe aristotélicien assimilant formes et nombres ne concerne que les substances, qui ne possèdent pas une telle latitude[93]. Jean n'hésite donc pas à poser une latitude interne à la plupart des accidents, sans aller cependant jusqu'à admettre une addition de degrés, pas même, comme certains, l'addition des degrés d'être, dans la mesure où elle impliquerait des degrés dans l'essence[94].

L'affirmation d'une latitude susceptible de plus ou moins, adossée au refus du modèle additiste, place Jean dans une position intermédiaire. Les formes comme la charité peuvent contenir en elles-mêmes *virtualiter* des degrés inférieurs. À la différence toutefois de formes indivisibles comme le tétragone et le trigone, dont l'une contient l'autre en en différant réellement et spécifiquement, les formes intensibles ne se distinguent pas spécifiquement des degrés inférieurs qu'elles contiennent, restant même identiques numériquement à travers l'augmentation[95]. L'intensification demeure donc inassimilable à une addition de degrés.

2.2.3   Les inflexions apportées à la théorie thomiste

La phase des correctoires, dédiée à la défense de Thomas, aboutit à la prise de conscience de la nécessité de nouveaux outils conceptuels pour l'immuniser contre de telles attaques.

Thomas de Sutton dirige autour de 1290 ses *Contra pluralitatem formarum* et *De productione formae substantialis* à l'encontre des théories pluriformistes franciscaines, qui entretiennent une conception erronée des dispositions (dispositions substantielles dans le cas de la pluralité des formes ; accidentelles pour la génération). Mais c'est à l'occasion de questions disputées qu'il aborde, à deux reprises, les phénomènes intensifs proprement dits. La formulation du problème dans sa 11ᵉ *Question ordinaire* exprime une opposition, *pour le cas de la charité*, aux théories additistes : la manière dont augmente la charité oblige à la distinguer d'un *habitus* comme la science, qui croît par la possession d'un plus grand nombre d'objets (connus) et, ainsi, par un type d'addition[96]. La prise en compte de ces différents types d'*habitus* oblige à reconnaître la spécificité

---

92   Jean Quidort, *Reportatio I*, d. 17, q. 2, p. 201, l. 72–73.
93   Jean Quidort, *Reportatio I*, d. 17, q. 2, p. 201, l. 53.
94   Jean Quidort, *Reportatio I*, d. 17, q. 3, p. 205–207.
95   Jean Quidort, *Reportatio I*, d. 17, q. 3, p. 209, l. 182–194.
96   Thomas de Sutton, *Quaestiones ordinariae*, ed. J. Schneider (München : Verlag der Bayerischen Akademie der Wissenschaften, 1977), q. 11, p. 329, l. 372–390.

de l'intensification proprement dite, qu'Henri de Gand a voulu comprendre au moyen du concept de « latitude de degrés » (*latitudo graduum*)[97]. La position de Thomas d'Aquin lui est préférable, car elle explique l'accroissement de la charité tout en évitant l'idée d'addition : celle-ci suppose, d'une manière ou d'une autre, une distinction entre choses d'une même raison. Dans la mesure où une distinction ne peut exister sans une certaine opposition, rien dans la qualité en question (la charité) ne peut assurer le fondement d'une telle distinction[98]. L'augmentation de la charité est le résultat de l'agir du sujet qui, par ses opérations, se dispose davantage à la réception de cette vertu. Mais Thomas de Sutton se refuse à exploiter de manière exclusive l'assimilation caractéristique de sa doctrine de l'*esse* accidentel à son *inesse*[99]. Il reprend à son compte la critique de l'intensification par radication ou selon l'*esse* seulement[100]. L'augmentation selon la radication vaut simultanément augmentation selon l'essence, qu'elle fait parvenir à un « mode » d'être plus parfait (*perfectior modus essendi*) – notion qui sauvegarde la simplicité essentielle de la forme[101], laquelle soutient son assimilation au nombre[102].

La question 14 de son troisième *Quodlibet* confirme ces analyses en ajoutant à la critique de la position d'Henri de Gand celle, attribuable à Godefroid de Fontaines, d'une théorie de la succession[103]. L'intensification ne saurait signifier le remplacement d'une forme par une forme plus parfaite car toute corruption suppose soit disparition de la cause maintenant la chose dans l'être, soit présence d'un contraire[104]. Contre cette théorie, Thomas a soin de détourner une objection alléguant l'analogie entre ontogenèse et accroissement de la charité : la charité ne connaît certes pas de contraire, mais se corrompt à la venue d'une charité supérieure comme les formes inférieures, disposant aux

---

97   Thomas de Sutton, *Quaestiones ordinariae*, q. 11, p. 329, l. 394.
98   Thomas de Sutton, *Quaestiones ordinariae*, q. 11, p. 329–330, l. 414–432.
99   Thomas de Sutton, *Quaestiones ordinariae*, q. 11, p. 334, l. 515–516 ; p. 335, l. 546. Voir S.-T. Bonino, « Le statut ontologique de l'accident selon Thomas de Sutton », dans *Revue Thomiste* 112/1(2012), p. 121–156.
100 Thomas de Sutton, *Quaestiones ordinariae*, q. 11, p. 334, l. 527–529.
101 Thomas de Sutton, *Quaestiones ordinariae*, q. 11, p. 334, l. 546–547. Sur cette notion, voir p. 336, l. 563–567 ; p. 337, l. 584–586 ; p. 338, l. 601–604 ; p. 339–340, l. 641–646, l. 647–664. Voir l'analyse de Solère, « Les variations qualitatives », p. 190–196.
102 Thomas de Sutton, *Quaestiones ordinariae*, q. 11, p. 335, l. 536–538 : *Dicit enim quod caritatem augeri secundum essentiam est ipsam augeri secundum gradus in essentia. Caritas autem et aliae formae non habent gradus in essentia, quia formae sunt sicut numeri.*
103 Thomas de Sutton, *Quodlibeta*, ed. M. Schmaus (München : Verlag der Bayerischen Akademie der Wissenschaften, 1969), III, q. 14, p. 430, l. 28–33.
104 Thomas de Sutton, *Quodlibeta*, III, q. 14, p. 430, l. 47–50 ; p. 431, l. 73–74.

formes plus parfaites, se corrompent durant la génération des êtres naturels[105]. L'objection manque selon Thomas de comprendre qu'une même forme peut réaliser successivement différentes perfections plus ou moins grandes au sein d'un sujet, sans supposer aucun *degré* interne à son essence, qui reste simple pour toute forme (substantielle ou accidentelle, naturelle ou spirituelle). La cohérence des positions de Thomas de Sutton sur le problème de l'unité de la forme et celui de sa variation intensive met en évidence son exigence d'une théorie unifiée des différents usages du concept[106]. Elle témoigne aussi du besoin d'un nouveau terme, à savoir celui de mode, pour appuyer l'idée d'une augmentation essentielle de la charité, et par conséquent d'une variation interne à l'essence, que Thomas d'Aquin n'acceptait qu'avec réticence.

D'autres auteurs s'opposant aux théories additistes accentuent la prise de distance vis-à-vis de Thomas d'Aquin. Ainsi, Pierre d'Auvergne, maître en théologie en 1296, caractérise l'intensification comme intégration du degré inférieur de charité dans le degré supérieur, admettant que les formes sont divisibles en degrés *virtuels*. La manière dont Pierre d'Auvergne conçoit les degrés est originale et marquera les débats internes à l'ordre dominicain du début du XIVe siècle : Pierre ne voit pas l'essence comme un ensemble d'états abstraits possibles. L'essence de la forme est tout entière présente en chacun de ses degrés, le degré inférieur étant inclus *virtuellement* dans le degré supérieur, mais le degré supérieur étant aussi inclus virtuellement dans le degré inférieur[107].

Dans les premières années du XIVe siècle, Hervé de Nédellec (†1323) achève ce mouvement d'intégration du concept de degré au sein de théories pourtant acquises à la cause de Thomas d'Aquin. Hervé affirme sans détour l'existence d'une indétermination ou d'une latitude interne à l'essence ou à l'être, et prévient les objections contre les présupposés ontologiques de cette position, en posant que cette variation interne à l'essence est indépendante de la thèse d'une distinction réelle entre l'être et l'essence[108] :

---

105 Thomas de Sutton, *Quodlibeta*, III, q. 14, p. 432, l. 87–97.
106 Voir J. Schneider dans *Quaestiones ordinariae*, « Einleitung », §4 Die Einheit der Form, p. 90–122.
107 Pierre d'Auvergne, *Quodlibeta*, III, q. 13, ms. Vaticano (Città del), Biblioteca Apostolica Vaticana, Vat. Lat. 932, f. 138v. Pierre aborde le statut du plus ou moins dans les formes substantielles dans les *Quaestiones in Metaphysicam* VII, 3 ; voir E. Hocedez, « Les *Quaestiones in Metaphysicam* de Pierre d'Auvergne », dans *Archives de Philosophie* 9/3(1932), p. 179–234, ici p. 226 ; sur l'évolution de la position de Pierre entre les *Questions* sur la *Métaphysique*, où il incline vers une théorie des contraires, et les *Quodlibets*, où le travail de la notion de virtualité permet de fonder sa nouvelle position, cf. Solère, « Les variations qualitatives », p. 183–190.
108 Hervé de Nédellec, *Commentaria in quatuor libros Sententiarum* (Paris : Apud Viduam Dyonisii Moreae et Dyonisium Moreau filium, 1647), I, d. 17, q. 4, f. 96aA.

In essentia omnis forma quae recipit magis et minus est aliqua latitudo. Et non solum in esse, sed etiam in essentia, sive esse sit idem realiter cum essentia, sive differat.

Hervé n'hésite cependant plus à parler de degrés pour décrire cette marge d'indétermination. Le principe d'invariabilité des espèces que ce point semble compromettre est détourné par le rejet de l'argument dont usait l'Aquinate pour contrer les théories additistes : les variations graduelles dans l'essence ne font pas toujours varier l'espèce, mais seulement quand les degrés s'ajoutent à l'essence en lui apportant une détermination extérieure, c'est-à-dire selon une raison absolue comme dans le cas d'une différence spécifique (« tantum quando illi gradus accipiuntur secundum absolutam rationem, sicut differentiae specificae important gradus »[109]).

Ce ralliement au lexique de l'addition graduelle est tout en nuances. La thèse d'une augmentation de la charité par addition ne peut se comprendre sur le modèle d'une addition de deux réalités distinctes[110]. Un certain ajout de degrés est responsable de l'intensification, mais toujours selon le modèle d'une contenance virtuelle des degrés, dont le plus parfait comprend l'imparfait, et non à la manière de deux parties désignables séparément (« non quidem secundum diversas partes signabiles, sed virtuales, ita quod primus gradus continetur in secunda virtute »[111]). La position d'Hervé, en voulant accepter les conséquences d'une latitude essentielle, offre donc l'exemple d'une théorie hybride entre participation et additisme, corrélative d'un état intermédiaire du concept de degré, différent de celui prévalant chez les franciscains, c'est-à-dire refusant l'idée d'une addition stricte de degrés distincts, d'autant plus pour les formes substantielles[112].

Toutes les œuvres issues des polémiques entre dominicains et franciscains sur la pluralité des formes ne portent pas la même attention au concept de degré. Le *De unitate formae* (1278) de Gilles de Lessines n'emploie pas l'expression *gradus formarum*, alors qu'il affronte les arguments au cœur des théories pluralistes élaborées par les franciscains, et qu'il souscrit à la thèse – à propos de l'âme et des principes d'action – de la contenance virtuelle des

---

109   Hervé de Nédellec, *Commentaria in libros Sententiarum*, I, d. 17, q. 4, f. 96bA ; de même, *De unitate formae*, dans *De quattuor materiis*, vol. 1, p. 219, n. 233.
110   Hervé de Nédellec, *Commentaria in libros Sententiarum*, I, d. 17, q. 5, f. 98aA.
111   Hervé de Nédellec, *Commentaria in libros Sententiarum*, I, d. 17, q. 5, f. 98aB. La thèse est reprise pour la qualification de l'être des éléments dans le mixte ; voir *Tractatus de formis*, p. 32, l. 8–16 ; *De unitate formae*, dans *De quattuor materiis*, vol. 1, p. 217–222.
112   Hervé de Nédellec, *De unitate formae*, n. 219, p. 214, l. 1–22.

puissances[113]. Cependant, l'évolution de la notion de participation chez les penseurs qui entendent respecter l'esprit de la théorie thomiste montre une importance de plus en plus grande accordée à celle de degré, qui conditionne l'élaboration parallèle des positions relatives à l'intensité des formes. Dans ces théories de la participation, la notion de forme reste attachée à une notion d'essence qui la retient d'être assimilée à une réalité entièrement corporelle. Par la notion de *virtus* et de contenance virtuelle, le concept de degré qui émerge au sein des théories participatives post-thomasiennes convoie l'idée d'une hétérogénéité perfectionnelle. Cette hétérogénéité fait encore obstacle à un concept d'addition s'apparentant à une authentique loi de composition interne opérant sur un ensemble de grandeurs homogènes, dont les propriétés (égalité des degrés, associativité) rendent possible un traitement calculatoire.

3 Les variétés du gradualisme

3.1 *Pluralité des formes et additivité des degrés : la ligne franciscaine*
3.1.1 La réponse de Bonaventure

Relativement à l'intension de la charité, Bonaventure (†1274) pose les fondements de ce qui va constituer la ligne franciscaine, laquelle, par ses propres difficultés, suscitera des aménagements et des variations importantes. Selon lui, l'intensification s'effectue substantiellement, conformément à l'opinion « la plus commune »[114]. La démonstration de ce point, qu'il semble tenir pour évident, intéresse moins le docteur franciscain que la nature de l'accident qui subit le changement, et au sujet duquel deux opinions s'affrontent : les tenants de l'unité numérique de l'accident dans le changement ; ceux qui admettent simplement une communauté selon la forme (*consimile in forma*) mais pas d'identité numérique. Selon ceux-là, l'acroissement de la charité est semblable à l'augmentation du jour, dont on dit qu'il augmente pour signifier que chaque jour qui succède au précédent est plus long. Comme Thomas d'Aquin, Bonaventure entend pour sa part respecter l'unité numérique de la forme durant

---

113 Voir à ce propos les commentaires de M. De Wulf, *Le Traité* De unitate formae *de Gilles de Lessines* (Louvain : Université Catholique de Louvain, 1901), p. 117–118.

114 Bonaventure de Bagnoregio, *Commentaria in quatuor libros Sententiarum*, dans *Opera omnia* (Quaracchi : Editiones Collegii S. Bonaventurae, 1882–1889), I, d. 17, a. un., q. 1, resp., vol. 1, p. 308b. Bonaventure abordant l'intensification des formes à propos de la charité, on pourra se rapporter pour un aperçu de ses idées sur cet *habitus* à C.M. Cullen, *Bonaventure* (Oxford : Oxford University Press, 2006), p. 153–164.

l'intensification[115]. Les deux thèses – augmentation *substantialiter*, persistance numérique – sont solidaires et nouées l'une à l'autre dans la distinction héritée d'Augustin entre *quantitas molis* et *quantitas virtutis*. L'augmentation se dit *proprie* quand elle s'effectue selon la quantité de matière, et *metaphorice* quand elle s'effectue selon la quantité de perfection. Mais la quantité de perfection n'est pas distincte de la « substance de la charité ». Quand elle augmente, c'est donc sa substance même qui augmente et, de ce fait, cette même charité (numérique) qui persiste[116] :

> Rursus, cum virtus sit idem quod substantia caritatis, et sit quantitas virtutis, hinc est, quod de necessitate sequitur, caritatem augeri, secundum substantiam ; cum enim sit virtus, eius substantia non est alia a virtute.

Les objections portant sur les propriétés des formes – semblant mises à mal – sont désamorcées par cette même distinction. Ainsi Bonaventure peut-il soutenir que le principe de simplicité des formes ne concerne que la quantité de matière. Celui d'invariabilité de l'essence, quant à lui, n'est vrai que des formes universelles, non pas des formes singulières. Mais le maître franciscain, dont le point de vue repose donc sur l'identification de la substance de la charité et de sa *quantitas virtutis*, montre davantage d'embarras pour expliquer les modalités de l'intensification. Il rejette en tout cas l'idée qu'elle s'effectuerait en fonction d'un mélange avec son contraire : les anges, étrangers à toute concupiscence, sont capables d'une charité plus ou moins grande[117]. L'atténuation de la concupiscence s'effectue par un phénomène de contrariété, c'est-à-dire par la ferveur de la charité, mais ce n'est pas là ce qui *explique* l'intensification de la charité selon l'essence[118].

Celle-ci est due à un ajout, dont la nature est délicate à cerner. Bonaventure décrit cette intensification *per appositionem* de la charité par une charité surajoutée : « Sicut maius lumen, additum minori, ipsum auget, sic caritas

---

115 Bonaventure de Bagnoregio, *Commentaria in libros Sententiarum*, I, d. 17, a. un., q. 1, resp., p. 308b : *Ostensum enim, quod caritate manente eadem, circa eandem fieri crementum et perfectionem.*

116 Bonaventure de Bagnoregio, *Commentaria in libros Sententiarum*, I, d. 17, a. un., q. 1, resp., p. 308b.

117 Bonaventure de Bagnoregio, *Commentaria in libros Sententiarum*, I, d. 17, a. un., q. 2, resp., p. 311b.

118 Bonaventure de Bagnoregio, *Commentaria in libros Sententiarum*, I, d. 17, a. un., q. 2, resp., p. 311b.

superaddita auget minorem »[119]. Mais le principe de simplicité de la forme induit aussitôt un problème : de la même manière qu'un point n'ajoute aucune grandeur à un autre, la charité, si elle est simple, ne semble pouvoir augmenter par une addition. Selon le Docteur séraphique, le point n'offre en fait pas une bonne analogie. Si le point ne peut pas s'ajouter à un autre pour engendrer une certaine grandeur, c'est qu'il lui manque une condition d'unibilité (*unibilitas*). Ce n'est pas là le signe de son imperfection, mais bien au contraire de sa perfection ; cette perfection ne doit pas s'entendre comme perfection *simpliciter*, mais perfection dans son genre, c'est-à-dire par rapport à la ligne dont le point est le terme et l'élément simple[120]. L'ajout de la charité, paradoxalement, éloigne de la composition, dans la mesure où dans l'ordre de la *quantitas virtutis*, la composition est inversement proportionnelle à la puissance, contrairement à l'ordre matériel. Cette relation inverse explique que l'« apposition » produise une plus grande simplicité dans la charité[121] :

> Potest tamen et aliter responderi secundum veritatem, quod caritas augmentata non est magis composita, immo magis simplex ; et hoc patet sic : quia contrario modo est in quanto molis et quanto virtutis. [...] In quanto vero virtutis simplicissimum est maximum ; et ideo accessus ad simplicitatem est per additionem.

On le constate, la solution de Bonaventure recèle une certaine ambiguïté. D'un côté, elle tient fermement au modèle de l'addition. D'un autre, la spécificité de la *quantitas virtutis* provoque une hésitation évidente quant au modèle à privilégier pour penser cette addition : il semble difficile de concilier en l'état le principe de simplicité de la forme et la thèse d'une augmentation par apposition, si on veut la prendre au sens propre. Les nuances apportées à l'expression de sa thèse – par la distinction d'une augmentation propre (quantitative) et métaphorique (selon la perfection) – dissipent sans doute de manière commode les objections, mais elles laissent aussi une zone de flou quant à l'articulation des concepts mobilisés. Au demeurant, s'il pense l'augmentation de la charité par l'apposition d'une charité ajoutée, Bonaventure n'emploie guère le

---

119   Bonaventure de Bagnoregio, *Commentaria in libros Sententiarum*, I, d. 17, a. un., q. 2, resp., p. 312a.
120   Bonaventure de Bagnoregio, *Commentaria in libros Sententiarum*, I, d. 17, a. un., q. 2, resp., p. 312a : *Dicendum, quod quia punctus est simplicissimum in genere, non simpliciter, ideo non habet infinitam virtutem simpliciter, sed in genere respectu linearum.*
121   Bonaventure de Bagnoregio, *Commentaria in libros Sententiarum*, I, d. 17, a. un., q. 2, resp., p. 312b.

concept de degré que ses successeurs exploiteront davantage pour clarifier ces modalités d'augmentation.

3.1.2 Degrés des accidents, degrés des substances

Les franciscains les plus influents du dernier tiers du XIIIe siècle entreprennent de dénouer les ambiguïtés de la position de Bonaventure. Les questions *de quolibet* de Jean Peckham (†1292) – porte-parole des idées franciscaines dans les années 1270 – n'abordent pourtant pas directement l'intensification de la charité[122]. En fait, l'époque est au moins tout autant préoccupée par l'opposition à la thèse thomiste de l'unité de la forme substantielle. Paradoxalement, c'est cette dernière controverse qui va conduire à étendre le thème de l'intensité des accidents à celui des substances, bouleversant l'interprétation de la doctrine aristotélicienne de l'essence.

Roger Bacon (†1294), qui décrit l'agencement des diverses formes structurant le composé individuel en termes de degrés[123], examine ainsi l'intension possible des *substances*. Il admet que les substances premières comme secondes (au sens des *Catégories*) admettent une variation. Selon lui, la forme substantielle immergée dans la matière subit le plus ou moins car elle est inséparable de ses passions propres qui, en tant que qualités, sont affectées par la variabilité. Mais si les substances premières n'admettent le plus ou moins qu'au point de vue des individus concrets (tel âne individuel est plus parfait que tel autre), c'est seulement au point de vue inter-spécifique que les substances secondes sont comparables, puisque certaines espèces sont plus parfaites que d'autres à l'intérieur d'un même genre – l'espèce comme le genre admettant un maximum[124]. La production de la forme substantielle correspond à la complétion d'un degré imparfait vers un degré plus parfait au terme d'un processus continu[125]. Les vues de Roger menacent donc sérieusement le principe d'invariabilité des essences spécifiques qui fonde, d'un point de vue physique, la distinction du mouvement accidentel et de la génération. Le philosophe

---

122   La question 16 du second *Quodlibet* (ca. 1270–1271) pose toutefois le problème de la multiplication des œuvres méritoires, un *habitus* de charité constante étant donné ; voir Jean Peckham, *Quodlibeta quatuor*, eds. F. Delorme, G.J. Etzkorn (Grottaferrata : Editiones Collegii S. Bonaventurae, 1989), p. 107–109.

123   Roger Bacon, *Communia naturalium*, dans *Opera hactenus inedita*, II–IV, ed. R. Steele (Oxford : Clarendon Press, 1910–1913), I, p. 2, d. 1, c. 2, p. 53, c. 4, p. 58 ; *Questiones supra libros prime philosophie Aristotelis*, dans *Opera hactenus inedita*, X, ed. R. Steele (Oxford : Clarendon Press, 1930), q. 7, p. 262–263,

124   Roger Bacon, *Communia naturalium*, I, p. 4, d. 1, c. 2, p. 244, l. 9–16 ; l. 23–30 ; *Questiones supra libros prime philosophie*, q. 8, p. 284–285.

125   Roger Bacon, *Communia naturalium*, I, p. 4, p. 241, l. 6–8 ; d. 3, c. 4, p. 293, l. 25–30.

franciscain entend pourtant sauver cette distinction : la successivité des degrés par lesquels passe l'individu dans la génération est certes une sorte de mouvement, non pas toutefois en un sens physique (*motus*) mais au sens d'une *transmutatio successiva*[126]. Malgré cela, l'invariabilité des perfections spécifiques ne vaut pas si l'on s'en tient aux individus : on doit admettre selon Roger le plus ou moins dans les substances d'après les variations d'intensités de leurs propriétés caractéristiques qui sont directement observables[127].

Roger Bacon n'est pas un cas isolé. Chez les franciscains du dernier tiers du XIIIe siècle, l'admission de degrés dans les formes substantielles elles-mêmes devient fréquente, à l'intersection des querelles de la pluralité des formes et de leur intensité. Plusieurs d'entre eux tendent à réduire encore la portée de l'axiome aristotélicien assimilant espèces et nombres, en contestant sa validité autant pour les substances que pour les accidents.

Une théorie pluraliste typique des degrés formels *substantiels* se rencontre chez Matthieu d'Aquasparta (†1302). Dans ses *Quaestiones de anima*, composées sans doute peu avant 1277, Matthieu analyse le corps humain comme composé d'une forme de substantialité, une forme des éléments et une forme du mixte. L'âme humaine se compose de formes sensitive et végétative qui sont distinctes de l'intellective[128]. Matthieu emploie le concept de latitude pour évoquer les variations dont sont capables les substances, n'hésitant pas à refuser le postulat de non-intension qui leur est attaché. Celui-ci ne vaut selon lui que d'un point de vue logique, mais il ne s'accorde pas avec l'expérience, qui donne à observer des variations de perfections à l'intérieur de limites caractérisant les espèces[129]. Seul le dépassement de ces limites fait basculer dans une autre perfection spécifique[130]. Ces variations concernant la substance sont analogues à celles dont sont susceptibles les qualités accidentelles[131]. La donation d'être assurée par les formes – *simpliciter* pour les substantielles, *secundum quid* pour les accidentelles – est relativisée à la donation d'un certain degré

---

126 Roger Bacon, *Communia naturalium*, I, p. 4, d. 1, c. 2, p. 246, l. 5–14.
127 Roger Bacon, *Liber de sensu et sensato*, dans *Opera hactenus inedita*, XIV, ed. R. Steele (Oxford : Clarendon Press, 1937), p. 66–67, p. 75, p. 78.
128 Matthieu d'Aquasparta, *Quaestiones disputatae de gratia*, ed. V. Doucet (Quaracchi : Editiones Collegii S. Bonaventurae, 1935), q. 2, p. 35.
129 Matthieu d'Aquasparta, *Quaestiones de gratia*, q. 11, p. 193.
130 Matthieu d'Aquasparta, *Quaestiones disputatae de anima XIII*, ed. A.-J. Gondras (Paris : Vrin, 1961), q. 11, p. 191.
131 Matthieu d'Aquasparta, *Quaestiones de anima*, q. 11, p. 192. Pour la variation intensive des *habitus*, voir les *Quaestiones de gratia*, q. 7, p. 169–194, où Matthieu applique à la grâce reçue par l'âme des analyses relatives au *fluxus formae*.

d'être (« forma non dat esse simpliciter completum sed in tali gradu »)[132]. Les variations observables au sein des espèces, dans les âmes comme dans les corps, de même que l'organisation graduelle interne des composés concrets, manifestent les niveaux d'un univers globalement structuré par les degrés formels : « perfectio enim universi consistit in gradata formarum distinctione secundum omnem differentiam possibilem »[133].

Une nette inflexion s'observe vers 1280 dans la manière de concevoir la notion de degré et, simultanément, l'intension des formes, chez des auteurs comme Pierre de Jean Olivi et Richard de Mediavilla.

Pierre de Jean Olivi (†1298) aborde l'augmentation des vertus en énumérant sept opinions dont la plus compatible avec la foi est celle de l'augmentation d'une partie essentielle (*pars essentialis*) de la vertu[134]. Olivi est peu disert sur la nature de *ce qui* s'ajoute à la vertu pour l'augmenter, et se concentre sur les arguments pour établir l'idée d'addition en tant que telle. L'un d'eux s'appuie sur le devenir de la forme dans le mouvement[135]. L'argument est significatif, car il fait écho au développement antérieur de la question posée à propos des substances dans sa *Somme*, auquel Olivi réfère explicitement[136]. Dans la question 22 de la deuxième partie de sa *Somme*, composée avant 1279, Olivi faisait en effet preuve d'une grande liberté à l'égard de l'axiome aristotélicien de non-intensibilité des substances, adoptant lui aussi l'idée qu'il ne vaut que d'un point de vue logique. Selon Olivi, sa fausseté ne provient pas seulement du constat des différences de perfection entre individus homospécifiques. La génération même de l'individu démontre la manière dont les formes se constituent graduellement. Les formes substantielles sont ainsi pour Olivi des touts intégraux constitués par des parties étendues qu'elles acquièrent successivement.

---

132 Matthieu d'Aquasparta, *Quaestiones de gratia*, q. 2, p. 37 ; de même q. 5, p. 84.

133 Matthieu d'Aquasparta, *Quaestiones de gratia*, q. 2, p. 35.

134 Pierre de Jean Olivi, *Quaestiones de virtutibus*, ed. E. Stadter (Grottaferrata : Editiones Collegii S. Bonaventurae, 1981), V, p. 249, l. 3–5. On pourra relever que Pierre de Trabibus, dont la lecture sur les *Sentences* (vers la fin des années 1290) est marquée par l'influence d'Olivi, soutient une solution iréniste qui favorise le modèle de l'addition (d'une nouvelle charité) sans l'opposer diamétralement à d'autres manières d'exprimer la chose ; Pierre de Trabibus, *Lectura in primum librum Sententiarum*, ms. Assisi, Biblioteca del Convento di S. Francesco 154, d. 17, a. 3, q. 2, f. 63va–vb.

135 Pierre de Jean Olivi, *Quaestiones de virtutibus*, V, p. 259–260.

136 Pierre de Jean Olivi, *Quaestiones in secundum librum Sententiarum*, ed. B. Jansen (Quaracchi : Editiones Collegii S. Bonaventurae, 1922–1926), vol. 1, q. XXII, p. 418–421. Sur le lien de la notion d'*intensio* au mouvement chez Olivi, voir l'étude de D. Demange, *Puissance, action, mouvement. L'ontologie dynamique de Pierre de Jean Olivi* (Paris : Cerf, 2020), p. 142–152.

Cette manière originale de concevoir la pluralité des formes suppose une inflexion du sens accordé à la notion de degré[137]. Alors que chez les franciscains antérieurs comme Matthieu d'Aquasparta ou Roger Bacon les degrés de formes substantielles représentaient des niveaux d'organisation hiérarchisés (forme corporelle, forme végétative, sensitive, intellective), Olivi conçoit le corps comme une forme totale constituée de parties formelles. Les formes des organes ou des parties peuvent être ainsi appelées des « degrés » de forme[138] – le concept servant autant à décrire une relation d'agrégation horizontale qu'une structure organisationnelle verticale (sens qu'Olivi maintient simultanément, en évoquant des *gradus essendi*). À l'inverse, les notions exprimant le genre et la différence spécifique ne renvoient pas nécessairement à des « degrés » de forme, contrairement à ce que supposaient des versions antérieures du pluriformisme adhérant à un réalisme des natures communes, et d'une conception du composé inspirée d'Ibn Gabirol[139].

Les mêmes observations peuvent être conduites à propos de Richard de Mediavilla (†ca.1302). Richard définit on ne peut plus clairement la théorie de l'addition, et c'est d'ailleurs à son nom que la théorie sera parfois rattachée dans les doxographies ultérieures. Dans son commentaire aux *Sentences*, il affirme qu'un « degré de l'essence » s'ajoute à la charité pour la rendre plus intense[140] :

> Anima efficitur magis chara per hoc, quod charitati praeexistenti in anima additur per divinam virtutem aliquis novus gradus essentiae charitatis, ex quo et gradu charitatis praeexistente constituitur una perfectior charitatis essentia.

Dans ses écrits anthropologiques, Richard présente parallèlement une des hiérarchies des degrés de formes substantielles parmi les plus riches que l'on

---

137　S. Roudaut, « Formes partielles et *esse partialia* : les débuts d'une controverse (ca. 1250–1350) », dans *Revue des Sciences Philosophiques et Théologiques* 101/3(2017), p. 379–403.

138　Voir ainsi Pierre de Jean Olivi, *Quaestiones in secundum librum Sententiarum*, vol. 2, q. L, p. 31 ; p. 38, p. 40.

139　Pierre de Jean Olivi, *Quaestiones in secundum librum Sententiarum*, q. L, p. 45 : *Non semper oportet quod genus et differentia nominent diversas essentias realiter distinctas seu diversos gradus formales*. Sur la rupture vis-à-vis des théories antérieures, voir T. Schneider, *Die Einheit des Menschen. Die anthropologische Formel 'anima forma corporis' im sogenannten Korrektorienstreit und bei Petrus Johannis Olivi, Ein Beitrag zue Vorgeschichte des Konzils von Vienne* (Münster i.W. : Aschendorff, 1973), p. 227–232 ; P.G Ricci, « Pietro Olivi e la pluralità delle forme sostanziali », dans *Studi francescani* 8(1936), p. 225–239.

140　Richard de Mediavilla, *In libros Sententiarum* (Brescia : Apud Vincentium Sabbium, 1591), I, d. 17, a. 2, q. 2, f. 163rb.

trouve à l'époque : substantialité, corporéité/dimensionnalité, forme des éléments[141], forme du mixte, carnéité. Son célèbre *De gradu formarum* trahit cependant une hésitation entre le vocabulaire d'une pluralité de degrés formels et celui d'une pluralité de formes. Alors que la distinction de l'intellective et de la sensitive au niveau psychique est une distinction de formes, celle de la sensitive et de la végétative renvoie davantage à une distinction de degrés. Mais l'embarras de Richard est palpable en ce qui concerne la nature des organes corporels. En tant que parties de l'organisme, ils n'ont pas la même identité substantielle, mais il demeure incertain qu'ils diffèrent comme formes substantielles ou comme degrés d'une même forme[142] :

> Oportet concedere quod aliqua forma substantialis, vel aliquis gradus eius reperitur in osse, qui non in carne, et in corde, qui non in cerebro, et in oculo, qui non in aure ; et sic plures formae substantiales sunt in quolibet animali, vel plures gradus formae substantialis, in quod reperitur ista diversitas organorum seu partium.

Telle est la position du *De gradu formarum*. Plus encore que dans ce dernier traité[143], Richard tend dans ses *Questions disputées* à résoudre l'ambiguïté de cette désignation en ne reconnaissant que deux formes en l'être humain – une forme incomplète, qui inclut tous les degrés formels inférieurs à l'intellect, et une forme complétive, infusée en l'homme par Dieu. Richard décrira dans ces *Questions* le mouvement de génération même de l'animal comme une perfection graduelle de la forme, que n'interdit pas selon lui l'assimilation aristotélicienne des espèces aux nombres, l'invariabilité des formes qu'elle suppose ne valant que pour les formes achevées[144].

Un dernier exemple confirmera cette tendance chez les franciscains à étendre la notion de degrés aux formes substantielles. Vital du Four (†1327) n'adhère pas à un pluriformisme typique des franciscains antérieurs. À l'instar de Richard de Mediavilla, il nie la distinction substantielle des puissances psychiques, mais n'hésite pas à attribuer le plus ou moins aux substances de même espèce. Dans la question 4 de son troisième *Quodlibet*, Vital demande si

---

141 Richard de Mediavilla, *De gradu formarum*, dans R. Zavalloni (ed.), *Richard de Mediavilla et la controverse sur la pluralité des formes* (Louvain : Éditions de l'Institut Supérieur de Philosophie, 1951), p. 130 : *In quolibet mixto praeter hominem sunt quinque formae substantiales, scilicet quattuor formae elementares incompletae et forma mixti completiva.*

142 Richard de Mediavilla, *De gradu formarum*, p. 114.

143 Voir néanmoins Richard de Mediavilla, *De gradu formarum*, p. 129.

144 Richard de Mediavilla, *Questions disputées*, ed. A. Boureau (Paris : Les Belles Lettres, 2011-2014), vol. 6, q. 41, p. 334-335, p. 364-365. Cf. q. 39, p. 184, p. 212.

les âmes diffèrent selon des degrés comme les corps diffèrent entre eux selon des degrés de complexion. Les différences de degrés de perfection entre les âmes, qu'il faut admettre[145], ne correspondent pas nécessairement à celles observées entre les corps. Vital souligne que les degrés variables des corps ne causent pas ceux de l'âme, bien que les variations corporelles déterminent des limites pour la réception du principe psychique[146]. La latitude d'une espèce contient un maximum, que représente le Christ pour la nature humaine et le genre des âmes[147].

À l'interface des controverses, on notera que les méthodes mêmes par lesquelles s'établit le point de vue additiste présente une analogie avec l'argumentaire pluriformiste : celui-ci oppose régulièrement aux raisons d'ordre métaphysique des unicistes (l'unité par soi de l'individu ; l'équivalence transcendantale de l'unité et de l'être) un argumentaire physique (la permanence des accidents observée après la mort ; la perte de certaines fonctions organiques indépendamment des autres ; les greffes végétales, etc.)[148]. De la même manière, on invoque l'intensibilité des substances pour justifier certaines observations relevant du monde naturel (les différences de puissance dans les éléments ; les capacités variables au sein d'une espèce). Les doctrines des degrés formels conduisent en un sens, dès cette période, à entamer le principe d'immuabilité des essences, non seulement pour les accidents mais encore pour les substances. Admettre qu'un degré est une partie d'une forme, c'est admettre, d'une manière ou d'une autre, que sa composition métaphysique (genre et différence spécifique) est irréductible à la sphère logique. La thèse d'une composition *in re* des formes induit une compréhension, sinon spatiale, du moins physique de ces entités, ouvrant la voie à une nouvelle description des phénomènes sensibles liés à leur émergence dans la nature.

3.2   *Degrés des formes et formes graduelles*

Le motif des degrés formels n'est nullement propre au seul contexte franciscain. Il est thématisé au sein de divers courants, dans des contextes spéculatifs variés. Par exemple, Jean de Dacie, l'un des « modistes » du dernier tiers du XIIIe siècle, ne paraît pas séparer de manière hermétique la question

---

145   Vital du Four, *Quodlibeta tria*, ed. F. M. Delorme (Roma : Pontificium Athenaeum Antonianum, 1947), III, q. 4, p. 122 : *Sic igitur patet quod animae ex natura sua et a creatione differunt secundum gradus naturae diversos, secundum quos participant suam speciem*. Le plus ou moins ne concerne pas toutes les formes, mais celles qui supposent une participation du sujet à l'espèce (*Memoralia Vitalis de Furno*, §2.7, dans *Quodlibeta tria*, p. 245–247).
146   Vital du Four, *Quodlibet* III, q. 4, p. 128.
147   Vital du Four, *Quodlibet* III, q. 4, p. 120, p. 127.
148   Voir sur ce point Zavalloni, *Richard de Mediavilla*, p. 475, p. 480–482, p. 496.

ontologique du nombre des formes de la métaphysique sous-jacente à sa théorie grammaticale. Assez peu étudié, au regard de traités plus influents comme le *De gradu formarum* de Richard de Mediavilla, le *De gradibus formarum* de Jean, rédigé avant 1280, ne connut pas la notoriété des écrits produits sur le sujet par les maîtres en théologie[149]. Le *De gradibus formarum* est composé comme prémisse pour la résolution d'un sophisme, qui engage la détermination de la référence des noms génériques et spécifiques[150].

Sans nécessairement s'appuyer sur la correspondance entre *modi intelligendi*, propres à la présence de la chose dans l'esprit, et *modi essendi*, propres à la chose, le traité de Jean de Dacie fait une large part aux aspects grammaticaux du problème[151]. Si plusieurs arguments sont empiriques[152], la capacité de l'esprit à concevoir des fonctions séparées de l'objet, qui indiquent des formes distinctes, doit s'ancrer, d'une manière ou d'une autre, sur un attribut relevant d'un mode d'être propre à la chose. Au complexe prédicamental définissant un être est associée une hiérarchie de formes correspondantes. Cette hiérarchie inclut à sa base la permanence *essentialiter*, et non simplement *virtualiter*, des éléments, que Jean justifie au nom d'un principe de compositionnalité du mode d'être : des éléments présents seulement *virtute* engendreraient un mixte *virtute* ; si le mixte est actuel, ses parties doivent l'être aussi[153].

La réponse de Jean de Dacie se montre avant tout concernée par les conséquences de la négation des degrés formels en matière de métaphysique et de philosophie naturelle. Mais, des arguments mis en avant pour soutenir les degrés des formes, l'enjeu logique du problème et la thèse d'une correspondance forme/prédicat sont placés en premier[154] :

> Item sunt rationes concludentes, quod, qui negat pluralitatem formarum in Socrate, destruit philosophiam. Quod ostenditur primo, quia corrumpit partem adminiculatiuam philosophie, que loyca est [...]. Primum sic patet : nam qui gradum formarum negat, destruit predicationem, des-

---

149 Jean Picardi de Lichtenberg le citera aux côtés d'Ibn Gabirol dans ses *Quaestiones disputatae*, ms. Vaticano (Città del), Biblioteca Apostolica Vaticana, Vat. lat. 859, f. 165rb.
150 Jean de Dacie, *De gradibus formarum*, ed. A. Otto, dans *Johannis Daci Opera* (Copenhagen : GAD, 1955), p. 515–517.
151 Jean de Dacie, *De gradibus formarum*, p. 520, p. 533, p. 540, p. 541, p. 557, p. 567–568.
152 Un argument original relève par exemple que l'expérience nous montre davantage inclinés envers les membres de notre espèce qu'envers d'autres espèces, ou envers nos proches plutôt que des personnes éloignées, ce qui ne peut être dû à l'âme rationnelle, et prouve l'existence d'un autre principe en nous ; Jean de Dacie, *De gradibus formarum*, p. 529.
153 Jean de Dacie, *De gradibus formarum*, p. 527–528, l. 22–8.
154 Jean de Dacie, *De gradibus formarum*, p. 531, l. 10–21.

truit reduplicationem, inplicat oppositionem, tollit indiuidui compositionem, tollit actus specifici proprietatem, tollit ordinem predicabilium, tollit etiam uniuocationem et perseitatem.

La négation des degrés formels introduit une scission entre l'ordre de la prédication et l'ordre réel, en détruisant l'univocité des prédicats attribuables à un sujet et, de là, la conformité du discours aux choses. Le point de vue de Jean de Dacie offre l'un des témoignages les plus importants qui nous sont parvenus de la manière dont le problème des degrés des formes fut reçu en contexte modiste[155]. Ses aspects grammaticaux et logiques prennent un relief particulier, dans son cas, qui s'ajoute à ses enjeux relatifs à la philosophie naturelle et à la métaphysique.

3.2.1   Émergentisme et raisons séminales

C'est justement aux confins de la philosophie naturelle et de la métaphysique que l'évolution du concept de degré accouche d'interprétations originales de l'hylémorphisme, que l'on est tenté de qualifier d'émergentistes. Le cas de Roger Marston est, à cet égard, particulièrement intéressant. Chez les pluralistes du dernier tiers du XIIIe siècle, il est celui qui, dans ses *Quodlibets* composés vers 1282–1284, se rapproche le plus de la théorie uniciste, interprétant nettement les différentes formes substantielles comme degrés d'une même forme[156]. Une même forme, d'abord *forma diminuta*[157], est intensifiée (*intendi*) et s'anoblit (*nobilitari*) en acquérant des degrés qui la complètent et que Roger appelle *esse substantialia*[158] :

> Unde sicut quando a forma corporeitatis procedit generatio descendendo per formam elementi et formam mixti et formam animalis usque ad for-

---

155   Notons qu'un auteur comme Raoul le Breton, auteur d'une question sur l'intensité des formes (*Quae sit causa susceptionis magis et minus*, ms. Nürnberg, Stadtbibliothek, Cent V 21, f. 125ra-rb), aborde le problème du plus ou moins dans les substances dans son commentaire aux *Catégories*, admettant cette possibilité mais refusant qu'une même forme varie individuellement ; Raoul le Breton, *Quaestiones Radulphi super artem veterem* (Venise : Johannes Rubeus Vercellensis et Albertinus Vercellensis, 1499), f. f8rb–g1ra ; f. g1vb–g2va.

156   Roger Marston, *Quodlibeta quatuor*, eds. G.F. Etzkorn, I.C. Brady (Quaracchi / Grottaferrata : Editiones Collegii S. Bonaventurae, 1968,) II, q. 22, p. 255, l. 12–14 : *Nec tamen pono hic plures formas, sed unam tantum habentem diversa esse substantialia quae per transmutationem acquiruntur*.

157   La notion est centrale : voir Roger Marston, *Quodlibet* II, q. 22, p. 233, l. 15 ; p. 234, l. 2–3, l. 20 ; p. 236, l. 14–16 ; p. 254, l. 23 ; p. 255, l. 3 ; p. 259, l. 11 ; p. 261, l. 6 ; p. 262, l. 3 ; p. 264, l. 8–11.

158   Roger Marston, *Quodlibet* I, q. 17, p. 49, l. 18–23.

mam asini, continue nobilitatur ista forma substantialiter transmutata per esse varia substantialia quae acquirit, sic etiam necesse est materiam substantialiter transmutari.

Selon Roger, les *esse substantialia* reçues au sein de la forme rendent compte du passage de la simple matérialité du mixte corporel aux fonctions animales qu'il développe ensuite. Le rapport de l'incomplet au complet n'implique nulle variation spécifique, la diversité des degrés formels étant subsumée sous une unique forme[159]. Le schème de l'addition des degrés permet ainsi de transposer le modèle de la dynamique des accidents à l'ontogenèse des formes substantielles, dont les attributs émergent progressivement par la perfection d'une matière[160]. L'insertion de cette ontologie gradualiste au sein d'une conception réaliste des natures généro-spécifiques conduit en outre à penser la contraction physique d'une même forme, durant l'embryogenèse, d'un état génériquement indifférencié à une spécification aboutissant à son individuation[161] :

> Unde materia sub forma generis generalissimi habet esse incompletissimum correspondens formae generis, quod tamen per actionem agentis promovetur et magnificatur continue per esse substantialia formae manentis, ita quod, adveniente posteriori, non corrumpitur esse quod prius erat, sed magis perficitur. Sicut quando ex tepido fit calidum et ex calido magis calidum, non corrumpitur calor qui inerat, sed magis intenditur et augetur.

L'équilibre trouvé par Marston entre unicisme et pluralisme tient à l'idée de perfection graduelle, qui permet d'éviter tant la thèse d'une superposition de principes formels réellement divers que celle d'une succession de formes distinctes dans l'ontogenèse, attachée à la position thomiste. La perfection de la substance comme celle de l'accident s'effectue par le biais d'une intensification supposant l'identité numérique des formes[162]. L'isomorphisme entre intension des formes accidentelles et graduation des substances rapproche Roger Marston de Richard de Mediavilla, fragilisant chez lui aussi le sens de

---

159   Roger Marston, *Quodlibet* II, q. 22, p. 256, l. 1–5.
160   G.J. Etzkorn, « The Grades of Form according to Roger Marston », dans *Franziskanische Studien* 44(1966), p. 418–454 ; G.J. Etzkorn, « Roger Marston's Grades' Theory in the Light of His Philosophy of Nature », dans P. Wilpert (ed.), *Die Metaphysik im der Mittelalter*, p. 535–542.
161   Roger Marston, *Quodlibet* I, q. 17, p. 50, l. 8–15.
162   Roger Marston souscrit également à l'intensification *secundum essentiam* de la charité ; voir *Quodlibet* IV, q. 37, p. 448, l. 2.

la génération comme transmutation, c'est-à-dire changement non-successif. La réduction de la génération à une altération est toutefois évitée grâce à la remarque, tirée de *Physique* V 1 (225a26), selon laquelle un mouvement proprement dit requiert un être déjà constitué en acte, alors que la gradation de la forme substantielle amène précisément le sujet à être en acte[163]. De même, l'analogie avec l'intensibilité des accidents n'implique pas de plus ou moins dans la forme substantielle[164]. Le sujet individuel de la génération, dans son mouvement vers l'acte complet, ne varie pas spécifiquement : étant en voie d'acquisition de son espèce, il n'est inclus que sous le genre auquel les espèces qu'il parcourt appartiennent[165]. Pour Marston, les raisons séminales dont parlait Augustin doivent être assimilées aux puissances que la matière contient en relation à des formes déterminées. Elles correspondent aux formes diminuées qui sont la base du développement graduel menant aux êtres complètement spécifiés et individués[166].

Cette herméneutique des raisons séminales est intéressante, dans la mesure où ce thème tend à la fin du XIIIe siècle à se dissiper dans des interprétations préférant y voir une manière de désigner l'être en puissance de la matière ou les pouvoirs causaux des substances naturelles. Dans les années 1290, malgré tout, un auteur comme Jacques de Viterbe défend encore une telle interprétation réaliste : les raisons séminales sont réellement identiques aux potentialités de la matière ou, plus exactement, à ce que Jacques nomme *aptitudines* ou encore *idoneitates* – expression rendant le terme επιτηδειότης employé par le commentaire de Simplicius aux *Catégories*[167].

La thèse se trouve étayée chez Jacques de Viterbe par l'idée, conforme à ce que proposait Albert le Grand, que les formes potentiellement contenues dans la matière ne diffèrent pas selon l'essence de leur état actualisé[168]. La proximité de cette idée au thème des degrés intensifs se remarque à la similitude des concepts employés. Pour Jacques de Viterbe, la charité, qui s'intensifie selon lui – on l'a vu – *secundum essentiam* et non seulement selon l'être[169], demeure au sens propre numériquement une dans son intensification. Cette persistance

---

163   Roger Marston, *Quodlibet* I, q. 17, p. 51, l. 16–26.
164   Roger Marston, *Quodlibet* II, q. 22, p. 266.
165   Roger Marston, *Quodlibet* II, q. 22, p. 267, l. 12–14 : *Subiectum tamen generationis manens commune in generato et corrupto non est aliquod ens in specie, sed est tantum individuum generis.*
166   Roger Marston, *Quodlibet* II, q. 22, p. 259, l. 10–14.
167   Voir A. Côté, « Simplicius and James of Viterbo on Propensities », dans *Vivarium* 47(2009), p. 24–53.
168   Jacques de Viterbe, *Quodlibet* II, q. 5, p. 70–71, l. 389–395.
169   Jacques de Viterbe, *Quodlibet* II, q. 3, p. 37, l. 141–143.

numérique provient du fait que l'augmentation intensive ajoute seulement un « mode de l'essence » – terme qui permet également de décrire l'actualisation des formes incomplètes dans la matière[170]. Cette interprétation de la génération en termes d'actualisation du degré d'être des essences, confortant le thème des raisons séminales, se trouve dans le cas de Jacques de Viterbe fortement redevable d'une inspiration néo-platonicienne, reçue de Simplicius, qui assimile le sensible à un être incomplet s'efforçant vers sa perfection essentielle.

Le déclin du thème des raisons séminales comme théorie explicative de la génération correspond partiellement dans le dernier tiers du XIIIe siècle à la promotion d'une nouvelle conception de la matière, laquelle se voit attribuer de plus en plus fréquemment un être positif. Ce nouveau statut ontologique rend sans doute moins pertinent le recours à des raisons séminales qui, au sein d'une matière de plus en plus souvent conçue comme actuelle, font alors figure de causes occultes. Chez Jacques de Viterbe et Roger Marston, abstraction faite des divergences qui les séparent, les interprétations encore réalistes de ce concept témoignent d'une volonté d'amalgamer le nouveau vocabulaire des degrés intensifs à une conception relativement traditionnelle de la matière. Ces deux cas n'en sont que plus symptomatiques d'un basculement dans la manière de concevoir l'idée de degrés des formes. Le déclin des raisons séminales signale en effet une mutation dans la manière d'employer la notion de degré, qui conclut une première phase de légitimation du concept pour l'analyse des accidents, que l'on tente d'étendre de manière plus controversée aux substances. À mesure que la forme est davantage considérée comme une entité concrète, divisible, voire étendue, la notion de degré peut s'appliquer aux parties qui la composent : s'éloignant de l'idée de gradation ontologique liée à une conception abstraite de l'essence, elle marque un infléchissement du regard porté sur les phénomènes intensifs vers une perspective plus empirique.

---

170   Jacques de Viterbe, *Quodlibet* II, q. 19, p. 201, l. 66.

CHAPITRE 3

L'émergence du concept de latitude

1   **Intensité *in subiecto* et intensité intrinsèque chez Henri de Gand**

Les condamnations parisiennes de 1277 assignèrent certaines contraintes à la doctrine de l'hylémorphisme, comme l'interdiction de penser l'individuation d'une même forme présente en divers individus simplement par la matière[1], ou la possibilité d'une production de la forme par un agent supérieur immatériel[2]. Pour l'histoire de la quantification des formes, l'une d'entre elles joua un rôle particulier. La proposition 124 condamnait le refus de différences de noblesse entre divers intellects au motif que toute différence proviendrait des corps. La thèse oblige à nier la noblesse plus grande de l'âme du Christ vis-à-vis de celle de Judas[3]. Or, le point occupe précisément les débats sur l'intensité des formes à la fin du XIIIe siècle, où l'on interroge de plus en plus la possibilité d'une variation dans les formes substantielles, en envisageant la question tant *in concreto* qu'*in abstracto*, c'est-à-dire la possibilité pour une forme substantielle de varier en elle-même indépendamment de son sujet[4].

Les vues d'Henri de Gand (†1293) sont une étape importante dans l'évolution de ce débat. Vers la fin du XIIIe siècle, Henri joue un rôle certain dans la généralisation de la notion de latitude, qu'il pense comme interne à l'essence de la forme, indépendamment de son sujet[5]. Il convient, pour le comprendre, de rappeler certaines thèses fondamentales de la métaphysique henricienne. Alors que chez Thomas d'Aquin, l'acte d'être dépendait de la forme, une matière sans forme étant impossible, l'admission chez Henri de Gand d'un *esse essentiae* propre à tout créable implique la concession, pour chaque réalité, d'un degré

---

1 *La condamnation parisienne*, ed. D. Piché (Paris : Vrin, 1999), Prop. 96, Prop. 97, p. 108 ; Prop. 191, p. 138.
2 *La condamnation parisienne*, Prop. 103, Prop. 105, p. 110 ; Prop. 192, p. 138.
3 *La condamnation parisienne*, Prop. 124, p. 116 : *Quod incoueniens est ponere aliquos intellectus nobiliores aliis, quia, cum ista diuersitas non possit esse a parte corporum, oportet quod sit a parte intelligentiarum, et sic anime nobiles et ignobiles essent in necessario diuersarum specierum, sicut intelligentie. – Error, quia sic anima christi non esset nobilior anima Iude.*
4 Voir par exemple François Marbres, *Quaestiones super VIII libros Physicorum Aristotelis perutiles* (Venise : Octavianus Scotus, 1520), V, q. 2, a. 1, f. 52raF.
5 La position d'Henri a été étudiée par J.-L. Solère, « Les degrés de forme selon Henri de Gand (Quodl. IV, q.15) », dans G. Guldentops, C. Steel (eds.), *Henry of Ghent and the Transformation of Scholastic Thought* (Leuven : Leuven University Press, 2003), p. 127–155.

minimal d'actualité[6]. Le statut potentiel de la matière vis-à-vis de la forme est donc reconduit à une différence de degré d'actualité : la matière possède un *esse* indépendant, essentiellement antérieur à celui conféré par la forme[7]. La systématisation de la distinction *esse essentiae / esse existentiae* infiltre de façon symétrique la notion de forme, qui n'équivaut plus, quant à elle, à la plus haute actualité au sein du créé. Comme élément en attente d'une actuation proprement existentielle, la forme est elle-même affectée d'une potentialité vis-à-vis de l'existence – ce point étant moins marqué chez Thomas d'Aquin, où la forme signifiait un acte reçu dans une matière limitant l'être dont elle était porteuse[8].

Le contrecoup de ce nivellement métaphysique est immédiat : la forme est assimilée, plus qu'à une essence donnant formellement l'être à un sujet, à un pouvoir concret d'action[9]. Chez Thomas d'Aquin, la forme était avant tout un *principe* d'action : une forme agit en communiquant son être à un sujet. Thomas pouvait ainsi affirmer qu'une forme en tant que telle n'agit pas, mais que seul le sujet agit : « calor nullo modo calefacit, proprie loquendo »[10]. Seul le corps chaud produit la chaleur qu'il diffuse. Par contraste, la forme devient chez Henri identique au pouvoir causal qu'elle engendre dans l'individu qu'elle informe.

Cette redisposition des concepts de forme, d'actualité et d'action sous-tend sa position sur l'intensité des formes. Sa vision des phénomènes intensifs se démarque de la position thomiste qui différenciait *magis* et *maius* comme

---

6   Voir P. Porro, « Possibilità ed *esse essentiae* in Enrico di Gand », dans W. Vanhamel (ed.), *Henry of Ghent. Proceedings of the International Colloquium on the Occasion of the 700th Anniversary of his Death (1293)* (Leuven : Leuven University Press, 1996), p. 211–253 ; G. Fioravanti, « Forma ed esse in Enrico di Gande : preoccupazioni teologiche ed elaborazione filosofica », dans *Annali della Scuola Normale Superiore di Pisa. Classe di lettere e filosofia*, Serie 3, 5(1975), p. 985–1031.

7   Henri de Gand, *Quodlibet* dans *Opera Omnia*, eds. R. Macken *et al.* (Leuven : Leuven University Press, 1979), I, q. 10, p. 62–74.

8   Sur le rapport d'Henri à la distinction « ontologique », voir C. König-Pralong, *Être, essence, contingence* (Paris : Les Belles lettres, 2006), intro. ; J.F Wippel, « The Relationship between Essence and Existence in Late Thirteenth-Century Thought : Giles of Rome, Henry of Ghent, Godfrey of Fontaines, James of Viterbo », dans P. Morewedge (ed.), *Philosophies of Existence : Ancient and Medieval* (New York : Fordham University Press, 1982), p. 131–164 ; J. Paulus, « Les disputes d'Henri de Gand et de Gilles de Rome sur la distinction de l'essence et de l'existence », dans *Archives d'Histoire Doctrinale et Littéraire du Moyen Âge* 13(1940), p. 323–358.

9   Voir R. Cross, « Accidents, Substantial Forms, and Causal Powers in the Late Thirteenth Century : Reflections on the Axiom *actiones sunt suppositorum* », dans Erismann, Schniewind (eds.), *Compléments de substance*, p. 133–146.

10   Thomas d'Aquin, *Summa Theologiae*, I, q. 75, a. 2, ad. 2m.

qualité et quantité et, donc, comme augmentation de l'accident ou du sujet d'inhérence. Pour Henri, *maius et minus* se disent premièrement de l'essence, qui varie en elle-même avant de conférer au sujet cette variation[11]. L'usage du terme *latitudo* dans le contexte *de intensione formarum* est entériné par Henri qui exploite la traduction donnée par Guillaume de Moerbeke (1266) de πλάτος, trouvé dans le *Commentaire sur les Catégories* de Simplicius[12] – texte abondamment cité dans la question 15 du quatrième *Quodlibet* d'Henri[13]. La notion était en fait déjà en usage en contexte médical, où elle signifiait une variabilité de la complexion ou de la santé dans les traductions latines de Galien, d'Avicenne ou encore d'Averroès[14]. Chez Henri, elle exprime une variation interne à l'essence : les variations intensives de la forme ne sont pas dues au sujet, mais à la forme elle-même. Le modèle quantitatif qui sous-tend ce concept met en œuvre les notions de degrés ou de parties : « Et est generaliter verum quod magis et minus cum contingunt per incrementum et decrementum, quod illud fit per partium appositionem, vel substractionem »[15].

La distinction des parties de la forme est, chez Henri, un point particulièrement délicat. Contrairement à ce que des auteurs comme Richard de Mediavilla ou Duns Scot admettront, les parties ne demeurent pas selon lui distinctes les unes des autres. La simplicité de l'essence suppose une distinction seulement rationnelle entre elles, même s'il est permis de dire qu'une partie moins intense demeure *virtute* dans une partie plus intense[16] :

> Partes formae recipientis intensionem et remissionem non manent in eadem distinctae ab invicem secundum suos gradus in quibus natae essent stare in diversis, nisi secundum rationem tantum, semper minus intenso manente in magis intenso virtute solum, ita quod essentia formae eiusdem consideratae secundum rationem intensi et remissi semper existit simplex, non habens partes differentes re aut intensione in quan-

---

11 Henri de Gand, *Quodlibet*, IV, q. 15, p. 247, l. 106–111.
12 Simplicius, *Commentarium in Aristotelis Categorias*, trad. G. de Moerbeke, ed. A. Pattin (Leiden : Brill, 1975), p. 392, l. 80–82 ; p. 394, l. 57 ; p. 396, l. 4.
13 Henri de Gand, *Quodlibet* IV, q. 15, p. 250, l. 185 ; p. 253, l. 243 ; p. 254, l. 269 ; p. 258, l. 355 ; p. 260, l. 402 ; p. 261, l. 427 ; p. 262, l. 450, l. 454.
14 Galien, *Microtegni*, dans *Opera omnia* (Venise : Filippo Pinzi, 1490), vol. 1, II, f. 10va–vb ; Avicenne, *Liber canonis medicinae* (Venise : Apud Simonem Papiensem, 1507), I, fen I, doct. 3, c. 1, f. 2va–vb ; Averroès, *Colliget libri VII*, (Venise : Editio Juntina secunda, vol. 10, 1562), II, f. 13rbD.
15 Henri de Gand, *Quodlibet* IV, q. 15, p. 280, l. 831–835. Un lexique similaire est appliqué à la science ; *Quodlibet* IX, q. 4, p. 90.
16 Henri de Gand, *Quodlibet* IX, q. 4, p. 90–91, l. 62–70.

tum huiusmodi, sed ratione tantum, ita quod in quocumque gradu sistat, gradus alii qui virtute sunt in illo, non sunt differentes ab illo nisi secundum rationem solum.

L'indétermination interne aux formes permet de congédier l'explication des variations intensives fondée sur la contrariété. Henri ne conteste pas l'idée d'une incompossibilité de tous les contraires en un même sujet, mais rejette la possibilité d'une actualisation complète et simultanée des qualités opposées (position qui sera retravaillée par plusieurs auteurs du siècle suivant). Henri tire de cette idée l'affirmation que la quantité virtuelle de perfection propre à l'essence, qui est cause du plus ou moins dans la forme, est cause de la contrariété, et non l'inverse[17]. Les quantités, dont la nature est fixe et déterminée, n'ont pas de contraires car cette indétermination qui en est la condition de possibilité leur fait défaut.

La position d'Henri demeure ordonnée à une certaine métaphysique de la participation et, par là, à une conception des formes comme essences abstraites. Selon Henri, les essences spécifiques elles-mêmes peuvent être décrites comme des degrés imitant plus ou moins la grandeur intensive de Dieu[18]. Le processus d'intensification des formes individuelles reflète en un sens cette relation, dans la mesure où les formes indépendantes d'un sujet échappent à la variation[19]. L'état variable d'un sujet doit donc son indétermination à sa participation plus ou moins parfaite à une forme, même si la raison en est que la forme contient en elle-même une quantité de perfection en un sens divisible. Le cas de la charité ne fait pas exception[20]. L'intensification, qui produit une variation numérique de l'accident, s'effectue sur le fond d'une identité spécifique de la forme intensifiée[21]. Le réalisme des essences communes que suppose cette affirmation autorise une double intensibilité : celle des espèces spécialissimes d'accident (comme la blancheur) et celle des espèces « subalternes » (comme la couleur), bien que les premières, opposables à un contraire, soient plus véritablement la source de l'indétermination[22].

Du même coup, l'extension de la notion de latitude conduit à une redistribution du concept de degrés : les espèces sont interprétées comme degrés des genres dont elles dépendent, le processus de spécification et de constitution

---

17   Henri de Gand, *Quodlibet* IV, q. 15, p. 252, l. 223–226 ; voir aussi les remarques du *Quodlibet* IX, q. 3, p. 85.
18   Henri de Gand, *Quodlibet* VIII, q. 8, f. 313v.
19   Henri de Gand, *Quodlibet* (Paris : Jodocus Badius, 1518), XIV q. 3, f. 557vR.
20   Henri de Gand, *Quodlibeta* V, q. 19, f. 195v.
21   Henri de Gand, *Quodlibet* IX, q. 4, p. 90, l. 52–55.
22   Henri de Gand, *Quodlibet* IV, q. 15, p. 278–279.

des propriétés essentielles au sein des espèces s'apparentent au perfectionnement graduel de l'indétermination générique qu'elles actualisent plus ou moins[23]. Ce plus ou moins requiert une raison commune (la vie, la sensitivité), sans laquelle les espèces au sein d'un genre ne peuvent être comparées que de manière impropre au moyen des termes *magis et minus*. Cette restriction portée sur les comparatifs concerne pour les mêmes raisons les espèces au sein du genre des accidents, faute d'univocité. Mais elle concerne surtout les individus au sein d'une même espèce, qui ajoutent une raison propre à celle qui leur est commune[24]. Seules certaines propriétés essentielles univoques au sein d'un genre peuvent être comparées sous ce rapport, comme l'acuité sensorielle qui différencie l'aigle du corbeau[25] :

> Unde si aliquo modo in speciebus substantiae cadat comparatio secundum magis et minus in forma generis, hoc solum contingit in speciebus differentibus solo gradu non per differentias generi superadditas, et hoc quia in eis forma indeterminata determinatur per solos gradus naturae. Si enim contingat aliquas species sic distinctas ponere sub forma alicuius, dicendum est quod univoce dicuntur secundum magis et minus in forma generis, ut magis sensitiva dicatur una talium specierum quam alia.

Finalement, la réponse d'Henri au problème du plus ou moins maintient une distinction fondamentale entre formes substantielles et accidentelles. Il peut exister des différences de perfection entre substances (composés concrets), mais ces différences proviennent, contrairement aux variations dans l'accident, de l'indétermination du sujet, et non de ce qui est participé (la perfection spécifique). Henri concède avec Averroès le plus ou moins dans les éléments, dont l'indétermination essentielle permet leur combinaison et leurs degrés d'actualité, mais en rejetant l'*inchoatio formarum* et la notion de formes

---

23   Henri de Gand, *Quodlibet* IV, q. 15, p. 263-264 ; cf. *Quodlibet* IX, q. 4, p. 91, l. 85-89 : en Dieu les raisons perfectionnelles ne se différencient pas selon l'intension ou le degré formel.

24   Henri de Gand, *Quodlibet* IV, q. 15, p. 265, l. 514-524 : *Secundum formam generis distinctam in species primo modo, nullo modo contingit dici species secundum magis et minus, quia ubi est magis et minus, debet esse penitus una ratio communis univoca vel analoga, secundum quam comparantur quae dicuntur secundum magis et minus, ita quod non secundum diversas rationes partiales sint in comparatis, sed solum secundum diversos gradus eiusdem rationis penitus, ut se habet ratio entis ad substantiam et accidens, et ratio albi ad magis et minus album. Illae autem species proprias rationes addunt super communem rationem generis quae sunt extra eam, et cum hoc virtutem aliquam addit in una specie una differentia quam non dat alteri speciei alia differentia, ut dictum est.* De même, p. 264-265, l. 508-513.

25   Henri de Gand, *Quodlibet* IV, q. 15, p. 266, l. 537-545.

incomplètes qu'on pourrait assimiler aux raisons séminales[26]. La réponse d'Henri au plus ou moins dans les formes substantielles, *considérées en elles-mêmes*, est donc négative, du fait de leur indivisibilité qui les rapproche des nombres et des figures. Les différences de perfection qu'on peut y observer leur sont extrinsèques.

Il demeure malgré tout une ultime difficulté aux yeux d'Henri. Comme sur le problème de la pluralité des formes, où le cas du Christ oblige à reconnaître deux formes substantielles pour l'espèce humaine[27], l'être humain semble faire exception. La supériorité (intrinsèque, non due au sujet) de l'âme du Christ sur les autres membres de l'espèce semble devoir amender l'idée d'indivisibilité des perfections spécifiques substantielles[28]. Ici et là, Henri ménage à l'autorité théologique une place inaccessible aux raisons de la philosophie.

2   La généralisation du concept d'intensité

2.1   *Intensivité de l'être et théorie de l'addition chez Jean Duns Scot*

La doctrine de Jean Duns Scot va prolonger les idées d'Henri de Gand en inscrivant encore davantage le problème des formes intensives dans ce que l'on pourrait appeler une métaphysique de l'intensité – le concept d'intensité étant chez Duns Scot au centre de la construction par laquelle l'ensemble du créé se rapporte à Dieu caractérisé comme être infini. L'infini, nom le plus propre à dire l'être divin, exprime l'être envisagé sous un certain mode, c'est-à-dire sous son intensité maximale. C'est dans ce cadre, dont la construction suppose le déploiement de nouveaux concepts relatifs à la théorie de la distinction, qu'est aussi pensée l'intensité de la charité[29].

---

26   Henri de Gand, *Quodlibet* IV, q. 15, p. 277, l. 758–768. L'idée des parties de la forme (genre/espèce) est admise, mais l'assimilation de la partie générique à une raison séminale comme forme incomplète graduellement amenée à sa perfection spécifique est rejetée ; cf. *Quodlibet* IV, q. 14, p. 195*sq*, p. 233–236.

27   Le point est bien connu. Voir la synthèse de C. König-Pralong, « Corps, cadavre, matière. Autour de Gilles de Rome, Henri de Gand et Dietrich de Freiberg », dans *Quaestio* 7(2007), p. 339–359 ; C. König-Pralong, « Évaluations des savoirs d'importation dans l'université médiévale : Henri de Gand en position d'expert », dans *Revue européenne des sciences sociales* 46/2(2008), p. 11–28 ; R. Macken, « Unité et dimorphisme de l'homme selon Henri de Gand », dans B. d'Amore, A. Giordano (eds.), *Teoria e prassi* (Napoli : Edizioni Domenicane Italiane, 1979), p. 177–182.

28   Henri de Gand, *Quodlibet* IV, q. 15, p. 275. Sur l'usage du concept d'intension pour décrire la pluralité des formes, voir *Quodlibet* X, q. 5, p. 92, l. 78–86.

29   L'étude la plus détaillée de la position de Duns Scot reste celle de R. Cross, *The Physics of Duns Scotus : The Scientific Context of a Theological Vision* (New York : Oxford University Press, 1998), p. 171–192.

Dans l'*Ordinatio*, Duns Scot s'occupe principalement de réfuter l'opinion de Godefroid de Fontaines, défenseur comme nous le verrons d'une théorie de la succession selon laquelle l'intensification d'une qualité consiste dans la substitution d'une forme plus parfaite à la précédente à chaque instant de l'altération, chaque forme étant en elle-même invariable[30]. Les arguments de Duns Scot oscillent entre objections physiques et métaphysiques. D'un côté, l'opinion du maître séculier conduit à définir un processus discontinu qui enfreint l'idée de mouvement propre aux accidents. D'autre part, sa position brouille l'opposition de la quantité de matière et de la quantité perfectionnelle, mais aussi l'ordonnancement des classes sous lesquelles se rangent les réalités décrites : à supposer que les états de la forme (les degrés de blancheur) soient des espèces invariables appartenant à une espèce plus générale (la blancheur), celle-ci serait un genre et non plus une espèce spécialissime prédicable de différents individus[31]. Ce dernier argument n'est pas anodin. Duns Scot est soucieux d'une caractérisation correcte du statut ontologique du degré intensif vis-à-vis de la nature d'un accident et, corrélativement, de celui de la forme sous un degré déterminé vis-à-vis de son espèce. Le rapport de la forme à son degré, qui en est un « mode » selon Duns Scot, conditionne la cohérence de la notion d'addition. Celle-ci est conçue comme analogue au rapport de la nature commune à l'individu[32] :

> Dico ergo quod additum quiditati, acceptae secundum rationem quiditatis, alterat speciem, altero dictorum modorum. Sed quod additur non quiditati ut quiditas est, non mutat ; gradus autem individualis quicumque, sicut et differentia individualis contrahens ad esse 'hoc', sive unitas sive pluralitas individualis, et breviter quaecumque condicio individualis addita naturae specificae, non additur sibi quantum ad rationem quiditativam, ita quod secundum illam rationem determinet eam, et propter hoc non mutat speciem quiditatis cui additur : non enim potest neque in aliam speciem praeexsistentem mutare, neque de non specie in aliquam speciem, nisi ipsum additum sit ratio speciei, – et tale non est aliqua condicio individualis.

Duns Scot peut ainsi maintenir la persistance d'une même charité à travers l'intensification, sa position prenant en compte la présence continue d'une

---

30   Jean Duns Scot, *Ordinatio*, I, d. 17, p. 2, q. 1, p. 234–248. Voir Maier, *Zwei Grundprobleme*, p. 50–51, p. 61–66.
31   Jean Duns Scot, *Ordinatio*, I, d. 17, p. 2, q. 1, n. 214, p. 244–245.
32   Jean Duns Scot, *Ordinatio*, I, d. 17, p. 2, q. 2, n. 251, p. 260.

même nature servant de support à un nouvel état qualitatif. La relation de l'accident à son degré, conçue comme rapport modal, ne s'illustre donc au moyen du schème nature/individu qu'à condition de la distinguer clairement du modèle du sujet de la transmutation naturelle, qui constitue un individu puis un autre[33].

Les questions 2 et 3 de Duns Scot sur le livre 8 de la *Métaphysique* étendent cette investigation à la possibilité d'un plus ou moins dans les formes substantielles et accidentelles en général. Sur la question des accidents, Duns Scot conforte la position soutenue dans l'*Ordinatio*. Il reconnaît le principe de simplicité pour les formes accidentelles[34], mais pas leur invariabilité, car les accidents sont sujets au plus ou moins. La simplicité de leur nature n'exclut donc pas une composition de degrés, qui peuvent être contenus de manière unitive en une même forme. Le cas des formes substantielles est plus délicat. La réponse du Docteur subtil préserve le principe d'invariabilité des essences spécifiques, tout en concédant des différences intra-spécifiques entre particuliers concrets[35] :

> Substantia ergo, secundum speciem in universali considerata ut quiditas, non suscipit magis et minus, sed in supposito potest, eo quod hoc individuum perfectius habet naturam specificam quam aliud compositum.

Mais cette réponse aux degrés des formes substantielles appelle une autre interrogation liée à l'acquisition de la forme, et qui occupe Duns Scot dans la dernière partie de cette question : la forme est-elle acquise instantanément ou non ? Si elle l'est, il semble difficile d'expliquer les degrés variés qu'on observe au sein des individus concrets, et on peine à rendre compte de la génération des réalités naturelles. Mais admettre que la forme n'est pas reçue *tota simul* suppose de pouvoir différencier de façon satisfaisante l'extension de la forme,

---

33   Jean Duns Scot, *Ordinatio*, I, d. 17, p. 2, q. 1, n. 234, p. 252 : *Ad argumentum in oppositum dico quod non sequitur 'manet forma eadem numero in individuo perfecto et imperfecto, ergo ipsa mutatur subiective', quia non manet ut subiectum transmutationis, sed manet sicut natura in individuis, supra quam quodlibet individuum aliquid addit. Et ratio defectus consequentiae est, quia illud quod est subiectum unius individui naturae, est etiam subiectum individui alterius, et illud etiam est possibile et mutabile ab individuo in individuum ; ipsa autem forma sicut unius individui non est subiectum ita nec alterius, et per consequens nec mutabile de uno in aliud.*

34   Jean Duns Scot, *Quaestiones super libros Metaphysicorum Aristotelis*, eds. R. Andrews *et al.* (St. Bonaventure N.Y. : Franciscan Institute Publications, 1997), VIII, q. 1, n. 22, p. 403–404, l. 20–2.

35   Jean Duns Scot, *Quaestiones super libros Metaphysicorum*, VIII, q. 2–3, n. 37, p. 424, l. 9–12.

qui implique une certaine divisibilité, et son essence indivisible. Le long examen qui convoque diverses sources comme Aristote, le *Liber sex principiorum*, mais surtout Averroès et Henri de Gand, exprime toute la difficulté du problème aux yeux de Duns Scot. Il s'appuie largement sur Henri de Gand pour penser le rapport des variations de perfection à l'unité, réemployant les règles posées par Henri pour spécifier les conditions nécessaires d'application des prédicats *magis* et *minus* à une même chose (indétermination de la nature concernée, univocité de la raison plus ou moins réalisée, etc.)[36].

La table des positions possibles sur le problème est présentée comme une opposition croisée entre Averroès et Henri sur deux questions distinctes : (1) si une forme substantielle peut être plus parfaite qu'une autre de même espèce ; (2) si la même forme numérique s'intensifie. Selon Duns Scot, Henri répond positivement et universellement à la première question (ce qui, on le voit, ne rend pas totalement justice aux formules d'Henri), mais négativement à la seconde ; Averroès répond positivement mais de façon particulière à la première (pour les éléments), et répond aussi positivement à la seconde[37]. Duns Scot donne globalement sa faveur à la position henricienne, même s'il n'accorde pas un caractère démonstratif à tous les arguments avancés pour établir le plus ou moins dans les substances. L'argument de la proportionnalité de l'action des qualités à la forme dont elles sont le propre apparaît le plus probant[38]. Toute action – celle d'un élément ou d'un mixte – n'est certes pas indicative du degré perfectionnel de la forme dont elle exprime un attribut propre, par exemple quand elle découle d'une interaction avec un agent extérieur, mais l'intensité d'une action suit la perfection de la forme quand la substance est au repos[39]. Toutefois, l'admission du plus ou moins entre différents individus ne permet pas de conclure directement à l'intensification d'une même forme numérique, d'autant moins dans le cas des êtres animés[40]. Duhem regardait Antoine André (†1333), l'un des représentants du premier scotisme, comme le

---

36 Jean Duns Scot, *Quaestiones super libros Metaphysicorum*, VIII, q. 2–3, p. 469–472.

37 Jean Duns Scot, *Quaestiones super libros Metaphysicorum*, VIII, q. 2–3, n. 217–218, p. 476–477, l. 8–3.

38 Jean Duns Scot, *Quaestiones super libros Metaphysicorum*, VIII, q. 2–3, n. 238, p. 480, l. 19–22.

39 Jean Duns Scot, *Quaestiones super libros Metaphysicorum*, VIII, q. 2–3, n. 232, p. 483, l. 7–14 : *Itaque non teneo primum medium quod omni gradui qualitatis propriae, quae inest per actionem agentis extrinseci, correspondeat proprius gradus formae, quia tunc sequitur illud inconveniens prius positum ; sed gradus qualitatis in esse quieto sequitur determinatum gradum formae. Unde breviter sic arguo : una substantia eiusdem speciei habet qualitatem necessario consequentem speciei intensiorem quam alia, et hoc excluso omni agente extrinseco ; ergo forma substantialis unius est perfectior alia.*

40 Jean Duns Scot, *Quaestiones super libros Metaphysicorum*, VIII, q. 2–3, p. 484.

premier auteur à admettre la quantification des formes substantielles. La thèse est en fait chez plusieurs auteurs du XIIIᵉ siècle et on le constate à présent, Duns Scot lui-même reprend sur ce point des idées déjà exprimées avant lui[41].

2.1.1 Importance et transversalité des concepts utilisés

Chez Duns Scot, la théorie des phénomènes intensifs, qui offre un parallèle avec le traitement de l'universel et le rapport nature commune/individu, s'articule aussi avec la question de la pluralité des formes. Chez lui, la pluralité des formes se présente sous un aspect relativement original, dans la mesure où le Docteur subtil refuse les théories franciscaines antérieures associant à chaque prédicat essentiel une forme correspondante, selon un ordre du plus au moins universel. La distinction formelle permet de penser le rapport des facultés à l'âme, des facultés entre elles et des déterminations du genre et de l'espèce[42]. Bien qu'il rejette l'actualité des éléments dans le mixte[43], une vision fortement agrégative des formes substantielles caractérise sa théorie des corps, composés selon lui d'une pluralité de formes partielles[44].

Or, les concepts définissant l'ordonnancement des étants sur le plan de l'être sont également opérants, au niveau du composé, pour décrire la structure de l'individu. Ainsi, Duns Scot emploie la notion de série de causes essentiellement ordonnées, qu'il définissait pour caractériser l'ordre hiérarchique du réel et prouver l'existence de Dieu, afin de penser l'unité des formes substantielles au sein de la substance[45]. Les critères d'une telle série (dépendance du pouvoir causal de l'effet vis-à-vis de cause ; infériorité ontologique et causal de l'effet ; simultanéité des productions causales de la cause et de l'effet) définissent un

---

41 Antoine André, *Quaestiones de tribus principiis rerum naturalium* (Padoue : Laurentius Canozius, 1475), f. 32rb–34vb ; Duhem, *Le système du monde*, vol. 7, p. 526–527.

42 Sur les puissances de l'âme et contre leur distinction réelle, voir *Ordinatio* II, d. 16, q. un., n. 18–19 (pour cette question, voir dans *Opera omnia* (Paris : L. Vivès, 1891–1895), vol. 13, p. 43–44). Pour le rapport de la forme du genre à celle de l'espèce, voir *Quaestiones in libros Metaphysicorum*, VII, q. 19, p. 370–379 ; *Ordinatio*, I, d. 8, p. 1, q. 3, n. 106–107, vol. 4, p. 201–202.

43 L. Petrescu, « John Duns Scotus and the Ontology of Mixture », dans *Res Philosophica* 91/3(2014), p. 315–337.

44 Jean Duns Scot, *Quaestiones super libros Metaphysicorum*, VII, q. 20. Sur ce thème, voir T.M. Ward, *John Duns Scotus on Parts, Wholes and Hylomorphism* (Leiden / Boston : Brill, 2014).

45 Sur ce concept, voir M. McCord Adams, « Essential Orders and Sacramental Causality », dans M. B. Ingham, O. Bychkov (eds.), *John Duns Scotus, Philosopher : Proceedings of 'The Quadruple Congress' on John Duns Scotus* (Münster : Aschendorff, 2010), p. 191–206. Sur le rôle de la preuve de Duns Scot dans l'économie de son système, voir O. Boulnois, « Preuve de Dieu et structure de la métaphysique selon Duns Scot », dans *Revue des sciences philosophiques et théologiques* 83/1(1999), p. 35–52.

certain ordre entre les êtres – relation d'ordre « vertical » qui, par son caractère transitif et non-circulaire, permet de remonter à un premier terme[46]. Chez l'individu, plusieurs formes substantielles peuvent constituer un être lorsqu'elles sont essentiellement ordonnées. Cette condition vaut aussi pour penser l'unité que constituent forme de corporéité et forme psychique, Duns Scot affirmant que la pluralité des causes formelles au sein d'un être suppose entre elles une telle relation[47]. Ce thème des causes essentiellement ordonnées, appliqué à l'ordre d'un réel désormais conçu en termes de perfection intensive, jouera un rôle dans le développement des réflexions sur la perfection des espèces, permis par l'extension du vocabulaire des intensités à l'échelle générale des êtres[48].

Plus fondamentalement, le recours à l'infini pour qualifier l'être divin et établir dans l'ordre démonstratif ses autres propriétés (unicité, immuabilité, simplicité), confère au vocabulaire de l'intensité une place décisive, valant simultanément pour une métaphysique des degrés d'être et l'ontologie des qualités. Ainsi, le modèle de l'intensité d'une forme – le degré de blancheur – est privilégié de manière significative par Duns Scot pour illustrer le rapport d'une réalité au mode qui le qualifie[49]. Il en va de même de la notion de « contenance unitive » qui permet à la fois de décrire la composition des degrés intensifs mais aussi de concilier la simplicité divine et son infinité – garantissant plus généralement à tout degré entitatif la simplicité correspondante à sa noblesse dans l'échelle des êtres. On relèvera également que la description de l'individualité s'effectue parfois chez le Docteur subtil au moyen de la notion de degré, l'expression *gradus individualis* désignant alors l'entité individuelle (haeccéité)[50]. Par ces innovations, le concept de degré – indifférent au fini ou à l'infini[51] – acquiert une portée nouvelle, co-extensive aux notions transcen-

---

46 Jean Duns Scot, *Traité du premier principe*, III, trad. J.-D. Cavigioli *et al.* (Paris : Vrin, 2001), p. 84–87, p. 110–111.

47 Jean Duns Scot, *Ordinatio*, II, d. 34–37, q. 5, n. 118, vol. 8, p. 417–418. Voir aussi la référence à l'unité d'ordre des formes partielles, dans *Quaestiones super libros Metaphysicorum*, VII, q. 20, n. 48, p. 392–393 et, sur ce passage, Ward, *John Duns Scotus on Parts*, p. 94–109.

48 E.P. Mahoney, « Duns Scotus and Medieval Discussions of Metaphysical Hierarchy : The Background of Scotus's 'Essential Order' in Henry of Ghent, Godfrey of Fontaines and James of Viterbo », dans L. Sileo (ed.), *Via Scoti. Methodologica ad mentem Joannis Duns Scoti* (Roma : PAA-Edizioni Antonianum, 1995), vol. 1, p. 359–374.

49 Jean Duns Scot, *Ordinatio*, I, d. 8, p. 1, q. 3, n. 138 dans *Opera omnia*, vol. 4, p. 222, l. 6–17.

50 Jean Duns Scot, *Quaestiones super libros Metaphysicorum*, VII, q. 13, p. 264. Sur le sujet, voir P. King, « Duns Scotus and the Common Nature », dans *Philosophical Topics* 20(1992), p. 50–76 ; O. Boulnois, « Genèse de la théorie scotiste de l'individuation », dans A. Bitbol-Hespériès, P.-N. Mayaud (eds.), *Le problème de l'individuation* (Paris : Vrin, 1991), p. 51–78.

51 Jean Duns Scot, *Ordinatio*, I, d. 8, p. 1, q. 4, n. 192, p. 261, l. 6–13.

dantales d'être et de perfection, ouvrant la voie à une nouvelle description de l'ordre des êtres et de sa cause première[52].

2.2 De l'accroissement des qualités aux degrés de l'être

La plupart des auteurs que Duns Scot influence épousent une version de la théorie additiste. Tel est le cas d'Antoine André, de Guillaume d'Alnwick ou Hugues de Novocastro[53]. On observe surtout chez les scotistes des premières années du XIVe siècle des tentatives de clarification des rapports entre forme et degré s'appuyant sur diverses ressources conceptuelles. Alors que chez Duns Scot le schème nature commune/individualité servait ici de point d'appui, d'autres solutions choisissent de redoubler différents couples notionnels, en posant par exemple, au moins depuis Guillaume de Ware[54], des parties « accidentelles » ou « matérielles » internes à la qualité (par opposition à des « parties formelles » ou « quidditatives »). Vers 1325, cette distinction sera présentée comme « commune » dans l'inventaire des opinions recensées par François Marbres (ou Jean le Chanoine)[55]. Ces différents modèles vont conduire au renforcement et à la précision des formulations parfois ambigues de Duns Scot, ainsi que des outils logiques destinés à penser l'articulation de ses concepts (modes, degrés, quiddité, forme).

Le modèle de l'addition se consolide aussi face aux objections de ses adversaires. À la suite de Guillaume de Ware, Jean de Bassols emploie l'analogie d'une certaine quantité d'eau tiède que l'on verserait dans une autre de même température : si l'on n'y observe pas d'élévation de température, c'est qu'une certaine quantité de matière y est aussi ajoutée, sans quoi l'addition de degrés produirait effectivement un effet correspondant[56]. L'image de l'eau fournit au demeurant un modèle pour penser la manière dont les degrés s'agrègent qualitativement, c'est-à-dire sans qu'il soit possible de les distinguer comme des parties *extérieures* les unes aux autres.

---

52   Voir sur ce sujet A.A. Davenport, *Measure of a Different Greatness, The Intensive Infinite, 1250–1650* (Leiden : Brill, 1999).
53   Voir Duhem, *Le système du monde*, vol. 7, p. 521–526 ; S.D. Dumont, « Godfrey of Fontaines and the Succession Theory of Forms at Paris in the Early Fourteenth Century », dans S.F. Brown, T. Dewender, T. Kobusch (eds.), *Philosophical Debates at Paris in the Early Fourteenth Century* (Leiden : Brill, 2009), p. 110, p. 123–124.
54   Guillaume de Ware, *Quaestiones in libros Sententiarum*, ms. Bordeaux, Bibliothèque Municipale 163, q. 67, f. 55rb.
55   François Marbres, *Super VIII libros Physicorum*, V, q. 3, a. 3, f. 54vbZ.
56   Guillaume de Ware, *Quaestiones in libros Sententiarum*, q. 67, f. 54rb ; Jean de Bassols, *In quatuor Sententiarum libros* (Paris : Franciscus Regnault et Ioannes Frellon, 1517), I, d. 17, q. 2, f. 116va ; sur l'argument, voir Duhem, *Le système du monde*, vol. 7, p. 504, p. 508–509.

Himbert de Garda (fl. 1320) souscrit pleinement à la conception de Duns Scot, à qui il reprend la justification de la théorie additiste : la charité augmente essentiellement car l'indivisibilité que l'on peut attribuer aux accidents concerne sa raison quidditative, non pas l'accident tel qu'il existe concrètement[57]. L'addition proprement dite concerne un degré individuel, non la raison formelle ou la nature spécifique[58]. Selon Himbert, l'unité constituée par les degrés ne s'identifie pas à celle du composé substantiel, ou à celle qui marque l'identité parfaite de l'être divin, mais à un type d'unité fondée sur l'homogénéité des parties que l'on peut penser par analogie avec le mélange de plusieurs eaux en une seule[59]. Il n'y a pas corruption du degré précédent lors de l'actualisation du degré plus intense, les degrés d'intensité étant réellement distincts entre eux[60]. Himbert prend soin de rejeter un argument, parfois présenté en faveur de la théorie de la succession, mais attribué ici à Thomas d'Aquin et Godefroid de Fontaines, selon lequel la théorie de l'addition des degrés impliquerait que les termes *a quo* et *ad quem* du mouvement d'altération soient comprésents en un même sujet[61].

Landulph Caracciolo, lecteur des *Sentences* autour de 1320, insiste quant à lui sur la distinction des touts homogènes et hétérogènes pour caractériser le mode d'addition des formes intensifiables. L'unité résultant de l'addition de degrés de même raison est une unité d'individuation[62]. Le degré précédent ne se corrompt pas quand advient un nouveau degré, ce dernier n'étant pas *abstrait* à partir du précédent, mais ajouté à partir de la puissance du sujet[63].

En dépit de la discussion inévitable du cas de la charité dans les commentaires aux *Sentences*, tous les auteurs suivant Duns Scot ne clarifient pas pareillement

---

57   Himbert de Garda, *Commentarium in primum Sententiarum*, d. 18, q. 1, a. 2, ms. Vaticano (Città del), Biblioteca Apostolica Vaticana, Vat. lat. 1091, f. 55v.

58   Himbert de Garda, *Commentarium in primum Sententiarum*, d. 18, q. 1, a. 3, ms. Vat. lat. 1091, f. 56r : *Omnis forma accidentalis quae augmentatur aut augmentatur per rationem formalem aut secundum naturam specificam aut per novum gradum individualem. Sed non augmentatur secundum formalem nec secundum naturam specificam, ergo per gradum novum.*

59   Himbert de Garda, *Commentarium in primum Sententiarum*, d. 18, q. 2, a. 4, ms. Vat. lat. 1091, f. 58r.

60   Himbert de Garda, *Commentarium in primum Sententiarum*, d. 18, q. 2, a. 3, ms. Vat. lat. 1091, f. 57v–58r.

61   Himbert de Garda, *Commentarium in primum Sententiarum*, d. 18, q. 2, a. 2, ms. Vat. lat. 1091, f. 57v.

62   Landulphe Caracciolo, *Super primum librum Sententiarum*, d. 17, ms. Dole, Bibliothèque Municipale, 14 MS-G-3, f. 161rb.

63   Landulphe Caracciolo, *Super primum librum Sententiarum*, d. 17, ms. Dole, Bibliothèque Municipale, 14 MS-G-3, f. 161va–vb.

sa solution. Pierre d'Aquila tend à admettre pour sa part l'équivalence entre ajout d'une nouvelle charité et ajout d'une « réalité »[64]. Pierre de Navard souscrit à la théorie du Docteur subtil mais interprète nettement la charité intensifiée comme un nouvel individu succédant au précédent[65], tandis qu'un auteur comme Guillaume de Rubione refuse aussi l'identité diachronique de l'accident intensifié mais réserve le terme « individu » aux degrés qui le composent[66]. On le voit, la question de l'individualité de la forme intensifiée et de son degré, à cause de la référence à une latitude de l'essence, divise en fait les présentations de l'addition. Parmi les tenants de la voie scotiste, au moins deux auteurs se distinguent par le détail apporté à ces problèmes, mais aussi par leur volonté de les intégrer à une théorie générale des degrés d'être : François de Meyronnes et Pierre Thomas.

2.2.1 François de Meyronnes

François de Meyronnes (†ca.1327), qui lit les *Sentences* en 1320–1321, applique plusieurs aspects caractéristiques de son interprétation de la doctrine scotiste au problème de la charité, en particulier son concept de mode et l'idée de série essentiellement ordonnée qu'il emploie pour penser les phénomènes intensifs. Pour comprendre de quelle manière ce problème s'inscrit chez François dans une métaphysique des degrés d'être, il convient de rappeler quelques traits fondamentaux de son système[67].

La doctrine de François de Meyronnes se structure autour d'une articulation fine entre *modes* et *formalités*, pensée dans le cadre d'une hiérarchie ou gradation des transcendantaux[68]. Ces deux concepts sont nécessaires selon lui

---

64   Pierre d'Aquila, *Commentaria in quatuor libros Sententiarum*, ed. C. Paolini (Levanti : Conv. S. S. Annuntiationis, 1907–1909), vol. 1, I, d. 18, p. 239 : *Alia est opinio Scoti quam teneo, quod charitas augetur per adventum novae charitatis sive realitatis, quae facit per se unum cum charitate praeexistente, quod probatur sic. Sicut est de intentione actus ad formam, ita debet esse de intensione vel augmentatione formae ; sed actus intenditur per hoc quod advenit de novo forma a qua est actus, nam multae candelae accensae magis illuminant ; ergo eodem modo forma intenditur per hoc quod advenit sibi realitas.*

65   Pierre de Navard, *In primum Sententiarum scriptum*, ed. P.S. Azcona (Madrid : Consejo Superior de Investigaciones Científicas / Instituto Francisco Suárez, 1974), vol. 1, d. 17, p. 2, q. 5, p. 482.

66   Guillaume de Rubione, *Disputata in quatuor libros magistri Sententiarum* (Paris : Jodocus Badius Ascensius, 1518), I, d. 17, q. 2, f. 148ra–rb ; q. 3, f. 149va–151rb.

67   Voir l'étude de H. Möhle, *Formalitas und Modus intrinsecus. Die Entwicklung der scotischen Metaphysik bei Franciscus de Mayronis* (Münster i.W. : Aschendorff, 2007), à laquelle cette présentation emprunte très largement.

68   Voir H. Möhle, « Einleitung », dans *Der Tractatus de transcendentibus des Franciscus de Mayronis* (Leuven : Peeters, 2004), p. 44–45 ; texte p. 117–124.

à la compréhension de la structure de l'être : les modes affectent les formalités qu'ils qualifient sans les changer essentiellement[69]. Le concept de formalités – hérité de Duns Scot – ne suffit pas par lui-même, sans les modes auxquels elles sont logiquement antérieures, à rendre compte de l'étant créé et incréé. Leur articulation suppose un étagement complexe, analysable comme un ordre de nature (*ordo naturae*) existant au sein de tout étant qui exprime sa structure métaphysique interne. Suivant une correspondance étroite entre ordres logique et réel[70], François envisage un ordre de nature présent en chaque être sur le modèle des relations de priorité entre les types de prédications possibles relatives à l'identité d'un individu. Le premier moment de nature inclus dans cet ordre correspond aux jugements d'identité pure (comme : l'humanité est humanité) ; le second aux négations d'identité formelle (l'infinité divine n'est pas sa nécessité) ; les troisième et quatrième aux affirmations de distinction formelle (la justice divine est formellement distincte de sa sagesse), selon qu'on les prend relativement à l'individu considéré (*ad intra / per se*) ou à ses actions possibles (*ad extra / per accidens*). Chaque étage de cette structure quadripartite comprend à son tour un ordre interne qui étaye sa fonction au sein de l'ensemble[71].

Cette présentation d'un ordre de nature inscrit dans la structure de chaque étant situe les modes au second rang, entre deux types de raisons formelles distinctes – les unes définitionnelles, les autres désignant des attributs pouvant prendre l'aspect de perfections accidentelles au sein de l'âme ou de la substance créée. L'emploi du concept de mode chez François de Meyronnes n'est pas restreint à la notion de degré : il inclut aussi l'existence, la nécessité ou la contingence, l'actualité et la réalité[72]. Ces modes entretiennent eux-mêmes une relation d'ordre. L'investissement au niveau modal de la notion de série essentiellement ordonnée témoigne d'une volonté de systématiser

---

69   François de Meyronnes, *Conflatus*, dans *Preclarissima ac multum subtilia egregiaque scripta illuminatis doctoris Francisci de Maironis ordinis minorum in quatuor libros sententiarum* (Venise : Octavianus Scotus, 1520), d. 2, q. 7 ; d. 8, q. 5 (voir en part. les définitions données f. 49rb) ; d. 33, q. 2.

70   François de Meyronnes, *Conflatus*, d. 33, q. 3, f. 101v : *Dico quod abstractioni intellectus correspondet ordo et per consequens distinctio inter ordinata in rerum natura*. La notion d'*ordo naturae* fait fond sur le concept scotiste de moment de nature, voir B. Roth, *Franz von Mayronis O. F. M. Sein Leben, sein Werke, sein Lehre von Formaluntershied in Gott* (Werl : Franziskus-Dr., 1936), p. 489–492, A.P. Caird, *The Doctrine of Quiddities and Modes in Francis of Meyronnes*, Thèse de doctorat (Toronto : University of Toronto, 1948), vol. 1, p. 11*sq*.

71   François de Meyronnes, *Conflatus*, d. 13, q. 1, f. 64vaL, pour l'exposé le plus synthétique de cet ordre quadruple.

72   Voir Möhle, *Formalitas und modus intrinsecus*, p. 276–277, qui insiste à cet égard sur le lien entre univocité du concept d'être et quantification perfectionnelle de l'être.

ce qui n'était qu'esquissé chez Duns Scot[73]. Il confère une importance de premier plan à la notion de degré perfectionnel (finité ou infinité) : François tend à penser les propriétés modales affectant un étant (nécessité/contingence, actualité/possibilité, etc.) comme découlant de son degré d'être. Cet ordre, toutefois, n'est pas le même pour le créé et l'incréé, et, par ailleurs, des variations importantes dans le *Conflatus* concernant leur ordonnancement imposent de le considérer avec prudence : certains modes de l'essence divine sont parfois présentés comme fondationnels à l'égard d'autres modes qui, ailleurs, sont définis comme antérieurs.

Ainsi, un premier ordre suggère de considérer l'entité divine comme successivement modalisée par son infinité intensive, sa nécessité, son existence et sa réalité – cet ordre faisant de l'existence une conséquence de l'infinité divine plutôt que son principe[74]. La caractérisation du degré d'être comme mode n'est pas adventice dans la théologie de François, qui refuse explicitement l'idée selon laquelle l'infinité, propriété intrinsèque et primordiale de l'essence divine, lui appartiendrait formellement (comme contenu quidditatif). Mais François envisage d'autres dispositions de ce second étage de l'*ordo naturae*. La seconde distinction du *Conflatus* suggère par exemple l'existence comme premier mode déterminant l'entité divine – premier mode ensuite qualifié par l'haeccéité et enfin par l'infinité, l'infinité occupant alors le terme de la série[75]. La distinction 33 du *Conflatus*, quant à elle, mentionne en première instance l'haeccéité, alors prioritaire sur l'infinité et la réalité de la divinité[76].

La labilité de ces ordres est sans doute tributaire du degré d'indépendance et de détermination qu'il convient d'accorder aux formalités que les modes déterminent. L'hésitation entre la priorité à accorder à l'haeccéité, c'est-à-dire au marqueur principal de l'individuel, ou au contraire à une modalité antérieure à l'individualité mais pouvant en justifier les caractéristiques, rejoue en quelque sorte à un niveau d'analyse plus abstrait le problème de l'essence universelle et de son rapport au singulier. Si l'ordre des modes n'est, en tout état de cause, pas nécessairement le même en Dieu et au sein du créé, la préférence accordée à

---

73 François utilise aussi les séries essentiellement ordonnées pour ranger les quatre degrés de distinction qu'il reconnaît : essentielle, réelle, formelle et modale. Deux choses essentiellement distinctes sont, *a fortiori*, réellement, formellement et modalement distinctes ; voir François de Meyronnes, *Conflatus* d. 8, q. 1, a. 2, f. 43vbP.

74 François de Meyronnes, *Conflatus*, d. 13, f. 65raC ; d. 14, q. 1, f. 66vbP.

75 Dans le *Conflatus* d. 2 (*cf.* q. 4, f. 17vb–18ra), l'ordre des modes en Dieu est ainsi : existence-haeccéité-infinité. Cet ordre, remanié dans la distinction 33, connaît un nouveau changement dans la distinction 42, où l'haeccéité apparaît comme terme de la série.

76 François de Meyronnes, *Conflatus*, d. 33, q. 2, f. 101raA ; q. 3, f. 101vaI.

l'infinité dans le cas de la divinité indique toutefois un intérêt principal pour le caractère fondationnel du degré perfectionnel[77].

L'ontologie des accidents de François prolonge à l'aide de ces mêmes concepts les principales inspirations du Docteur subtil, y compris sa théorie additiste des phénomènes intensifs. Les degrés représentent un mode de la forme accidentelle, mais François distingue le degré d'une forme de son haeccéité, dans la mesure où deux formes accidentelles numériquement distinctes peuvent partager le même degré intensif[78]. Il convient, pour comprendre la relation de ces différentes notions, d'examiner de plus près l'analyse du *princeps scotistarum*. Dans la distinction 18 du *Conflatus*, il répond tout d'abord au problème de savoir si la charité augmente dans sa nature (*in sua natura*). Des quatre conclusions négatives posées – la charité n'augmente ni selon l'essence, ni selon l'existence, ni selon l'évacuation du contraire, ni selon la participation du sujet[79] –, la première semble la plus éloignée de la théorie additiste majoritairement favorisée par les franciscains. Selon François, la charité est indivisible car, bien que son intensification résulte d'une addition, son essence est entièrement présente dans n'importe quelle partie ajoutée. L'augmentation selon l'essence signifiant modification selon la raison définitionnelle (*secundum rationem diffinitivam*), quatre degrés de charité contiendraient plus de forme qu'un seul. Mais François tient que mille degrés n'en contiennent pas plus qu'un, l'essence consistant en quelque chose d'indivisible[80].

La charité en tant que charité possède un certain degré qui la distingue d'autres qualités ou *habitus*, comme par exemple la foi. Toutes les charités, selon ce degré, sont égales car elles possèdent la même raison formelle. Ce degré qui correspond à l'essence de la charité en est un mode qui lui revient *par soi*. Mais l'intensité particulière de *telle* charité, différenciée de son essence générale, s'en distingue aussi comme un mode intrinsèque[81]. Dans le cas d'une charité individuelle, la quantité virtuelle qui en est le mode intrinsèque est

---

77   Plusieurs interprètes soutiennent la priorité chez François de l'infinité ; voir P. Vignaux, « L'être comme perfection selon François de Meyronnes », dans *De saint Anselme à Luther* (Paris : Vrin, 1976), p. 304 ; É. Gilson, *Jean Duns Scot. Introduction à ses positions fondamentales* (Paris : Vrin, 1952), p. 209–212.

78   Duns Scot avait déjà souligné cette distinction, cf. Boulnois, « Genèse de la théorie scotiste », p. 65.

79   François de Meyronnes, *Conflatus*, d. 18, q. 1, f. 71vaM.

80   François de Meyronnes, *Conflatus*, d. 18, q. 1, f. 71vbN.

81   François de Meyronnes, *Conflatus*, d. 18, q. 1, f. 72ra : *Ideo dico tenendo conclusionem affirmativam intentam quod augmentum fit per modum intrinsecum formae quod est eius finitas intensiva, quia nulla augmentatio potest fieri nisi per quantitatem, cum formalis terminus augmentationis sit quantitas. Finitas autem charitatis est eius quantitas virtutis.*

par accident dans la forme. Il convient donc de distinguer deux modes intrinsèques dans une telle forme, dans la mesure où l'un lui revient selon l'essence et l'autre selon son degré individuel[82]. Comment penser la relation de ces deux modes ? François l'explique, par-delà le cadre de la théorie scotiste de l'individuation, par la théorie avicennienne de l'essence : ces deux modes ne se distinguent pas réellement, pas plus que l'essence de la forme – indifférente – de ses individus ou haeccéités[83]. Cette composition est conceptualisée par la distinction des parties essentielles (ou formelles) de la forme et ses parties matérielles (ou individuelles), ces dernières incluant les modes intrinsèques et les degrés individuels.

La notion de degré requiert une explication supplémentaire. Cette notion apparaît nécessaire pour comprendre la grandeur d'un être en général[84], mais elle se divise en deux sortes : homogènes et hétérogènes. L'augmentation d'une forme s'effectue selon des degrés homogènes, qui ne font pas varier son essence[85] :

> Ideo dico quod gradus sicut et partes possunt intelligi homogenei vel etherogenei. Si intelligantur secundo modo non fit augmentum per gradus, quia tunc ultimus non esset eiusdem rationis cum priori. Si autem intelligatur primo modo dico quod fit per gradus et partes.

L'intensification des accidents se caractérise par le fait que ces degrés homogènes ne respectent pas d'ordre essentiel[86] – pas davantage que les points d'une ligne –, constituant une divisibilité à l'infini affectant toute forme intensible sujette au mouvement, qu'elle soit sensible ou spirituelle. Leur homogénéité implique qu'aucun degré n'est en puissance à l'égard d'un autre, pas plus qu'une partie d'une ligne à l'égard d'une autre, mais elle implique aussi qu'un degré se distingue d'un autre *realiter* et *actualiter*, tout comme les parties d'une ligne entre elles[87].

---

82   François de Meyronnes, *Conflatus*, d. 18, q. 1, 72raD : *Apparet enim mihi quod oportet ponere duos modos intrinsecos in quacumque forma augmentabili et diminuibili, unus sequitur rationem specificam, alius sequitur gradus individuales.*

83   François de Meyronnes, *Conflatus*, d. 18, q. 1, f. 72rbE.

84   François de Meyronnes, *Conflatus*, d. 18, q. 2, f. 72rbH : *Nulla eminentia potest intelligi nisi per aliquem gradum, quia eminentia entitatis necessario attenditur secundum gradus entitatis in perfectionibus.*

85   François de Meyronnes, *Conflatus*, d. 18, q. 2, f. 72rbH.

86   François de Meyronnes, *Conflatus*, d. 18, q. 2, f. 72vaI.

87   François de Meyronnes, *Conflatus*, d. 18, q. 2, f. 72vbQ.

François élucide finement la nature de la continuité de la forme intensive en distinguant l'acte d'existence des parties de leur acte de subsistance. Il n'existe en une forme qu'un seul continu subsistant en acte, c'est-à-dire un être par soi. Les parties de la forme intensive ne sont, au sens de l'acte de subsistance, qu'en puissance ou virtuellement, mais elles se distinguent actuellement selon l'être d'existence[88]. Cette distinction vise à réconcilier deux thèses *prima facie* incompatibles : la divisibilité à l'infini de la forme en parties intensives, d'un côté ; la distinction actuelle et réelle de ces parties, qui semble entraîner leur caractère discret, de l'autre. Les degrés sont donc selon François distincts mais non (actuellement) divisés. Cette solution s'accompagne de l'indication de la série essentiellement ordonnée des modes propres aux formes intensives, qui respecte une quadripartition typique de la doctrine du *princeps scotistarum* : l'homogénéité des degrés, le procès de divisibilité à l'infini, l'acquisition par mouvement et la continuité apparaissent ainsi comme essentiellement ordonnés[89].

2.2.2 Pierre Thomas

Sans pouvoir évaluer exactement son influence, les idées de Pierre Thomas anticipent certaines réflexions sur la notion de perfection appelées à se développer à partir de la fin des années 1240. Il commente les *Sentences* entre 1322 et 1325 à Barcelone, où il reste jusqu'en 1332[90]. Proche sur certains points de l'interprétation meyronnienne du scotisme, en particulier dans sa lecture « platonicienne » de l'improductibilité de l'être intelligible des essences[91], Pierre Thomas oriente en un sens différent la théorie des distinctions du Docteur subtil, notoirement complexe et sujette à interprétation[92]. Il privilégie

---

88   François de Meyronnes, *Conflatus*, d. 18, q. 2, f. 73raB.
89   François de Meyronnes, *Conflatus*, d. 18, q. 2, f. 72vbO. La structure d'ordre interne aux accidents engage aussi leur rapport au sujet. L'inhérence d'un accident – à l'instar de ses déterminations modales comme l'existence – n'appartient qu'au dernier des quatre moments de nature qui caractérisent son être (*Conflatus* I, d. 8, q. 3, f. 45ra).
90   Pour une présentation de l'auteur, voir C. Schabel, G.R. Smith, « The Franciscan Studium in Barcelona in the Early Fourteenth Century », dans K. Emery Jr., W.J. Courtenay, S.M. Metzger (eds.), *Philosophy and Theology in the Studia of the Religious Orders and at Papal and Royal Courts* (Turnhout : Brepols, 2012), p. 359–392 ; G.R. Smith, « Bibliotheca Manuscripta Petri Thomae », dans *Bulletin de Philosophie Médiévale* 52(2010), p. 161–200.
91   Pierre Thomas, *Quaestiones de esse intelligibili*, ed. G.R. Smith (Leuven : Leuven University Press, 2015).
92   A.B. Wolter, « The Formal Distinction », dans J.K. Ryan, B.M. Bonansea (eds.), *John Duns Scotus 1265–1965, Studies in Philosophy and the History of Philosophy* (Washington D.C. : The Catholic University of America Press, 1965), p. 45–60 ; R. Thornton, « From Theology through Metaphysics to Logic. John Duns Scotus's Account of the Trinity without

ainsi l'analyse différenciée des relations de non-identité formelle à la systématisation des modes et des formalités explorée par François[93].

Pierre examine longuement les modalités d'augmentation de la charité dans son commentaire à la distinction 17 du livre I des *Sentences*[94]. Il y défend une théorie de l'addition semblable à celle de Duns Scot : pour que le sujet reçoive le plus ou le moins, il faut que la forme connaisse une variation intrinsèque, tandis qu'une forme indivisible ne peut donner qu'un être indivisible[95]. Pierre fait sienne la distinction entre deux types de degrés : homogènes (qui sont de même raison et égaux entre eux) et hétérogènes (dont l'un est supérieur à l'autre). Il en déduit quatre possibilités d'intensification ou d'atténuation : que ce mouvement s'effectue selon des degrés homogènes, selon des degrés hétérogènes, selon les deux ou aucun des deux[96]. Toute espèce constituée d'un genre et d'une différence spécifique, en effet, est constituée de degrés hétérogènes. Cependant, l'intensification propre à la charité acquise s'effectue selon une addition de degrés homogènes. C'est par l'articulation de ces deux types de degrés que la question des intensités qualitatives va pouvoir être replacée dans une théorie générale des degrés d'être, Pierre déduisant pas moins de quatre-vingt-dix-neuf conclusions relatives à l'intensité de la charité.

Il différencie d'abord des notions proches. Posant que ce dont la raison est dans le tout et dans chacune des parties doit être simple, il démontre que la *quiddité* de la charité est simple et donc indivisible[97]. L'*essence* de la charité consiste aussi dans l'indivisible, puisqu'elle est une partie subjective de la

---

the 'Formal Distinction' », dans *American Catholic Philosophical Quarterly* 89/4(2015), p. 585–602 ; S.D. Dumont, « Duns Scotus's Parisian Question on the Formal Distinction », dans *Vivarium* 43/1(2005), p. 7–62 ; M. McCord Adams, « Ockham on Identity and Distinction », dans *Franciscan Studies* 36(1976), p. 5–74 ; H.G. Gelber, *Logic and the Trinity : A Clash of Values in Scholastic Thought, 1300–1335*, Thèse de Doctorat (Madison : University of Wisconsin, 1974), p. 71–102. Sur sa réception dans le premier scotisme, voir T. Noone, « Ascoli, Wylton and Alnwick on Scotus's Formal Distinction : Taxinomy, Refinement and Interaction », dans S.F. Brown, T. Dewender, T. Kobusch (eds.), *Philosophical Debates at Paris in the Early Fourteenth Century*, Leiden, Brill, 2009, p. 127–150 ; T. Noone, « La distinction formelle dans l'école scotiste », dans *Revue des sciences philosophiques et théologiques* 83(1999), p. 53–72.

93   G.G. Bridges, *Identity and Distinction in Petrus Thomae, O. F. M.* (St Bonaventure N.Y. : Franciscan Institute Publications, 1959).
94   Pierre Thomas, *Commentarium in primum librum Sententiarum*, ms. Vaticano (Città del), Biblioteca Apostolica Vaticana, Vat. lat. 1106, d. 17, q. 6, f.209v–225v.
95   Pierre Thomas, *Commentarium in primum Sententiarum*, d. 17, q. 6, Vat. lat. 1106, f. 210v.
96   Pierre Thomas, *Commentarium in primum Sententiarum*, d. 17, q. 6, Vat. lat. 1106, f. 212r.
97   Pierre Thomas, *Commentarium in primum Sententiarum*, d. 17, q. 6, Vat. lat. 1106, f. 213v, 5a concl.

quiddité, et que celle-ci n'est pas divisible, de même que sa *nature*[98]. De ce point de vue, selon la quiddité, l'essence et la nature, la charité ne reçoit pas le plus ou le moins, Pierre ajoutant qu'elle ne reçoit pas le plus ou moins selon sa réalité[99], ni selon son entité[100].

Comment donc concevoir l'intension de la charité, sous ces conditions ? Pierre admet que l'intensité de la charité s'effectue au sein de l'individu par accident et selon des degrés homogènes. La charité ne s'intensifie pas selon des degrés hétérogènes car ceux-ci définissent son essence, laquelle demeure la même et reste extérieure à l'intensification proprement dite. De ce fait, une substance individuelle peut être dite plus parfaite qu'une autre, comme le montrent certains individus à l'intérieur d'une même espèce[101], mais une même substance ne peut pas s'intensifier à proprement parler, ce qui reviendrait pour elle à acquérir des degrés de même raison (homogènes), de telle sorte que la substance d'un ange, par exemple, serait divisible à l'infini[102].

Ayant établi que les relations comme telles ne subissent pas le plus ou le moins, dans la mesure où elles sont indivisibles, mais que *magis* et *minus* expriment des relations réelles impliquant des *relata* réels, Pierre distingue comme François de Meyronnes entre une quantité conséquente à l'espèce, qui est indivisible, et une quantité conséquente à l'individu, qui peut recevoir le plus ou moins. Ces deux quantités, qui sont essentiellement ordonnées selon l'antérieur et le postérieur, sont différenciables *ex natura rei*, et se distinguent réellement l'une de l'autre[103]. La première peut, en droit, être créée sans la seconde[104]. L'augmentation à l'infini de la charité selon la seconde quantité, si elle se produisait, ne modifierait pas la première, qui demeure finie en tous

---

98   Pierre Thomas, *Commentarium in primum Sententiarum*, d. 17, q. 6, Vat. lat. 1106, f. 213v–214r, 6a–7a concl.

99   Pierre Thomas, *Commentarium in primum Sententiarum*, d. 17, q. 6, Vat. lat. 1106, f. 214v : *Duodecima conclusio est quod secundum suam realitatem non intenditur nec remittitur.*

100 Pierre Thomas, *Commentarium in primum Sententiarum*, d. 17, q. 6, Vat. lat. 1106, f. 215r : *Quinta decima conclusio est quod caritas secundum suam entitatem non recipit magis nec minus.*

101 Pierre Thomas, *Commentarium in primum Sententiarum*, d. 17, q. 6, Vat. lat. 1106, f. 215v : *Vicesima tertia conclusio est quod substantia suscipit magis et minus.*

102 Pierre Thomas, *Commentarium in primum Sententiarum*, d. 17, q. 6, concl. 72–73, Vat. lat. 1106, f. 223v–224r.

103 Pierre Thomas, *Commentarium in primum Sententiarum*, d. 17, q. 6, Vat. lat. 1106, f. 217r : *Tricesima prima conclusio est quod istae duae quantitates distinguuntur realiter in quacumque forma intensibili et remissibili.*

104 Pierre Thomas, *Commentarium in primum Sententiarum*, d. 17, q. 6, Vat. lat. 1106, f. 218r, 34a concl.

cas[105]. Selon la première quantité, il n'est pas d'intensification ou d'atténuation dans la même forme, ni de différence entre deux formes de même espèce, mais seulement des différences de grandeur entre formes de raison différente. C'est ainsi que la charité excède la foi selon sa perfection[106].

La distinction utilisée par Pierre, on le constate, lui permet d'articuler l'idée d'une mesure de l'étant par son degré spécifique de perfection à la problématique de l'*intensio formarum*. Hormis quelques conclusions sur la divisibilité de la charité, qui en vertu de la continuité de son acquisition peut s'effectuer à l'infini selon des parties proportionnelles (i.e. reliées entre elles par un même rapport $1/n$) mais non selon des quantités égales[107], Pierre ne s'étend guère sur les relations qu'entretiennent ces deux types de quantités. En revanche, Pierre précise certaines conséquences de sa théorie du point de vue des types de distinctions qu'il reconnaît. Il affirme que la volonté, qui est le sujet immédiat de la charité, ne s'intensifie pas car, étant certes formellement distincte de l'âme (non sujette à l'intensification car indivisible), elle ne s'en différencie pas réellement[108]. De même, l'intellect comme sujet de la science ne connaît pas d'intensification[109], et nulle puissance psychique n'est intensifiable ou atténuable.

Il existe entre la continuité intensive et la continuité extensive une relation d'ordre essentielle, dans la mesure où la première peut exister sans la seconde, mais pas l'inverse[110]. Pierre affirme qu'une chose spatiale comportant plusieurs degrés peut être étendue à l'infinie, dans la mesure où ses degrés peuvent être divisés et, de cette manière, conservés. Cette idée permet de comprendre par

---

105   Pierre Thomas, *Commentarium in primum Sententiarum*, d. 17, q. 6, Vat. lat. 1106, f. 219r : *Quadragesima est quod si caritas esset infinita secundum quantitatem secundam tamen esset finita secundum quantitatem primam.*

106   Pierre Thomas, *Commentarium in primum Sententiarum*, d. 17, q. 6, Vat. lat. 1106, f. 220r, 48a concl.

107   Pierre Thomas, *Commentarium in primum Sententiarum*, d. 17, q. 6, concl. 62–66, Vat. lat. 1106, f. 223r.

108   Pierre Thomas, *Commentarium in primum Sententiarum*, d. 17, q. 6, Vat. lat. 1106, f. 224r : *Septuagesima quarta conclusio est quod voluntas quod est immediatum subiectum caritatis non intenditur nec remittitur secundum gradus. Probatur […] primo sic. Licet voluntas non sit formaliter substantia animae, est tamen idem realiter cum ipsam. Sed animae substantia non intenditur nec remittitur, ergo etc.*

109   Pierre Thomas, *Commentarium in primum Sententiarum*, d. 17, q. 6, Vat. lat. 1106, f. 224r : *Septuagesima quinta conclusio est quod intellectus quod est scientiae immediatum subiectum non intenditur nec remittitur.*

110   Pierre Thomas, *Commentarium in primum Sententiarum*, d. 17, q. 6, Vat. lat. 1106, f. 224v : *Octogesima secunda conclusio est quod istae continuitates sunt essentialiter ordinatae quia potest esse continuitas intensionis sine alia, ut patet in caritate, et non econverso.*

analogie la condensation et la raréfaction de la matière, dont les parties agencées d'une certaine manière se trouvent disposées différemment[111].

La résolution du problème de l'augmentation de la charité chez Pierre Thomas convoque ainsi différents outils conceptuels principalement dérivés de Duns Scot (on relève toutefois qu'il n'emploie guère la notion de latitude) qui le conduisent à aborder les principales évolutions du problème dans la première moitié du XIVe siècle (divisibilité et continuité des formes intensives, intension des substances et des puissances de l'âme, relation aux phénomènes physiques et à la possibilité de répartir différemment une quantité intensive donnée). Mais, surtout, le traitement du problème témoigne d'une attention toute particulière à la perfection des espèces, qui est pensée en corrélation avec celui de la charité, et qui conduit Pierre à poser au sein de toute chose intensifiable deux types de degrés et deux types de *quantités* réellement distinctes, là où François de Meyronnes distinguait avant tout deux types de degrés pensés comme modes et correspondant aux perfections spécifiques et individuelles.

3 Unité et participation

3.1 *Entre deux écoles : les maîtres Carmes*

L'évolution de la problématique chez les penseurs carmes du XIVe siècle est intéressante à suivre à plusieurs égards. Parce qu'elle s'est construite de façon extérieure au conflit qui opposait sur la notion de degré dominicains et franciscains dans la deuxième moitié du XIIIe siècle, d'abord ; ensuite, parce que, pour ces mêmes raisons, elle recueille le travail sur la notion de latitude élaborée à la croisée de thèses thomistes et de matériaux scotistes.

Gérard de Bologne (†1317) est le premier carme à accéder à la chaire de théologie parisienne en 1295, mais les penseurs les plus influents qui lui succéderont, au sein de son ordre, n'adopteront pas systématiquement ses vues relativement aux formes, qui se fondent sur une position uniciste. Gérard de Bologne accueille de fait nombre de thèses thomistes. Vers 1300, dans le cadre d'une question sur l'extension de l'âme de son troisième *Quodlibet*, il défend l'unicité de la forme en l'être humain[112]. Sur le thème de l'intension, il

---

111 Pierre Thomas, *Commentarium in primum Sententiarum*, d. 17, q. 6, concl. 87–90, Vat. lat. 1106, f. 225r.

112 Gérard de Bologne, *Quodlibeta*, ms. Paris, Bibliothèque nationale de France, lat. 17485, f. 155ra. Sur la vie et l'influence de Gérard de Bologne, voir M.-B. Borde, *Gérard de Bologne O. Carm. († 1317) : sa conception de la théologie et de la puissance de Dieu*, Thèse de doctorat (Paris : Université Paris IV – Sorbonne, 2005) ; B.M. Xiberta, *De scriptoribus scholasticis saeculi XIV ex ordine Carmelitarum* (Louvain, 1931), p. 74–110. Voir aussi C. Schabel,

parvient à certaines conclusions proches de celles de Thomas d'Aquin dont il ne suit pourtant pas les principes. Ainsi, bien qu'il refuse la distinction de l'être et de l'essence comme réelle, il admet que les degrés d'intensification d'une forme accidentelle concernent l'essence autant que l'être. Plus précisément, la latitude propre à une forme engage l'être d'essence autant que l'être d'existence[113]. Il maintient une distinction stricte entre substances et accidents : l'indivisibilité des formes substantielles les distingue des accidents[114], dont la variabilité est corrélative de l'absence de définition propre[115].

Cet ensemble de thèses est peu à peu révisé par ses confrères dès la première décennie du XIVe siècle. À Oxford, Robert de Walsingham aborde le problème dans une question quodlibétale et oriente sa réponse vers une théorie additiste. Le problème de la persistance de l'accident suscite une critique de la théorie de la succession telle que défendue par Godefroid de Fontaines[116].

Paul de Pérouse (†1344), lecteur des *Sentences* à la fin des années 1330, s'oppose à Gérard de Bologne – et à Guy Terrene (†1342) qui l'avait suivi – sur le nombre des formes substantielles en l'être humain[117]. Paul expose la nécessité de recourir à une forme de corporéité pour expliquer la nature des êtres animés. Il défend surtout la possibilité d'une latitude des formes substantielles, d'après l'idée que l'intensification de certaines qualités implique celle de telles formes[118]. À cette première thèse s'ajoute l'opinion que l'intensification ne s'effectue pas selon un mélange de contraires, mais par l'addition de degrés. Paul fait état de différentes distinctions permettant de clarifier cette position. Comme chez François de Meyronnes, la distinction entre un ordre essentiel et un ordre accidentel des degrés conditionne selon lui la possibilité de constituer une même forme : « nego quod inter istos gradus sit ordo essentialis sed accidentalis tantum »[119]. Paul ménage cependant une place à la notion de

---

« Carmelite *Quodlibeta* », dans C. Schabel (ed.), *Theological* Quodlibeta *in the Middle Ages : The Fourteenth Century* (Leiden : Brill, 2007), p. 493–544.

113   Gérard de Bologne, *Quaestiones ordinariae*, ms. Paris, Bibliothèque nationale de France, lat. 17485, q. 6, f. 197ra.

114   Gérard de Bologne, *Quaestiones ordinariae*, q. 6, BnF, lat. 17485, f. 197va.

115   Gérard de Bologne, *Quaestiones ordinariae*, q. 6, BnF, lat. 17485, f. 197rb.

116   Robert de Walsingham, *Quodlibet* I, q. 12, ms. Worcester, Cathedral Library F.3, f. 236v-237r ; cf. Dumont, « Godfrey of Fontaines », p. 116–117.

117   Sur Paul de Pérouse, voir C. Schabel, « The *Sentences* Commentary of Paul of Perugia, O.Carm., with an Edition of his Question on Divine Foreknowledge », dans *Recherches de Théologie et Philosophie Médiévales* 72/1(2005), p. 54–112 ; Xiberta, *De scriptoribus scholasticis*, p. 285–316.

118   Paul de Pérouse, *Lectura super Sententias*, I, q. 27, ms. Vaticano (Città del), Biblioteca Apostolica Vaticana, Chigi B. VI. 97, f. 39va-vb.

119   Paul de Pérouse, *Lectura super Sententias*, I, q. 27, ms. Chigi B. VI. 97, f. 40rb.

participation, qui permet de différencier la sémantique des couples *magis / minus* et *maius/minus* : une blancheur participée de vingt degrés n'est pas plus blanche (*magis albedo*) qu'une blancheur de degré 5, mais ce qui participe peut être dit plus blanc (*magis album*)[120].

Ce mouvement de distanciation vis-à-vis des positions initiales de Gérard de Bologne est confirmé par Jean Baconthorpe (†ca.1348), élève de Robert de Walsingham. Baconthorpe expose une théorie « dimorphiste » du composé qu'il applique à l'ensemble des êtres animés, l'âme n'étant pas comme telle étendue au sein du corps[121]. Sa présentation de la théorie additiste de l'intensification de la charité est tout entière tournée vers la justification de la permanence *numero* de la forme[122]. Baconthorpe reprend à son compte l'analogie des parties matérielles de l'accident qui justifie l'identité individuelle de la charité à travers le changement. Comme les os et la chair de Socrate, les degrés de la forme lui sont intrinsèques, mais n'entrent pas dans sa raison essentielle (« licet sint extra rationem quidditativam formae »)[123].

Dans son *Quodlibet*, Baconthorpe interroge les différences entre l'intensification de la charité et celle des autres formes. Il souligne la différence entre les formes admettant un contraire et les autres, dans la mesure où l'addition de degrés, dans ce dernier cas, est une apposition simple. Dans les deux cas, cependant, l'intensification selon l'être est une intensification selon l'essence[124].

L'influence de l'article 124 de la condamnation parisienne sur l'extension du vocabulaire des degrés au cas des substances transparaît dans la formulation de sa question sur la distinction 15 du troisième livre des *Sentences* : *An anima Christi in aliquo gradu substantiali sit perfectior anima Iude*[125]. Une distinction entre forme et degrés matériels de la forme, similaire à celle qu'il invoquait pour la charité, permet de concilier l'immuabilité de l'espèce et la variabilité individuelle. La discussion amène Baconthorpe à envisager les rapports de l'espèce au genre, et de l'individu à l'espèce, qui semblent pouvoir être décrits comme ajout d'un *gradus essendi*. La clarification de sa position passe par une distinction intéressante, reprenant une idée que nous avons déjà rencontrée chez Albert le Grand, entre l'éduction de la forme à partir de la puissance de la matière, qui est une variation selon l'être mais non selon l'essence, et la variation selon le plus ou moins qui est aussi une variation selon l'essence.

---

120   Paul de Pérouse, *Lectura super Sententias*, I, q. 27, ms. Chigi B. VI. 97, f. 40ra.
121   Jean Baconthorpe, *Quaestiones super quatuor libros Sententiarum* (Venise : Heredes Octaviani Scoti, 1526), III, d. 18, q. un., f. 34va–35vb.
122   Jean Baconthorpe, *Quaestiones super libros Sententiarum*, I, d. 16, q. un., f. 63ra–65rb.
123   Jean Baconthorpe, *Quaestiones super libros Sententiarum*, I, d. 16, q. un., a. 4, f. 64vb.
124   Jean Baconthorpe, *Quodlibeta* (Venise : Marcus Antonius Zimara, 1527), II, q. 4 f. 33rb.
125   Jean Baconthorpe, *Quaestiones super libros Sententiarum*, III, d. 15, q. un., f. 29ra.

Les formes substantielles (individuelles) qui « ajoutent » à leur espèce en étant éduites de la matière ne varient donc pas selon le plus ou moins au même sens que le plus ou moins blanc[126].

L'analyse de la charité et de la noblesse de l'âme chez Baconthorpe témoigne donc tout à la fois du transfert du cas de l'intensification des accidents à celle des substances spirituelles, avec pleine conscience des difficultés métaphysiques qui en découlent, et du problème de la persistance individuelle de la chose intensifiée. Ce même transfert est observable chez Michel de Bologne, maître en théologie en 1364, qui réfère à différents carmes dont Paul de Pérouse dans son traitement de la question. Michel emploie de manière alternative les termes « degrés » et « réalités » dans la discussion du phénomène d'addition qui, pour lui aussi, caractérise l'accroissement de la charité[127]. Cette modalité d'accroissement est justifiée par généralisation d'après un cas spécial, à savoir la volonté : s'il n'y avait pas addition dans l'intensification, un *habitus* comme la volonté n'augmenterait pas numériquement quand, par un certain acte, il gagne un degré de perfection[128]. C'est aussi à cet égard que le déplacement du problème de la charité à de nouveaux objets comme l'âme et ses puissances sous-tend l'attention portée aux conditions d'identité diachronique du sujet de l'intensification.

3.2 *L'école dominicaine allemande et la mouvance albertinienne*

L'évolution du concept de latitude affecte aussi des traditions philosophiques en marge des innovations rattachées au développement du scotisme. Les penseurs affiliés au *studium* dominicain de Cologne, marqués par l'enseignement d'Albert le Grand, conservent un certain rapport – plus ou moins critique – aux idées de Thomas d'Aquin sur les phénomènes intensifs, sur fond d'une adhésion globale au postulat de l'unité de la forme substantielle[129]. Parce que

---

126   Jean Baconthorpe, *Quaestiones super libros Sententiarum*, III, d. 15, q. un., a. 2, f. 30va.

127   Michel de Bologne, *Quaestiones disputatae in quatuor libros Sententiarum* (Venise : Apud J. Guerilium, 1623), f. 86b : *Si charitas augmentaretur per gradus et realitates advenientes* [...].

128   Michel de Bologne, *Quaestiones in libros Sententiarum*, f. 87b–88a.

129   Sur les limites du terme d'« école » pour désigner cette constellation de penseurs, voir C. König-Pralong, *Le bon usage des savoirs. Scolastique, philosophie et politique culturelle* (Paris : Vrin, 2011), p. 219–222 ; M.J.F.M. Hoenen, R. Imbach, C. König-Pralong, *Thomistes allemands (XIVᵉ siècle) : lecture, stratégies d'appropriation, divergences*, dans *Freiburger Zeitschrift für Philosophie und Theologie* 57/2(2010), p. 227–243 ; A. De Libera, *La Mystique rhénane. D'Albert le Grand à Maître Eckhart* (Paris : Le Seuil, 1994), p. 9–72 ; K. Flasch, « Zur Idee eines *Corpus Philosophorum Teutonicorum Medii Aevi* », dans M. Meiner (ed.), *Ceterum Censeo... Bemerkungen zu Aufgabe und Tätigkeit eines Philosophischen Verlegers* (Hamburg : F. Meiner, 1983), p. 38–42.

les représentants principaux de ce courant adhèrent à une conception essentialiste de la forme comme nature commune, leur position n'en est que plus intéressante.

Adepte du traité comme genre littéraire, Thierry de Freiberg compose un court *De magis et minus* sur le sujet. Il y définit quatre conditions nécessaires pour pouvoir parler de degrés[130] :

1. Une forme doit rester sous la même espèce en variant individuellement ou numériquement (*numero*).
2. Une forme doit varier essentiellement (*essentialiter sive secundum essentiam*) en restant sous la même espèce.
3. L'intension formelle est une *vigoratio quasi incrementum intra essentiam*[131].
4. L'intension formelle est une *vigoratio secundum se ipsam*, et n'est pas due à l'opposition d'une autre forme.

Selon Thierry, les variations d'intensité recouvrent une succession d'états qualitatifs qui se remplacent individuellement, et qui marquent une variation interne à la nature de l'accident. S'apparentant pour le cas des accidents à une théorie de la succession, la vision théodoricienne de l'intensification ne permet pas d'étendre les variations de perfection aux formes substantielles, qui conservent chez lui un statut d'essence étranger aux fluctuations du sensible. Les formes substantielles respectent en effet les conditions (3) et (4), mais non (2), expliquant qu'elles ne varient pas en intensité[132]. L'intensification ne concerne que les qualités, bien qu'à proprement parler elle se prédique du *sujet* de la forme qui varie selon l'acquisition ou la perte d'un degré qualitatif : en tant que telles, les qualités n'augmentent pas intensivement[133].

Les formes accidentelles sont donc susceptibles de degré mais ne demeurent que spécifiquement les mêmes, en variant selon l'individualité : ce point résulte de la combinaison du principe de simplicité essentielle des

---

[130] Dietrich of Freiberg, *Tractatus de magis et minus*, eds. R. Imbach, H. Steffan, dans *Opera omnia*, vol. 2 (Hamburg : F. Meiner, 1980), p. 56–57. Sur la théorie théodoricienne de l'intensification, voir B.F. Conolly, *Studies in the Metaphysics of Dietrich von Freiberg*, Thèse de doctorat (Bloomington : Indiana University, 2004), p. 157*sqq* ; B.F. Conolly, « Dietrich of Freiberg on the Succession of Forms in the Intensification of Qualities », dans *Recherches de Théologie et Philosophie médiévales* 81/1(2014), p. 1–35 ; K. Flasch, *Dietrich of Freiberg. Philosophie, Theologie, Naturforschung um 1300* (Frankfurt : Klostermann, 2007), p. 411–438.

[131] Thierry de Freiberg, *De magis et minus*, p. 64–65. La variation intensive est un « quasi quoddam intraneum qualitativum incrementum quantum ad intensionem vel decrementum quantum ad remissionem ».

[132] Thierry de Freiberg, *De magis et minus*, p. 62.

[133] Thierry de Freiberg, *De magis et minus*, p. 65, l. 13–18.

formes (les formes n'ayant de parties que par accident, du fait de leur sujet d'inhérence)[134], et de l'idée que l'intensification s'effectue essentiellement. L'usage des termes *magis* et *minus* appliqués à un sujet, de même, n'implique aucun type de composition réelle. Ces termes indiquent les perfections relatives des êtres, mais ne signifient rien de réellement ajouté à leur essence : ils dénotent des « modes » de l'essence, de la même manière que, selon Thierry, la quantité n'ajoute rien à la substance mais en représente une disposition. Ces termes désignent par conséquent des propriétés similaires aux quantités, et ne réfèrent pas à des propriétés réellement informantes[135].

Cette conception des formes, vues comme métaphysiquement simples et incapables de variation individuelle, dégage paradoxalement un sens étendu du concept de latitude, intégré à l'idée d'une hiérarchie des êtres. Dans le *Tractatus de natura contrariorum*, Thierry emploie en partie le terme « latitude », plutôt rare chez lui, sans référer à une variation de perfection ou de participation à une essence. Bien que certaines formes n'aient pas de latitude *interne*, la distance séparant des entités ou des états peut être caractérisée comme latitude. Ainsi, la comparaison entre formes substantielles d'espèces distinctes suppose une *latitude* au sein d'un genre donné. Tout comme les individus d'une même espèce peuvent posséder des degrés variés de perfection (un corps plus ou moins blanc, par exemple), les différentes espèces d'un genre (comme les différentes espèces du genre de la couleur) constituent autant de degrés de perfection[136] :

> Sicut autem videmus unam et eandem formam secundum diversum gradum perfectionis participatam in formis individualibus, secundum quod attenditur in aliquibus magis et minus sub eadem specie, puta magis et minus album, ita se habet suo modo in tota natura generis, scilicet quod natura contenta intra ambitum generis secundum diversum gradum perfectionis participatur in diversis formis specificis, ut patet in genere coloris secundum suas species.

Il y a donc latitude au sein des formes substantielles sans intensification au sens propre. Le concept de latitude permet, en vertu de ce sens élargi, de définir l'écart séparant les essences au sein d'un genre commun. Il apparaît ainsi central pour la construction de la théorie théodoricienne de la contrariété,

---

134   Thierry de Freiberg, *De magis et minus*, p. 67, l. 66–70.
135   Thierry de Freiberg, *De natura contrariorum*, ed. R. Imbach, *Opera omnia*, vol. 2, 53, p. 121, l. 67–73 ; 61, p. 127, l. 34–38.
136   Thierry de Freiberg, *De natura contrariorum*, 53, p 120–121, l. 56–62.

puisque la possession d'une latitude (finie) entre deux formes est l'une des conditions nécessaires à l'instanciation de cette relation[137].

En revanche, le théologien dominicain refuse la notion de degré comprise comme pluralité de formes hiérarchiques ordonnées. Selon Thierry, les différentes perfections et puissances possédées par une substance ne renvoient pas à différentes formes, mais à différentes « intentions » ou « principes formels » repérables dans la chose par l'intellect, correspondant aux déterminations prédicamentales de l'essence[138]. De façon frappante, la thèse théodoricienne d'une gradation des intentions formelles – plutôt que des formes – conduira quelques années plus tard Berthold de Moosburg, qui adaptera ses idées directrices à un cadre hénologique inspiré par Proclus, à proposer une analyse quantitative des intentions formelles constituant chaque être de l'univers. Tenant lui aussi pour l'unité de la forme, Berthold proposera dans son commentaire à l'*Elementatio theologica*, dont l'univers est finement stratifié selon différents niveaux d'émanation, une analyse *dénombrant* les intentions ou principes formels constituant chaque étage de la réalité (comptant, par exemple, six intentions formelles composant l'âme humaine : unité, infinité, être, intellectualité, vitalité, naturalité)[139]. Dans le système de Berthold, ces intentions formelles seront mises en correspondance avec une série de principes émanés de la

---

137   Thierry de Freiberg, *De natura contrariorum*, 48, p. 116, l. 21–23 : *Tertio requiritur, ut idem commune habeat quandam latitudinem naturae secundum rationem maioris et minoris perfectionis in diversis secundum esse specificum ipsum specifice participantibus.* Voir S. Roudaut, « The Definition of Contrariety and the Classification of Forms in Dietrich of Freiberg's *De Natura contrariorum* », dans *Recherches de Théologie et Philosophie Médiévales* 87/1(2020), p. 1–32.

138   Sur la notion d'intention formelle, voir Thierry de Freiberg, *Tractatus de origine rerum praedicamentalium*, ed. L. Sturlese, dans *Opera omnia*, vol. 3 (Hamburg : Felix Meiner Verlag, 1983), 4, 21, p. 174, l. 210 ; 4, 33, p. 178, l. 332 ; *De intellectu et intelligibili*, ed. B. Mojsisch, dans *Opera omnia*, vol. 1 (Hamburg : F. Meiner Verlag, 1977), II, 16, p. 157, l. 34 ; *Tractatus de accidentibus*, ed. M.-R. Pagnoni-Sturlese, dans *Opera omnia*, vol. 3, 8, 4, p. 64, l. 113. Pour l'expression *principia formalia*, voir *Tractatus de origine rerum praedicamentalium*, 4, 33, p. 178, l. 341–342 ; 5, 44, p. 194, l. 445 ; *Quaestio utrum substantia spiritualis sit composita ex materia et forma*, ed. B. Mojsisch, dans *Opera omnia*, vol. 3, II, 25, p. 335, l. 267 ; *Tractatus de accidentibus*, ed. M.-R. Pagnoni-Sturlese, dans *Opera Omnia*, vol. 3, 3, 3, p. 56, l. 62. Sur la doctrine théodoricienne des intentions, voir A. De Libera, « La problématique des *intentiones primae et secundae* chez Dietrich de Freiberg », dans K. Flasch (ed.), *Von Meister Dietrich zu Meister Eckhart* (Hamburg : F. Meiner Verlag, 1984), p. 68–94.

139   Berthold von Moosburg, *Expositio super Elementationem theologicam Procli*, L. Sturlese *et al.* (eds.), Corpus Philosophorum Teutonicorum Medii Aevi VI/1–8 (Hamburg : F. Meiner, 1984–2014), vol. 6, Prop. 197AB, p. 134, l. 50–62. Voir par ailleurs vol. 2, Prop. 14C, p. 5 ; vol. 3, Prop. 59DF, p. 168–169. Sur cette théorie de la composition des intentions chez Berthold, voir E. Ludueña, *La recepción de Eriúgena en Bertoldo de Moosburg : Un aporte sobre la Escuela de Colonia* (Saarbrücken : Publicia, 2013), p. 165–197.

divinité dont la structure sera déduite de la théorie des nombres de l'*Institution arithmétique* de Boèce[140].

D'après Thierry, l'unicité de la forme substantielle se vérifie en tout composé naturel. Pourtant, son traité dédié à la structure du mixte – le *De miscibilibus in mixto* – le montre favorable à la théorie averroïste d'une atténuation des formes au sein du composé, qu'il déclare préférer à celle d'Avicenne, d'une part, et à celle de Thomas d'Aquin, d'autre part. Or, la position d'Averroès, on l'a vu, peut être interprétée comme une version de la pluralité des formes dans le mixte. Elle démarquait de ce point de vue la position d'Albert le Grand de celle de Thomas d'Aquin. Comme Albert, Thierry admet une simple différence modale entre l'être potentiel de la forme dans la matière et son être actuel une fois éduite (cette idée étant compatible, mais logiquement distincte de la thèse d'une atténuation des éléments). Comme Albert, également, Thierry rapproche ce point de vue de l'*inchoatio formarum* d'Augustin[141]. Prévenant toutefois ses implications, il précise dans le *De miscibilibus* que cette idée n'entraîne pas la pluralité des formes dans la matière[142].

Moins assurée de ce dernier point, la question disputée à Paris par Maître Eckhart sur la permanence des éléments dans le mixte se montre plus prudente : Eckhart se rallie aux vues de Thomas d'Aquin, perçue comme moins nocive vis-à-vis de l'unité de la forme à laquelle le thuringien souscrit également. La solution d'Eckhart s'accompagne d'une conception semblable à la théorie thomiste de l'instrumentalité des accidents vis-à-vis de la forme substantielle, point qui commande le précédent. C'est par analogie avec l'âme intellective qu'il affirme que les éléments disposent *virtute* par leurs qualités à la forme plus parfaite du mixte, qui est une comme en tout composé[143]. Les degrés formels que l'on serait tenté de poser à l'origine de la génération sont refusés, au profit d'une conception de la matière comme pure puissance.

Tandis qu'Eckhart adhère plus à la position thomiste qu'à celle de Thierry de Freiberg, d'autres philosophes rattachés à l'école dominicaine allemande

---

140   Berthold von Moosburg, *Expositio*, Prop. 62, p. 181–184.

141   Thierry de Freiberg, *Utrum in Deo sit aliqua vis cognitiva inferior intellectu*, ed. M.R. Pagnoni-Sturlese, dans *Opera omnia*, vol. 3, 2. 2. 2, p. 309, l. 63–71.

142   Thierry de Freiberg, *Tractatus de miscibilibus in mixto*, ed. W.A Wallace, dans *Opera omnia*, vol. 4 (Hamburg : Felix Meiner Verlag, 1985), 21, p. 46–47.

143   Jean Eckhart, *Utrum in corpore Christi morientis in cruce remanserint formae elementorum ?*, dans *Quaestiones et sermo Parisienses*, ed. B. Geyer (Bonn, 1931), p. 26–28, ici p. 28, l. 12–17 : *Thomas vero ponit, quod forma mixti habet qualitatem propriam disponentem ad eam. Ipsa tamen praecurrit et est una forma, sicut forma intellectiva, quia est forma perfectissima, est sensitiva et sic de aliis. Et quia totum dicit, ideo non dividitur et totum praehabet in virtute et est unicior et intimior. Ita de forma mixti.*

inclinent pareillement vers la solution de l'Aquinate au problème du mixte. L'examen de ces positions confirme la présence en son sein de figures d'opposition à certaines thèses théodoriciennes, et d'une réhabilitation de la pensée thomiste.

Ainsi, Jean Picardi de Lichtenberg, dans les premières années du XIVe siècle, se range à l'opinion d'une permanence virtuelle des éléments dans le mixte, congédiant la thèse de leur atténuation. Les éléments se corrompent dans le mixte, n'y restant ni selon la substance ni l'accident, bien que la constitution du mixte se distingue de la corruption au sens strict en raison de la persistance des qualités[144]. S'opposant nommément à Ibn Gabirol et Jean de Dacie sur la pluralité des formes[145], Jean Picardi refuse la contenance virtuelle des perfections inférieures dans les supérieures comme modèle adéquat du mixte (l'intellective n'étant pas mélangée avec la sensitive et la végétative)[146]. Les qualités des éléments s'atténuent mutuellement, et constituent par leur interaction une qualité mixte disposant à la forme du composé[147]. Les qualités demeurent ainsi *virtute*, comme on le voit dans les sirops et médicaments qui conservent les vertus spécifiques des herbes après décoction et manifestent la « latitude » de ces qualités dans les complexions. Tout en adoptant l'opinion de Thomas, Jean Picardi répond à des objections soulevées à l'encontre de la théorie averroïste, à laquelle elle ramène sur certains points et sous un vocabulaire certes différent[148]. On constate les mêmes conclusions chez Henri de Lübeck, qui aborde le problème dans la question 28 de son premier *Quodlibet* (tenu au début des années 1320), et s'accorde aussi avec Maître Eckhart et Thomas d'Aquin pour refuser l'atténuation des formes élémentaires. Sa résolution fait intervenir les théories les plus célèbres en présence, celle d'Averroès et celle d'Avicenne, mais ni l'atténuation des formes substantielles, ni celle des qualités

---

144 Jean Picardi de Lichtenberg, *Quaestiones disputatae*, q. 21, Utrum elementa sint actu in mixto, ms. Vaticano (Città del), Biblioteca Apostolica Vaticana, Vat. lat. 859, f. 171vb.
145 Jean Picardi de Lichtenberg, *Quaestiones disputatae*, q. 18, Vat. lat. 859, f. 165rb.
146 Jean Picardi de Lichtenberg, *Quaestiones disputatae*, q. 21, Vat. lat. 859, f. 171va.
147 Jean Picardi de Lichtenberg, *Quaestiones disputatae*, q. 21, Vat. lat. 859, f. 171va.
148 Jean Picardi de Lichtenberg, *Quaestiones disputatae*, q. 21, Vat. lat. 859, f. 171va–172ra. Plus largement, sur la relation de l'auteur à Thomas, voir A. Beccarisi, « Johannes Picardi de Lichtenberg : un exemple de thomisme dans l'horizon culturel allemand », dans *Freiburger Zeitschrift für Philosophie und Theologie* 57(2010), p. 286–302 ; P. Porro, « Essere e essenza in Giovanni Picardi di Lichtenberg : note sulla prima ricezione del tomismo a Colonia », dans M. Pickavé (ed.), *Die Logik des Transzendentalen. Festschrift für J. Aertsen zum 65. Geburtstag* (Berlin / New York : De Gruyter, 2003), p. 226–245.

élémentaires ne sont acceptées : le mixte implique corruption des formes au moment de la *mixtio*[149].

Nicolas de Strasbourg (†1331), qui aborde la question de l'*inchoatio formae* dans le livre II de sa *Summa philosophiae naturalis*, composée entre 1315 et 1323, refuse aussi la permanence des éléments dans le mixte. Après avoir examiné le recours à plusieurs autorités pour évaluer la position la plus probable, il affirme l'impossibilité du plus ou moins dans ces formes, et l'impossibilité de l'*inchoatio formarum*[150]. Les formes substantielles sont toutes indivisibles, et en tant que telles, ne sauraient admettre de degrés[151]. La notion de latitude peut seulement être accordée aux formes accidentelles pour justifier la successivité de leur mouvement[152].

La troisième partie de la *Summa* de Nicolas – intitulée *De formis* –, qui constitue l'un des traités les plus encyclopédiques du XIVᵉ siècle sur ces entités, offre la justification de ces conclusions. Elle s'ouvre significativement, après une classification générale des types de formes, sur la raison de l'intensification et de l'atténuation. L'intensification est analysée en des termes empruntant principalement à Thomas d'Aquin. Elle s'explique selon Nicolas par la participation du sujet à la forme, la perfection d'une même forme devant être comprise par l'idée de contenance virtuelle de l'inférieur dans le supérieur : il est permis de parler en un sens de différents degrés dans les formes (associés aux éléments de la décomposition prédicamentale) sans concéder la pluralité des formes substantielles envisagée par Ibn Gabirol[153].

Concernant l'intensification proprement dite, tous les types d'accidents ne sont pas soumis au même régime. Les espèces ou formes intentionnelles, parce qu'elles sont produites dans l'instant et n'ont pas de contraire positif, ne reçoivent pas le plus ou moins[154]. Puisqu'elle suppose une relation de par-

---

149   Henri de Lübeck, *Quodlibet*, ed. M. Perrone (Hamburg : F. Meiner, 2008), I, q. 28, p. 255. À juste titre, ce point de vue est dit *communius*.

150   Nicolas de Strasbourg, *Summa philosophiae naturalis*, ed. G. Pellegrino (Hamburg : F. Meiner, 2009), II, tr. 1, q. 4, p. 15–16.

151   Nicolas de Strasbourg, *Summa*, II, tr. 1, q. 4, p. 14, l. 145–147 ; les formes substantielles n'admettent d'intensification ni *quantum ad esse* ni *quantum ad essentiam* (*Summa philosophiae*, III, ms. Vaticano (Città del), Biblioteca Apostolica Vaticana, Vat. lat. 3091, f. 275ra–rb).

152   Nicolas de Strasbourg, *Summa philosophiae naturalis*, ed. T. Suarez-Nani (Hamburg : F. Meiner, 1990), II, tr. 9, q. 5, p. 50, l. 370–385.

153   Nicolas de Strasbourg, *Summa*, III, 275ra. Relevons que Nicolas distingue quatre genres de degrés, différenciés entre distinction de raison et distinction réelle, et séparant degrés d'être et gradation essentielle (Vat. lat. 3091, f. 274vb–275rb).

154   Nicolas de Strasbourg, *Summa*, III, Vat. lat. 3091, f. 262ra.

ticipation plus ou moins parfaite, la cause de l'intensification des formes est en effet la disposition du sujet. Or, les formes intentionnelles, considérées en elles-mêmes, sont indépendantes de l'état du sujet. Pour cette raison, seules certaines formes accidentelles reçoivent le plus ou le moins : les formes *réelles* – et certaines d'entre elles seulement.

Comparé à ses contemporains, Thierry de Freiberg apparaît donc relativement isolé dans sa défense de la thèse averroïste de l'atténuation des formes dans le mixte, bien que ses vues sur le mode d'être potentiel des formes dans la matière rejoignent les vues d'Albert le Grand. Le postulat d'unicité de la forme qui rapproche les représentants de « l'école l'albertinienne » de l'ontologie thomiste ne dessert pas la même métaphysique de l'être, rendant compte des divergences – singulièrement dans le cas de Thierry – dans la manière d'expliquer les phénomènes intensifs.

La présence de la notion de latitude dans un contexte philosophique majoritairement opposé aux degrés de la forme signale son adaptabilité : chez un auteur comme Thierry, dont la pensée emprunte au néo-platonisme une interprétation verticale – émanative – de la causalité formelle, elle permet notamment de signifier la distance perfectionnelle entre espèces différentes. Des remarques similaires s'appliqueraient à un auteur comme Henri de Bate de Malines (†1310) qui, plus encore, organise sa philosophie autour de la figure de Proclus. Henri Bate admettra l'atténuation des éléments dans le mixte pour démontrer que l'âme humaine, substance immatérielle, est de façon paradoxale plus immédiatement liée à la matière – et donc davantage « forme » – que n'importe quelle forme matérielle, car elle ne nécessite pas de forme mixte préparant sa réception[155]. Du point de vue interne à l'espèce, les formes singulières se différencient selon le plus ou le moins, selon la « latitude » de cette espèce[156], du fait de la variabilité due à la matière dans la constitution de l'individu[157]. Mais, dans le cadre d'un héritage platonicien clairement revendiqué, Henri Bate estimera aussi que le plus ou le moins peut s'appliquer aux substances selon le genre ou l'espèce en fonction de leur participation à l'être[158].

La généralisation du concept de latitude s'avère ainsi tributaire d'un double emploi dont il fait l'objet, et que l'on est tenté de rattacher à une ambivalence constitutive de la causalité formelle au Moyen Âge : servant à penser la

---

155   Henri Bate de Malines, *Speculum divinorum et quorundam naturalium*, IV–V, ed. C. Steel (Leuven : Leuven University Press, 1993), IV, c. 41–42, p. 110–111 ; c. 43, p. 114.
156   Henri Bate de Malines, *Speculum divinorum et quorundam naturalium*, VI–VII, eds. C. Steel, E. Van de Vyver (Leuven : Peeters, 1994), VI, c. 15, p. 58, l. 15 ; p. 61, l. 101.
157   Henri Bate de Malines, *Speculum*, VI, c. 15, p. 58.
158   Henri Bate de Malines, *Speculum*, VI, c. 14, p. 56, l. 27–33.

variation individuelle dans le cadre d'un réalisme immanentiste des essences, il se révèle tout aussi opérant pour signifier un écart de perfection dans l'ordre des essences elles-mêmes, qui ne suppose peut-être pas une métaphysique de la participation proprement dite mais, du moins, une conception du réel comme structure hiérarchique. Ces usages hétérogènes mettent d'autant plus en évidence la manière dont la notion de latitude, à partir de la fin du XIIIe siècle, devient rapidement partie intégrante du vocabulaire de la *lingua franca* commune à des systèmes philosophiques très différents.

CHAPITRE 4

Définir l'intensification

1   Les théories de la succession et leur influence

1.1   Un aristotélisme radical : le cas Godefroid de Fontaines

La théorie des phénomènes intensifs de Godefroid de Fontaines (†ca.1309), contemporain d'Henri de Gand, a suscité des désaccords importants chez ses interprètes contemporains[1]. Il est acquis depuis l'article de J. Celeyrette et J.-L. Solère, et le travail dû à S. Dumont, que Godefroid de Fontaines a défendu l'une des premières versions de la théorie de la succession. Si l'on pouvait en trouver des traces chez des auteurs antérieurs, comme Roland de Crémone, Godefroid est l'un des premiers à promouvoir une théorie que Gauthier Burley, sur des bases et pour des raisons différentes, défendra plus systématiquement quelques années plus tard.

La position de Godefroid se présente comme conséquence directe du principe d'invariabilité des essences, auquel il tient plus fortement encore qu'un auteur comme Thomas d'Aquin, en refusant qu'une forme, même contractée à l'individualité, soit susceptible d'une variation réelle. On l'a vu avec la figure de Gilles de Rome, Godefroid n'est pas seul à maintenir une interprétation stricte de ce principe. Mais ce principe se trouve chez lui allié au refus de mobiliser un type de distinction étrangère à la pensée d'Aristote[2]. Pour autant, tout en

---

1   Maier, *Zwei Grundprobleme*, p. 36–43 ; J.F. Wippel, « Godfrey of Fontaines on Intension and Remission of Forms », dans *Franciscan Studies* 39(1979), p. 316–355 ; E.D. Sylla, « Godfrey of Fontaines on Motion with Respect to Quantity of the Eucharist », dans A.P. Bagliani, A. Maierù (eds.), *Studi sul XIV secolo in memoria di Anneliese Maier* (Roma : Edizioni di Storia e Letteratura, 1981), p. 105–141 ; J. Celeyrette, J.-L. Solère, « Godefroid de Fontaines et la théorie de la succession dans l'intensification des formes », dans Bakker, Grellard, Faye (eds.), *Chemins de la pensée médiévale*, p. 79–112 ; Dumont, « Godfrey of Fontaines ».
2   J.F. Wippel, « The Relationship between Essence and Existence in Late Thirteenth-Century Thought : Giles of Rome, Henry of Ghent, Godfrey of Fontaines, James of Viterbo », dans P. Morewedge (ed.), *Philosophies of Existence*, p. 131–164 ; J.F. Wippel, « James of Viterbo on the Essence – Existence Relationship (*Quodlibet* 1, Q. 4) and Godfrey of Fontaines on the Relationship between Nature and Supposit (*Quodlibet* 7, Q. 5) », dans J.P. Beckmann *et al.* (eds.), *Sprache und Erkenntnis im Mittelalter* (Berlin / New York : De Gruyter, 1981), p. 777–787 ; J.F. Wippel, « Godfrey of Fontaines and Henry of Ghent's Theory of Intentional Distinction between Essence and Existence », dans *Sapientiae procerum amore. Mélanges médiévistes offerts à Dom Jean-Pierre Müller, O. S. B.*, *Studia Anselmiana* 63(1974), p. 289–321 ; J.F. Wippel, « Godfrey of Fontaines and the Real Distinction between Essence and Existence », dans *Traditio* 20(1964), p. 385–410 ; König-Pralong, *Être, essence, contingence*, p. 57–62, p. 70–73, p. 95–78.

clamant l'identité réelle de l'être et de l'essence, Godefroid ne rejette pas toute référence à l'idée de participation pour penser l'intension des formes. Tel est du moins le cas dans la question 10 de son second *Quodlibet* (1286)[3] :

> Ordo ergo essentialis, qui attenditur secundum gradus essentiales, per se variat speciem, et non potest esse inter individua eiusdem speciei, quia participant eandem essentiam in qua non est accipere gradus secundum quos possit attendi huiusmodi ordo et magis et minus. Si ergo sit ibi ordo et gradus secundum magis et minus, oportet quod hoc sit per aliquod accidens et secundum diversam participationem eiusdem formae secundum esse specificum a subiecto. [...] Quia cum forma specifica secundum se non possit habere magis et minus, albedo separata non esset forma nisi secundum se, et non diversimode participata a subiecto, et ideo et cetera.

La non-composition des formes vaut selon Godefroid pour les formes en général – tant substantielles qu'accidentelles. Godefroid admet que la forme possède une latitude, qu'il n'entend pas au sens d'Henri de Gand[4]. Cette latitude signifie selon lui la contenance virtuelle de degrés dans l'essence de la forme, ces degrés ne devant cependant pas être conçus comme appartenant intrinsèquement à sa nature, mais comme degrés de participation du sujet à l'essence[5]. La notion de degré renvoie chez Godefroid à une certaine façon dont l'être de la forme est reçu dans le sujet, et non à une composition réelle de son essence. Godefroid s'abstient donc de dissocier les propriétés de simplicité et d'invariabilité des formes, conduisant au refus strict de leur variation et, de là, à une théorie successiviste[6] :

> Quare cum non possit attendi magis et minus in qualitatibus secundum rationem speciei quia in indivisibili consistit, oportet quod attendatur secundum rationem individuorum. Et quia etiam esse individui in quantum individuum est, simplex est, si fiat transmutatio in individuo secundum magis et minus, fit etiam transmutatio ipsius individui, manente tamen specie eadem. Similiter etiam se habet in quantitatibus maius et minus, et quantum ad hoc quod convenit secundum individuum et quantum ad modum transmutationis.

---

3   Godefroid de Fontaines, *Quodlibet* II, q. 10, dans *Quodlibet I–XV*, eds. M. De Wulf *et al.* (Louvain : Éditions de l'Institut Supérieur de Philosophie, 1904–1937), vol. 1, II, q. 7, p. 141.
4   Godefroid de Fontaines, *Quodlibet* II, q. 10, p. 144.
5   Godefroid de Fontaines, *Quodlibet* II, q. 10, p. 144.
6   Godefroid de Fontaines, *Quodlibet* II, q. 10, p. 145.

L'enjeu du raisonnement, qui pose l'équivalence du point de vue du changement entre qualités et quantités, tient à la notion de *transmutatio*, qu'il s'agit ici de distinguer de celle de mouvement (*motus*). Dans la mesure où une forme ne reçoit le degré précis qui est le sien qu'en étant contractée à l'individualité, et qu'elle est par ailleurs indivisible, tout changement d'intensité suppose le remplacement de la qualité individuelle par une nouvelle qualité individuelle – la notion de *transmutatio ipsius individui* se comprenant en ce sens.

La désignation des états d'une qualité comme variations d'une même essence requiert la distinction entre la forme individuelle et son espèce. La solution de Godefroid recèle donc deux implicites : d'une part, la possibilité de dénomination d'une forme individuelle vis-à-vis de son espèce suppose malgré tout un écart possible – une « latitude » – au sein de l'espèce entre des formes plus ou moins parfaites mais appartenant à la même essence. Cette latitude ne comprend aucun degré proprement dit, même si elle implique la possibilité d'ordonner selon leur perfection respective des formes individuelles. D'autre part, le raisonnement de Godefroid suppose la réalité d'une nature commune : les formes individuelles n'entretiennent pas seulement une relation de ressemblance, mais tombent sous une espèce réellement *une* – espèce individuée à chaque instant du changement par son actualisation sous un degré précis.

La manière dont Godefroid aborde la question plus tardivement dans la *Question ordinaire* 18 témoignera de l'abandon relatif de la notion de participation, mais confirme l'enracinement de sa position dans une vision réaliste des natures spécifiques : Godefroid distinguera alors entre parties spécifiques et parties matérielles d'une forme individuelle, tout en évitant les conceptions additistes à l'origine de ce lexique[7].

L'interprétation de l'hylémorphisme qui accompagne la théorie de Godefroid encadre ses vues sur des questions connexes, comme sur le nombre des formes : sur ce point, son opinion est sceptique. Le philosophe penche vers la solution uniciste d'un point de vue philosophique, mais s'en tient prudemment à un aveu d'ignorance, en reconnaissant que le dogme chrétien de la résurrection du Christ à l'identique, ainsi que le culte des reliques, qui plaident pour une forme de corporéité, représentent des arguments de poids qu'il convient de prendre

---

7   J. Celeyrette, J.-L. Solère, « Édition de la question ordinaire n°18, *de intensione virtutum*, de Godefroid de Fontaines », dans J. Meirinhos, O. Weijers (eds.), *Florilegium Medievale*. Études offertes à Jacqueline Hamesse, (Turnhout : Brepols, 2009), p. 83–107. Voir sur ce texte Dumont, « Godfrey of Fontaines », p. 42, n. 8, p. 45, p. 120–121. Mentionnons d'autres questions pertinentes pour l'évaluation de la position de Godefroid, en particulier *Quodlibet* IX, q. 11, vol. 3 [t. 4], p. 247–250 ; *Quodlibet* XI, q. 3, vol. 4 [t. 5], p. 12–22.

en compte⁸. On ne s'étonnera pas que Godefroid, qui pense la matière avec Thomas d'Aquin comme un principe essentiellement potentiel (en admettant pour sa part une individuation par la forme⁹), voie dans la thèse de l'unicité de la forme, qui respecte mieux sa simplicité, la façon la plus expédiente de concevoir l'unité individuelle : la position pluraliste présente des inconvénients plus difficiles à résoudre que l'autre. Son opinion sur le statut des formes dans le mixte, du reste, ressemble aux termes de la position thomiste : les éléments y demeurent selon une présence virtuelle, une qualité moyenne étant engendrée à partir de leurs qualités [10].

Le refus d'une distinction autre que rationnelle entre l'être et l'essence induit chez Godefroid le problème du rapport entre la simplicité de certaines créatures (celles qui sont étrangères à la matérialité) et celle de Dieu. Ce point ne découle pas seulement du refus de postuler une distinction entre la forme et l'être. Il provient aussi de la réticence à exprimer l'échelle des perfections dans l'univers au moyen d'une théorie de l'addition perfectionnelle des substances. Dans la question 7 de son neuvième *Quodlibet*, Godefroid emploie néanmoins le concept de degré pour signifier la perfection propre aux formes d'espèces distinctes. Mais le sens de la notion de degré ne peut être selon lui que relatif, ne désignant pas une composition réelle dans la forme. Godefroid précise en ce sens que le degré de perfection d'une essence ne renvoie pas à quelque chose d'intrinsèque et absolu, c'est-à-dire à une composition interne. La notion de degré, quand elle est appliquée à l'ordre des espèces composant l'univers, exprime seulement une relation de comparaison entre les espèces du point de vue de leur relation d'imitabilité à l'essence divine[11].

---

8   Godefroid de Fontaines, *Quodlibet* II, q. 7, p. 95–133 ; III, q. 5, vol. 1 [t. 2], p. 194–211 ; VI, q. 16, vol. 2 [t. 3], p. 254–260 ; X, q. 10, vol. 3 [t. 4], p. 343–348. Voir M. De Wulf, *Un théologien-philosophe du XIIIᵉ siècle. Étude sur la vie, les œuvres et l'influence de Godefroid de Fontaines* (Bruxelles : Hayez, 1904), p. 114 ; J.F. Wippel, *The Metaphysical Thought of Godfrey of Fontaines, A Study in Late Thirteenth Century* (Washington D.C. : The Catholic University of America Press, 1981), p. 314–337.

9   Godefroid de Fontaines, *Quodlibet* VII, q. 5, vol. 2 [t. 3], p. 299–336.

10 Godefroid de Fontaines, *Quodlibet* II, q. 7, p. 111.

11 Godefroid de Fontaines, *Quodlibet* IX, q. 7, vol. 4, p. 232 : *Hoc etiam patet ex habitudine eorum ad aliquod primum ; quia quae producta sunt a Deo sunt ab ipso secundum rationes differentes imitabilitatum cognita et creata ; alia ratione enim conditus est homo, alia equus ; ergo quae sunt aequalis dignitatis et perfectionis habent in Deo unam rationem imitabilitatis sive unam similitudinem, quia secundum unum gradum ; sed quae habent similitudinem secundum unum gradum imitabilitatis in Deo et sic unam ideam sunt unius speciei ; quare oportet dicere quod illa quae sunt diversarum specierum non possunt eundem gradum tenere ; necessario ergo differant gradibus perfectionis et sic inaequaliter se habent ad primum.*

À la différence de ce qui sera le cas dans des moutures plus tardives de cette idée, la théorie successiviste de Godefroid de Fontaines s'inscrit donc dans une ontologie des formes entendant proposer une interprétation « pure » d'Aristote, c'est-à-dire refusant les stratégies de contournement des axiomes supposés définir sa doctrine. Cette position explique l'inclination de l'auteur à concevoir la structure du composé d'un point de vue plutôt uniciste, mais aussi à penser une notion d'ordre essentiel entre espèces exprimée dans des termes différents tant des théories thomaso-égidiennes de la distinction ontologique que de la métaphysique scotiste de l'intensité de l'être.

1.2   *Le contexte parisien au tournant du XIVe siècle*

Le contexte parisien des premières années du XIVe siècle exprime un intérêt de plus en plus vif pour la question de la permanence numérique de la forme dans les phénomènes intensifs. Ce fait est révélateur de l'émergence des théories de la succession dans les années suivant l'activité de Godefroid. Il apparaît dans un contexte où la théorie thomiste des phénomènes intensifs est déjà relativement délaissée, mais où l'influence de la métaphysique de Thomas d'Aquin est toujours en jeu sur les autres « querelles de la forme ».

Le cistercien Jacques de Thérines, qui se prête à l'exercice des questions quodlibétales entre 1305 et 1306, adopte ainsi la position de l'Aquinate sur le nombre des formes, de même que la thèse thomiste du caractère accidentel des pouvoirs de l'âme. En revanche, sa position s'affranchit de la distinction de l'être et de l'essence qui en constituait le ressort chez Thomas. En récusant cette idée, Jacques de Thérines s'écarte d'autant plus de la théorie égidienne de l'*intensio formarum*, qui impliquait la thèse d'une augmentation selon l'*esse*, et non *secundum essentiam*, des formes accidentelles[12].

Des recherches récentes ont pu établir que des auteurs contemporains comme Jean de Pouilly – élève de Godefroid de Fontaines – ou Pierre de Saint Denys se présentent dans la première décennie du XIVe siècle comme francs défenseurs de la position de Godefroid de Fontaines[13]. Il n'est alors plus exceptionnel d'associer certaines thèses propres à l'anthropologie thomiste à des ontologies différentes des phénomènes intensifs, comme celle de Godefroid. Dans ses questions quodlibétales III et IV vraisemblablement composées entre 1303 et 1304, Thomas de Bailly déconstruit par exemple l'association entre théorie de la participation et unité de la forme. L'unité de la forme substantielle est admise au même titre que la thèse d'une accidentalité des

---

12   Jacques de Thérines, *Quodlibets*, ed. P. Glorieux (Paris : Vrin, 1958), II, q. 14, p. 292–294.
13   Dumont, « Godfrey of Fontaines », p. 94–95.

puissances de l'âme[14]. Mais, rejetant comme Godefroid de Fontaines la distinction ontologique thomiste, il s'écarte du Docteur commun pour penser une théorie successiviste des phénomènes intensifs[15]. Thomas de Bailly emploie également le concept de latitude pour signifier l'écart interne à l'essence d'une forme susceptible de plus ou moins[16].

La problématisation de la persistance numérique de l'accident concerne aussi les penseurs dominicains et franciscains qui prennent leur distance vis-à-vis des opinions majoritaires de leur ordre. Nous l'avons vu, déjà, pour un auteur comme Thierry de Freiberg. Le cas de Guillaume Durand de Saint-Pourçain présente un intérêt similaire relativement à la question de la nature du mouvement intensif. Il est connu que les rédactions successives de son commentaire des *Sentences* présentent des variations importantes, résultat des critiques essuyées depuis sa première lecture à Paris en 1308–1310[17]. Par rapport à sa seconde lecture, qui ne consacre qu'une question aux modalités de l'intensification[18], la dernière rédaction du docteur dominicain, comprise entre 1317 et 1327, séquence davantage les difficultés. Après avoir établi que le plus ou moins dans les formes devait concerner leur essence autant que leur être[19], Durand précise le sens de la « cause » de l'intensification : il n'est pas recevable de considérer la latitude d'une forme comme cause de son intensification, dans la mesure où elle est réellement identique à la forme elle-même[20]. D'un point de vue causal, les variations intensives suivent les relations de transmission difforme (par opposition à uniforme) entre un agent et son patient, où la forme n'est pas reçue chez le second au degré qu'elle possède chez le premier. Le plus ou moins dans les formes est donc dû à un mouvement, qui exclut le cas des formes substantielles[21].

La question dédiée à comprendre si la forme demeure numériquement la même dans ce mouvement est la plus longue du texte de Durand. En dépit des arguments en sens contraire, qui reposent en particulier sur l'analogie du

---

14   Thomas de Bailly, *Quodlibets*, ed. P. Glorieux (Paris : Vrin, 1960), II, q. 7, p. 103–105 ; V, q. 6, p. 369–378.
15   Thomas de Bailly, *Quodlibets*, III, q. 15, p. 208–219 ; IV, q. 11, p. 282–293.
16   Thomas de Bailly, *Quodlibets*, IV, q. 16, p. 219–224.
17   Pour un point récent, voir A. Speer et *al.* (eds.), *Durand of Saint-Pourçain and His Sentences Commentary. Historical, Philosophical, and Theological Issues* (Leuven : Peeters, 2014).
18   Durand de Saint-Pourçain, *Scriptum super IV libros Sententiarum. Distinctiones 4–17 libri primi*, eds. M. Perrone, F. Retucci (Leuven : Peeters, 2017), I, d. 17, q. 3, p. 225–250.
19   Durand de Saint-Pourçain, *In Sententias commentaria* (Venise : Guerraea, 1571), I, d. 17, q. 5, f. 57rb–58rb.
20   Durand de Saint-Pourçain, *In Sententias commentaria*, I, d. 17, q. 6, f. 58va.
21   Durand de Saint-Pourçain, *In Sententias commentaria*, I, d. 17, q. 6, f. 58va–vb.

mouvement local, il défend la nécessité de définir la forme intensifiée comme numériquement identique à celle à laquelle elle succède. Mais sa réponse indique un sens faible de la notion d'identité ici visée : la forme n'est pas numériquement une d'une unité d'indivisibilité (*una unitate indivisibilitatis*) ; elle est une selon la continuité[22]. Par ailleurs, les parties acquises pendant le mouvement sont des parties réellement désignables (*signabiles*) qui se distinguent les unes des autres[23] :

> Si vero partes signabiles vocentur omnes illae partes quae in suo toto habent realem differentiam ratione cuius vere possit dici quod una non est altera, quamvis sint partes unius numero, sic forma intensa et remissa sunt partes signabiles unius formae quae in toto motu est una continuitate, etsi non simultate alium partium.

L'unité de la forme intensifiée que maintient Durand, on le constate, ne renvoie qu'à la continuité d'une série d'états causalement reliés entre eux. La lecture critique des thèses de Durand par Jacques de Metz (lecteur des *Sentences* vers 1308–1309) exhibera la fragilité de cette solution, et aboutira à l'une des premières défenses de la théorie de la succession en contexte dominicain, achevant de renverser la position de Thomas d'Aquin[24].

Chez les auteurs inclinant vers les théories de l'addition mais réticents envers sa version scotiste, ce problème de la persistance de la forme amène à rechercher des descriptions plus satisfaisantes de la transformation de l'accident. L'inflexion la plus influente apportée en ce sens à la théorie additiste est celle de Pierre Auriol (†1322), qui s'avance comme une amélioration de la théorie du Docteur subtil[25].

---

22 Durand de Saint-Pourçain, *In Sententias commentaria*, I, d. 17, q. 7, f. 59rb.
23 Durand de Saint-Pourçain, *In Sententias commentaria*, I, d. 17, q. 7, f. 59vb.
24 Solère, « Plus ou moins », p. 466, p. 472. Pierre de la Palud, qui s'oppose nettement à Durand dans sa lecture des *Sentences*, préfère pour sa part se ranger à l'opinion thomiste. Tout en concédant que ce qui admet des degrés d'*esse* ne contient pas nécessairement des degrés d'essence, il pose que les accidents susceptibles d'intensification subissent leur accroissement simultané ; Pierre de la Palud, *Super primum librum Sententiarum*, d. 17, q. 7, ms. Basel, Universitätsbibliothek, B II 21, f. 86rb–87ra. D'autres auteurs suivent en revanche fidèlement Durand, comme Jacques de Lausanne ; voir J. Celeyrette, J.-L. Solère, « Jacques de Lausanne, censeur et plagiaire de Durand de Saint-Pourçain q. 2, d. 17 du l. I, de son *Commentaire des Sentences* », dans K. Emery, R. L. Friedman, A. Speer (eds.), *Medieval Philosophy and Theology in the Long Middle Ages : A Tribute to Stephen F. Brown* (Leiden : Brill, 2011), p. 855–890.
25 Sur la position d'Auriol, voir C. Schabel, « Place, Space and the Physics of Grace in Auriol's *Sentences* Commentary », dans *Vivarium* 38(2000), p. 117–161, en part. 122–126.

Entendant clarifier le statut de *ce qui* est ajouté, Auriol refuse de parler de l'addition d'une charité nouvelle en préférant évoquer l'ajout d'une « concharité » qui s'ajoute à la forme. Cette concharité n'est pas une forme autonome, mais une réalité ou un complément qui perfectionne l'accident déjà possédé par le sujet. Auriol la caractérise par quatre propriétés : elle signifie une augmentation par quelque chose de réel ; elle n'exclut pas la réalité précédente de la même forme ; elle n'est pas une charité individuelle, précise et distincte, mais participe à la réalité et à la raison de la charité (ce qui justifie la désignation employée)[26] ; elle suffit à expliquer les propriétés des formes augmentables[27]. Cette idée de concharité permet de sauver les phénomènes : l'unité de la forme, tout d'abord, car les réalités ajoutées sont indistinctes ; sa simplicité, ensuite, par ce même fait, qui n'implique donc aucune composition[28]. Elle permet de justifier l'unité numérique de l'accident, en refusant de penser l'addition comme ajout de parties individuellement déterminées. On le verra, cette tentative de distendre l'analogie entre augmentation proprement dite et accroissement qualitatif, destinée à définir des conditions d'identité plus satisfaisantes pour l'accident sujet à variation, connaîtra l'opposition farouche de Guillaume d'Ockham.

1.3 *La consolidation du modèle successiviste chez Gauthier Burley*

Gauthier Burley (†ca.1344) est le représentant majeur de la théorie successiviste au XIVe siècle. L'évolution de sa doctrine de la forme, stimulée par un vigoureux dialogue entretenu avec Ockham, constitue aussi l'une des réactions parmi les plus spectaculaires aux difficultés soulevées par les philosophies nominalistes qui se développent dès le début du siècle. L'ontologie qu'il élabore à partir des années 1320 se démarque par un réalisme dont le degré de robustesse a divisé les commentateurs[29]. La théorie de la succession qu'il

---

26   Pierre Auriol, *Commentariorum in primum librum Sententiarum. Pars Prima* (Roma : Ex Typographia Vaticana, 1596), d. 17, a. 2, f. 441ra : *Realitas illa, secundum quam minor charitas perficitur et intenditur non potest esse integra charitas et praecisa distincte, participans realitatem ac rationem specificam, quasi unum individuum charitatis, sed participat realitatem et rationem charitatis, per quandam reductionem ut quasi possit dici concharitas.*
27   Pierre Auriol, *Commentariorum in primum Sententiarum*, d. 17, a. 2, f. 443ra.
28   Pierre Auriol, *Commentariorum in primum Sententiarum*, d. 17, a. 2, f. 443raD : *Secundo vero evidenter salvatur formae simplicitas. Apparet enim quod remanet et una ratio simplex, et una res simplex ; ratio quidem simplex est, quod realitas adveniens, non aufert novam rationem, nec alterius ipsam, nec eiusdem, sed affert aliquid pertinens ad rationem eandem.*
29   Pour la thèse d'un réalisme robuste chez le second Burley, voir E. Karger, « Walter Burley's Realism », dans *Vivarium* 37/1(1999), p. 24–40 ; A.D. Conti, « Significato e verità in Walter Burley », dans *Documenti e studi sulla tradizione filosofica medievale* 11(2000), p. 317–350 ; A.D. Conti, « Ontology in Walter Burley's Last Commentary on the *Ars Vetus* », dans *Franciscan Studies* 50(1990), p. 121–176 ; A.D. Conti, « Ockham and Burley on Categories and

promeut, et qui lui valut les honneurs d'une édition à la Renaissance[30], est, dans une certaine mesure, tributaire de cette ontologie. Les écrits logiques et métaphysiques de Burley confirmeront notamment la solution qu'il avance à la question de l'intension des formes dans le *Tractatus secundus* (imprimé sous le titre *De intensione formarum*), à savoir qu'une même forme individuelle ne peut être sujette au changement[31].

Dans le *Tractatus secundus* ou *De intensione formarum*, l'opinion personnelle de Burley n'est présentée qu'après réfutation des thèses concurrentes, dont la première est la théorie additive[32]. Le premier argument mobilise un cas mettant en jeu un phénomène lumineux, chargé d'établir l'absurdité physique de l'intension par addition de degrés. Dans le cas où une source lumineuse (comme une chandelle) serait continûment rapprochée d'un objet qu'elle éclaire, l'illumination s'intensifiant progressivement devrait être proportionnelle à la quantité de degrés reçue à chaque instant par l'objet éclairé. Dans la mesure où cette illumination continue implique, à cause de la division potentiellement infinie du continu spatial, l'acquisition d'une infinité de degrés, l'intensité lumineuse résultante devrait être elle-même infinie, ce que dément l'expérience[33]. Burley exploite ainsi, en termes topologiques, une propriété de densité attachée aux phénomènes intensifs, qu'il conçoit comme continus à l'instar de ses adversaires :

– pour deux degrés a et b acquis durant une altération, tels que $a>b$, il existe toujours un degré c tel que $a>c>b$.

Universals : a Comparison », dans *The Modern Schoolman*, 86/1-2(2008/2009), p. 181–210 ; H.U. Wöhler, « Universals and Individuals », dans A.D. Conti (ed.), *A Companion to Walter Burley : Late Medieval Logician and Metaphysician* (Leiden / Boston : Brill, 2013), p. 167–189. Pour une interprétation plus modérée de Burley, voir H. Shapiro, « A Note on Walter Burley's Exaggerated Realism », dans *Franciscan Studies* 21(1960), p. 205–214. Voir aussi J. Biard, *Logique et théorie du signe au XIVᵉ siècle* (Paris : Vrin, 1989), p. 145–147, qui refuse la dénomination de « platonisme » dans le cas de Burley. Voir encore M. Markowski, « Die Anschauungen des Walter Burleigh über die Universalien », dans A. Maierù (ed.), *English Logic in Italy in the 14th and 15th Centuries* (Napoli : Bibliopolis, 1982, p. 219–229).

30 Gauthier Burley, *De intensione formarum* (Venise : Octavianus Scotus, 1496), f. 2ra–15vb. Sur la théorie de Burley, voir H. Shapiro, « Walter Burley and the Intension and Remission of Forms », dans *Speculum* 34(1959), p. 413–427 ; Sylla, « Medieval Concepts », p. 233–238 ; A. Lamy, « L'intensification des qualités dans le *Traité des formes (pars posterior)* de Walter Burley », dans *Cahiers philosophiques* 134 (2013/3), p. 17–34.

31 Gauthier Burley, *Expositio super libros Praedicamentorum, De qualitate*, dans *Super artem veterem Porphirii et Aristotelis expositio sive scriptum* (Venise : Ottino di Luna, 1497), f. g1ra–rb. Voir de même *Expositio super librum sex principiorum*, dans *op. cit.*, f. k2ra–k3ra.

32 Pour une présentation de l'œuvre, voir Maier, « Zu Walter Burleys Traktat *De intensione et remissione formarum* », dans *Zwei Grundprobleme*, p. 315–352.

33 Gauthier Burley, *De intensione formarum*, f. 2ra.

Cette propriété de densité résulte de ce que l'on peut nommer un « principe de corrélation continue » – admis par les théoriciens de l'addition – entre continuité de la durée du changement et continuité de l'intensification :
- pour deux instants t_1 et t_2 d'un mouvement, et $d°Qt_n$ le degré d'une qualité Q à t_n, $t_1 \neq t_2 \rightarrow d°Qt_1 \neq d°Qt_2$.

Burley en tire qu'il doit exister une infinité actuelle de degrés acquis pendant le changement. L'argument, isomorphe aux paradoxes zénoniens, sera régulièrement discuté après lui. Il fait voir l'orientation fondamentalement physique qui caractérise le traité du philosophe anglais, et la manière dont le sujet nécessitait d'approcher, sans les outils du calcul infinitésimal, les notions de convergence, de limite et d'infini. Cet argument suppose en fait déjà une certaine sédimentation des débats dans lesquels prend place le *Tractatus secundus* et, en particulier, un rapport critique aux vues de Thomas Wilton.

1.3.1 Le rapport à Thomas Wilton

L'argument de la lumière – décisif pour la progression argumentative du *Tractatus secundus* – n'est pas une invention de Gauthier Burley[34]. Il renvoie à un cas déjà examiné par Thomas Wilton, dont l'influence sur Burley est connue, et qui traita probablement cette question vers 1315[35]. Mais Wilton ne considérait pas cet argument comme une preuve valide de la théorie de la succession – au contraire[36]. Avancé comme une objection à sa propre position, c'est-à-dire à une théorie de l'addition, l'argument de la chandelle est refusé par Thomas Wilton à cause de son incapacité à expliquer l'augmentation au sens strict d'un accident numériquement identique. L'intensification de la lumière qui résulte de l'addition d'une source lumineuse à une autre prouve selon lui que l'état d'une qualité ne se corrompt pas entièrement pour laisser place à un nouvel état, la nature compositionnelle de l'altération se vérifiant même pour cette qualité à la limite de la matérialité.

---

34 Voir déjà Guillaume de Ware, *Quaestiones in libros Sententiarum*, q. 67, f. 55ra.

35 Des questions laissées par Wilton sur l'intension des formes sont consignées dans deux manuscrits : le ms. Tortosa, Archivo Capitular 88, et le ms. New Haven, Yale University Library, Beinecke General, 470. Voir G.J. Etzkorn, R. Andrews, « Tortosa Cathedral 88. A 'Thomas Wylton' Manuscript and the Question on the Compatibility of Multiple Accidents in the Same Subject », dans *Mediaevalia Philosophica Polonorum* 32(1994), p. 57–99 ; S.D. Dumont, « New Questions by Thomas Wylton », dans *Documenti e studi sulla tradizione filosofica medievale* 9(1998), p. 357–381. Les références données ici sont au ms. Tortosa. Sur le lien entre Wilton et Burley, voir J. Weisheipl, « Ockham and some Mertonians », dans *Medieval Studies* 31(1968), p. 163–213, en part. p. 184–186.

36 Thomas Wilton, *Quaestiones de intensione formarum*, ms. Tortosa 88, f. 2rb–2va.

Les termes dans lesquels les différentes options théoriques sont exposées chez Wilton jettent un éclairage crucial sur la genèse et le contexte d'élaboration de la doctrine de Burley, qui discute ses arguments. Premièrement, Wilton ménage une place dans sa solution à la théorie du mélange, qui montre que ce point de vue ne s'oppose pas totalement selon lui à la théorie de l'addition. Bien que cela ne concerne pas les formes dépourvues de contraire comme la lumière, la modification intensive dans le cas des formes possédant un contraire positif met toujours en jeu trois éléments, à savoir, en plus de la forme et de la privation qui l'éloigne de son maximum, la qualité contraire à cette forme[37].

Deuxièmement, Wilton réclame une explication unitaire des phénomènes intensifs, qu'ils soient liés à la chaleur ou à la lumière, et il *oppose* la théorie de la succession à l'idée d'addition selon le plus ou le moins[38]. Les insuffisances de la théorie de la succession, qui pourraient sembler sans conséquence relativement aux modifications de l'intensité lumineuse, sont selon lui rédhibitoires pour le cas de la chaleur. La chaleur, contrairement à la lumière, admet un contraire positif, et son intensification doit donc se concevoir comme une addition de quelque chose à cette qualité, modification intrinsèque d'*un* même accident qui se maintient contre l'action de la qualité inverse[39]. Une chaleur ne saurait disparaître au cours de ce processus, s'il est vrai qu'elle s'intensifie. Certes, le cas de la lumière ne suppose l'intervention d'aucun contraire, à la différence du mécanisme des phénomènes caloriques, ce qui montre au moins que toute intensité n'est pas due à un mélange. Par contre, ces deux types de

---

37   Thomas Wilton, *Quaestiones de intensione formarum*, ms. Tortosa 88, f. 3vb : *Ad istam questionem, si queritur in genere de formis habentibus gradus oportet distinguere quod quaedam sunt de huius formis quae habent contrarietatem proprie dictam a quarum uno in aliud sit motus continuus per mediis positivis sicut est de calido et frigido albo et nigro et huiusmodi. Aliae autem sunt formae habentes huiusmodi gradus quae non habent formam positivam contrariam nec medium aliquod sicut accidit de lumine et raritate. Loquendo de formis secundo positis dicendum quod solum privationem dicit minus tale. Unde minus lucidum solum ponit in lucido quandam privationem luminis perfectum et ideo ex minus lucido fit magis lucidum in instanti absque motu. Loquendo autem de formis primo modo dictis dico quod necesse est ponere in gradu imperfecto puta in minus calido vel in minus albo tria, videlicet natura albedinis vel coloris, contrarium admixtum et privationem quae consequitur talem admixtionem.*

38   Des cinq questions occupant la première partie du ms. Tortosa 88, la quatrième demande (f. 4rb) : *Utrum intensio fiat in huius formis per additionem perfectionis talis formae ad perfectionem praexistentem, et remissio per substractionem* [...]. La discussion qui s'ensuit établit la nécessité du schéma additiste pour rendre compte de la dynamique intensive d'une qualité.

39   Thomas Wilton, *Quaestiones de intensione formarum*, ms. Tortosa 88, f. 2va.

cas soulignent les insuffisances de la théorie de la succession pour expliquer l'intension des qualités, tandis qu'elles ont en commun de ne s'expliquer véritablement que par l'idée d'addition : c'est donc bien ce modèle qu'il faut favoriser[40]. La même forme s'intensifie en recevant des degrés qui se comportent envers elle comme une matière, telles les parties corporelles (la chair, les os) d'un individu[41]. La formulation du problème montre ainsi de quelle manière le débat au sein duquel s'insère Burley est marqué par une opposition entre théorie de l'addition et théorie de la succession, opposition à laquelle Wilton n'envisage pas sincèrement de compromis.

Comme plus tard celle de Burley, la position de Wilton s'oppose encore à l'idée de l'intension des formes comme complétion d'actualité : la forme atténuée ne s'oppose pas à la forme intensifiée comme une simple privation, mais comporte en elle-même une actualité à laquelle viennent s'ajouter des perfections supplémentaires. La notion d'*actus incompletus*, qui joue un rôle important pour les réflexions sur la forme et le mouvement dans les discussions oxfordiennes de la fin du XIIIe siècle[42], n'est pas première dans l'explication de l'intension des formes. La thèse du mouvement comme flux réel (successif) à laquelle souscrit par ailleurs Wilton revêt dès lors une signification physique débordant le problème de sa classification catégorielle, qui encadrait les débats dans la seconde moitié du XIIIe siècle[43]. Cette conception réaliste du mouvement répond, en un sens, au statut *actuel* des degrés intensifs, qui ne tendent pas d'eux-mêmes vers leur complétion ontologique, et dont Wilton

---

40   Thomas Wilton, *Quaestiones de intensione formarum*, ms. Tortosa 88, f. 4va : *Alio modo potest intelligi quod forma intenditur per additionem, quia per actionem caloris agentis in minus calidum educitur de potentia materiae gradus quidam novus qui simul est in materia cum perfectione praecedente et advenit partium de novo. Similiter illuminatio medio in domo per unum lanternum, potest advenire eidem medii et addi aliud lumen eductum de potentia eiusdem medii quod superadditur lumini praecedenti manenti non corrupto ut prius declaratum est.* Le cas de la lumière permet de spécifier ce qu'il convient d'entendre par addition : il n'y a pas préexistence des degrés nouveaux ; voir ms. Tortosa 88, f. 4vb : [...] *In intensione formarum nihil praexistens advenit nec superadditur sed quod superadditur educitur de potentia materiae quam perficit gradus imperfectior et hoc loquendo de formis eductis de potentia materiae.*

41   Thomas Wilton, *Quaestiones de intensione formarum*, ms. Tortosa 88, f. 2vb : *Isti gradus se habent respectu huius formae* [...] *sicut pars materialis ad individuum cuius est pars materialis* [...] *sicut haec caro et hoc os.*

42   C. Trifogli, *Oxford Physics in the Thirteenth Century (ca. 1250–1270). Motion, Infinity, Place and Time* (Leiden : Brill, 2000), p. 37–86.

43   Voir C. Trifogli, « Due questioni sul movimento nel commento alla *Physica* di Thomas Wylton », dans *Medioevo* 21(1995), p. 31–73 ; C. Trifogli, « Thomas Wylton on Motion », dans *Archiv für Geschichte der Philosophie* 77(1995), p. 135–154.

établit par ailleurs qu'ils ne sauraient être considérés comme indivisibles[44]. Bien que les degrés comme tels ne reçoivent pas le plus ou le moins, à la différence de la forme proprement dite, il faut en effet rejeter ce point car la continuité de l'intension d'une forme comme la chaleur entraîne une divisibilité à l'infini[45]. Ce motif continuiste unit la conception additiste wiltonienne de l'intension et sa théorie du mouvement comme réalité successive surimposée aux états cinétiques traversés lors du changement.

1.3.2   Les arguments en faveur de la succession

À l'argument principal de la lumière s'ajoutent selon Burley d'autres raisons contre les théories additistes semblables à celle défendue par Wilton (soit douze arguments au total) : l'équipotence de la partie d'une forme intensifiée à son tout, conséquence du nombre potentiellement infini des degrés dans n'importe quelle partie d'une forme[46] ; la présence d'un nombre infini de formes de même espèce dans un même sujet, pour les mêmes raisons[47] ; l'excès infini d'une forme accidentelle sur une autre de même genre, si elle s'intensifie plus longtemps[48].

Tous les arguments contre la théorie additiste ne mettent pas en jeu le caractère continu du mouvement intensif. D'autres sont davantage d'ordre logique. Burley reprend par exemple à son compte l'idée selon laquelle la théorie n'explique nullement l'intensification d'une forme : ni la partie précédente ne s'intensifie, ni la partie ajoutée, ni le composé engendré à partir des deux[49]. De manière similaire, Burley met en avant l'incompossibilité des termes du mouvement, qui implique la corruption du terme *a quo* et rapproche la caractérisation de l'altération du changement substantiel[50].

Mais d'autres arguments, résolument physiques, s'attaquent aux conséquences contraires à l'expérience que l'interaction des corps naturels devrait produire dans l'hypothèse additiste. Burley entreprend notamment d'établir le caractère immédiat de l'atténuation sous cette hypothèse, en s'appuyant sur l'idée de composition intensive des degrés décrite par la théorie additiste, qui

---

44   Thomas Wilton, *Quaestiones de intensione formarum*, f. 4vb : *Utrum gradus isti sunt simpliciter indivisibiles vel divisibiles*.

45   Thomas Wilton, *Quaestiones de intensione formarum*, f. 4vb–5ra : *Quod <gradus sunt> indivisibiles probo, quia si essent divisibiles susciperent magis et minus, et per consequens albissimum susciperet magis et minus, sicut et album, quod est falsum. [...] Ad primum dico quod non sunt divisibiles secundum quod gradus recipit magis et minus [...]*.

46   Gauthier Burley, *De intensione formarum*, f. 2rb.

47   Gauthier Burley, *De intensione formarum*, f. 3rb–va ; f. 5ra.

48   Gauthier Burley, *De intensione formarum*, f. 3rb.

49   Gauthier Burley, *De intensione formarum*, f. 4va.

50   Gauthier Burley, *De intensione formarum*, f. 4ra.

les rend également sujets à la corruption par l'introduction d'un contraire. Précisons. Burley souligne que dans les processus d'altération, une forme cause l'atténuation successive de son contraire. Dans l'hypothèse où une forme est composée d'une certaine quantité de degrés, l'atténuation devrait s'effectuer par la perte ou la soustraction à un instant donné d'un degré particulier – les autres n'étant pas affectés à cet instant précis. Or, la composition intensive des degrés est telle que rien ne rend un degré plus proche qu'un autre de la source externe d'altération[51] :

> Nam quandocumque aliquod agens est equaliter approximatum duobus equalibus in virtute ad resistendum illi agenti, et medium est eque dispositum et non est aliquid impediens actionem agentis in unum magis quam in reliquum illorum, nec est aliquid permovens actionem in unum quam in reliquum stantibus istis omnibus conditionibus paribus, in eadem mensura in qua illud agens destruit unum destruit reliquum.

Burley pointe ainsi la façon dont, dans une qualité comprenant plusieurs degrés, ceux-ci sont exposés de la même manière à l'action d'un contraire sans que rien ne permette de les distinguer. L'argument prend pour objet le mélange des degrés qui, par son caractère intensif (différent d'une simple juxtaposition des parties), ne permet pas de repérer un ordre suffisant pour expliquer la successivité de l'altération.

La théorie du mélange, pour sa part, est confrontée à des objections qui consistent à ramener la composition des contraires à une contradiction. Au principe d'incompossibilité des contraires dans le même sujet s'ajoute en particulier l'absurdité découlant de la présence des deux termes du mouvement en son sein[52].

Au terme de la *pars destruens* de son enquête, Burley peut résumer sa théorie en trois conclusions, qu'il défendra ensuite face à des objections logiques, physiques, morales et théologiques. Ces conclusions respectent l'idée d'acquisition d'une forme nouvelle dans le changement, ce que des théories de la participation ou du mélange échouaient à expliquer. Il maintient que l'intensification est due à la forme, et non premièrement au sujet, mais doit concéder qu'une forme, à proprement parler, n'est pas capable de plus ou moins[53] :

---

51   Gauthier Burley, *De intensione formarum*, f. 2vb–3ra.
52   Gauthier Burley, *De intensione formarum*, f. 5rb ; f. 6rb.
53   Gauthier Burley, *De intensione formarum*, f. 10va.

> Pono tres conclusiones. Prima est quod in omni motu ad formam acquiritur aliquid novum, quod est forma vel pars formae. Secunda est quod per omnem motum corrumpitur tota forma praecedens a qua est per se motus, et acquiritur una forma totaliter nova cuius nihil praefuit. Tertia est quod nulla forma intenditur nec remittitur, sed subiectum formae intenditur et remittitur secundum formam ita quod forma est illud secundum quod subiectum intenditur vel remittitur.

Burley espère sa solution immunisée contre les conséquences affectant la théorie de l'addition : il accepte le « principe de corrélation continue » d'après lequel à chaque instant du changement correspond un nouvel état. Mais cet état n'est pas un degré qui s'ajouterait aux autres, la forme n'accumulant donc pas une quantité infinie de perfection dans l'altération.

La thèse burleyienne sur l'intension des formes est donc le fruit d'un contexte théorique différent de celui de Godefroid de Fontaines, bénéficiant d'une confrontation déjà éprouvée entre théorie de la succession et théorie de l'addition, et en particulier d'un certain nombre d'arguments (avancés par Wilton) contre les apories physiques de la théorie successiviste. Mais, comme Godefroid, Burley épouse cette option parce qu'elle lui paraît la plus à même de respecter l'immutabilité des formes. Dans le cas de Burley, la réalité spécifique de la forme est aussi maintenue[54].

Or, ce point de vue métaphysique n'est pas séparé de manière totalement étanche de thèses singulières qu'il avance en matière physique. Les vues de Burley sur l'intensification sont en effet à l'origine d'une vive discussion sur la relation de contrariété et la dynamique du mouvement. Burley admet une conception de la contrariété à contre-courant de sa définition traditionnelle. Selon lui, le mouvement d'altération est permis par la co-appartenance de formes contraires à la même espèce[55] : « Formae contrariae videlicet calor et frigus, albedo et nigredo sunt eiusdem speciei specialissime ». Cette proposition constitue la quatrième conclusion du *Tractatus primus*, vraisemblablement rédigé au début des années 1220, qui étudie les aspects dynamiques de l'intensité des formes, dont l'analyse sera davantage développée par Burley dans le *Tractatus secundus*. Dans le *Tractatus primus*, qui mentionne des contestations contemporaines de sa propre théorie des qualités[56], cette

---

54   Sur l'ontologie burleyienne des formes, voir E. Jung, « Physical Forms and Matter », dans Conti (ed.), *A Companion to Walter Burley*, p. 247-265.

55   Gauthier Burley, *Tractatus primus*, ms. Vaticano (Città del), Biblioteca Apostolica Vaticana, Vat. lat. 817, f. 203ra.

56   Voir ici L.M. De Rijk, « Burley's So Called *Tractatus primus*, with an Edition of the Additional Questio 'Utrum sit maxima oppositio' », dans *Vivarium* 34/2(1996), p. 161-191 ; E.D.

conclusion s'appuie sur l'idée que deux choses sont de même espèce quand elles sont à égale distance du terme maximal d'une espèce. Burley admet qu'une froideur peut être à égale distance ou même plus proche du maximum de la chaleur qu'une chaleur : au début de son altération, par exemple, la froideur d'un corps *commençant* à être froid peut-être plus proche du maximum de chaleur qu'une chaleur donnée. La thèse a des implications importantes : d'une part, elle fait passer le principe de co-appartenance des contraires du niveau générique au niveau de l'espèce ; d'autre part, elle inclut non seulement les états intermédiaires d'une altération dans une même espèce, mais encore ses *extrema*.

Dans le *Tractatus primus*, la thèse de la co-spécificité des contraires s'articule à celle selon laquelle l'altération d'une qualité est *suffisante* pour produire un changement substantiel, et que rien d'autre que l'action d'une qualité n'est requis à l'instant de l'induction d'une forme substantielle[57]. Les raisons soutenant ce point de vue relèvent de l'analyse des limites temporelles[58] : Burley admet que le terme final de l'altération qualitative est identique au premier instant où la forme substantielle nouvellement engendrée commence à exister. Or, si l'idée que les choses permanentes ont un premier instant (intrinsèque) d'existence est la plus répandue, la thèse d'un dernier instant (intrinsèque) du processus successif d'altération l'est beaucoup moins, et ne laisse effectivement aucun intervalle de temps intermédiaire où une action causale autre que celle de la qualité pourrait s'insérer. Ceci conduit à la thèse selon laquelle les accidents suffisent, sans le concours causal de la forme substantielle, à engendrer une nouvelle substance. L'intervention de la problématique des intensités dans un cadre foncièrement physique se trouve donc liée chez Burley, du moins à l'époque du *Tractatus primus*, à des thèses hétérodoxes sur la contrariété et la causalité des formes dans la nature.

Sylla, « Walter Burley's Tractatus primus : Evidence concerning the Relations of Disputations and Written Work », dans *Franciscan Studies* 44/1(1984), p. 257–274.

57   Gauthier Burley, *Tractatus primus*, Vat. lat. 817, f. 203ra : *Prima quod qualitas in virtute propria potest producere formam substantialem vel in virtute propria esse principium totalem productivum formae substantialis, verbi gratia, calor in ignis potest in virtute propria producere ignem et calor qui est in semine potest producere animam sensitivam. [...] Secunda conclusio quod etiam videtur dubia fuit quod in instanti inductionis subite formae substantialis in materia non requiritur agens pro tunc inducens formam.*

58   Voir ici E.D. Sylla, « Mathematics and Physics of First and Last Instants : Walter Burley and William of Ockham », dans F. Goubier, M. Roques (eds.), *The Instant of Change in Medieval Philosophy and Beyond* (Leiden / Boston : Brill, 2018), p. 103–129 ; Sylla, « Medieval Concepts », app. I

L'influence de Burley pour l'histoire de notre problème est considérable. Sa position est sans doute au XIVᵉ siècle la plus fameuse représentante des théories de la succession. Cette notoriété fait aussi d'elle la principale cible des objections qu'elles soulèvent. La notion de continuité sera ici centrale, et engendrera vis-à-vis de la théorie de l'addition un vif débat duquel on aura du mal à départager un vainqueur. Sous ces feux croisés, le continu est en réalité un problème commun aux deux camps, chacun reprochant à l'autre de ne pouvoir s'extirper des paradoxes liés à l'infini potentiel impliqué par sa structure. Alors que les théoriciens de la succession considèrent la théorie additiste comme impliquant une infinité actuelle de degrés acquis dans la continuité du mouvement, il apparaît que le problème n'est pas évité par la première théorie. La théorie de la succession, pour établir une série de formes de plus en plus parfaites, doit aussi aboutir à des formes infiniment parfaites si à chaque instant du mouvement est associée une forme plus parfaite que la précédente. Dans des termes différents, les deux camps s'avèrent exposés à la même difficulté, de laquelle la théorie du mélange (minoritaire) est mieux protégée.

Il a pu être suggéré que l'adoption par Burley de la thèse du *fluxus formae* exprime la difficulté à expliquer la continuité du mouvement dans l'hypothèse où il se réduirait à un ensemble d'états cinétiques indivisibles et permanents[59]. S'il demeure ici difficile de statuer sur l'ordre des raisons, les deux problématiques apparaissent en tout cas intrinsèquement liées. En mettant en jeu le débat brûlant de la réductibilité des notions d'intensification et de mouvement, elles participent aussi chez Burley à une réaction à la déconstruction ockhamiste de la métaphysique. La définition burleyienne de l'intensification comme série de formes indivisibles présente une affinité avec sa théorie de l'universel, qui se refuse à employer une distinction intermédiaire pour penser l'instanciation de l'essence spécifique au niveau individuel – l'essence spécifique restant étrangère à la variation que sa modalisation individuelle entraîne dans les théories inspirées de celle de Duns Scot. En incluant la problématique de la réalité du mouvement, de ses limites, mais aussi des causes de l'action des corps, les débats engendrés par les vues de Burley renforcent l'orientation physique des questions sur l'intensité des formes. Les définitions réductionnistes du mouvement intensif et les réactions suscitées d'un point de vue réaliste,

---

59 Sylla, « Medieval Concepts », app. I. Pour une interprétation différente, voir C. Trifogli, « Motion and Time », dans Conti (ed.), *A Companion to Walter Burley*, p. 267–299 ; C. Trifogli, « The Reception of Averroes' View on Motion in the Latin West : The Case of Walter Burley », dans P.J.J.M. Bakker (ed.), *Averroes' Natural Philosophy and its Reception in the Latin West* (Leuven : Leuven University Press, 2015), p. 127–140 ; cf. également P.V. Spade, « How to Start and Stop : Walter Burley on the Instant of Transition », dans *Journal of Philosophical Research* 19(1994), p. 193–221.

par leur dialogue, ont ainsi déplacé le point focal autour duquel gravitaient jusqu'alors les questionnements.

2   L'addition des degrés selon Guillaume d'Ockham

Au début du XIVᵉ siècle, la théorie de l'addition s'émancipe peu à peu de l'étendard scotiste à laquelle elle est alors souvent associée. À Oxford dans les années 1310, un auteur comme Guillaume de Nottingham la défend sans souscrire aux fondamentaux de la doctrine du Docteur subtil[60]. Tel est surtout le cas du critique le plus célèbre de Duns Scot dans le premier tiers du XIVᵉ siècle, Guillaume d'Ockham[61].

Selon Ockham, la forme qualitative est composée de degrés perfectionnels, mais elle n'est pas individuellement susceptible de variations. Si le sujet (la substance) porteur de qualités peut endurer les changements sans perdre son identité, il n'en va pas de même pour la qualité elle-même, dont l'identité n'est pas fondée par autre chose que son degré intensif, c'est-à-dire, en contexte additiste, par la quantité de degrés perfectionnels qu'elle possède. Selon Ockham, la qualité ne s'intensifie ou ne s'atténue donc que spécifiquement, et non individuellement – chaque forme individuelle étant en fait remplacée par une forme plus ou moins parfaite (comprenant plus ou moins de degrés perfectionnels) durant le changement qualitatif[62] :

> Et primo videndum est de ista 'forma suscipit magis et minus' [...]. Aliquid suscipere magis et minus potest esse dupliciter : vel secundum receptionem realem, vel secundum quandam denominationem vel praedicationem. Primo modo forma non suscipit magis et minus, quia forma nihil recipit, sed magis in aliquo in aliter recipitur. Secundo modo

---

60   Dumont, « Godfrey of Fontaines », p. 77–78, p. 115–116. Sur cet auteur, voir M. Schmau, « Neue mitteilungen zum Sentenzenkommentar Wilhelms von Nottingham », dans *Franziskanische Studien* 19(1932), p. 195–223 ; J. Barbarić, *Guilelmi de Nottingham OFM (†1336). Quaestiones sex de Eucharistiae sacramenta* (Vicenza : LIEF, 1976).

61   Sur la théorie d'Ockham, voir M. Roques, « Quantification and Measurement of Qualities at the Beginning of the Fourteenth Century. The Case of William of Ockham », dans *Documenti e studi sulla tradizione filosofica medievale* 27(2016), p. 347–380 ; M. McCord Adams, *William Ockham* (Notre Dame : Notre Dame University Press, 1987), vol. 2, p. 697–740.

62   Voir Guillaume d'Ockham, *Ordinatio*, I, d. 17, q. 4, dans *Guillelmi de Ockham Opera Theologica et Philosophica ad fidem codicum manuscriptorum edita cura Instituti Francicani St. Bonaventurae*, eds. G. Gál *et al.* (St. Bonaventure N.Y. : Franciscan Institute, 1967–1988), *Opera Theologica*, vol. 3, p. 480–481.

de virtute sermonis non est concedendum quod forma suscipit magis et minus, quia non conceditur quod una caritas sit magis caritas, et sic de allis formis. Sed conceditur quod forma suscipit magis et minus, quia una forma est maior forma et alia minor.

La notion d'appartenance des états intensifs à une même espèce ne doit bien sûr pas nous égarer : du point de vue ockhamiste, la réduction de l'espèce à des relations de ressemblance, corrélative de l'identification de l'espèce à la forme individuelle[63], renvoie simplement à l'idée qu'une certaine forme, associée à un sujet, en exclut d'autres.

La réinterprétation sémantique de la notion d'intensification implique celle de latitude. Celle-ci n'est selon Ockham qu'un terme supposant pour l'ensemble des parties qu'une forme individuelle possède : « Circa tertium dico quod haec est vera de virtute sermonis 'forma habet in se latitudinem', quia valet istam 'forma habet in se plures partes distinctas realiter' »[64]. L'assimilation de la latitude à l'ensemble des parties d'un accident doit être soulignée : le processus de quantification des formes au XIVe siècle s'accompagne d'une transformation du concept de latitude, qui signifie de plus en plus souvent une quantité actuelle de qualité possédée par un sujet (que l'on peut ainsi considérer comme étendue en son sein) et de moins en moins la variabilité (potentielle) d'une essence. Cette définition de la latitude, en évacuant la référence à un ensemble d'états co-spécifiques possibles, permet de caractériser les variations intensives sans souscrire à l'idée d'une nature abstraite susceptible de diverses instanciations.

La position d'Ockham est par conséquent une théorie de l'addition différente de celle de Duns Scot. Leur divergence a des racines métaphysiques profondes, qui mettent en jeu l'attachement à un type de réalisme de l'universel : si Duns Scot avait effectivement les moyens de défendre l'unité de la forme accidentelle à travers le changement, sa solution reposait sur la permanence d'une nature qualitative dont les degrés successifs modifient les propriétés mais non l'identité. L'absence de différenciation dans les présentations historiques de la controverse, déjà mentionnée, est ici problématique. La position d'Ockham va devenir majoritaire à Oxford comme à Paris. Un auteur plutôt hostile à Guillaume comme François de Marchia, qui accepte la latitude des

---

63 Guillaume d'Ockham, *Expositio in libros Physicorum*, dans *Opera Philosophica*, vol. 4, II, c. 2, p. 246, l. 26–28 : *Illa enim res quae informat materiam, vocatur forma, et quia per ipsam res composita distinguitur specie ab omni alia re quae non est eiusdem speciei, vocatur species.*

64 Guillaume d'Ockham, *Ordinatio*, I, d. 17, q. 4, p. 483, l. 5–7.

substances, défend une conception semblable de l'addition où la forme engendrée change individuellement dans l'intensification[65]. On la retrouvera chez Wodeham, dont le rôle dans la diffusion des doctrines d'Ockham sera déterminant, mais aussi chez des auteurs aussi influents, entre autres, que Grégoire de Rimini et même, dans une perspective certes très différente, Jean Buridan et Marsile d'Inghen. D'autres, cependant, s'y opposent – les deux conceptions ne soulevant pas les mêmes problèmes. Aussi convient-il d'adopter une terminologie plus fine là où l'histoire des doctrines n'a pas toujours suffisamment distingué. Proposons d'appeler :
– « théorie de l'addition *successiviste* » la théorie d'Ockham, et
– « théorie de l'addition *persistantiste* » celle de Richard de Mediavilla et de Duns Scot.

La différence est importante : s'y joue à la fois la possibilité d'une ontologie nominaliste des accidents individuels et une physique respectant la dynamique aristotélicienne des qualités. Tel est le problème que pose, notamment, un argument que l'on appellera « argument de la causalité inversée »[66]. Le problème de la causalité inversée est un des principaux défis de la théorie de la succession, mais affecte aussi la théorie additiste dans sa variante successiviste. Soit un corps froid soumis à une chaleur. Les premiers instants de ce processus voient un corps encore froid s'échauffer progressivement. S'il est vrai qu'une forme entièrement nouvelle apparaît à chaque instant du changement intensif, il faut semble-t-il concéder que la chaleur produit d'abord une certaine froideur, ce qui est contradictoire. Ockham relève le problème mais ne l'adresse qu'à la théorie « pure » de la succession[67]. Alors que la théorie additiste dans sa variante persistantiste ne nécessite ici aucun amendement, la position d'Ockham conduit à réinterpréter la thèse de la similitude causale caractérisant la causalité formelle (*omne agens agit sibi simile*), qui devient intenable *stricto sensu*. Le chaud cause du froid, si l'on s'en tient aux formes individuelles se succédant dans l'altération, qui ne sont que des étapes du réchauffement du

---

65 François de Marchia, *Scriptum in I Sententiarum*, ed. N. Mariani, dans *Commentarius in IV libros Sententiarum Petri Lombardi* (Grottaferrata : Editiones Collegii S. Bonaventurae, 2007), d. 17, q. 5, p. 173–174, l. 480–482. Voir l'étude détaillée de Suarez-Nani, *La matière et l'esprit*, p. 71–117.

66 Voir par exemple Jean Duns Scot, *Ordinatio*, I, d. 17, p. 2, q. 1, n. 212, p. 243.

67 Guillaume d'Ockham, *Ordinatio*, I, d. 17, q. 5, p. 490–491. L'argument est commun chez les défenseurs de la théorie additiste après Duns Scot ; voir par exemple Henri de Harclay, *In primum librum Sententiarum*, ms. Troyes, Bibliothèque Municipale, 501, d. 17, f. 83ra, qui dédie une question spéciale à la théorie de Godefroid (cf. Dumont, « Godfrey of Fontaines », p. 91, p. 106–109 ; Sylla, « Godfrey of Fontaines », p. 130) ; Nicolas Bonet, *Metaphysica* (Venise : Laurentius Venerius, 1505), f. 26ra.

corps. C'est au niveau des degrés qu'il reste strictement valide, la chaleur ne pouvant produire qu'un degré de chaleur.

La position d'Ockham se construit en opposition avec celles qui occupent le devant de la scène à l'époque de la composition de son *Ordinatio*, et cherche à s'en démarquer par la relation qu'elle conçoit entre les degrés d'une forme. Contre la théorie de Godefroid de Fontaines, Ockham utilise certains arguments de Duns Scot qu'il juge pertinents, quand d'autres lui paraissent insuffisants[68]. Pour congédier un principe avancé en faveur de la théorie de la succession, à savoir que *generatio unius est corruptio alterius*, il remarque son invalidité tant pour les accidents que pour les substances, en prenant à témoin la pluralité des formes substantielles introduites selon un ordre temporel dans le composé[69].

Mais c'est au sein des théories de l'addition elles-mêmes qu'Ockham entend séparer le bon grain de l'ivraie. Selon lui, les théories comme celles d'Henri de Gand qui cherchent à concilier le vocabulaire des parties tout en refusant une distinction réelle entre elles sont incohérentes[70] ; les degrés se distinguent réellement les uns des autres[71] :

> Ideo dico aliter ad quaestionem, quod in augmentatione cuiuscumque formae vere aliquid reale realiter a priori adquiritur, quod etiam postquam adquiritur, realiter distinguitur ab eodem et facit per se unum cum eo.

Dans la mesure où il refuse d'employer une distinction spéciale (formelle ou modale) pour la relation entre forme et degré de la forme, celle-ci est reconduite à une relation méréologique entre un tout et les parties qui le composent, le problème du statut des degrés étant simplement résolu par la notion de partie[72] :

> Et quando fit augmentatio, est nova pars eiusdem rationis addita, realiter distincta a prima parte, faciens cum prima unam formam numero, sicut duae partes aquae faciunt unam aquam et sic deinceps.

---

68   Guillaume d'Ockham, *Ordinatio*, I, d. 17, q. 5, p. 491, l. 8–9.
69   Guillaume d'Ockham, *Ordinatio*, I, d. 17, q. 5, p. 494, l. 9–13.
70   Guillaume d'Ockham, *Ordinatio*, I, d. 17, q. 6, p. 509, l. 10–16.
71   Guillaume d'Ockham, *Ordinatio*, I, d. 17, q. 6, p. 511, l. 15–18.
72   Guillaume d'Ockham, *Quaestiones in librum tertium Sententiarum (Reportatio III)*, q. 8, dans *Opera Theologica*, vol. 6, p. 226, l. 16–19.

Des positions plus subtiles, toutefois, doivent êtres considérées. Tel est le cas des théories posant une distinction réelle entre les degrés mais refusant d'accorder à ces degrés des conditions d'identité suffisamment claires. Ce qu'a en vue Ockham n'est autre que la construction de Pierre Auriol, à laquelle il dédie une question spéciale, sous la forme d'une interrogation sur la co-appartenance des degrés à une même espèce spécialissime. Selon Ockham, l'idée d'une concharité ne fait pas droit à la relation exclusivement méréologique qu'il convient de poser entre forme et degré de la forme : les degrés sont des parties de l'accident, dont la composition est de type intégral, et dont aucun ne possède une préséance ontologique sur d'autres qui en seraient de simples compléments. Il n'y a pas non plus lieu d'admettre de différence entre le statut d'un degré et celui d'un autre : bien que les degrés ne soient pas juxtaposés au sein d'une qualité à la manière de parties étendues, ils sont des éléments individuels réellement distincts. Puisque les degrés sont de même raison (sans quoi il ne saurait y avoir d'augmentation de la charité, par exemple, en tant que telle), les propriétés prédicatives relatives à l'essence (ou au premier mode du par soi) doivent s'y appliquer également[73]. La réalité advenant à une charité est donc elle-même une charité, le statut du degré n'interdisant pas d'employer pour le désigner le nom abstrait correspondant (« illa realitas adveniens est vera caritas ») : ce nom, s'il suppose pour une partie de l'accident, signifie aussi que cette partie ne se distingue pas quant à la raison formelle des autres parties[74]. Les solutions inspirées de Duns Scot distinguant entre parties matérielles et formelles de l'accident ne valent donc rien, car elles nécessitent plusieurs types de distinction là où l'unique relation de composition suffit à expliquer le processus d'intensification[75].

Cette interprétation de la théorie de l'addition ne saurait être totalement isolée, chez Ockham, de thèmes caractéristiques de sa doctrine. Elle s'inscrit manifestement dans son programme de réduction des entités surnuméraires,

---

73   Guillaume d'Ockham, *Ordinatio*, I, d. 17, q. 7, p. 524, l. 10–20 : *Quaero de illo addito, aut est eiusdem rationis cum priori aut alterius rationis. Non alterius rationis quia, secundum istum et verum est, numquam aliquid augmentatur per adventum alicuius alterius rationis, sed simile augetur suo simili. Si sit eiusdem rationis, tunc arguo : quandocumque aliqua sunt eiusdem rationis, quidquid essentialiter praedicatur de uno et in quid et per se primo modo, eodem modo praedicatur de reliquo. Igitur si istud additum sit eiusdem rationis cum caritate cui additur, quidquid praedicatur de illa caritate per se primo modo, praedicabitur de isto gradu addito. Igitur si haec sit vera 'haec caritas est caritas', haec erit vera 'hoc est caritas', denotando illud additum.*
74   Guillaume d'Ockham, *Ordinatio*, I, d. 17, q. 7, p. 529, l. 19.
75   Guillaume d'Ockham, *Ordinatio*, I, d. 17, q. 7, p. 531–532.

qui affecte non seulement la question de l'universel et des catégories ontologiques, mais aussi l'ensemble des problèmes de la forme. La théorie ockhamiste des degrés intensifs est notamment conforme aux positions actualistes qu'Ockham soutient relativement au statut de la matière ou de la partibilité des formes. Ockham conçoit en effet les formes – exceptées l'intellective – comme étendues et divisibles. Tout en se montrant sceptique sur la question de formes spécifiques propres aux organes[76], il défend l'idée de deux formes substantielles étendues au sein des êtres animés, auxquelles s'ajoute l'intellective dans le cas de l'être humain[77]. Ockham ne superpose pas directement la multiplicité des formes au schéma de la prédication essentielle qui ferait dire que l'âme rationnelle correspond à l'adjectif « rationnel » dans la définition quidditative de l'être humain. Dans une définition, ne sont vraiment signifiés que le genre et la différence, qui n'ont pas le même statut sémantique : le genre est un nom absolu, qui suppose pour toute la substance, quand la différence signifie premièrement une de ses parties essentielles (la forme intellective). Le terme concret « rationnel » est connotatif, car il signifie premièrement l'âme intellective bien qu'il suppose pour tout le composé substantiel, ayant donc la même supposition que le genre. Le terme abstrait « rationalité », par contre, signifie seulement l'intellective, ce qui explique la fausseté d'une proposition telle que *homo est rationalitas*[78].

Le refus d'un étagement des degrés formels à la manière des théories franciscaines antérieures s'explique par une interprétation corporéiste de l'hylémorphisme. La thèse de l'actualité et de l'extension intrinsèque de la matière est corrélative d'une sensibilisation des formes : celles-ci ne sauraient être conçues comme des essences abstraites séparées de la matière, dont elles sont l'aspect actif[79]. L'extension de la matière indépendamment du principe qui l'informe, en d'autres termes, induit une équivalence entre spatialité et particularité. L'essentialisme méréologique d'Ockham – une forme est identique à l'ensemble de ses parties – est étendu aux termes paraissant désigner des réalités successives, mais qui supposent toujours pour des entités permanentes (les

---

76 Guillaume d'Ockham, *Quodlibet*, dans *Opera Theologica*, vol. 9, III, q. 6, p. 225–228.
77 Guillaume d'Ockham, *Quodlibet* II, q. 10–11, p. 156–164.
78 Guillaume d'Ockham, *Ordinatio*, I, d. 8, q. 4, a. 2, p. 224, l. 9–15 ; a. 4, p. 228, l. 12–17 ; p. 231–232. Voir ici M. Roques, *L'essentialisme de Guillaume d'Ockham* (Paris : Vrin, 2016), p. 41–89.
79 C. Normore, « Ockham's Metaphysics of Parts », dans *Journal of Philosophy* 103/12(2006), p. 737–754 ; R. Cross, « Ockham on Part and Whole », dans *Vivarium* 37/2(1999), p. 143–167 ; A. Goddu, *The Physics of Ockham* (Leiden / Köln : Brill, 1984), p. 83–111 ; G.G. White, « Ockham's Real Distinction between Form and Matter », dans *Franciscan Studies* 44(1984), p. 211–225 ; McCord Adams, *William Ockham*, p. 633–696 ; P. Doncoeur, « La théorie de la matière et de la forme chez Guillaume Occam », dans *Revue des sciences philosophiques et théologiques* 10(1921), p. 21–51.

seules admises dans ce cadre). D'un point de vue physique, le mouvement se réduit ainsi à l'acquisition graduelle de la forme accidentelle, à laquelle il réfère de manière connotative en signifiant premièrement le sujet du changement[80].

C'est à l'intérieur de cette stratégie de réduction sémiologique des problèmes de la forme que s'insère la théorie ockhamiste des phénomènes intensifs. Ce programme permet à Ockham de justifier un vocabulaire de l'augmentation quantitative débarrassé des concepts qui, en voulant faire sens de la distinction entre forme et degré, souscrivent à une logique de l'identité inconsistante. Du fait des principes qu'elle admet, la théorie ockhamiste de l'identité aboutit cependant à une réévaluation du concept de forme accidentelle : celle-ci n'est plus une nature en droit antérieure à la variabilité de ses états possibles, mais un composé dont l'identité survient sur l'ensemble de ses parties. Cette préséance des degrés sur la nature formelle se conforme au primat de l'individuel qui caractérise son ontologie, mais nécessite certains amendements apportés à la description habituelle de la causalité accidentelle, puisque l'individualité de la qualité ne peut survivre au gain ou à la perte d'un degré.

Une entreprise de réduction originale : le cas Crathorn

Chez les auteurs les plus marqués par les nouvelles tendances nominalistes, la recherche d'une conception économe des phénomènes intensifs débouche sur des théories réductionnistes parfois radicales. L'une des plus spectaculaires d'entre elles se rencontre chez un auteur critique de Guillaume d'Ockham, à savoir Guillaume Crathorn, qui commente les *Sentences* vers 1330–1332, et chez qui le traitement du problème des formes intensives s'appuie sur une réduction systématique de l'inventaire catégoriel. Si l'on connaît les opinions de cet auteur sur les universaux, qu'il refuse comme entités extra-mentales, sa propension à se dispenser des entités superflues s'exprime en effet singulièrement dans son traitement des catégories[81]. Alors que chez Guillaume d'Ockham seules certaines qualités recevaient le titre d'accidents réels, irréductibles à

---

80 Guillaume d'Ockham, *Summula in libros Physicorum*, dans *Opera Philosophica*, vol. 6, III, c. 3–5, p. 252–263 ; *Quodlibet* I, q. 5, p. 29–35 ; VII, q. 6, p. 721–723. Voir ici Goddu, *The Physics of Ockham*, p. 159–205 ; McCord Adams, *William of Ockham*, vol. 2, p. 799–827 ; H. Shapiro, *Motion, Time and Place According to William Ockham* (St Bonaventure N.Y. : Franciscan Institute, 1957), p. 24–91.

81 K.H. Tachau, *Vision and Certitude in the Age of Ockham. Optics, Epistemology and the Foundations of Semantics, 1250–1345* (Leiden / New York / Copenhagen : Brill, 1988), p. 255–274. Pour un aperçu de ses positions en philosophie naturelle, voir A. Robert, « William Crathorn's Mereotopological Atomism », dans C. Grellard, A. Robert (eds.), *Atomism in Late Medieval Philosophy and Theology* (Leiden / Boston : Brill, 2009), p. 127–162 ; A. Robert, « Atomisme et géométrie à Oxford au XIVe siècle », dans S. Rommevaux-Tani (ed.), *Mathématiques et connaissance du réel avant Galilée* (Montreuil : Omniscience, 2010), p. 15–85.

l'être de la substance, Crathorn avance pour sa part comme réponse au problème de l'intension des formes une résolution que l'on pourrait qualifier de « réiste » : toutes les catégories sont identiques à la substance, en conséquence de quoi il est indifférent de parler d'intensification d'une substance, d'une qualité, d'une quantité, etc.

Ce point de vue radical suppose d'établir deux relations d'identité. Elle consiste d'abord à envisager l'identité de la qualité à la quantité d'un point de vue catégoriel. En d'autres termes, si la qualité est susceptible de variation intensive, la raison n'en est pas qu'il existe un type spécifique de quantité interne à la catégorie de la qualité, qui serait une *quantitas virtutis* distincte de la *quantitas molis*, mais plutôt qu'il n'y a pas de distinction réelle entre ce que nous appelons qualité et ce que nous appelons quantité dans le cas de la variation intensive. La conception de Crathorn suppose ensuite d'admettre l'équivalence entre cet être qui est à la fois quantité et qualité, et l'être de la substance. En d'autres termes, lors de la variation intensive, la substance elle-même varie – variation qui peut aussi être vue indifféremment comme une variation qualitative ou une variation quantitative[82].

La première thèse défendue par Crathorn est dans la droite lignée des thèses ockhamistes sur les catégories : certaines qualités (largeur, longueur, hauteur) sont des quantités, puisqu'elles désignent l'agencement des parties de la substance. L'originalité de Crathorn est d'établir de manière générale l'identité de la substance et de la qualité par un argument mobilisant un principe de réciprocabilité de la qualité et de la ressemblance[83]. Aristote établissait dans les *Catégories* que la ressemblance fait partie des attributs particuliers aux qualités[84]. D'après cette approche, la ressemblance est le *propre* de la qualité : dire qu'une substance A ressemble à une substance B, c'est dire de A qu'elle possède une qualité par laquelle elle lui ressemble.

Crathorn admet ce principe, mais tient aussi à considérer la substance comme terme de cette relation. C'est bien A qui ressemble à B. Or, A est substance. Si A ressemble à B par une qualité, et que A ressemble elle-même à B, la substance A doit être cette qualité. Crathorn étend ainsi l'entreprise ockhamiste de réduction des catégories aux qualités non-dimensives, aboutissant à l'équivalence entre la substance et l'ensemble de ses propriétés[85].

---

82 Guillaume Crathorn, *Quaestiones super primum Sententiarum*, ed. F. Hoffmann (Münster i.W. : Aschendorff, 1988), q. 17, concl. 2, p. 462, l. 21-23.
83 Guillaume Crathorn, *In primum Sententiarum*, q. 17, concl. 1-2, p. 462-463.
84 Aristote, *Catégories* 8, 11a15.
85 Guillaume Crathorn, *In primum Sententiarum*, q. 13, concl. 13, p. 399, l. 26-28 : *Lignum esse calidum non est aliud quam habere in se calorem vel calorem uniri ligno. Sed si lignum est calidum, non solum calor unitur ligno, sed omni positivo coextenso naturae ligni.*

Cette interprétation de la théorie de la substance explique les conclusions tirées par Crathorn à propos des intensités. Une qualité numériquement une peut augmenter ou diminuer intensivement, en ce sens qu'une substance peut étendre sa quantité[86]. La seule augmentation possible d'une qualité numériquement une est purement dimensive – la seule manière qu'un corps a d'être plus blanc qu'il n'est est d'étendre dans l'espace cette qualité. La fin de la question 17 de son commentaire des *Sentences*, cependant, reconnaît une séparation nette des qualités dimensives et des autres qualités, dont l'augmentation « essentielle » (non-dimensive) est impossible *stricto sensu*. Qu'en est-il de ces qualités ? Comme Ockham, Crathorn soutient l'interprétation successiviste de la théorie additiste[87]. La source qu'il diagnostique chez les tenants de sa version persistantiste est une méprise concernant l'universel ou la nature spécifique. De la même façon que le réalisme des natures spécifiques se trompe en croyant saisir une unité réellement sous-jacente aux différences individuelles d'une espèce, celui qui croit percevoir à travers les états intensifs la transformation d'une même nature échoue à y déceler une pluralité irréductible d'entités[88] :

> Fere omnes Sancti imaginati sunt quod una natura numero est in omnibus individuis eiusdem speciei, quam vocabant naturam specificam, et quia videbant una albedinem individualem esse intensam, aliam remissam, et unam perfectiorem, aliam vero imperfectiorem, dicebant albedinem specificam in una albedine individuali esse remissam et in alia intensam, in una perfectiorem et in alia minus perfectam. Sed quia iam evidenter potest probari quod talis opinio de natura specifica est impossibilis et includit contradictionem, non oportet in illa opinione sequi patres antiquos nec in illis, quae ex illa opinione sequuntur quia videntur incompossibilia.

---

86 Guillaume Crathorn, *In primum Sententiarum*, q. 17, concl. 3, p. 463, l. 9–13 : *Tertia conclusio est quod aliqua qualitas potest augeri et diminui dimensive, quia potest esse longior, latior et profundior, quam prius fuit, quia sit unus aer pedalis, in quo sint multa accidentia coextensa ipsi naturae aeries, et ponatur quod ille aer rarefiat, quousque sit bipedalis quantitatis.*

87 Guillaume Crathorn, *In primum Sententiarum*, q. 17, concl. 4, p. 465, l. 6–13 : *Videtur mihi quod includit contradictionem aliquam qualitatem augeri et augmentari vel esse essentialiter perfectiorem quam prius* [...]. *Concedo tamen quod una qualitas potest esse perfectior quam fuit qualitas praecedens, sicut unum lumen potest esse perfectius in aura quam sit lumen quo modo sit in aere, et quod aliqua res potest pro diversis temporibus esse magis calida et minus calida, magis alba et minus alba, magis luminosa et minus luminosa.*

88 Guillaume Crathorn, *In primum Sententiarum*, q. 17, concl. 4, p. 466, l. 4–12.

Crathorn admet toutefois bien qu'il y a un sens à parler de plus ou de moins dans le cas des substances. Il est correct d'affirmer qu'une substance a plus de nature de feu qu'une autre substance moins intense[89]. La même conclusion vaut également pour une même substance, quand elle est considérée d'un point de vue ontogénétique : puisqu'une substance est identique à sa quantité, et que la quantité de la substance varie durant sa génération, il faut concéder que la nature essentielle portée par un corps (c'est-à-dire le sujet) varie dans l'exacte mesure où ce corps varie.

C'est donc sur des bases doctrinales singulières que Crathorn peut défendre des thèses qui l'éloignent des principes centraux de l'ontologie aristotélicienne des accidents ; tout en en conservant le vocabulaire, ces thèses relatives aux processus d'intensification participent à la théorisation d'un univers passablement différent de celui de ses contemporains.

---

89 Guillaume Crathorn, *In primum Sententiarum*, q. 13, concl. 12, p. 399, l. 5–10 : *Si enim iste terminus 'ignis' accipiatur concretive, ut non solum supponere possit pro natura ignis vel igneitate, ut ita loquar, sed pro habente naturam illam, haec est possibilis : 'haec substantia est magis ignis quam prius fuit', quia una substantia potest habere plus de natura ignis in se quam prius habuit, sicut haec substantia potest habere in se plus de albedine quam prius habuit.*

PARTIE 2

L'intensité des formes au croisement des disciplines

∴

CHAPITRE 5

Entre théologie et mathématiques

Au regard des options principales concernant l'explication des phénomènes intensifs – participation, mélange, addition, succession –, le XIVᵉ siècle ne voit pas apparaître de théories radicalement nouvelles. C'est pourtant au XIVᵉ siècle que la théorie des intensités va connaître ses développements les plus importants. Ses bases étant posées, et cette question étant reconnue comme un problème majeur systématiquement discuté, le vocabulaire des formes intensives gagne rapidement des champs discursifs nouveaux et s'immisce en différents lieux auxquels il restait jusqu'alors étranger.

Appelé à devenir un opérateur essentiel de la nouvelle physique du XIVᵉ siècle, ce vocabulaire infuse d'abord le champ de la théologie, où il se voit appliqué à de nouveaux thèmes. Cette extension résulte de l'intrication de la problématique de l'intensité des formes à un ensemble d'innovations relevant du champ de la logique, que l'on pourra qualifier en reprenant l'expression de Murdoch de « langages analytiques » ou « langages d'analyse », ou encore de « techniques analytiques », si l'on tient compte de l'ensemble des méthodes argumentatives, logiques et proprement calculatoires mises en œuvre[1]. Ces langages développent ou renouvellent les méthodes d'analyse des propositions comportant des opérateurs modaux ou des quantificateurs. L'enrichissement de la problématique des intensités résulte en fait de son incorporation à ces nouvelles logiques : logiques de la quantité et des limites d'abord – portant sur des notions comme celles de maximum, de minimum, ou sur les quantités infinies ; logiques temporelles ensuite – analysant des propositions comportant les termes de commencement ou de fin (*incipit* / *desinit*) et pouvant référer à des objets permanents comme à des processus tels qu'une altération[2]. Selon Murdoch, la théorie des formes intensives qui s'élabore au XIVᵉ siècle peut être vue comme la première couche d'un édifice à plusieurs étages : avec la théorie des proportions, elle est incluse dans un vaste programme de détermination algorithmique des règles de dénomination des phénomènes physiques qui implique en même temps (1) les questions de *incipit* / *desinit*, *de maximo* et

---

1 J.E. Murdoch, « The Analytical Character of Later Medieval Learning. Natural Philosophy without Nature », dans L.D. Roberts (ed.), *Approaches to Nature in the Middle Ages* (Binghamton N.Y. : Center for Medieval & Early Renaissance Studies, 1982) p. 171–213 ; Di Liscia, « The *Latitudines Breves* », p. 113.
2 Goubier, Roques (eds.), *The Instant of Change*.

de primo instanti, (2) la théorie de l'infini et du continu et (3) la théorie de la *suppositio*. L'approche mathématique des formes intensives et son extension simultanée à divers questionnements théologiques peuvent être vues comme deux effets – historiquement liés, mais distincts en droit – de l'imbrication des théories de l'intensité au sein de ces nouveaux langages.

C'est en Angleterre que l'engouement pour le calcul des degrés en contexte théologique est le plus vif dans les années 1320–1330. C'est aussi dans ce contexte que, en vertu d'une approche logique et linguistique, le thème des formes intensives devient le prétexte à de multiples réflexions incluant des concepts mathématiques : la successivité de l'altération se prête à des réflexions sur le continu et l'infini, la divisibilité supposée des degrés met en cause l'équipotence d'un tout et de ses parties[3].

Bien que l'univers de pensée auquel ils se rattachent s'éloigne rapidement, l'influence d'auteurs comme Grosseteste et Bacon, et leur confiance dans l'utilité des mathématiques, ne sauraient être négligées. Si l'on aurait peut-être tort d'associer trop hâtivement la mathématisation des intensités à des philosophies « nominalistes », fers de lance d'un empirisme annonciateur de la science moderne, force est de constater que c'est sous l'impulsion du tournant linguistique accompagnant l'émergence de ces doctrines que se développe la problématique des formes intensives. La notion de science théorisée dans le cadre des ontologies singularistes, portant sur les signes plutôt que sur les choses et, indirectement, sur l'individu contingent plutôt que sur des essences nécessaires, suppose une méthodologie nouvelle, centrée autour de l'analyse propositionnelle, qui s'applique pareillement aux phénomènes intensifs.

Cette étape, loin d'être fortuite, conditionne la généralisation ultérieure du vocabulaire des intensités marquant le milieu du siècle. Alors que l'espace des solutions possibles au problème de l'intensification semble être déjà épuisé au tournant du XIVe siècle, l'évolution des débats à Paris comme à Oxford se déploie dans les différentes *combinaisons* des positions existantes en des théories plus différenciées et soucieuses de la variété des phénomènes en question. En contexte théologique, le problème de l'intensité des formes ne concerne plus exclusivement la charité ou la perfection de l'âme humaine, mais constitue un terrain privilégié pour analyser différents actes cognitifs.

---

3   Voir la synthèse et les textes présentés dans J. Biard, J. Celeyrette, *De la théologie aux mathématiques. L'infini au XIVe siècle* (Paris : Les Belles Lettres, 2005) ; cf. également M. Thakkar, « Mathematics in Fourteenth-Century Theology », dans E. Robson, J. Stedall (eds.), *The Oxford Handbook of the History of Mathematics* (Oxford : Oxford University Press, 2009), p. 619–638.

1 L'hybridation des théories au XIVe siècle

Les débats relatifs à l'intensité des formes chez les théologiens des années 1320 accusent l'influence de Guillaume d'Ockham, qui engendre des réactions variées. La doctrine de Gauthier Chatton (†1343), dont la *Reportatio* sur les *Sentences* peut être datée des années 1321–1323, et dont la *Lectura* fut composée avant 1330, manifeste une opposition directe au *Venerabilis inceptor*, témoin cependant de la maturation du dialogue entre théorie successiviste et théorie additiste[4]. À la manière de Duns Scot, Chatton retient la description *interne* de l'intensification d'une forme en termes de degrés intensifs, mais il n'exclut pas que sa cause soit un mélange des contraires. Selon Chatton, Scot a raison de postuler l'existence de degrés additionnés dans les phénomènes d'intensification, tout comme Ockham[5] : il convient de reconnaître la présence d'une réalité qui ne se corrompt pas durant l'acquisition par la forme de nouvelles réalités. Mais, selon Chatton, ce modèle n'est pas une explication suffisante des phénomènes. L'additivité des degrés intensifs doit se comprendre par la présence de formes réellement contraires, dont la proportion engendre le degré intensif observé dans un corps[6].

Cette explication par le mélange des formes se justifie du point de vue de leur dynamique : le mouvement d'altération n'est pas intelligible comme mouvement (comme phénomène successif) sans résistance apportée par un contraire. Chatton avait d'ailleurs établi dans la première question de sa *Reportatio* sur la distinction 17 que le péché se rapporte à la charité sur le mode d'une opposition réelle[7]. Mais Chatton apporte une clause restreignant la portée de son explication à un genre d'accidents précis : sa théorie ne vaut que pour

---

4 Voir, pour quelques aspects du problème, Robert, « Atomisme et géométrie à Oxford au XIVe siècle », p. 15–85. Sur l'auteur, voir la monographie de J. Bornholdt, *Walter Chatton on Future Contingents : Between Formalism and Ontology* (Leiden : Brill, 2017).

5 Les références données renvoient à la *Reportatio* de Gauthier Chatton, le texte de la *Lectura* s'arrêtant précisément à ce point du problème. Gauthier Chatton, *Reportatio super Sententias, Liber I, Distinctiones 10–48*, eds. G.J. Etzkorn, J.C. Wey (Toronto : The Pontifical Institute of Mediaeval Studies, 2002), d. 17, q. 2, a. 3, p. 75–76, l. 28–6 : *Quod aliquando fit augmentatio formarum per additionem partis novae ad praecedentem, probo. Primo, quia aliter non salvatur unitas motus, cuius oppositum dicunt, nisi scilicet aliquando ponatur forma composita suo modo non plus quam salvatur unitas motus, si faceret Deus continue angelum post angelum vel lignum post lignum sine interruptione temporis. Probatio consequentiae : quia quaero an sit aliqua una forma numero cuius acquisitio mensuratur tempore, ita quod in una parte temporis acquiratur pars formae et in alia alia pars, et tunc tota forma acquiritur sic quod pars eiusdem formae numero ante partem cum ea facientem unam formam per compositione.*

6 Gauthier Chatton, *Reportatio*, I, d. 17, q. 2, a. 1, resp., p. 65–66.

7 Gauthier Chatton, *Reportatio*, I, d. 17, q. 1, a. 3, p. 56.

certaines formes, celles relevant du domaine sensible, des corps et de leurs interactions. Elle ne concerne pas les actes cognitifs et intellectifs où une forme devenue plus parfaite ne contient pas réellement la précédente à titre de partie. Le type de perfection relevant du domaine de l'esprit exclut en effet toute composition : il est contradictoire de supposer qu'une forme plus parfaite de connaissance contienne réellement l'ignorance dont elle s'est départie[8].

Une distinction minimale entre deux sortes de perfections est ainsi supposée par la position de Chatton : l'une d'entre elles peut se comprendre de manière purement quantitative – c'est celle des accidents sensibles et de certains *habitus*. L'autre, en revanche, est réfractaire à une explication quantitative. Pour cet autre type de forme, qui concerne notamment la vision béatifique, Chatton se tourne vers une théorie « pure » de la succession, comme celles de Gauthier Burley et de Godefroid de Fontaines. La persistance de la forme, ici, ne peut être prise au sens strict, mais renvoie à une chaîne de liens causaux entre les états successifs d'un *habitus*[9]. L'intensification d'une forme par addition, par contre, ne se réduit pas à une simple manière de parler : c'est bien la *même* forme numérique, et non pas simplement spécifique, qui subit le changement intensif, bien qu'il y ait des raisons d'admettre que l'intensification concerne premièrement le sujet en lequel la forme augmente[10]. Pour Chatton, représentatif d'une tendance que l'on rencontre au XIVe siècle, un seul type d'explication ne saurait donc rendre compte de tous les phénomènes liés à la notion d'intensité.

Une analyse différenciée des phénomènes : Gérard Odon

Le point de vue sur le problème de Gérard Odon (†1349), enseignant au *studium* franciscain de Toulouse dans les années 1310, puis lecteur des *Sentences* à Paris pendant l'année universitaire 1327–1328, suit la même tendance, mais est particulièrement intéressant à deux égards. D'une part, la version de la

---

8   Gauthier Chatton, *Reportatio*, I, d. 17, q. 2, a. 4, resp., p. 79, l. 6–19 : *Ex his ergo simul cum tertio articulo, infero solutionem quaestionis, et teneo quod caritas augetur et aliae formae multae. Sed quomodo ? Aliqua per additionem partis ad partem, aliqua non ; illa videlicet non, ubi est successio propter incompossibilitatem formae prioris ad sequentem. Unde si in intellectionibus procederetur continue a forma minus perfecta ad magis perfectam, ibi foret unus modus augmentationis, non per additionem partium sed per successionem continuam formae perfectionis novae totaliter post imperfectionem totaliter corruptam. Primo quia intellectio non habet partes, et secundo quia forma prior et forma posterior non compatiuntur se naturaliter. Unde in talibus, ubi est successio propter incompossibilitatem formarum, vel in alio etiam casu, ubi formae sunt simplices, nunquam est augmentatio per additionem.*
9   Gauthier Chatton, *Reportatio*, I, d. 17, q. 3, a. 3, p. 93, l. 18–22.
10   Gauthier Chatton, *Reportatio*, I, d. 17, q. 3, a. 4, p. 97–98.

théorie additiste qu'il élabore présente une réaction à son interprétation successiviste gagnant alors en popularité. Il témoigne peut-être, en ce sens, de la solidarité entre version « persistantiste » de la théorie additiste et adhésion à un réalisme de l'universel – particulièrement fort dans son cas – qu'on constatait déjà chez Duns Scot. D'autre part, sa théorie inclut son refus du caractère infiniment divisible du continu.

Gérard Odon la présente en trois lieux distincts : dans son commentaire des *Sentences* ; dans des questions de philosophie naturelle ; dans le *Traité de la vision de Dieu aux multiples formes*[11]. De ces trois textes, les questions de philosophie naturelle sont les plus importantes. Le texte du commentaire aux *Sentences* est parallèle à ces questions dont il reprend les dernières, concernées par le problème de la charité ; comme le *Traité*, il est principalement occupé par des considérations théologiques[12]. Ce dernier ne correspond pas au texte des questions, dont il récupère certaines notions qu'il applique au thème de la vision béatifique.

Plutôt que de se placer sous la bannière d'une seule théorie, Gérard en envisage plusieurs comme réponses partielles aux différents aspects du problème. L'originalité de la théorie de Gérard est de refuser une opposition simple entre les formes relatives au psychisme (actes et *habitus* cognitifs) et les formes naturelles. Selon lui, les formes naturelles ne sont pas susceptibles d'une analyse homogène. Ainsi, Gérard choisit la théorie de l'addition pour des formes naturelles comme la chaleur ou la froideur, mais sa discussion du problème de la lumière (qui occupe la première question de son traité *De augmento formae*) ne le montre pas opposé à la théorie de la succession de Burley, qu'il tient pourtant en ligne de mire.

Deux remarques, ici, doivent être faites. Premièrement, Gérard ne concède que localement – concernant ici le cas de la lumière – la validité de la théorie de la succession, et pour des raisons qui ne correspondent pas exactement à

---

11   Les questions de philosophie naturelle sont conservées dans un manuscrit madrilène (ms. Madrid, Biblioteca Nacional 4229). Ses deux dernières questions les rattachent au commentaire des *Sentences* de Gérard (aussi consigné dans le ms. Madrid, Biblioteca Nacional 65). Le traité, quant à lui, est tiré d'un quodlibet tenu en décembre 1333 et fut édité dans C. Trottmann, *La vision de Dieu aux multiples formes* (Paris : Vrin, 2001).

12   Le plan du *De augmento formae* comprend ainsi huit questions, dont les six premières relèvent de la philosophie naturelle, voir ms. Madrid, Biblioteca Nacional 4229, f. 132vb–133ra : *Primum utrum lumen augeatur per adventum novae partis ad priorem utraque manente. Secundum utrum forma augeatur per adventum novae partis ad primam utraque manente. Tertium utrum intensio et remissio formae fiat per continuam innovationem formae. Quartum utrum per maiorem vel minorem radicationem formae in subiecto. Quintum utrum per maiorem vel minorem permixtionem formae a contrario. Sextum utrum nulla parte adveniente et nulla recedente.*

celles de Burley. Gérard rejette ainsi l'argument de la source lumineuse mobile qu'invoquait Burley dans la *pars destruens* de son *De intensione formarum*. L'argument ne vaut pas, ou qu'*ad hominen*, dans la mesure où il s'adresse à ceux admettant la divisibilité infinie du continu[13], bien que la conclusion visée par Burley soit véritablement démontrable[14]. L'un des arguments avancés par Gérard relève que, si l'hypothèse additiste était vraie, le soleil serait immobile[15]. Si la lumière augmentait par addition, en effet, un rayon serait plus lumineux en un même lieu que précédemment. Dans la mesure où le lieu d'un rayon dépend de la source qui l'émet, si un même rayon s'intensifiait par addition, il faudrait qu'un degré soit ajouté au lieu où se trouve déjà la lumière d'un rayon – impliquant que le rayon précédent n'ait pas changé de lieu. L'argument joue sur la notion de lieu pour pouvoir établir la conclusion recherchée, et refuse implicitement la prémisse selon laquelle un effet tel que la lumière puisse se trouver en un même lieu sans que sa cause maintienne son lieu propre.

Gérard affine encore l'explication des intensités lumineuses, qui dépend des situations envisagées. L'intensification par conjonction de deux sources lumineuses s'explique plutôt par un phénomène de nature additionnelle, les deux causes étant simultanément présentes, là où Burley préférait voir la production d'une (nouvelle) forme simple par la conjonction de deux sources. Les différents cas analysés par Burley ne plaident donc pas en faveur d'une même cause, et il convient de rendre à chacun son type d'explication. Des arguments en sens contraire, d'ailleurs, laissent apparaître que la théorie de la succession dans le cas de la lumière se distingue d'une certaine manière du cas des *habitus* moraux, car la théorie de la succession semble entraîner qu'aucun *habitus* n'est difficile, et qu'aucun *habitus* moral n'est augmenté par l'accomplissement de plusieurs actes, puisque n'importe quel acte engendrerait un nouvel *habitus*. De même, ce dernier cas semble supposer que l'acte précède l'*habitus* scientifique, et qu'en ce sens l'acte de science exercée précède la possession de la science complète[16] :

> Tertium <inconveniens> quod actu considerans praecederet totam scientiam suam quia per considerationem intensior fit scientia considerantis, si ergo in intensione non manet prior scientia ergo per considerationem actu praeceditur tota scientia.

---

13 Gérard Odon, *De augmento formae*, a. 1, ms. Madrid, Biblioteca Nacional 4229, f. 134vb.
14 Gérard Odon, *De augmento formae*, a. 1, ms. Madrid, Biblioteca Nacional 4229, f. 134va : *Pono quattuor conclusiones. Prima est quod conclusio sua est vera et demonstrabilis ad rem.*
15 Gérard Odon, *De augmento formae*, a. 1, ms. Madrid, Biblioteca Nacional 4229, f. 136ra.
16 Gérard Odon, *De augmento formae*, a. 1, ms. Madrid, Biblioteca Nacional 4229, f. 136ra.

Dans son traité consacré à la vision béatifique, Gérard se penche davantage sur le statut des états psychiques, en détaillant les modalités par lesquelles l'âme change à mesure que cette vision s'intensifie. Il distingue les modalités de persistance de sept aspects transformés par la vision progressive de Dieu d'après diverses autorités scripturaires (la science – et la vertu – comme *habitus*, la prophétie, la principauté, la possession, la vision, la jouissance et l'âme elle-même). Pour les cas concernés par une intensification proprement dite, le théologien franciscain juge plus probable la disparition de la vision partielle de Dieu, alors que la jouissance qui en résulte ne disparaîtra pas lors de cette intensification[17]. L'âme elle-même disparaîtra, en ce sens qu'elle commencera à exister sous un mode d'être parfait (« dabitur perfectus modus essendi animae »)[18].

Mais Gérard accorde aussi au point de vue additiste sa validité pour une certaine classe de phénomènes, à savoir les qualités primaires des corps. Pour ce cas, il soutient le caractère persistant de la forme à travers l'intensification, en précisant que l'accumulation de degrés n'autorise pas à parler d'une forme nouvelle engendrée à chaque instant[19]. D'ailleurs, s'il admet la possibilité d'un mouvement continu produit par une succession de formes à la manière décrite par la théorie de la succession, il refuse de considérer que ce mouvement soit à proprement parler un mouvement d'intensification ou d'atténuation[20]. Ce faisant, la version de la théorie additiste que propose Gérard engage un type d'essentialisme dont Duns Scot s'était dégagé : Gérard tolère une certaine manière de parler de l'intension des formes en termes de *radicatio* dans le sujet, autrement dit en termes de participation du sujet à l'essence de la forme. Encore faut-il distinguer ici l'être que la forme reçoit du sujet, qui peut effectivement recevoir le plus ou le moins selon son inhérence au sein de ce sujet, et l'être qu'elle confère au sujet, qui dépend d'elle. L'état intensif d'un sujet dépend de l'être que lui confère la forme, qui est intrinsèquement quantifiée, mais le degré d'inhérence de la forme dans le sujet signifie sa plus ou moins grande séparabilité vis-à-vis de lui. L'inhérence plus ou moins forte d'un accident ne

---

17   Gérard Odon, *La vision de Dieu*, p. 170.
18   Gérard Odon, *La vision de Dieu*, p. 168.
19   Le propos de Gérard relatif à la théorie additiste tient en trois conclusions dont les deux premières résument sa position sur ce point. Voir a. 2, f. 138ra : 1) *In remissione formae forma precedens non corrumpitur*. 2) *In intensione formae tota forma non generatur*.
20   Le mouvement d'intensification par remplacement de la forme précédente (*per continuam innovationem formae*) est continu, mais il ne s'agit pas d'un mouvement de la forme en tant que telle : <*Secunda conclusio*> *quod talis motus non est motus intensionis formae nec remissionis* ; Gérard Odon, *De augmento formae*, a. 3, ms. Madrid, Biblioteca Nacional 4229, f. 141va.

renforce pas intrinsèquement sa nature essentielle[21]. Le lexique de la séparation, qui ne suppose chez Gérard aucune distinction de l'être et de l'essence, suppose une interprétation particulière de la notion d'inhérence, corrélative d'un réalisme fort des essences[22] : la conciliation du vocabulaire de la radication et de celui de l'addition détermine un double modèle explicatif, mélangeant considération métaphysique sur la nature de l'accident et explication physique des processus intensifs.

Mais l'aspect le plus original de la version additiste que propose Gérard Odon est ailleurs. Il tient à l'usage au sein de l'argumentaire additiste d'une thèse indivisibiliste[23]. Gérard spécifie que le mouvement intensif ne saurait s'effectuer selon une infinité d'instants, s'il est accordé qu'à chaque instant est ajouté un nouveau degré intensif. L'intension de la chaleur s'effectue bien par addition de degrés au sein d'une forme – qui inhère plus ou moins selon son degré d'*intimation* au sujet. Seule cette addition justifie l'expression *intensio formarum*, dans la mesure où la succession des formes n'est pas un mouvement *stricto sensu*. Cependant, la continuité du mouvement n'entraîne pas l'infinité des instants par lesquels les degrés intensifs sont acquis[24] : « Forma non intenditur per additionem gradus ad gradum per infinita instantia ». Au lieu de rejeter ce que l'on a identifié comme « principe de corrélation continue » admis par les additistes ($t_1 \neq t_2 \rightarrow d°Qt_1 \neq d°Qt_2$), Gérard sacrifie l'infinité des instants

---

21   Gérard Odon, *De augmento formae*, a. 4, ms. Madrid, Biblioteca Nacional 4229, f. 142vb–143ra : *Distinctio praemitenda est quod suscipere magis et minus potest intelligi dupliciter. Uno modo quantum ad esse quod esse formae habet a subiecto. Alio modo quantum ad esse quod subiectum habet a forma. Albedo enim habet esse ab superficie et conservatur a superficie vel in superficie. Superficies autem habet ab albedine esse album. [...] Per quamcumque causam forma fit magis et minus separabilis a subiecto. Per illam suscipit magis et minus secundum istud esse quam forma habet a subiecto, sed per maiorem et minorem radicationem et intimationem formae in subiecto forma fit magis et minus separabilis a subiecto quia magis et minus inhaerens. Ergo forma suscipit magis et minus per maiorem vel minorem radicationem formae in subiecto.*

22   Sur le réalisme odonien de l'universel, voir J. Spruyt, « Gerardus Odonis on the Universal », dans *Archives d'Histoire Doctrinale et Littéraire du Moyen Âge* 63(1996), p. 171–208 ; J. Spruyt, « Gerald Odonis on the Notion of Esse Tertio Adiacens », dans *Vivarium* 47/2(2009), p. 221–240.

23   Sur les idées de Gérard à ce sujet, voir S.W. De Boer, « Gerard of Odo on the Atomistic Structure of the *Continua*. A Discussion and Edition of a Tract Found in ms. Madrid, Biblioteca Nacional 4229 », dans *Documenti e studi sulla tradizione filosofica medievale* 23(2012), p. 387–427 ; S.W. De Boer, « The Importance of Atomism in the Philosophy of Gerard of Odo (O.F.M.), dans Grellard, Robert (eds.), *Atomism in Late Medieval Philosophy*, p. 85–106.

24   Gérard Odon, *De augmento formae*, a. 2, ms. Madrid, Biblioteca Nacional 4229, f. 138ra ; cf. f. 139rb.

composant le changement – affaiblissant la continuité du mouvement intensif en lui retranchant sa densité.

Le point est notable : parmi les adversaires de la conception aristotélicienne du continu, Gérard est l'un des seuls à en tirer des conclusions ayant trait au problème de l'intensification. L'explication apportée par Gérard Odon à l'*intensio formarum* se situe à la confluence de plusieurs préoccupations, qui justifient son caractère composite et la manière dont elle fut reçue par ses contemporains[25]. Son originalité tient pour partie à son réalisme des universaux associé à un rejet au moins partiel du continuisme d'Aristote – conviction partagée par les quelques « atomistes » du Moyen Âge latin, qui inclinent tendanciellement vers le platonisme –, mais est aussi redevable aux divers cas que le théologien analyse dans le vocabulaire de l'intensification.

2 Des questionnements théologiques renouvelés

2.1 *L'extension du vocabulaire des qualités intensives*

L'extension du vocabulaire des formes intensives à divers actes et facultés psychiques amène de nouvelles manières d'envisager des questions anciennes. Tel est le cas, en particulier, de la volonté, de ses actes et de sa liberté. L'analyse des actes volitifs en termes d'intensité engage en effet le problème de l'effectuation instantanée ou continue de l'acte volontaire. Dans la théologie anglaise, à partir des années 1320, et plus encore des années 1330, ce point devient un objet d'étude privilégié dans le cadre des nouveaux langages analytiques, par l'examen des notions du minimum, de maximum et de limites. Dans les lectures des *Sentences*, il donne lieu à une multiplication des arguments de nature mathématique, le calcul des degrés de perfection de la volonté entrant en ligne de compte dans un nombre croissant de questions. Tel est éminemment le cas des questions relatives à la grâce et au mérite, mais aussi, plus largement, de l'ensemble des actes psychologiques abordés en termes de latitudes et de degrés.

2.1.1 Les questions éthiques de Kilvington

L'influence de Richard Kilvington, l'un des principaux acteurs de la première génération des Calculateurs d'Oxford, est d'abord due à son activité de théologien. Sa lecture des *Sentences* contribue à la fixation du style et des questions

---

25 François Marbres, qui soutient la conception additiste, le présente comme défenseur de la théorie de la succession et rejette ses raisons ; voir François Marbres, *Super VIII libros Physicorum*, v, q. 3, a. 4, f. 55rbF.

caractéristiques des productions anglaises de cette période[26]. L'activité de Kilvington commence antérieurement à la rédaction du *Traité des proportions* de Thomas Bradwardine composé en 1328. Il anticipe même de manière remarquable la loi du mouvement qui restera attaché au nom de Bradwardine, du fait de sa plus large diffusion[27], et tire parti de méthodes mathématiques dans l'ensemble de ses œuvres.

Son *Commentaire à l'Éthique*, composé vers 1332 mais tiré d'un enseignement remontant aux années 1324–1326, l'un des rares écrits sur ce texte à nous être parvenus de ce milieu, est un témoin d'autant plus exemplaire de l'élargissement de la problématique des phénomènes intensifs. Le théologien y emploie les nouveaux langages d'analyse pour penser l'évolution de la vertu et du vice par analogie avec le mouvement physique : ainsi, tandis que la vertu centrale de l'*Éthique à Nicomaque*, à savoir la prudence, s'intensifie ou s'atténue par l'expérience durant la vie, l'assimilation de l'acquisition de la vertu à un espace traversé mobilise la réfutation aristotélicienne des paradoxes de Zénon d'Élée[28].

Les réflexions éthiques de Kilvington s'appuient sur ses premières oeuvres, réemployant les analyses terministes des *Sophismata* et les résultats de ses travaux physiques[29]. Kilvington réfère par exemple dans la première de ses questions sur l'*Éthique à Nicomaque* à une question déjà traitée sur l'intension des formes, qui peut être identifiée comme partie de son commentaire à la *Physique*[30]. Mais l'influence de ses travaux logiques est également sensible. Les sophismes de Kilvington abordaient en partie la question des formes intensives et de la dénomination des qualités, en particulier les premiers[31]. Des paradoxes

---

26   Richard Kilvington, *Quaestiones super libros Sententiarum*, ms. Paris, Bibliothèque nationale de France, lat. 14576, f. 117r–199v. Pour une comparaison avec certains de ses contemporains, voir Murdoch, « From Social into Intellectual Factors ».

27   E. Jung, « Works by Richard Kilvington », dans *Archives d'Histoire Doctrinale et Littéraire du Moyen Âge* 67(2000), p. 181–223 ; E. Jung, « Richard Kilvington on Local Motion », dans Bakker, Grellard, Faye (eds.), *Chemins de la pensée médiévale*, p. 113–134.

28   Richard Kilvington, *Quaestiones super libros Ethicorum*, ed. M. Michałowska (Leiden / Boston : Brill, 2016), q. 1, p. 65–66, l. 25–2.

29   Voir Michałowska dans *Quaestiones super libros Ethicorum*, p. 14–15.

30   Richard Kilvington, *Quaestiones super libros Ethicorum*, q. 1, p. 78, l. 4–9, l. 19–22. Quatre questions sur le mouvement – dont la seconde porte sur l'intension des formes – contenues dans un manuscrit de Venise (Biblioteca Nazionale Marciana, lat. VI 72, 2810, Utrum qualitas suscipit magis et minus, f. 89rb–101ra) sont aujourd'hui attribuées à Kilvington ; cf. Jung, « Works by Richard Kilvington », p. 203–205 ; Sylla, *The Oxford Calculators*, p. 435–446.

31   Richard Kilvington, *Sophismata*, eds. N. Kretzmann, B.E. Kretzmann (Oxford : Oxford University Press, 1990), soph. 1–11, p. 2–20 ; voir aussi soph. 21–23, p. 45–52. Sur le sujet, se reporter à N. Kretzmann, « Socrates is Whiter than Plato Begins to be White », dans *Noûs* 11(1977), p. 3–15 ; N. Kretzmann, « Richard Kilvington and the Logic of Instantaneous

semblables à ceux abordés dans les *Sophismes*, qui mettent en cause l'instant du changement et la considération des grandeurs infinies, sont ici appliqués à des objets psychologiques[32]. Kilvington discute ainsi comment la mesure d'une grandeur par le dernier instant atteint par un sujet s'applique à la peine que doit endurer le pécheur[33].

Dès la première question de son commentaire, Kilvington aborde le problème de comprendre si la vertu morale est engendrée à partir des opérations, et examine pour cette raison le statut indivisible ou divisible de l'*habitus* moral. Un argument *contra* suggère que si *A* est un *habitus* indivisible, alors en supposant que la vertu morale dépende des opérations, *A* pourrait être détruit par n'importe quel acte vicieux, et ne serait pas un *habitus*, qui implique normalement une difficulté à être mû. L'agent pourrait alors être vertueux dans l'instant seulement, car il serait possible de commencer à agir dès l'insant où l'on possède *A*[34]. Le propos, qui convoque le concept aristotélicien de vertu comme médiété et la notion d'*habitus* comme qualité altérable, légitime l'application des concepts de latitude, d'intensification et d'atténuation aux *habitus* moraux.

Ces développements ne délaissent pas complètement la question ontologique des modalités d'intensification. Kilvington souligne ainsi que la relation d'actualisation inverse des contraires caractérisant les qualités premières ne

---

Speed », dans A. Maierù, A. Paravicini Bagliani (eds.), *Filosofia e scienza nella tarda scolastica : Studi sul XIV secolo. In memoria di Anneliese Maier* (Roma : Edizioni di Storia e Letteratura, 1981), p. 143–178 ; N. Kretzmann, « Tu scis hoc esse omne quod est hoc : Richard Kilvington and the Logic of Knowledge », dans N. Kretzmann (ed.), *Meaning and Inference in Medieval Philosophy. Studies in Memory of Jan Pinborg* (Dordrecht : Kluwer, 1988), p. 225–245.

32   Sur le traitement kilvingtonien de l'infini, voir J. Murdoch, « Infinity and Continuity », dans A. Kenny, N. Kretzmann, J. Pinborg (eds.), *The Cambridge History of Later Medieval Philosophy* (Cambridge : Cambridge University Press, 1982), p. 565–568 ; E. Jung, R. Podkoński, « Richard Kilvington on Continuity », dans Grellard, Robert (eds), *Atomism in Late Medieval Philosophy*, p. 65–84 ; R. Podkoński, « Summula infinitatum. Ryszarda Kilvingtona koncepcja nieskończoności na podstawie kwestii : *Utrum unum infinitum potest esse maius alio* », dans E. Jung (ed.), *Księga pamiątkowa ku czci Profesora Zdzisława Kuksewicza* (Łódź : Wydawnictwo Uniwersytetu Łódzkiego, 2000), p. 162–179 ; M. Michałowska, E. Jung, « Scotistic and Ockhamist Contributions to Kilvington's Ethical and Theological Views », dans A. Speer, D. Wirmer (eds.), *1308. Eine Topographie historischer Gleichzeitigkeit*, Miscellanea Mediaevalia 35 (Berlin/ New York : De Gruyter, 2010), p. 104–122.

33   Voir M. Michałowska, « Kilvington's Use of Physical and Logical Arguments in Ethical Dilemmas », dans *Documenti e studi sulla tradizione filosofica medievale* 22(2011), p. 467–494 ; M. Michałowska, E. Jung, « Scotistic and Ockhamist Contributions to Kilvington's Ethical and Theological Views », dans A. Speer, D. Wirmer (eds.), *1308. Eine Topographie historischer Gleichzeitigkeit* (Berlin : De Gruyter, 2010), p. 104–122.

34   Richard Kilvington, *Quaestiones super libros Ethicorum*, q. 1, p. 63–64.

se retrouve pas au niveau des vices et vertus, où l'actualisation de l'une n'entraîne pas l'atténuation simultanée de l'autre[35]. Toutefois, le contexte éthique explique que l'aspect technique du problème soit laissé de côté, et se concentre plutôt sur la recherche d'une adaptation des concepts à ce cadre. En particulier, la dichotomie usuelle entre intensité et extension d'une qualité permet de recouvrir la perfection d'un *habitus* rapportée aux actes extérieurs qui la manifestent[36]. Tel est le cas par exemple dans la question 2, où Kilvington interroge la possibilité pour une vertu de se corrompre, et considère comme argument l'atténuation de la libéralité par des œuvres contraires à cette disposition[37]. La prise en compte de l'intention morale et des actes extérieurs conduit Kilvington à envisager des opinions n'attribuant pas des degrés distincts d'intensité à des *habitus* semblant pourtant plus ou moins parfaits : vouloir aider une infinité d'indigents ne serait pas infiniment meilleur *intensivement* que vouloir en aider un seul, mais seulement *extensivement*[38]. D'autres arguments mettent en avant l'idée d'une correspondance entre l'intensité d'un *habitus* et le nombre d'objets vers lesquels il se porte, sans qu'il soit possible d'établir une proportion stricte entre les deux – vouloir aider deux personnes étant meilleur que n'en vouloir aider qu'une, mais pas deux fois meilleur[39]. La notion d'acte, dans la mesure où elle se différencie en opérations extérieures et intérieures, rend d'ailleurs signifiante l'expression d'une *intention* plus ou moins intense, à l'aune de laquelle se mesure la rectitude d'un comportement[40].

La prise en compte de l'ensemble des dimensions de l'agentivité conduit à penser comme phénomènes intensifs différents aspects du vouloir, comme la réflexivité des actes volitifs (question 3) ou le rapport de l'acte libre au

---

35 Richard Kilvington, *Quaestiones super libros Ethicorum*, q. 1, p. 78, l. 9–13 : *Aliter tamen posset dici quod in aliis qualitatibus primis unum contrariorum remissum non est nisi per suum contrarium. Et hoc non requiritur in vitio et virtute, quae sunt contraria, quia virtus potest intendi in aliquo qui nunquam fuit vitiosus et minui sine coniunctione vel admixtione vitii.* Voir de même q. 2, p. 121, l. 12–21.

36 Voir par exemple Richard Kilvington, *Quaestiones super libros Ethicorum*, q. 3, p. 138–139.

37 Richard Kilvington, *Quaestiones super libros Ethicorum*, q. 2, Utrum virtutes morales ex defectu et superabundantia corrumpantur, p. 87*sqq*.

38 Richard Kilvington, *Quaestiones super libros Ethicorum*, q. 2, p. 99, l. 6–9.

39 Richard Kilvington, *Quaestiones super libros Ethicorum*, q. 2, p. 101, l. 14–19 ; p. 117–118, l. 20–27.

40 Richard Kilvington, *Quaestiones super libros Ethicorum*, q. 4, p. 176, l. 4–10 : *Item, tunc voluntas posset facere intentionem aliquam perfectiorem esse quam primo fuerit, quod etiam est falsum, quia perfectio acquisita alicui subito non sit intensior nisi vel per intensiorem formam vel per additionem, licet neutrum est verum de intentione intellectus, ergo etc. Intentio namque postquam sit in actu non sit intensior quam prius, quia talis intentio nec causaretur in instanti, nec in tempore, nec est ibi additio, ut notum est quare etc.*

jugement intellectuel (question 4). Mais l'opérativité du vocabulaire des intensités s'atteste surtout à travers la possibilité de définir la vertu comme milieu d'une latitude, par exemple celle de la peur (ou lâcheté) et de la témérité. La possibilité d'assigner une proportion par laquelle la témérité excède le courage se heurte à l'objection selon laquelle l'augmentation proportionnelle du courage (demeurant un *habitus* de courage) finirait par égaler intensivement la témérité, tandis qu'un excès infini impliquerait que le terme positif soit infiniment intense. Le caractère problématique de cette alternative est souligné par analogie avec le problème de la perfection des espèces (l'être humain et l'âne), le même argument valant pour les substances et les accidents[41]. L'usage de ce vocabulaire met toutefois en difficulté l'interprétation du texte aristotélicien caractérisant la vertu comme indivisible. Kilvington maintient que les circonstances font de la vertu quelque chose d'indivisible, bien qu'il soit permis de parler de « latitude de vertu ». De fait, les circonstances qui participent à la qualification morale d'un acte peuvent varier à l'infini (un acte peut être deux fois plus téméraire ou pire qu'un autre, et cette proportion peut s'étendre indéfiniment)[42] :

> Ad secundum principale quod universaliter tangit omnes virtutes morales dici potest pro uno ibidem quaesito quod uno modo, sicut dictum est, latitudo extremi per superabundantiam, scilicet audaciae quae est latitudo solum imaginativa, erit in infinitum maior secundum latitudinem quam medium, quod est virtus. Latitudo enim virtutis consistit in indivisibili quantum est ad circumstantias virtutis, quia aliquis potest esse audacior alio plus quam oportet et alius in duplo plus quam oportet etc. Istud enim est per se verum, id est non claudens contradictionem usque in infinitum. Et sic non est de circumstantiis virtutum, quia illae non augmentantur per se, sed quodammodo consistunt in indivisibili, sicut tactum est in una alia quaestione. Et ibidem declaratur illud dictum VII *Physicorum* quod virtus consistit in indivisibili. Unde imaginandum est de extremo et medio, sicut de motu et quiete, quod sicut latitudo motus est infinita secundum imaginationem, id est secundum magis et magis, et quies perfecta consistit in indivisibili, ita de extremo et medio.

La même tension se retrouve dans la caractérisation de la prudence, qui met en jeu une dialectique semblable entre le caractère successif propre à toute qualité intensifiable et l'actualité parfaite de cet *habitus* chez l'individu

---

41   Richard Kilvington, *Quaestiones super libros Ethicorum*, q. 5, p. 209–210, l. 11–16.
42   Richard Kilvington, *Quaestiones super libros Ethicorum*, q. 5, p. 221, l. 9–24.

vertueux – point d'autant plus délicat du fait du rôle central de la prudence dans la connexion des vertus. Kilvington reconnaît que l'acquisition de la prudence s'effectue *partibiliter*[43]. Mais, bien qu'elle soit le principe de toutes les vertus, elles-mêmes connexes, la partibilité propre à la prudence n'empêche pas que les vertus se présentent sous des degrés différents, un même principe pouvant se diversifier en espèces distinctes[44].

Cette analyse de la nature de la vertu et du problème classique de son unité au prisme de la théorie des intensités ne constitue que la première couche d'une approche permettant de spéculer, en contexte théologique, sur la perspective de la rétribution divine des actes terrestres. Le traitement des phénomènes volitifs comme processus successifs modifiant des états psychiques eux-mêmes descriptibles en termes de degrés autorise une description quantitative des actions humaines et de leurs conséquences. Le vocabulaire des intensités, enrichi par les avancées des nouvelles logiques, permet une approche calculatoire de l'agir humain, à la fois dans la double dimension de son intériorité (conscience/intention) et de son extériorité (opérations), et dans son évaluation (mérite/démérite) au regard du jugement divin.

2.2 *Calculer la foi humaine, mesurer l'amour divin*

Le tournant des années 1330 voit se consolider l'influence de la théorie additiste dans sa version ockhamiste. Richard FitzRalph (†1360), dont la *Lectura* remonte aux années 1328-1329[45], endosse une théorie additiste tout comme Adam Wodeham (†1358), dont l'*Ordinatio* fut composée vers 1330-1332 et qui pense à la suite de Guillaume d'Ockham l'addition comme succession de formes numériquement distinctes. La position d'Adam Wodeham, dont on sait l'importance pour la diffusion de certains fondamentaux nominalistes mais

---

43 Richard Kilvington, *Quaestiones super libros Ethicorum*, q. 10, p. 329, l. 9-10.

44 Richard Kilvington, *Quaestiones super libros Ethicorum*, q. 10, p. 329-330, l. 24-2.

45 Richard FitzRalph, *Lectura in Sententias*, I, q. 11 (12), a. 1, ms. Paris, Bibliothèque nationale de France, lat. 15853, f. 70rb-77ra. Numérotée onzième dans le manuscrit parisien, la question dédiée à l'augmentation de la charité, correspondant à la distinction 17 sur le premier livre des *Sentences*, semble en fait devoir être considérée comme la douzième après comparaison avec d'autres témoins ; cf. M.W. Dunne, « Magister Riccardus de Ybernia : Richard fitzRalph as Lecturer in early 14th Century Oxford », dans *Maynooth Philosophical Papers* 3(2006), p. 1-20. Mentionnons encore Jean de Rodington (†1348), lecteur des *Sentences* à Oxford dans les mêmes années, qui accorde pareillement sa faveur à une théorie additiste, au terme d'une discussion tenant compte de l'explication par les contraires et faisant état de la distinction entre parties formelles et matérielles de l'accident (*Super Sententias*, I, d. 17, ms. Vaticano (Città del), Biblioteca Apostolica Vaticana, Vat. lat. 5306, f. 89vb-94rb).

aussi pour ses innovations sur la sémantique des propositions, se conforme sensiblement aux propos du *Venerabilis inceptor*.

La rédaction du *Tractatus alphabeticus*, dédié à l'intensité des formes, témoigne de l'attention spéciale apportée à ce problème par Wodeham, dont l'approche exprime le souci d'une explication cohérente de l'altération avec une théorie continuiste du mouvement. Dans son article examinant en détail le traité, R. Wood a montré la confrontation opérée par le philosophe entre théorie du mélange des contraires et théorie de l'addition des degrés[46]. Indépendamment de l'implication de Wodeham dans les débats relatifs à la composition du continu[47], l'usage du vocabulaire des degrés intensifs dans son *Commentaire aux Sentences* dépasse le seul problème de la charité. Certaines questions, comme celle portant sur la capacité finie ou infinie de l'âme à recevoir des formes, sont abordées dans des termes similaires à ceux de Richard Kilvington et mobilisent des outils relevant des discussions *de maximo et minimo*. Un nombre conséquent de questions de son *Ordinatio* sont examinées de ce même point de vue. La question 3 de son commentaire au premier livre des *Sentences* inclut ainsi un développement centré autour de la notion de *latitudo visionum*, pensée en rapport au type d'objets offerts à la vision. Wodeham considère la nature des relations d'excès infini d'une chose sur une autre par la classification de propriétés géométriques : il n'existe pas de relation d'excès infini entre l'angle droit et celui de contingence, plus aigu que l'angle droit au-delà de toute proportion, car les excès infinis n'existent qu'entre espèces d'ordres différents, comme la ligne et le point[48]. Selon Wodeham, les proportions ne s'appliquent qu'au sein de latitudes de même espèce, sans quoi les entités comparées n'appartiennent pas à la même échelle. Pour cette raison, l'évidence ou la certitude des objets créés offerts à la vision ne peuvent être mesurées proportionnellement à la vision de Dieu[49].

L'applicabilité du concept de proportion est cependant possible du point de vue – interne – de l'agir humain. La question de savoir si la volonté cause nécessairement ou librement ses actes est traitée en termes d'intension du mal, et en mobilisant les problèmes relatifs à l'infini suscités par la continuité

---

46   Wood, « Calculating Grace ».

47   Adam Wodeham, *Tractatus de indivisibilis*, ed. R. Wood (Dortrecht : Kluwer, 1988).

48   Adam Wodeham, *Super quatuor libros Sententiarum* [= Henri Totting de Oyta, *Adam Goddam super quatuor libros Sententiarum*] (Paris : Jean Mair, 1512), 1, q. 1, f. 9va : *Dico quod licet angulus contingentie in infinitum sit acutior rectilineo, cum sit solo circumferentialiter divisibilis et rectitudinaliter indivisibilis, non tamen conceditur quod infinite excedat in parvitate vel acutie angulum rectilineum, quod tamen oporteret si directe valeat ad probandum unam intellectionem finitam excedere aliam infinite.*

49   Adam Wodeham, *Super quatuor libros Sententiarum*, 1, q. 1, f. 8vb–9rb.

temporelle : il semble que si la volonté causait elle-même ses actes, elle commettrait un péché infini selon l'intensité du mal, comme le suggère un des *dubia* formulés à ce sujet[50]. La prise en compte des actes méritoires pour la perfection des *habitus* volitifs permet sur cette base d'évaluer d'un point de vue calculatoire l'acte d'amour de la créature pour Dieu (*actus dilectionis Dei*)[51].

Les théologiens anglais commentant les *Sentences* dans le sillage de Kilvington et Wodeham témoignent du même investissement par le thème de l'intensité des formes d'un nombre croissant de questions extérieures au cas de la charité proprement dite, comme celles de la foi ou du mérite.

Robert Holkot (†1349) aborde sous un angle similaire plusieurs questions sur les *Sentences* qu'il commente à Oxford entre 1331 et 1333[52]. L'usage du vocabulaire des degrés est chez lui moins étendu qu'il ne l'est chez Wodeham ou Kilvington, mais il l'intègre à un certain nombre de sujets, centrés en particulier autour de la notion de volonté et des limites (de puissance et de temporalité) de ses actes. Dès sa première question consacrée aux degrés de béatitude, il interroge la possibilité d'un degré suprême de mérite susceptible d'être acquis en cette vie. À cette possibilité semble s'opposer le fait qu'entre cette acquisition et l'instant de la mort, la perfectibilité de la volonté créée implique la possibilité d'un degré supérieur. Contre cette objection, Holkot avance l'idée d'un degré fini de la volonté humaine en cette vie, imposé par la loi de Dieu, qui annule la possibilité factuelle d'un progrès indéfini du mérite : « Est etiam dare maximum conatum suae voluntatis tam extensive quam intensive quem posset habere »[53]. La proximité de l'usage des outils d'analyse des limites temporelles avec celui de Kilvington et de Wodeham est manifeste dans la question 3 sur le premier livre, où Holkot entend déterminer les conditions sous lesquelles la volonté peut choisir librement – d'une liberté de contradiction – entre l'usage et la fruition. Ce point entraîne différents exemples qui servent à évaluer la gravité d'un acte pensée en termes d'intensité, par exemple celle d'un crime commis gratuitement ou pour le bien d'une certaine cause, ou encore la différence de proportion qui existe entre une intention d'agir entretenue pendant un certain temps par rapport à une autre intention. Les arguments *contra* avancés à l'encontre de la position de l'auteur s'apparentent à des sophismes

---

50   Adam Wodeham, *Super quatuor libros Sententiarum*, I, q. 6, f. 16ra–23va.

51   Adam Wodeham, *Super quatuor libros Sententiarum*, I, q. 8, f. 25rb–vb.

52   Sur l'auteur, voir les travaux récents de J.T. Slotemaker, J.C. Witt, *Robert Holcot* (Oxford / New York : Oxford University Press, 2016). Sur ses influences quant au style argumentatif, voir F. Hoffmann, *Die theologische Methode des Oxforder Dominikanerlehrers Robert Holcot* (Münster i.W. : Aschendorff, 1972).

53   Robert Holkot, *Super quattuor libros sententiarum questiones* (Lyon : Jean Clein, 1510), I, q. 1, P.

mettant en jeu le concept d'infini impliqué par le caractère temporellement divisible de l'acte volitif.

La présence de telles réflexions sur l'infini et le continu est beaucoup plus étendue chez Roger Roseth. Composée vers vers 1335–1337, la *Lectura super Sententias* de Roger Roseth se signale à la fois par une attention particulière à la syntaxe des termes ressortissant à la quantification des grandeurs intensives et par une application large de ce vocabulaire, qui le rapproche de ses contemporains : après avoir examiné la conscience et ses obligations, Roger Roseth discute dans sa seconde question sur les *Sentences* le problème de savoir si la volonté est cause de ses actes et, comme Kilvington[54], il s'appuie sur des arguments fondés sur la vitesse par laquelle la volonté peut être mue à l'action selon certains degrés[55]. Roseth établit une relation de conséquence nécessaire entre l'intensibilité d'une forme et sa successivité, cette idée pouvant être comparée aux réflexions similaires sur la successivité des actes volitifs chez Holkot[56].

La question 4 de sa *Lectura* concerne la possibilité d'une augmentation dans la charité. Roseth nie la persistance numérique de la charité à travers l'intensification, mais précise : tandis qu'une chose inanimée ne peut augmenter en perfection tout en restant la même au sens propre, un être animé le peut, du moins un être doté d'une âme rationnelle, dans la mesure où l'individu demeure le même avant et après changement. L'article 1 de cette question expose plusieurs conclusions découlant des usages catégorématique et syncatégorématique du terme « infini ». La première stipule que le tout d'une charité donnée contient autant de parties que sa moitié, puisque leur divisibilité à l'infini implique de pouvoir établir une bijection entre les deux[57]. En un autre sens, cependant, il peut être démontré que le tout contient nécessairement plus de parties que sa moitié et n'importe laquelle de ses parties, dans la mesure où quelle que soit la quantité de parties dénombrée dans une partie propre d'une charité donnée, sa totalité en contient davantage[58].

---

54   Richard Kilvington, *Quaestiones super libros Ethicorum*, q. 4, p. 203.
55   Sur Roseth, voir O. Hallamaa, *Science in Theology* ; O. Hallamaa, « On the Borderline between Logic and Theology : Roger Roseth, *Sophismata*, and Augmentation of Charity », dans *Documenti e studi sulla tradizione filosofica medievale* 11(2000), p. 351–374.
56   Robert Holkot, *Super quattuor libros sententiarum*, I, q. 3, a. 7, I K.
57   Roger Roseth, *Lectura super sententias : quaestiones 3, 4 & 5*, ed. O. Hallamaa (Helsinki : Luther-Agricola-Seura, 2005), q. 4, a. 1, p. 102, l. 6–11 : [...] *Cuicumque numero partium in toto correspondet aequalis numerus partium in eius medietate, quia binario partium in toto correspondet binarius partium in eius medietate, et ternario partium in toto correspondet ternarius partium in eius medietate, et sic in infinitum. Ergo nullae sunt plures partes in toto quam in eius medietate.*
58   Roger Roseth, *Lectura super Sententias*, q. 4, a. 1, p. 106–107, l. 17–6 : *Tertia conclusio est quod quibuscumque partibus illius medietatis demonstratis adhuc plures sunt partes in tota*

L'ambiguïté sémantique du quantificateur se retrouvera dans une question que Roseth dédie à la possibilité d'une créature infinie, examinée à travers la question générale de savoir si la charité augmente par des œuvres méritoires[59]. Une créature infinie est impossible en ce sens qu'aucune n'est telle qu'une autre ne peut la surpasser en perfection, tandis qu'une créature infinie est possible car toute créature possible peut être surpassée en perfection par une autre qui lui est supérieure selon le rapport 2/1, 3/1, *ad infinitum*[60]. Ce développement confère à Roger Roseth un rôle de premier plan dans la constitution des débats sur la perfection des espèces qui supposera l'adaptation de la théorie des proportions à de telles questions. Il sera notamment cité par Pierre de Ceffons dans sa question dédiée au problème.

Un dernier cas représentatif des théologiens anglais de cette période finira d'attester cette tendance de fond à raisonner sur l'agir humain dans ce nouveau style. Robert Halifax, qui commente les *Sentences* entre 1335 et 1340, interroge dans les mêmes termes le caractère instantané ou temporel des actes volitifs. Sa cinquième question sur les *Sentences* l'amène à demander *Utrum actus voluntatis create possit intendi vel remitti*. Les conclusions du théologien anglais sur l'intension des actes volitifs sont tirées de principe admis sur la partibilité des formes : partibilité seulement extensive des formes substantielles, partibilité extensive et intensive des accidents matériels (la matière première étant extensivement divisible), partibilité purement intensive des accidents spirituels. Un acte volitif appartient à la classe des choses décomposables en parties non-extensives, c'est-à-dire en degrés[61].

---

    illa caritate, et etiam in quacumque parte caritatis, quia duabus partibus illius demonstratis adhuc plures sunt in tota illa caritate, quia tres, et demonstratis quattuor adhuc sunt plures in tota caritate, quia quinque, et sic in infinitum de quibuscumque partibus illius medietatis demonstratis adhuc plures sunt in toto. Et sic arguendum est de quacumque parte illius totius.

59   Roger Roseth, *Lectura*, q. 5, a. 2, p. 262–285.
60   Roger Roseth, *Lectura*, q. 5, a. 2, concl. 1–4, p. 262–266.
61   Robert Halifax, *Lectura super libros I–II Sententiarum*, q. 5, Utrum aliquis actus voluntatis possit subito esse productus a voluntate, ms. Vaticano (Città del), Biblioteca Apostolica Vaticana, Vat. lat. 1111, f. 34v : <Conclusiones> (4) *nulla res divisibilis solum secundum extensionem est intensibilis vel remissibilis* [...] ; (5) *omnis res divisibilis secundum intensionem sive in partes non distinctas secundum situm est intensibilis et remissibilis* [...] ; (6) *omnis actus elicitus a voluntate est productus a potentia finita* [...] ; (8) *8a conclusio est quod ad bonum intellectum hec est vera : quod omnis actus voluntatis potest intendi et remitti ; ista patet quia omnis actus voluntatis habet partes non distinctas secundum situm et cuilibet tali actui possunt addi per motum partes eiusdem speciei* ; cité dans Murdoch, « From Social into Intellectual Factors », p. 322, n. 83.

La dimension temporelle de la production d'un acte, comme chez ses prédécesseurs, est un point décisif. Robert relève ainsi également que l'instantanéité des actes de la volonté, à cause de la continuité du temps au cours duquel doit normalement s'effectuer une opération, paraît impliquer la possibilité pour un acte d'atteindre une intensité infinie. Il admet cependant la possibilité pour un acte de volonté de s'intensifier ou de s'atténuer selon un mouvement continu.

Les arguments discutés pour établir ses conclusions lient de manière étroite les paradoxes liés à la continuité des actes de la volonté conçus comme phénomènes intensifiables et les conditions d'application du concept de proportion aux actes susceptibles d'être comparés. La continuité des degrés d'intensité d'un acte autorise selon lui le recours à la notion de proportion. Or, si la partibilité des actes de la volonté implique l'applicabilité du concept de proportion, elle oblige à déterminer le genre des termes comparés. De manière intéressante, les arguments abordés par Robert suggèrent que l'usage du concept de proportion requiert ainsi la distinction des types d'actes volitifs, en l'occurrence des types de péchés (véniel, mortel) sans laquelle cet usage devient incohérent[62]. On le constate, les réflexions théologiques stimulées par la notion d'intensité sur le continu et l'infini, engendrent dès les années 1330, en important la notion mathématique de proportion, des questions sur les conditions générales de comparabilité des choses.

3 Le traitement du continu en contexte théologique

3.1 *Limites et divisibilité*

Les réflexions sur les limites menées en contexte théologique au sujet des intensités aboutissent dans les années 1330 à des usages originaux de la question de la composition du continu. C'est à propos de l'obligation de l'amour

---

62 Robert Halifax, *Lectura*, q. 5, Vat. lat. 1111, f. 36r : *Capio aliquem actus voluntatis qui est mortale peccatum et sit idem A, et capio alium actum qui est veniale peccatum et sit B, et sit C aggregatum ex A et B ; tunc arguitur sic : C excedit A, quia est totum respectu A [...] tunc quero aut C excedit A finite vel infinite ; non infinite patet, igitur finite, igitur in aliqua certa proportione, sit quod in sexquialtera proportione ; capio tunc aliquod peccatum mortale quod in eadem proportione excedit A sicut C excedit A et sit idem D ; <et> sint due partes illius G et F ita quod G sit equalis A ; tunc arguitur sic : eandem proportionem habuerint G et F ad A quam habet C ad A, quia C et D habeant eandem proportionem ad A ; igitur A et G et F et B sunt equalia [...] cum igitur omnis pars peccati mortalis est peccatum mortale, ut prius probatum est ; sed F erit pars peccati mortalis, quia pars D, et B peccatum veniale ; igitur peccatum veniale et mortale erunt equalia*. Cf. Murdoch, « From Social into Intellectual Factors », p. 324, n. 89.

envers Dieu, c'est-à-dire d'un problème examiné en particulier par Roger Roseth, mais comprenant l'ensemble des réflexions menées sur la *dilectio Dei* au moins depuis Kilvington, que certains théologiens en viennent à raisonner sur les conditions d'une description valide de la continuité des degrés.

Alexandre Langeley, franciscain dont la lecture sur les *Sentences* remonte vraisemblablement à la fin des années 1330[63], analyse à son tour l'idée d'une divisibilité à l'infini de l'acte par lequel la créature se doit d'aimer Dieu pour mériter la vie éternelle. Comme ses contemporains, Langeley traduit en termes d'intensité l'acte de *dilectio Dei*. Dans la mesure où un degré intensif est une grandeur continue, pour un acte d'amour donné, un acte plus ou moins intense selon une certaine proportion est toujours concevable. Faisant usage de l'expression « latitude d'acte » (*latitudo actus*), signifiant la variation selon laquelle le créé peut aimer plus ou moins intensément son créateur, Langeley admet ainsi l'idée d'une diminution de l'acte d'amour de Dieu pouvant aller à l'infini. Il pose donc que le commandement divin oblige à un acte d'amour de n'importe quel degré, en ce sens que cet acte peut être aussi petit que l'on veut.

Langeley conforte sa position au moyen d'une analogie entre perception visuelle et réflexivité du vouloir : de la même manière qu'un acte de vision n'est pas possible sans qu'un objet soit vu, un acte de volonté est impossible sans perception par la volonté de cet acte même. Un acte d'amour, aussi petit soit-il, est toujours perceptible par la volonté et, en étant donc un acte volontaire au sens propre, rend l'individu méritoire. Mais – et c'est là son originalité – Langeley formule ce point en posant qu'aucun degré n'est requis pour satisfaire le commandement divin[64] :

> Prima conclusio est quod preceptum de diligendo Deo ad nullum gradum obligat generaliter quando quis ad solum actum interiorem tenetur nisi forte ex voto vel causa equipollenti.

Cette conclusion est sujette à interprétation. Elle semble, à première vue, devoir être entendue au sens divisé : la créature n'est tenue à nul degré d'amour *déterminé*, puisqu'un degré plus petit pourra toujours être obtenu par division. Dans son article consacré à cette question, R. Edwards lit cette conclusion en

---

63   Sur l'auteur et ses questions sur les *Sentences*, voir R. Edwards, « Themes and Personalities in *Sentence* Commentaries at Oxford in the 1330's », dans G.R. Evans (ed.), *Mediaeval Commentaries on the* Sentences *of Peter Lombard, Volume I* (Leiden / Boston / Köln : Brill, 2002), p. 379–393, dont ce qui suit reprend les analyses.

64   Alexandre Langeley, *Reportatio in Sententias*, q. 1, a. 1, ms. Vaticano (Città del), Biblioteca Apostolica Vaticana, Vat. lat. 13002, f. 175rb ; cité dans R. Edwards, « Themes and Personalities », p. 387, n. 32.

un sens plus fort : Langeley soutiendrait le fait que tout degré déterminé étant suffisant, la créature est obligée à un acte de degré nul[65]. En imaginant un acte de degré nul qui soit encore un acte, le théologien franciscain, partageant par ailleurs les vues d'Henri de Harclay sur la composition du continu à partir d'indivisibles[66], concevrait une sorte d'atome d'acte à partir duquel sont composés les actes de degré supérieur. Cette hypothèse est frappante tant, à cette époque, la divisibilité des degrés est conçue comme infinie, et n'inclut même guère la distinction qui deviendra plus tard courante (e.g. chez Toletus, ou le jeune Galilée) entre *degré* (minimum naturel) et *partie graduelle* d'une forme.

Dans tous les cas, Langeley soutient au minimum par sa conclusion qu'un degré aussi petit que l'on veut est suffisant. Il prolonge donc l'idée, défendue par Kilvington, Wodeham et la plupart de ses prédécesseurs, d'une divisibilité infinie des degrés d'amour de Dieu, dans la mesure où celui-ci est caractérisé comme une latitude. L'originalité de sa conclusion tient au choix de la formulation qui, à cause de la divisibilité de la latitude d'un acte, permet de conclure que la créature n'est obligée en conscience à aucun degré d'amour de Dieu. Cette réponse inhabituelle à un problème récurrent de la théologie anglaise de ces années signale bien le jeu dialectique entourant l'amphibolie des termes syncatégorématiques – et son influence sur l'analyse d'objets comme le continu ou l'infini. Elle sera contestée par des lectures sur les *Sentences* ultérieures, comme celle de Jean Went, qui corrigera cette formulation en distinguant sens composé et sens divisé de l'expression[67].

Dans les années 1340, un auteur comme Thomas Buckingham pourra hériter d'une certaine décantation de ces discussions menées depuis une vingtaine d'années dans le contexte anglais, en offrant un exemple plus tardif de commentaire des *Sentences* abordant un nombre conséquent de questions dans le lexique des intensités[68]. Par-delà les divergences sur les concepts clés mis en œuvre (divisibilité, limites, continuité), elles témoignent de la centralité du lexique des intensités pour la conceptualisation d'une quantification théorique de l'amour et de la foi au regard de la loi divine, même si – faut-il le souligner – ces calculs n'entendent évaluer que le mérite de la créature, et non la grâce même que Dieu dispense librement.

---

65   Voir Edwards, « Themes and Personalities », p. 386–389, qui présente d'autres éléments accréditant l'hypothèse de conceptions indivisibilistes chez cet auteur.
66   Edwards, « Themes and Personalities », p. 388, n. 37.
67   Edwards, « Themes and Personalities », p. 390–393.
68   Thomas Buckingham, *Quaestiones in quattuor libros Sententiarum* (Paris : Jean Barbier, 1505).

3.2 Une analogie entre continu physique et vision béatifique – Nicolas d'Autrécourt

L'usage des nouveaux outils d'analyse gagne dès les années 1330 la théologie parisienne. La question évoquant l'intensité des formes composée par Nicolas d'Autrécourt vers 1336–1339 est l'un des premiers témoins de cette infiltration. Elle interroge la possibilité d'apercevoir la totalité de l'essence divine dans l'expérience béatifique[69]. Son développement ne témoigne d'aucun lien explicite avec l'atomisme physique de l'*Exigit ordo*. La question ne détaille d'ailleurs pas d'ontologie des phénomènes intensifs, bien qu'elle manifeste un rejet de la théorie de la succession et adopte, au moins, le vocabulaire de l'addition. Elle se rapproche par contre d'un point de vue stylistique des productions théologiques anglaises qui viennent d'être évoquées. Nicolas s'appuie par exemple sur la théorie des proportions pour établir une analogie entre les propriétés intensives de l'évidence intellectuelle et de la vitesse d'un corps en mouvement dans le vide. Toutefois, l'originalité de cette question sur les formes intensives due à Nicolas d'Autrécourt se signale surtout par la visée de son argumentation. À partir de considérations relatives à la perception visuelle et ses limites, Nicolas estime pouvoir tirer des conclusions sur le statut des personnes vues dans l'expérience béatifique. Des propriétés intensives de la vision sensible, Nicolas infère la nécessaire inclusion des trois personnes divines dans l'expérience de la vision du Verbe.

Le propos de Nicolas commence par établir certaines conclusions à propos des limites impliquées par les actes visuels. Nicolas s'intéresse à deux aspects de l'expérience visuelle, ou plutôt à deux aspects de son *objet* : sa taille et sa distance par rapport à l'observateur. La première conclusion, en deux points, établit (1) qu'il n'y a pas d'objet visible minimalement petit ou, autrement dit, il n'y a pas d'objet visible tel qu'aucun objet plus petit ne puisse être vu, et (2)

---

69 Nicolas d'Autrécourt, *Quaestio de qua respondet magister Nicholaus de Ultricuria*, dans J.R. O'Donnell (ed.), « Nicholas of Autrecourt », dans *Mediaeval Studies* 1(1939), p. 268–280. Cette *reportatio* est consignée en deux versions manuscrites dont le début varie de façon importante, mais dont les conclusions de la *determinatio* ne se contredisent pas. Sur cette question, voir G.F. Walker, « A New Source Of Nicholas Of Autrecourt's *Quaestio* : The Anonymous *Tractatus de sex inconvenientibus* », dans *Bulletin de Philosophie Médiévale* 55(2013), p. 57–69 ; G.F. Walker, « Nicholas of Autrecourt's *Quaestio de Intensione Visionis* Revisited : The Scola Oxoniensis and Parisian Masters on Limit Decision Problems », dans Goubier, Roques (eds.), *The Instant of Change*, p. 152–168 ; C. Grellard, « L'usage des nouveaux langages d'analyse dans la *Quaestio* de Nicolas d'Autrécourt. Contribution à la théorie autrécurienne de la connaissance », dans S. Caroti, J. Celeyrette (eds.), Quia inter doctores est magna dissensio. *Les débats de philosophie naturelle à Paris au XIV*^{e} *siècle* (Firenze : Olschki, 2004), p. 69–95.

qu'il n'y a inversement pas d'objet visible maximalement grand[70]. La deuxième conclusion affirme (3) l'impossibilité d'assigner une borne inclusive à la distance maximale à laquelle un objet peut encore être vu, d'où Nicolas tire qu'il doit inversement exister une distance minimale à partir de laquelle il ne peut être vu, et (4) qu'il n'y a pas de distance minimale à partir de laquelle un objet est visible[71]. Les deux arguments reposent sur l'impossibilité d'attribuer une limite au-delà de laquelle l'objet se manifesterait de manière immédiatement différente à la puissance perceptive : pour tout objet étendu vu à t_1, une de ses parties sera encore visible à l'instant postérieur t_2[72]. La possibilité de considérer de façon asymptotique les limites de la perception visuelle n'est pas simplement spatiale. Elle s'applique encore à la durée de la perception, mais aussi à la cognition, valant à Nicolas la formule selon laquelle : « Toute chose connue a été connue, et toute chose vue a été vue »[73].

Cette analyse des limites de la vision, qui repose sur la successivité de l'expérience visuelle et la relation d'inclusion des parties d'un objet dans sa totalité, fournit un modèle analogique permettant de penser les modalités de la vision béatifique. Nicolas assure cependant que la vision béatifique, en vertu de la puissance divine, peut posséder un caractère d'immédiateté qui fait défaut à tout acte cognitif naturel. Une telle immédiateté suppose une facilité infinie dans l'exercice d'une puissance, puisqu'un objet est naturellement connu selon une puissance proportionnelle au temps qui lui est nécessaire pour mouvoir un patient.

Les propositions tirées par Nicolas de ces considérations sont d'ordre théologique. L'impossibilité a été établie, pour l'atténuation de l'acte visuel, de la vision d'un objet n'étant pas en même temps vision de ses parties, qui justifiait l'impossibilité d'assigner une limite positive à la petitesse de l'objet perceptible. Nicolas infère de cette impossibilité celle de voir le Verbe sans percevoir en même temps les autres parties de l'essence divine, c'est-à-dire les deux autres personnes[74].

---

70   Nicolas d'Autrécourt, *Quaestio*, p. 268 : *Prima conclusio : non est dare minimum visibile quod possit a visu videri, nec maximum visibile quod possit a visu videri.*
71   Nicolas d'Autrécourt, *Quaestio*, p. 269.
72   Nicolas d'Autrécourt, *Quaestio*, p. 273–274.
73   Nicolas d'Autrécourt, *Quaestio*, p. 278 : *Ex alio corollario concluditur quod quicquid cognoscitur cognoscebatur, et quicquid videtur prius fuit visum, quia argumentum aeque probat quod visio non fit in instanti sicut de cognitione.*
74   Nicolas d'Autrécourt, *Quaestio*, p. 278–279, où cette conclusion est présentée comme conditionnellement nécessaire, d'après les points précédemment admis : [...] *Si aliquis videt verbum, videt quicquid est verbum est omne illud quod est illud quod verbum, nec aliquo modo oppositum consequentis potest stare cum antecedenti.*

Les dernières conclusions accompagnant cette démonstration ne sont pas rigoureusement déduites des considérations sur l'intension des actes visuels, mais prolongent la même analogie reposant sur les implications entre relations méréologiques. La première mentionne que tout acte de vision du Verbe est en même temps vision de lui-même, dans la mesure où toute connaissance par signe implique la connaissance simultanée du signe dans l'acte de connaissance[75]. Cette proposition se rattache ainsi à l'idée que le signe est une partie de l'acte psychique, et qu'il accompagne nécessairement à ce titre l'acte cognitif. Le second corollaire précise la portée de cette proposition : il est possible de voir le Verbe sans connaissance de cet acte de vision. Il n'y a pas contradiction avec la proposition précédente : tout acte de vision du Verbe est aussi nécessairement vision de cet acte même, mais tout acte de vision du Verbe n'est pas connaissance de soi en tant que connaissant le Verbe. La seconde connaissance implique la première, mais la réciproque n'est pas vraie[76]. L'analyse des modalités de l'expérience béatifique repose donc, là encore, sur celle des phénomènes intensifs dont Nicolas extrait les propriétés partitionnelles pour déduire les modalités épistémiques (réflexivité, certitude) de la vision de Dieu.

La définition de la vision en termes de forme intensive ne constitue pas l'originalité de la question de Nicolas. Jean Wyclif, dans son *De actibus animae*, discutera de même les implications d'une composition intensive de la vision et de ses différentes parties, à l'occasion d'une question sur le caractère accidentel ou non des actes psychiques[77]. L'intérêt de la question de Nicolas tient plutôt à deux choses. Premièrement, l'intensité d'un acte cognitif est analysée à partir de l'objet perçu, mais surtout à partir d'un aspect *extensionnel* de l'objet (sa taille/sa distance). L'intensité de l'acte cognitif n'est donc pas étudiée directement comme qualité inhérente au sujet, ou à son âme, mais de manière indirecte à partir de propriétés géométriques externes de l'objet. Deuxièmement, son intérêt tient à son application théologique. La question de Nicolas emploie le thème des qualités intensives comme interface entre un modèle physique de l'action perceptive et un schéma explicatif de la vision de Dieu, où la structure compositionnelle des formes intensives permet d'élucider par analogie les différents aspects de l'expérience béatifique.

75   Nicolas d'Autrécourt, *Quaestio*, p. 279 : *Secunda conclusio principalis est ista : videns verbum cognitione creata necessario videt aliud quam verbum ; istam probo sic : videns verbum tali cognitione necessario videt ipsam cognitionem creatam et illa est aliud quam verbum ; igitur. Majorem probo et arguo sic : impossibile est aliquod signum ducere in notitiam alicujus rei ipso signo non apprehenso nec aliquo modo cognito ; sed cognitio est signum ducens in notitiam cogniti ; igitur si objectum cognoscetur, ipsa cognitio cognoscetur.*

76   Voir Grellard, « L'usage des nouveaux langages », p. 73–74, pour la conformité doctrinale de ces énoncés aux grandes thèses de l'épistémologie autrécurienne.

77   Jean Wyclif, *De actibus animae*, dans *Miscellanea philosophica*, ed. M.H. Dziewick (London : Trübner, 1902), vol. 1, p. 1–127, ici p. 15–17, p. 54.

CHAPITRE 6

Entre médecine et philosophie

Au tournant du XIVe siècle, plus éloignées du devant de la scène intellectuelle, des mouvances philosophiques originales se développent dans différents centres d'étude en Europe, plus ou moins autonomes, en fonction du contexte, des directions principales explorées par les traditions oxfordiennes et parisiennes. Tout comme à Cologne, les centres d'études du sud de la France ou d'Espagne voient ainsi s'élaborer des doctrines originales, sans doute moins contraintes par les exigences de l'enseignement propres aux *studia* provinciaux que dans les grandes universités[1]. Mais c'est peut-être en Italie que la question de l'intensité des formes connaît ses développements les plus intéressants, aux confins de la médecine et de la philosophie. Dans la formation universitaire propre au territoire italien, fonction d'un contexte institutionnel particulier, les problèmes philosophiques relatifs à l'hylémorphisme prennent place dans un cadre plus naturaliste suscité par le développement de la médecine scolastique[2]. Les représentants majeurs de « l'averroïsme bolonais » de la première moitié du XIVe siècle – comme Thaddée de Parme, Angelo d'Arezzo, Jacques de Plaisance – ont pour la plupart disputé des questions se rapportant à la médecine, et plusieurs figures comme celles d'Antoine de Parme ou d'Angelo d'Arezzo sont connues à la fois comme philosophes et médecins.

La nouvelle vague de *translatio studiorum* débutée au XIIe siècle permet aux médecins latins de bénéficier, de manière plus ou moins directe, du travail d'investigation sur les propriétés intensives mené dans la tradition médicale arabe par des auteurs comme Rhazès, Avicenne, Al-Kindi ou Averroès. Au corpus galénique s'ajoute, à partir du XIIe siècle, l'*Isagoge* de Johannitius, le *Pantegni*

---

1 Voir ici les remarques de S. Piron, « Les *studia* franciscains de Provence et d'Aquitaine (1275–1335) », dans K. Emery Jr., W.J. Courtenay, S.M. Metzger (eds.), *Philosophy and Theology*, p. 303–358.
2 Sur les rapports entre médecine et philosophie en Italie au XIVe siècle, voir R. French, *Canonical Medicine : Gentile Da Foligno and Scholasticism* (Leiden / Boston / Köln : Brill, 2001) ; P.-G. Ottosson, *Scholastic Medicine and Philosophy : A Study of Commentaries on Galen's Tegni (ca. 1300–1450)* (Napoli : Bibliopolis, 1984) ; N.G. Siraisi, *Arts and Sciences at Padua. The Studium of Padua before 1350* (Toronto : The Pontifical Institute of Mediaeval Studies, 1973) ; N.G. Siraisi, *Taddeo Alderotti and his Pupils. Two Generations of Italian Medical Learning* (Princeton : Princeton University Press, 1981) ; J. Chandelier, A. Robert, « Nature humaine et complexion du corps chez les médecins italiens de la fin du Moyen Âge », dans *Revue de synthèse* 134/4(2013), p. 473–510 ; K. Park, *Doctors and Medicine in Early Renaissance Florence* (Princeton : Princeton University Press, 1980).

d'Haly Abbas et surtout le *Canon* d'Avicenne[3]. La médecine intègre davantage la conceptualité philosophique à mesure qu'elle se revendique comme partie de la philosophie naturelle sous l'influence du *Canon*[4]. Des médecins comme Thaddée Alderotti (†1295), le plus célèbre professeur de médecine de l'Université de Bologne à la fin du XIIIe siècle, et Pierre d'Abano (†1316) la considèrent ainsi comme une discipline scientifique essentiellement théorique[5].

Chacune des problématiques philosophiques relatives aux formes trouve un écho dans le contexte des réflexions médicales, donnant lieu à des arguments nouveaux à propos des mêmes controverses. Le problème de la complexion des organes et de l'unité du corps est l'occasion de discussions sur la pluralité des formes, de même que l'indépendance des principes psychiques répondant des différentes fonctions organiques[6]. L'équilibre de l'organisme suppose la détermination du statut des éléments dans le corps, et de la réductibilité du mixte corporel à une certaine complexion qualitative. Thomas de Garbo recourt à la théorie aristotélicienne de la définition pour la classification des fièvres[7], tandis qu'un auteur comme Gentile da Foligno emploie sur ce thème la distinction entre *fluxus formae* et *forma fluens*[8]. Pierre Torrigiano (†1320), élève de Thaddée Alderotti, dans son *Plusquam* – commentaire au *Tegni* rédigé avant 1319 tirant son nom de son caractère particulièrement extensif (*plus quam commentum*) –, évoque la nature de l'universel et le problème de l'individuation sur une question relative aux mécanismes de l'alimentation[9], et

---

3 Sur l'influence de la médecine arabe en Occident, voir J. Chandelier, *Avicenne et la médecine en Italie. Le Canon dans les universités italiennes (1200–1350)* (Paris : Honoré Champion, 2017) ; D.E.H. Campbell, *Arabian Medicine and its Influence on the Middle Ages* (London : Kegan Paul, Trench, Trübner & Co, 1926) ; H. Schipperges, *Arabische Medizin im lateinischen Mittelalter. Gehalten In Der Sitzung Vom 5. Juli 1975* (Berlin / Heidelberg : Springer, 2013) ; E.G. Browne, *Arabian Medicine* (Cambridge : Cambridge University Press, 1921).
4 Avicenne, *Liber canonis medicinae* (Venise : Apud Simonem Papiensem, 1507), I, 1, 1, 1–2, f. 1ra–rb.
5 Thaddée Alderotti, *In C. Galeni micratechnen commentarii* (Naples : Tommaso Dionisio Polio, 1522), f. 1rb ; Pierre d'Abano, *Conciliator differentiarum philosophorum et medicorum* (Venise : Luca Antonio Giunta, 1520), diff. 4, ppts. 3, f. 6va–7rb.
6 Admettent ainsi une pluralité des formes propre aux organes Thaddée Alderotti, *In subtilissimum Joannitii Isagogarum libellum* (Venise : Luca Antonio Giunta, 1527), f. 346rb–346va ; Gentile da Foligno, *Avicenne medicorum principis Canonum liber, una cum lucidissima Gentilis Fulginatis expositione* (Venise : Octavianus Scotus, 1520), I, 1, V, f. 58rb–58vb.
7 Thomas de Garbo, *In libros differentiis febrium Galieni commentum* (Venise : Octavianus Scotus, 1521), f. 2ra *sq.*
8 Gentile da Foligno, *Questiones et tractatus extravagantes* (Venise : Octavianus Scotus, 1520), q. IX, f. 6rb.
9 Torrigiano, *Plusquam commentum in microtegni Galieni* (Venise : Apud Philippo Pincio Mantuano impressis, 1512), II, com. 44, f. 56vb.

mentionne la question de l'essentialité des formes pour penser l'appartenance des degrés de santé à une même espèce[10].

Ce dernier point n'est pas anodin : sur la question de l'intension des formes, l'apport de la médecine scolastique et des savants italiens des XIIIe et XIVe siècles s'avère particulièrement important. Deux courants – entrecroisés – peuvent être distingués dans cette contribution. Le premier est celui des commentaires au *Tegni* de Galien et au *Canon* d'Avicenne produits à la fin du XIIIe siècle et au début du XIVe siècle. Ces productions contribuent au développement, dans le cadre médical, des concepts fondamentaux de *complexio* qualitative, de latitude (des corps, des qualités, des tempéraments, etc.) et des méthodes calculatoires qui permettent leur mesure. Seulement partiellement liée à ces productions strictement médicales, une seconde mouvance importante pour l'histoire de la quantification des formes coïncide de façon plus localisée avec la philosophie qui se développe au sein du *studium* bolonais, autour duquel gravitent les promoteurs d'une pensée marquée par l'averroïsme, mais affichant une approche empirique des problèmes qui témoigne de son enracinement dans une perspective médicale.

1 Latitude et degré en contexte pharmacologique

1.1 *Les premières théories quantitatives des degrés formels*

Le renouveau des études historiques sur la mesure ont mis en évidence l'inscription particulière de la métrologie thérapeutique médiévale au sein de pratiques relevant de différentes catégories de métiers, comme celui d'apothicaire, à l'intersection du domaine marchand et de la médecine elle-même[11]. Dans les travaux médicaux proprement dits, la notion de mesure ne suppose pas seulement le concept de degré intensif, mais inclut aussi la dimension pondérale des corps. Pour la médecine universitaire, la notion de degré constitue l'opérateur principal des théories relatives au dosage des remèdes. À la différence de recettes et antidotaires, comme l'*Antidotarium Nicholai*, décrivant de manière relativement empirique la proportion des éléments végétaux et minéraux composant un médicament, la médecine du XIIIe siècle est marquée par

---

10   Torrigiano, *Plusquam*, 1, com. 15, f. 13ra : *Sicut magis album et minus album in albedine magis autem et minus non diversificant speciem sed quam eadem ratio est albedinis in nive et cerusa sicut dicit Philosophus quamvis non sint eque alba erit diffinitio sanitatis in utroque corpore.*

11   Pour un *status quaestionis* sur ce point, voir G. Dumas, « Soupçons, drachmes et scrupules : de la nécessité de mesurer dans la pharmacologie médiévale », dans *Mesure et histoire médiévale* (Paris : Publications de la Sorbonne, 2013), p. 53–68.

l'émergence d'une approche se voulant scientifique de l'action des remèdes, permettant la déduction rationnelle de leur composition optimale à partir de principes généraux. La pluralité des systèmes pondéraux résultant de la traduction des ouvrages arabes en latin complique certes la mise au point d'une pharmacologie univoque[12]. Toutefois, leur réception charrie un certain nombre d'avancées sur le problème de l'intensité des qualités. Qu'elles s'y opposent ou qu'elles prétendent le compléter, ces avancées prennent le plus souvent pour point de départ le *De simplicibus medicinis* de Galien, texte de référence pour les théories posologiques médiévales[13].

Cette œuvre de Galien proposait une mesure pour les qualités pouvant être plus ou moins présentes dans une substance, en adoptant une échelle à quatre degrés, au sein desquels une variation est possible[14]. Le point est important : la marge de variation d'une qualité s'étale selon Galien sur plusieurs degrés, mais elle est aussi interne au degré, de sorte qu'il est permis de différencier, au sein de chaque degré, le commencement, le milieu et la fin. La composition des médicaments doit viser, sur cette base, au rééquilibrage de l'état du patient selon la nature de la maladie. Mais Galien ne précise pas pour ce faire de règles quantitatives proprement dites, c'est-à-dire de méthode permettant d'assigner des valeurs précises à la proportion des composants d'un remède.

Il n'est pas exclu que certaines sources antiques externes à la tradition galénique aient influencé la mathématisation de la doctrine des éléments, qui, pour la tradition latine, hors du Timée, apparaît déjà chez son commentaire par Calcidius ou dans une œuvre comme le *Commentaire au songe de Scipion* de Macrobe[15]. Parmi les sources externes au corpus galénique, le *Liber graduum* de Constantin l'Africain (†1087), traducteur de Galien et de textes arabes, représente au XIe siècle un des témoins les plus importants de la première réception latine du corpus galénique. Le *Liber graduum* entreprend

---

12   Sur l'histoire de ces traductions, voir D. Jacquart, F. Micheau, *La médecine arabe et l'Occident médiéval* (Paris : G.-P. Maisonneuve et Larose, 1990).

13   Galien, *De simplicibus medicinis*, dans *Galeni opera* (Venise : Filippo Pinzi, 1490), p. II f. 22v–56r. Rappelons que l'édition Kühn du XIXe siècle des *opera* utilise une version réélaborée du texte, plus tardive, et non celle disponible aux XIIIe et XIVe siècles figurant dans l'édition vénitienne citée.

14   Galien, *De simplicibus medicinis*, f. 56r.

15   Calcidius, *Platonis Timaeus interprete Calcidio,* ed. J. Wrobel (Leipzig : Teubner, 1876), p. 28*sq* ; Macrobe, *Commentarii in somnium Scipionis*, ed. J. Willis (Leipzig : Teubner, 1970), p. 22–25. Sur le développement latin de cette tradition, voir I. Caiazzo, « La forme et les qualités des éléments : lectures médiévales du Timée », dans F. Celia, A. Ulacco (eds.), *Il Timeo. Esegesi greche, arabe, latine* (Pisa : Edizioni Plus–Pisa University Press, 2012), p. 307–345, et de façon plus large C. Hoenig, *Plato's Timaeus and the Latin Tradition* (Cambridge : Cambridge University Press, 2018).

de préciser les règles de composition pharmacologique que le *De simplicibus medicinis* de Galien n'avait fait qu'esquisser. Il opte à cette fin pour une analyse de l'intensité d'une qualité comme composée de quatre degrés possibles – analyse attribuée à Galien et ses successeurs[16]. Chaque degré est lui-même subdivisé en trois parties, que Constantin conçoit moins comme un découpage précis du donné qualitatif que comme limite en deçà de laquelle le médecin ne peut plus déterminer d'unité de mesure. Les combinaisons possibles entre qualités au sein d'un élément permettent de différencier neuf types de complexions : une égale, quatre inégales avec une seule qualité, quatre inégales avec deux qualités dont l'une domine l'autre[17].

Le *Liber graduum* de Constantin sera à l'origine du *De gradibus* ou *Apud antiquos* du pseudo-Constantin, qui se proposera d'en améliorer le contenu et d'en corriger les contradictions[18]. Cette œuvre reprend effectivement le vocabulaire défini par Constantin, en précisant que les subdivisions d'un degré peuvent être senties physiquement, conduisant à assouplir la distinction entre degrés et les trois parties d'un degré, et ainsi à proposer une échelle directement divisée en douze. Le vocabulaire du pseudo-Constantin n'est pas entièrement fixe, l'auteur alternant l'usage des termes « parties » et « nombres » (*numeri*) pour désigner les éléments de la subdivision composant chaque degré.

Tandis que l'école salernitaine offrira à la tradition médicale d'autres écrits relatifs aux degrés et à l'intensité des qualités, en particulier le *De gradibus* d'Urso de Salerne (†1225)[19], les sources disponibles vers la fin du XIIIe siècle à la génération des médecins contemporains d'Arnaud de Villeneuve seront principalement issues de la tradition arabe, comme le *De gradibus* d'Al-Kindi et le *Colliget* d'Averroès. D'autres œuvres joueront néanmoins un rôle pour les réflexions médicales sur les degrés intensifs, comme le *Breviarium* de

---

16   Constantin l'Africain, *Liber graduum* (Basel : Henricum Petrum, 1536), pref., f. 342–343.
17   Constantin l'Africain, *Liber graduum*, pref., f. 343.
18   Le texte est commenté et édité par M.R McVaugh, « *Apud Antiquos* and Medieval Pharmacology », dans *Medizinhistorisches Journal* 1(1966), p. 16–63 ; voir aussi M.R McVaugh, *The Mediaeval Theory of Compound Medicines*, Thèse de doctorat (Princeton : Princeton University, 1965), p. 18–19. Sur la mathématisation de la pharmacologie au XIIIe siècle, voir encore M.R McVaugh, « Quantified Medical Theory and Practice at Fourteenth-Century Montpellier », dans *Bulletin of the History of Medicine*, 43/5(1969), p. 397–413 ; M.R McVaugh, « The Two Faces of a Medical Career : Jordanus de Turre of Montpellier », dans E. Grant, J.E. Murdoch (eds.), *Mathematics and its Application to Science and Natural Philosophy in the Middle Ages* (Cambridge : Cambridge University Press, 1987), p. 301–324.
19   Urso de Salerne, *De gradibus*, ed. K. Sudhoff, dans « Die Salerniter Handschrift in Breslau », dans *Archiv für Geschichte der Medizin* 12(1920), p. 135–138.

Sérapion[20], ou même le *Pantegni* d'Haly Abbas, qui inspirera le *Liber de dosibus medicinarum* de Gautier Agilon, appelé à une certaine diffusion à partir de 1240[21]. Des théories plus ou moins sophistiquées du calcul des degrés intensifs seront développées sur ces bases par des médecins. Toutefois, les recherches sur la quantification des intensités se rencontrent également chez des philosophes portant un intérêt à la théorie pharmacologique mais, pour cette raison, à la marge de la tradition médicale proprement dite. Deux d'entre eux méritent d'être évoqués ici : Raymond Lulle, et l'auteur du *De graduatione medicinarum compositarum*.

1.1.1 Raymond Lulle

À la fin du XIIIe siècle, l'inclassable Raymond Lulle (†1316) ne fut pas étranger aux préoccupations de son temps relatives à la quantification des formes. Le penseur majorquin fut certes moins occupé que ses contemporains à disputer des causes de l'*intensio formarum*, même s'il trouve à aborder l'augmentation de la charité dans la *Disputatio eremitae et Raimundi*[22]. La singularité de son projet intellectuel explique tout à la fois l'intérêt de ses vues et son isolement relatif vis-à-vis des débats scolaires sur la question[23]. Au vrai, Lulle est le grand oublié des synthèses historiques sur l'intensité des formes. On rencontre chez lui la plupart des avancées sur le sujet : une conception détaillée des degrés intensifs ; une théorie dynamique de l'interaction des éléments et un calcul des

---

20 Le *Al-kunnāsh al-ṣaghīr* de Yūḥannā ibn Sarābiyūn, « Sérapion l'Ancien », d'abord traduit du syriaque vers l'arabe, devra à Gérard de Crémone sa version latine diffusée à partir du XIIe siècle sous le titre *Practica Joannis Serapionis aliter breviarium nuncupata*.

21 Mentionnons encore l'*Ars medicinarum laxativarum* ou *De dosibus* de Jean Stephani, copié dans de nombreux manuscrits à partir du XIIIe siècle et qui fut édité par K. Sudhoff, « Ein anonymer Traktat über die Abführwirkung verschiedener Arzneistoffe aus dem 13. Jahrhundert : nach einer Erfurter Handschrift », dans *Archiv für Geschichte der Medizin* 11(1919), p. 212–213.

22 Le dialogue entre l'ermite et Raymond aboutit à la conclusion que la charité augmentée est distincte numériquement de la précédente, mais non en genre. Voir Raymond Lulle, *Disputatio Eremitae et Raimundi super aliquibus dubiis quaestionibus Sententiarum magistri Petri Lombardi*, dans *Beati Raymundi Lulli Opera Omnia*, ed. I. Salzinger (Mainz : Häffner, 1721–1742), vol. 4, p. 20–21 ; cf. C. Lohr, « Ramon Llull's Theory of the Quantification of Qualities », dans F. Domínguez, J. De Salas (eds.), *Constantes y fragmentos del pensamiento luliano : Actas del simposio sobre Ramon Llull en Trujillo, 17–20 septiembre 1994* (Tübingen : Niemeyer, 1996), p. 9–17.

23 Sur les relations de Lulle à ses contemporains, voir H. Berlin, « Ramon Llull and his Contemporaries », dans A.M. Austin, M.D. Johnston (eds.), *A Companion to Ramon Llull and Llullism* (Leiden / Boston : Brill, 2018), p. 18–45. Sur l'élaboration du projet lullien, voir J.E. Rubio, *Raymond Lulle, le langage et la raison : Une introduction à la genèse de l'*Ars (Paris : Vrin, 2017).

mixtes ; l'ébauche d'une représentation graphique des intensités ; la tentative d'une mise en correspondance des degrés intensifs et des systèmes de mesure pondéraux en usage à l'époque ; l'insertion de ces résultats, enfin, dans une analyse métaphysique de la création.

La contribution de Raymond Lulle tient avant tout à la théorie des éléments que le majorquin conçut comme une partie de son Art. Exposée à plusieurs reprises – non sans variations – sa théorie des éléments est au service d'une cosmologie dont l'Art, pour autant qu'il soit possible de l'évoquer au singulier[24], vise à exposer les fondements. La théorie élémentaire est particulièrement centrale pour sa première phase d'élaboration – correspondant à l'*Ars compendiosa inveniendi veritatem* (ca. 1274) et à l'*Ars demonstrativa* (ca. 1283) –, phase justement appelée « quaternaire » dans les études lulliennes en référence à la prédominance du schème quadripartite élémentaire comme modèle combinatoire, généralisable à d'autres domaines[25].

La théorie lullienne des éléments est au fondement des applications pratiques de l'Art, devant permettre au médecin de composer ses remèdes[26]. C'est dans cette perspective que Lulle conçoit les bases d'une quantification des qualités composant un mixte élémentaire. Le *Liber Chaos* (1285–1287), partie de la *Lectura super Figuras Artis demonstrativae*, elle-même reliée à l'*Ars demonstrativa* (1283), expose les fondations métaphysiques de cette théorie des éléments[27]. L'ouvrage, où l'on a pu déceler l'influence d'Ibn Sabʿīn et Ibn

---

24 Voir J.E. Rubio, *Les bases del pensament de Ramon Llull : els orígens de l'art lul·liana* (València : Institut Universitari de Filologia Valenciana, 1997), p. 65.

25 Sur le lien unissant « l'exemplarisme élémental » de Lulle au cadre général de l'*Ars*, voir F.A. Yates, « The Art of Ramon Lull : An Approach to it through Lull's Theory of the Elements », dans *Journal of the Warburg and Courtauld Institute* 17, 1/2(1954), p. 115–173. Pour une synthèse des discussions suscitées par cet article, voir J.E. Rubio, *Les bases del pensament*, p. 66sq ; J. Gayà Estelrich, « Introducción general », dans *Raimundi Lulli Opera latina*, vol. 20 (Turnhout : Brepols, 1995), p. 1–60.

26 C. Compagno « La combinatoria degli elementi nelle opere mediche di Raimondo Lullo », dans A. Musco (ed.), *Universality of Reason – Plurality of Philosophies in the Middle Ages, Proceedings of the XII International Congress of the Société Internationale pour l'Étude de la Philosophie Médiévale* (Palermo : Officina di Studi Medievali, 2012), vol. 2, p. 1089–1098.

27 J.M. Ruiz Simon, « De la naturalesa com a mescla a l'art de mesclar (sobre la fonamentació cosmològica de les arts lul·lianes) », dans *Randa* 19(1986), p. 69–99, ici p. 79 ; J.M. Ruiz Simon, « La transformació del pensament de Ramon Llull durant les obres de transició cap a l'etapa ternària », dans M.I.R. Perelló (ed.), *Actes de les Jornades Internacionals Lul·lianes. Ramon Llull al s. XXI. Palma, 1, 2 i 3 d'abril de 2004* (Palma / Barcelona : Universitat de les Illes Balears / Universitat de Barcelona, 2005), p. 167–196 ; C. Lohr, « Chaos Theory According to Ramon Llull », dans T.E. Burman, M.D. Meyerson, L. Shopkiw (eds.), *Religion, Text, and Society in Medieval Spain and Northern Europe. Essays in honor of J. N. Hillgarth. Papers in Mediaeval Studies*, 16 (Toronto : The Pontifical Institute of Mediaeval

'Arabī[28], présente la manière dont le chaos, base formative du monde sensible contenant ses raisons séminales, se déploie à partir de l'essence des quatre éléments et de leur structure interne.

Ce déploiement est décrit au moyen d'une conception idiosyncratique de l'organisation des éléments. La prédominance du schéma quaternaire, dans cette conception, apparaît dès le début du *Liber chaos* : de la même manière que l'essence du chaos se divise en quatre parties, correspondant aux essences élémentaires, chaque élément se divise lui-même en quatre aspects. Cette division de quatre aspects internes aux qualités correspond à la théorie lullienne des corrélatifs, qui noue intrinsèquement l'être d'une chose à son action, descriptible linguistiquement par un suffixe particulier ajouté à son nom[29]. Pour l'essence du feu, l'ignéité contient ainsi l'ignificatif, l'ignifiable, l'ignification et l'ignifié. Le premier est la forme active du second, qui en est la matière. La troisième est l'acte du premier dans le second, et le quatrième la totalité substantielle réalisant concrètement l'ignéité[30] :

> Igneitas autem continet in se de sua essentia ignificativum, ignificabile, ignificare, ignificatum. Aereitas similiter de se continet in se aerificativum, aerificabile, aerificare, aerificatum. Hoc idem similiter sequitur de aqueitate et terreitate. Ignificativum est forma activa et suum proprium passivum, scilicet sua propria materia est ignificabile, quod est de propria essentia ipsius ignificativi, ignificare autem est actus ipsius ignificativi in ipsum ignificabile, sed ignificatum est totum suppositum complexum in natura igneitatis ; hoc idem similiter sequitur de aereitate et aqueitate et terreitate.

Cette division rend raison de l'aptitude des éléments au mélange et à leur composition à tous les niveaux de l'univers actuel, la différenciation progressive

---

      Studies, 2002), p. 158–165. Voir enfin C. Compagno, « The Liber Chaos and Ramon Llull's Doctrine from Creation to the Generation of Material Substance in the Sublunar World », dans *Comprendre* 21/2(2019), p. 25–55, qui se penche aussi sur le thème des *semina causalia*.

28   C. Lohr, « The Arabic Background to Ramon Lull's Liber Chaos (ca. 1285) », dans *Traditio* 55(2000), p. 159–170 ; voir aussi A. Llinarès, « Références et influences arabes dans le *Libre de contemplació* », dans *Estudios Lulianos* 24/2(1980), p. 109–127.

29   Sur cette théorie, voir J. Gayà Estelrich, *La teoría luliana de los correlativos. Historia de su formación conceptual* (Palma de Mallorca : Lope, 1979).

30   Raymond Lulle, *Liber chaos*, dans *Opera omnia*, ed. I. Salzinger, vol. 3, p. 1 ; cf. Y. Dambergs, « Elemental Figure Symmetry », dans *Studia Lulliana* 40/96(2000), p. 81–110.

du chaos originaire en trois phases graduelles expliquant l'aspect du monde observable[31].

Au sein d'une substance dominée par une qualité, les autres qualités persistent sous un degré moindre. La répartition des degrés au sein de l'élément suit un ordre décroissant à partir de la qualité dominant l'élément, dans la mesure où Lulle infléchit la caractérisation aristotélicienne des éléments en associant une qualité essentielle à chaque élément – qualité à laquelle est associée *per accidens* une propriété complémentaire. L'association d'un élément à une qualité essentielle aménage un espace combinatoire où s'organise le dynamisme inter-élémentaire selon un ordre invariable : dans une substance, la qualité dominante et possédée par soi est suivie par celle que possède la substance par accident, suivie par la qualité ayant une affinité avec la première et enfin par celle qui en représente le contraire. L'ordre de succession des qualités correspond ainsi au ternaire définissant les grands types de relation que Lulle utilise, à l'aide de figures triangulaires, dans l'*Ars compendiosa inveniendi veritatem* : concordance, différence, contrariété[32].

Dans le *Liber Chaos*, et plus encore dans le *Liber exponens figuram elementalem* (ca. 1285–1287) qui s'y réfère explicitement[33], Lulle peut ainsi décrire la structure d'une substance dominée par une qualité à un certain degré, par exemple la chaleur au degré 4, soit le plus intense conformément à la tradition galénique[34]. La chaleur est suivie par la sécheresse car le feu, composé de chaleur (qu'il possède *per se*) et de sécheresse (qu'il a *per accidens*), présente une concordance avec l'élément terre, qui la possède par soi. La qualité suivante entretient une relation de différence vis-à-vis de la première tandis que la dernière lui est contraire (la froideur, opposée à la chaleur). Le caractère décroissant des degrés associés à cette série de qualités secondaires se déduit de l'impossibilité d'une égalité parfaite de ces qualités, qui annulerait l'idée de qualité dominante. Ainsi, un feu de degré 4 (ou chaud au degré 4) sera sec au degré 3, humide au degré 2 et aura une froideur de degré 1.

Pour expliquer la distribution des valeurs quand la qualité dominante est inférieure au degré 4, Lulle introduit une subdivision des degrés en quatre parties. Un feu chaud au degré 3 sera sec au degré 2, humide au degré 1 et possèdera trois « parties », soit trois quarts de degré de froideur. Un feu chaud au

---

31 Raymond Lulle, *Liber chaos*, p. 4–5.
32 A. Bonner, *The Art and Logic of Ramon Llull. A User's Guide* (Leiden / Boston : Brill, 2007), p. 39–43.
33 Raymond Lulle, *Liber exponens figuram elementalem Artis demonstrativae*, dans *Opera omnia*, ed. I. Salzinger, vol. 4, p. 1.
34 Raymond Lulle, *Liber Chaos*, p. 17 ; *Liber exponens figuram elementalem Artis demonstrativae*, p. 2–3.

degré 2 sera sec au degré 1, possèdera trois parties d'humidité et deux de froideur, etc. Le *Liber exponens figuram elementalem* évoque donc une « division » du degré total de l'élément qui se traduit par le fait que l'élément cède certains degrés aux puissances élémentaires qui le composent.

À côté de cette description des degrés, Lulle emploie également la notion de « points » possédés par les qualités d'un élément. Ainsi, dans une plante chaude ou « colérique » au degré 4, comme le poivre, la chaleur cède six parties revenant à la terre (trois parties), à l'air (deux parties) et à l'eau (une partie). Selon le premier chapitre du *Liber exponens figuram elementalem*, ces six parties valent quatre « points » qui équivalent au quatrième degré de chaleur de la plante. Dans une telle plante, la terre, qui est au troisième degré, se divise elle-même en six parties : trois étant sujettes au feu, deux étant actives au second degré de l'air, et une au premier degré de l'eau. Cependant, Lulle ajoute que ces six parties ne valent que trois points. De même, dans une telle plante, l'air est au second degré et se divise lui-même en cinq parties, deux desquelles sont sujettes au feu, deux à la terre et la dernière à l'eau. Lulle précise, toutefois, que les deux parties sujettes à la terre sont plus « petites » que celles soumises au feu. Ces parties valent deux points qui sont équivalents au second degré d'air qui caractérise une plante comme le poivre.

Le *Liber exponens figuram elementalem* offre une table élémentaire détaillant les quatre degrés possibles de chaque élément, bien que Lulle présente seulement, par souci pédagogique, la figure ou quadrangle de l'élément feu – chaque élément figurant en haut à gauche de chaque quadrangle[35]. Chaque quadrangle possède seize cases, qui représentent l'organisation des qualités au sein des quatre degrés possibles d'un élément. Les figures de Lulle contiennent des couleurs qui participent à la représentation combinatoire des éléments, que Lulle symbolise aussi au moyen de lettres[36]. L'ordre d'apparition des puissances élémentaires dans la figure du feu répond à une logique particulière qui aboutit, dans ce cas précis, à une série (colonne de gauche, ou ligne du haut) correspondant aux lieux naturels des éléments au sein de l'univers – le feu se trouvant en haut, les sphères des autres éléments s'étageant en-dessous jusqu'à la terre[37]. La composition des qualités n'obéit pas à l'ordre de disposition des éléments sur la figure, puisque c'est la terre, à titre d'exemple, qui

---

35 Cette « figure des éléments » se retrouve dans l'*Ars demonstrativa* (ca. 1283), qui présente ici une différence vis-à-vis de la première version de l'Art, à savoir l'*Ars compendiosa inveniendi veritatem* de 1274 ; cf. Bonner, *The Art and Logic of Ramon Lull*, p. 97.

36 Les lettres associées aux éléments varient selon les œuvres, notamment entre les *Principes de la médecine*, les *Principes de l'astronomie* ou le *Liber de levitate*.

37 Pour une étude détaillée de l'ordre de présentation des éléments et de leurs qualités, et la fonction des couleurs, voir l'étude de Dambergs, « Elemental Figure ».

représente l'élément le plus actif au sein du feu après la chaleur, et non pas l'air. Après le poivre qui correspond à une chaleur de degré 4, Lulle donne la cannelle comme exemple de plante chaude au degré 3, qui possède une sécheresse de degré 2, une humidité de degré 1 et une froideur de degré 3/4. Le fenouil (chaleur : 2 ; sécheresse : 1 ; humidité : 3/4 ; froideur : 2/4) et l'anis (chaleur : 1 ; sécheresse : 3/4 ; humidité : 2/4 ; froideur : 1/4) illustrent les deux derniers degrés de l'élément feu.

Degrés	Éléments				Plantes	Couleurs
4	Feu	Air	Eau	Terre	Poivre	Rouge
3	Air	Feu	Terre	Eau	Cannelle	Noir
2	Eau	Terre	Feu	Air	Fenouil	Bleu
1	Terre	Eau	Air	Feu	Anis	Vert

FIGURE 1

L'*Ars compendiosa medicinae* (ca. 1285–1287) est l'œuvre exposant le plus complètement la méthode de calcul des mixtes basée sur cette conception des qualités[38]. D'après ce texte, le mixte de deux substances possédant des qualités d'intensité différente se produit par l'absorption, par la substance ayant la qualité la plus intense, du degré de la même qualité présente dans l'autre substance. Dans un mixte, les substances cèdent ainsi leurs degrés qualitatifs à celle possédant les qualités les plus fortes. Lulle mobilise là encore la notion de « points » (*puncta*) pour désigner la somme des degrés résultant de cet échange. Les points représentent la puissance de l'élément dominé par une qualité particulière. De là, le calcul de la puissance qualitative d'un mixte s'effectue par une simple addition. Pour une substance B (l'élément feu) dominée par une chaleur de degré 4, jointe à une substance A (l'élément air)

---

38 Raymund Lulle, *Ars compendiosa medicinae*, dans *Beati Raymundi Lulli Opera Medica* (Mallorca : P. A. Capó, 1752), p. 1–53.

dominée par une humidité de degré 4, le mixte confère à la première un total de 11 points, et de 9 points à la seconde. Les mixtes possibles, inventoriés par Lulle pour les composés bi-élémentaires, permettent donc dans certains cas aux éléments de se renforcer, alors que d'autres cas engendrent des puissances qualitatives égales relativement au nombre de « points », comme deux substances de terre et d'air sèche et humide, respectivement, au degré 4[39].

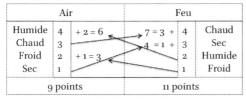 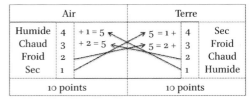

FIGURE 2   Exemples d'interactions entre éléments selon Lulle.

Dans le cas d'éléments possédant une qualité inférieure au degré 4, la somme des points prend en compte les parties des degrés qui permettent de décrire l'intensité des qualités inférieures au degré 1. Sans s'y étendre, Lulle indique l'applicabilité de son modèle aux mixtes de plus de deux éléments.

L'*Ars compendiosa medicinae* fait donc fond sur un concept de « points » présenté de manière différente de l'exposition du *Liber Chaos*, où les « points » référaient aux parties des degrés d'un élément indépendamment de leur interaction au sein d'un mixte. La notion de « point » permet dans l'*Ars compendiosa medicinae* de traiter de manière homogène diverses qualités conjointes en une somme signifiant la puissance qualitative du mixte.

Le concept de « point » intervient en plusieurs endroits de l'œuvre de Lulle sans que le penseur majorquin ne clarifie complètement les liens entre ces différents emplois, qui ne coïncident pas toujours. Dans le *Liber chaos*, Lulle distinguait notamment entre points corporels et points incorporels. Dans une plante au quatrième degré de chaleur, la chaleur du feu contient six points corporels, en transmet trois à la terre, deux à l'air, et un à l'eau, chaque élément contenant en plus un point incorporel. La plante contient donc quatre points incorporels et douze points corporels servant de référence à la quantification[40]. Un schéma proche se rencontre dans le *Liber principiorum philosophiae* (1273–1284),

---

39   Raymund Lulle, *Ars compendiosa medicinae*, p. 12.
40   Raymond Lulle, *Liber chaos*, p. 17 : [...] *Et hoc modo proportionantur et quantificantur gradus in illo supposito scilicet herbae habentis in se duodecim puncta, ut supra dictum est.* Cette répartition est reprise dans le *Liber exponens figuram elementalem* (1285), où Lulle précise les rapports de domination ou de subordination des différents points au sein d'un même élément ; voir *Opera omnia*, ed. I. Salzinger, vol. 4, p. 1–10.

où Lulle substitue à la notion de points corporels celle de partie, tout en maintenant la notion de parties ou de formes « simples » qui accompagnent et commandent les parties corporelles[41]. La distribution de ces parties varie malgré tout sensiblement de l'exposé du *Liber chaos* : pour un corps chaud de degré 4, le feu a six parties corporelles et une partie simple, la terre quatre et une simple, l'air trois et une simple, l'eau deux et une simple, pour un total de quinze parties corporelles[42]. Dans le *Liber principiorum medicinae* (1274–1283), Lulle employait la notion pour décrire la combinaison des complexions présentes dans le corps humain[43]. Un élément tel que le feu au degré 4 possède un point « simple » correspondant à sa qualité dominante, qui se divise en rencontrant les autres qualités en six points répartis de manière décroissante (3 points pour la terre, 2 pour l'air, 1 pour l'eau)[44]. Dans la mesure où les éléments sont capables de quatre degrés possibles, chaque complexion se laisse représenter par dix degrés, résultant de l'addition des éléments combinés selon ces quatre degrés (degré 4 + degré 3 + degré 2 + degré 1)[45]. Cette idée, qui pourrait témoigner d'une influence de la *tetractys* pythagoricienne transmise par le *De gradibus* d'Al-Kindi, propose en tout état de cause un usage supplémentaire du concept de « points » accompagnant la notion de degrés.

Le *Liber de levitate et ponderositate elementorum* (1294) reprend la répartition quaternaire des éléments, mais modifie quelque peu le vocabulaire des degrés et leur subdivision, en distinguant des parties grosses (*partes grossae* ou *augustales*) et petites (*partes minutae*)[46]. Le *Liber de levitate* établit une correspondance entre système pondéral et vocabulaire des degrés, en posant qu'une once égale un degré[47]. Chaque degré ou once se divise en quatre grosses parties, chaque grosse partie en quatre petites. Un corps de degré 4 comprend donc soixante-quatre petites parties, un corps de degré 3 quarante-huit, etc.

---

41   Raymond Lulle, *Liber principiorum philosophiae*, ed. M.A. Sanchez Manzano, dans *Opera Latina*, vol. 31 (Turnhout : Brepols, 2006), p. 155–322.

42   Raymond Lulle, *Liber principiorum philosophiae*, p. 205–206.

43   Raymond Lulle, *Liber principiorum medicinae*, ed. M.A. Sanchez Manzano, dans *Opera Latina*, vol. 31, p. 413–560,

44   Raymond Lulle, *Liber principiorum medicinae*, d. v, p. 512, l. 325 ; d. vi, p. 516–517, l. 32–55, p. 519–520, l. 123–152 ; d. X, p. 543–546.

45   Raymond Lulle, *Liber principiorum medicinae*, d. 1, p. 441, l. 61–63 : *A autem in quattuor gradus diuiditur ostensos per quattuor primas figuras algorithmi, quae tales sunt 4, 3, 2, 1, et illud sequitur de B C D*. De même, p. 442–443.

46   Raymond Lulle, *Liber de levitate et ponderositate elementorum*, ed. C. Compagno, dans *Opera Latina*, vol. 34 (Turnhout : Brepols, 2011).

47   Relevons que le *Liber de regionibus sanitatis et infirmitatis* composé en 1303 offrira un exposé encore différent de la structure élémentaire tenant compte de systèmes de mesure de poids en usage, mais sans entrer dans l'analyse de la quantification des composés.

Au sein de chaque substance dominée par une qualité, les relations de succession entre qualités obéissent à un schéma similaire aux œuvres précédentes et chaque qualité possède un degré supérieur à celle qui lui succède. En chaque élément, les quatre qualités sont présentes et interagissent sous l'action principale de la qualité dominante qui active le pouvoir des autres. Lulle fournit une liste de figures contenant le nombre de parties (petites ou grosses) associées à chaque qualité. La table de gauche ci-dessous donne la composition d'un feu chaud au quatrième degré (B), par rapport aux autres qualités élémentaires (C : sécheresse ; A : humidité ; D : froideur) ; celle de droite, celle du feu au troisième degré de chaleur[48].

B_4	2	1	3
...	1	C_3	2
...	..	1	A_2
..	D_1	...	.

B_3	1	...	2
..	...	C_2	1
..	.	...	A_1
.	D ...	..	...

FIGURE 3   Répartition des degrés de chaleur dans le *Liber de levitate* de Lulle.

L'arithmétique des degrés et des « points » qualitatifs n'est pas la seule voie explorée par Lulle pour représenter les dispositions des qualités au sein des éléments. Dans le *Liber de nova geometria* (1299), le philosophe catalan exploite le pouvoir expressif des figures pour représenter géométriquement cette interaction des éléments et de leurs propriétés[49]. L'influence du « pythagorisme » sur la doctrine lullienne est ici difficile à apprécier. On notera que Constantin l'Africain, dans un passage où l'on pourrait voir une influence du *Timée*, définissait la complexion égale par analogie avec deux extrêmes devant être bornés par deux lignes, c'est-à-dire avec une surface quadrangulaire représentant les quatre degrés possibles d'une complexion[50]. Lulle, pour sa part, fait correspondre le nombre des degrés élémentaires aux aires délimitées par l'intersection de diverses figures. Une plante chaude au degré 4, comme le poivre, est représentée par la « *figura IIII gradus elementorum* »[51]. Partant d'un

---

48 Raymond Lulle, *Liber de levitate et ponderositate elementorum*, p. 270–272.
49 Sur cette œuvre, voir C. Compagno, « Il Liber de geometria noua et compendiosa di Raimondo Lullo », dans R. Ramis Barceló (ed.), *La obra de Ramon Llull y su recepción en la historia*, dans Ámbitos 31(2014), p. 35–45.
50 Constantin l'Africain, *Liber graduum*, pref., f. 343 : *Nam cum omnis superficies de duabus lineis sit contenta, et ipsae lineae absque mediis coniungi non possunt, necessario duo media habuere. Qua de re gradus quatuor necessario fuere [...]*.
51 Voir sur cette figure R.D.F. Pring-Mill, *Estudis sobre Ramon Lull*, Textos i Estudis de Cultura Catalana 22 (Barcelona : Publicacions de l'Abadia de Montserrat, 1991), p. 138–140. Sur l'em-

triangle équilatéral EMI, Lulle construit une figure complexe en insérant tout d'abord un rectangle FHLN, lui-même divisé en quatre rectangles égaux, dont les angles coupent les côtés d'EMI en trois segments égaux. La figure de degré 4 est complétée par deux lignes OF et KH qui se coupent en un point G[52] :

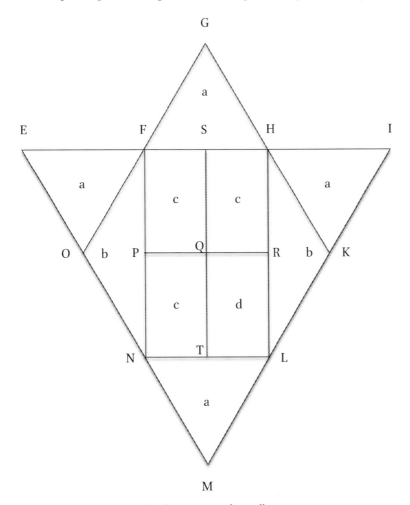

FIGURE 4   *Figura IIII gradus elementorum* selon Lulle.

---

ploi de la géométrie dans l'œuvre de Lulle, voir E. Pistolesi, « Ramon Llull, la geometria i las quadratures del cercle », dans M.I.R. Perelló (ed.), *Actes de les Jornades Internacionals Lul·lianes. Ramon Llull al s. XXI* (Barcelona : Publicacions i Edicions de la Universitat de Barcelona, 2006), p. 107–144.

52   Le schéma reprend celui de l'édition de J.M. Millás Vallicrosa, *El Libro de la 'Nova geometria' de Ramon Lull* (Barcelona : Ramón Torra, 1953), fig. 17, p. 37, auquel sont ajoutées des

Cette construction présentent dix parties correspondant aux degrés qualitatifs au sein d'une substance chaude de degré 4 : les quatre triangles équilatéraux EFO, FGH, HIK et NLM représentent les quatre degrés de chaleur (a) ; les deux triangles isocèles NOF et HKL correspondent aux deux degrés d'humidité (b) ; les trois rectangles FSQP, SHRQ, PQTN figurent les trois degrés de sécheresse (c), le dernier rectangle QRLT représentant l'unique degré de froideur (d).

Dans le *Liber de nova geometria*, Lulle propose néanmoins une autre représentation géométrique d'une substance chaude de degré 4, qui aboutit à une répartition différente de sa division simple en dix parties. Il utilise en effet une figure générale permettant d'assigner à chaque substance d'une intensité donnée la répartition exacte de ses degrés – la figure *de gradibus elementorum* :

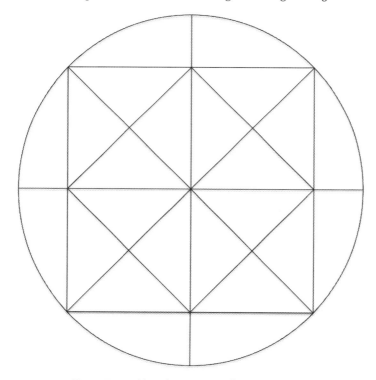

FIGURE 5   Figure *De gradibus elementorum* selon Lulle.

Cette figure, pensée comme instrument de calcul pour déterminer la distribution des degrés élémentaires, présente vingt-quatre « maisons », sur le

lettres (points E–T) destinées à en faciliter la description, d'après la suggestion de Pring-Mill, *Estudis sobre Ramon Llull*, p. 139, n. 65.

modèle des vingt-quatre heures composant une journée. La valeur intensive des quatre éléments au sein d'une substance est fonction de la répartition des degrés dans ces vingt-quatre maisons[53]. Pour une plante de degré quatre, la distribution commence par l'attribution à chaque élément d'une maison, puis chaque élément reçoit un nombre de maison égal à son degré (quatre pour le feu ; trois pour la terre ; deux pour l'air ; une pour l'air). Les dix maisons restantes sont réparties en répétant cette deuxième opération, de sorte que le feu reçoive en tout neuf maisons (1+4+4) ; la terre sept (1+3+3) ; l'air cinq (1+2+2) et l'eau trois (1+1+1). La distribution des degrés au sein d'une substance telle que le poivre, sur la base de la figure des degrés élémentaires, aboutit donc à une répartition selon la série 3, 5, 7, 9, différente de la répartition simple en dix parties (1+2+3+4) qui prévalait dans le *Liber Chaos* et le *Liber exponens figuram elementalem*. Lulle suggère par ailleurs que le nombre et la disposition des angles des figures permettent de représenter la variété des relations inter-élémentaires de contrariété et de concordance selon les types de mixtes considérés[54].

Disséminée à travers les élaborations successives de l'Art et ses diverses applications, la théorie lulienne de la quantification des qualités hérite de l'originalité qui caractérise l'œuvre en perpétuelle évolution du penseur majorquin, mais pâtit du manque de systématicité qui en est la rançon. À contre-courant des idées dominantes sur la question, le système de mesure mis en place par Lulle repose sur le mélange des quatre qualités élémentaires, fonction d'une théorie de la création comme organisation (elle-même graduelle) d'un chaos originaire. D'un point de vue interne à son œuvre, la théorie lulienne des éléments perdra en importance lors de la phase « ternaire » qui représente la forme finale de l'Art développée à partir des années 1290. Le système quaternaire envisagé dans un premier temps par Lulle, faisant la part belle aux tables élémentaires et aux ressources analogiques qu'elles permettent, n'en constitue pas moins une exploration notable de la quantification des qualités, à la croisée de la philosophie naturelle et de la médecine. Il reste que, développé dans le cadre singulier de son projet intellectuel, il ne profitera guère aux auteurs les plus à même de l'exploiter, c'est-à-dire les médecins. La situation institutionnelle particulière de son auteur, hors d'un cadre universitaire susceptible d'en favoriser la diffusion, explique par ailleurs le manque d'écho de ses idées au sein des débats relatifs à l'*intensio formarum*.

---

53   Raymond Lulle, *Liber de geometria nova et compendiosa*, dans Millás Vallicrosa, *El Libro de la 'Nova geometria'*, p. 68–69, et p. 34.
54   Raymond Lulle, *Liber de geometria nova*, p. 71, l. 24–32.

1.1.2 *Le* De Graduatione medicinarum

Un opuscule intitulé *De graduatione medicinarum*, d'un intérêt certain pour l'histoire de la géométrisation des qualités, est attribué, quoique de manière incertaine et contestée, à Roger Bacon[55]. L'intérêt du philosophe anglais pour les mathématiques et son application aux sciences de la nature est bien connu[56]. En dehors des incertitudes relatives à son attribution, le *De graduatione medicinarum* a depuis les travaux de Maier été rapproché du système graphique qui sera plus tard employé par Oresme[57]. Le *De graduatione medicinarum* apparaît comme l'un des premiers écrits entreprenant de décrire graphiquement, par le déplacement d'un point sur une ligne, l'évolution d'une forme vis-à-vis de son contraire. Le texte présente ainsi la manière dont deux contraires peuvent être représentés sur une même ligne, dont la distance symbolise les degrés d'intensité ou d'atténuation possibles[58] :

> Omnis forma inherens recipit intensionem et remissionem : propter quod intelligitur tanquam exposita in linea que dicitur linea intensionis et remissionis. Et quia omnis forma inherens habet contrarium et medium, erit eadem linea intellectualis continens formas contrarias. Puta calor in quocunque loco dicte linee ponatur. Per intellectum intelligitur posse intendi supra illum punctum et similiter remitti donec venerit ad primum punctum medii inter calorem et algorem ; ipsum quoque medium quia longitudinem habere intelligitur remitti potest sive per aliam considerationem intendi, donec venerit ad punctum eque distantem a contrariis. Et similiter intelligitur quod medium per intensionem recedit a puncto medio donec pervenerit ad primum punctum contrarii, et contrarium intelligitur posse intendi donec perveniat ad quemcunque punctum intensionis.

On notera deux choses. D'une part, l'emploi du terme « longitude », qui supplée celle de latitude. La notion de distance intensive se voit donc interprétée

---

55 Voir les (forts) doutes exprimés par Clagett, *The Science of Mechanics*, p. 334, n. 6 ; Clagett, *Nicole Oresme and the Medieval Geometry*, p. 57–58 ; M.R. McVaugh, *Arnaldi de Villanova, Opera Medica Omnia*, vol. 2, *Aphorismi de gradibus* (Granada / Barcelona : Universitat de Barcelona, 1975), p. 41, n. 20.

56 W. Ficher, S. Unguru, « Experimental Science and Mathematics in Roger Bacon's Thought », dans *Traditio* 27(1971), p. 353–378 ; A.G. Molland, « Roger Bacon's Knowledge of Mathematics », dans J. Hackett (ed.), *Roger Bacon and the Sciences : Commemorative Essays* (Leiden / New York : Brill, 1996), p. 151–174.

57 Maier, *Zwei Grundprobleme*, p. 97–98.

58 Roger Bacon, *De graduatione medicinarum compositarum*, dans *Opera hactenus inedita*, IX, eds. A.G. Little, E. Withington (Oxford : Clarendon Press, 1928), p. 144, l. 6–21.

au sens propre, et induit une linéarisation de la marge d'indétermination propre à la qualité. D'autre part, on relève que le milieu (*medium*) n'est pas ponctuel, mais représente un espace sur cette ligne, sur lequel il est permis de placer un point médian dont l'emplacement exact, cependant, n'est pas accessible à l'intellect[59]. L'enjeu de l'opuscule explique sans doute cette perspective, la notion d'équilibre qualitatif ou complexionnel en contexte médical supposant une certaine marge de variation : la notion de santé, par exemple, exige d'admettre un certain écart par rapport au point d'équilibre idéal de la complexion humaine, sans quoi tous les êtres humains – ou presque – devraient être considérés comme malades.

À partir de cette représentation, un point peut être fixé à partir duquel se mesure l'intensification ou l'atténuation, la distance à un autre point constituant un degré permettant d'évaluer la distance à d'autres points par un certain rapport (double, triple, etc.) – cette distance étant infiniment divisible[60].

Le modèle peut être utilisé pour la représentation des mixtes. L'auteur attribue à chaque mélange une certaine échelle redimensionnant, pour ainsi dire, la ligne qualitative représentée. Ainsi, pour de la terre d'une sécheresse de 10 degrés et de l'eau, en même quantité, de 12 degrés, le mixte résultant se situera à un seul degré d'éloignement du milieu. La somme de ces degrés valant 22, le milieu de la ligne sera placé à 11 degrés et le mixte ne s'en distinguera que d'une unité[61].

L'auteur prend en compte le mixte de substances de quantité différente, et établit un principe de proportion entre distance et quantité pour calculer la manière dont une ligne doit être élevée ou diminuée en fonction du mélange[62] :

> Cum igitur duorum commixtorum quantitates sunt diuerse et intensiones formarum confusarum in diuersis gradibus eleuate in linea, siue fuerint ille forme eiusdem speciei siue contrariarum specierum, siue medie et contrarie, que est proportio quantitatis unius partis commixti ad aliam, eadem erit proportio differentie que est inter gradum forme confuse et gradum maioris partis commixti corporis ad distantiam que est inter eundem gradum commixti et gradum minoris partis.

Par exemple, une eau de 6 degrés à laquelle on ajoute une eau de 12 degrés d'une quantité deux fois moins importante atteindra huit degrés, car la distance entre 6 et 8 degrés vaut la moitié de la distance de 8 à 12, comme le

---

59   Roger Bacon, *De graduatione*, p. 145, l. 2–6.
60   Roger Bacon, *De graduatione*, p. 145, l. 9–24.
61   Roger Bacon, *De graduatione*, p. 147, l. 8–17.
62   Roger Bacon, *De graduatione*, p. 148, l. 5–13.

rapport entre les deux quantités mélangées[63]. La méthode peut être appliquée par décomposition aux mixtes de plus de deux qualités, en calculant la valeur de deux parties auxquelles on rajoute une partie supplémentaire à chaque étape[64]. Il ne semble cependant pas que cette représention unilinéaire des contraires optimise les calculs dès lors que les quantités entrent en jeu : la lecture du texte suggère plutôt une opération arithmétique dont il est ensuite possible de reporter le résultat sur la ligne, la ligne en tant que telle ne servant pas au calcul proprement dit[65]. On pourra donc certainement discuter l'utilité concrète de cette trouvaille, qui n'en reste pas moins un exemple précoce de traduction en termes graphiques des concepts relatifs aux intensités.

1.2   *Le calcul des degrés chez Arnaud de Villeneuve*
1.2.1   L'apport d'Al-Kindi et d'Averroès

L'importance du débat entre Al-Kindi et Averroès autour du calcul des degrés qualitatifs, qui conduira au XIIIe siècle aux thèses d'Arnaud de Villeneuve, est reconnue[66]. La différence la plus importante de leurs théories, dont héritent les médecins latins, tient dans la manière de concevoir le mélange de qualités opposées dans un corps et le degré résultant.

Pour Al-Kindi, il existe une relation de proportion géométrique entre le degré d'un médicament et le couple de contraires servant à définir l'intensité de la qualité. Son *De gradibus* ou *Quia primos* établit ainsi qu'une substance chaude au premier degré contient deux fois plus de chaleur que de froideur, et qu'une substance chaude au quatrième degré est celle qui contient seize fois plus de chaleur que de froideur. Al-Kindi justifie sa position par l'idée de réduction à l'égalité (*reductio ad aequalitatem*), qu'il exporte de la théorie des nombres pour l'appliquer aux relations entre degrés et état tempéré. Cette idée de réduction à l'égalité permettait de développer une règle connue au moins depuis Ératosthène, et qu'Al-Kindi devait lui-même connaître par l'intermédiaire de mathématiciens de l'Antiquité. Quoi qu'il en soit, l'approche d'Al-Kindi s'appuie sur une typologie des rapports numériques[67]. En considérant trois nombres inégaux selon une progression géométrique (par exemple 2, 4, 8),

---

63 Roger Bacon, *De graduatione*, p. 148, l. 13–20.
64 Roger Bacon, *De graduatione*, p. 148–149, l. 25–4.
65 Roger Bacon, *De graduatione*, p. 147–148. Voir en ce sens Clagett, *The Science of Mechanics*, p. 334–335.
66 McVaugh, *The Mediaeval Theory*, p. 73–104 ; McVaugh, *Arnaldi de Villanova, Aphorismi de gradibus*, p. 3–136.
67 Al-Kindi, *Quia primos*, ed. M. R. McVaugh, dans *Arnaldi de Villanova, Aphorismi de gradibus*, p. 269–295, ici p. 273–274.

la soustraction du premier au deuxième (4 – 2) et de la somme du premier et du deuxième au troisième (8 – 4 – 2) donnent deux nombres égaux au premier[68]. Suivant le modèle de l'égalité mathématique, Al-Kindi assimile l'état tempéré non pas à un degré nul mais à l'égalité des degrés, de telle sorte qu'un corps tempéré possède un degré de chaleur et un degré de froideur. Le premier degré de chaleur d'un tel corps se définit dès lors par le rapport 2:1, et le développement des degrés par une proportion géométrique où ce rapport reste toujours constant entre deux termes successifs de la série. La théorie alkindienne admet donc une relation telle que $A/B = 2^n$, pour une substance qualifiée au degré n, et possédant les deux qualités contraires A et B[69] :

Effet	Parts de chaud	Parts de froid
Tempéré	1	1
1er degré (chaud)	2	1
2e degré	4	1
3e degré	8	1
4e degré	16	1

FIGURE 6   Degrés selon les rapports entre qualités selon Al-Kindi.

Tandis que la théorie alkindienne des degrés posait une identité de *ratio* entre degrés successifs (1, 2, 4, 8, 16), la position averroïste pense l'écart entre degrés successifs comme un intervalle identique, chaque degré de 1 à 4 représentant le multiple correspondant du premier degré, la progression étant arithmétique (1, 2, 3, 4, 5). L'erreur d'Al-Kindi, qui s'est égaré selon Averroès à cause d'une approche calculatoire inappropriée (« per artem alhabachi vel algorismi et musice »[70]), s'enracine dans sa conception de l'équilibre tempéré[71] :

---

68 Al-Kindi, *Quia primos*, ici p. 271–272, l. 22–12 ; voir le commentaire de McVaugh, *Arnaldi de Villanova*, p. 58.
69 Les analyses suivantes et le tableau présenté sont repris de McVaugh dans *Arnaldi de Villanova, Aphorismi de gradibus*, p. 57 ; cf. aussi D. Jacquart, F. Micheau, *La médecine arabe*, p. 188.
70 Averroès, *Colliget*, V, c. 57–59, dans *Arnaldi de Villanova, Aphorismi de gradibus*, ed. M.R. McVaugh, p. 311–326, ici p. 323, l. 34.
71 Averroès, *Colliget*, V, c. 57–59, p. 324, l. 25–27.

> Et error Alkindi fuit quando posuit rem que est in primo gradu duplam
> temperata in qualitate calida aut frigida ; et hoc fuit causa quia assecutus
> fuit comparationem dupli.

Averroès admet une double considération des qualités présentes au sein d'un composé, suivant que l'on envisage l'intensité de la seule qualité à mesurer ou que l'on prenne en compte la qualité qui lui est adjointe, en dépit de la réticence du Cordouan à admettre la stricte coexistence de contraires dans une substance. Ainsi, le poivre, dont la proportion chaleur / froideur est définie selon Averroès par le rapport 5:1, possède moins de chaleur absolue qu'un mélange de poivre et de nard (substance caractérisée par le rapport 2:1) : ce mélange (défini par le rapport 7:2) a 7 degrés de chaleur mais possède une chaleur relative moindre[72]. Tandis qu'un corps possédant une plus grande qualité d'un point de vue absolu peut exercer une opération plus grande, sa *virtus* sera moindre si elle est davantage mêlée à son contraire, l'effet d'une qualité mixte étant relatif[73].

À partir de ces prémisses, Averroès résout le calcul du degré d'une substance par la soustraction du degré de la qualité dominée à celui de la qualité dominante, de telle sorte que, dans une notation moderne, pour deux qualités de chaleur C et de froideur F de degrés n et m inégaux tels que $n>m$, $n°C + m°F = (n-m)°C$.

La théorie du *Colliget* ne s'en tient pas à la formule générale de sommation des degrés. Elle répond aussi aux exigences des préparations pharmaceutiques en tenant compte des paramètres pondéraux influençant l'atténuation réciproque des contraires : la préparation idoine doit tenir compte des « premières quantités » d'une substance, puisqu'à poids égal, deux substances peuvent avoir des puissances d'action différentes[74]. La « première quantité » renvoie, ici, à la quantité minimale d'une substance nécessaire pour produire un effet. La dimension supplémentaire introduite par les poids des premières quantités ne modifie pas la méthode de calcul des mixtes : la valeur intensive d'une substance s'obtient dans tous les cas par la soustraction du degré contraire (dominé) au degré dominant, mais son effet rémissif est multiplié par le poids correspondant. Pour deux qualités C et F respectivement de degré n et m, et de poids respectifs x et y, Averroès déduit donc une relation telle que, pour $n>m$:

---

72   Averroès, *Colliget*, v, c. 57–59, p. 315–316, l. 35–10.
73   Averroès, *Colliget*, v, c. 57–59, p. 315, l. 29–35.
74   Averroès, *Colliget*, v, c. 57–59, p. 322, l. 7–9 : [...] *Quando duplicatur prima quantitas medicine, tunc duplicatur etiam qualitas, et egredietur ex gradu suo in caliditate aut frigiditate ad alium gradum.*

$$x\left(n°C\right) + y\left(m°F\right) = \left(n - \left(\frac{y}{x}\right)m\right)°C$$

Le traitement averroïste de l'intensité qualitative d'un corps dépend ainsi partiellement de certains présupposés : du fait de sa réticence à admettre la comprésence *in re* des contraires, la composition des degrés est avant tout opératoire, la valeur intensive absolue d'une substance désignant la *différence* entre qualités contraires, et non la valeur de la qualité dominante. Ce qui est absolu pour Averroès (cette différence entre qualités contraires) était au contraire une valeur relative pour Al-Kindi. Par leurs divergences, les travaux d'Al-Kindi et Averroès définissent au XIIIe siècle deux camps opposés sur la manière d'envisager le calcul des qualités. Ils n'en susciteront pas moins des interprétations syncrétistes, dont la plus importante sera celle d'Arnaud de Villeneuve.

1.2.2   La synthèse d'Arnaud de Villeneuve

C'est au plus tard en 1303 que furent composés les *Aphorismi de gradibus* d'Arnaud de Villeneuve, généralement tenus depuis les travaux de McVaugh comme le faîte de la mathématisation de la pharmacologie des XIIIe et XIVe siècles[75]. Les études menées depuis lors ont pu nuancer ses observations concernant le déclin de l'intérêt de la médecine du XIVe siècle – peut-être exagéré par McVaugh – pour cette approche théorique[76]. Bien que les travaux postérieurs à ceux du célèbre médecin de Montpellier témoignent davantage d'une transformation des problématiques que d'un franc abandon de son approche, les conclusions de McVaugh sur la centralité de la figure d'Arnaud pour la quantification des degrés intensifs n'ont, sur le fond, pas été remises en cause.

Les innovations d'Arnaud reposent, pour le style, sur une présentation déductive des règles de calcul des intensités et, pour le fond, sur la synthèse des théories d'Al-Kindi et d'Averroès. Du point de vue du vocabulaire, les concepts de degrés et de latitude respectent chez Arnaud la division topique des intensités : une qualité est divisée en quatre degrés, chaque « degré » possédant une « latitude ». La notion de degré n'est pas équivalente à la notion de *virtus*, qui désigne la puissance d'action d'une substance sur un corps. Administrer plusieurs doses d'un même médicament revient à en augmenter la complexion, c'est-à-dire son extension dans le sujet, mais non son intensité, c'est-à-dire sa puissance à agir, contrairement à ce qu'admettait Averroès[77] :

---

75   McVaugh, *The Mediaeval Theory* ; McVaugh, *Arnaud de Villeneuve, Aphorismi*, intro.
76   G. Dumas, « Soupçons, drachmes et scrupules ».
77   Arnaud de Villeneuve, *Aphorismi*, 34, p. 188, l. 17–21.

> Posicio enim Averoys videtur esse magis erronea ; licet enim verum sit quod alique sint prime quantitates medicinarum in quibus manifestant in corpore suos effectus, tamen non est verum quod virtus augeatur et diminuatur secundum proporcionem qua crescit vel minuitur quantitas medicine.

D'Al-Kindi, Arnaud reprend la thèse d'une proportion géométrique entre le degré d'un effet qualitatif (comme la chaleur ressentie près d'un corps) et le rapport entre les contraires causant cet effet. Les rapports entre contraires engendrant ces différents degrés ne sont pas séparés par des quantités mais par des proportions égales. À ce principe s'ajoute une procédure de sommation directe des parties qualitatives pour déterminer l'intensité des mixtes : par exemple, un mixte composé d'un corps chaud au second degré (ayant quatre parties chaudes et une partie de froid) et d'un corps froid au premier degré (ayant une partie chaude et deux parties froides) aura un rapport de parties chaudes et froides de 5:3.

Toutefois, Arnaud confère à la relation alkindienne une portée plus générale, non-restreinte à la composition des qualités thermiques, et valant pour tout rapport entre deux forces (*virtutes*), l'une représentant la puissance et l'autre la résistance[78]. On sait que Thomas Bradwardine, dans son *Traité des proportions*, admettra que le rapport entre les vitesses de deux mouvements suit le rapport entre les puissances et les résistances selon une proportion géométrique, c'est-à-dire telle que : $(V_1 : V_2) = (P_1 : R_1) : (P_2 : R_2)$ ou, dans une notation plus anachronique:

$$Vn = \left(\frac{P}{R}\right)^n.$$

Les exemples fournis par Arnaud pour illustrer cette relation générale entre deux *virtutes*, qui empruntent à la statique l'image d'une balance équilibrée par deux poids égaux, ou évoquent encore deux combattants de force égale, ont alimenté la thèse – difficile à établir fermement – d'une influence silencieuse sur le développement de la physique du XIVe siècle, qui exploitera la relation fondamentale décrite dans les *Aphorismi*[79].

Certaines techniques qui étaient employées par Al-Kindi pour traiter les cas où la valeur intensive d'un mixte ne correspond pas à un degré entier sont

---

78   Voir par exemple Arnaud de Villeneuve, *Aphorismi*, 21, p. 171, où on relève aussi l'emploi alternatif des termes « latitude », « distance » et « espace » (l. 21–22).

79   M.R. McVaugh, « Arnald of Villanova and Bradwardine's Law », dans *Isis* 58(1967), p. 56–64 ; S. Drake, « Medieval Ratio Theory vs. Compound Medicines in the Origins of Bradwardine's Rule », dans *Osiris* 64(1973), p. 67–77.

reprises par Arnaud, dans la mesure où elles sont nécessaires pour la composition de remèdes visant à rééquilibrer une complexion donnée. Ainsi, pour déterminer la valeur intensive d'un mixte situé entre deux degrés de froid, Arnaud spécifie que le médecin doit considérer la quantité de froideur nécessaire pour amener le mixte au degré supérieur de froideur, puis déterminer de même la quantité de chaleur nécessaire pour ramener le mixte au terme inférieur. La première grandeur donne le numérateur d'une fraction, dont le dénominateur est la seconde grandeur, exprimant le rapport d'atténuation du mixte vis-à-vis de la qualité la plus intense[80]. Les exemples fournis sur ce point ne font pas l'objet d'une règle mathématique rigoureusement établie pour le cas général, mais il est possible à partir de la méthode suivie par Arnaud de la reconstituer[81].

Quand l'écart d'un composé vis-à-vis de l'état tempéré ne correspond pas à un degré et se trouve entre deux degrés « entiers », le médecin doit comme dans tous les autres cas dénombrer préalablement les parties chaudes et froides qu'il contient – nombre que l'on pourra noter: $\left(\dfrac{q}{p}\right)$, où p désigne les parties chaudes et q les parties froides. Pour le cas où les parties froides sont plus nombreuses ($q>p$), il est permis d'établir un encadrement des chaleurs décroissantes, tel que: $\dfrac{1}{x} > \dfrac{p}{q} > \dfrac{1}{2x}$, où $\dfrac{1}{x}$ désigne le *ratio* des parties chaudes aux parties froides pour le degré immédiatement plus chaud, tandis que $\dfrac{1}{2x}$ désigne le même *ratio* pour le degré supérieur de froideur.

En multipliant la part de chaleur propre au degré le plus froid $\left(\dfrac{1}{2x}\right)$ par le nombre q de parties froides dans le composé, on obtiendra le nombre $\dfrac{q}{2x}$ de parties chaudes susceptibles d'amener les parties froides de cet élément à ce degré de froideur. Dans la mesure où l'intensité du composé demeure moindre que ce degré, il est permis de déterminer par la soustraction $p - \dfrac{q}{2x}$ la quantité de chaleur qui empêche le composé de rejoindre le degré de froideur le plus

---

80   Arnaud de Villeneuve, *Aphorismi*, 37, p. 200 ; voir aussi les exemples p. 204–205.
81   Arnaud de Villeneuve, *Aphorismi*, 38, p. 208–209. Cf. l'exposé, repris ici, de McVaugh, p. 253–254.

intense. On peut, de là, calculer le rapport de cette dernière quantité à l'écart qui sépare les degrés entiers encadrant le mixte. Vis-à-vis du degré le plus intense (le plus froid), le *ratio* de parties chaudes et froides du mixte vaut : $\dfrac{q/2x}{q}$, et comparé au degré le moins intense : $\dfrac{q/x}{q}$. Le nombre de parties chaudes séparant ces degrés vaut donc $\dfrac{q}{x} - \dfrac{q}{2x}$ et l'atténuation du composé vis-à-vis du degré supérieur vaut $\dfrac{p-q/2x}{q/2x}$ de l'amplitude entre les deux degrés entiers.

L'aphorisme 38 détermine sur ces bases l'action du paramètre du poids et de la quantité de matière dans l'interaction des qualités qui, à poids équivalents, ne nécessitent pas d'autres règles de calcul que celles fournies par Al-Kindi. On l'a dit, Arnaud s'oppose à Averroès en niant que la quantité d'un ingrédient affecte son degré en tant que tel. L'augmentation de la quantité d'un ingrédient permet uniquement à un degré d'être moins affecté par la qualité qui lui est contraire, produisant une augmentation quantitative de la qualité plus qu'une intensification proprement dite[82]. Cependant, il rejoint Averroès en acceptant la doctrine des *primae quantitates*, qu'il faut prendre en compte lorsqu'il s'agit de calculer le poids des éléments dans un remède à composer.

Formellement, pour deux degrés n et m de deux qualités C (chaleur) et F (froideur), l'évaluation des doses mène à la relation : $x(n°C) + y(m°F)$, où x et y, qui sont des entiers positifs, représentent les *primae quantitates* de ces deux qualités. La qualité dominante est diminuée d'un certain degré par son contraire. À cause du refus d'admettre une corrélation stricte entre augmentation du degré et augmentation du poids, ce degré n'est pas nécessairement égal, d'un point de vue arithmétique, au nombre de quantités premières de la qualité contraire et, en le notant a, le mélange de deux qualités produira une relation telle que $n°C + m°F = (n-a)°C$.

Arnaud intègre donc au calcul des degrés d'Al-Kindi le paramètre des quantités premières, sans pour autant suivre Averroès sur le principe d'une variation des intensités selon une progression arithmétique par multiplication de ces quantités. En prenant en considération les *primae quantitates* des substances mélangées, et en admettant, pour l'exemple, le cas où $n>m$, la relation à

---

82   Arnaud de Villeneuve, *Aphorismi*, 38, p. 214–215, l. 38–2 : *Qua propter melius est tenere* [...] *quod per augmentum ponderis cuiusque componentis non augetur eius complexio quantum ad virtutem, ita scilicet ut transcendat gradum in quo est, sed minus deprimitur ab opposita qualitate alterius componentis.*

laquelle aboutit Arnaud modifie sensiblement celle du *Colliget*, soit, en termes modernes[83] :

$$x(n°C) + y(m°F) = \left(n - \left(\frac{y}{x}\right)a\right)°C$$

À partir de cette règle générale, Arnaud déduit les différentes possibilités d'interaction des poids au sein d'un mixte[84]. Toutefois, il accepte certaines thèses supplémentaires, sans doute liées à l'échelle quaternaire utilisée, qui expliquent les multiples cas de figure qu'il envisage. Il admet en particulier qu'un effet qualitatif (une chaleur, par exemple) multiplié par trois empêche totalement la puissance de son contraire. Ce « principe du rapport triple » vient s'ajouter de manière externe à la relation de base qu'Arnaud déduisait des concepts de degrés et de quantités premières[85].

Ainsi, si le cas où les quantités premières sont égales ($x = y$) amène à calculer la valeur intensive du composé selon la formule simple : $(n - a)°C$, la situation où la qualité de degré dominant ($n°C$) est de poids supérieur ($x > y$) se présente selon deux cas de figure. Puisqu'Arnaud admet qu'une qualité domine totalement son sujet si elle est trois fois (ou plus) supérieure à son contraire, il conclut que le degré du mixte sera simplement $n°C$ pour $x \geq 3y$. Dans le cas contraire ($3y > x > y$), le composé aura pour valeur : $\left(n - \left(\frac{y}{x}\right)a\right)°C$, c'est-à-dire se calculera directement d'après l'équation principale. Le cas où les intensités sont dans un rapport inverse à celui de leur quantité, c'est-à-dire où $y > x$, se divise aussi en deux possibilités pour les mêmes raisons.

Les aphorismes 37 et 38 multiplient les exemples de composition de qualités, sans faire toujours varier les paramètres que les *Aphorismes* ont préalablement distingués. Dans l'aphorisme 37, par exemple, Arnaud ne joue pas simultanément sur les quantités (x et y) des deux substances mélangées dont il analyse le produit. Dans l'aphorisme 38, cherchant à déterminer les cas de mélange les plus utiles au médecin (rechercher l'état tempéré, ou l'état opposé à la complexion actuelle), Arnaud se préoccupe moins de la distinction entre puissance et intensité qu'il avait posée, et intègre directement le paramètre des quantités premières au calcul des intensités d'Al-Kindi. Il déduit ainsi de sa règle générale qu'un mixte d'un élément froid au premier degré et d'un élément chaud au

---

83   Cette notation est reprise de McVaugh, dans Arnaud de Villeneuve, *Aphorismi*, p. 86, p. 253-258.
84   Arnaud de Villeneuve, *Aphorismi*, 38, p. 208, l. 36-41 ; p. 213, l. 28-33.
85   McVaugh, dans Arnaud de Villeneuve, *Aphorismi*, p. 86, qualifie ce principe d'« empirique ».

quatrième sera tempéré en multipliant le poids de l'élément froid par quinze, puisque l'excès de chaleur au quatrième degré sur la froideur correspond au *ratio* 16:1, tandis que la froideur au premier degré n'excède que d'une partie la chaleur. De la même manière, un élément froid au premier degré composera une complexion tempérée avec un élément chaud au troisième degré si son poids est multiplié par sept, et par trois si l'élément chaud n'est qu'au deuxième degré[86]. En tenant compte des quantités premières, Arnaud établit qu'un élément au quatrième degré sera totalement dominé par un élément du premier degré de la qualité opposée (et non plus simplement dans un état tempéré) lorsque leurs quantités premières seront dans le rapport 1:45.

Tirant habilement parti des apports alkindiens et averroïstes, les *Aphorismes* d'Arnaud ne constituent pas une théorie mathématique des qualités fondamentalement nouvelle. Ils offrent avant tout une synthèse, qui présente de manière déductive un ensemble de règles fondées sur les concepts d'une philosophie naturelle instruite des débats physiques de son époque. La complication des règles d'Arnaud vis-à-vis des méthodes des deux philosophes arabes provient moins d'un raffinement des procédés calculatoires que de l'adjonction de principes (comme celui du rapport triple) qui se superposent à la formule d'Al-Kindi et limitent sa généralité.

En dépit de ce dernier point, les *Aphorismes* représentent le développement le plus important de la quantification des qualités en contexte médical au tournant du XIVe siècle. L'hypothèse de son influence sur la philosophie naturelle de l'époque est probable, y compris sur des productions intellectuelles plus marginales, par exemple certains écrits alchimiques proposant une approche mathématique de la théorie des degrés[87]. Son influence est en tout cas incontestable dans le domaine médical. Le *Tractatus de gradibus* de Bernard de Gordon, composé en 1303, propose une théorie des degrés directement inspirée de celle d'Arnaud, et qui a pu en être considérée comme une simplification[88].

---

86 Arnaud de Villeneuve, *Aphorismi de gradibus*, 38, p. 219.

87 D. Skabelund, P. Thomas, « Walter of Odington's ». Notons que certains traités alchimiques amalgament encore les principes de l'Art et ceux de la philosophie d'Aristote, en rapprochant par exemple le mercure de la matière et le souffre de la forme, voir ainsi le pseudo-Geber, *The Summa Perfectionis of Pseudo-Geber. A Critical Edition, Translation and Study*, ed. R. Newman (Leiden : Brill, 1991), p. 128–129.

88 Ce jugement est dû à McVaugh, *The Mediaeval Theory*, p. 157 ; voir aussi L. Demaitre, *Doctor Bernard de Gordon : professor and practitioner* (Toronto : The Pontifical Institute of Mediaeval Studies, 1980), p. 49*sq*. Pour le texte lui-même, voir Bernard de Gordon, dans J.L. Pagel (ed.), « Über die Grade der Arzneien nach einer bisher ungedruckten Schrift des Bernard von Gordon aus dem Jahre 1303 », dans *Pharmaceutische Post* 28(1895), p. 65–67, 131–133, 142–144, 180–182, 221–225, 257–262.

Jourdain de Turre, qui enseigne entre 1313 et 1336 à Montpellier, compose en 1326 un *De adinventione graduum in medicinis simplicibus et compositis* substantiellement redevable, lui aussi, à l'enseignement arnaldien[89]. Bien que des médecins comme Pierre de Saint-Flour et Évrard de Conty vers le milieu du XIVe siècle ou, plus tard, Jacques Despars[90], disserteront encore sur les échelles de degrés intensifs sans témoigner d'une dépendance exclusive à son égard, et que les écrits pharmacologiques de la période ne feront pas toujours appel, loin s'en faut[91], aux développements hautement théoriques de son approche, ces raisons font d'Arnaud une figure centrale de la mathématisation des intensités au tournant du siècle.

2 Latitude et complexion d'un point de vue empirique

2.1 *Les latitudes de complexion*

En contexte médical, la notion de latitude n'est nullement restreinte au domaine pharmacologique. Elle regarde aussi la détermination du concept de complexion et des notions afférentes à la composition corporelle. La notion de latitude permet ainsi de décrire les humeurs, les maladies, les fièvres, les organismes et leurs parties, l'alimentation, le climat, et jusqu'à l'appartenance d'un individu à une espèce donnée, dans la mesure où les espèces se caractérisent par une certaine *complexio*, sujette à variation[92]. Elle concerne aussi le concept de santé, qui engage les notions de degrés et de proportion entre qualités[93].

---

89   Jourdain de Turre, *De adinventione graduum in medicinis simplicibus et compositis*, ms. Vaticano (Città del), Biblioteca Apostolica Vaticana, Vat. lat. 2225, f. 53r–66v ; voir L. Thorndike, « Vatican Latin Manuscripts in the History of Science and Medicine », dans *Isis* 13(1929), p. 80.

90   D. Jacquart, *La médecine médiévale dans le cadre parisien* (Paris : Fayard, 1998), p. 467–472.

91   Des traités circulant largement à l'époque comme le *Tractatus de medicinalibus* de Marsile de Sainte-Sophie ou le *De actuatione medicinarum* de Sigismond de Polcastris sont étrangers aux développements de la théorie des degrés, se limitant à exposer de façon tout empirique le détail des préparations. Le *Tractatus de ponderibus et mensuris*, aujourd'hui attribué à Mondino de'Liuzzi, recense avant tout les conventions de mesure en usage dans le bassin méditerranéen, sans que la notion de degré occupant les théories des intensités soit étudiée. Sur l'intérêt scientifique de ce texte, voir M.C. Welborn, « Studies in Medieval Metrology. The *De ponderibus and mensuris* of Dino di Garbo », dans *Isis* 24/1(1935), p. 15–36.

92   A. Robert, « La latitude de l'humanité dans la médecine et la théologie médiévales (XIIIe–XIVe siècle) », dans *Mesure et histoire médiévale*, p. 41–52.

93   Voir D. Jacquart, *La médecine médiévale*, p. 385–402 ; D. Jacquart, « De *crasis* à *complexio* : note sur le vocabulaire du tempérament en latin médiéval », dans G. Sabbah (ed.), *Mémoires V. Textes médicaux latins antiques* (Saint-Étienne : 1984), p. 71–76 ; Ottosson,

L'équilibre ou la proportion identifiable à la santé n'est pas une égalité stricte des qualités (une égalité « au poids », *aequalitas ad pondus*), laquelle, selon une opinion alors consensuelle, ne saurait être réalisée par un corps vivant et n'existe pas dans la nature[94]. La proportion caractérisant un organisme est relative à sa capacité à agir conformément à sa nature, selon une juste mesure, une proportion d'*aequalitas ad iustitiam*, selon une désignation héritée de Galien[95]. La maladie et sa gravité peuvent être définies comme des écarts vis-à-vis d'un degré d'équilibre optimal de *complexio aequalis ad iustitiam* ; le décès, son stade critique. À l'interface de la physiologie et de la physique, la notion de *complexio aequalis ad iustitiam* engage aussi l'interaction du corps et de l'âme, dans la mesure où les vertus et les vices dépendent en partie d'un dérèglement des qualités corporelles[96].

Le souci d'assurer une base scientifique à la notion de complexion conduit à puiser dans une terminologie philosophique les ressources conceptuelles susceptibles de lui fournir une définition rigoureuse. Cherchant à qualifier la notion d'égalité *ad iustitiam*, Torrigiano convoque en ce sens la théorie aristotélicienne de la justice, pour la penser comme proportion sur le modèle d'une cité où se trouvent équitablement répartis les biens et les honneurs[97]. Par son lien au concept de latitude, la notion de complexion suscite surtout une réflexion sur la possibilité d'une mesure des substances et des espèces. Dans son *Conciliator*, Pierre d'Abano s'intéresse ainsi au statut d'une mesure des complexions. Puisqu'une complexion est affaire de plus ou de moins, et que ces termes sont des relatifs, il se préoccupe du problème – qu'il ne résout pas nettement – de savoir si l'équilibre (*complexio aequalis*) ou le déséquilibre sont relatifs ou absolus, c'est-à-dire indépendants ou non de toute comparaison[98]. À l'instar de Thaddée Alderotti, il reconnaît que la mesure d'une complexion dépend d'un point de référence qu'il faut choisir, comme l'idéal de complexion humaine[99].

Scholastic Medicine, p. 129–166 ; French, *Canonical Medicine*, p. 89–141 ; Kaye, *A History of Balance*, p. 183–240.

94   Voir par exemple Thaddée Alderotti, *In Isagogarum libellum*, f. 346vb ; Pierre d'Abano, *Conciliator*, diff. 18, f. 26ra–rb.

95   Galien, *De complexionibus*, dans *Galenus Latinus*, ed. R.J. Durling (Berlin / New York : De Gruyter, 1976), vol. 1, I, 6, p. 30, l. 20.

96   Voir M. Klemm, « Les complexions vertueuses : la physiologie des vertus dans l'anthropologie médicale de Pietro d'Abano », dans *Médiévales* 63/2(2012), p. 59–74.

97   Torrigiano, *Plusquam*, I, com. 15, f. 12va–vb.

98   Pierre d'Abano, *Conciliator*, diff. 18, f. 25rb : *Est autem iustitia virtus non quaedam perfecta non simpliciter sed ad alterum* [...]. *Ipsa equalis complexio non simpliciter sed ad alterum, puta iustitia operationibus iustis relata.* Sur ce thème, voir D. Jacquart, « La complexion selon Pietro d'Abano », dans D. Jacquart, *Recherches médiévales sur la nature humaine. Essais sur la réflexion médicale (XIIe–XVe s.)* (Firenze : SISMEL – Edizioni del Galluzzo, 2014), p. 373–416.

99   Thaddée Alderotti, *In Isagogarum libellum*, f. 347rb–va.

Gentile da Foligno, qui commence à enseigner vers 1322 à Sienne pour terminer sa carrière à Pérouse à la fin des années 1340, aborde les latitudes de complexions d'une manière très détaillée. Comme certains médecins se réclamant d'une approche plus empirique que celle des « spéculatifs » de Bologne, il répudie Pierre d'Abano et ce qu'il tient pour une approche par trop philosophique. Son commentaire au *Canon* d'Avicenne se présente de fait comme une réponse aux théories livrées par le *Plusquam* de Torrigiano[100].

Dans la troisième doctrine sur la première fen du livre I du *Canon*, Gentile conduit une analyse approfondie de la possibilité de l'*aequalitas ad pondus* dans la nature. Sa discussion considère plusieurs analogies avec les autres types de mouvement, qui permettraient d'établir la possibilité d'une égalité des qualités élémentaires au sein d'un mixte, et par conséquent d'une complexion parfaitement égale. Ainsi, de la même manière qu'un mobile traversant un espace passe nécessairement par son point médian, l'égalité *ad pondus* doit être traversée, tôt ou tard, par un corps dont la complexion qualitative passe d'un extrême à l'autre. Conformément à l'opinion des médecins les plus influents de son temps, Gentile finit par refuser l'existence dans la nature de l'égalité *ad pondus*, sans entièrement rejeter pour autant l'analogie avec le mouvement local. L'égalité complexionnelle parfaite ne saurait exister dans la nature car elle doit se concevoir sur le modèle du point dans l'espace, qui ne possède pas de réalité physique. De même, l'égalité *ad pondus* ne dure pas, sinon « dans l'instant », c'est-à-dire sans jamais pouvoir constituer de mixte stable[101]. Le mouvement local ne constitue certes qu'une analogie imparfaite, n'étant pas réellement composé de deux contraires, à la différence du mixte élémentaire[102]. Une complexion égale *ad pondus* caractériserait un mixte qui n'irait nulle part du fait de l'opposition complète des qualités, violant le principe selon lequel la nature ne fait rien en vain[103].

L'analyse des conditions de réalisation d'un mixte conduit Gentile à élaborer une représentation linéaire des complexions possibles. L'égalité *ad pondus* se situe hors de cette ligne des mixtes, dans la mesure où aucun mixte ne peut lui correspondre : tout mixte, car il se fait par « digestion », suppose un excès de chaleur et d'humidité, incompatible avec l'égalité *ad pondus*. L'égalité *ad pondus* peut cependant être conçue, du point de vue d'une représentation circulaire de l'univers, comme son centre indivisible – indivisible car dépourvu de latitude.

---

100   Ottosson, *Scholastic Medicine and Philosophy*, p. 189.
101   Gentile da Foligno, *Avicenne Canonum liber*, I, doctr. 3, f. 12vb.
102   Gentile da Foligno, *Avicenne Canonum liber*, I, doctr. 3, f. 13rb.
103   Gentile da Foligno, *Avicenne Canonum liber*, I, doctr. 3, f. 13ra.

La latitude des mixtes possibles inclut cependant un milieu entre les extrêmes. La complexion de l'être humain peut être vue comme ce milieu des mixtes existants dans la nature – affirmation qui nécessite des précisions, car l'homme, animal au sang chaud, ne représente pas l'exact milieu entre la chaleur et la froideur. Gentile distingue par conséquent divers sens de « milieu », selon la perfection des mixtes ou selon l'opération. Du point de vue de la perfection du mixte, l'être humain est l'être composé en lequel les éléments sont les plus *réfractés*. Dans la mesure où la perfection d'un mixte est en fonction inverse de la réfraction de ses éléments, l'être humain représente l'extrême des mixtes en termes de perfection, mais il en représente aussi le milieu, car il est le plus composé de tous les mixtes et les contient tous[104]. Cette différenciation s'applique encore au sein de l'espèce. Du fait de la prédominance de la chaleur en l'être humain vis-à-vis d'autres animaux, les individus mélancoliques ou flegmatiques se rapprochent plus sur la latitude des mixtes de l'égalité *ad pondus* que les personnes tempérées ou colériques. Sous ce rapport, l'individu tempéré se situe entre le flegmatique et le colérique[105].

Gentile envisage plusieurs modes de considération de la complexion. L'examen de la complexion humaine du point de vue de l'espèce peut en effet être complétée par la prise en compte de la latitude induite par les climats sur la complexion. Elle peut aussi prendre pour objet les variations qui concernent la santé ou la maladie des individus, et encore les différences de complexions entre les organes du corps humain. Dans la mesure où chaque mode de considération de la complexion humaine se laisse diviser en deux, selon que l'on s'intéresse à la latitude de complexion en tant que telle et que l'on envisage ses extrémités, ou selon que l'on s'intéresse à la complexion la plus tempérée de cette latitude, Gentile envisage un total de huit modes de considération de la complexion humaine[106]. La distinction de ces modes oblige théoriquement le médecin à observer des types variés de complexion selon les cas. Après avoir établi l'existence de trente-deux types d'écart vis-à-vis de la nature tempérée (prenant pour base un système gradué quaternaire), Gentile déduit ainsi à titre d'exemple un nombre de deux-cent-cinquante-six complexions différentes de nature non-tempérée[107].

---

[104] Gentile da Foligno, *Avicenne Canonum liber*, I, doctr. 3, f. 17rb, prop. 5–6.
[105] Gentile da Foligno, *Avicenne Canonum liber*, I, doctr. 3, f. 18va, prop 22.
[106] Gentile da Foligno, *Avicenne Canonum liber*, I, doctr. 3, f. 13vb. Gentile indique en outre la possibilité de poursuivre et réappliquer ces huit modes de comparaison aux organes eux-mêmes, comme la peau, que l'on considérera alors par rapport aux autres organes comme différentes espèces animales entre elles. Cf. Gentile da Foligno, *Avicenne Canonum liber*, I, doctr. 3, f. 21ra.
[107] Gentile da Foligno, *Avicenne Canonum liber*, I, doctr. 3, f. 24vb.

2.1.1   Représentations des latitudes de complexion

Le caractère corrélatif des notions de complexion, de latitude et de degré engendre dans ce contexte des réflexions naturalistes cherchant à situer l'humanité dans la diversité des êtres. L'idée d'une mesure *relative* des complexions, aboutissant à une différenciation précise de ses modes de comparaison chez un médecin comme Gentile da Foligno, favorise l'analyse comparée de la complexion humaine et de celle des autres êtres naturels. Dans les écrits médicaux du XIVe siècle, les latitudes complexionnelles des divers êtres de l'univers deviennent ainsi comparables entre elles, disposées autour de cette égalité *ad pondus* qui n'existe pas réellement, mais qu'il est permis de prendre comme point de référence à titre heuristique[108]. En cherchant à situer la complexion humaine dans la nature, les médecins italiens de la première moitié du XIVe siècle en viennent à élaborer de véritables cartographies des espèces, étalées le long d'un *continuum* dont les *gradus* définissent les coordonnées[109]. Ces cartographies de l'univers des êtres sont enracinées dans la théorie des éléments, qui conduit à des présentations multidimensionnelles de leur latitude. Une seule ligne ne suffisant pas à ordonner toute la variété des complexions, divers systèmes de présentation graphique de la latitude de l'être sont proposés au début du XIVe siècle par des médecins comme Pierre d'Abano ou Gentile da Foligno. La prise en compte de ces schémas est attestée par la tradition manuscrite et les renvois internes au texte dont ils font l'objet[110].

Chez Gentile da Foligno, deux latitudes parallèles de qualités opposées (humidité/sécheresse ; chaleur/froideur) permettent de situer la place de la complexion humaine dans un continu au sein duquel elle représente l'équilibre le plus tempéré. Certaines parties de la latitude totale – que Gentile appelle maisons (*mansiones*) – ne peuvent abriter d'êtres vivants, ni même de mixtes : soit qu'elle se rapproche des pures formes élémentaires, soit qu'elle soit simplement trop froide et trop sèche, les interruptions de la ligne située sous la double latitude signalant les bornes au-delà et en deçà desquelles les mixtes ne peuvent plus exister (voir Figure 7)[111].

À cause de la superposition de deux paramètres, l'espèce humaine est ici entourée par les règnes animaux, végétaux et minéraux, selon qu'ils sont froids

---

108   Sur tout ceci, voir T. Joutsivuo, *Scholastic Tradition and Humanist Innovation : the Concept of Neutrum in Renaissance Medicine* (Helsinki : Academia Scientiarum Fennica, 1999) ; Chandelier, Robert, « Nature humaine et complexion ».

109   Gentile caractérise la forme humaine comme une forme finie « *in gradu perfectionis entium* » ; Gentile da Foligno, *Avicenne Canonum liber*, I, doctr. 3, f. 14ra.

110   Voir Ottosson, *Scholastic Medicine*, p. 147–150, p. 176–177 ; French, *Canonical Medicine*, p. 103–107.

111   Gentile da Foligno, *Avicenne Canonum liber*, I, 1, 3, 1, f. 16v ; le schéma présenté simplifie légèrement l'illustration de l'édition citée.

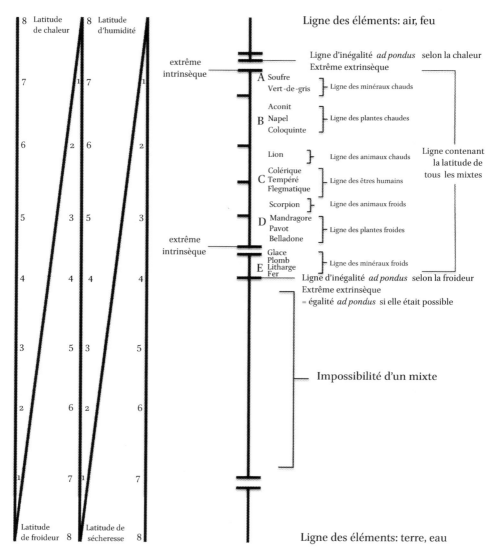

FIGURE 7   Latitude des mixtes d'après Gentile da Foligno.

ou chauds. D'autres représentations, toujours chez Gentile da Foligno, proposent au contraire de noter la complexion humaine sur une échelle partant des formes élémentaires et s'élevant jusqu'à Dieu, seulement dépassée, sur cette échelle, par les pures Intelligences[112].

---

112   Gentile da Foligno, *Avicenne Canonum liber*, I, doctr. 3, f. 19v.

Une représentation alternative proposée par Pierre d'Abano résout la multidimensionnalité impliquée par la théorie des éléments en disposant la latitude des êtres en cercles concentriques polarisés selon quatre directions (voir Figure 8)[113]. Le quaternaire issu de la tradition galénique est étendu aux complexions, Pierre distinguant quatre degrés d'équilibre complexionnel (parfaitement équilibré, relativement équilibré, maladie et corruption) et trois paliers internes à ces degrés, qu'il appelle aussi *mansiones*[114]. Cette quadripartition se superpose à la pathologie humorale, les types principaux de tempéraments étant notés aux pôles du schéma.

Dans cette représentation, l'éloignement vis-à-vis du centre signifie l'écart à l'égalité stricte des qualités (*ad pondus*). Étant la plus proche de ce centre, car la plus tempérée, la complexion humaine fait l'objet d'une distinction entre plusieurs degrés de santé et de stabilité, la condition optimale se voyant désignée, conformément à la terminologie galénique, comme complexion d'égalité *ad iustitiam*. Les notions de *complexio semper sana* et *sana ut multum* proviennent également de Galien, chez qui *haplôs dia pantos* désigne un corps essentiellement disposé à la santé, donc pour « toujours », tandis que *haplôs hôs epi to polu* réfère à un degré moindre de stabilité, disposé à être en bonne santé la plupart du temps, rendu dans la *translatio antiqua* par *ut multum*. Certaines dénominations sont plus particulières à Pierre d'Abano. Le médecin-philosophe mentionne une complexion égale *ad iustitiam momentanea*, qui renvoie à un état transitionnel d'équilibre entre tempéraments. Les degrés moindres de santé se divisent, plus loin, selon les modalités de tempérament pouvant dominer la complexion (sanguine, flegmatique, colérique, mélancolique), la plus proche de la complexion normalement équilibrée étant le tempérament sanguin, qui présente un excès de chaleur.

Diverses espèces naturelles s'étalent ensuite plus ou moins loin de ce centre, situées près d'un pôle qui en indique la nature[115]. La disposition de ces êtres en cercles concentriques, qui fait écho aux représentations traditionnelles des sphères célestes, confère à la figure un aspect « cosmique » qui témoigne de l'extension du concept de latitude à une représentation totalisante de la nature. Des représentations géométriques similaires seront fréquemment

---

113   Voir dans l'édition de 1520 de Pierre d'Abano, *Conciliator*, diff. 20, f. 30r (de même, dans l'édition vénitienne de 1496, f. 30r). Voir f. 29rb pour les rapports entre animaux.
114   Pierre d'Abano, *Conciliator*, diff. 20, f. 29rb ; pour les qualités, voir diff. 139, f. 192ra–rb.
115   Voir à ce sujet P. Leemans, M. Klemm, « Animals and Anthropology in Medieval Philosophy », dans B. Resl (ed.), *A Cultural History of Animals in the Middle Ages* (Oxford / New York : Berg, 2007), p. 153–177.

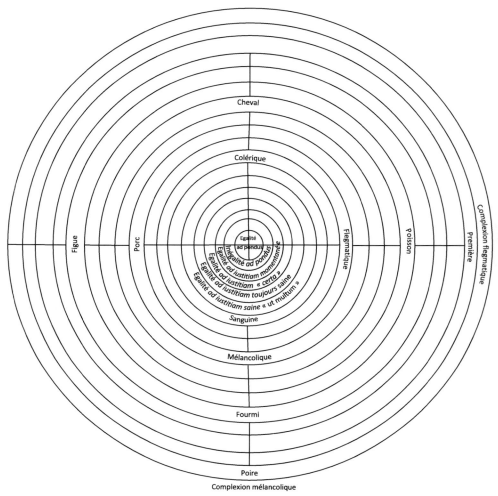

FIGURE 8 Représentation des complexions d'après Pierre d'Abano.

discutées dans les réflexions sur l'ordonnancement des espèces menées en contexte théologique vers le milieu du siècle.

2.2 *La définition de la santé*

Cas le plus important d'un état susceptible de « latitude », la santé est l'objet d'une confrontation aiguë de la philosophie et de la médecine. Thaddée Alderotti distingue précisément le médecin du philosophe naturel par le fait que le premier la considère comme une complexion susceptible de variation[116] :

---

116 Thaddée Alderotti, *In micratechnen commentarii*, II, lect. 6, f. 33ra.

> Medicus considerat de ipsis aliter quam considerat naturalis et mathematicus, et quilibet eorum considerat rem sicut est, sed tamen diversis modis essendi. Naturalis enim considerat eam cum motu et materia, mathematicus vero absque motu et materia. [...] Dyalecticus vel naturalis accipit sanitatem et egritudinem fortasse namque sanitatem vult solam contemperantiam et coequalitatem cum perfectissima operatione.

La distinction de l'objet du mathématicien et de celui du physicien est classiquement aristotélicienne mais, on le voit, le médecin se distingue encore du philosophe, qui considère lui aussi la matière, en ce que ce dernier associe la santé à une égalité parfaite. Or, l'usage du concept de latitude chez les principaux représentants de la médecine scolastique italienne recouvre des vues divergentes quant à la variabilité de l'εὐκρατον – la complexion bien tempérée –, c'est-à-dire aux différents états de santé. Ces divergences autour du concept de latitude vont être responsables d'un travail définitionnel sur la notion d'espèce d'états et celle de contrariété.

Il convient pour le comprendre de revenir à Galien. La définition des états de santé chez Galien reposait sur deux distinctions importantes. Premièrement, Galien différenciait les états du corps en *sain*, *neutre* et *malade*. Or, quand il distinguait les types de contraires, Aristote comptait quant à lui le couple santé/maladie parmi les contraires n'admettant pas de tiers-terme, à la différence des qualités de troisième espèce qui admettent le plus ou moins[117]. Chez les médecins médiévaux, la pacification de ce conflit autour de la notion de contrariété repose sur la distinction établie par Galien entre trois sens de « neutre », selon qu'une chose ne participe à aucun des contraires (1), qu'elle y participe de manière égale (2), ou de manière alternative (3). La divergence entre Aristote et Galien peut dès lors se résoudre en comprenant le neutre en son troisième sens, de sorte qu'il n'y ait pas réellement de milieu entre maladie et santé, en admettant par exemple que différents organes du corps peuvent être sains et malades simultanément[118]. Deuxièmement, les trois états de santé différenciés par Galien pouvaient être selon lui *haplôs* (terme rendu en latin par *simpliciter*), c'est-à-dire absolument, ou *en tô nûn* (*ut nunc*), c'est-à-dire présentement. La signification précise de ces termes, et la combinaison de ces deux distinctions, pas totalement explicites chez le médecin de Pergame, exigeaient toutefois interprétation et clarification.

De manière remarquable, c'est à partir de la notion de latitude que la définition des types d'états de santé et leurs relations dynamiques vont être

---

117 Aristote, *Catégories*, 11b15–14a25.
118 Voir la reconstruction du problème par Ottosson, *Scholastic medicine*, p. 127–194.

pensées après Thaddée Alderotti. Deux grandes interprétations des latitudes de santé émergent dans le premier quart du XIVe siècle. La première est celle de Torrigiano, dont l'herméneutique des concepts galéniques prolonge celle de Thaddée. Selon lui, *ut nunc* n'est pas nécessairement un degré inférieur de *simpliciter*, mais peut relever d'un autre ordre. *Simpliciter* signifie un état persistant de manière inconditionnelle, indépendant de ce à quoi il est comparé, bien que *simpliciter* renvoie aussi, en contexte aristotélicien, à l'idée d'indépendance vis-à-vis d'autre chose et d'absence de limite de temps[119]. *Ut nunc* signifie en fait selon Torrigiano un état moins stable que l'état *simpliciter*, qui s'en distingue comme la *dispositio* se distingue selon Aristote de l'*habitus*[120]. Pierre d'Abano avait déjà relevé que l'assimilation de la santé et de la maladie à des *habitus* obligeait à considérer la transition de l'une à l'autre comme une *mutatio*, et non un *motus*[121].

L'interprétation de la tripartition des états de santé par Torrigiano l'amène à poser qu'un corps sain *simpliciter* ne l'est pas *ut nunc*, ce dernier terme désignant un degré inférieur (inférieur car seulement accidentel) de santé. Dans la mesure où *simpliciter* signifie pour lui un *habitus* stable, un corps malade au sens ordinaire du terme (temporairement) est un corps *aegrum ut nunc*, tandis que l'état *aegrum* ou *neutrum simpliciter* d'un corps signifie un degré inférieur de santé, qui conditionne une moindre résistance à la maladie. Le sain ne se divise qu'en sain *simpliciter* et sain *ut nunc*. Les individus dont la nature est *neutrum simpliciter* ou *aegrum simpliciter* ne peuvent donc être sains qu'*ut nunc*. L'état de santé *simpliciter* se divise à son tour en *sanum semper*, qui représente la condition optimale d'un corps, et *sanum ut multum*, ce dernier état signifiant une capacité moindre à se maintenir dans cette condition optimale[122]. La même distinction s'applique aux états d'*aegrum* et de *neutrum simpliciter*.

Cette interprétation de la terminologie galénique conduit à une différenciation des latitudes caractérisant les états de santé et leurs dispositions : tandis que le corps sain *simpliciter* et le corps sain *ut nunc* représentent des degrés distincts d'une même latitude, comme le blanchissime et le moins blanc, le corps malade *simpliciter* et le corps malade *ut nunc* appartiennent à deux latitudes distinctes, dans la mesure où le corps malade *simpliciter* appartient à la latitude de santé, dont il est le degré le plus inférieur[123] :

---

119   Torrigiano, *Plusquam*, I, com. 11, f. 10rb.
120   Torrigiano, *Plusquam*, I, com. 15, f. 14rb.
121   Pierre d'Abano, *Conciliator*, diff. 72, f. 107ra.
122   Torrigiano, *Plusquam*, I, com. 15, f. 16vb–17ra.
123   Torrigiano, *Plusquam*, I, com. 16, f. 18ra ; voir de même f. 17vb.

> Et attende quod sanum simpliciter et sanum ut nunc, quoniam sunt in eadem latitudine sanitatis (ut praemonstratum est) differunt in sanitate per magis et minus, sicut albissimum et minus album ; sed aegrum simpliciter et aegrum ut nunc, quoniam non sunt in eadem latitudine aegro simpliciter existente in latitudine sanitatis (ut Galenus infra dicit), aegro vero ut nunc existente iam in ultimo contrarie latitudinis plus videbuntur differre quam per magis et minus, quoniam diversarum sunt specierum.

Dans la perspective de Torrigiano, l'interprétation des états de santé à partir de latitudes distinctes conduit à réviser leur relation de contrariété. Un corps habituellement sain tombant malade, c'est-à-dire passant de *sanum simpliciter* à *aegrum ut nunc*, ne transite pas par les degrés inférieurs de l'échelle *simpliciter*, mais par les degrés du neutre *ut nunc*. L'état *neutrum ut nunc* n'est pas un état naturel (pas *naturalis*, mais *praeternaturalis*) : il est *hors* de la latitude de santé car il ne renvoie à aucun état sain (ni *simpliciter*, ni *ut nunc*). Ceci induit une dissymétrie entre les prédicats applicables *simpliciter* et *ut nunc* : un corps ne saurait ainsi être à la fois sain *simpliciter* et *ut nunc*, bien qu'il puisse être *aegrum simpliciter* et *aegrum ut nunc*[124].

Gentile da Foligno, par contraste, revient à une position plus proche de celle d'Haly Abbas ('Alī ibn al-'Abbās al-Majūsī) et de la tradition de la *Translatio arabica* du *Tegni*, à laquelle s'oppose la *Via Plusquam commentatoris*, c'est-à-dire Torrigiano. La voie de Gentile, qui sera d'ailleurs baptisée *Via Haly, Gentilis et Patavorum*, considère la différence entre *simpliciter* et *ut nunc* comme une différence de degré et non d'espèce pour tous les états – *simpliciter* signifiant une tendance à se maintenir dans un état, et *ut nunc* un état plus labile[125]. *Sanum simpliciter semper* est le meilleur état de santé, capable de se maintenir toute la vie, tandis que *sanum simpliciter ut multum* est une légère dégradation de cet état optimal, qui vaut pour la majorité du temps. *Sanum ut nunc* représente un état de santé encore inférieur, constituant aussi un état transitionnel nécessaire chez toute personne *sanum simpliciter* tombant malade. L'état neutre *simpliciter* signifie selon Gentile la tendance stable à être incliné indifféremment vers la maladie et la santé[126]. Le corps *aegrum simpliciter* se situe hors de la latitude de santé, et se rapproche des maladies chroniques comme la lèpre, là où le terme chez Torrigiano désignait une disposition stable

---

124 Torrigiano, *Plusquam*, I, com. 15, f. 17vb.
125 Gentile de Foligno, *Expositio super primo libro microtechni Galeni* (Venise : Apud Iuntas, 1557), q. 6, f. 225A.
126 Gentile de Foligno, *Expositio microtechni*, q. 26, f. 230A.

à être malade qui n'excluait nullement la possibilité d'être sain *ut nunc*, et qui se trouvait donc chez lui incluse dans la latitude de santé[127] :

> Ipsi dicunt quod simpliciter aegrum est in latitudine sanitatis. Dicendum, quod de hoc disputabimus et ego dabo tibi unum aegrum simpliciter, quod est extra totam latitudinem sanitatis, et est vere aegrotativum oppositum sanativo vere [...].

Gentile attribue donc aux trois états possibles du corps (*sanum, aegrum, neutrum*) une latitude qui se différencie en trois degrés (*semper, ut multum, ut nunc*) dont la signification est moins temporelle que qualitative.

L'écart entre Gentile et Torrigiano, on le voit, réside dans la définition des rapports entre états de santé selon qu'ils se distinguent en *degrés* ou en *nature* – point déterminant pour la qualification de l'état d'un individu comme simplement transitoire ou dispositionnel. Un aspect intéressant de l'exposé de ces vues opposées tient à l'usage de représentations graphiques repérables dans la traduction manuscrite. Ces représentations ne s'accordent pas toujours. Les deux premiers diagrammes ci-après correspondent à ceux que l'on trouve dans l'édition ancienne du commentaire au *Tegni* d'Ugo Benzi, le premier représentant la voie de Torrigiano (Figure 9), le second la voie de Gentile (Figure 10) [128].

Ces représentations rendent mieux la complexité du système de Gentile, prenant même en compte les trois sens du *neutrum*. Dans le schéma correspondant à la voie du *Plusquamcommentator*, la stabilité des états est représentée par les cases horizontales (i.e. les états *semper/multum*), les cases inclinées de la neutralité et de la maladie *ut nunc* pouvant figurer le caractère instable de ces états. La représentation permet aussi d'illustrer que l'individu sain *semper* ou *multum* devient momentanément malade (*ut nunc*) sans passer par l'état de neutralité *semper* ou *multum*, mais seulement par un état neutre *ut nunc*, transition vers la maladie *ut nunc* qui est hors de la latitude de santé.

Bien que la *Via Gentilis* tendra à s'imposer[129], Jacques de Forlì présentera quelques années plus tard les deux camps sans prendre définitivement position. Les deux diagrammes suivants (voir Figure 11) accompagnent dans un manuscrit son commentaire au *Tegni*, le texte demandant au lecteur d'imaginer de telles figures. Ici aussi, le premier (en haut) représente la voie de Torrigiano, le second (en bas) celle de Gentile[130].

---

[127] Gentile de Foligno, *Expositio microtechni*, q. 15, f. 227F.
[128] Ugo Benzi, *Expositio super libros Tegni Galeni* (Venise : Luca Antonio Giunta, 1523), f. 1r.
[129] Ottosson, *Scholastic Medicine*, p. 189, p. 193.
[130] Jacques de Forlì, *Expositio et quaestiones in artem medicinalem*, ms. Oxford, Bodleian Library Canonici Miscellaneous 446, f. 6v.

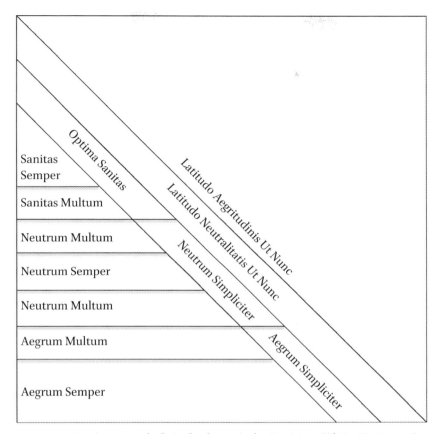

FIGURE 9   Représentation des latitudes de santé selon Torrigiano (édition Venise, 1523).

Il est à noter dans ces dernières illustrations le caractère extrêmement simplifié de la voie de Gentile, par contraste avec la représentation précédente. Ces deux représentations, dont on trouve d'autres variantes[131], témoignent peut-être de traditions pédagogiques différentes. Elles montrent en tous cas de quelle manière le caractère continu des latitudes fut mis à profit dans le cadre de l'enseignement pour une représentation spatiale des propriétés notées dans ces schémas. Cette spatialisation permet de détailler les différentes espèces d'états de santé reconnues par le médecin mais aussi, par la disposition des lignes, de suggérer les modalités par lesquelles un individu passe de l'une à l'autre. En contexte médical, les diagrammes et tables figurant les latitudes

---

131   I. Maclean, « Diagrams in the Defence of Galen : Medical Uses of Tables, Squares, Dichotomies, Wheels, and Latitudes 1480–1574 », dans S. Kusukawa, I. Maclean (eds.), *Transmitting Knowledge. Words, Images, and Instruments in Early Modern Europe* (Oxford : Oxford University Press, 2006), p. 135–164.

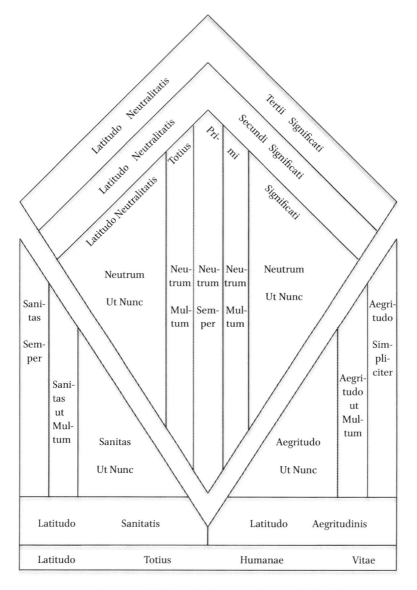

FIGURE 10   Représentation des latitudes de santé selon Gentile da Foligno (édition Venise, 1523).

de santé, employés pour l'étude de la doctrine galénique au sein des écoles padouane et bolonaise, seront en usage jusqu'à l'époque moderne, afin d'illustrer les rapports entre états de santé et maladie mais aussi, vraisemblablement, de faciliter la mémorisation de ces constructions doctrinales à une époque où, rappelons-le, les arts de la mémoire sont loin d'avoir disparu.

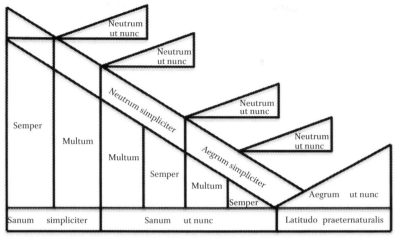

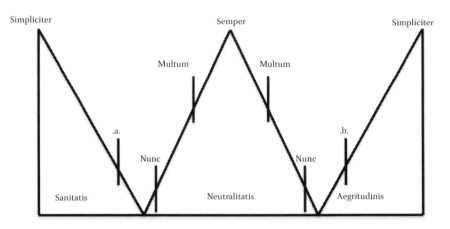

FIGURE 11 Représentation des latitudes de santé selon Torrigiano et Gentile da Foligno (ms. Oxford, Bodleian Can. Misc. 446).

3 De Paris à Bologne, tradition médicale et averroïsme

3.1 *Le problème des éléments*

Les réflexions philosophiques sur les formes intensives dans la première moitié du XIVe siècle résultent, dans le contexte singulier de l'Université de Bologne, de la conjonction de plusieurs influences. Aux réflexions médicales sur la nature des complexions et des éléments s'ajoute l'influence de l'averroïsme qui, présent à la faculté des Arts de Paris dans les dernières décennies du XIIIe siècle, gagne en importance dans l'Italie du siècle suivant[132]. Le rapport du milieu médical à l'aristotélisme averroïsant qui marque les bassins bolonais et padouans du XIVe siècle fait toujours débat, et nécessite sans doute une réponse différenciée selon les auteurs[133].

La question des degrés des formes élémentaires témoigne à tout le moins d'une inflexion à Bologne en direction de la doctrine d'Averroès. Cette transition est progressive. Thaddée Alderotti, comme souvent, proposait une réponse intermédiaire au problème, refusant la persistance substantielle des formes mais acceptant l'actualité des éléments selon leur opération[134]. Thaddée acceptait en un certain sens l'identification des formes substantielles élémentaires à leurs qualités. Les qualités élémentaires sont formes substantielles en tant que les éléments sont considérés comme agissant ou pâtissant. Elles sont accidents quand les éléments sont mis en rapport aux substances complètes dans lesquelles ils s'insèrent[135]. Pierre d'Abano répond plus franchement à la question en s'opposant à la position de Thaddée, tout en refusant la solution d'Averroès, pour défendre une permanence simplement potentielle des éléments dans le mixte[136]. Torrigiano, quant à lui, refuse l'assimilation de la *complexio* à une forme substantielle[137], qu'il analyse comme une qualité du mixte résultant d'une contraction des quatre éléments[138]. Le terme de

---

132   Sur la consolidation d'un enseignement philosophique spécifique autour des maîtres bolonais, voir C. Casagrande, G. Fioravanti (eds.), *La filosofia in Italia al tempo di Dante* (Bologna : Il Mulino, 2017).

133   Nardi considère Thaddée Alderotti comme un des inspirateurs directs de l'averroïsme qui se développera quelques années après sa mort à Bologne ; voir B. Nardi, « L'Averroismo bolognese nel secolo XIII e Taddeo Alderotto », dans *Rivista di storia della filosofia* 4(1949), p. 11–22, de même M. Grabmann, *Mittelalterliches Geistesleben* (München : Max Hueber Verlag, 1957), vol. 3, p. 197–212. Siraisi estime pour sa part négligeable l'influence de l'averroïsme sur l'école de Thaddée ; voir *Taddeo Alderotti and His Pupils*, p. 177. Sur le cas d'un penseur plus indépendant comme Pierre d'Abano, voir, récemment, A. Robert, « Pietro d'Abano et le matérialisme », dans T. Suarez-Nani, A. Paravicini Bagliani (eds.), *Materia. Nouvelles perspectives de recherche dans la pensée et la culture médiévales (XIIe–XVIe siècles)* (Firenze : SISMEL – Edizioni del Galuzzo, 2017), p. 217–250.

134   Thaddée Alderotti, *In Isagogarum libellum*, f. 345rb : *Ad hoc dico quod elementa possunt considerari dupliciter : uno modo quantum ad substantiam et ad esse distinctum, et hoc modo sunt in elementato potentia et non actu ; alio modo considerantur quantum ad suam operationem, et hoc modo sunt in eis actu.*

135   Thaddée Alderotti, *In Isagogarum libellum*, f. 345ra–345rb.

136   Pierre d'Abano, *Conciliator*, diff. 16, f. 21vb–24rb ; voir Robert, « Pietro d'Abano et le matérialisme », p. 222–227.

137   L'intensibilité de la complexion prouve qu'elle n'est pas une forme substantielle, puisque ce type de forme est incapable d'une telle variation ; cf. Torrigiano, *Plusquam*, II, com. 12, f. 31va.

138   Torrigiano, *Plusquam*, I com. 15, f. 11vb.

contraction traduit l'idée que les éléments ne disparaissent pas *simpliciter* dans le mixte. Certes, si les formes n'étaient pas atténuées, le mixte contiendrait plusieurs formes substantielles au même endroit, ce qui est impossible, alors que si elles demeuraient en acte en des lieux distincts, le mixte comme tel n'existerait pas[139]. Plus explicite que Thaddée sur son point, Torrigiano rejette l'identification des éléments à leurs qualités. En revanche, la thèse averroïste d'une atténuation des formes substantielles dans le mixte est sévèrement critiquée. La conséquence qu'elle entraîne, celle d'un mode d'être intermédiaire entre substances et accidents, est absurde : un tel intermédiaire ne saurait davantage exister qu'un intermédiaire entre l'affirmation et la négation[140].

La permanence des éléments dans le mixte est un sujet fréquent durant la première moitié du XIVe siècle au sein du *studium* bolonais. Elle est abordée par Gentile da Cingoli, élève de Thaddée Alderotti, qui semble inaugurer ou au moins inspirer les nombreuses questions disputées sur le problème à la croisée de la médecine et de la philosophie. Médecin formé à Paris dans les deux dernières décennies du XIIIe siècle, vecteur de transmission important de la tradition modiste, Gentile da Cingoli est actif à Bologne au début du XIVe siècle[141]. Ayant reçu à la faculté des Arts l'enseignement de Boèce de Dacie et de Gilles d'Orléans, adhérant tous deux à des thèses averroïstes, Gentile da Cingoli compose une question sur la permanence des éléments dans le mixte contenant tout à la fois l'héritage des maîtres parisiens et le germe des positions appelées à se développer à Bologne.

La question de Gentile est moins intéressante pour sa solution que pour l'herméneutique des positions antérieures qu'elle propose. Sa réponse s'oppose officiellement à celle d'Averroès, et s'avance comme une *précision* de la position de Thomas d'Aquin, qui avait été endossée par Boèce de Dacie et Gilles d'Orléans[142]. Gentile accorde pourtant davantage aux intuitions d'Averroès que les termes de sa réponse ne le laissent supposer. Il affirme que les

---

139 Torrigiano, *Plusquam*, I com. 15, f. 11vb–12rb.
140 Torrigiano, *Plusquam*, I com. 15, f. 12rb.
141 Sur l'auteur, voir M. Grabmann, *Gentile da Cingoli, ein italienischer Aristoteleserklärer aus der Zeit Dantes* (München : Verlag der Bayerischen Akademie der Wissenschaften, 1941) ; L. Marchegiani, « Gentile da Cingoli tra aristotelismo e averroismo », dans *Annali della Facoltà giuridica di Camerino* 36(1970), p. 81–131.
142 Boèce de Dacie, tenant pour l'unité de la forme (voir *Quaestiones de anima*, ed. R. Wielockx (Hauniae : Librarium Universitatis Austro-Danicae, 2009), II, q. 7, p. 125–126), refuse une interprétation gradualiste de l'embryogenèse (*Quaestiones de anima*, II, q. 19), tout comme l'idée de formes inchoatives ou de degrés formels (*Quaestiones super libros Physicorum*, ed. G. Sajó (Copenhagen : Gad, 1974) p. 194). Gilles d'Orléans refuse de même l'intension des formes substantielles ; voir Gilles d'Orléans, *Quaestiones super De generatione et corruptione*, ed. Z. Kuksewicz (Amsterdam / Philadelphia : B. R. Grüner, 1993), I,

éléments ne demeurent pas sous une forme totalement actuelle dans le mixte – point partagé par Thomas d'Aquin et Averroès. Tout en admettant le principe de la solution thomiste, Gentile relève que la disparition pure et simple des éléments ne permet pas de faire sens de l'idée de mixte, qui ne saurait concerner uniquement les qualités[143]. L'action persistante des qualités dans le mixte n'est explicable qu'à la condition de prendre en compte l'agent qui véhicule leur puissance, dont la présence est justement appelée *virtuelle*[144]. Gentile envisage cependant le statut du mixte d'après le modèle uniciste de la pluralité des puissances psychiques : de la même manière que l'âme sensitive comprend les puissances végétatives, et que le rectangle contient le triangle, la forme du mixte contient virtuellement les formes élémentaires inférieures[145]. Gentile censure dès lors moins le fond que la forme des conclusions du Commentateur : « Et per consequens opinio Commentatoris, ut verba videntur sonare, non valet, licet, si predicta opinio bene intelligatur, vera sit [...] ».

Dûment interprétée, c'est-à-dire purgée de l'idée incohérente d'un mode d'être intermédiaire entre substance et accident, l'opinion d'Averroès revient à la thèse correcte d'une persistance atténuée des éléments. Du fait de leur indivisibilité, les formes substantielles élémentaires ne peuvent pas constituer une forme intermédiaire, à la manière des qualités contraires[146] :

> Similiter in formis accidentalibus hoc accidit, sicut ex albo et nigro etc. Conveniunt cum formis accidentalibus quia ex eis fit una forma media per hoc quod excellentie extremorum qualitatum remittuntur secun-

---

q. 16, p. 65, l. 4–8 ; les formes élémentaires se corrompent en constituant le mixte, *op. cit.*, p. 173.

143   Les références renvoient à l'édition de G. Fioravanti, « La *Quaestio de mixtione elementorum* di Gentile da Cingoli », dans A. Civello (ed.), *Società Natura Storia. Studi in onore di Lorenzo Calabi* (Pisa : Edizioni ETS, 2015), p. 41–62, ici p. 52 : *Sed positio ista non videtur sufficiens, quia non videtur ponere mixtionem nisi in qualitatibus ; sed sicut se habet qualitas mixti ad qualitatem elementorum, sic forme substantiales mixti ad formas substantiales elementorum se habent ; ergo sicut est mixtio ex parte qualitatis, ita debet esse mixtio ex parte forme substantialis* ; voir le commentaire de Fioravanti, « La *Quaestio de mixtione elementorum* », p. 43–44.

144   Gentile da Cingoli, *De mixtione elementorum*, p. 53 : *Item, qualitas ipsa non habet ex se esse, sed semper consequitur formam substantialem entis in quo est sicut propriam causam, dummodo non causatur ab extrinseco aliquo accidenti, et ideo qualitas mixti consequitur formam mixti sicut propriam causam ; ergo, cum forma mixti producat qualitatem que habet in se qualitates elementorum, oportet quod habeat in se formas substantiales eorumdem, aliter non produceret qualitatem talem, sicut aqua non producit qualitatem ipsius ignis. Item, ut ipsi dicunt, et bene, agit virtute forme substantialis, et ideo qualitas mixti agit in virtute forme substantialis mixti.*

145   Gentile da Cingoli, *De mixtione elementorum*, p. 53.

146   Gentile da Cingoli, *De mixtione elementorum*, p. 55.

dum gradus ita quod formaliter recipiunt magis et minus. Sed ex formis substantialibus elementorum non fit una forma media quia in indivisibili consistunt, ut prius est probatum, et ideo nec magis nec minus suscipiunt secundum gradus.

En ceci, les formes substantielles des éléments se rapprochent des formes mixtes, bien que leur mode d'être atténué dans le mixte les apparentent aux qualités[147]. La simple concession que la conclusion de Gentile fait à Averroès, maladroit dans sa manière d'exprimer la chose, conduit en fait à la position même du Cordouan, dont il avalise officieusement la doctrine, en dissociant les concepts d'atténuation et d'intermédiarité. La position de Gentile annonce sur ce point les licences moins timorées de ses successeurs au *studium* bolonais à l'endroit des axiomes associés à l'hylémorphisme d'Aristote.

Abordant le même problème peu après Gentile da Cingoli, Antoine de Parme (†1327) incarne de façon exemplaire la figure du médecin-philosophe qui caractérise le contexte italien de la première moitié du XIVe siècle. Auteur de questions sur les œuvres d'Aristote, il compose un commentaire sur le premier livre du *Canon* d'Avicenne entre 1310 et 1323, et de nombreuses questions médicales[148].

Magister au *studium* bolonais en 1306, Antoine de Parme défend sans ambages dans l'une de ses questions sur le *De generatione* la position averroïste de la permanence des éléments dans le mixte[149]. La plus grande partie de sa question est consacrée à répondre aux objections suscitées par la thèse d'un état intermédiaire des éléments entre substance et accident. Les éléments envisagés en

---

147   Gentile da Cingoli, *De mixtione elementorum*, p. 55.
148   D. Calma, *Études sur le premier siècle de l'averroïsme latin : approches et textes inédits* (Turnhout : Brepols, 2011), p. 313–331 ; Chandelier, *Avicenne et la médecine en Italie*, p. 122–125. ; Z. Kuksewicz, *De Siger de Brabant à Jacques de Plaisance. La théorie de l'intellect chez les averroïstes latins des XIIIe et XIVe siècles* (Wrocław : Ossolineum / Éditions de l'Académie Polonaise des Sciences, 1968), p. 148–149.
149   Antoine de Parme, *Questiones super De generatione et corruptione*, q. 7, ed. G. Fioravanti, dans « Antonio da Parma e la *mixtio elementorum* », dans L. Bianchi, O. Grassi, C. Panti (eds.), *Edizioni, traduzioni e tradizioni filosofiche (secoli XII–XVI). Studi per Pietro B. Rossi*, Volume II (Canterano : Aracne, 2018), p. 392 : *Et secundum istum modum verum est dicere quod elementa quodammodo sunt salvata in mixto et quodammodo corrupta. Nam non manent in mixto sub actu puro ita quod forme elementorum nullo modo sint corrupte, ymmo quantum ad hoc esse sunt corrupta, non tamen sunt simpliciter corrupte, ut ponit Thomas, quod tantum salventur in mixto secundum qualitates ipsorum, sed sunt in mixto sub esse inter actum purum et potentiam puram. Nam forma mixti est quedam perfectio media constituta ex formis elementorum, in qua perfectione sunt elementa ac si actus ipsorum sint refracti et transformati.*

eux-mêmes n'ont pas de figure déterminée, contrairement aux mixtes, ce qui les expose à des variations dans leur substance même – d'où Antoine estime pouvoir tirer que la non-intensibilité des figures, qualités de quatrième espèce d'après la classification des *Catégories*, caractérise également les mixtes[150]. Dans la mesure où un auteur aussi influent que Thaddée de Parme s'y opposera directement, il serait exagéré de voir dans la thèse d'Antoine de Parme l'affirmation officielle d'une position appelée à faire autorité chez les philosophes formés à Bologne au début du *Trecento*. Il reste que la distanciation vis-à-vis de la position thomiste marque une franche adhésion à celle du Commentateur.

3.2 *Les questions disputées du* studium *bolonais*
3.2.1 L'influence de Jean de Jandun

Ce mouvement favorable aux thèses averroïstes sur le mixte est aussi redevable à la réception des œuvres de Jean de Jandun (†1328). Maître ès arts à Paris au début du XIVe siècle, ses œuvres et ses idées migrent à Bologne dans les années 1320[151]. L'évaluation des théories élaborées à Bologne nécessite de les mettre en rapport à celles de Jean de Jandun, qui avait amendé la doctrine d'Averroès concernant la manière d'envisager le nombre et la structure des formes.

Jean s'écarte d'Averroès par son adhésion à un pluralisme accepté par nombre d'auteurs de son époque, mais étranger à la doctrine du Commentateur (si l'on excepte le cas limite des éléments)[152]. Il fait droit à l'idée de dimensionnalité indéterminée d'Averroès, qui confère un statut corporel à la matière. Au sein même de l'âme se distinguent plusieurs formes, dans la mesure où la végétative apparaît avant et prépare la sensitive, qui elle-même dispose à

---

150   Antoine rappelle sa théorie des éléments pour justifier sa conception des facultés psychiques. Refusant une distinction réelle entre l'âme et ses puissances, il explique la diversité des opérations d'un seul et même organe, contre l'objection que de l'un ne provient que l'un, par la présence plurielle des formes élémentaires qu'il contient. Voir Antoine de Parme, *Utrum virtus sive potentia anime sit idem cum anima*, dans G. Fioravanti (ed.), « La Questio utrum virtus sive potentia anime sit idem cum anima di Antonio di Parma », dans C. Panti, N. Polloni (eds.), *Vedere nell'ombra, Studi su natura, spiritualità e scienze operative* (Firenze : SISMEL – Edizioni del Galluzzo, 2018), p. 299–314, ici p. 310–311.

151   Pour un aperçu de la place occupée par Jean de Jandun dans le contexte universitaire de l'époque, voir C.J. Ermatinger, « John of Jandun in his Relations with Arts Masters and Theologians », dans *Arts libéraux et philosophie au Moyen Âge*, p. 1177–1184 ; J.-B. Brenet, *Transferts du sujet : la noétique d'Averroès selon Jean de Jandun* (Paris : Vrin, 2004), p. 11–32.

152   Z. Kuksewicz, « The Problem of Walter Burley's Averroism », dans A. Paravicini Bagliani, A. Maierù (eds.), *Studi sul XIV secolo in memoria di Anneliese Maier* (Roma : Edizioni di Storia e Letteratura, 1981), p. 370 ; J.-B. Brenet, « Âme intellective, âme cogitative : Jean de Jandun et la *duplex forma propria* de l'homme », dans *Vivarium* 46(2008), p. 318–341.

la cogitative[153]. Une des raisons sous-tendant la thèse de Jean est celle d'un réalisme sémantique indexant les termes essentiellement prédiqués à autant d'attributs correspondants dans les choses : toute dénomination essentielle s'effectue en vertu d'une forme inhérant au composé.

Dans ses *Questions sur la Métaphysique*, Jean fonde cette position en abordant le problème général de la composition des espèces à partir de leur genre et de leur différence. Il y oppose une position conceptualiste, pour laquelle il n'y a aucune composition réelle, à une position modérée mais reconnaissant uniquement une composition de *formalitates*[154]. Jean renvoie dos-à-dos ces deux opinions, en postulant une composition réelle antérieure à l'intellect, qui ne concerne pas seulement la substance mais aussi les autres catégories comme les qualités. Pour l'ensemble de ces entités, les prédicats attribuables au sujet d'un point de vue logique reflètent une composition *in re*, bien que genre et différence constituent une seule nature par soi[155].

Jean se montre en revanche fidèle à Averroès à propos de l'intension des formes. Il n'affiche pas de réticence particulière à penser les formes substantielles élémentaires comme susceptibles de variation[156]. Deux points doivent être ici notés : d'une part, Jean n'étend toutefois pas la thèse aux formes composées[157] ; d'autre part, il expose une interprétation spatialisante de la thèse averroïste. Un des arguments en sa faveur consiste en effet à dire qu'un feu peut perdre une de ses parties et *ainsi*, admettre le plus ou moins[158]. Ce positionnement associant étroitement degrés et partibilité extensive est important : plusieurs auteurs bolonais sur lesquels on peut supposer son influence reprendront cette idée rejetée, quelques années auparavant, par des penseurs « averroïstes » comme Boèce de Dacie ou Gilles d'Orléans.

---

153 Jean de Jandun, *Quaestiones in duodecim libros metaphysicae* (Venise : Heredes Octaviani Scoti, 1525), II, q. 10, f. 30vb–34vb ; *Quaestiones in libros physicorum Aristotelis* (Venise : Hieronymus de Sanctis et Johannes Lucilius Santritter pour Petrus Benzon et Petrus Plasiis, 1488), VI, q. 8, f. 115va–121ra.

154 Jean de Jandun, *Quaestiones in libros metaphysicae*, V, q. 34, f. 73va–76ra.

155 Jean de Jandun, *Quaestiones in libros metaphysicae*, V, q. 34, f. 75rb ; VII, q. 23, f. 103rb.

156 Jean de Jandun, *Quaestiones in libros metaphysicae*, V, q. 6, f. 60ra ; VIII, q. 5, f. 109rb–109vb ; *Quaestiones super III libros de anima* (Venise : Apud Hieronymum Scotum, 1552), II, 2, f. 19raC. Voir Maier, *An der Grenze*, p. 42–43.

157 Jean de Jandun, *Quaestiones in libros metaphysicae*, VIII, q. 5, f. 109vb : *Notandum quod formae sustantiales mixtorum non suscipiunt magis et minus, quia habent consistentiam et proportionem determinatam in materia et indivisibilem*.

158 Jean de Jandun, *Quaestiones in libros metaphysicae*, VIII, q. 5, f. 109va–vb.

3.2.2 De Paris à l'Italie - Thaddée de Parme

L'averroïsme décline à Paris après 1320, mais sa diffusion au sein des centres d'études italiens marque l'entame d'un nouveau développement de ce courant[159]. Bien que l'importance historique de ce moment dans l'histoire de l'averroïsme latin, de sa première vie parisienne à celle qu'il connaîtra à la Renaissance, ait pu être discutée, son influence sur la philosophie naturelle italienne de la première moitié du XIVe siècle est nette[160]. L'éternité du monde continue de faire l'objet de vives discussions, mais l'on s'intéresse aussi à la constitution particulière des êtres naturels, et au détail de la structure du sensible. Les commentaires au *De anima* demeurent l'occasion privilégiée de discuter le nombre des formes substantielles et l'hypothèse d'une forme de corporéité, mais les questions disputées entre les années 1320 et le début des années 1350 au sein du *studium* bolonais conduisent surtout à aborder les degrés des formes sous l'angle plus pratique d'une « philosophie appliquée » nourrie de réflexions médicales. La conduite de ces discussions, enrichie par la connaissance des travaux de Jean de Jandun, en complique aussi certains motifs.

Une question disputée en 1321 à propos de la permanence des éléments dans le mixte marque ainsi la distance de Thaddée de Parme vis-à-vis de Jean de Jandun, en dépit de leur proximité sur le statut de l'intellective[161]. Après avoir souligné la difficulté de la question, Thaddée procède à des distinctions permettant d'approcher la réponse qu'il juge probable, peut-être influencée par Pierre d'Abano[162]. Les formes substantielles supérieures sont incapables de plus ou de moins, comme l'ensemble des formes ayant atteint leur degré

---

159 Voir Z. Kuksewicz, « Some Remarks on Erfurt Averroists », dans *Studia Mediewistyczne* 32(1997), p. 93–121.

160 A. Maier, « Die Struktur der materialen Substanz », dans *An der* Grenze, p. 1–140. Sur l'histoire générale et pour une présentation globale du courant, citons Kuksewicz, *De Siger de Brabant*; C.J. Ermatinger, « Averroism in Early Fourteenth Century Bologna », dans *Mediaeval Studies* 16(1954), p. 35–56 ; D. Calma, E. Coccia (eds.), *Les sectatores Averrois. Noétique et cosmologie au XIIIe siècle–XIVe siècle, Freiburger Zeitschrift für Philosophie und Theologie* 53(2006) ; P. Marangon, *Alle origini dell'aristotelismo padovana (sec. XII–XIII)* (Padova : Editrice Antenore, 1977).

161 Thaddée de Parme, *Utrum elementa sub formis propriis maneant in mixto*, ed. G. Fioravanti, dans *Archives d'Histoire Doctrinale et Littéraire du Moyen Âge* 83(2016), p. 149–210. Pour une appréciation de ce point dans la philosophie de Thaddée de Parme, voir V. Sorge, *Profili dell'averroismo bolognese. Metafisica e scienza in Taddeo da Parma* (Napoli : Luciano Editore, 2001), p. 134–139.

162 Voir Fioravanti, qui compare le texte de la *quaestio* de Thaddée à un passage parallèle du *Conciliator* (*op. cit.*, p. 156–159).

maximal de perfection[163]. Néanmoins, si les formes ne sauraient demeurer en acte sous leur perfection maximale dans le mixte, les éléments comme leurs accidents y subsistent *virtute*[164]. Il n'y a pas de gradation des formes en tant que telles, mais il existe des degrés d'être intermédiaires entre l'actualité et la pure puissance ; pas de formes atténuées, mais un type d'être intermédiaire[165]. L'idée d'une certaine permanence des formes dans le mixte s'appuie sur une clé conceptuelle : la distinction entre *esse virtuale* et *esse formale* de la forme. Si elle ne reste pas dans le mixte selon le deuxième type d'être (*esse formale*), qui se corrompt par la confrontation aux formes contraires, la forme élémentaire demeure dans le mixte selon son être virtuel[166] :

> Et similiter forma substantialis ipsius elementi habet duplex esse : unum primum formale potest constituere aliquam substantiam actu sub specie elementi, et forma quoad tale esse dicitur forma propria, cum talis forma secundum istud esse in substantia alia non inveniatur ; aliud esse habet virtuale tamquam partem sui quo seorsum substantiam non constituit actu sub specie ; et licet istud esse primum sit pars forme elementi et propter hoc dicitur esse eius, potest tamen esse pars forme mixti consequentis formam elementi.

La question de la génération des formes durant l'embryogenèse permet à Thaddée de réfuter des arguments par analogie voulant établir l'existence d'un *mouvement* dans la substance. Évoquant la discussion du problème par Grosseteste, Thaddée rejette l'idée que la substance engendrée reçoit une même forme progressivement : toute partie de la forme est acquise instantanément, bien que les dispositions préparant cette acquisition soient une altération, donc un mouvement[167]. Les dispositions acquises progressivement par un organisme venant à l'être se maintiennent de la même manière selon un être virtuel.

La position de Thaddée de Parme représente donc une tentative de préciser la thèse qui, depuis Thomas d'Aquin et Duns Scot, s'était imposée comme

---

163 Thaddée de Parme, *Utrum elementa maneant in mixto*, p. 182, l. 1–10.
164 Thaddée de Parme, *Utrum elementa maneant in mixto*, p. 179, l. 3–6 : *Dico ergo sine preiudicio revocandi quotiescumque michi aliquid apparet, duo ad questionem : primo quod elementa sub propriis formis per se non manent in mixto ; secundo dico quod in mixto per se remanent in virtute.*
165 Thaddée de Parme, *Utrum elementa maneant in mixto*, p. 182–186, pour la réfutation de différentes versions de l'être diminué des formes élémentaires.
166 Thaddée de Parme, *Utrum elementa maneant in mixto*, p. 202–203, l. 34–2.
167 Thaddée de Parme, *Utrum elementa maneant in mixto*, p. 184.

l'opinion commune des docteurs. Comme ces derniers, il cherche à penser un statut intermédiaire entre actualité et potentialité pour la forme élémentaire. Il estime aussi que la solution des *formae remissae* ou *refractae* n'est pas la plus à même de mener à bien cette tâche. Son élucidation du statut des formes atténuées passe par une caractérisation de l'*esse virtuale* de prime abord similaire à celle de Thomas d'Aquin. Cependant, tandis que chez ce dernier, l'adverbe « *virtute* » signifiait une puissance restant attachée au mixte après la corruption de son constituant, Thaddée entreprend de le définir comme un intermédiaire entre l'*esse formale* et l'*esse potentiale*[168]. La forme élémentaire atténuée n'est plus *formaliter* dans le mixte, mais elle n'y est pas non plus selon le simple *esse potentiale*, dans la mesure où celui-ci est l'être en puissance que toute forme possède dans la matière[169]. La présence *virtute* de la forme dans le mixte n'est pas un être en puissance, mais se situe entre l'être formel et l'être potentiel.

3.2.3   Anselme de Côme et Cambioli de Bologne

La position de Thaddée de Parme sur le mixte n'exprime guère un *credo* commun aux différents acteurs de la scène intellectuelle italienne. Elle atteste en revanche d'une cristallisation du problème au niveau de la relation entre intension des formes substantielles et présence « virtuelle » des éléments dans le mixte. Thaddée de Parme refuse la première idée pour éclaircir le sens à donner à la seconde, au moyen d'une différence entre être virtuel et être possible.

Cette différence dut sembler quelque peu contournée à Anselme de Côme, maître à la faculté des Arts de Bologne après 1325, qui souligne la confusion du vocabulaire de Thaddée[170]. L'adhésion d'Anselme de Côme à la conception averroïste des éléments est marquée par le statut d'entités concrètes qu'il leur attribue. Il rejette l'idée que seules les formes substantielles élémentaires *in concreto* sont susceptibles d'*intensio*. Une divisibilité intensive de la forme *in abstracto* doit être reconnue pour expliquer l'intensification des corps quand ils sont entièrement qualifiés du point de vue de l'extension.

---

168   Thaddée de Parme, *Utrum elementa maneant in mixto*, p. 186–187, l. 35–6 : *Elementa sunt et manent sub eorum esse formali alico modo in mixto* […], *sed non manent sub eorum esse formali* […], *nec manent sub eorum esse pure potentiali quia isto modo unum elementum est in alio et alio modo manent in mixto quam in se invicem,* […] *quare manent in esse medio inter esse formale et omnino potentiale ; sed hoc est remanere virtute ut posterius apparebit.*
169   Thaddée de Parme, *Utrum elementa maneant in mixto*, p. 187, l. 6–12.
170   Anselme de Côme, *De intensione et remissione formarum*, dans Z. Kuksewicz (ed.), *Averroïsme bolonais au XIVᵉ siècle* (Wrocław : Ossolineum / Éditions de l'Académie Polonaise des Sciences, 1965), p. 11–21.

Le caractère concret des formes que suppose la conception d'Anselme est manifeste dans la réponse qu'il offre à une objection relevée contre sa position. La pluralité de degrés impliquée par la divisibilité des formes entraînerait que plusieurs formes en acte co-existent au sein d'un même sujet, alors qu'un sujet ne saurait être composé que par un seul acte. En guise de réponse, Anselme assume totalement l'aspect compositionnel que cette partibilité implique[171]. Les degrés d'une forme sont réellement distincts : tout comme un même sujet peut comporter plusieurs formes accidentelles spécifiquement distinctes, il peut contenir plusieurs degrés ou parties de la forme. Cette concrétude des formes intensives divisibles au sein du sujet est ainsi préférée aux théories « participatives » des phénomènes intensifs, dont Anselme ne fait pas grand cas puisqu'elles reconduisent selon lui à une distinction entre l'être et l'essence[172].

Du point de vue du mixte proprement dit, l'opinion de Thaddée de Parme n'est néanmoins pas sans valeur. Alors que Thaddhée définissait le statut des éléments comme intermédiaire entre *esse formale* et *esse potentiale*, Anselme choisit une autre distinction : il y a présence *formaliter* de la forme, mais non pas *actualiter*. Il n'y a pas là contradiction : les formes persistent de manière atténuée ou réfractée. L'adverbe *formaliter*, qui échappe au partage strict entre actualité et potentialité, signifie ici la persistance effective de la forme. Cette nuance permet en tout cas d'éviter le vocabulaire de Thaddée, qui refusait la permanence de l'être formel de la forme et, en lui accordant trop peu, échouait à cerner son véritable mode d'être[173].

La discussion du mode de persistance des éléments dans le mixte par Anselme de Côme témoigne de la vivacité des débats sur le sujet. Anselme s'applique ainsi à réfuter une opinion, attribuée à Matthieu de Gubbio, selon laquelle le mixte des éléments reposerait sur une co-extension particulière

---

171 Anselme de Côme, *De intensione et remissione formarum*, p. 15, l. 17–18 : [...] *Unde ibi possunt esse plures partes forme cedentes in unam formam totalem*. La partibilité des formes substantielles apparaît dans une question discutée sur le mode d'assimilation de l'aliment par l'organisme, cf. Anselme de Côme, *Utrum in conversione alimenti in nutrimentum acquiratur aliqua nova forma in materia alimenti*, dans Kuksewicz, *Averroïsme bolonais au XIV*[e] *siècle*, p. 62–72.

172 Anselme de Côme, *De intensione et remissione formarum*, p. 16–17.

173 Anselme de Côme, *De mixtione elementorum*, a. 2, dans Kuksewicz, *Averroïsme bolonais au XIV*[e] *siècle*, p. 21–45, ici p. 34, l. 8–20 : *Si est ipsa forma substantialis elementi et manet in mixto, habetur intentum. Et si dicas, quod est pars forme, tunc etiam habeo intentum, quia illas partes forme voco gradus, quorum unus manet in mixto, alter non, et tu vocas virtuale et formale, sed de nominibus nolo contendere.* [...] *Elementa manent formaliter in alteratione, qua unum elementorum alteratur ad aliud, ergo manent in mixto formaliter.*

de ceux-ci au sein du corps, opinion qu'il déclare être fameuse à Bologne[174]. Impopulaire en contexte aristotélicien, le point de vue attribué à Matthieu de Gubbio rappelle le troisième de type de κρᾶσις distingué par Chrysippe, d'après le témoignage célèbre du *De mixtione* d'Alexandre d'Aphrodise. Selon ce qu'en rapporte Anselme, ce point de vue se justifierait en assimilant forme numérique et forme du mixte. La forme du mixte – unique et unifiée – peut bien informer plusieurs éléments demeurant simplement juxtaposés en une configuration particulière au sein du corps, comme le confirment les formes numériques : le nombre dix est une forme commune aux choses qu'il permet de dénombrer, bien que ces choses soient distinctes. L'argument n'est toutefois pas valable, selon Anselme, car la forme numérique, qui a bien des parties correspondant à chaque individu distinct, ne se trouve pas en chaque individu, à la différence de la forme du mixte[175].

Cambioli de Bologne, actif vers 1330, prend parti comme Anselme de Côme en faveur de l'intensibilité des formes substantielles[176]. Les raisons qu'il avance sont empiriques : reprenant l'idée que l'intensification des qualités élémentaires ne peut être due qu'à celle de leur forme, Cambioli souligne l'incongruité de la génération des éléments dans l'hypothèse où l'on n'admet pas une telle intension. Une eau s'approchant de son point d'ébullition du fait de l'augmentation de sa chaleur se corrompt soudainement quand elle l'atteint. Sans la prise en compte de l'atténuation de la forme aqueuse sous l'effet de l'échauffement, la chaleur de l'air engendré par son évaporation apparaît miraculeuse. Une inférence à la meilleure explication permet de déduire que la même forme n'était plus, au terme d'un certain mouvement, au degré d'actualité assurant le maintien de ses qualités propres (le froid et l'humidité). La thèse est étendue aux formes supérieures, en l'occurrence les formes végétatives. La divisibilité des formes substantielles est empiriquement constatable d'après Cambioli, comme le prouve une simple branche, vivante à un endroit, mais déjà morte à un autre. Bien que cet exemple porte sur une divisibilité extensive (plus qu'intensive), il montre selon Cambioli que toute forme vivante est divisible et composée de parties. Son vocabulaire, d'ailleurs, présente la même souplesse que celui d'Anselme de Côme, évoquant indifféremment les « parties », les « degrés » d'une même forme voire plusieurs « formes »[177].

---

174   Anselme de Côme, *De mixtione elementorum*, a. 2, p. 36–38.
175   Anselme de Côme, *De mixtione elementorum*, a. 2, p. 37.
176   Sur cet auteur, déjà recensé par Maier (*Die vorläuger Galileis*, p. 264–265), cf. Calma, *Études sur le premier siècle*, p. 213sq, qui retrace la filiation vis-à-vis d'Antoine de Parme et de Siger de Brabant.
177   Cambioli de Bologne, *Utrum forma substantialis suscipiat magis et minus*, dans Kuksewicz, *Averroïsme bolonais au XIVe siècle*, p. 158–170, ici p. 164, l. 32–34 : *Experientia docet, quod*

À la différence de ses contemporains, Matthieu de Gubbio exprime des réticences à appliquer le vocabulaire des degrés aux formes matérielles, qu'il paraît concevoir de manière plus rigide. Il ne mentionne la notion de degrés à propos des formes supérieures que pour désigner l'opinion d'adversaires qu'il réfute : l'intellect et l'étagement des formes ne peuvent pas être compris en ces termes, que cela soit d'un point de vue matérialiste, à la manière d'Alexandre d'Aphrodise, ou de ceux posant des degrés perfectionnels internes aux formes en tant que telles[178]. Il n'est pas exclu que l'adoption par Matthieu de Gubbio d'une théorie de l'*intensio* en termes de mélange ait à voir avec une certaine suspicion à l'égard de la notion de degré, même si le détail de ses vues nous fait défaut. Des indications nous sont toutefois fournies à ce propos dans son commentaire au *De anima*. À l'objection selon laquelle l'âme humaine n'informe pas directement le corps, puisque les formes des éléments et celle du mixte y subsistent, Matthieu concède ce point, mais refuse la conclusion[179]. Selon lui, les formes élémentaires subsistent bel et bien dans le mixte mais leur caractère inférieur rend l'objection non-pertinente. La forme du mixte, quant à elle, est identique à ces formes élémentaires ou, du moins, ne leur ajoute strictement rien[180].

En résumé, l'examen des positions d'Antoine de Parme, Cambioli de Bologne et Anselme de Côme, plus encore que celle de Gentile da Cingoli, témoignent d'un ralliement à la thèse averroïste d'une atténuation des éléments, à laquelle avait aussi souscrit Jean de Jandun. Leur point commun est d'asseoir leur argumentaire sur le principe d'un parallélisme entre puissance des éléments et qualités propres : les qualités n'auraient pas d'intensités distinctes si les éléments qui les portent n'étaient pas eux-mêmes sujets à variation. L'exception que représente Matthieu de Gubbio ne semble pas exprimer l'attachement à une orthodoxie aristotélicienne supposément réfractaire au point de vue d'Averroès, mais confirme plutôt une approche empirique du problème, qui écarte la compréhension aristotélicienne de la *mixis* pour réduire le composé concret à une somme désignable comme « forme mixte ».

---

      in uno ramo continuo quandoque est anima vegetativa in parte una, et carentia anime vegetative in parte alia hoc autem non esset, nisi in illo ramo essent plures forme aut una forma habens gradus.

178 Matthieu de Gubbio, *Quaestiones de anima*, ed. A. Gishalberti (Milano : Vita e Pensiero, 1981), p. 179.

179 Matthieu de Gubbio, *Quaestiones de anima*, I, q. 2, p. 54–56.

180 Matthieu de Gubbio, *Quaestiones de anima*, I, q. 2, p. 55 : [...] *Forma mixti nichil addit supra formas elementorum. Sed tu dices : ergo saltim praesupponit formas elementorum. Dico quod istae formae sunt adeo vilissimae quod obtinent locum minorem respectu cuiuscumque entis.*

À côté de ces thèses associant degrés et pluralité des formes, on relèvera la présence – assez rare pour être soulignée – de développements sur une gradation des formes internes aux *accidents*, proposés par au moins deux averroïstes (anonymes) d'Erfurt probablement formés à Bologne[181], dont les questions furent éditées par Kuksewicz. Dans les deux cas, la distinction des différents prédicables d'un accident vaut preuve d'une pluralité interne de formes. L'un d'eux affirme nettement qu'à chaque moment logique de la décomposition prédicamentale de l'accident correspond une forme, suivant une correspondance forme/prédicat. Ce parallélisme prouve une composition dans l'accident de deux ou trois formes (blancheur, couleur et qualité) qui se retrouve chez les deux auteurs[182]. Cette curieuse thèse qui leur est commune suggère un contexte logique entourant les disputes sur le nombre des formes au sein du *studium* bolonais, conduisant à interroger la composition métaphysique des accidents du point de vue catégorial. Elle signale peut-être encore l'influence de la théorie de la vérifaction de Jean de Jandun. Sa théorie de l'abstraction, on l'a noté, impliquait la thèse d'une distinction *in re* des attributs signifiés par les intentions génériques et spécifiques, conformément à une sémantique réaliste présentant des affinités avec les thèses modistes qui marquent parallèlement l'enseignement des maîtres actifs au sein du bassin nord-italien[183]. Le

---

[181] Sur l'école d'Erfurt, voir S. Lorenz, *Studium Generale Erfordense : zum Erfurter Schulleben im 13. und 14. Jahrhundert* (Stuttgart : Hiersemann Verlag, 1989) ; S. Lorenz, « *Studium generale erfordense* : Neue Forschungen zum Erfurter Schulleben », dans *Traditio*, 46(1991), p. 261–289.

[182] Anonyme, *Commentarium super libros De anima*, dans Z. Kuksewicz, « *Commentarium super libros De anima* by an Anonymous Averroist of the Fourteenth Century Erfurt », dans *Studia Mediewistyczne* 17(1977), p. 5–122. Chez ce premier auteur, un argument *a fortiori* conclut de la gradation des formes interne à un accident individuel à la pluralité des formes substantielles interne à un composé substantiel. La première partie de l'argument remarque qu'un accident individuel se compose de plusieurs degrés formels réellement distincts (le genre généralissime de la *qualitas*, le genre subalterne de la couleur, et l'espèce spécialissime de la blancheur ; p. 81). Cette analyse fait écho au propos d'un autre anonyme édité par Z. Kuksewicz dans « Une question anonyme d'un averroïste du XIVe siècle sur la pluralité des formes » dans *Mediaevalia Philosophica Polonorum* 12(1967), p. 46–66. Refusant l'intension des formes substantielles (p. 61) et les formes partielles (p. 62), ce dernier admet deux formes internes aux accidents selon deux opérations dues à l'objet vu : permettre de distinguer et mouvoir la vision (*disgregare visum*, propre à l'espèce de l'accident, et *movere visum*, propre au genre de la couleur) ; p. 59.

[183] Voir ici R. Lambertini, « La teoria delle *intentiones* da Gentile da Cingoli a Matteo da Gubbio : fonti e linee di tendenza », dans D. Buzzetti, M. Ferriani, A. Tabarroni (eds.), *L'insegnamento della logica a Bologna nel XIV secolo* (Bologna : Istituto per la Storia dell'Università, 1992), p. 277–351. Sur les modèles ontologiques des modistes, cf. les travaux de J. Pinborg, « Speculative Grammar », dans Kenny, Kretzmann, Pinborg (eds.), *The Cambridge History of Later Medieval Philosophy*, p. 254–270 ; J. Pinborg, « Die Logik der

pluralisme maximal des formes rencontré chez plusieurs penseurs affiliés à la mouvance averroïste du premier quart du XIVe siècle apparaît ainsi redevable d'une conjonction doctrinale particulière : assurément, d'une adhésion à la théorie du mixte du Cordouan, couplée à une approche empiriste du composé substantiel et, peut-être, d'une certaine théorie de la signification conduisant à mutiplier les formes entendues comme parties intégrales et principes d'action de la substance.

3.2.4   Doxographies et synthèses par des médecins

La question de l'intensité des formes, vers le milieu du XIVe siècle, demeure discutée au sein de productions strictement médicales. La *Summa medicinalis* de Thomas de Garbo (†1370), achevée vers 1350, constitue une riche doxographie des discussions menées pendant un demi-siècle sur fond de rivalités universitaires, qui convoque philosophes et médecins les plus renommés de son époque[184]. La *Summa medicinalis* est un témoin précieux du matériau d'étude et des réseaux de communication inter-disciplinaire accessibles à un médecin qui, fils de Dino de Garbo, étudia auprès de Gentile da Foligno à Pérouse. Rédigées dans un style responsorial semblable aux questions disputées des facultés de théologie, ses réflexions sur les notions de degré, latitude et complexion représentent un compendium exemplaire de la théorie médicale du milieu du XIVe siècle. Sa *Summa* s'ouvre sur une élucidation philosophique des notions de mixte, d'éléments et de qualités, ainsi que du rapport qu'ils entretiennent[185], pour s'occuper peu après des relations entre *complexio* et *forma* et de l'unité du principe psychique.

Son traitement de la question du mixte témoigne d'une bonne connaissance des nombreuses opinions sur le sujet, quand bien même les auteurs ne sont pas nommés. Celles d'Avicenne, d'Averroès et d'autres théories anonymes déclinant différemment la persistance des éléments sont d'abord rejetées[186]. Une de ces opinions distingue en particulier deux actes distincts au sein de l'actualité de la forme. Un premier acte de la forme élémentaire confère la raison formelle ou l'espèce, alors qu'un second acte susceptible de mélange désigne la puissance de la forme (*actus potentie permixtus*). La forme ne demeure pas selon

---

Modistae », dans *Studia Mediewistyczne* 16(1975), p. 39–97 ; J. Pinborg, « Some Concepts of Logic and Grammar », dans *Revue internationale de philosophie* 113(1975), p. 286–296 ; cf. aussi I. Rosier-Catach, *La Grammaire spéculative des modistes* (Lille : Presses Universitaires de Lille, 1983).

184   Pour une présentation de cette figure, voir Park, *Doctors and Medicine in Early Renaissance Florence*, p. 202–211 ; Chandelier, *Avicenne et la médecine en Italie*, p. 248–255.
185   Thomas de Garbo, *Summa medicinalis* (Venise : Heredes Octaviani Scoti, 1531), I, 1, 1, f. 1vb.
186   Thomas de Garbo, *Summa medicinalis*, I, 1, 1, f. 1vb-2rb.

le premier sens de l'actualité, mais subsiste selon l'actualité mélangée de ses pouvoirs à ceux des autres[187]. Toutes ces opinions sont confuses selon Thomas de Garbo, qui pose une série de conclusions. Tout d'abord, la forme substantielle du mixte est une et unique ; elle est une essence simple[188]. La forme de complexion qui peut être dite qualité du mixte est une qualité dont l'essence est également simple. À proprement parler, les éléments ne sont pas dans le mixte. Selon une quatrième conclusion, il existe toutefois une plus grande convenance entre le mixte et les éléments qu'entre les éléments entre eux. Le mixte est un milieu entre plusieurs extrêmes, ce qui explique que l'on soit tenté d'y apercevoir une permanence en acte de ses constituants. Le recensement de ces positions est moins intéressant pour son originalité que pour la présentation des positions inventoriées. Il témoigne d'une maîtrise de débats désormais bien circonscrits, chez un auteur qui se prononce également, quoique de manière bien moins élaborée qu'Arnaud de Villeneuve, sur la quantification des remèdes composés[189].

Pour autant, l'exposé de Thomas de Garbo n'atteint pas l'exhaustivité du traité le plus important relatif à l'intensité des formes rédigé en contexte médical, soit le *De intensione et remissione formarum* de Jacques de Forlì (†1414), imprimé avec le *Tractatus secundus* de Burley et le *Traité des proportions* d'Albert de Saxe à la Renaissance[190]. Jacques de Forlì y passera en revue dans un style très scolaire les opinions les plus courantes au sujet des propriétés intensives[191]. L'un des traits les plus intéressants de l'ouvrage tient à ce qu'il convoque l'ensemble des problèmes concernant les propriétés intensives au XIVe siècle, à savoir son explication ontologique, les définitions de la santé du point de vue des latitudes, le problème de la réaction, mais aussi les questions métriques qui gagnent en importance au milieu du siècle : le problème de la

---

187 Thomas de Garbo, *Summa medicinalis*, I, 1, 1, f. 2rbH : *Unus simpliciter in quo salvatur ratio forme sive species, sive sit intensus, sive sit remissus. Et alius est actus potentie permixtus in quo non salvatur species forme, sive sit intensus, sive remissus, et iste potest vocari actus confusionis. Et tunc dicunt quod elementa manent in mixto in actu permixto potentie in quo non salvantur eorum specifice rationes et non in alio actu.*
188 Thomas de Garbo, *Summa medicinalis*, I, 1, 1, f. 2vbOP.
189 McVaugh, *The Mediaeval Theory*, p. 256–258.
190 Jacques de Forlì, *De intensione et remissione formarum* (Venise : Octavianus Scotus, 1496).
191 Voir S. Caroti, « La discussione sull'*intensio et remissio formarum* nelle università italiane (sec. XIV) », dans L. Bianchi, C. Crisciani (eds.), *Forme e oggetti della conoscenza nel XIV secolo : studi in ricordo di Maria Elena Reina* (Firenze : SISMEL – Edizioni del Galluzzo, 2014), p. 415–460 ; S. Caroti, « La *reactio* in Italia : Jacopo da Forlì », dans S. Caroti *et al.* (eds.), Ad ingenii acuitionem : *Studies in Honour of Alfonso Maierù* (Louvain-la-Neuve : Fédération Internationale des Instituts d'Études Médiévales, 2006), p. 13–38.

mesure des formes et des différentes conventions pour l'établir est envisagé tant pour le mouvement naturel que pour l'évaluation de la santé du corps. L'ouvrage de Jacques de Forlì offre un témoignage sans égal, de ce point de vue, de l'intrication des thèmes philosophiques et médicaux dans l'évolution de la quantification des intensités.

Ce panorama des vues entretenues par les « philosophes-médecins » actifs en Italie montre de quelle manière un certain empirisme dû à leur double formation s'ajoute à une réadaptation de certaines thèses « averroïstes » préalablement digérées en contexte parisien. La physique des mixtes du Cordouan est intégrée à une anthropologie du « corps pensant » étrangère au système d'Averroès. Alors que celui-ci n'appliquait une structure à étages formels qu'au dispositif psychique unissant l'individu à l'intellect agent, plusieurs philosophes rattachés à l'école bolonaise décrivent également les propriétés biologiques au moyen d'une superposition de formes sujettes à une divisibilité intrinsèque, où la notion de partie se substitue souvent à celle de degré.

Ce montage complexe agençant noétique averroïste et approche naturaliste des formes demeure surprenant, car tenant en équilibre entre deux ontologies – soit, à l'époque, deux hérésies – diamétralement opposées. La fréquentation des textes galéniques impliquait la connaissance de thèses matérialistes sur la nature de l'âme. Au contraire, nourrie dans sa construction même d'une critique de l'émergentisme d'Alexandre d'Aphrodise, proche de Galien dans l'esprit des médiévaux, l'inspiration averroïste insistait sur le caractère séparé, immatériel et impassible de certaines formes étrangères à la dynamique du règne sublunaire. On sait comment l'évolution singulière de l'aristotélisme padouan, qui tendra vers une conception réductionniste de la forme substantielle comme configuration physique de la matière, accompagnera les développements de la médecine expérimentale en Italie, jusqu'au début de l'époque moderne[192]. S'acheminant dans les siècles suivants vers des travaux essentiels pour l'histoire des sciences, le problème de l'intensité des formes en Italie participe ainsi d'un contexte unique qui, à la confluence des disciplines et des courants, affiche dès la première moitié du XIVe siècle sa spécificité.

---

192 E. Berti, « Paduan Aristotelianism and the Birth of Experimental Medicine », dans *Medicina nei Secoli* 9/1(1997), p. 23–38 ; J.H. Randall, Jr., « Paduan Aristotelianism Reconsidered », dans P.O. Kristeller, E.P. Mahoney (eds.), *Philosophy and Humanism : Renaissance Essays in Honor of Paul Oskar Kristeller* (New York : Columbia University Press, 1976), p. 275–282.

CHAPITRE 7

Entre physique et métaphysique

1 Le statut d'une *scientia media*

L'élaboration d'une nouvelle physique chez les maîtres parisiens à partir des années 1340 repose, d'un point de vue terminologique, sur un usage technique du lexique des formes intensives. La quantification des formes amène l'idée d'un calcul des degrés se tenant à la limite des mathématiques et des sciences naturelles. Il n'est pas simplement le fait de philosophes proprement dits. Vers le milieu du siècle, la terminologie des degrés et latitudes est par exemple employée dans les calculs astronomiques, enrichie par un ensemble de termes techniques comme « degré uniforme » ou « difforme » qui permettent de décrire l'aspect général d'une qualité ou d'un mouvement. Les variations d'une qualité ou d'un mouvement sont en effet décrites au XIVe siècle par les notions d'uniformité ou de difformité. Un mouvement est dit :
– « uniforme » quand il est constant,
– « difforme » quand il est variable.
Ces termes peuvent se combiner pour affiner la description d'un mouvement. Il peut être :
– « uniformément difforme » quand sa variation est continue,
– « uniformément difformément difforme » quand la variation est discontinue mais que son taux est constant, les combinaisons pouvant être réitérées indéfiniment.
Citant les travaux des oxfordiens, Thémon Juif emploie par exemple ces concepts en y associant les notions de latitude et de degrés, qui permettent de leur assigner des valeurs numérales, pour décrire les mouvements célestes[1].

Chez les artiens parisiens, le statut des propriétés intensives occupe les commentaires sur la *Physique*, qui demeurent le lieu privilégié pour interroger les rapports entre mathématique et physique. Le statut des *scientiae mediae* auxquelles appartiennent l'optique, l'astronomie ou l'harmonique cristallise les tensions liées à leur articulation[2]. Ces tensions ne portent pas uniquement

---

[1] Voir H. Hugonnard-Roche, *L'œuvre astronomique de Thémon Juif, maître parisien du XIVe siècle* (Genève / Paris : Droz / Minard, 1973), p. 238–239 ; p. 390 pour le texte.
[2] Voir I. Mueller, « Physics and Astronomy : Aristotle's *Physics* II, 2, 193b22–194a12 », dans *Arabic Sciences and Philosophy* 16(2006), p. 175–206 ; J.E. Murdoch, E.D. Sylla, « The Science of Motion », dans D.C. Lindberg (ed.), *Science in the Middle Ages* (Chicago : University of

sur leur mode respectif de démonstration. En soulignant l'extranéité de l'objet mathématique au mouvement, elles mettent en question l'applicabilité de ses concepts aux variations intensives et, plus largement, celle des prédicats quantitatifs aux qualités.

L'usage des mathématiques pour le calcul des phénomènes intensifs, qu'il concerne les qualités proprement dites ou le mouvement local, ne revêt pas la même importance chez les théoriciens principaux de la « nouvelle » physique parisienne. Buridan, on le verra, échafaude une théorie relativement simple de la dynamique des intensités, permise par une réinterprétation sémantique des termes impliqués, au service d'une ontologie des qualités particulièrement économe. Oresme ne fait pas montre d'une telle sophistication logique, mais accorde un intérêt bien plus grand au domaine mathématique, pour des motifs en partie ontologiques. Chez Oresme, ces motifs tiennent à la promotion du concept de mode qui accompagne les réflexions sur les *complexe significabilia* dans le deuxième quart du XIVe siècle[3]. La notion de mode, centrale dans la première période d'Oresme, trouve l'une de ses applications dans sa conception des objets mathématiques. Selon lui, alors que des indivisibles comme l'instant ou le point sont des abstractions n'existant du point de vue du mathématicien que dans l'esprit, le point de vue du philosophe naturel conduit à admettre un certain sens selon lequel les indivisibles *sont* dans la chose. Les indivisibles, comme points « physiques », ne sont ni des substances ni des accidents, mais sont plus qu'une vue de l'esprit : ils relèvent de la classe des *complexe significabilia*, ou des modes[4]. Les points et les lignes mathématiques, qui les figurent, représentent donc un aspect réel des choses, bien que

---

Chicago Press, 1978), p. 206–264 ; J. Gagné, « Du *quadrivium* aux *scientiae mediae* », dans *Arts libéraux et philosophie au Moyen Âge*, p. 975–986. Voir aussi l'étude et les textes rassemblés dans G. Dell'Anna, *Theorica Mathematica et Geometrica Medievalia* (Lecce : Congedo Editore, 1992).

3   Voir E. Mazet, « Un aspect de l'ontologie d'Oresme : l'équivocité de l'étant et ses rapports avec la théorie des *complexe significabilia* et avec l'ontologie oresmienne de l'accident », dans Oriens-Occidens. *Sciences, Mathématiques et Philosophie de l'Antiquité à l'Âge classique* 3(2000), p. 67–89. Sur la notion de mode, se reporter à R. Pasnau, *Metaphysical Themes* (Oxford : Oxford University Press, 2011), p. 252, qui distingue entre deux acceptions principales (réaliste et réductionniste) du concept ; Maier, « Bewegung ohne Ursache », dans *Zwischen Philosophie und Mechanik*, p. 287–339 ; C. Normore, « Accidents and Modes », dans R. Pasnau (ed.), *The Cambridge History of Medieval Philosophy* (Cambridge : Cambridge University Press, 2009), p. 674–686 ; J. Biard, « Les controverses sur l'objet du savoir et les *complexe significabilia* à Paris au XIVe siècle », dans *Quia inter doctores*, p. 1–31 ; Solère, « Les variations qualitatives » pour le rapport à l'intensité des formes.

4   Nicole Oresme, *Quaestiones super Physicam*, eds. S. Caroti *et al.* (Leiden : Brill, 2013), VI, q. 3, p. 675–676.

cet aspect n'ait que la consistance d'un mode. La discussion par Oresme de la réalité des artefacts, qui l'amène à affirmer des figures qu'elles sont, en un sens, « quelque chose », confirme ces analyses[5]. Ce statut modal attribué à certains objets mathématiques légitime le développement d'une science particulière, à la fois physique et mathématique, qui privilégie la géométrie pour représenter les phénomènes intensifs[6].

Le *De configurationibus* s'ouvrira sur l'affirmation de ce principe : « Toute chose mesurable, à l'exception des nombres, est imaginée selon le mode de la quantité continue »[7]. L'opérativité des concepts mathématiques pour la *mesure* des choses est centrale, quand bien même Oresme, dans cette œuvre postérieure à ses *Questions sur la Physique*, n'accorde pas un être spécial aux points et aux lignes mathématiques en tant que tels[8] :

> Etsi nichil sunt puncta indivisibilia aut linee, oportet ea mathematice fingere pro rerum mensuris et earum proportionibus cognoscendis.

La science de la mesure des formes peut dès lors s'apparenter à une branche des mathématiques appliquées, qu'Oresme nommait *mathematica media* dans ses *Questions sur la géométrie d'Euclide*[9]. La transition de l'expression *scientia media* à celle – significative – de *mathematica media* n'est pas propre à Oresme. Les questions sur la *Physique* attribuées à Marsile d'Inghen font état de *mathematicae mediae* pour les sciences dont les propositions sont constituées de termes dont le sujet relève d'une science naturelle et le prédicat des

---

5 Nicole Oresme, *Quaestiones super Physicam*, II, q. 6, p. 205–206.
6 Voir Nicole Oresme, *De configurationibus*, I, 1, p. 166 ; III, c. 4, p. 402 ; III, c. 12, p. 430. Une hypothèse développée par Celeyrette suggère une théorie de l'imagination dont la différence vis-à-vis de celle de Buridan expliquerait le positionnement sur la réalité des objets mathématiques ; voir J. Celeyrette, « L'argumentation mathématique dans la physique d'Oresme », dans C. Grellard (ed.), *Méthodes et statut des sciences à la fin du Moyen-Âge* (Villeneuve-d'Ascq : Presses Universitaires du Septentrion, 2004), p. 201–215 ; cf. J. Celeyrette, « *Figura / figuratum* par Jean Buridan et Nicole Oresme », dans *Quia inter doctores*, p. 97–118 ; J. Celeyrette, « Le statut des mathématiques dans la *Physique* d'Oresme », dans Oriens-Occidens. *Sciences, Mathématiques et Philosophie de l'Antiquité à l'Âge classique* 3(2000), p. 91–113.
7 Nicole Oresme, *De configurationibus*, I, c. 1, p. 164, l. 3–4 : *Omnis res mensurabilis exceptis numeris ymaginatur ad modum quantitatis continue*. Outre les travaux de Celeyrette déjà cités, voir S. Caroti, « *Configuratio, ymaginatio*, atomisme et *modi rerum* dans quelques écrits de Nicole Oresme », dans Grellard (ed.), *Méthodes et statut des sciences*, p. 127–140.
8 Nicole Oresme, *De configurationibus*, I, c. 1, p. 164, l. 7–9.
9 Nicole Oresme, *Quaestiones super geometriam Euclidis*, ed. H.L.L. Busard (Stuttgart : Franz Steiner Verlag, 2010), q. 10, p. 135, l. 27.

mathématiques[10]. De ce fait, la science des latitudes conquiert au XIVe siècle un statut qui se consolidera au siècle suivant[11].

Au-delà d'une tendance générale à admettre le lexique des degrés pour la discussion de divers problèmes physiques, on aurait toutefois tort de croire à un consensus sur l'ontologie des propriétés intensives. La notion de mode est notamment rejetée par un auteur comme Buridan, qui s'oppose autant à la réalité des objets mathématiques qu'à l'idée de sciences intermédiaires : les disciplines qui font usage de concepts mathématiques tout en ayant pour sujet l'étant naturel relèvent pour lui des sciences naturelles, aucune science mathématique ne pouvant être naturelle, ni l'inverse[12].

L'évolution conjointe de la physique et des théories de la science ordonne par conséquent la révision de certains principes de la théorie aristotélicienne du mouvement, les innovations de la dynamique marquant le milieu du XIVe siècle prenant acte de ses contraintes définitionnelles. Jusqu'au début du XIVe siècle, les tentatives de conceptualiser le mouvement et sa vitesse reposaient en effet sur l'interprétation de ces phénomènes par certains binômes comme les schémas sujet/accident ou qualité/intensité. Des opinions classiques décrivaient ainsi par analogie le mouvement comme un sujet recevant les variations de vitesse comme ses accidents, ou comme une qualité subissant une altération[13]. Ces descriptions ne résolvaient pas le problème de son statut ontologique. Si le mouvement doit être pensé comme une succession de formes accidentelles dans un sujet demeurant identique, la simple dichotomie des formes substantielles et accidentelles ne suffit pas pour définir rigoureusement ses propriétés : au problème initial de la qualification du mouvement comme accident du corps s'ajoute celui de la vitesse comme détermination affectant le mouvement, et de l'accélération comme modification de la vitesse. L'interdiction de poser un accident d'accident oblige à chercher des descriptions alternatives des phénomènes soumis à l'intensification d'une force motrice. Le vocabulaire des degrés qui s'impose pour la description des

---

10   (Ps. ?)Marsile d'Inghen, *Quaestiones subtilissimae super octo libros Physicorum Aristotelis* (Lyon : Jean Marion, 1518), II, q. 6, f. 27va. L'attribution à Marsile d'Inghen est douteuse.
11   Di Liscia, « The *Latitudines Breves* ».
12   Jean Buridan, *Quaestiones super octo libros Physicorum* Aristotelis, I–IV, eds. P.J.J.M. Bakker *et al.* (Leiden : Brill, 2015–2016), vol. I, II, q. 6, p. 288, l. 13–14. Voir ici J. Celeyrette, « La problématique du point chez Buridan », dans *Vivarium* 42/1(2004), p. 86–108 ; J.M.M.H. Thijssen, « Buridan on Mathematics », dans *Vivarium* 23(1985), p. 55–78. Plus généralement, sur la division buridanienne des sciences, voir J. Biard, *Science et nature. La théorie buridanienne du savoir* (Paris : Vrin, 2012), p. 261–308.
13   Voir A. Maier, « Bewegung als Intensive Grösse », dans *Zwischen Philosophie und Mechanik*, p. 145–186.

vitesses nécessite, autrement dit, une justification de son fondement physique. Ce vocabulaire est ainsi partie prenante des révisions apportées à la notion de mouvement, qu'il s'agisse d'en cerner la nature, d'en concevoir un type nouveau, ou de repenser la notion de contrariété, centrale pour cette physique. Ce contexte justifie le recours aux innovations conceptuelles qui, comme celles de mode ou de *taliter se habere*, débordent le cadre strict de la physique et engagent des débats d'ordre métaphysique.

2 La transformation du problème dans la physique parisienne

2.1 *Les degrés comme* modi rerum

Le vocabulaire des degrés et des latitudes subit un remaniement important chez Nicole Oresme, dont les vues approfondissent et révolutionnent tout à la fois les travaux des Mertoniens sur lesquels il s'appuie. Sans conteste, Oresme représente une des étapes les plus importantes et singulières de l'évolution de la problématique à la fin du Moyen Âge. Son originalité tient davantage aux méthodes de représentation des intensités qu'il élabore qu'à son explication des phénomènes intensifs proprement dite. Dans ses *Questions sur la Physique*, Oresme expose pourtant une ontologie des formes dont l'intérêt tient à l'emploi du concept de mode qui s'y substitue. Bien que son lien à la méthode des configurations ne puisse être qu'interprété, dans la mesure où la théorie des modes n'est pas explicitement sollicitée dans le *De configurationibus*, cette ontologie se différencie des approches purement réductionnistes des accidents associées aux traitements nominalistes des catégories.

La doctrine des accidents d'Oresme s'enracine dans un contexte où les théories nouvelles de la proposition et de la vérifaction donnent droit de cité à la notion de *modus*[14]. La notion de mode gagne en popularité en même temps que la sémantique des *complexe significabilia* ou des états de chose (dans les termes : des *taliter se habere*), dont des auteurs comme Nicolas d'Autrécourt ou

---

[14] Voir Biard, « Les controverses sur l'objet du savoir » ; G. Nuchelmans, *Theories of the Proposition : Ancient and Medieval Conceptions of the Bearers of Truth and Falsity* (Amsterdam / London : North Holland, 1973), p. 227–242 ; A.D. Conti, « *Complexe Significabile* and Truth in Gregory of Rimini and Paul of Venice », dans A. Maierù, L. Valente (eds.), *Medieval Theories on Assertive and Non-Assertive Language. Acts of the 14th European Symposium on Medieval Logic and Semantics* (Firenze : Olschki, 2004), p. 473–494 ; S. Caroti, « Nicole Oresme et les *modi rerum* », dans Oriens-Occidens. *Sciences, Mathématiques et Philosophie de l'Antiquité à l'Âge classique* 3(2000), p. 115–144.

Jean de Mirecourt font usage[15]. Oresme étend pour sa part cette notion à toutes les formes accidentelles, et non pas seulement aux accidents relatifs. Le mode oresmien n'est pas une simple description nominale ou mentale de la chose. Il n'est pas, en ce sens, un simple *taliter se habere*[16]. Le *modus rei*, qu'Oresme appelle aussi *condicio rei*, suppose une récupération réaliste de la notion qui, dans une expression comme *modus se habendi*, pouvait aussi bien servir les intérêts d'une ontologie parcimonieuse de l'accident. Pour autant, le mode oresmien n'est pas non plus le *modus* scotiste. Un mode peut tout aussi bien servir à qualifier un accident, un mouvement[17] ou un principe de la nature (comme la privation[18]). Le mode désigne un *ens* qui n'est pas une forme inhérente et n'atteint pas la teneur ontologique de la chose, mais qui est plus qu'un être de raison.

L'attribution d'un même statut modal aux propriétés accidentelles n'exclut pas des différences quant à leur structure compositionnelle. Les relatifs, comme la paternité, ne sont ni intensivement ni extensivement divisibles. D'autres accidents sont extensivement divisibles, non par soi, mais par accident, du fait de la matérialité de leur sujet. Tel est le cas de la blancheur, qui est toute en chaque partie du corps et dans toutes ses parties[19], ce qui explique les modalités d'acquisition de ces qualités : il est possible dans une altération que les degrés d'une qualité soient acquis successivement par un sujet bien que la qualité comme un tout le soit simultanément[20].

Cette théorie des accidents sous-tend l'interprétation oresmienne des phénomènes intensifs, qu'il explique selon une théorie de la succession, tout en reconnaissant les mérites de la position additiste. Parce qu'elle permet un traitement mathématique de l'intensification, cette dernière position est recevable d'un point de vue strictement opératoire. Dans les *Questions sur la Physique*, en accord avec le rejet de l'accident comme forme autonome, Oresme refuse cependant l'addition de parties au sein d'une même réalité[21]. Ce point de vue le rattache à Burley, qu'il cite, et dont les vues parentes sur le mouvement sont à rapprocher de conceptions similaires de l'objet de la connaissance

---

15   S. Caroti, « Les *modi rerum*... encore une fois. Une source possible de Nicole Oresme : le commentaire sur le livre 1er des *Sentences* de Jean de Mirecourt », dans Caroti, Celeyrette (eds.), *Quia inter doctores*, p. 195–222.
16   Nicole Oresme, *Quaestiones super Physicam*, I, q. 5, p. 34, l. 113.
17   Nicole Oresme, *Quaestiones super Physicam*, III, q. 6, p. 334, l. 100–104.
18   Nicole Oresme, *Quaestiones super Physicam*, I, q. 13, p. 101, l. 234.
19   Nicole Oresme, *Quaestiones super Physicam*, I, q. 6, p. 41–42.
20   Nicole Oresme, *Quaestiones super geometriam Euclidis*, q. 16, en part. p. 166, l. 72–76.
21   Voir K.H. Kirschner, « Oresme on Intension and Remission of Qualities in his Commentary on Aristotle's *Physics* », dans *Vivarium* 38/2(2000), p. 255–274.

scientifique – la théorie burleyienne de la proposition offrant un cadre d'analyse sémantique possible pour les *modi rerum*[22]. Chez Oresme, doit-on noter, l'idée de succession ne signifie pas remplacement continu d'une série de formes inhérentes, mais succession de *manières d'être* de la chose, mettant hors jeu l'hypothèse d'une composition réellement « additive » de degrés[23] :

> Tertia difficultas : si aliquod accidens sit divisibile intensive, sicut ymaginatur de albedine intensa, quod sit composita ex gradibus. Ad quod dico breviter quod non ; immo albedo est forma accidentalis indivisibilis intensive vel esse album simpliciter indivisibile ; ideo quando subiectum dicitur intendi vel fieri magis album, continue habet aliud et aliud esse album. Unde totaliter est aliud esse album intense et aliud est esse album remisse, nec unum componitur ex alio. Modo multe rationes essent contra hoc, sed Gualterius solvit eas, et adhuc solveret facilius secundum istam viam. Secundo, dico quod talis compositio gradualis potest admitti per ymaginationem et gratia exempli in disputatione. Et possunt assignari tales gradus per numeros, non quod ita sit in re, sed propter quasdam proportiones mathematicas vel consequentia que habentur de talibus. Unde potest admitti quod illud quod calefacit ad duplam distantiam est duplo calidius ; non quod realiter sit ibi dupla caliditas vel due caliditates, sed quia faceret ad duplicem distantiam vel duplum effectum vel aliquid tale.

Le statut de mode accordé aux accidents ne bouleverse certes pas totalement l'explication du mouvement selon les causes. Oresme maintient en particulier le rôle actif des « qualités » dans l'interaction des corps naturels, comme la chaleur ou la gravité, même si ces qualités ne sont plus pensées comme choses inhérentes. En revanche, la souplesse du concept de mode apparaît essentielle, dès les *Questions sur la Physique* – et bien qu'Oresme n'y expose pas encore son calcul des qualités – pour l'application de la théorie des proportions à la vitesse.

---

22 S. Caroti, « La position de Nicole Oresme sur la nature du mouvement (*Quaestiones super Physicam III, 1–8*) : problèmes gnoséologiques, ontologiques, sémantiques », dans *Archives d'Histoire Doctrinale et Littéraire du Moyen Âge* 61(1994), p. 303–385, en part. p. 314 ; S. Caroti, « Walter Burley et Nicole Oresme », dans J. Celeyrette, C. Grellard (eds.), *Nicole Oresme philosophe : Philosophie de la nature et philosophie de la connaissance à Paris au XIVe siècle* (Turnhout : Brepols, 2014), p. 139–162 ; L. Cesalli, *Le réalisme propositionnel : Sémantique et ontologie des propositions chez Jean Duns Scot, Gauthier Burley, Richard Brinkley et Jean Wyclif* (Paris : Vrin, 2007), p. 78.

23 Nicole Oresme, *Quaestiones super Physicam*, I, q. 6, p. 42, l. 75–90. Voir encore *De configurationibus*, II, c. 13, p. 300, l. 18–22.

En effet, la possibilité de prédiquer une propriété d'une autre propriété modale permet de contourner l'interdit d'accidents d'un accident. Le concept de mode permet à la fois d'appréhender la vitesse d'un mouvement et ses variations : il est possible selon Oresme qu'une propriété modale en affecte une autre et ce, à l'infini, comme l'illustre la notion cruciale de proportion de proportions[24] :

> Et ideo dicimus quod accidentia habent proprietates, et quod est similitudo similitudinum et proportio proportionum, et sic de aliis. Et forte non est inconveniens quod sit processus in infinitum, sicut dictum est ; et, ideo dicit Algiminus philosophus quod praedicamentum qualitatis in omnibus invenitur. Et declaratur inductione, sicut aliquis dicitur currere velociter, et sic de aliis.

On sait comment Oresme, à la suite de Bradwardine, étudiera dans son traité *Sur les proportions des proportions* la manière dont les proportions elles-mêmes peuvent se comparer au moyen de rapports rationnels ou irrationnels, et appliquera son étude à divers problèmes de philosophie naturelle[25]. L'importance particulière de l'ontologie modale élaborée par Oresme pour le projet d'un calcul des propriétés intensives apparaît dès lors clairement. Si la théorie des exposants fractionnaires – qu'Oresme applique aux proportions – est d'essence purement mathématique, son extension au traitement des vitesses est conditionnée par une théorie des accidents entendant désamorcer les obstacles conceptuels à une description renouvelée du mouvement.

Cette conception singulière des modes n'empêche pas Oresme de tenir une position classique sur l'intension des formes substantielles. Les substances, y compris élémentaires[26], ne sont pas en elles-mêmes susceptibles de plus ou de moins, ce qui écarte aussi selon lui l'idée de raisons séminales – même si rien n'interdit une substance d'être plus parfaite qu'une autre au sein d'une espèce[27]. Oresme maintient une forme du mixte dotée d'un rôle causal irréductible aux qualités qui la font naître. Cette forme du mixte renferme une complexité interne dans le cas des composés organisés, Oresme souscrivant à la thèse selon laquelle l'organisme comprend une pluralité de formes

---

24 Nicole Oresme, *Quaestiones super Physicam*, I, q. 6, p. 46, l. 201-207.
25 L'expression de « proportion de proportions » circule déjà avant le traité d'Oresme du même nom ; voir Clagett, *The Science of Mechanics*, p. 441-442.
26 Nicole Oresme, *Quaestiones super De generatione et corruptione*, ed. S. Caroti (München : Verlag der Bayerischen Akademie der Wissenschaften, 1996), I, q. 4, p. 26*sq* ; I, q. 5, p. 33-34.
27 Il n'envisage ni *latitatio*, ni *inchoatio*, ni degrés intensifs des formes substantielles ; voir Nicole Oresme, *Quaestiones super Physicam*, I, q. 12, p. 93 ; voir aussi V, q. 3.

substantielles correspondant aux organes. Cette partibilité entraîne un type de succession dans la génération des formes substantielles matérielles différent de celui valant dans l'ordre qualitatif, n'étant pas intensif mais quantitatif[28]. Oresme identifie de même l'âme, dans le cas des animaux, à un ensemble de formes partielles. L'âme animale (l'intellective exceptée), divisible quantitativement, informe le corps selon toute son extension, sa structure composite, articulée par une pluralité de formes partielles, pouvant être qualifiée de forme « hétérogène »[29].

La notion de forme hétérogène implique que les puissances appartenant à l'âme en soient distinctes selon ses parties, ce qu'un auteur comme Buridan n'admet pas, bien qu'il pense aussi l'âme des animaux non-humains comme étendue et divisible[30]. Cet aspect de la psychologie oresmienne est original, dans la mesure où la division des puissances n'est pas due à la matière qui différencierait spatialement des pouvoirs virtuellement contenus en son essence : l'âme est elle-même une forme complexe, une structure dynamique dont l'unité tient à l'agencement des parties en vue d'un type d'opération[31]. De la même manière qu'un tout n'est que ses parties prises ensemble[32], les formes psychiques non-intellectuelles sont l'ensemble de leurs parties[33].

La disparition des formes du registre des accidents s'accompagne donc chez Oresme d'une multiplication des formes substantielles (partielles), dont l'agrégation au niveau de l'organisme et de la vie psychique animale explique le fonctionnement selon des relations ordonnées de causalité. Le refus d'une intension des formes substantielles, le choix de la théorie de la succession pour penser les intensités, et le statut intermédiaire attribué à l'objectité mathématique, renvoient à une même conviction fondamentale : le régime des formes ne comprend pas de gradation, mais il convient d'admettre des degrés d'être susceptibles d'être analysés au moyen du concept de *modi rerum*[34].

---

28   Nicole Oresme, *De configurationibus*, II, c. 5, p. 282, l. 10–15.
29   Nicole Oresme, *Expositio et quaestiones in Aristotelis De anima*, ed. B. Patar (Leuven : Peeters, 1995), *Quaestiones*, II, q. 4–5, en part. p. 143, p. 151, p. 156.
30   Sur la position de Jean Buridan, suivie par Marsile d'Inghen, voir S.W. De Boer, *The Commentary Tradition on Aristotle's De anima, c. 1260–c. 1360* (Leuven : Leuven University Press, 2013), p. 273, p. 285–286.
31   Nicole Oresme, *Quaestiones de anima*, II, q. 4, p. 143–144.
32   Nicole Oresme, *Quaestiones super Physicam* I, q. 7.
33   Nicole Oresme, *Quaestiones de anima*, II, q. 5, p. 156, l. 44–48 : *Ad quartam concedo quod in equo alia est forma carnis et alia est forma ossis. Et ideo dictum est quod sunt plures formae partiales integrales ; et non oportet quod quaelibet talis sit anima, sed sufficit quod sit pars animae, sicut de figura non oportet quod quaelibet pars spherae sit sphaera.*
34   Voir J. Celeyrette, E. Mazet, « La hiérarchie des degrés d'être chez Nicole Oresme », dans *Arabic Sciences and Philosophy* 8/1(1998), p. 45–65.

2.2 L'interprétation des propriétés intensives chez Buridan et son influence

La théorie buridanienne des formes représente une interprétation de l'hylémorphisme inverse à celle d'Oresme. Chez ce dernier, la dé-réalisation des accidents conduit à redéfinir la complexité organisationnelle de la substance au moyen d'une pluralité de formes substantielles partielles rendant raison de sa structure et de ses opérations. Buridan tient au contraire au postulat de l'unité de la forme, et tend à renforcer la consistance ontologique des accidents, dont le statut s'autonomise chez lui vis-à-vis de la substance. Il convient de mentionner quelques thèses essentielles de cette ontologie, qui nous serviront à comprendre la position buridanienne sur l'intensité des formes.

Confronté au problème classique de la définissabilité des accidents dans son commentaire à la *Métaphysique*, Buridan conclut qu'ils sont des étants au même titre que la substance[35]. Suivant une thèse déjà présente chez Pierre Auriol, Buridan voit dans la matière le sujet propre des accidents, à l'instar de Grégoire de Rimini à la même époque, et Marsile d'Inghen après eux[36]. La permanence numérique des accidents à travers la génération, qui inhèrent directement à la matière, permet de contourner le principe de dépendance des accidents envers la substance et de résoudre le cas des qualités symboles, c'est-à-dire des qualités semblant persister à travers le changement substantiel[37].

Un aspect important de l'ontologie buridanienne des qualités tient à la différenciation, en leur sein, des propriétés d'action et de résistance. Tandis que

---

35 Jean Buridan, *In Metaphysicen Aristotelis Questiones argutissimae* (Paris : Jodocus Badius, 1518), IV, q. 6, f. 17rb. Voir P.J.J.M. Bakker, « Aristotelian *Metaphysics* and Eucharistic Theology : John Buridan and Marsilius of Inghen on the Ontological Status of Accidental Being » dans J.M.M.H. Thijssen, J. Zupko (eds.), *The Metaphysics and Natural Philosophy of John Buridan* (Leiden : Brill, 2001), p. 247–264 ; L.M. De Rijk, « On Buridan's view of Accidental Being », dans E.P. Bos, H.A. Krop (eds.), *John Buridan, a Master of Arts : Some Aspects of His Philosophy. Acts of the Second Symposium Organized by the Dutch Society for Medieval Philosophy Medium Aevum on the Occasion of its 15th Anniversary, Leiden-Amsterdam (Vrije Universiteit), 20–21 June, 1991* (Nijmegen : Ingenium Publishers, 1993), p. 41–51 ; Pasnau, *Metaphysical* Themes, p. 201–202.

36 Jean Buridan, *Quaestiones super libros De generatione et corruptione Aristotelis*, eds. P.J.J.M. Bakker, M. Streijger, J.M.M.H. Thijssen (Leiden / Boston : Brill, 2010), II, q. 7, p. 226, l. 24–29 ; Grégoire de Rimini, *Lectura super primum et secundum Sententiarum*, eds. A.D. Trapp, V.C. Marcolino (Berlin / New York : De Gruyter, 1978–1987), vol. 5, II, d. 12, q. 2, a. 2, p. 282–283 ; Pierre Auriol, *Commentariorum in secundum, tertium et quartum Sententiarum* (Rome : Aloysius Zanetti, 1605), II, d. 12, q. 1, a. 6, f. 169BC ; Marsile d'Inghen, *Questiones super libros De generatione* (Venise : Apud Iuntas, 1518), I, q. 7, a. 2, f. 72va. S'oppose à cette vue Nicole Oresme, *Quaestiones super De generatione*, I, q. 8, p. 69, l. 211–222.

37 Jean Buridan, *Quaestiones super De generatione*, II, q. 7, p. 226–227.

la distinction entre puissance d'action et puissance résistive est généralement posée à propos des substances (composés substantiels), Buridan internalise cette distinction au niveau des qualités elles-mêmes. Cette idée vise à résoudre le problème de la réaction, alors débattu à l'occasion des commentaires au *De generatione*. Comment expliquer qu'un corps agissant qualitativement sur un autre dont il excède la puissance (un corps en réchauffant un autre, par exemple) puisse en subir l'action réciproque ? La compréhension aristotélicienne de l'action, qui repose sur l'idée d'un rapport de « plus grande inégalité » entre puissance de l'agent (force) et puissance du patient (résistance), soit un rapport tel que F>R, rend difficile à expliquer ce phénomène empiriquement incontestable. Buridan, suivi ici par les principaux artiens parisiens de l'époque[38], explique ce phénomène par la différence entre *potentia agendi* et *potentia resistendi* d'une même qualité, la chaleur étant par exemple une qualité très active mais très peu résistive[39]. L'action de la froideur, étant moindre que l'action de la chaleur mais étant supérieure à la puissance résistive de la chaleur, peut donc agir réciproquement sur elle. Cette solution au problème de la réaction, qui repose sur la distinction au sein d'une qualité de deux propriétés, n'implique pas selon Buridan leur distinction réelle, ces deux propriétés ne renvoyant qu'à deux aspects d'une seule qualité élémentaire (donc simple). Vivement discutée à partir du milieu du XIVe siècle[40], cette théorie originale s'harmonise avec la tendance marquée chez Buridan à renforcer le statut des accidents réels, dans la mesure où elle revient à internaliser les caractéristiques de l'agentivité au sein des qualités elles-mêmes.

Cette autonomisation du statut des formes accidentelles fait écho aux motifs centraux de l'hylémorphisme buridanien, et à la thèse selon laquelle la matière est le véritable sujet recevant la forme, puisque le composé est engendré à partir d'elle et de cette forme. Selon Buridan, le composé ne peut donc être ce qui est proprement reçu au sein de la matière, car il contient à titre de

---

38   Nicole Oresme, *Quaestiones super De generatione*, I, q. 11, p. 94–95 ; Albert de Saxe, *Quaestiones in libros De generatione*, I, q. 16, a. 3 (Venise : Apud Iuntas, 1518), f. 142vb ; Marsile d'Inghen, *Questiones super libros De generatione*, I, q. 19, a. 1, f. 88ra–rb.

39   Jean Buridan, *Quaestiones super De generatione*, I, q. 19, p. 146–147 ; q. 20, p. 153–155.

40   Voir S. Caroti, « Da Buridano a Marsilio di Inghen : la tradizione parigina della discussione *De reactione* », dans *Medioevo* 15(1989), p. 173–233. On doit au même auteur une étude très détaillée de « l'autre » tradition contemporaine relative à la réaction, à savoir la tradition anglaise, dont l'un des traits caractéristiques est le rejet de la dissociation entre action et résistance au sein d'une même qualité ; voir S. Caroti, « Da Walter Burley al *Tractatus de sex inconvenientibus*. La tradizione inglese della discussione medievale *De reactione* », dans *Medioevo* 21(1995), p. 257–374.

partie propre une matière qui existait avant sa venue à l'être[41]. Buridan infléchit ici notablement la théorie de la matière et de la forme comme principes de la génération[42] : la forme seule est ce qui est premièrement engendrée au terme du changement substantiel, et la génération suppose pour la forme en connotant de manière secondaire son acquisition[43].

À partir de ces thèses, Buridan peut opérer une certaine inversion des rapports traditionnels entre forme, matière, composé et accidents. D'un côté, une priorité *temporelle* de la matière sur les autres substances lui revient, même si la forme reste cause de la matière et du composé[44]. D'un autre, la priorité absolue de la substance sur les accidents n'est vraie que d'un point de vue logique, c'est-à-dire selon la définition. Selon les opérations ou le mouvement, en revanche, les accidents peuvent revendiquer une certaine priorité sur la substance[45].

Les vues de Buridan sur les problématiques de la forme, qui s'insèrent dans cette interprétation de l'hylémorphisme, sont aujourd'hui documentées par plusieurs études fondamentales, qui permettent d'attester l'harmonie de sa théorie des intensités avec ses prises de position sur la nature de l'universel, la pluralité des formes et le statut du mouvement[46].

Buridan fait un usage conséquent du vocabulaire de l'intension des formes, y compris hors du champ de la physique. Il se montre ainsi familier du concept

---

41   Jean Buridan, *Quaestiones super libros Physicorum*, I, q. 17, p. 171.
42   J. Kirby, *Aristotle's Metaphysics : Form, Matter and Identity* (London : Bloomsbury Academic, 2011) ; T.H. Irwin, *Aristotle's First Principles* (Oxford : Clarendon Press, 1988), p. 84–93.
43   La détermination buridanienne du sujet de la génération est donc plus proche du modèle de *Physique* I 7 que de *Métaphysique* Z, privilégiant le schème de l'altération selon lequel un sujet en acte reçoit une détermination ; cf. *Quaestiones super libros Physicorum*, I, q. 19, p. 199, l. 20–25.
44   Jean Buridan, *Questiones in Metaphysicen*, VII, 2, f. 42vb.
45   Jean Buridan, *Questiones in Metaphysicen*, VII, 1, f. 42ra–42va.
46   Sur la conception buridanienne de l'universel, voir L.M. De Rijk, « John Buridan on Universals », dans *Revue de Métaphysique et de Morale* 97/1(1992), p. 35–59 ; A. De Libera, *La Querelle des universaux, de Platon à la fin du Moyen Âge* (Paris : Le Seuil, 1996), p. 374–380 ; sur la pluralité des formes, voir J. Biard, « Diversité des fonctions et unité de l'âme dans la psychologie péripatéticienne (XIVe–XVIe siècle) », dans *Vivarium* 46/3(2008), p. 342–367 ; sur l'intensité des formes, voir S. Caroti, « Some Remarks on Buridan's Discussion on Intension and Remission », dans *Vivarium* 42/1(2004), p. 58–85 ; J. Biard, « L'être et la mesure dans l'intension et la rémission des formes (Jean Buridan, Blaise de Parme) », dans *Medioevo* 27(2002), p. 415–447 ; J. Biard, *Science et nature*, p. 331–342, et p. 322–331 pour son traitement du débat *forma fluens / fluxus formae* ; sur ce dernier point, voir aussi Maier, *Zwischen Philosophie und Mechanik*, p. 117–133. Sur la philosophie naturelle de Buridan en général, voir J.M.M.H. Thijssen, J. Zupko (eds.), *The Metaphysics and Natural Philosophy of John Buridan* (Leiden : Brill, 2001).

de latitude en son sens médical servant à décrire la complexion des corps et la définition de la santé[47]. Dans les *Quaestiones super libros Ethicorum*, il étudie aussi la possibilité de mesurer des vertus comme la justice et leur évolution au moyen de concepts empruntés à la théorie des proportions, questionnant l'existence d'un plus ou moins en matière morale. Selon lui, la vertu ne consiste pas en un indivisible, mais reçoit bien le plus ou moins[48] : la médiété caractéristique de la vertu n'est pas ponctuelle, mais possède une latitude[49]. Il convient en ce sens de dénouer les arguments dirigés en faveur d'une acquisition indivisible de la vertu. La prise en compte de la *rectitude* pour la caractérisation de la vertu pose notamment une difficulté : elle paraît consister en un indivisible, tout comme l'objet de l'intellect, le vrai, qui n'admet pas le plus ou moins. Point d'autant plus complexe qu'Aristote lui-même admet un certain plus ou moins concernant le vrai en *Métaphysique* Γ 4 : puisqu'il est possible d'avoir tort différemment, et de s'en approcher plus ou moins, « il doit certes exister quelque chose de vrai dont ce qui est plus vrai est plus proche » (trad. Tricot)[50]. Selon Buridan, le vrai n'admet pas de degré, mais il n'empêche que le jugement peut exprimer plus ou moins adéquatement la vérité : si une bourse contient dix deniers, celui qui affirme que la bourse contient dix deniers exprime mieux la vérité que celui se contentant d'indiquer qu'elle en contient plusieurs, bien que les deux propositions soient vraies. De même, entre l'action bonne et l'action meilleure peuvent exister des différences graduelles qui n'empêchent pas la bonté intrinsèque de ces différentes actions[51].

Suivant une tendance également repérable chez Oresme, Buridan emploie la conceptualité de l'intensité des formes pour interroger la nature du savoir et son rapport à la croyance. On a d'ailleurs pu voir dans la théorie buridanienne des degrés de certitude une des raisons de sa conception du choix[52]. Buridan emploie effectivement les termes *intensio* et *remissio* pour décrire la

---

47 Voir l'étude de C. Beneduce, *Natural Philosophy and Medicine in John Buridan. With an Edition of Buridan's* Quaestiones de secretis mulierum, Thèse de doctorat (Nijmegen : Radboud University, 2017), p. 129–133.
48 Jean Buridan, *Quaestiones in decem libros Ethicorum Aristotelis* (Oxford : H. Cripps, 1637), II, q. 8, f. 112.
49 Jean Buridan, *Quaestiones in libros Ethicorum*, II, q. 8, f. 113.
50 Aristote, *Métaphysique*, Γ 4, 1008b36–1009a2 : Εἰ οὖν τὸ μᾶλλον ἐγγύτερον, εἴη γε ἄν τι ἀληθὲς οὗ ἐγγύτερον τὸ μᾶλλον ἀληθές.
51 Jean Buridan, *Quaestiones in libros Ethicorum*, II, q. 8, f. 116.
52 Voir R. Saarinen, *Weakness of the Will in Medieval Thought, From Augustine to Buridan* (Leiden / New York / Köln : Brill, 1994), p. 161–193 ; Biard, *Science et nature*, p. 35–37 ; L.M. De Rijk, « John Buridan on Man's Capability of Grasping the Truth », dans I. Craemer-Rügenberg, A. Speer (eds.), *Scientia und Ars Im Hoch- Und Spätmmittelalter* (Berlin / New York : De Gruyter, 1994), p. 282–303.

variabilité de l'assentiment (*assensus*) que nous donnons à des propositions. L'assentiment, en tant que qualité inhérente à l'âme, est sujet à variation intensive. Il faut distinguer cependant évidence et assentiment. Buridan semble se rallier à l'opinion de Nicolas d'Autrécourt, qui répondait sur ce point à Gilles du Foin[53], en rejetant l'intensibilité de l'évidence comme telle : si l'assentiment est susceptible de variation en fonction de la fermeté de nos raisons de croire, il ne l'est pas quand il est accompagné d'évidence. Tandis que l'accumulation des raisons de croire confère une probabilité telle que l'assentiment s'intensifie, jusqu'à devenir science, les raisonnements sophistiques ont le pouvoir de l'atténuer[54].

Mais le cœur de la théorie buridanienne des propriétés intensives concerne les qualités actives, causes du mouvement physique[55]. Sur ce point, les vues de Buridan représentent le paradigme des théories hybrides jouissant d'une grande popularité vers les années 1350. Buridan tient au principe de l'explication dynamique qu'offre la théorie du mélange, bien que sa conception intègre aussi des aspects de la théorie additiste. Il respecte pourtant à première vue le principe d'incompossibilité des contraires en un même sujet, qui revient à une contradiction[56]. Le maître artien précise : deux qualités sont incompossibles seulement à leur degré suprême, où elles s'excluent alors l'une l'autre. L'évacuation totale d'une forme d'un sujet implique donc automatiquement l'accès de la forme contraire à son degré le plus intense, auquel cas s'applique le principe de contradiction interdisant la comprésence des contraires. De là, la somme totale de degrés présents en un sujet est constante. La perte d'un degré qualitatif (par exemple de chaleur) signifie nécessairement l'acquisition d'un degré de la qualité opposée (qui gagne un degré de froideur), ce que Buridan illustre en prenant pour exemple un sujet dont la capacité maximale de réception d'une qualité est fixée conventionnellement à dix degrés[57] :

> Tunc quinque gradus caliditatis et quinque gradus frigiditatis simul existentes constituunt unam qualitatem mediam et perfectam, quae etiam est decem graduum. Nec illi quinque gradus ad istos quinque habent aliquam oppositionem vel repugnantiam nec agunt ad invicem,

---

53   Gilles du Foin, *Epistola ad Nicholaum*, dans L.M. De Rijk (ed.), *Nicholas of Autrecourt : His Correspondence with Master Giles and Bernard of Arezzo* (Leiden : Brill, 1994), III, 13, p. 84.
54   Jean Buridan, *Questiones in Metaphysicen*, IV, 3, f. 13va–vb.
55   L'épithète « actif », dans des expressions comme « principes actifs de mouvement », est analysé par Buridan comme une ampliation du terme « mouvement », renvoyant à ses états futurs ou possibles ; voir *Quaestiones super libros Physicorum*, II, q. 2, p. 252–253.
56   Jean Buridan, *Quaestiones super libros Physicorum*, III, q. 3, p. 28, l. 24–27.
57   Jean Buridan, *Quaestiones super libros Physicorum*, III, q.3, p. 32, l. 2–9.

> quia non habent oppositionem. Similiter etiam octo gradus caliditatis et duo gradus frigiditatis constituunt unam formam existentem perfectam mediam, quae etiam est decem graduum et quae est propinquior caliditati perfectae quam frigiditati perfectae.

Il y a donc un sens à parler de « degrés », dans la mesure où ceux-ci correspondent à une somme constante des qualités contraires présentes à chaque moment dans un corps[58]. Buridan apporte une précision essentielle à l'énoncé de sa solution. Les divers états que traverse un sujet durant un processus d'intensification correspondent à autant de formes numériquement distinctes entre elles : philosophe particulièrement alerté des difficultés liées à l'identité diachronique, Buridan conclut sans surprise en défaveur de l'identité numérique des formes intensifiées.

Cette version de la théorie du mélange n'est pas neuve. En réalité, Buridan revient à la théorie du mélange critiquée par Burley dans son traité sur l'intension des formes, qui l'associait au vocabulaire additiste[59]. Mais Buridan reprend plus à Burley qu'il ne paraît à première vue. Burley estimait que les états traversés pendant l'altération étaient d'une même espèce spécialissime, y compris leurs termes. Buridan ne rejoint pas Burley sur ce dernier point, mais il souscrit à l'idée que les états intermédiaires composant le mouvement d'altération entre les degrés maximaux ne sont pas réellement des contraires[60]. Les mouvements opposés d'altération (l'intensification de la chaleur et l'atténuation de la froideur) ne sont pas proprement contraires car ils sont compossibles en un même sujet, étant donné que le mouvement suppose pour la forme, et que les formes opposées peuvent co-exister sous un certain degré[61]. La contrariété *stricto sensu* n'intervient qu'en vertu d'un degré excluant totalement son opposé, que seul Dieu pourrait peut-être faire co-exister[62]. La comprésence

---

58 Buridan refuse d'autant l'intensibilité des formes substantielles, notamment du point de vue de la génération et de la *latitatio* des formes (*Quaestiones super libros Physicorum*, I, q. 21, p. 214).
59 Gauthier Burley, *Tractatus de intensione formarum*, c. 2, f. 5rb, f. 6rb–7vb.
60 Jean Buridan, *Quaestiones super libros Physicorum*, III, q. 3, p. 33 : *Credo esse dicendum quod, proprie loquendo, calefactio et frigefactio non sunt res contrarie, immo sunt res medie inter terminum a quo est motus et terminum ad quem est motus, qui si essent simul essent contrarie.* De même, Jean Buridan, *Quaestiones super octo libros Physicorum* (Paris : Jean Dullaert, 1509), V, q. 4, f. 87ra.
61 Jean Buridan, *Quaestiones super libros Physicorum*, V, q. 4, f. 86vb–88ra.
62 Jean Buridan, *Quaestiones super libros Physicorum*, III, q. 3, p. 29, l. 2–4.

des degrés atténués de qualités est, non seulement possible, mais est cause réelle des différents degrés intensifs que nous percevons dans les corps[63] :

> Pono ergo tertiam conclusionem quod possibile est esse simul aliquos gradus caliditatis cum aliquibus gradibus frigiditatis in eodem subiecto. Verbi gratia in tepiditate sunt aliqui gradus frigiditatis et aliqui gradus caliditatis simul. Hoc probatur primo quia : si in minus calido non esset aliqua frigiditas, immo solum caliditas, sequeretur quod nulla esset resistentia calefacienti innato intensius calefacere ; consequens est falsum ; igitur etc.

Le principe d'incompossibilité n'a donc rien d'un axiome, et se déduit analytiquement de la notion de contraires au sens propre : les contraires sont incompossibles seulement quand, par définition, la qualité opposée est absente. La contrariété est fonction de la *quantité de forme* présente, et non pas l'inverse. Ce n'est donc pas en vertu de leur nature formelle que les qualités sont contraires[64] :

> Contrarietas formarum non attenditur ex simplicibus formarum sed ex quantitate graduum. Sic enim debet attendi contrarietas, sicut apparet earum incompossibilitas. Sed frigiditatis ad caliditatem non est incompossibilitas, cum possint esse simul. Sed frigiditatis tantorum graduum ad caliditatem tantorum est incompossibilitas, ut intensissimae ad intensissimam vel multum intensae ad multum intensam, sed intensae ad remissam vel medio modo remissarum ad invicem nulla est incompossibilitas.

Combinaison entre théorie du mélange et version successiviste de la théorie additiste, la conception buridanienne de l'intension des formes offre une explication à la fois satisfaisante d'un point de vue conceptuel (car comprenant la notion de degré) et dynamique (conforme au modèle de *Physique* v 2). Du point de vue de l'évolution des doctrines, cette conception est toutefois moins une théorie originale que le perfectionnement d'un modèle déjà existant, à l'intérieur d'une théorie actualiste de la matière et d'une définition nominaliste de l'essence qualitative. En contexte médical, l'importance de la question du mélange avait déjà conduit à définir les conditions sous lesquelles deux qualités peuvent co-exister en un mixte : Thaddée Alderotti moquait

---

63   Jean Buridan, *Quaestiones super libros Physicorum*, III, q. 3, p. 30, l. 1–6.
64   Jean Buridan, *Quaestiones super libros Physicorum*, III, q. 3, p. 31, l. 22–29.

ainsi ceux qui acceptent l'idée que plus d'une qualité peut être à son degré maximal[65]. Nous le verrons, sans la défendre sur des bases théoriques toujours détaillées, les Mertoniens font aussi usage d'une théorie de l'addition empruntant à celle du mélange. Mais dès avant Buridan, cette conception fait l'objet de diverses conceptualisations dont l'enjeu est de neutraliser le principe d'incompossibilité des contraires. Henri de Gand discutait déjà la thèse selon laquelle des degrés atténués contraires étaient compossibles dans le mixte. Vers la fin des années 1320, en prolongeant lui-même les vues de Duns Scot sur le sujet[66], Nicolas Bonet avait proposé des idées parentes[67] :

> Ad compositionem autem palloris aliqua realitas nigredinis concurrit que non est formaliter nigredo, sed aliquid nigredinis. Et super concursum istarum duarum realitatum, quarum est una albedinis et alia nigredinis, fundatur quidditas palloris.

On le voit, le mélange des degrés opposés n'impliquait pas selon Bonet comprésence des contraires au sens strict, dans la mesure où seule une *réalité* de la qualité se joint à son contraire : « formae mediae non sunt ex contrariis, sed ex realitatibus contrariorum »[68]. Selon Bonet, cette présentation n'invalidait pas l'incompossibilité des contraires en un sujet, dans la mesure où ce n'est pas la chaleur qui se mélange à la froideur, ou le blanc au noir, mais des « réalités » appartenant à ces contraires. Buridan délaisse le vocabulaire dans lequel Bonet exprimait cette solution, qui supposait une nature commune des qualités, et dont les degrés étaient pensés par analogie avec la *realitas* scotiste[69]. Rien de tel chez Buridan : l'intensité d'une forme est directement fonction de la proportion des contraires contenus en un sujet. De là, l'essence de la qualité n'a pas à être identifiée au degré maximal dont elle est capable : à son degré maximal, une qualité demeure de même espèce que la qualité atténuée dont elle est l'intensification, sans que Buridan ait à concéder avec Burley la co-spécificité des contraires[70].

---

65 Thaddée Alderotti, *In Isagogarum libellum*, f. 345rb–va.
66 Jean Duns Scot, *Ordinatio*, dans *Opera omnia*, vol. 7, II, d. 2, p. 2, q. 5, p. 329–330.
67 Nicolas Bonet, *Metaphysica*, f. 25va–26ra. Pour des formulations proches chez des auteurs affiliés à des traditions différentes, voir Jean Baconthorpe, *Quodlibeta* II, q. 4, f. 33va ; Michel de Massa, *Commentarium in primum Sententiarum*, d. 17, p. 2, q. 1, a. 1, f. 78va–vb.
68 Nicolas Bonet, *Metaphysica*, f. 25vb.
69 Une *realitas* contenue dans le blanc n'est pas formellement le blanc, de même qu'une réalité contenue dans l'humanité n'est pas l'humanité ; cf. Nicolas Bonet, *Metaphysica*, f. 25vb : [...] *Sicut humanitas fundatur super concursum plurium realitatum*.
70 Jean Buridan, *Quaestiones super libros Physicorum*, V, q. 4, f. 87ra.

Dans la quatrième question de sa dernière lecture sur le livre III de la *Physique*, Buridan aborde les modalités d'acquisition de la qualité, qui mettent justement en cause le rapport entre les concepts de forme et de degrés et, en ce sens, la métaphysique des phénomènes intensifs. Buridan rejette l'opinion notamment rencontrée dans les questions d'Oresme sur la géométrie d'Euclide selon laquelle une qualité peut être acquise *tota simul* du point de vue de l'essence, mais néanmoins *gradualiter* du point de vue de l'intensité. Selon Buridan, le degré de chaleur n'est pas autre chose que la chaleur[71]. La distinction entre l'essence de la forme et le degré ne vaut pas davantage que celle de l'être et de l'essence d'une chose[72]. L'identification de la forme et de son essence mène donc au rejet de cette thèse[73] :

> Ista opinio non videtur mihi vera, nisi exponatur ad sensum improprium. Videtur enim imaginari quod sint gradus distincti ab essentia caliditatis et quod continue sit alius et alius gradus et non sit alia et alia essentia.

La réponse à la question de savoir si les degrés sont de même *raison* est essentiellement linguistique : les degrés intensifs sont de même espèce selon le nom spécifique, mais comme noms signifiant à chaque fois pour une forme plus ou moins intense, ils ne sont pas de même raison[74]. Selon Buridan, les degrés sont ainsi des termes désignant la proportion des qualités contraires à laquelle se réduit le phénomène d'intensification qualitative, et en aucun cas des propriétés réellement distinctes de la forme simple qu'ils qualifient[75].

Cette réduction sémiologique de la notion de degré, qui l'identifie à la forme ou ce qui est acquis dans le mouvement, s'accorde avec la thèse d'après laquelle le mouvement – à l'exception du mouvement local – est une *forma fluens* qui ne se distingue pas de la forme acquise. Cette réduction permet de surcroît d'éviter le recours à des concepts qui suscitent la méfiance du philosophe picard, comme celles de mode ou de signifiable complexe. L'identification de l'essence de la forme à son être, pour les formes substantielles comme accidentelles, permet de bloquer toute distinction extra-sémantique entre eux : Buridan refuse de voir dans des expressions comme *album* et *esse album* deux aspects ontologiquement distincts d'un accident. L'*esse album* est identique à

---

71   Jean Buridan, *Quaestiones super libros Physicorum*, III, q. 4, p. 42, l. 5–6 ; p. 43, l. 10–11.
72   Voir ici J. Biard, « La théorie de l'être et de l'essence de Jean Buridan », dans M. Pickavé (ed.), *Die Logik des Transzendentalen. Festschrift für Jan A. Aertsen* (Berlin / New York : De Gruyter, 2003), p. 383–394.
73   Jean Buridan, *Quaestiones super libros Physicorum*, III, q. 4, p. 41, l. 10–12.
74   Jean Buridan, *Quaestiones super libros Physicorum*, III, q. 5, p. 55, l. 6–11.
75   Voir Biard, « L'être et la mesure », sur ce point.

l'*album*, c'est-à-dire à un corps informé par une qualité qui en est réellement distincte[76]. À la différence de la seconde expression, qui suppose simplement pour l'agrégat du corps et de la qualité qu'il porte, la première suppose aussi pour la forme seule.

Dans ses *Questions sur la Métaphysique*, Buridan décrit une version déflationniste de l'accident, conçu comme l'*esse aliquale* d'une chose, qu'il attribue à Aristote. L'assimilation de la qualité à un *aliquid esse aliquale*, qui s'apparente en fait à l'ontologie modale du premier Oresme, se heurte selon lui à une difficulté d'ordre théologique : la présence réelle du Christ dans l'Eucharistie est incompatible avec cette doctrine, puisque le mode ne saurait être séparé de la substance, même surnaturellement[77]. L'argument, pourra-t-on relever, porte davantage pour le statut de la qualité que pour celui d'une intensité, dans la mesure où il est communément admis qu'une intensité ne peut être séparée d'une qualité, à la différence de l'accident vis-à-vis de la substance. Dans la perspective de Buridan, toutefois, cette remarque est sans objet, dans la mesure où la différence de statut ontologique entre degré et forme est précisément éliminée au profit d'un simple rapport quantitatif.

2.2.1 Unicisme et refus des degrés substantiels

Buridan soutient, du point de vue de la forme constituant le composé substantiel, une position uniciste qu'il étend à la nature de l'âme. Chez un auteur comme Guillaume d'Ockham, le programme de réduction sémiologique du concept de puissance n'allait pas jusqu'à identifier les principes d'opérations sensitives et intellectuelles, que le philosophe anglais pensait comme formes distinctes, mais il conduisait en revanche à n'admettre qu'une distinction rationnelle entre facultés intellectuelles. Buridan étend cette dernière idée à toutes les puissances de l'âme, et non plus seulement aux facultés supérieures de l'intellect[78]. Cet unicisme radical détermine les réponses apportées par Buridan aux questions de l'émergence graduelle des formes et de l'embryogenèse. Contrairement à Thomas d'Aquin, Buridan ne postule pas une succession de formes pour rendre compte de l'apparition progressive des organes

---

76 Jean Buridan, *Questiones in Metaphysicen*, IV, q. 6, Paris, 1518, f. 16va–17vb, en part. f. 17rb.

77 Jean Buridan, *Questiones in Metaphysicen*, IV, 6, f. 17ra–rb. À ce sujet, voir Bakker, « Aristotelian Metaphysics ». La thèse selon laquelle Buridan serait contraint, malgré tout, d'accepter une ontologie de modes a été défendue par C. Normore, « Buridan's Ontology », dans J. Bogen, J. McGuire (eds.), *How Things Are* (Dordrecht : Reidel, 1985), p. 180–203 ; cf. G. Klima, « Buridan's Logic and the Ontology of Modes », dans S. Ebbesen, R. Friedman (eds.), *Medieval Analyses in Language and Cognition* (Copenhagen : Royal Danish Academy of Sciences and Letters, 1999), p. 473–496.

78 Pour une étude récente sur ce point, voir De Boer, *The Science of the Soul*, p. 241–252.

d'un animal en formation. Il considère que l'action d'une seule forme suffit à expliquer la formation d'organes différents, à condition de prendre en compte le délai temporel qui sépare la constitution d'un organe de celles des autres[79]. Ainsi, la forme substantielle agit sur la matière ovulaire en produisant d'abord le coeur, avant d'introduire, par le biais de la matière cardiaque, qui n'est déjà plus la matière originelle de l'oeuf, de nouveaux organes grâce aux dispositions accidentelles acquises par la matière. En caractérisant la forme substantielle comme étendue et divisible, Buridan conçoit que des parties de forme soient acquises successivement, cette partibilité justifiant l'emploi de termes quantitatifs pour désigner le processus de génération animale (« in illo magno equo plus est de forma substantiali [...] quae non erat in nativitate quam de illa quae erat »)[80].

Son analyse de la persistance des éléments dans le mixte signale un lien entre unité de la forme et refus des degrés substantiels. Buridan nie cette persistance, même sous un être atténué[81]. L'originalité de son argumentation tient à la réfutation par l'absurde de l'hypothèse où les éléments subsisteraient d'une certaine manière – hypothèse où se poserait encore la question de la distinction entre formes élémentaires et forme du mixte. Or, que l'on suppose ou non dans ce cas une forme mixte distincte des éléments, on ne peut éviter l'idée averroïste d'une atténuation des formes substantielles[82] :

> Si vero ponamus formam additam, tunc sequeretur quod in ferro essent plures formae substantiales specificae et completae. Igitur ferrum erit plurium specierum in genere substantiae. Nec per consequens poterit dici aliquod unum per se. Et ego probo primam consequentiam quia : omnes concederent quod illa forma substantialis addita esset una forma specifica et completa ; sed etiam congregatum ex forma aquae et forma ignis remissis esset una forma completa in genere substantiae

---

[79] Sur l'embryologie buridanienne, voir T.M. Ward, « John Buridan and Thomas Aquinas on Hylomorphism and the Beginning of Life », dans *Res Philosophica* 93/1(2016), p. 27–43 ; S.W. De Boer, « Where Should We Discuss the Soul ? On the Relation between the Doctrines of *De anima* and *De generatione et corruptione* », dans G. Klima (ed.), *Questions on the Soul by Buridan and Others. A Companion to John Buridan's Philosophy of Mind* (Cham : Springer, 2017), p. 21–43.

[80] Jean Buridan, *Quaestiones super De generatione*, I, q. 13, p. 114, l. 6–8.

[81] Jean Buridan, *Quaestiones super De generatione*, I, q. 22, p. 166, l. 9–11 : *Sit conclusio prima quod formae substantiales elementorum non maneant in mixto, quia, sicut prius argutum est, nec manent sub esse perfecto nec sub esse remisso*. Cf. Jean Buridan, *Quaestiones super libros Physicorum*, I, q. 14, p. 146, l. 1–4.

[82] Jean Buridan, *Quaestiones super De generatione*, I, q. 22, p. 167–168, l. 27–8.

et specifica, quoniam formae contrariae remissae et unicae in eodem subiecto constituunt unam formam mediam completam, sicut in genere qualitatis caliditas et frigiditas constituunt tepiditatem, quae est una qualitas (et sic colores extremi constituunt medios, qui sunt colores completi et specifici in genere qualitatis). Ultimo. Quocumque dictorum modorum posito, tunc illae formae elementorum ponerentur remitti et intendi secundum remissionem et intensionem qualitatum.

En résumé, la théorie des propriétés intensives de Buridan s'inscrit dans une logique de réduction de la notion de degré à une quantité de qualité concrète. La clarification apportée à la notion, sans nécessiter le recours à un concept *ad hoc* ou à un statut ontologique spécial, se veut une explication économe des phénomènes intensifs, qui renvoient simplement aux mouvements des qualités inhérant directement à la matière. Cette conception s'harmonise avec les principes admis par le maître artien, en particulier la concrétude accordée aux accidents, mais aussi l'unité de la forme, qui justifient que les parties substantielles ne soient divisibles que selon l'extension.

2.2.2 Marsile d'Inghen

Les vues exprimées sur le sujet par Marsile d'Inghen méritent d'être présentées à la suite de celles de Buridan, tant elles s'en rapprochent. Bien que ses questions sur les *Sentences* le montrent concerné par les débats sur la latitude des êtres et les perfections spécifiques qui se développent à partir des années 1350[83], Marsile ne s'y penche guère sur les modalités d'intension de la charité. Il fait en revanche un usage étendu de la terminologie des formes intensives et de son outillage mathématique dans le cadre de la philosophie naturelle, y compris à propos de questions topiques comme celle de l'action *sibi simile* des agents naturels ou de la réaction des corps[84].

C'est sur le problème de la compossibilité des contraires que l'influence de la position de Buridan est la plus nette. Marsile refuse cette possibilité *stricto sensu*. Ce refus est analytique : deux contraires ne peuvent pas être adéquatement en même sujet car ils sont contraires[85]. L'adverbe « adéquatement », qui

---

[83] Marsile d'Inghen, *Quaestiones super quattuor libros Sententiarum*, eds. M.S. Noya et al. (Leiden : Brill, 2000–), vol. 1, Proem., p. 42 ; vol. 2, I, q. 12, p. 93, l. 16 ; vol. 3, I, q. 25, p. 103, l. 23–24.

[84] Marsile d'Inghen, *Questiones super libros De generatione*, I, q. 18–19, f. 85vb–90va ; voir encore II, q. 6, a. 1–2, f. 106ra–107vb ; II, q. 8, f. 113ra–112rb.

[85] Marsile d'Inghen, *Abbreviationes super octo libros Physicorum Aristotelis* (Venise : Octavianus Scotus, 1521), III, f. 10ra : *Haec est impossibilis : contraria adinvicem stant simul in eodem subiecto adequate. Patet, quia si stant simul, non sunt contraria.*

signifie ici « selon leur degré maximal », clarifie l'énoncé d'une thèse qui, on le voit, est similaire à celle de Buridan. Deux qualités ne peuvent pas co-exister au sein d'un sujet, mais deux degrés qualitatifs contraires le peuvent. Un sujet contient toujours un nombre égal de degrés, son état manifestant la balance qualitative qui résulte de la proportion des degrés contraires[86] :

> Omnia corpora naturalia habent eque multos gradus qualitatum primarum. Patet, quia si haberent pauciores caliditatis, haberent plures frigiditatis, et econtra. Similiter in humidate et siccitate, quia quando unus gradus unius remittitur tunc unus alterius introducitur.

La somme des degrés qualitatifs dans un corps, si l'on adopte la convention selon laquelle une qualité maximale est de degré 10, ne pourra se présenter que sous des rapports tels que 5 + 5 ; 4 + 6 ; 8 + 2, etc. Les degrés sont assimilés à des parties intégrales de la qualité, ou des parties intensives égales (*partes intensionales graduales equales*). Comme chez Buridan, la contrariété proprement dite est fonction de l'opposition quantitative des degrés : elle n'interdit la comprésence des opposés que lorsque la qualité est maximalement présente et que, par implication, l'opposé est absent.

Marsile pousse encore plus loin que Buridan la déconstruction de la notion de contrariété. Il entreprend de démontrer que les termes maximaux de l'altération (la chaleur la plus intense et le froid le plus intense), comme du mouvement local et de l'augmentation, n'impliquent jamais de contrariété proprement dite. Buridan, pour sa part, s'était avant tout attaché à montrer que les *mouvements* d'un degré qualitatif maximal à l'autre n'étaient pas contraires, en maintenant que les formes sous leur degré maximal l'étaient[87]. L'argument de Marsile repose sur le fait que la chaleur et la froideur acquise ou perdue sont simultanément dans le même sujet, ce qui va contre la définition des contraires. En effet, bien que la chaleur maximale et la froideur maximale produisent un empêchement réciproque, le mouvement de l'une vers l'autre implique qu'elles sont en un sens, durant un mouvement d'altération, dans le même sujet. Dans la mesure où le mouvement d'acquisition d'une qualité suppose pour cette forme, Marsile en tire que les termes intrinsèques du mouvement ne s'excluent pas mutuellement[88]. Au sens strict, les termes d'un mouvement ne sont *jamais*

---

86   Marsile d'Inghen, *Abbreviationes*, III, f. 10ra ; cf. *Questiones super libros De generatione*, II, q. 6, a. 1, f. 106va.
87   Jean Buridan, *Quaestiones super libros Physicorum* V, q. 3, f. 86ra.
88   Marsile d'Inghen, *Abbreviationes*, V, f. 23vb–24ra.

de véritables contraires[89]. Seule la génération de la chaleur maximale (comme mouvement) contrarie la génération de la froideur maximale, avec laquelle elle est incompossible[90].

De ce modèle fondé sur l'assouplissement de la notion de contraire découlent les vues de Marsile sur le statut des éléments dans le mixte. Le comportement de certains mixtes s'explique par cette comprésence de degrés contraires : une branche flottant sur l'eau, par exemple, prouve la présence d'un certain degré de légèreté au sein d'un tel corps (pourtant lourd par ailleurs)[91]. Bien plus, la consistance même de la thèse d'une permanence *virtute* des éléments dans le mixte suppose cette comprésence, puisqu'à cette seule condition une partie des qualités élémentaires est conservée[92]. Marsile estime que la réfraction des éléments dans le mixte, si elle avait lieu, devrait s'effectuer *proportionaliter* selon la latitude des deux éléments en question, chaque élément donnant par lui-même un acte correspondant à son propre degré[93]. Mais il n'est en fait pas nécessaire selon lui de supposer, en deçà de l'équilibrage des qualités dans le mixte, l'atténuation des formes élémentaires elles-mêmes. Cependant, la comprésence des qualités opposées sous un degré atténué leur confère un rôle important du point de vue de la production du mixte. Alliée à la thèse d'une persistance numérique de l'accident à travers le changement substantiel, cette théorie rend possible une compréhension purement méréologique des corps composés : les qualités d'un mixte sont l'agrégation même des qualités actuelles des éléments, cette agrégation n'étant pas une contenance virtuelle, mais une somme stricte[94]. Ce résultat est, sinon équivalent, du moins proche des idées de Buridan sur la permanence des accidents lors du changement substantiel et leur inhérence immédiate à la matière.

Un dernier aspect notable de la théorie des degrés intensifs chez Marsile tient dans la systématisation des réflexions menées par les maîtres parisiens avant lui sur le problème de la réaction[95]. Nous l'avons vu, Buridan, à l'instar

---

89   Marsile d'Inghen, *Abbreviationes*, v, f. 24ra, prop. 7.
90   Marsile d'Inghen, *Abbreviationes*, v, f. 24rb.
91   Marsile d'Inghen, *Questiones super libros De generatione*, II, q. 6, a. 1, f. 106vb.
92   Marsile d'Inghen, *Questiones super libros De generatione*, II, q. 6, a. 1, f. 106vb.
93   Marsile d'Inghen, *Questiones super libros De generatione*, I, q. 21, a. 2, f. 93ra.
94   Marsile d'Inghen, *Questiones super libros De generatione*, I, q. 22, a. 2, f. 95rb : *Caliditas mixti non est solum virtualiter similis caliditati elementi, immo est actualiter similis speciei specialissime.*
95   S. Caroti, « Da Buridano a Marsilio di Inghen » ; S. Caroti, « Ein Kapitel der mittelalterlichen Diskussion über *reactio* : das *novum fundamentum* Nicole Oresmes und dessen Widerlegung durch Marsilius von Inghen », dans B. Mojsisch, O. Pluta (eds.), Historia Philosophiae Medii Aevi. *Studien zur Geschichte der Philosophie des Mittelalters. Festschrift*

d'Albert de Saxe et Nicole Oresme, avait proposé une explication du phénomène basée sur la dissociation de la puissance d'action et de la puissance résistive au sein d'une qualité. Marsile fait sienne cette explication typiquement « parisienne » (globalement rejetée par les penseurs anglais de la même époque) du processus de réaction, mais il la perfectionne en en précisant les modalités. Il détaille en effet une relation d'ordre inverse existant entre puissance d'action et puissance résistive des quatre qualités élémentaires. Le classement de la puissance d'action des qualités, selon un ordre décroissant, est le suivant :

1) chaleur ; 2) froideur ; 3) humidité ; 4) sécheresse.

Leur puissance résistive, toujours selon un ordre décroissant, est exactement inverse :

1) sécheresse ; 2) humidité ; 3) froideur ; 4) chaleur.

Ces précisions apportées à l'explication du processus de réaction conduisent Marsile à attribuer certaines valeurs à ces deux puissances internes aux qualités pour illustrer son propos. Ainsi, il explique un processus de réaction entre chaleur et froideur en admettant que la chaleur, ayant une puissance d'action de degré 8 et une puissance résistive de degré 3, subira nécessairement l'effet de la froideur qui a une puissance d'action de degré 7 et une puissance résistive de degré 4.

Ce perfectionnement de la solution parisienne au problème de la réaction a des conséquences importantes. Premièrement, en stipulant un rapport strictement inverse entre action et résistance au sein de chaque *virtus*, Marsile modifie encore davantage la compréhension traditionnelle de la contrariété comme relation structurelle entre qualités. Cette thèse s'ajoute en effet chez lui à celle de la comprésence des degrés contraires dans un sujet. Ces deux thèses sont logiquement distinctes. Buridan les accepte conjointement, sans aller toutefois jusqu'à ordonner de manière précise comme Marsile les quatre qualités élémentaires selon l'action et la puissance. Oresme et – comme nous le verrons bientôt – Albert acceptent de différencier degré d'action et de résistance mais ne souscrivent pas au mélange des degrés contraires dans le sujet.

Deuxièmement, cette sophistication conduit Marsile, de manière remarquable, à assigner *deux* valeurs numériques pour décrire de manière

für Kurt Flasch zu seinem 60. Geburtstag (Amsterdam / Philadelphia : B.R. Grüner, 1991), vol. 1, p. 145–161.

complète le comportement physique d'une seule qualité. Bien qu'il se contente d'exemples peu détaillés servant surtout à justifier le principe de l'explication, la démarche de Marsile s'inscrit pleinement dans la recherche de solutions de contournement aux apories physiques liées à l'altération réciproque, typiques du cadre qualitatif aristotélicien. S'opposant aux solutions retenues par les Calculateurs anglais, qui refusent de disjoindre action et résistance, sa théorie lui assurera une certaine fortune dans les réflexions du dernier Moyen Âge sur la réaction[96].

2.2.3   Les *Questions sur la Physique* attribuées à Marsile d'Inghen

Le point de vue des *Questions sur la Physique* traditionnellement attribuées à Marsile d'Inghen doit être aussi rapproché de celui de Buridan. Le supposé Marsile avance son point de vue comme une théorie de l'addition. L'auteur admet, à propos des modalités d'acquisition de la qualité, la successivité de la réception en un sujet des qualités admettant un contraire. En ces qualités seulement l'altération suppose des degrés acquis les uns après les autres, à la différence d'autres propriétés « ut lumen, species, color et aliqua actus animae »[97]. Les qualités n'ayant pas de contraire n'entraînent qu'une succession dans l'altération selon les parties quantitatives du sujet. Pour les autres, la succession concerne également les degrés des formes qui constituent la qualité[98].

L'explication des modalités d'intensification repose également pour l'auteur sur une notion élargie de contrariété. À proprement parler, la théorie de l'intensification par diminution d'un contraire n'est pas acceptable[99]. Le modèle de l'addition des degrés dont la théorie de la participation est, de façon significative, présentée comme une simple variante, s'impose face à la théorie

---

96   J.M.M.H. Thijssen, « The Circulation and Reception of Marsilius of Inghen's '*Quaestiones super libros de generatione et corruptione*' in Fifteenth- and Sixteenth-Century Italy : The Problem of *Reactio* », dans S. Wielgus (ed.), *Marsilius von Inghen Werk Und Wirkung : Akten des Zweiten Internationalen Marsilius-von-Inghen-Kongresses* (Lublin : Redakcja Wydawnictw KUL, 1993), p. 227–244.

97   (Ps. ?)Marsile d'Inghen, *Quaestiones subtilissimae super octo libros Physicorum*, III, q. 3, f. 37va.

98   (Ps. ?)Marsile d'Inghen, *Quaestiones subtilissimae super octo libros Physicorum*, III, q. 3, f. 37vb : *Secunda conclusio est quod in alteratione ad qualitatem non habentem contrarium non est successio gradus formae.* [...] *Tertia conclusio est quod in alteratione ad qualitatem habentem contrarium est successio secundum gradus formae.*

99   (Ps. ?)Marsile d'Inghen, *Quaestiones subtilissimae super octo libros Physicorum*, III, q. 4, f. 37vb : *Prima <conclusio> est quod intensio in qualitatibus primis et in secundis consequentibus primas non fit precise per depurationem a contrario.*

successiviste et celle de l'intensification exclusive du sujet[100]. Pourtant, quant à la question de savoir si deux formes contraires peuvent co-inhérer à un même sujet, l'auteur apparaît favorable à la thèse du mélange. Trois positions sont selon lui à distinguer : celle qui nie simplement cette possibilité et affirme l'apparition d'une qualité nouvelle à chaque instant du changement ; celle qui affirme que la totalité d'une qualité doit être évacuée pour laisser place à son contraire ; celle qui pose enfin que les contraires peuvent co-exister sauf à leur degré maximal. On aura reconnu dans la dernière position celle de Buridan. Reprenant les termes de ce dernier, l'auteur établit également que ce n'est pas en raison de leur nature formelle que les qualités s'excluent, mais seulement à cause de leur quantité quand celle-ci rejoint son maximum[101] :

> Tunc dico quod repugnantia caliditatis et frigiditatis quantum ad esse simul non provenit ex ratione absoluta formarum secundum quam dicitur caliditas et frigiditas, quia sub aliquibus gradibus se compatiuntur, ut postea probabitur. Et ideo ipsarum repugnantia provenit ex nimia quantitate graduum [...].

L'impossibilité pour deux qualités de co-exister en un même sujet se ramène au fond à une propriété des propositions à propos des degrés pour lesquels elles supposent. Tout comme deux propositions contraires universellement quantifiées ne peuvent être fausses ensemble quand elles supposent chacune pour un même ensemble d'individus donnés, mais peuvent être fausses ensemble quand elles ne supposent que pour quelques-uns d'entre eux, de même les prédicats supposant pour les qualités contraires peuvent s'appliquer à un même individu s'il n'est pas maximalement qualifié par une seule qualité[102]. L'attribut qualitatif prédiqué d'un sujet réfère donc à la somme des degrés qu'il a acquis, qui détermine l'application possible ou non du prédicat contraire. L'auteur refuse également toute distinction autre que compositionnelle entre l'essence d'une forme et son degré : à l'opinion selon laquelle une forme peut être reçue subitement (ou *tota simul*) *quantum ad suam essentiam* mais successivement

---

100 (Ps. ?)Marsile d'Inghen, *Quaestiones subtilissimae super octo libros Physicorum*, III, q. 4, f. 39ra : *Secunda conclusio est quod in intensione qualitatis pars primo acquisita manet cum parte quae posterius acquiritur, ita quod in alteratione ad summam caliditatem summa caliditas quae manet in termino motus est integrata ex omnibus caliditatibus partialibus quae erant acquisitae tempore alterationis a principio usque ad finem.*

101 (Ps. ?)Marsile d'Inghen, *Quaestiones subtilissimae super octo libros Physicorum*, III, q. 5, f. 40ra.

102 (Ps. ?)Marsile d'Inghen, *Quaestiones subtilissimae super octo libros Physicorum*, III, q. 5, f. 40ra.

quantum ad gradum formae, il rétorque que les degrés sont des parties intégrales de la forme[103]. Cette modélisation du phénomène, qui peut paraître souscrire à une interprétation plus réaliste du concept de degré, se révèle similaire du point de vue de l'analyse de la contrariété à celle de Buridan.

Convient-il dès lors de réviser l'idée reçue selon laquelle la théorie additiste s'impose majoritairement à partir du XIVe siècle ? Sans doute pas, mais il convient de prendre en compte le changement profond qui s'est opéré, sous la persistance d'un même vocabulaire, entre le derniers tiers du XIIIe siècle et les années 1350–1360. La version finale des *Questions sur la Physique* de Buridan doit être située entre 1352 et 1357. Mais le témoignage d'Albert de Saxe nous apprend qu'à l'époque de la rédaction de ses *Questions sur la Physique*, c'est-à-dire sans doute peu après 1351, où il répond aux lectures antérieures de Buridan, l'opinion de ce dernier (qu'il rejette) est déjà la plus répandue[104] :

> Alia opinio ponit quemlibet gradum caliditatis cuilibet gradui frigiditatis esse contrarium nec aliquem gradum caliditatis posse stare cum aliquo gradu frigiditatis. Et ista opinio ponit intensionem et remissionem non fieri per admixtionem alterius formae. [...] Istam secundam opinionem reputo veriorem, primam vero communiorem.

Marsile d'Inghen, nous l'avons vu, souscrit au point de vue de Buridan. Le cas Oresme, et de ceux qui acceptent la notion de mode des choses, offre une perspective différente sur la question, mais témoigne aussi d'une compréhension nouvelle de la notion de degré. Le traitement par Oresme de la question de la compossibilité des contraires témoignait d'une véritable difficulté. Rejetant la thèse, Oresme procédait à un examen des positions en présence s'achevant sur celle de Burley, pourtant elle-même sujette à objections selon lui[105]. Concédant qu'il y a sens à parler d'une balance des qualités contraires (prenant déjà l'exemple d'une échelle dénaire), Oresme refusait cependant qu'il y ait là deux *choses*, c'est-à-dire composition réelle, sa définition des qualités invalidant cette interprétation de la balance des degrés[106]. En d'autres termes, dans

---

103 (Ps. ?)Marsile d'Inghen, *Quaestiones subtilissimae super octo libros Physicorum*, III, q. 3, f. 37rb.

104 Albert de Saxe, *Expositio et Quaestiones in Aristotelis libros Physicorum ad Albertus de Saxonia attributae*, ed. B. Patar (Leuven : Peeters, 1999), vol. 3, v, q. 9, p. 838. Sur l'importance prise par cette théorie et son rôle dans les différentes rédactions du commentaire à la *Physique* de Buridan, voir Caroti, « Some Remarks on Buridan's ».

105 Nicole Oresme, *Quaestiones super Physicam*, v, q. 8, p. 617–621.

106 Nicole Oresme, *Quaestiones super Physicam*, v, q. 9, p. 624, l. 63–66 : *Tunc est prima conclusio quod nulla est vera compositio inter contraria. Probatur primo, quia ex multis dictis*

l'ontologie oresmienne des accidents, la notion de degré reflétait de même moins une position additiste qu'une convention acceptée pour son opérativité du point de vue des énoncés scientifiques.

La théorie de l'addition des degrés est donc considérablement révisée vers le milieu du XIVe siècle, sous le maintien de formulations proches de celles que l'on pouvait trouver chez les premiers théoriciens de l'addition comme Richard de Mediavilla. La valorisation de l'explication des intensités en termes d'interaction des contraires, chez Buridan et Marsile, n'est pas anodine, tant la théorie du mélange des contraires est encore battue en brèche quelques années plus tôt. La part faite à la théorie des contraires permet de considérer l'intensification comme le jeu de forces opposées ; les prédicats supposant pour les qualités premières s'apparentent à des noms dont les règles d'application traduisent la proportion des opposés dont on perçoit l'effet d'un point de vue sensible. La comprésence des degrés contraires n'équivaut pas à l'interaction réelle de deux qualités, qui donneraient lieu à une action réciproque (c'est-à-dire une réaction). Elle signifie donc avant tout une échelle de mesure *relative*, au sens où la perte d'un degré est équivalent à l'acquisition du degré contraire, de sorte qu'un principe de conservation de la somme totale des degrés est observé à travers les transformations qualitatives de la substance. Le caractère relatif de la mesure accompagne donc l'interprétation du terme « degré » comme simple signe d'une quantité, conduisant à cette conséquence importante que, comme l'observait Duhem, « l'intensité du froid n'est que l'intensité de la chaleur *changée de signe* »[107]. Le vocabulaire des degrés n'a donc pas la même portée qu'à l'époque où un Thomas d'Aquin s'y opposait, car il n'exprime plus l'adhésion à une ontologie additiste proprement dite[108]. Chez les maîtres parisiens actifs dans les années 1350, ce vocabulaire est avant tout accepté car il permet d'appréhender des thèmes physiques dont les nouveaux développements requièrent ce lexique.

Le type d'explication favorisée par Buridan et Marsile résulte de deux apports : d'une part, de la réduction opérée par des auteurs comme Ockham de la forme à une composition intégrale, réduisant le rapport accident/degré à une relation méréologique. D'autre part, du travail définitionnel de la notion de contrariété suscité par les thèses burleyiennes relatives au mouvement d'altération. Davantage qu'une régression à une vision naïve du mixte, la théorie

---

Aristotelis et Commentatoris patet quod albedo et caliditas etc. non sunt tales res et tales forme, sicut communiter ymaginatur ; immo albedo non est aliud quam esse album [...].

107 Duhem, *Études sur Léonard de Vinci*, vol. 3, p. 402.
108 Se reporter aux explications éclairantes à ce sujet de M. Clagett, *Giovanni Marliani and Late Medieval Physics* (New York : Columbia University Press, 1941), p. 37–38, n. 8.

de Buridan et de Marsile aménage une compréhension des intensités plus favorable à leur représentation comme rapports de propriétés physiques concrètes. Elle marque aussi, pour le régime des accidents, une certaine déconstruction de la causalité formelle au profit d'un modèle causal plus mécanique. Plus généralement, chez Buridan, Marsile et l'auteur des *Questions* qui lui sont attribuées, la notion de contrariété se voit redéfinie conformément à une importance plus grande accordée, dès cette époque, à la structure du monde physique comme fondement des propriétés modales et des vérités métaphysiques.

Cette redéfinition de la contrariété est cruciale pour l'évolution de la théorie aristotélicienne du mouvement, si l'on admet qu'une des différences essentielles entre physique moderne et physique ancienne tient au rôle jouée par cette relation, qui disparaît comme propriété fondamentale à l'époque moderne. Cette redéfinition accompagne les prémices de la définalisation du mouvement que l'on observe dès cette époque. Les théories de l'*impetus* ou de la *virtus impressa* forgées les maîtres parisiens, qui confortent la réalité accordée au mouvement local comme *fluxus formae*, supposent en effet la conceptualisation d'un nouveau type de forme : individuel, car sujet à mutation intrinsèque, mais aussi étranger à la contrariété et à la finalité[109]. La thèse du *fluxus formae*, défendue pour des raisons dynamiques, et qui revêt donc un sens différent du motif catégorial qui dominait les discussions au XIIIe siècle, représente sans doute l'envers de la théorie de l'*impetus*, c'est-à-dire d'une force qu'il est, au moins en principe, possible de quantifier[110]. Le cadre singulariste dans lequel se placent des auteurs comme Buridan, Albert de Saxe ou Marsile d'Inghen favorise l'abandon d'une conception de la causalité formelle comme tension d'une qualité imparfaitement réalisée vers l'actualisation parfaite de son essence. En ce sens, la thèse d'un « flux de la forme » se distancie d'une vision finaliste du mouvement comme réalisation en un sujet d'un potentiel eidétique. En explorant l'idée d'une force imprimée qui s'épuise progressivement, les nouvelles théories des causes du mouvement prennent part à une tendance de fond à la quantification des phénomènes naturels, qui déstabilise le cadre métaphysique soutenant la compréhension aristotélicienne du mouvement.

---

109 Pour une étude comparée des positions, voir J.M.M.H. Thijssen, « The Debate over the Nature of Motion : John Buridan, Nicole Oresme and Albert of Saxony. With an Edition of John Buridan's *Quaestiones super libros Physicorum, secundum ultimam lecturam*, Book III, Q. 7 », dans *Early Science and Medicine* 14/1(2009), p. 186–210.

110 Bréhier suggérait ainsi ce lien : « Le mouvement, dépendant non de la présence actuelle du moteur, mais de l'impulsion acquise, a donc comme une existence en lui-même » ; É. Bréhier, *La philosophie au Moyen Âge* (Paris : Albin Michel, 1971), p. 368.

2.3 Mesure des degrés et déterminations des vitesses : la théorie des intensités d'Albert de Saxe

Le lexique des formes intensives constitue un outil privilégié, dans le cadre de la physique développée par les maîtres parisiens, pour l'analyse du mouvement tant du point de vue de la cause que de l'effet, c'est-à-dire, en des termes anachroniques, des points de vue dynamique et cinématique. Chez Albert de Saxe, ce lexique entretient un lien essentiel à la physique[111]. Comme son contemporain Nicole Oresme, Albert de Saxe met à profit la théorie des proportions dont l'application à la physique s'est généralisée depuis les années 1330 et la diffusion du traité de Bradwardine. À la différence de Nicole Oresme, dont la théorie des intensités couvre un nombre considérable de phénomènes, les travaux d'Albert de Saxe s'intéressent essentiellement à l'étude de la vitesse et du mouvement, exposés sous la forme d'un *Traité des proportions* dont la date de rédaction doit être située avant 1365, et dont la diffusion à la fin du Moyen Âge démontre l'importance pour les réflexions scolastiques sur le mouvement local[112].

Il convient d'abord, pour en saisir la portée et les enjeux, de le replacer dans l'analyse générale des phénomènes intensifs d'Albert. L'intensité des formes est abordée chez lui, comme chez Oresme, dans le cinquième livre sur la *Physique*, à la différence de Buridan et de Marsile d'Inghen qui lui réservent sa place au sein du troisième. Se penchant d'abord sur la compossibilité des contraires en un sujet, il évoque la position défendue à la même époque par Buridan et Marsile d'Inghen. Nous l'avons vu, Albert oppose à cette opinon « commune » celle qui refuse qu'un degré qualitatif co-existe avec un degré contraire, qui lui paraît plus vraie[113]. Albert s'accorde ici avec Oresme, au profit d'une description plus simple de l'intensification en termes d'accès au maximum de perfection.

Chez Albert, comme chez Oresme, la meilleure ontologie de l'intensification est conçue en relation au problème de la mesure des qualités. Mais leur position résultante n'est pas la même. Là où Oresme choisit de mesurer tant l'intension de la qualité que sa diminution par rapport à son maximum

---

111   Sur le sujet, voir J. Sarnowsky, *Die aristotelisch–scholastische Theorie der Bewegung. Studien zum Kommentar Alberts von Sachsen zur Physik des Aristoteles* (Münster i.W. : Aschendorff, 1989) ; J. Sarnowsky, « Albert von Sachsen und die Physik des *ens mobile ad formam* », dans J.M.M.H. Thijssen, H.A.G. Braakhuis (eds.), *The Commentary Tradition on Aristotle's* De generatione et corruptione. *Ancient, Medieval and Early Modern* (Turnhout : Brepols, 1999), p. 163–181 ; J. Biard, « De la logique à la physique : quantité et mouvement selon Albert de Saxe, », dans *Les Études philosophiques* (1996/3), p. 361–374.

112   H.L.L. Busard, « Der *Tractatus proportionum* von Albert von Sachsen », *Osterreichischen Akademie der Wissenschaften*, 116/2 (Wien : Springer, 1971), p. 44.

113   Albert de Saxe, *Quaestiones in libros Physicorum*, v, q. 9, p. 838.

(« intendi secundum aliquam qualitatem non est nisi accedere et approximari ad summum »)[114], Albert ne choisira le degré maximum pour référence de mesure que pour l'atténuation (par éloignement à ce degré), préférant mesurer l'intensification par écart vis-à-vis du non-degré. Si cette question n'est pas seulement ontologique, c'est, comme on le verra, qu'elle a un lien direct aux procédures calculatoires que ces conventions rendent possible.

Ce point laisse en tout cas en suspens la question de la composition intensive de l'accident. Qu'en est-il ? Abordant le problème de l'acquisition *tota simul* de la qualité à l'occasion du livre V (q. 10), Albert admet une divisibilité de l'accident selon les parties quantitatives du sujet, qui ne l'acquiert que peu à peu au cours de l'altération[115]. Pour expliquer l'intensité des formes, il procède à un examen de deux opinions : la théorie successiviste et la théorie de l'addition. Cet examen se distingue par sa clarté et son impartialité. Les arguments de chaque camp sont exposés avant les réponses qu'ils sont susceptibles de s'opposer mutuellement. Albert présente la théorie successiviste en des termes qui font écho aux discussions sur les conventions de mesure : à savoir « per recessum a non gradu et accessum ad gradum summum »[116]. Il s'abstient toutefois de trancher sur ce second point.

En résumé, la position d'Albert n'est pas totalement déterminée : il se montre défavorable à la « nouvelle » théorie du mélange qui gagne en popularité à son époque, mais ses questions sur la *Physique* n'apportent pas réponse au problème de savoir si la forme s'effectue ou non véritablement par accumulation de degrés. Il se joint par contre sans équivoque à Oresme en ce qui concerne l'intension des substances : elles ne sont pas susceptibles en elles-mêmes de varier selon le plus ou le moins, mais rien n'empêche qu'une substance soit plus parfaite qu'une autre à l'intérieur d'une espèce. En conséquence, les éléments ne demeurent pas sous un mode d'être atténué dans le mixte, mais se corrompent[117].

Dans le *Traité des proportions*, Albert de Saxe expose une théorie de la mesure sur les bases de cette conception des intensités[118]. Après avoir différencié les types de proportion, et posé conformément à la thèse de Bradwardine que la vitesse du point de vue de la cause suit le rapport de la puissance motrice à

---

114 Nicole Oresme, *Quaestiones super Physicam*, v, q. 9, p. 627, l. 178–180.
115 Sur le rapport entre quantité et qualité chez Albert, voir J. Biard, « Sémiologie et théorie des catégories chez Albert de Saxe », dans J. Biard (ed.), *Itinéraires d'Albert de Saxe. Paris-Vienne au XIVe siècle* (Paris : Vrin 1991), p. 87–100, en part. p. 95–96.
116 Albert de Saxe, *Quaestiones in libros Physicorum*, v, q. 11, p. 862, l. 36–38.
117 Albert de Saxe, *Quaestiones in libros Physicorum*, v, q. 1, p. 764, l. 4–12.
118 Sur cet écrit, voir le résumé de J. Celeyrette, E, Mazet, « Le mouvement du point de vue de la cause et le mouvement du point de vue de l'effet dans le *Traité des rapports* d'Albert de Saxe », dans *Revue d'Histoire des Sciences* 56/2(2003), p. 419–437.

la résistance selon une proportion géométrique[119], Albert examine la mesure du mouvement *tanquam penes effectum*.

La mesure du qualitatif proprement dit, c'est-à-dire des vitesses d'altération, est exposée après le cas du mouvement local et de l'augmentation, et emprunte à ces deux modèles. Concernant le mouvement local rectiligne, Albert établit le choix d'une mesure dépendant de l'espace traversé par le mobile en un temps donné. Il en précise les conditions : la mesure prend en compte la ligne (correspondant à la trajectoire) parcourue par le mobile, à partir du point médian du corps en mouvement, et non pas, notamment, de son point le plus rapide[120]. Suivant Bradwardine, Albert refuse d'appliquer la même convention à la vitesse du mouvement circulaire (*velocitas motus circularis*), c'est-à-dire une convention revenant au théorème de Gérard de Bruxelles, qui stipule que la vitesse moyenne d'un corps en rotation autour d'un axe vaut la vitesse du point médian de son rayon[121]. Dans ses *Questions sur la Physique*, Albert relevait déjà l'équivalence entre le théorème de Gérard de Bruxelles et le fameux théorème de la vitesse moyenne, dit de « Merton »[122]. Rappelons que le théorème de Merton énonce, pour le mouvement local, que la distance parcourue en un temps donné par un corps accélérant de manière uniformément difforme (continûment) est égale à celle qu'il parcourrait en se déplaçant uniformément à son degré moyen, soit, en notant Vm le degré moyen et Vf la vitesse finale atteinte par un mobile[123] :

$$Vm = \frac{1}{2} Vf.$$

Albert n'applique pas une telle convention pour le mouvement rotatif. Sa vitesse doit plutôt se mesurer par l'espace parcouru par le point le plus rapide, un repère plus lent sur le mobile ne prenant pas en compte ses parties plus rapides, et donc la vitesse qui se dit de lui[124].

Albert distingue la vitesse du mouvement circulaire, qui correspond à la distance linéaire parcourue par le point le plus rapide d'un corps en rotation,

---

119   Albert de Saxe, *Tractatus proportionum*, dans H.L.L. Busard (ed.), « Der Tractatus proportionum von Albert von Sachsen », p. 63, l. 226–228.
120   Albert de Saxe, *Tractatus proportionum*, p. 68, l. 418–420, l. 459–462.
121   Sur le théorème et sa portée, voir M. Clagett, « The *Liber de motu* of Gerard of Brussels and the Origins of Kinematics in the West », dans *Osiris* 12(1956), p. 73–175.
122   Albert de Saxe, *Quaestiones in libros Physicorum*, VI, q. 5, p. 900–901.
123   On noterait, dans une formulation plus moderne, mais étrangère à la physique médiévale (qui ne conçoit pas la vitesse comme une grandeur de type d/t), avec d la distance et V_0 la vitesse initiale par rapport à un temps t : $d = \frac{1}{2}(V_0 + Vf)t$.
124   Albert de Saxe, *Tractatus proportionum*, p. 70, l. 515–519.

de celle du mouvement rotatif proprement dit (*velocitas circuicionis*). Celle-ci se mesure par l'angle décrit par le rayon du corps par rapport à son axe[125]. En combinant ces deux conventions, il est légitime d'affirmer que deux corps se mouvant à la même vitesse angulaire mais à distance inégale d'un même axe (comme deux corps célestes d'un même système orbital) ne se déplaceront pas à la même vitesse.

Le second mouvement, à savoir l'augmentation, ne s'exprime pas dans les mêmes termes, puisqu'il implique la notion de partie acquise. Selon Albert, la rapidité (*velocitas*) du mouvement d'augmentation ne se mesure pas selon la proportion de la quantité acquise à la quantité précédente, mais selon la proportion de la somme de la quantité acquise et de la quantité précédente à la quantité précédente[126].

C'est à partir de ces éléments que peut être établie la convention de mesure de l'altération. Celle-ci n'est pas analogue à ce qui valait pour la catégorie de la quantité[127] :

> Velocitas in motu alterationis non attenditur penes proporcionem qualitatis acquisite ad qualitatem preexistentem nec penes proporcionem aggregati ex qualitate acquisita et preexistente ad preexistentem solum in tanto vel in tanto tempore.

Deux qualités, respectivement de 1 et 4 degrés, peuvent être doublées en un même temps, de telle sorte qu'elles soient alors au degré 2 et au degré 8. La proportion d'augmentation étant la même, l'intensification ne saurait se mesurer de ce point de vue. La solution d'Albert à la mesure du mouvement d'altération est conditionnée par la manière dont il évalue l'intensité d'une qualité, qui se mesure d'après lui par l'écart au degré minimal : de ce point de vue, l'altération de la seconde qualité, qui acquiert quatre degrés, est plus rapide que l'autre. Par élimination des solutions précédentes, la vitesse d'altération se mesure donc par la qualité absolument acquise en un temps donné. En d'autres termes, deux sujets égaux ou non en extension sont altérés à la même vitesse si et seulement s'ils acquièrent des qualités égales[128].

---

125   Albert de Saxe, *Tractatus proportionum*, p. 70, l. 545–548.
126   Albert de Saxe, *Tractatus proportionum*, p. 71, l. 568–590.
127   Albert de Saxe, *Tractatus proportionum*, p. 72, l. 620–622.
128   Albert de Saxe, *Tractatus proportionum*, p. 72, l. 630–631 : *Quarta conclusio : velocitas in motu alterationis attenditur penes qualitatem acquisitam absolute in tanto vel in tanto tempore. Verbi gracia : ut si duobus subiectis sive equalibus si inequalibus in eadem hora acquirantur equales qualitates, ista essent equevelociter alterata, si vero inequales inequevelociter.*

La mesure des propriétés intensives recèle donc une spécificité qui commande, selon Albert, une convention distincte du mouvement local et de l'augmentation (selon la catégorie de la quantité). Comme l'augmentation, les qualités sont descriptibles au moyen des propriétés liées à l'homogénéité et l'additivité de leurs parties. Pourtant, à la différence des quantités, la référence à un degré qualitatif maximal invalide l'idée d'une mesure *purement* interne, c'est-à-dire fondée sur la seule proportion entre terme *a quo* et terme *ad quem* du mouvement. La mesure de la vitesse d'altération, de ce fait, se rapproche davantage de la mesure du mouvement selon le lieu, puisqu'elle est fonction de la qualité totale acquise pendant le mouvement.

Deux aspects de cet écrit méritent d'être soulignés. Premièrement, le *Traité des proportions* n'utilise pas le vocabulaire des intensités de manière aussi systématique et indifférente aux types de mouvement que des auteurs affiliés à la tradition oxfordienne. Pour le mouvement local, en particulier, Albert favorise nettement l'expression « rapidité plus grande » au détriment de formules comme « rapidité plus intense »[129]. Ce parti pris lexicologique n'est peut-être pas neutre : évitant le vocabulaire du qualitatif proprement dit et, donc, l'assimilation implicite de la vitesse et du mouvement à une qualité inhérant au mobile, Albert décrit de manière préférentielle le mouvement local en des termes extensionnels, directement recevables dans une ontologie minimaliste : le mouvement n'est pas un accident distinct du mobile, la vitesse signifiant le mouvement en connotant le fait qu'il soit plus rapide qu'un autre. Deuxièmement, la convention de mesure de l'altération préférée par Albert affiche une limite certaine concernant la prise en compte de la double dimension des qualités (intension / extension). Elle ne considère en effet que la dimension intensive des accidents – choix qui permet, certes, de respecter l'aspect qualitatif des phénomènes d'altération mais qui ne permet pas la mesure de ce que plusieurs contemporains d'Albert nomment « quantité de qualité », c'est-à-dire le produit de ces deux aspects.

Le *Traité* d'Albert, d'ailleurs promis à une belle notoriété, n'en offre pas moins l'exemple d'une production intellectuelle à la confluence des innovations majeures de la physique du XIVe siècle : avant tout préoccupé par le mouvement, il présente un lien direct aux questionnements sur ses causes qui trahit l'influence d'autres maîtres parisiens (Oresme en particulier), tout en témoignant de la réception parisienne des travaux de Bradwardine et de certains Calculateurs d'Oxford[130].

---

129   Voir toutefois Albert de Saxe, *Tractatus proportionum*, p. 63, l. 221–222 ; p. 72, l. 598.
130   Celeyrette, Mazet, « Le mouvement du point de vue de la cause », en part. p. 426, p.431–433, p. 436.

PARTIE 3

Du calcul des qualités à la mesure des espèces

∴

CHAPITRE 8

La mathématisation des intensités

1 Les fondements conceptuels de la philosophie naturelle oxfordienne

1.1 Une conception transversale du mouvement

Nous avons constaté de quelle manière une œuvre comme le *Traité des proportions* de Bradwardine avait pu stimuler des méthodes nouvelles qui, débordant le cadre de la philosophie naturelle, gagnait dès les années 1330 d'autres champs discursifs, notamment sous l'impulsion d'auteurs appartenant à la mouvance des Calculateurs d'Oxford[1]. En exceptant certains résultats généraux comme le théorème de la vitesse moyenne ou la loi de Bradwardine, on aura pourtant du mal à associer au courant des Calculateurs, dont la désignation fait d'ailleurs débat, un ensemble de thèses précises[2]. Tant en matière de philosophie naturelle que de « calcul » des formes, où les méthodes de mesure sont objets de dispute, leurs divergences sont nombreuses.

Les Calculateurs, auxquels on pourra rattacher certaines œuvres anonymes mais influentes, comme le *De sex inconvenientibus*[3], partagent tout au moins un style identifiable, que l'on pourra caractériser en reprenant l'expression de Murdoch de « langages analytiques ». Une partie des productions affiliées

---

1   Pour une présentation synthétique des principales figures de ce mouvement, voir Sylla, *The Oxford Calculators*, p. 67–181 ; p. 428–455 ; Sylla, « Medieval Concepts of the Latitudes of Forms » ; Sylla, « Medieval Quantifications of Qualities » ; J.A. Weisheipl, *Early Fourteenth-Century Physics of the Merton « School » with Special Reference to Dumbleton and Heytesbury*, Thèse de doctorat (Oxford : University of Oxford, 1956), c. II ; J.A. Weisheipl, « Ockham and some Mertonians », dans *Mediaeval Studies* 30/1(1968), p. 163–213. Sur le développement institutionnel du Merton College, voir H. Rashdall, *The Universities of Europe in the Middle Ages*, eds. A.B. Emden, F.M. Powicke, H. Rashdall (Oxford : Clarendon Press, 1936), vol. 3, p. 191–201.
2   Hallamaa, dans Roger Roseth, *Lectura super Sententias*, p. 25–26.
3   Sur ce traité, voir les travaux récents de S. Rommevaux-Tani, « La détermination de la rapidité d'augmentation dans le *De sex inconvenientibus* : comparaison avec les développements sur le même sujet de William Heytesbury », dans C. Grellard (ed.), *Miroir de l'amitié. Mélanges offerts à Joël Biard* (Paris : Vrin, 2017), p. 153–162 ; S. Rommevaux-Tani, « Six inconvénients découlant de la règle du mouvement de Thomas Bradwardine dans un texte anonyme du XIVe siècle », dans M. Malpangotto, V. Jullien, E. Nicolaïdis (eds.), *L'homme au risque de l'infini. Mélanges d'histoire et de philosophie des sciences offerts à Michel Blay* (Turnhout : Brepols, 2013), p. 35–47 ; cf. aussi Duhem, *Études sur Léonard de Vinci*, vol. 3, p. 420–423, p. 432–434, p. 471–474.

à ce mouvement relèvent avant tout de la logique et, plus précisément, d'un registre discursif comprenant la littérature des obligations, des insolubles et de la sophismatique. Ce cadre suggère le statut d'exercice que devait représenter, dans la formation de ces intellectuels, l'étude de cas imaginaires abordés à la fontière de la logique, des mathématiques et de la philosophie naturelle. Richard Swineshead, l'auteur des *Calculationes*, s'abstenant régulièrement de trancher entre les positions qu'il examine, évoque à plusieurs reprises, après les avoir réfutés, la possibilité de construire à l'envi d'autres « sophismes » dont l'intérêt semble alors relever d'un pur jeu formel[4].

Toutefois, nous avons déjà constaté l'incidence de ces productions, sous l'influence décisive de Richard Kilvington, mais aussi de Guillaume Heytesbury, sur différents aspects de la philosophie et de la théologie des années 1330. Il est tout aussi indéniable qu'une prétention à comprendre les phénomènes naturels anime une partie de ces travaux. Les écrits de Bradwardine, à commencer par son *Traité des proportions*, en témoignaient déjà. Le *De motibus naturalibus* de Roger Swineshead, œuvre antérieure à 1340, partage une telle visée ontologique, faisant mention de divers phénomènes, voire de curiosités du monde naturel[5]. En dehors de ses travaux logiques et théologiques, les œuvres de Kilvington affichent une ambition similaire[6].

Cette visée est non seulement présente dans la *Somme de logique et de philosophie naturelle* de Jean Dumbleton, mais cette œuvre, que l'on a pu tenir pour une compilation de la philosophie naturelle des Mertoniens, propose encore ce que l'on pourrait appeler une ontologie générale, où les phénomènes physiques particuliers sont abordés à partir de l'examen de lois valables pour les êtres naturels en général[7]. Vraisemblablement composée vers la fin des années 1340, à l'instar des *Calculationes* de Richard Swineshead où se trouvent discutées plusieurs de ses positions, la *Somme* de Dumbleton aborde la plupart des problèmes afférents au concept de forme[8]. L'intension

---

4 Voir ainsi Richard Swineshead, *Calculationes* (Venise : Victor Trincavellus, 1520), II, f. 9rb ; IV, f. 15rb ; f. 16va ; V, f. 22rb ; VIII, f. 31va ; IX, f. 34ra.

5 Sylla, *The Oxford Calculators*, p. 120-121.

6 Sur la philosophie naturelle de cet auteur, voir E. Jung, « Richard Kilvington on Local Motion », dans Bakker, Grellard, Faye (eds.), *Chemins de la pensée médiévale*, p. 113-134.

7 E.D. Sylla, « The Oxford Calculators and Mathematical Physics : John Dumbleton's *Summa Logicae et Philosophiae Naturalis*, Parts II and III », dans S. Unguru (ed.), *Physics, Cosmology and Astronomy, 1300-1700* (Dordrecht : Kluwer, 1991), p. 126-161.

8 Sur la figure de Dumbleton, voir J.A. Weisheipl, « The Place of John Dumbleton in the Merton School », dans *Isis* 50(1959), p. 439-454. Pour un aperçu du contenu de la *Summa*, cf. Sylla, *The Oxford* Calculators, p. 130-145 ; Weisheipl, *Early Fourteenth-Century Physics*, p. 86-89 ; Duhem, *Le système du monde*, vol. 7, p. 631-635.

des formes bénéficie d'une attention particulière, non seulement du point de vue de la mesure, mais encore de ses causes. Le problème du rapport entre forme et mouvement, abordé dans les *Regulae* d'Heytesbury mais absent des *Calculationes*, est l'objet d'un chapitre spécial. Si sa dernière partie promettant d'étudier les formes platoniciennes ne nous est, semble-t-il, pas parvenue, la *Somme* de Dumbleton permet néanmoins de reconstruire un système philosophique relativement détaillé concernant le monde naturel. Les éléments théoriques glanés chez d'autres auteurs proches de Dumbleton permettent toutefois de s'assurer d'une diversité des vues sur ces questions. La *Somme* de Dumbleton en est, d'autant plus, un témoin précieux. Avec les *Calculationes* de Richard Swineshead, et bien qu'elle ne fut pas éditée à la Renaissance, elle constitue vers le milieu du siècle l'un des projets de quantification des propriétés intensives les plus aboutis et les plus intéressants du point de vue de ses applications (chaleur/froideur, couleurs, lumière, densité, etc.).

Les *Calculationes* de Richard Swineshead n'offrent pas d'exposé explicite de l'ontologie sous-jacente aux calculs donnant son nom à l'ouvrage. Malgré cela, les différents traités qui le composent (tel qu'édité à la Renaissance) abordent les diverses modalités sous lesquelles se manifestent les propriétés intensives, en fonction des types de mouvement et de divers phénomènes naturels. De ce point de vue, une partie des *Calculationes* regarde la philosophie naturelle en même temps que la logique et les mathématiques. Pour ces raisons, ainsi que pour l'influence historique de ces œuvres, on se concentrera ici sur la *Somme* de Dumbleton et les *Calculationes*, c'est-à-dire sur les représentants tardifs des Calculateurs les plus importants du point de vue des applications concrètes de la quantification des qualités[9].

Jean Dumbleton et Richard Swineshead, comme les autres Calculateurs, emploient des méthodes développant de manière approfondie l'usage mathématique des notions de degré, d'intensité et de latitude en philosophie naturelle. Ces notions s'appliquent avant tout au mouvement, qu'il désigne la qualité, la quantité ou le lieu – résultant en une intrication particulière, du fait de la prégnance de la notion de degré, des analyses de l'altération et du mouvement local.

La transversalité du concept de mouvement apparaissait déjà dans la généralité du propos du *Traité des proportions* de Bradwardine. Bradwardine

---

9 Bien que la proximité des deux œuvres soit établie, leur chronologie reste plus délicate. La discussion par Richard Swineshead de plusieurs opinions avancées en propre par Dumbleton fait pencher pour une antériorité de la *Summa* sur la rédaction des *Calculationes* ; cf. Weisheipl, *Early Fourteenth-Century Physics*, p. 89.

privilégiait certes le cas du mouvement local quand il exposait la loi auquel son nom restera attaché, traitant par ailleurs comme cas spécial la rotation de la sphère dans la quatrième partie de son traité. Cependant, l'ouvrage définissait les lois valant pour *tous* les types de mouvement sans distinction. Le postulat d'équivalence de ces mouvements du point de vue du vocabulaire de la *latitudo formarum* est parfaitement exprimé dans un écrit anonyme accompagnant l'édition vénitienne de 1505 du traité[10] :

> Sicut acquirendum per motum localem est spacium, sic quod acquiritur per motum alterationis est latitudo. Et eodem modo sicut mobile localiter velocius movetur, quid plus in equali tempore pertransit de spacio, eodem modo quid maiorem latitudinem in aliquo certo tempore acquirit per alterationem velocius alteratur.

Le théorème de la vitesse moyenne, présenté traditionnellement à propos du mouvement local et de la distance parcourue, vaut pareillement pour tous les types de mouvements. Cette conception transversale du mouvement ne s'oppose pas à une différenciation des types de changement. Un auteur comme Jean Dumbleton accepte un certain parallélisme entre les modèles quantitatifs, qualitatifs et spatiaux du mouvement, tout en admettant que chaque mouvement est mesuré en fonction de son propre « espace ». S'interrogeant sur la manière de mesurer les vitesses d'altération, Dumbleton mentionne quatre opinions, qui privilégient chacune le schème d'une catégorie particulière pour penser le mouvement relevant des autres[11]. La dernière position, retenue par Dumbleton, reconnaît à chaque mouvement un espace propre, c'est-à-dire un type de mesure relevant de sa propre catégorie[12] :

> Quarta opinio que tenenda talis est quod omnis motus et eiusdem velocitas alicuius praedicamenti respectu distantiae unicae illius praedicamenti attenditur, non ita quod motus localis attenditur penes quantitatem et motus alterationis vel velocitas attenditur penes qualitatem vel quantitatem [...].

La vitesse d'altération se mesure par la réception de nouveaux degrés intensifs, et non selon un effet relatif au lieu, ni selon la quantité des parties corporelles.

---

10   On trouvera le texte dans Clagett, *The Science of Mechanics*, p. 457, l. 143–148.
11   Jean Dumbleton, *Summa logicae et philosophiae naturalis*, II, ms. Paris, Bibliothèque nationale de France, lat. 16146, f. 31va.
12   Jean Dumbleton, *Summa*, II, BnF, lat. 16146, f. 31va.

L'usage d'une seule notion de *gradus* pour penser le mouvement local et le mouvement qualitatif suppose cependant un concept de degré entièrement soumis au registre quantitatif : chez les Calculateurs tardifs, c'est-à-dire chez Jean Dumbleton et Richard Swineshead et, déjà, avant eux, chez Guillaume Heytesbury, les degrés sont homogènes, divisibles et continus, constituant par là des unités dont les propriétés se prêtent à des opérations arithmétiques. Le concept de latitude, également, recouvre un sens différent de ce qu'il pouvait exprimer chez un auteur comme Henri de Gand : tandis qu'il signifiait alors la variabilité interne d'une essence, il permet aussi dans les productions des Calculateurs tardifs de référer à la quantité concrète de forme contenue dans un sujet où elle est étendue. Dumbleton, conscient de cette inflexion sémantique, distingue ainsi entre un sens propre de latitude (signifiant la distance intensive proprement dite) et un sens impropre permettant de désigner une quantité de qualité distribuée d'une certaine manière en un sujet[13]. Cette distinction entre un sens propre et un sens impropre de latitude légitime par extension l'usage du concept pour référer à des grandeurs plus abstraites comme le mouvement, la vitesse et ses évolutions à travers le temps, Dumbleton ou Swineshead faisant un usage systématique d'expressions comme « latitude de mouvement », « latitude de rapidité » ou « latitude d'altération ».

1.2 *Un cadre pour la quantification :* forma fluens *et théorie de l'addition*

Cet emploi des formes intensives et de leurs concepts associés suppose une ontologie particulière, qui mêle chez les principaux représentants du Merton College certains aspects centraux de l'ontologie d'Ockham à d'autres matériaux. La réduction ockhamiste des termes quantitatifs et mathématiques à des noms connotatifs favorisait une conception pragmatique et instrumentaliste des mathématiques. Mais, surtout, l'ontologie d'Ockham combinait une théorie additiste de l'intensité des formes et l'identification du mouvement à une *forma fluens*[14]. L'adhésion à la théorie additiste est explicite chez Dumbleton, plus implicite chez Richard Swineshead – certaines formules suggérant néanmoins le même modèle chez ce dernier[15] :

---

13   Jean Dumbleton, *Summa*, II, BnF, lat. 16146, f. 31va. Cf. Clagett, *The Science of Mechanics*, p. 362.
14   Pour la reprise de la définition du mouvement comme *forma fluens*, voir Jean Dumbleton, *Summa*, II, f. 34rb. Le mouvement n'est ni un accident permanent inhérant au mobile, ni une chose successive réellement présente en lui (f. 34va–36rb).
15   Richard Swineshead, *Calculationes*, I, f. 2vb.

> Caliditas componitur ex partibus qualitativis, ut quantitas ex partibus quantitativis, sicut postmodum arguetur. Ergo caliditas summa in se continet caliditatem remissam [...].

Analysons l'importance de ces deux thèses. L'énoncé des règles élaborées par les Mertoniens pour penser le mouvement requiert, pour évoquer l'état d'une qualité à un moment précis, de faire référence à un élément discret permettant de fixer, pour cet instant, l'intensité d'une forme. Parmi les explications des phénomènes intensifs, seule la théorie additiste permet de nommer de manière directe et, de là, de comparer des états intensifs donnés au même moment. Le caractère conventionnel des mesures données ne représente pas une difficulté : le lecteur contemporain des *Calculationes* est certes frappé par le caractère totalement *arbitraire* des valeurs données pour symboliser l'intensité d'une qualité. Or, si les valeurs attribuées aux qualités ou aux corps qualifiés sont arbitraires, les *rapports* établis entre qualités sont pensés comme règles, c'est-à-dire comme valant absolument, les relations entre les qualités étant indépendantes des valeurs choisies. La théorie additiste offre le modèle le plus adéquat pour justifier cette référence à la quantification d'une qualité à un moment précis, offrant d'un point de vue sémantique un référent ontologique réel aux signes numériques employés pour exprimer le mouvement. Toutefois, la théorie additiste acceptée en ce contexte est déjà affectée par la tendance que nous avons constatée chez les maîtres parisiens comme Buridan : Jean Dumbleton rejette expressément la théorie de l'intensification comme mélange des qualités contraires mais, comme Richard Swineshead, il envisage tout de même la composition de corps affectés par des contraires, cherchant à en évaluer le degré résultant[16], de même que le degré des éléments mélangés dans un mixte pour en expliquer la tendance motrice[17].

Ces procédures calculatoires supposent une certaine évolution des concepts de degré et de latitude, des auteurs antérieurs rattachés à cette école oxfordienne ayant défendu une ontologie alternative des propriétés intensives, et une théorie différente de la mesure. La remarque s'applique premièrement à Gauthier Burley, s'il doit être inclus parmi les précurseurs de cette école. Pour Burley, on l'a vu, le concept de latitude ne renvoyait pas à une quantité physique concrète, mais à une variation possible dans l'essence d'une qualité. La

---

16   Jean Dumbleton, *Summa*, III, BnF, lat. 16146, f. 31vb–32ra / ms. Vaticano (Città del), Biblioteca Apostolica Vaticana, Vat. lat. 954, f. 27r–v (sur la vitesse d'altération des mixtes) ; Richard Swineshead, *Calculationes*, IV, f. 12va–16va.
17   Jean Dumbleton, *Summa*, IV, BnF, lat. 16146, f. 46rb–vb.

notion de degré signifiait dans son système une forme individuelle parmi les états possibles de l'essence, désignant donc quelque chose d'indivisible.

Un auteur comme Roger Swineshead, appartenant à ce que l'on a pu nommer la « première » génération des Calculateurs, favorise une approche des propriétés intensives s'apparentant à une théorie du mélange, adossée à une conception réaliste du mouvement en tant que *modus rei*. Dans son *Traité des mouvements naturels*, étape importante de la « physique du calcul » oxfordienne, le vocabulaire des intensités revêt un sens qui lui est propre[18]. Roger n'emploie pas le terme de « latitude » au sens d'une variation physique dont est susceptible une qualité, ni comme une quantité séparant deux degrés possibles. Le concept de latitude s'apparente pour lui à une représentation abstraite qui permet d'évaluer différentes grandeurs. Il distingue ainsi trois latitudes pour la qualité, la vitesse et l'accélération qui ne possèdent pas les mêmes propriétés (la dernière s'étendant, par exemple, à l'infini). Son concept de degré est aussi différent, car il reste partiellement attaché à l'idée d'hétérogénéité (de grandeur différente) fréquemment associée à la notion au début du siècle. Pour cette raison, un degré ne se rapporte pas à une latitude selon le rapport d'une partie divisible à un tout. Roger emploie ainsi la notion de « degré uniformément difforme » pour une quantité divisible de qualité donnée (par exemple la surface d'un corps inégalement chaud), et la notion de « degré uniforme » pour signifier un degré constant ou égal (une qualité portée, sans variation intensive, par une surface)[19]. Mais Roger conçoit le « degré » comme quelque chose d'indivisible, qui ne saurait être assimilé à une partie propre d'une latitude elle-même divisible. La notion de degré employée par Roger est par conséquent différente de l'usage qu'en font les Calculateurs ultérieurs, qui considèrent les degrés et les latitudes comme divisibles et homogènes, se prêtant ainsi plus directement au calcul.

Chez les Calculateurs plus tardifs (Heytesbury, Dumbleton, Richard Swineshead), le moment ockhamiste de la transmission des théories de l'addition apparaît une pièce essentielle. La version successiviste de la théorie additiste proposée par Ockham s'ajuste de fait parfaitement avec la conception réductionniste du mouvement comme *forma fluens* à laquelle adhèrent

---

18   Le *De motibus naturalibus* de Roger semble avoir été intégralement conservé uniquement dans le ms. Erfurt Amplonian, F 135, f. 25va–47rb. Pour l'interprétation du concept chez cet auteur, voir Sylla, « Medieval Concepts of the Latitudes of Forms », p. 238–251. Plus généralement, sur cet auteur, se reporter à J.A. Weisheipl, « Roger Swyneshed, O.S.B., Logician, Natural Philosopher and Theologian », dans *Oxford Studies Presented to Daniel Callus* (Oxford : Clarendon Press, 1964), p. 231–252.

19   Voir Sylla, « The Latitude of Forms », p. 276–277 ; Sylla, *The Oxford Calculators*, p. 111–128 ; p. 345–374.

Dumbleton, Kilvington, et sans doute Richard Swineshead[20]. Là encore, la consistance des énoncés dépend directement de choix sémantiques liés à la dénotation des termes. En effet, les Mertoniens font référence, dans leur description du mouvement, aux états pris par un accident vu comme vecteur des changements subis par un sujet. Dans la mesure où seuls les accidents sont impliqués dans la production du mouvement, et que le mouvement n'est rien d'autre que la reconfiguration (perte ou acquisition) de leurs degrés, l'idée d'une réalité extérieure aux états variables du corps tombe hors du champ référentiel des énoncés décrivant les règles du mouvement. Sous cet angle, la conjecture d'un *fluxus formae* fait figure d'hypothèse encombrant la référence, le mouvement étant suffisamment déterminé comme somme d'états successifs. La connivence de la théorie de la *forma fluens* avec le nominalisme partiel endossé par les Mertoniens explique ici l'adoption de cette conception du mouvement, économe d'un point de vue explicatif[21].

La dynamique proposée par les travaux des Calculateurs utilise pourtant régulièrement la description du mouvement en termes de qualité susceptible d'intension et d'atténuation. Cependant, il s'agit là avant tout d'un artifice de description ne supposant pas une qualité réellement inhérente au corps. Un aspect intéressant de la présentation donnée par Dumbleton de la thèse de la *forma fluens* tient ainsi à l'usage d'une « forme imaginée »[22]. Le syntagme *forma imaginata* est employé par Dumbleton pour analyser le mouvement comme *via ad perfectionem*, c'est-à-dire comme s'il était une forme réellement inhérente au mobile. La *forma imaginata* permet dès lors de désigner, non pas l'espace traversé par le corps en mouvement, mais le mouvement lui-même, conçu comme une grandeur causant la traversée de cet espace. De là, le mouvement peut être décrit comme une forme par laquelle le corps mû acquiert une distance, bien que cette forme ne soit pas réelle, seuls étant réels le corps en mouvement et les états (espaces ou degrés) successivement acquis[23]. La conjonction de ces deux thèses (théorie successiviste de l'addition/*forma fluens*) demeure ainsi corrélée, derrière des formulations plus commodes pour une approche calculatoire du mouvement, à une ontologie réductionniste des phénomènes intensifs.

---

20   Voir Sylla, *The Oxford Calculators*, c. 4, en part. p. 182-191.
21   Jean Dumbleton, *Summa*, III, BnF, lat. 16146, voir en part. f. 34rb *sq*.
22   Jean Dumbleton, *Summa*, III, BnF, lat. 16146, f. 34rb-35va.
23   Sur la question du rapport entre mouvement et forme imaginée, voir Sylla, « The Oxford Calculators and Mathematical Physics » ; Sylla, « Mathematical Physics and Imagination in the Work of the Oxford Calculators : Roger Swineshead's On Natural Motions », dans Grant, Murdoch (eds.), *Mathematics and its Applications*, 69-101. Sur la thèse de la *forma fluens* chez Dumbleton, voir Sylla, *The Oxford Calculators*, p. 267-304 ; Weisheipl, *Early Fourteenth-Century Physics*, p. 228*sq*.

1.3 Multitude de forme, puissance et extension

1.3.1 Une conception corporéiste de l'intensification

Au XIVe siècle, les formes sont de plus en plus souvent conçues, en perdant tendanciellement leur statut d'essence abstraite, comme des entités étendues *per se* et non plus seulement *per accidens* du fait de leur lien à la matière. Le statut de la quantité n'est pas sans conséquence dans ces discussions, dans la mesure où les phénomènes matériels de contraction et de dilatation sont également pensés en termes d'intension et d'atténuation. Jean Dumbleton, comme Ockham, juge superflu le recours à des formes quantitatives pour rendre compte des phénomènes de condensation et de raréfaction. Il identifie lui aussi matière et extension, mais distingue trois choses : la quantité de matière, la densité et la rareté, et le volume. L'augmentation de la rareté implique conjointement celle du volume et de la matière. Dumbleton conteste ainsi explicitement la nécessité d'une forme quantitative distincte de la substance et de la qualité pour expliquer le changement quantitatif : comme la quantité, la densité ou rareté matérielle ne sont rien de réellement distinct du sujet[24].

Le propos de Richard Swineshead dans les traités V et VI des *Calculationes*, portant sur la mesure de la condensation et de la raréfaction, implique des formes quantitatives, sans que la question de leur réductibilité à la substance soit vraiment thématisée. En effet, la première partie du cinquième traité des *Calculationes* suppose que deux variables sont à prendre en considération pour les phénomènes de densité et de rareté, à savoir la quantité et la matière. La première partie du traité établit que densité et rareté dépendent des variations de la quantité relativement à la matière, qui reste pour sa part constante[25]. La comparaison des analyses relatives à la quantité et aux qualités dans les premiers traités de l'ouvrage est instructive. Swineshead considère quatre positions quant au rapport qu'entretiennent densité et rareté. Retenant la dernière de ces positions, il considère le couple densité/rareté non pas comme l'opposition de qualités comme la chaleur et la froideur, mais comme la relation d'intension et d'atténuation d'une même qualité[26]. Swineshead analyse la rareté comme une propriété privative, seule la densité étant vue comme une grandeur positive, de la même manière qu'il conçoit – le point est établi dans le traité I – la rémission comme un mouvement privatif vis-à-vis de l'intension qualitative. Les conséquences de ce choix pour le comportement de la rareté sont identiques, nous le verrons, aux conclusions de Swineshead à propos de

---

24   Jean Dumbleton, *Summa*, IV, BnF, lat. 16146, f. 47rb : *Nec oportet raritatem vel densitatem [...] esse distinctam a primis qualitatibus vel a formis vel a materia vel a composito.*
25   Richard Swineshead, *Calculationes*, V, f. 16vb–17ra.
26   Richard Swineshead, *Calculationes*, V, f. 18rb–18vb.

l'atténuation d'une qualité, à savoir que la « latitude de rareté » entre n'importe quel degré fini de rareté et le non-degré de rareté est infinie. La troisième et dernière partie du traité V établit les caractéristiques de la mesure des densités en répondant à un certain nombre de doutes. Les réponses proposées confirment ce parallélisme entre le traitement de la densité matérielle et les solutions défendues à propos de la mesure des qualités dans les quatre premiers traités.

Dans les *Calculationes*, l'interprétation physicalisante des formes accidentelles est particulièrement accusée. Alors que les premiers traités sont consacrés à l'intension des qualités isolées, les traités suivants augmentent progressivement en complexité. Swineshead s'intéresse alors non plus seulement aux qualités simples mais aux qualités mixtes, dont il considère les types de combinaison possibles et les vitesses d'altération. Après avoir élucidé le mouvement quantitatif à partir du traité V, Swineshead étudie à partir du traité VII, et plus encore du traité VIII, l'action des qualités en rapport à la densité matérielle[27]. Le modèle de l'addition des degrés intensifs sert toujours de base pour la dénomination des rapports entre qualités, mais la prise en compte de la quantité de matière rend ici la seule notion de « latitude » insuffisante. Pour le cas des qualités étendues sur une simple surface, la latitude d'une qualité, qui permet la désignation de son degré intensif, doit déjà être évaluée au regard de sa répartition spatiale (extensive) sur cette surface. Mais l'adjonction du paramètre de la densité devient nécessaire pour mesurer l'action totale d'un corps matériel sur un autre. Swineshead a dès lors recours au concept de « multitude de forme » (*multitudo formae*) pour désigner la quantité de puissance qualitative contenue en un tel corps, à l'occasion d'une réflexion sur la mesure de la résistance (ou réaction) dans les traités VII et VIII. Cette notion de multitude de forme est particulièrement explicitée dans le huitième traité des *Calculationes*, *De potentia rei*, après une série de conclusions[28] :

> Pro isto dicitur ut prius quod potentia attenditur penes multitudinem forme existentis in materia, cum omnes actiones sint a forma et non a quantitate, nec a materia ut cognosci potest de facto quando plus est de forma in uno quam in alio. Et hoc est quando plus est de materia in qua huiusmodi forma inducetur in uno quam in alio [...] eo quod idem agens plus producit de forma ubi plus invenit de materia. Et etiam est avertendum quod tante forme vel ita multe correspondet tanta intensio et tanta extensio solum per accidens, ita quod stat formaliter ex caliditate

---

27　Richard Swineshead, *Calculationes*, VIII, f. 29vb.
28　Richard Swineshead, *Calculationes*, VIII, f. 31rb.

nunc existente in qualitate aliqua fieri qualitatem infinite intensam sive infinite remissam, et similiter omni gradu eque intensam. Et hoc in quacumque quantitate sive finita sive infinita per diversas extensiones suarum partium adinvicem [...].

Le traitement quantitatif de la forme se remarque à la grammaire du terme, désigné par un concept de masse indénombrable (*plus est de forma*). Que faut-il cependant entendre par cette *multitudo formae* ? Il s'agit d'un certain type de quantité fonction du produit de trois facteurs : l'intension d'une qualité, son extension au sein d'un corps, et la densité matérielle de ce corps[29]. Un corps qualifié agit davantage sur un autre à mesure qu'il contient, par rapport à un corps également intense, plus de matière informée par cette qualité. On comprend que la « multitude de forme » est à distinguer de la simple quantité de matière qualifiée, c'est-à-dire du produit du volume corporel par la densité matérielle. Elle doit aussi être distinguée du seul produit de l'intensité par l'extension qui permettait, à partir du deuxième traité des *Calculationes*, de mesurer la latitude d'un corps dont seule la surface était prise en compte. La densité matérielle apparaît même comme le facteur le plus important – plus déterminant en tout cas que l'extension – puisque si une qualité étendue dans un corps d'une certaine longueur se trouvait étendue ou au contraire contractée à l'extrême, elle contiendrait la même multitude de forme quand bien même la variable intensité demeurerait constante[30]. Une série de neuf paradoxes est objectée à la position défendue par Swineshead concernant la mesure de la puissance d'une chose, fonction de cette *multitudo formae*. Ces conclusions soulignent la manière dont les différences de puissance sont indépendantes des dimensions corporelles ou des intensités variables[31] :

<1> Sequitur quod aliquid est infinite intense calidum per totum et est pedalis quantitatis et tamen solum est finite potentie. <2> Similiter A et B sunt duo eque calida per totum et sunt equalia quorum unum est infinite

---

29   Richard Swineshead, *Calculationes*, VIII, f. 31rb.
30   Richard Swineshead, *Calculationes*, VII, f. 26vb : *Et ideo maior multitudo est de forma in toto quam in medietate ubi totum est uniforme, et sic penes multitudinem vel penes paucitatem dicte forme attenditur totius potentia. Et hoc sive sit in quantitate maiori sive minori, immo si per imaginationem illa forma que nunc est pedalis extenderetur vel foret in indivisibili, potentia illius indivisibilis tunc esset tanta sicut nunc est illius pedalis.* Voir même VIII, f. 31rb. Dans le traité XII, Swineshead rejette de même l'idée qu'une source de lumière dont l'extension est modifiée sans que la matière soit changée varie en intensité, et reconnaît une corrélation directe entre multitude de forme et intensité.
31   Richard Swineshead, *Calculationes*, VIII, 31rb–31va.

> potentie et reliquum solum finite potentie. [...]. <8> Item sequitur quod A per totum est infinite intensius B et in infinitum maioris quantitatis quam B et tamen B est infinite maioris quam A. <9> Item sequitur quod A est infinite calidum per totum et B solum finite frigidum equalis quantitatis cum A quod B sufficit corrumpere ipsum A.

Swineshead les accepte, ces paradoxes étant résolus si l'on tient compte de la variable densité pour la mesure de la quantité de forme. Dans les traités VII et VIII, dont les analyses sont les plus axées sur la dynamique des corps, cette prise en compte de la densité pour la mesure de la multitude de forme permet aussi d'expliquer certains phénomènes physiques. On peut ainsi comprendre pourquoi un corps plus dense possédant la même forme qu'un autre agit plus fortement, comme un morceau de fer chauffé par rapport à une flamme. La même forme étant répartie dans la matière en une quantité plus petite, elle s'applique mieux et exerce davantage son effet[32]. Swineshead propose la même explication pour les différences de vitesse de chute des corps, un corps arrondi tombant plus vite qu'un corps plus large possédant la même matière.

On l'a vu, certaines théories élaborées en contexte médical envisageaient déjà en un sens, au-delà de la distinction habituelle entre extension et intension d'une qualité, la prise en compte de la matière. Chez Swineshead, la considération de la densité de matière modifie le statut de la qualité elle-même. La qualité n'est pas conçue comme une essence dont l'intensité intrinsèque est seulement différenciée par l'extension reçue du sujet. Elle représente un élément corporel et quantifiable à part entière, qui suit toutes les caractéristiques de la matière (volume, densité), auxquelles s'ajoute l'intensité. Comme l'unité du mètre par seconde ou du joule par kilogramme, la *multitudo formae* consiste dans le rapport de plusieurs grandeurs relevant de natures distinctes, bien que Swineshead ne propose pas d'unité ou de notation spéciale pour y référer.

Du fait de cette compréhension corporelle de la qualité, les propriétés associées à la multitude de forme ne correspondent pas aux conséquences résultant des conventions de mesure qui seront adoptées par Oresme dans son *De configurationibus*. Swineshead refuse l'assimilation de la qualité à une entité quasi-dimensive, qui se superposerait simplement aux propriétés extensionnelles : la qualité est réellement distincte de la substance dont elle n'est pas un

---

32   Richard Swineshead, *Calculationes*, VII, f. 27ra : *Si igitur queratur quare igitur est quod densius fortius agit quam rarius manente eadem forma sicut est de ferro ignito et de flamma ignis. Dicitur quod hoc est, quia forma illa est in quantitate minori in illa materia densiori quam in rariori, et sic melius applicatur, et ad suum contrarium ut in ipsum agat*. Cf. Richard Swineshead, *Calculationes*, VII, f. 31rb.

mode, et dont elle ne suit pas le comportement physique. Pour cette raison, une forme d'une latitude déterminée ne varie pas intensivement si le corps qu'elle informe change d'extension, même si la *puissance* d'une partie donnée du corps peut alors varier (selon une plus grande concentration de qualité, due à une plus grande densité matérielle). L'analogie de l'intension des formes qualitatives comme la chaleur ou l'humidité avec le modèle de la lumière trouve ici sa limite. Contrairement à un modèle – inspiré du *De aspectibus* d'Al-Kindi – de l'intensification par concentration d'une source lumineuse, les qualités corporelles ont une certaine indépendance vis-à-vis de la surface corporelle où elles sont étendues. En résumé, la forme intensive n'est pas en soi directement affectée par la modification de la quantité de matière (dimensive), mais elle a inversement, nous allons le voir, une incidence sur elle.

1.3.2   Multitude de forme et luminosité

La notion de multitude de forme n'est pas seulement employée par Swineshead pour décrire la puissance et la résistance des qualités actives comme la chaleur et la froideur. Elle permet aussi la description de la lumière émise par une source (traité XII) et des effets de l'illumination d'un milieu (traité XIII)[33]. Les deux traités consacrés à la lumière font le lien, dans l'ordre thématique des *Calculationes*, entre l'analyse de l'altération – étudiée dans la première partie de l'ouvrage – et celle du mouvement local. L'analyse de la multitude de forme à partir du traité VII permet de comprendre les effets de la lumière sur un milieu, et d'en analyser les modalités en fonction des différences de résistance que sa propagation rencontre dans des milieux diversement configurés. Les analyses optiques du traité XIII sont cohérentes avec les principaux résultats établis dans les premiers traités concernant les qualités, mais les adaptent au cas de milieux dont il est possible de faire varier la configuration (distance, résistance).

Swineshead établit que la puissance d'une source lumineuse, comme celle d'un corps chaud, est fonction de sa multitude de forme[34]. Les propriétés de la lumière sont exprimées dans le même vocabulaire permettant de décrire l'action des qualités : la portée d'une source lumineuse dépend de la densité du milieu, qui étend plus ou moins la latitude émise par la source dont le degré maximal s'épuise jusqu'au non-degré correspondant au point où la lumière

---

33   Voir R. Podkoński, « Richard Swineshead's *De luminosis* : Natural Philosophy from an Oxford Calculator », dans *Recherches de Théologie et Philosophie Médiévales* 82/2(2015), p. 363–403.

34   Richard Swineshead, *Calculationes*, XII, f. 38ra–rb.

n'est plus portée[35]. La multitude de forme contenue dans la source lumineuse détermine la vitesse d'épuisement de la latitude émise au sein du milieu, tandis que l'intensité proprement dite de la source définit le degré auquel commence cette latitude, qui diminue ensuite au sein du milieu. La décroissance de cette intensité lumineuse au sein d'un milieu uniforme ainsi illuminé est uniformément difforme[36]. Le milieu et la résistance de ses différentes parties à la diffusion de la lumière entretiennent des relations nomologiques identiques à celles de l'action des qualités dans un sujet.

1.3.3   Quantité de forme et extension

Le caractère essentiellement opératoire du produit entre intensité et extension se remarque aux différents cas étudiés dans la seconde partie du traité II où Swineshead manipule des quantités intensives infinies qu'il déplace en différents endroits d'un même corps pour en tirer des conclusions relatives à sa mesure. Ces situations ne sont pas considérées du point de vue de leur possibilité physique, et pourraient laisser penser que les grandeurs intensives y sont étudiées indépendamment de leur substrat concret d'inhérence et de sa densité matérielle. Pourtant, quand il aborde la mesure d'une qualité étendue, Richard relève l'influence de cette qualité sur l'aspect dimensif de la matière, en rappelant qu'une certaine dilatation suit le réchauffement du corps, de même qu'une rétraction son refroidissement[37]. Swineshead montre ainsi que l'application physique du « théorème de la vitesse moyenne » à des cas de distribution spatiale de chaleur est problématique si l'on tient compte de ses effets physiques. L'application du théorème de la vitesse moyenne à la mesure d'une qualité étendue de manière uniformément difforme revient à admettre que la quantité totale de qualité présente en ce corps est égale à la moitié de l'intensité maximale de qualité, en vertu du postulat d'équivalence entre degré intensif et distance spatiale parcourue par un corps en mouvement. Swineshead analyse les conséquences de cette idée pour un corps chaud de manière uniformément difforme, ou d'un corps chaud de manière difformément difforme dont les deux moitiés sont uniformes, cas posés comme équivalents :

FIGURE 12

---

35   Richard Swineshead, *Calculationes*, XIII, f. 39vb.
36   Richard Swineshead, *Calculationes*, XIII, f. 40rb–40va : *Igitur omne luminosum agens in medium uniforme agit lumen uniformiter difforme uniformiter extensum.*
37   Richard Swineshead, *Calculationes*, II, f. 5va.

La mesure de telles distributions par le degré moyen implique qu'elles sont équivalentes à la situation résultant du transvasage, pour ainsi dire, des degrés de chaleur contenus en une moitié dans l'autre, de sorte que les deux moitiés soient rendues uniformes au même degré d'intensité. Swineshead objecte à cette hypothèse que la raréfaction des parties du corps résultant de l'action de la chaleur empêche d'adopter cette convention de mesure par le degré moyen, l'effet dilatateur de la qualité invalidant l'équivalence :

FIGURE 13

Il doit être cependant noté que dans le traité V relatif à la quantité, Swineshead estimera qu'une telle convention doit être adoptée pour la mesure du degré de densité *en tant que telle*. Ainsi, un corps uniformément difformément dense équivaut à son degré moyen de densité, de la même manière qu'un corps dont l'étendue serait divisée en deux moitiés égales de densité différente mais uniforme[38]. Mais le choix du degré moyen n'étant pas totalement opérant pour les qualités actives, à cause de leur effet physique, Swineshead envisage également un principe de mesure alternatif, à savoir l'idée qu'une qualité étendue soit mesurée selon « n'importe laquelle de ses parties », c'est-à-dire ici par son point le plus intense[39].

En dépit de cette hésitation entre deux conventions, le mathématicien utilise plutôt en pratique celle du degré moyen pour mesurer les qualités non seulement dans la suite du traité II, mais aussi dans les traités suivants. De surcroît, Swineshead suggère la possibilité de généraliser ce principe de mesure ou, en ses termes, de la manière dont une qualité dénomme son sujet. Exactement comme une qualité étendue uniformément dans la moitié d'un sujet dénomme le tout selon la moitié de son degré, chaque partie uniforme d'un

---

38 Richard Swineshead, *Calculationes*, V, f. 18vb–20vb. Les doutes à l'égard de cette position sont résolus au moyen des arguments qui justifiaient la même convention à propos des qualités : *Ad que omnia possunt consimiliter argui et responderi sicut arguebatur ubi tanguntur illa de intensione et remissione, mutatis illis terminis intensio et remissio in istis terminis raritas et densitas* ; f. 20vb.

39 Richard Swineshead, *Calculationes*, II, f. 6ra–6va.

sujet dénomme le tout d'une manière atténuée proportionnellement à son extension au sein du sujet[40] :

> In duplo plus facit qualitas extensa per totum subiectum ad totius denominationem quam si tota per medietatem extenderetur. [...] Et si extendatur per quartam totius tantum, tunc denominaretur totum gradu subquadruplo ad illam qualitatem. Et sic correspondenter sicut proportionaliter extenditur per minorem partem quam est totum, ita totum denominat gradu remissiori quam pars per quam extenditur.

Dans le traité II, Swineshead admet donc une relation de proportionnalité entre dénomination par le degré d'une partie et extension de cette partie relativement au tout, non seulement pour les sujets divisés en deux, mais encore pour toute répartition « en escalier » d'une qualité au sein d'un sujet. Il aboutit ainsi à une fonction selon laquelle pour tout degré d d'une qualité Q possédant une certaine extension au sein d'un sujet S, $d°Q$ dénomme S selon le rapport $d°Q : S(E_Q)$, où $S(E_Q)$ représente l'extension de Q en S.

Cette généralisation du théorème du degré moyen pour les qualités étendues rend accessibles des résultats importants du point de vue du traitement des séries infinies. Swineshead prouve notamment qu'un corps divisé en un nombre infini de parties proportionnelles (la deuxième partie valant la moitié de la première, la troisième un quart, la quatrième un huitième, etc.), dont chacune contient un degré de plus que la partie précédente (chaque partie deux moins grande qu'une autre possédant un degré de plus) vaudra l'intensité de la deuxième partie proportionnelle, soit[41] :

$$\frac{1}{2} + \frac{2}{4} + \frac{3}{8} + \cdots + \frac{n}{2^n} + \ldots = \sum_{n=1}^{\infty} \frac{n}{2^n} = 2.$$

Pour l'établir, Swineshead rejette tout d'abord l'idée selon laquelle un tel corps serait intensivement infini, qui ne vaut que sous l'hypothèse où la convention alternative de mesure des qualités étendues est retenue (selon

---

40   Richard Swineshead, *Calculationes*, II, f. 6va.

41   Sur ce cas, qui sera réinterprété par Oresme, voir C.B. Boyer, *The History of the Calculus and its Conceptual Development* (New York : Dover, 1959), p. 76 ; H.L.L. Busard, « Über unendliche Reihen im Mittelalter », dans *L'enseignement mathématique* 8, 3–4(1962), p. 281–290, ici p. 282 ; voir aussi H.L.L. Busard, « Unendliche Reihen in *A est unum calidum* », dans *Archive for History of Exact Sciences* 2(1965), p. 387–397.

leur partie la plus intense)[42]. La démonstration proprement dite procède de la manière suivante[43]. Soient deux sujets A et B, uniformes en intensité, divisés extensivement en parties proportionnelles. Posons que B subisse une intensification telle que pendant la première partie proportionnelle d'une heure la première partie proportionnelle de B soit doublée en intensité, telle que pendant la deuxième partie proportionnelle d'une heure la deuxième partie de B soit également doublée, et de même pour chaque partie de B, de sorte que B soit uniformément au degré double de son degré initial au terme de l'heure. Posons par ailleurs que A subisse une intensification telle qu'il acquière entièrement à l'exception de sa première partie proportionnelle la même latitude que la première partie proportionnelle de B durant la première partie proportionnelle d'une heure, et telle qu'il acquière entièrement à l'exception de ses deux premières parties proportionnelles durant la deuxième partie proportionnelle d'une heure autant de latitude que B durant la deuxième partie proportionnelle d'une heure, et de même à l'infini pour chaque partie proportionnelle d'une heure. L'intégralité de A moins sa première partie proportionnelle est égale à sa première partie proportionnelle (sa moitié), de même que l'intégralité de A moins ses deux premières parties proportionnelles est égale à sa deuxième partie proportionnelle (son quart), et ainsi pour chaque étape de l'intensification. A acquiert donc en une heure la même latitude que B et à la même vitesse, se trouvant doublé en intensité au terme de l'heure, et se trouvant dans la configuration décrite par la conclusion : A a bien une intensité équivalente à sa seconde partie proportionnelle.

À l'aide de cas imaginaires semblables, Swineshead établit que des conclusions en apparence absurdes avancées comme objections découlent effectivement des principes admis. Ainsi, il montre de quelle manière un corps qualifié à la manière de A, bien qu'intensivement fini, peut acquérir une valeur infinie dès qu'il subit une augmentation intensive aussi petite qu'on le souhaite[44]. En effet, soit un corps A divisé d'un point de vue extensif, comme dans le cas précédent, en parties proportionnelles. Posons à nouveau que chaque partie P de A possède un degré d proportionnel à son ordinalité par rapport à la première, tel que $d°P_n = (d°P_1)n$, la troisième partie proportionnelle de A étant par exemple trois fois plus intense que la première. En imaginant que ces parties se raréfient et, à cause de cela, s'intensifient plus lentement selon leur position dans la série (la première se raréfiant et s'intensifiant deux fois plus vite que la seconde, etc.),

---

42   Richard Swineshead, *Calculationes*, II, f. 6vb–7ra.
43   Richard Swineshead, *Calculationes*, II, f. 6va–6vb.
44   Richard Swineshead, *Calculationes*, II, f. 7ra : *Ex ista sequitur quod A nunc est solum finite intensum, et per rarefactionem finitam solum subito fiet infinite intensum.*

Swineshead sélectionne les parties paires qui entretiennent un rapport double entre elles (il est alors clair que la quatrième partie proportionnelle augmente deux fois plus mais deux fois plus lentement que la seconde). En subissant une augmentation de ses parties proportionnelles, et en dépit de l'augmentation finie à vitesse décroissante de ses parties, A connaîtra instantanément un degré intensif infini, puisque toutes les parties individuelles (qui sont en nombre infini) acquerront un degré supplémentaire. Le résultat dépend ici de l'hypothèse d'un nombre infini de parties distinctes posées comme actuelles par le raisonnement, qui engendre le résultat paradoxal qu'une variation finie d'un corps intensivement fini engendre instantanément une valeur infinie[45].

Certains cas obligent en fait à préciser le statut de la règle de dénomination proportionnelle quand sont en jeu des valeurs infinies. Dans le traité V, à la question de savoir si un corps infini dont une partie finie est infiniment dense serait infiniment dense, Swineshead fait valoir ce principe pour refuser une telle dénomination[46]. Mais il semble aussi suivre de cette convention qu'on ne puisse toujours mesurer un corps : imaginons un corps divisé en deux moitiés, dont l'une est sous un degré uniforme de chaleur tandis que l'autre est partagée entre deux qualités également intenses de chaleur et de froideur. On imagine ensuite que dans cette seconde moitié chaleur et froideur s'intensifient en même temps et de manière continue, de sorte qu'aucune ne domine l'autre et ne puisse ainsi dénommer la moitié, dont on ne peut dès lors plus évaluer la contribution à la dénomination du tout. Une règle s'impose en ce cas[47] :

> Unde tanquam regula observetur : quod ubicumque est aliqua qualitas que infinite denominaret suum subiectum deducto suo contrario manente illa quantumcumque addatur de qualitate contraria nunquam totum subiectum modo contrario denominabit, quia impedimentum ibi est infinitum, et nullum infinitum est alio maius, ideo non sequitur una medietas est calida, alia nec calida nec frigida. Igitur totum est calidum nisi addatur in antecedente quod ibi non sit frigiditas infinita.

L'intervention des quantités infinies permet donc de préciser le statut du principe de dénomination proportionnelle en décelant une erreur dans l'exposé du

---

45   Richard Swineshead, *Calculationes*, II, f. 7ra : *Et quod A subito in infinitum intendatur patet, quia ante quodcumque instans habebit A infinitas partes, quarum quaelibet tantum faciet ad intensionem totius* [...].
46   Richard Swineshead, *Calculationes*, V, f. 21vb–22ra.
47   Richard Swineshead, *Calculationes*, II, f. 8ra.

cas. En s'intensifiant simultanément, même à l'infini, les qualités ne font pas à proprement parler un tout aussi intense, puisque l'action d'empêchement de la dénomination augmente à l'infini. Swineshead emploie à plusieurs reprises de tels raisonnements qui reviennent à la détermination de séries infinies convergentes ou divergentes, et montrent la manière dont la notion d'infini est abordée au XIVe siècle dans le cadre d'une *scientia media* oscillant entre physique et mathématique.

2   L'ontologie sous les calculs

2.1   *Intension des substances et statut des qualités*

S'ils admettent une intensification intrinsèque des qualités, privilégiant majoritairement la théorie additiste, les représentants tardifs des « Calculateurs » ne s'accordent pas sur la possibilité d'une intension des formes substantielles. Les *Regulae* d'Heytesbury, sans doute l'œuvre de logique la plus aboutie des Calculateurs, n'abordent pas la question. En revanche, Dumbleton l'examine, et défend l'impossibilité pour les formes substantielles de varier en intensité. Celles-ci ne suivent pas l'intension de leurs qualités.

Le cas des formes élémentaires invite cependant à des nuances, et à préciser la manière dont une substance peut être dite plus parfaite qu'une autre. Il faut distinguer deux façons de considérer l'intension. Selon une première acception, l'intension concerne ce qui dispose immédiatement son sujet. En ce sens, les qualités varient selon le plus ou le moins, à la différence des substances. Deuxièmement, les degrés d'intension ou de rémission peuvent concerner le composé en acte qui les reçoit. Cette distinction explique les divergences apparentes d'Aristote et d'Averroès autour de l'affirmation que la forme substantielle reçoit le plus et le moins. Parler d'intension ou d'atténuation des substances revient à parler des qualités qu'elles portent, qui subissent une telle variation. La substance ne varie intensivement que de manière dérivée : on peut en ce sens reconnaître une certaine intension dans le cas des éléments. Cette affirmation ne vaut pas, par contre, pour le cas de la forme substantielle considérée abstraitement, qui n'est pas le porteur direct de la propriété[48].

Ce point est articulé à la position de Dumbleton quant au support des formes. L'intensibilité des formes n'implique pas l'existence d'un mouvement intrinsèque au sujet, car selon Dumbleton le sujet immédiat des formes n'est

---

48   Voir Jean Dumbleton, *Summa*, II, BnF, lat. 16146, f. 19va : *Primum dubium : utrum substantia naturalis, puta forma substantialis, magis et minus suscipiat in abstracto.*

pas le composé mais la matière[49]. De ce fait, une substance peut être plus parfaite qu'une autre de même espèce, bien que l'une ne soit pas « plus substance » que l'autre. Les formes élémentaires sont donc sujettes à variation par accident, en tant que formes immergées dans la matière et non par soi, cette variation étant impossible *in abstracto*[50].

Dumbleton ne s'oppose ici pas totalement aux vues de Richard Swineshead. Ce dernier n'aborde pas cette question dans son traité fondamental, essentiellement concerné par le traitement mathématique des phénomènes intensifs. Cependant, dans un autre écrit lui étant attribué, qui s'apparente à un commentaire (fragmentaire) au *De caelo*, Richard interroge ce point[51]. Dans ce texte, l'une des rares œuvres extérieures aux *Calculationes* que nous possédons de lui, Richard envisage la persistance des éléments dans le mixte. Cette permanence est possible par une réfraction des formes qui y sont engagées. Il faut admettre en conséquence un certain parallélisme entre les formes élémentaires et leurs qualités. De manière intéressante, Richard observe que le refus de l'intension des formes substantielles (élémentaires) est corrélatif de l'idée d'une action simplement instrumentale des accidents vis-à-vis de la substance. Le propre point de vue de Swineshead découle de la thèse d'une motion des corps mixtes par leur élément dominant, jointe à l'observation des différences intensives dans le mouvement des corps. Si le mixte est essentiellement mû par son élément dominant, et non pas par sa qualité élémentaire dominante, alors l'observation des différences de vitesses dans la nature oblige à accepter trois points : (1) l'impossibilité de réduire la causalité physique à l'action des accidents, (2) la permanence des éléments dans le mixte et (3) la variation intensive de leurs formes substantielles. Parce qu'il faut admettre que les formes substantielles elles-mêmes agissent d'un point de vue physique, il convient de leur reconnaître une variation intrinsèque[52] :

> Praetera ad principale sic arguitur : omne mixtum movetur ad motum elementi dominantis in eo, sed non secundum dominum qualitatum ut iam argumentum est, ergo secundum dominum in forma substantiali.

---

49 Jean Dumbleton, *Summa*, II, BnF, lat. 16146, f. 26ra : *Pro primo respondendum est ut prius quod quia substantia composita non est formae elementaris subiectum immediatum ideo non in illa est verus motus.*

50 Jean Dumbleton, *Summa*, II, BnF, lat. 16146, f. 19va–19vb.

51 Richard Swineshead, *In librum De caelo*, ms. Cambridge, Gonville and Caius College 499/268, f. 204ra–215rb. La partie étudiant le statut des formes élémentaires se situe aux fols. 206vb–209rb.

52 Richard Swineshead, *In librum De caelo*, ms. Cambridge, Gonville and Caius College 499/268, f. 208ra–rb.

Ergo motus consequitur formam huiusmodi substantialem. [...] Pro isto dubio est advertendum quod maius et minus suscipere potest intelligi dupliciter proprie aut improprie. Omnes etiam auctoritates pro alia parte allegate, vel quod substantia non suscipit magis et minus, vel quod omnis actio in elementis est per qualitates vel sub quibuscumque aliis verbis intelligitur de susceptione actione et passione secundum modo proprie dicte.

Puisque l'intensité de la forme substantielle est ontologiquement distincte de celle de ses qualités, il faut déterminer le rapport qu'entretiennent ces deux intensifications parallèles. Swineshead est conduit à traiter cette question parce qu'il admet en effet que la forme substantielle d'un élément peut exister sans ses qualités premières, dont elle est en droit indépendante[53]. Comment donc la mesurer ? La réponse donnée suggère d'adopter comme référence, pour chaque forme substantielle dont l'intensité varie, la valeur de la qualité propre qui la domine (la chaleur dans le cas du feu, la froideur pour l'eau)[54] :

Ideo teneo illam partem esse veriorem videlicet latitudines formarum et suarum qualitatum sibi invicem adequari et similiter proportiones formarum et suarum qualitatum, quia si latitudo qualitatum esset maior et minor latitudine formae elementaris pro maiori parte accideret formas elementares vel econtra vel alterius earumdem subito magnam latitudinem deperdi, quod est inconveniens.

Indépendamment de l'enjeu ontologique du questionnement, le cas traité présente un intérêt inédit, dans la mesure où les problèmes étudiés dans les *Calculationes* ne concernent jamais les formes substantielles comme telles[55].

2.1.1   Intensibilité réelle, intensibilité dérivée : une notion opératoire de « latitude »

On aura noté l'exemple récurrent dans ces discussions de la chaleur et de la froideur. Il n'est nullement fortuit. Dans le cadre d'une physique aristotélicienne où elles sont les qualités actives les plus fondamentales, elles constituent un modèle d'analyse privilégié. Par son mode de propagation – celui

---

53   Richard Swineshead, *In librum De caelo*, ms. Cambridge, Gonville and Caius College 499/268, f. 209rb.

54   Richard Swineshead, *In librum De caelo*, ms. Cambridge, Gonville and Caius College 499/268, f. 210rb.

55   Voir toutefois Richard Swineshead, *Calculationes*, III, f. 9va.

d'une diffusion spontanée – la chaleur offre une description paradigmatique de la causalité formelle (par opposition à la causalité motrice) illustrant l'idée de communication d'une même nature.

Jean Dumbleton admet que les degrés intensifs résultant de l'interaction des corps se produisent selon une relation d'éduction et non d'induction. La précision de ce point est importante, dans la mesure où les calculs mettant en jeu des interactions physiques semblent parfois se baser sur le modèle d'une communication des degrés entre les corps. Le vocabulaire de l'éduction traduit ici le fait que les degrés intensifs représentent une actualisation progressive des potentialités correspondantes de la matière, et non point la distribution d'une certaine quantité réellement échangée entre les objets[56]. Pour Dumbleton, seules de telles qualités, c'est-à-dire de troisième espèce, sont véritablement capables d'intensification[57] :

> Proprissime magis et minus dicitur quod natum est suscipere gradum intensiorem post remissiorem vel econtra. Et sic intensio et remissio solum competit qualitatibus in tertia specie qualitatum et earum subiectis propter ipsas competit intensio et remissio.

L'*intensio* et la *remissio* pour les qualités des première et seconde espèces ne sont des variations intensives qu'en un sens dérivé, même s'il est possible d'y appliquer le terme de degrés. Il est ainsi permis d'évoquer l'intensité de certaines dispositions et phénomènes psychologiques. La première partie de la *Summa* de Dumbleton investigue en ces termes l'acquisition de la connaissance, et ébauche certaines règles relatives à son évolution dynamique. Ces développements attribuent des degrés d'intensité à la croyance, à la certitude et à l'hésitation, après avoir montré que la vérité comme telle ne peut pas être décrite dans les termes d'une théorie du mélange, le vrai ne se mêlant pas au faux comme le chaud au froid. Les modalités psychologiques de la connaissance peuvent en revanche faire l'objet d'une analyse en termes d'intensité, suivant le caractère dérivé ou non des propositions connues, leur caractère nécessaire ou non (les propositions nécessaires, connues *per se*, immédiatement acquises dès la connaissance de leurs termes, n'étant pas susceptibles d'intension), le caractère complexe ou non des connaissances (intentions, propositions), etc[58].

---

56   Jean Dumbleton, *Summa*, II, BnF, lat. 16146, f. 20vb ; voir aussi f. 23ra–24vb.
57   Jean Dumbleton, *Summa*, II, BnF, lat. 16146, f. 19vb.
58   Dumbleton conçoit à propos de la latitude de l'hésitation deux paramètres analogues à l'intension et à l'extension d'une qualité : l'intensité d'une croyance et sa fermeté, ce

Chez Dumbleton, le caractère dérivé de l'usage des degrés vaut également pour les phénomènes de condensation et de raréfaction, dont il est possible de parler en termes d'intensité, bien qu'ils ne renvoient pas à la qualité mais à la quantité. L'affirmation d'une quantification intrinsèque de la matière, indépendante d'une forme accidentelle spéciale, conforte chez Dumbleton la thèse de l'inhérence directe des accidents à la matière.

Quant aux modalités de l'intension des formes qualitatives, la solution additiste n'est élue chez Dumbleton qu'après réfutation de trois opinions. L'une des plus intéressantes est une théorie qui s'apparente à celle de Gauthier Burley : l'intension des formes serait due à l'acquisition successive de qualités indivisibles à chaque instant du temps de l'altération. Cette acquisition n'est toutefois pas une addition, car la qualité précédente disparaît pour laisser place à une autre plus parfaite. La réfutation est instructive. Dumbleton objecte que cette théorie ne rend pas compte de la divisibilité de la latitude composant une intensité. Une latitude finie doit pouvoir être divisée en deux moitiés égales, sans quoi l'idée d'une distance intensive perd son sens[59] :

> Si ergo est finita ergo potest dividi in duas medietates equales intensive, quia ponere aliquid finitum in aliqua specie et ut sic non habere medietates equales claudit contradictionem.

Une latitude se comprenant par analogie avec une ligne, la thèse de degrés indivisibles successifs rend caduque l'articulation de ces concepts. À cette difficulté s'ajoute la conséquence contre-intuitive selon laquelle la chaleur du feu n'agirait pas comme son instrument, car aussitôt engendrée, elle se trouverait corrompue, et ne s'étendrait pas aux parties éloignées d'un sujet selon la résistance de ce corps.

Contre la théorie des contraires, Dumbleton avance entre autres l'objection classique de l'absence de contrariété dans le cas de la lumière et des affections psychiques. Une autre position, présentée comme un complément ou une sophistication de cette théorie, exploite l'idée d'une composition hylémorphique interne aux qualités : tandis que la forme de la qualité se maintient et

---

dernier paramètre impliquant la dérivabilité de cette croyance à partir d'autres. Voir *Summa*, I, BnF, lat. 16146, f. 7rb–7vb. Le caractère complexe ou incomplexe est pris en compte dans la description « intensive » de la connaissance, tout comme le mode d'acquisition des connaissances : les propositions *per se nota,* immédiatement acquises, ne sont pas sujettes à un mouvement intensif, à la différence des connaissances dérivées d'autres propositions, qui déterminent le caractère plus ou moins ferme de la connaissance d'un sujet.

59 Jean Dumbleton, *Summa,* II, BnF, lat. 16146, f. 21rb / BAV, Vat. lat. 954, f. 11r.

assure son identité numérique, la matière des qualités recevrait une addition de qualités nouvelles expliquant leur intension[60] :

> Alia est opinio quae dicit quod omnis qualitas intensibilis et remissibilis componitur ex materia et forma, et materia qualitatum recipit additionem qualitatum de novo, sed forma manet non intensior nec remissior quam prius, quia manet una forma qualitatis a principio usque ad finem motus.

On aura ici reconnu une des façons de présenter la théorie additiste que l'on trouvait à Oxford chez un auteur comme Thomas Wilton. Le rejet par Dumbleton de cette position est moins intéressant pour ses arguments que pour la détermination, en creux, de sa propre version de la théorie additiste. Cinq difficultés l'affectent : tout corps animé et toute substance recevront le plus ou le moins ; cette position confond la matière et la forme, puisque c'est la forme qui reçoit les parties matérielles de la qualité ; les qualités comme la chaleur et la froideur ne seront pas des qualités premières car elles sont dans cette hypothèse composées de matière et de forme ; la notion de mixte est inintelligible si les qualités premières sont elles-mêmes composées de matière ; cette position ne résout pas la question de savoir comment une qualité peut s'intensifier sans acquérir quelque chose de nouveau[61].

Dumbleton opte pour une version successiviste de la théorie additiste, mais précise surtout que le sujet augmente, et non pas la qualité en tant que telle. La solution épousée représente donc une instance de la théorie additiste appliquée au sujet[62] :

> Quarta positio que tenenda est ponit quod nulla qualitas intenditur vel remittitur, sed subiectum qualitatis intenditur et remittitur per acquisitionem et remissionem realem qualitatum, sicut quantum maioratur vel minoratur per appositionem partium et amotionem earumdem.

Le concept de latitude, qui s'étend selon Dumbleton à différents accidents, s'apparente à un outil susceptible d'être appliqué à des objets plus abstraits encore. En particulier, Dumbleton décrit comme « latitude de proportion » un continu sur lequel peuvent être placées différentes proportions, c'est-à-dire qui sert à décrire en termes de latitude les rapports entre les proportions

---

60   Jean Dumbleton, *Summa*, II, BnF, lat. 16146, f. 21va / BAV, Vat. lat. 954, f. 11r.
61   Jean Dumbleton, *Summa*, II, BnF, lat. 16146, f. 21va / BAV, Vat. lat. 954, f. 11r–11v.
62   Jean Dumbleton, *Summa*, II, BnF, lat. 16146, f. 21va / BAV, Vat. lat. 954, f. 11r.

elles-mêmes. Le caractère pratique du concept, en ce contexte, se révèle par l'usage de représentations graphiques (indiquées par le texte) destinées à faciliter le calcul des rapports entre vitesses[63]. Le long de cette « latitude de proportion », Dumbleton place ainsi à intervalles réguliers les proportions selon un rapport identique. Pour un rapport 2/1, Dumbleton pose ainsi à intervalle régulier les proportions 2/1, 4/1, 8/1, 16/1, etc :

A 16   B 8   C 4   D 2   E 1

FIGURE 14

L'intérêt d'une telle représentation graphique, que Dumbleton associe à une latitude de mouvement dans la troisième partie de sa *Somme*, est de mesurer directement le rapport d'une vitesse à une autre proportion sans calculs *stricto sensu*. Dans l'exemple donné ci-dessus, la vitesse passant de A à B, soit d'un rapport 16/1 à un rapport 8/1, représente une diminution d'un quart de la latitude totale de A (s'étendant de A à E). De manière générale, à tout degré de vitesse acquis (doublé, triplé, etc.) est directement associée la proportion correspondante. Un tel repère gradué permet à Dumbleton de superposer cette latitude de proportion à une autre ligne représentant le mouvement, graduée de la même manière et permettant par correspondance de vérifier immédiatement la proportion perdue par une diminution de vitesse, ou inversement pour l'accélération. L'immédiateté de la correspondance qu'il est possible d'établir facilite ainsi la détermination des rapports entre proportions liées à la dynamique des corps. L'évolution d'un rapport entre puissance motrice et résistance peut dès lors être interprétée en termes d'intension ou de rémission selon le point atteint sur cette latitude des proportions.

L'usage de ces lignes, comparable à celui d'une échelle logarithmique, affiche pourtant certaines limites, du moins pour certaines théories physiques qu'elles permettent de représenter plus ou moins adéquatement. Tel est le cas de la théorie aristotélicienne du mouvement *tanquam penes causam*, plus exactement de la règle admise par Aristote selon laquelle la vitesse est égale au rapport de la force à la résistance. Dans un tel cas, compte tenu de la correspondance voulue entre latitude du mouvement et latitude des proportions, l'atténuation vers la proportion égale tend vers une vitesse nulle, rendant

---

[63] Sur le statut de la géométrie chez les Mertoniens, voir A.G. Molland, « The Geometrical Background to the 'Merton School'. An Exploration into the Application of Mathematics to Natural Philosophy in the Fourteenth Century », dans *The British Journal for the History of Science* 4/14(1968), p. 108–125.

impossible la représentation des vitesses faibles, pour lesquelles n'existent pas de correspondance dans la latitude de proportion. Dans l'exemple, selon Dumbleton, aucune proportion ne pourra être associée à un mouvement entre D et le non-degré, puisqu'il n'y aura pas de proportion inférieure à 2/1, la latitude du mouvement étant plus large que la latitude des proportions[64]. La généralisation du concept de latitude pour la représentation des rapports entre proportions demeure remarquable. Elle est permise par la caractérisation du concept de latitude comme grandeur continue et divisible, qui explique l'usage de modèles géométriques chez Dumbleton (concrètement représentés dans les manuscrits). Ici, le concept n'est plus utilisé comme référent d'une qualité réelle mais comme outil servant à représenter une fonction et simplifier les calculs de rapports entre grandeurs. Cette mise en correspondance graphique d'une latitude des proportions et des vitesses déplace la référence du concept d'un degré supplémentaire dans l'abstraction : tandis que le *Traité des proportions* de Bradwardine étudiait les différences entre proportions de puissance et de résistance, les notions de « latitude de mouvement » ou de « latitude d'altération », que l'on rencontrait également chez Roger Swineshead pour désigner les vitesses du mouvement, reposaient déjà sur un emploi plus abstrait de la notion, ne signifiant pas dans ce cas une quantité actuelle de degrés (mais son évolution en un temps donné). En utilisant une latitude de proportions, Dumbleton généralise encore le concept aux fonctions en tant que telles, lui permettant d'analyser grâce aux notions d'intension et d'atténuation la variation des relations entre les proportions puissance/résistance elles-mêmes, et de là, les degrés d'accélération ou de décélération.

2.1.2 Conditions et limites des rapports : le principe de non-comparaison des genres

À côté de cette extension du concept de latitude à des objets abstraits, la théorie des intensités de Dumbleton prend racine dans une enquête ontologique sur la composition intrinsèque des formes, qui détermine les espèces de choses susceptibles d'être comparées. Dans le cadre de la théorie des proportions entre latitudes élaborée au livre II de sa *Somme*, Dumbleton en vient à préciser les conditions sous lesquelles deux latitudes formelles peuvent être comparées.

Alors que le premier moment du livre II expose les principes de la nature, le second moment entreprend d'expliquer le mouvement intensif des formes. En plus d'Aristote, sont alors convoqués Averroès, Avicenne, le *Liber sex principiorum* ou encore Porphyre. C'est à partir de ces sources que Dumbleton va

---

64   Voir sur ce point Sylla, *The Oxford Calculators*, p. 408–409 ; Sylla, « Medieval Concepts of Latitudes », p. 264–267.

déterminer les conditions du plus ou moins : seuls peuvent être mis en rapport les accidents d'une même catégorie, mais non pas les formes substantielles. Cette conclusion s'impose pour Dumbleton comme conséquence du principe d'incomparabilité des genres, doublement fondé sur la thèse aristotélicienne de l'équivocité de l'être et celle de l'homogénéricité des termes d'une comparaison, tirée de la théorie euclidienne des proportions[65]. Le principe était déjà discuté par Bradwardine dans son *Traité des proportions*, qui affrontait l'objection selon laquelle l'explication du mouvement selon ses causes ne saurait s'expliquer en termes de puissance et de résistance, ces deux éléments ne pouvant se rapporter l'un à l'autre[66]. Dumbleton en respecte la lettre, et l'applique aux différences génériques mais aussi spécifiques. Il est possible d'établir une proportion entre deux blancheurs, dans la mesure où la même raison de blancheur peut être portée par des individus d'espèces distinctes[67]. Les formes substantielles, en revanche, ne satisfont pas à cette condition[68] :

> Si nulla pars talis latitudinis ymaginate alicui speciei convenit determinate, nec tota alicui specie competit nec potest competere, ergo nulli tali latitudini proprie nec eius partibus specierum perfectiones sunt comparabiles.

Le cas des formes substantielles intra-spécifiques, premièrement, est exclu : leur latitude étant indivisible, elle ne saurait être divisée en plusieurs degrés, et ces formes n'admettent donc pas d'intension. Les formes substantielles inter-spécifiques ne sont pas davantage commensurables en prenant pour valeur leur latitude intensive respective. En effet, dans la mesure où ces formes substantielles – par exemple, celle de l'être humain et de l'âne – n'appartiennent pas à une même espèce, elles tombent hors de portée des comparaisons possibles selon une proportion[69].

---

65   Sur le sujet, voir S.J. Livesey, « The Oxford Calculatores, Quantification of Qualities, and Aristotle's Prohibition of Metabasis », dans *Vivarium* 24(1986), p. 50–69 ; cf. S.J. Livesey, « William of Ockham, the Subalternate Sciences, and Aristotle's Theory of Metabasis », dans *The British Journal for the History of Science* 18(1985), p. 127–146.
66   Thomas Bradwardine, *Tractatus de proportionibus*, c. 2 ; voir le commentaire de S. Rommevaux-Tani dans son introduction à la traduction française, *Traité des proportions* (Paris : Les Belles Lettres, 2010), p. XXXVI–XLI.
67   Jean Dumbleton, *Summa*, II, BnF, lat. 16146, f. 20rb.
68   Jean Dumbleton, *Summa*, II, BnF, lat. 16146, f. 20ra.
69   Jean Dumbleton, *Summa*, II, BnF, lat. 16146, f. 20ra : *Potest dici quod nulla species alteri proprie est comparabilis, cum non plus excedit perfectio hominis muscam quam perfectio asini eandem excedit.*

La restriction de l'étude des rapports entre latitudes formelles aux formes accidentelles n'est donc pas adventice. Elle est la conséquence d'un refus de l'intension des formes substantielles, associé à un réalisme des formes immanentes constituant l'ancrage ontologique des opérations mathématiques acceptées : il n'existe pas de raison commune réellement participée par les formes substantielles qui permettrait leur comparaison ; les formes des genres d'être les plus nobles ne sont pas susceptibles d'être plus ou moins participées par leur sujet, étant indivisibles et ne possédant pas de manière interne une latitude continue. Indépendamment de la considération des différences inter-spécifiques entre substances, l'inadéquation de principe entre l'idée de variation intensive et celle de forme substantielle condamne par avance cette possibilité[70]. Puisque la théorie des proportions suppose la continuité des valeurs que les variations intensives sont susceptibles d'afficher, l'indivisibilité essentielle de ces formes n'offre aucune prise à une description mathématique : il n'existe aucune *latitudo entium* commune aux espèces sur laquelle on pourrait rapporter leur grandeur. L'impossibilité de comparer les espèces est similaire à celle de comparer un corps et une ligne, ou une ligne à un point, un continu ne pouvant être composé à partir d'indivisibles[71].

Le principe d'incomparabilité des genres distincts a des conséquences sur la théorie de la mesure des intensités qualitatives. Quand il s'interroge sur le problème déjà évoqué qui occupe Richard Swineshead dans le second traité des *Calculationes*, à savoir la mesure d'une qualité uniformément difformément répartie en un corps, Dumbleton rejette la solution de la dénomination par le degré moyen. Cette solution suppose selon lui de rapporter l'une à l'autre deux grandeurs génériquement distinctes – la quantité extensive de la forme à son intensité. Par défaut, l'autre solution (dénomination par le degré le plus intense) doit être préférée[72].

---

70   Jean Dumbleton, *Summa*, II, BnF, lat. 16146, f. 20vb : [...] *Causa deceptionis ponentium istam positionem est haec : ymaginantur gradum solum esse intensiorem alio secundum quod plus et minus distat a non gradu latitudinis illius speciei, licet tamen ille gradus in se sit realiter indivisibilis intensive, nec aliquam latitudinem contineat in se.*

71   Jean Dumbleton, *Summa*, II, BnF, lat. 16146, f. 19vb : [...] *Nulla est latitudo realis nec ymaginaria cui omnes gradus rerum naturalium sunt applicandi.* Aucune latitude des êtres ne peut être fondée à partir de l'indivisibilité des essences spécifiques ; Jean Dumbleton, *Summa*, II, BnF, lat. 16146, f. 19vb : *Omnis essentia specifica est indivisibilis in sui natura sed ex indivisibilibus non fit continuum, ergo perfectiones rerum nullam latitudinem faciunt nec specificae latitudines sunt comparabiles.*

72   Jean Dumbleton, *Summa*, II, BnF, lat. 16146, f. 23rb–va.

2.2 La causalité et les étages de la substance chez Jean Dumbleton

La *Summa* de Jean Dumbleton contient des prises de position sur d'autres aspects du concept de forme, notamment leur mode d'action et leur pluralité, qui entretiennent un lien à la problématique des propriétés intensives. Les arguments qu'il évalue en faveur de l'unité de la forme constituent des variations autour d'un argument phare des unicistes, affirmant qu'un être en acte ne peut se composer de plusieurs touts actuels et, par conséquent, de plusieurs âmes ou formes psychiques. Une partie de la discussion se concentre sur la distinction entre touts actuels et parties potentielles, mais c'est autour du problème de l'information d'une seule matière par plusieurs formes que se cristallise le débat. Il paraît incohérent d'attribuer des parties de matière distinctes à plusieurs âmes au sein d'un même organisme[73]. La diversité des actions de l'individu, fait empiriquement incontestable, n'implique pas nécessairement la distinction *in re* des principes, dans la mesure où rien ne semble prouver *a priori* l'impossibilité d'attribuer des espèces d'action distinctes à un même principe. Tout en insistant sur l'unité qu'ils constituent, Dumbleton va toutefois établir la distinction des principes psychiques. Il asserte que la forme intellective provient de l'extérieur, et non point de la puissance de la matière[74]. Par ailleurs, il tient qu'une forme ne saurait informer qu'un type de matière qui correspond à son espèce, et qu'un corps hétérogène ne peut résulter que de l'information d'une matière homogène par une forme matérielle. De là, il est permis de démontrer qu'aucune âme non-matérielle ne peut informer immédiatement un corps organisé, c'est-à-dire un mixte hétérogène. L'être humain ne possède initialement qu'une âme nutritive correspondant à la complexion du mixte corporel, à laquelle se joint l'intellective[75]. Leur réunion, par suite, engendre les opérations cognitives caractéristiques de l'humanité, qui peuvent relever d'un régime intermédiaire entre les fonctions appétitives et l'intellectualité proprement dite. De ce fait, le principe selon lequel chaque forme correspond à un type de matière (simple ou composé) est préservé de manière cohérente.

Différents aspects d'une cosmologie d'inspiration aristotélicienne sont abordés dans la *Summa*, et participent à dresser un tableau général du fonctionnement de la nature, intégralement décrit au prisme d'une quantification

---

[73] Jean Dumbleton, *Summa*, VIII, BnF, lat. 16146, f. 99va / BAV, Vat. lat. 954, f. 119v ; Cf. Jean Dumbleton, *Summa*, VIII, BnF, lat. 16146, f. 98va / BAV, Vat. lat. 954, f. 118r.

[74] Jean Dumbleton, *Summa,* VIII, BnF, lat. 16146, f. 97va–98va : *Anima intellectiva ab externo venit et non de potentia materia producitur* [...].

[75] Jean Dumbleton, *Summa*, VIII, BnF, lat. 16146, f. 101ra / BAV, Vat. lat. 954, f. 122r : *Dicendum quod homo habet duplicem animam solum, scilicet unam nutritivam et aliam intellectivam.*

des qualités. Après avoir examiné l'action des formes sensibles (parties III et IV), Dumbleton se tourne dès la cinquième partie de sa *Summa* vers l'action des formes spirituelles. La question de la lumière émanée par les corps est alors examinée, puis celle des astres[76]. Dumbleton s'intéresse à cette occasion à leur action uniforme ou difforme dans des milieux plus ou moins denses, faisant varier par exemple la distance à laquelle ces formes agissent. La question de l'influence des astres dans la production des choses naturelles l'amène à s'intéresser au rôle des formes dans la genèse des êtres sensibles et de leur structure, offrant une autre occasion d'aborder le rapport entre types de forme et propriétés causales.

Le comportement des qualités, déterminant sur le plan physique, implique ainsi de considérer le rôle respectif des formes accidentelles et substantielles dans la production du mouvement des corps[77]. En examinant l'idée de régimes distincts de motricité, Dumbleton cherche à éviter la surdétermination causale de ces deux types de formes qui pourraient appéter le même lieu[78]. Les formes élémentaires disposent la matière à recevoir les formes substantielles surajoutées (*superadditae*) qui leur sont supérieures, mais celles-ci, une fois éduites, ne disposent pas la matière à un lieu déterminé, bien qu'elles modifient le comportement dispositionnel de la substance. La forme du fer, à ce titre, produit dans la matière qu'elle informe une disposition à être attirée par l'aimant[79], bien que cette disposition ne soit pas incluse comme telle dans la forme de la terre ou ses qualités (la froideur et la sécheresse). Dans ces discussions, le recours au vocabulaire des degrés pour l'évaluation des positions en présence est fréquent.

La doctrine originale du « double aspect » admise par Dumbleton, repérable aussi chez Buridan, Marsile d'Inghen et – jusqu'à un certain point – Albert de Saxe, est connue au moins depuis les travaux de Duhem[80]. Reprise d'une idée déjà présente dans l'*Opus tertium* de Roger Bacon, elle a pour objet l'étude des causes du mouvement des corps, et vise à expliquer la raison du comportement des corps lors d'un mouvement violent. En tant que *corps en général*, par sa « nature commune », quelle que soit sa complexion singulière, le corps

---

76 Sur l'action de la lumière, voir Jean Dumbleton, *Summa*, V, BnF, lat. 16146, f. 51rb–57ra ; sur l'action motrice des sphères, f. 70rb–85va.
77 Jean Dumbleton, *Summa*, VI, BnF, lat. 16146, f. 64vb–67vb.
78 Jean Dumbleton, *Summa*, VI, BnF, lat. 16146, f. 64va.
79 Jean Dumbleton, *Summa*, VI, BnF, lat. 16146, f. 62vb *sqq*.
80 Voir Duhem, *Le système du monde*, vol. 8, p. 161–163, p. 225–226 ; Duhem, *Études sur Léonard de Vinci*, vol. 3, p. 434–438 ; N. Weill-Parot, *Points aveugles de la nature. La rationalité scientifique médiévale face à l'occulte, l'attraction magnétique et l'horreur du vide (XIIIe–milieu du XVe siècle)* (Paris : Les Belles Lettres, 2013), p. 352–367.

tend à rester uni à d'autres corps, ce qui explique que n'importe quel corps suivra le mouvement violent d'un moteur par sa tendance à lui adhérer. Telle est la raison du mouvement d'un projectile demeurant en l'air quelque temps avant de chuter[81]. En revanche, en tant que corps d'une espèce particulière, c'est-à-dire déterminé par une forme supérieure spécifique qui s'ajoute à cette complexion, le corps a une nature propre et un mouvement spécifique qui lui correspond. Telle est la raison de la chute d'une pierre qui finit, en tant que corps particulier, par rejoindre son lieu spécifique.

Chez Dumbleton, la notion de formes « surajoutées », qui permet de penser cette dualité d'aspects, rend intelligible les modalités des deux types de mouvement dont l'un, sans cela, est toujours énigmatique, et qui sont ici indexés à une pluralité de formes dessinant une structure « à étages » au sein du composé substantiel. Mais il reste à évaluer le rôle de ces formes substantielles surajoutées dans la production du mouvement des corps, qui résultent d'une certaine proportion des éléments[82]. La première position concernant ce problème, inspirée selon Dumbleton du commentaire d'Averroès au premier livre du *De generatione*, soutient que les formes surajoutées meuvent comme les formes simples tout en refusant que les formes élémentaires se maintiennent dans le mixte autrement que virtuellement. La seconde admet une permanence des formes élémentaires mais soutient que la forme surajoutée est motrice, pouvant dominer les tendances motrices des formes subsumées. La première position se confronte à l'objection selon laquelle si les éléments sont corrompus, rien ne disposera la matière à recevoir telle forme substantielle plutôt qu'une autre. Cette position implique par ailleurs l'existence de qualités sans formes[83]. La permanence des formes élémentaires met en cause le statut de leurs qualités : Dumbleton remarque que si la froideur ou la lourdeur sont des conséquences de la forme du fer, alors elles seront des qualités secondes, ce qui contredit leur statut. La résolution de ce point suppose de récupérer les autorités en apparence contraires à la position défendue : ainsi, quand Averroès affirme que les éléments ne demeurent que selon leurs *virtutes*, il désigne par ce mot leurs formes substantielles. Les formes substantielles supérieures sont également motrices, mais non à la manière

---

81   Jean Dumbleton, *Summa*, VI, BnF, lat. 16146, f. 61rb–62ra.
82   Jean Dumbleton, *Summa,* VI, BnF, lat. 16146, f. 64vb : *Restat inquirere numquid formae superadditae substantiales moveant composita quorum sunt formae ut si forma lapidea moveat lapidem ad deorsum et forma ligni moveat lignum et sic de aliis formis* [...].
83   Jean Dumbleton, *Summa*, VI, BnF, lat. 16146, f. 64vb / BAV, Vat. lat. 954, f. 70v : *Secundo sequitur ex illa opinione quod in tali mixto sunt qualitates sine formis, sentimus ita vere frigiditatem in ferro sicut in terra sicca vel aqua et per positionem in mixto non sunt formae quia non sunt elementa in eo, ergo sine formis primis sunt qualitates primae.*

des éléments tournés vers un lieu terrestre[84]. Certaines propriétés accompagnent bien la forme substantielle, comme l'attirance du fer vers l'aimant, mais la forme du mixte comme composé est elle-même indifférente au lieu. La notion de forme surajoutée, pensée comme résultant d'une certaine *proportion* entre degrés des éléments, permet donc de nouer les thèmes de la pluralité des formes et de leur intensité à une explication de la dynamique du mouvement selon le lieu.

L'avènement des formes *superadditae* sur les formes élémentaires est étranger à toute induction par une puissance supérieure, l'hypothèse d'un *Dator formarum* apparaissant corrélée à la doctrine des formes séparées. Pourtant, la notion d'éduction des formes demande une élucidation du processus par lequel les formes peuvent être engendrées à partir d'une semence qui ne les contient pas. L'apparition graduelle des formes des membres est l'objet d'une attention particulière, car leur diversité contraste avec l'unité de la forme nutritive qui est leur premier moteur formatif[85]. Dumbleton n'admet pas d'*inchoatio formarum* pour expliquer ce phénomène, mais il signale la pluralité actuelle des qualités présentes au sein du mixte embryonnaire, qui suffisent, par le concours des influences stellaires, à expliquer les directions prises par le développement des divers organes. La description de l'embryogenèse démontre la partibilité des formes acquises pendant la génération : s'interrogeant sur le fait de savoir si la forme augmente quantitativement, ou seulement le sujet, Dumbleton détermine que l'augmentation selon la quantité s'effectue selon la forme, et non selon la matière. À supposer que le sujet augmente, et non pas la forme intrinsèquement, on devrait abandonner l'unité du mouvement, et l'idée d'une véritable augmentation, à cause du paradoxe du changement discontinu : si des formes différentes se succèdent, ni la précédente ni la suivante n'augmentent, à proprement parler[86].

S'étendant amplement sur ces questions ayant trait à la génération, la *Summa* évalue au moyen du vocabulaire des degrés le problème de la similitude à l'œuvre dans la génération, qui fait l'objet de la huitième partie de l'ouvrage[87]. Dumbleton met en doute la littéralité du principe de similitude, selon lequel la forme éduite par un sujet doit être similaire à la forme possédée par l'agent. Ce principe est le modèle permettant de comprendre la génération du vivant, mais semble être contredit par les cas de transmutation des éléments

---

84 Jean Dumbleton, *Summa*, VI, BnF, lat. 16146, f. 65rb–va.
85 Jean Dumbleton, *Summa*, VIII, BnF, lat. 16146, f. 107rb–107va.
86 Jean Dumbleton, *Summa*, VIII, BnF, lat. 16146, f. 106va / BAV, Vat. lat. 954, f. 131r : *Unde dicit Commentator quod materia est in continuo fluxu et manet forma una, et ideo augmentationem dicit esse secundum formam in omni parte in qua est augmentatio sed non secundum materiam.*
87 Jean Dumbleton, *Summa*, VIII, BnF, lat. 16146, f. 87ra–90vb.

les uns dans les autres. Le principe de similitude se vérifie en un sens élargi, puisqu'un élément est toujours une substance en acte provenant d'un être actuel, et que le principe vaut pour les qualités qui engendrent les éléments, la chaleur du feu provenant de l'échauffement de la terre qui lui a donné naissance[88]. L'examen de ce principe, qui pousse Dumbleton à caractériser l'équilibre dans les mixtes en termes de proportion, mobilise des arguments valant à la fois pour la forme surajoutée du mixte et pour les principes supérieurs de l'activité psychique. Ainsi, relevant que la proportion double des éléments eau/terre dans un mixte comme une pierre paraît impliquer sa corruption immédiate dès que l'une change, car la proportion se modifie en conséquence, Dumbleton compare ce cas avec la pluralité des formes du toucher, de la vue ou du goût dans le corps. Comme le toucher et le goût sont pareillement étendus dans la langue, il semble devoir être concédé que différentes proportions (arithmétique ou géométrique), chacune responsable d'une forme, se trouvent dans une même matière[89].

Ces discussions offrent l'aperçu d'une doctrine philosophique permettant d'ancrer les calculs mathématiques dans un cadre ontologique qui les justifie, bien que pour penser des phénomènes comme la vitesse, leur usage soit partiellement « imaginaire ». Indépendamment du problème de la typicalité des positions de Dumbleton vis-à-vis de la mouvance mertonienne, la théorie des contraires, de la pluralité des formes, de la dynamique des formes élémentaires et supérieures esquissent un système dépassant largement l'étude paradigmatique du mouvement selon l'effet. La notion de proportion et l'usage des degrés sont justifiés, selon l'ordre des parties de la *Somme*, par une analyse des conditions de l'intensibilité proprement dite et de l'usage simplement technique de ces concepts – la notion de signification elle-même étant étudiée dans la première partie de l'ouvrage, avant la détermination des principes de la science et des modalités de la connaissance (auxquelles peut déjà s'appliquer le lexique des intensités). L'examen des principes de la nature (forme, matière) à partir de ces notions pose les bases de l'étude générale du mouvement puis des composés plus particuliers qui constituent l'ordre sensible. La structure composite des êtres naturels permet d'adosser la sémantique des concepts fondamentaux mobilisés (intensité, degrés, latitude) à un type de réalisme qui leur associe un référent extra-mental. Si la *Somme* de Dumbleton n'offre ni commentaire à la *Physique* d'Aristote, ni au *De anima* à proprement parler, son auteur entend bien établir un système complet de la nature sur le modèle de celui d'Aristote, réinterprétant ses bases physiques dans une perspective foncièrement quantitative.

---

88   Jean Dumbleton, *Summa*, VIII, BnF, lat. 16146, f. 90rb–90va.
89   Jean Dumbleton, *Summa*, VIII, BnF, lat. 16146, f. 87rb–va.

3 Calculer les formes

3.1 *Les conventions de mesure dans les* Calculationes

Comparées à la *Somme* de Dumbleton, les *Calculationes* de Richard Swineshead sont principalement occupées par l'étude mathématique du mouvement. Le plan de l'ouvrage, dont les parties finales ne discutent plus d'hypothèses ontologiques, et qui prennent davantage la forme du traité mathématique, suffit à s'en convaincre. Ses premières parties présentent malgré tout un intérêt pour l'ontologie des propriétés intensives. Leur étude révèle les difficultés méthodologiques liées à leur description mathématique, et plus particulièrement à l'absence d'unité de référence pour mesurer ces propriétés. La notion de « degré » désigne certes une unité de mesure, mais elle n'en fournit que le concept. L'absence de tout étalon susceptible de déterminer concrètement cette unité contraint à mesurer par référence (*attenditur penes*) un des termes de l'intensification d'une qualité, c'est-à-dire son minimum ou son maximum. Le choix de cette convention de mesure, essentielle à la possibilité d'un calcul des formes, est fonction de ses conséquences qui peuvent être plus ou moins cohérentes du point de vue de la contrariété des qualités, de leurs bornes, et des valeurs infinies susceptibles de résulter de ce choix.

Les premiers traités des *Calculationes* ont un caractère préliminaire vis-à-vis des traités ultérieurs où Swineshead examine des cas de plus en plus complexes. Dans les trois premiers traités, il s'agit de s'accorder sur la manière de mesurer les qualités intensives affectant un corps. Le premier traité est le plus fondamental, puisqu'il s'ouvre par une question conditionnant l'ensemble des développements suivants : comment mesurer le degré intensif d'une qualité ? La question, posée sans aucune référence à un corps qualifié, une étendue qualifiée, ou un mélange de qualités, concerne simplement la manière de dire par rapport à quoi une qualité s'intensifie ou s'atténue. Trois options sont énumérées par Swineshead[90] :

1. Il est tout d'abord possible de considérer l'intensification d'une qualité par rapport au degré maximum possible de celle-ci, et de considérer l'atténuation d'une qualité par rapport à ce même degré. Cette convention, qui sera celle d'Oresme[91], a plusieurs inconvénients qui dépendent de l'idée d'approximation à l'infini. En examinant ces possibilités, il apparaît que Swineshead se représente l'intensité d'une qualité comme une ligne s'étendant entre deux points, l'un représentant le degré zéro de la

---

90 Le passage a fait l'objet d'une étude détaillée, dont les analyses sont reprises ici, par M. Clagett, « Richard Swineshead and Late Medieval Physics », dans *Osiris* 9(1950), p. 131–161.
91 Nicole Oresme, *Quaestiones super Physicam*, v, q. 9, en part. p. 627.

qualité, et l'autre son degré maximal. Cette représentation (implicite) de la latitude d'une qualité par une ligne, que nous avons déjà rencontrée chez Dumbleton, s'explique par sa caractérisation comme grandeur infiniment divisible. La ligne est plus ou moins grande suivant l'intensité de la qualité en question, et sa longueur varie selon son intensification ou son atténuation. Par exemple, la longueur de la ligne est multipliée par deux si la qualité devient deux fois plus intense ; elle est divisée par deux si la qualité devient deux fois moins intense, etc. Le choix de la meilleure convention de mesure dépend de ce que ces représentations permettent d'exprimer. Dans le cas de l'hypothèse (1), Swineshead objecte que n'importe quelle qualité ayant atteint son degré maximal serait infiniment intense, ce qui est évidemment contredit par l'expérience. L'argument repose sur l'idée que la réduction de la distance qui sépare une qualité de son degré maximal nécessite, pour approcher son terme (le degré maximal) une division à l'infini (1/2, 1/4, 1/8…), et donc un mouvement d'intensification à l'infini[92]. De plus, cette convention ne permet pas d'exprimer un usage courant du terme « intensifier » car aucune qualité ne pourra être plus de deux fois moins intense que son degré moyen. En effet, étant mesurée par sa distance au degré maximal, une qualité qui se trouve à mi-chemin entre son non-degré et son degré maximal, divisée par deux, rejoindra le non-degré. Cette convention pose donc un double problème, qui ne semble pas purement d'ordre linguistique dans le premier cas. La deuxième partie de cette convention, à savoir que l'atténuation d'une qualité dépend de son écart au degré maximal, pose de semblables difficultés, partagées par la deuxième position qu'examine Swineshead.

2. Il est aussi possible de poser que l'intensification d'une qualité est fonction de son écart au non-degré d'une qualité, et que l'atténuation se comprend par éloignement au degré maximal de cette qualité. Ce second point de vue, qui propose une évaluation strictement inverse pour l'intensité et l'atténuation, était celui de Roger Swineshead dans son *De motibus naturalibus*, et sera aussi celui d'Albert de Saxe[93]. Richard Swineshead rejette cette opinion sur la base d'arguments ayant trait aux grandeurs infinies. Toutefois, ses critiques concernent surtout la deuxième partie de la convention, dans la mesure où il optera aussi pour une mesure de l'intension en fonction du degré o de la qualité. À supposer que l'atténuation d'une qualité s'effectue

---

92 Richard Swineshead, *Calculationes*, I, f. 2ra.
93 Richard Swineshead, *Calculationes*, I, f. 2ra : *Secunda positio ponit quod intensio attenditur penes distantiam a non gradu et remissio penes distantiam a gradu intensissimo illius latitudinis.*

par rapport à l'éloignement vis-à-vis de son degré maximal, toute qualité qui n'est pas à ce maximum sera toujours infiniment atténuée. Dans cette hypothèse, en effet, le seul cas où une qualité n'est pas atténuée est celui où elle est à son degré maximal, son atténuation étant alors nulle. Dans tous les autres, la qualité est distante de ce terme par une infinité de divisions qu'il lui faudrait traverser pour atteindre le degré maximal : elle en est donc infiniment éloignée, et se trouve être par conséquent infiniment atténuée[94]. L'argument repose, ici encore, sur l'adoption d'une certaine description mathématique du processus d'intensification, assimilable à une suite de rapports proportionnels croissants ou décroissants (selon le cas) dont les valeurs convergent vers l'infini quand la qualité se rapproche de sa borne positive, telle que $x = f(1/y)$, avec x comme intensité qualitative et y comme distance séparant x de son degré maximal.

Un autre aspect impliqué par cette deuxième convention est qu'elle semble faire de l'intension et de l'atténuation deux processus symétriques, et autoriser qu'en un sens un degré soit aussi intense qu'il est atténué (quand une qualité est à son degré moyen, à égale distance des deux bornes). La notion de degré « aussi intense qu'il est atténué » témoigne de l'imprégnation du vocabulaire des latitudes issu des réflexions médicales, où l'expression qualifie un équilibre complexionnel. Swineshead revient sur le problème d'une telle façon de s'exprimer quand il précise les conséquences de son propre choix. Un aspect intéressant de son refus d'une telle situation est que, selon le mathématicien, elle contredit la physique des causes du mouvement élaborée par Bradwardine. Il est connu que la relation qui semble caractériser le mouvement chez Aristote (V = F/R, où V est la vitesse, F la force et R la résistance) ne permet pas de prédire que la vitesse s'annule quand une puissance motrice diminue jusqu'à ne plus excéder la résistance d'un corps. Le *Traité des proportions* de Bradwardine discutait ces limites de la théorie aristotélicienne de la vitesse[95]. La condition de possibilité du mouvement *tanquam penes causam* est toujours un rapport de plus grande inégalité entre puissance et résistance[96], c'est-à-dire tel que F/R>1. Le mouvement est impossible dès que F/R<1 ou F/R=1. Or, l'hypothèse qui fait de l'intensification et de l'atténuation des mouvements mesurés symétriquement par les bornes opposées et, généralement, toutes les conventions supposant qu'un degré peut être aussi

---

94   Richard Swineshead, *Calculationes*, I, f. 2rb.
95   Voir encore H.L. Crosby dans Thomas Bradwardine, *Tractatus de proportionibus*, p. 42sq ; S. Rommevaux-Tani dans Thomas Bradwardine, *Traité des rapports*, p. XXXVI–XLI.
96   Richard Swineshead, *Calculationes*, I, f. 4rb.

intense qu'il est atténué, se confrontent au cas où F/R=1. Une convention, toutefois, échappe selon Richard à ces difficultés.

3. La solution retenue par l'auteur des *Calculationes* consiste à désigner l'intensification d'une qualité aussi bien que son atténuation par rapport à la distance qui les sépare du non-degré de cette qualité[97]. Seule cette position, symétriquement opposée à la première, permet de rendre compte correctement des phénomènes d'intensification. Elle n'évacue certes pas l'apparition de l'infini dans la description de l'altération – inévitable dès lors que l'approximation d'une borne s'effectue par division de la distance au degré actuel d'une qualité[98]. Il n'échappe ainsi pas à Swineshead que cette convention est vulnérable à des objections similaires à celles qui grevaient la première opinion. Puisque l'intensification et l'atténuation sont des processus inverses, l'augmentation de l'intensité correspond nécessairement à la diminution de son atténuation. Or, si le non-degré de l'atténuation suppose une atténuation infinie, il n'en va pas de même pour l'intensification, puisque la multiplication de la distance qui sépare la qualité du non-degré aboutira en un nombre fini d'étapes à son terme supérieur (l'autre extrémité de la ligne). Une qualité, en toute rigueur, ne pourra ainsi pas être plus de deux fois plus intense que son degré moyen, puisqu'elle dépassera alors son degré maximal. L'intensification, pour cette raison, n'étant pas infinie, et l'atténuation devant être infinie pour atteindre son non-degré, Swineshead concède la conclusion paradoxale que le degré maximal, en un sens, doit être dit « atténué ». La latitude entre un degré d'atténuation donné et son non-degré est, pour la même raison, toujours infinie. Pour les besoins de certains cas imaginaires, il reste concevable de postuler une qualité dont l'atténuation est nulle, s'étendant donc au-delà de son terme maximal, bien que le cours actuel de la nature ne permette pas de le constater *de facto*[99]. On voit de quelle manière ce qui semble de prime abord un choix arbitraire (la

---

[97] Richard Swineshead, *Calculationes*, I, f. 2ra : *Tertia positio dicit quod intensio attenditur penes distantiam a non gradu et remissio penes appropinquationem ad non gradum*. Voir f. 2rb–2vb pour la défense de la position.

[98] Richard Swineshead, *Calculationes*, I, f. 2va : *Latitudo motus est infinita, eo quod latitudo proportionis est infinita, et latitudo motus consequitur proportionem seu latitudinem proportionis*.

[99] Richard Swineshead, *Calculationes*, I, f. 2vb : *Et tunc quando arguitur quod nulla caliditas est caliditate summa intensior, ergo illa non est remissa, negatur consequentia, quia etsi nulla caliditas sit de facto intensior, non repugnat tamen illi caliditati, quod aliqua foret illa intensior et imaginando caliditatem intensiorem illa foret remissa sicut nunc est*.

référence de mesure d'une intensification) dépend en partie du comportement physique des qualités. Alors que la mesure de l'atténuation ou de l'intensification suppose une convention, son choix est aussi contraint par le fait que les mouvements d'intensification observables ne sont pas susceptibles de n'importe quelle description.

3.1.1 Passage aux qualités étendues et aux mixtes

Le second traité de l'ouvrage est celui où Richard Swineshead aborde le cas des qualités (non-mélangées) inégalement réparties en une surface. Les raisons qu'il discute montrent ici aussi que le choix des conventions adoptées est guidé par le comportement physique des qualités en question. Nous l'avons vu, l'auteur des *Calculationes* laisse en apparence ouverte la question de la mesure d'une étendue uniformément difformément qualifiée. Reconnaissant deux conventions possibles, Richard semble préférer en pratique une mesure par le degré moyen, permettant de prendre en compte la qualité selon les deux dimensions – intensive et extensive – qui la caractérisent. D'autres exemples alimentent cette observation. Le troisième traité des *Calculationes* discute par exemple la mesure des éléments dont les intensités des qualités sont inégales[100]. À l'idée selon laquelle la mesure de ces éléments s'effectuerait selon la seule qualité la plus atténuée (la remarque s'appliquerait aussi pour la situation inverse, consistant à choisir la qualité la plus intense), Swineshead objecte six conclusions qui réduisent l'hypothèse à l'absurde. Après les avoir énoncées, il justifie de façon expéditive la seconde, qui découle de cette convention : elle impliquerait que des variations dans la qualité la plus intense ne changent en rien la latitude du corps, ce qui contredit manifestement la situation[101] :

> Secunda conclusio sequitur manifeste, quia capiatur unum elementum, cuius caliditas sit ut octo, et siccitas gratia argumenti sit ut quatuor, tunc totum est intensum ut quatuor iuxta positionem, et si caliditas illa remittitur ad quatuor, totum non remittitur si siccitas staret. Et per consequens non plus facit caliditas ad intensionem elementi quam facit ista siccitas.

Une autre inconsistance de cette position est qu'elle entraîne qu'un sujet puisse être plus intense qu'il n'est lui-même intense. Imaginons un corps possédant

---

100   Richard Swineshead, *Calculationes*, III, *De intensione elementi habentis duas qualitates non eque intensas*, f. 9rb.
101   Richard Swineshead, *Calculationes*, IV, f. 10ra.

de la chaleur au degré 8 et de la sécheresse au même degré. Selon la convention, cet élément aura une valeur intensive de 8 mais dans ce cas, les deux qualités étant égales, chaque qualité apportera 4 degrés à la dénomination totale du corps. Si l'on suppose alors que la sécheresse s'atténue au degré 4, la chaleur ne variant pas, il faudra admettre que la participation de la sécheresse à l'intensité du corps est divisée par 2, valant donc à présent 2. La somme des participations des deux qualités valant à présent 6, l'élément sera plus intense qu'il devrait l'être selon la position discutée.

Plus intéressante encore est la manière dont il évalue l'hypothèse selon laquelle le degré correspondant à l'élément serait le degré médian entre les deux qualités (équidistant à leur degré), car elle montre la préférence de Swineshead pour une théorie s'accordant avec l'idée de proportionnalité[102]. Il objecte notamment que cette hypothèse conduit à des vitesses d'altération infinies[103]. Posons par exemple un corps A relevant de l'élément feu à son degré maximal agissant sur un corps B relevant de l'élément air. Si l'on admet que le degré intensif d'un corps comme l'air est le degré médian entre les deux qualités (sécheresse et chaleur), il faudra admettre qu'à l'instant succédant immédiatement au début de l'action de A sur une partie de B, la sécheresse et la chaleur de cette partie B auront augmenté de telle sorte que cette partie se trouvera au-delà du degré moyen définissant l'élément air : l'action de A sur B provoquera immédiatement la génération d'une nouvelle forme substantielle (celle du feu) en B. L'action induisant instantanément de proche en proche dans chaque partie de B la latitude correspondant à l'élément feu, A agira sur B d'une vitesse infinie.

Swineshead se range au terme de son examen à la thèse selon laquelle la latitude d'un tel corps se prend selon le degré proportionnel aux deux qualités. Il refuse de ne considérer qu'une valeur de l'élément mais rejette donc le choix du degré médian. Il préfère mesurer la valeur d'un élément composé de deux qualités par le degré « moyen » proportionnel aux deux qualités, Cela revient, pour un élément contenant deux qualités de 8 et 2 degrés, à lui attribuer le degré 4 plutôt que le degré 5, en employant une relation de proportion géométrique[104].

Cette solution est conforme à la tendance de Swineshead à traiter les cas de différentiel qualitatif selon la théorie des proportions, mais son rejet des choix

---

102   Richard Swineshead, *Calculationes*, III, f. 9ra : *Prima positio ponit quod elementum illud correspondet gradui medio per eque distantiam inter illas qualitates.*
103   Voir Richard Swineshead, *Calculationes*, III, f. 9rb–9va : *Prima quod aliquid per magnum tempus continue infinita velocitate aget. Similiter sequitur quod a proportione finita provenit motus infinitus.*
104   Richard Swineshead, *Calculationes*, III, f. 9rb.

alternatifs révèle surtout qu'ils mènent à l'absurde d'un point de vue physique. On constate alors l'écart séparant la position de Richard Swineshead du type de solution retenue par Jean Dumbleton dans sa *Somme* : Dumbleton rejette trois opinions, dont celle élue par Richard Swineshead, concernant la manière de mesurer l'intensité d'un mixte composé de plusieurs qualités[105]. Dumbleton préfère pour sa part mesurer les qualités mixtes par la différence arithmétique entre deux qualités, autrement dit par une soustraction simple du degré moins intense au degré le plus intense d'un corps[106].

Le traité IV des *Calculationes* s'intéresse au mélange des éléments compte tenu de leur intensité et de leur extension, combinant les acquis des trois précédents traités (I : mesure d'une intensité ; II : mesure d'une qualité étendue ; III : mesure d'un élément à deux qualités). Bien qu'il réponde ainsi au problème de la mesure d'un mixte composé de deux éléments, les analyses du traité IV valent aussi généralement pour la structure d'un élément au sein duquel deux qualités sont étendues.

La première position examinée mesure un mixte par la proportion de l'élément dominant sur l'élément dominé. La dénomination est fonction d'une relation rappelant la loi de Bradwardine, l'intensité d'un mixte A étant plus intense qu'un autre B si la proportion de chaleur sur la froideur de A est supérieure à celle de ces deux qualités en B. Cette position comporte des difficultés obvies : si l'élément inférieur correspond au non-degré (par exemple si la froideur vaut 0), alors la proportion sera infinie pour tout degré fini de chaleur, même inférieur au degré maximal – la division de tout degré fini devant être poursuivie à l'infini en tendant vers 0. Il s'avère impossible dans cette hypothèse de comparer les mixtes comportant un élément situé à son non-degré. Par ailleurs, de l'eau pure ajoutée à un feu à son degré maximal engendrerait une chaleur infinie, car elle n'induirait pas directement une latitude de froideur, mais d'abord (au premier instant de son action) une froideur ponctuelle. Selon cette première position, la mesure donnerait alors une valeur infinie, le rapport chaleur/froideur étant infini, la froideur engendrant un mixte infiniment chaud. Or, selon Swineshead, qui reprend ici l'argument de la causalité

---

105   Jean Dumbleton, *Summa*, II, BnF, lat. 16146, f. 25ra / BAV, Vat. lat. 954, f. 16v : *Prima dicit quod ullum mixtum est intensum supra medium gradum. Secunda dicit mixtum esse ita intensum sicut elementum dominans in eo. Tertia dicit mixtum esse ita intensum sicut elementum aliquod summum propter diversas qualitates in eo contentas vel duplum ad summum intensive.*

106   Jean Dumbleton, *Summa*, II, BnF, lat. 16146, f. 25va / BAV, Vat. lat. 954, f. 17v : *Quarta opinio que tenenda est, est hec : quod omne mixtum est ita intensum praecise sicut excessus per se sumptus per quem intensior qualitas excedit suum contrarium, non tamen proportionaliter secundum quod una excedit aliam intensive.*

inversée, il est contraire à la nature qu'une froideur engendre une chaleur. Par ailleurs, si une froideur ajoutée à une chaleur peut effectivement contribuer à sa dénomination, une froideur finie ajoutée à une chaleur finie ne peut contribuer à une dénomination infinie[107].

La seconde position considère qu'un mixte est aussi intense que sa qualité dominante. Une justification est avancée. La matière est commune aux corps simples et aux mixtes. Or, dans un corps simple, la chaleur dénomme le corps, et la froideur n'empêche pas cette dénomination. Rien n'interdit donc qu'elle n'ait aucun rôle dénominatif dans un corps mixte dominé par la chaleur. Mais cette position pose selon Swineshead le problème qu'un corps perd toute sa latitude d'intension immédiatement. Soit en effet un corps A composé de chaud et de froid, et dont la chaleur B est dominante. Admettons que B s'atténue jusqu'à son degré moyen : comme la froideur augmente à mesure que la chaleur s'atténue, les deux qualités se rejoignent bientôt au degré moyen. Au degré moyen, le corps n'est plus chaud, puisque la chaleur s'est atténuée de telle sorte qu'elle ne nomme plus l'état du corps. Mais, la chaleur n'étant qu'au degré moyen, la latitude d'intension du degré moyen au non-degré a été perdue instantanément. On note que Swineshead suppose ici une réciprocité des mouvements des qualités contraires, à la manière de la « nouvelle » théorie des contraires dont nous avons vu l'importance vers le milieu du XIVe siècle : la perte d'un degré d'une qualité équivaut à l'acquisition d'un degré de la qualité contraire.

La troisième position mesure l'intensité d'un mixte par l'excès divisé par deux de l'élément ou qualité dominants sur l'élément ou la qualité dominés. Pour un mixte M possédant deux qualités A et B d'intensité d, la position admet la relation $d°M = (d°A - d°B)/2$. Cette troisième position ajoute également que la mesure s'effectue comme si la qualité ou l'élément dominants d'un mixte était dans une moitié du corps et l'autre qualité ou élément dans l'autre moitié. Le premier argument contre cette position part d'une situation telle que la chaleur d'un sujet est intensifiée au maximum et sa froideur atténuée au minimum. À l'instant précédant immédiatement le non-degré de froideur, la froideur sera infiniment petite, mais pas nulle. L'intensité du mixte est donc inférieure (car divisée par deux) au degré moyen de toute la latitude de chaleur. Aucune qualité ne peut en excéder une autre plus que par toute sa latitude, et tout mixte est deux fois plus atténué que cette latitude simple vis-à-vis du non-degré ; aucun mixte ne pourra ainsi être plus intense que la moitié de

---

107 Richard Swineshead, *Calculationes*, IV, f. 12vb.

la latitude de la qualité qui dénomme ce mixte entièrement. Cette position apparaît donc fausse[108].

La quatrième position examinée par Swineshead concernant la mesure des mixtes demeure la plus intéressante, dans la mesure où elle remet en jeu les discussions du traité II relatives à la mesure des qualités étendues et se présente pour cette raison en deux versions. Selon la première, l'intensité du mixte vaut l'excès strict de la qualité dominante sur la qualité dominée, sans considération de leur extension dans le sujet. Selon la seconde, l'intensité du mixte se mesure par l'excès de la qualité dominante sur la qualité dominée et par ce que son extension apporte à la dénomination du tout. En faveur de la première position, Swineshead rappelle la convention envisagée dans le traité II autorisant à désigner une qualité par sa partie la plus intense[109]. Appuyée par le principe selon lequel une qualité non-mélangée dénomme selon n'importe laquelle de ses parties, cette idée conduit à mesurer un mixte de deux qualités par leur différence, indépendamment de leur extension. Une première objection remarque que les mouvements intensifs de deux qualités dans un mixte étant inversement corrélés, l'intensification d'un mixte sera deux fois plus rapide que l'intension de la qualité simple qui s'intensifie en lui, puisqu'une qualité comme la chaleur augmentant, la froideur diminuera corrélativement et aussi rapidement. Cette première conclusion doit être concédée. Plus généralement, on doit admettre que d'une même proportion ou d'un même rapport d'un agent à un patient peuvent découler des mouvements inégaux. Cette possibilité s'explique par la configuration des parties du corps, ce qui peut s'observer dans l'ordre du mouvement local avec la rotation – certaines parties se mouvant plus vite que d'autres car certaines sont mues par nécessité, d'autres par accident, étant entraînées par les premières[110].

Une deuxième conclusion montre que deux corps A et B, A étant plus atténué que B, subissant la même intensification, seront égaux à la fin de ce changement. Swineshead imagine pour cela deux corps possédant deux qualités différemment configurées. On suppose une échelle intensive allant de 0 à 8, 8 représentant le degré maximal de chaleur. À t_1, B possède uniformément une chaleur de degré 6 et une froideur de degré 2 ; A possède une chaleur uniformément difforme s'étendant de 6 à 4 et une froideur s'étendant aussi de manière uniformément difforme de 4 à 2. Supposons que ces deux corps acquièrent une « latitude d'altération » (*latitudo alterationis*) uniformément difforme de 2 degrés intensifs, telle qu'à t_2, la chaleur de B s'étende de 8 à 6

---

108   Richard Swineshead, *Calculationes*, IV, f. 14ra.
109   Richard Swineshead, *Calculationes*, IV, f. 14rb.
110   Richard Swineshead, *Calculationes*, IV, f. 14vb.

et sa froideur de 2 à 0, quand A connaît à présent une chaleur de 8 à 4 et une froideur de 2. Swineshead souligne le caractère apparemment contradictoire de la convention adoptée, puisque deux corps n'ayant pas la même mesure initiale et subissant « point par point » la même intensification seront également intenses au terme de celle-ci.

Une troisième conclusion réitère le procédé à partir du même cas pour démontrer une conclusion inverse tout aussi absurde. En admettant que la notation '$d_m > d_n$' représente l'écart de difformité intensive deux degrés, les deux corps seront configurés à t_2 tel que :

B = {chaleur (8>6) | froideur (2>0)}
A = {chaleur (8>4) | froideur (2 uniformément)}.

La convention examinée considère A et B égaux à t_2. En réappliquant la latitude d'altération positive uniformément difforme de 2 à 0 à A et B, on obtiendra pourtant deux corps inégaux du point de vue de l'intensité. Ainsi, on aura à t_3 :

B = {chaleur (8 uniforme) | froideur (non-degré uniforme)}
A = {chaleur (8>6) | froideur (2>0)}.

De deux corps auxquels on applique une latitude d'altération égale en chaque point, on obtient ainsi un rapport d'inégalité, puisqu'à t_3, le mixte B vaut 8 et A vaut 6.

On soulignera que Swineshead n'accorde lui-même que peu d'importance à la cohérence de tels cas hypothétiques dont la signification physique est discutable[111]. De façon plus révélatrice encore, il doit être rappelé que Swineshead n'adhère pas totalement dans ce cas à la convention qui sous-tend ces derniers arguments, à savoir qu'une qualité se mesure selon sa partie la plus intense, puisqu'une convention de mesure alternative prenant en compte l'extension des qualités aboutit à un résultat différent (en l'occurrence, en admettant qu'à t_1 A et B possèdent une même quantité de qualité différemment configurée). L'auteur des *Calculationes* est ici avant tout intéressé par la validité de la démonstration *ex hypothesi*.

L'usage d'une notion abstraite de latitude appliquée au mouvement (« latitude de vitesse ») permet dans la dernière partie des *Calculationes* d'étudier

---

111   Richard Swineshead, *Calculationes*, IV, f. 15ra : *Omnes iste sunt concedende imaginarie et negentur de facto, nam in omnibus casibus istis ponitur cum equali caliditate inequales frigiditates extendi.*

spécifiquement le mouvement local à partir des mêmes notions, délaissant l'analyse des qualités, mais conservant le lexique des intensités. Toutefois, le seizième et ultime traité des *Calculationes* ne prend plus seulement pour objet le mouvement local comme dans les traités qui le précèdent immédiatement, mais concerne l'acquisition du degré maximal d'une qualité en général. En combinant les différents types de variables – qualités, puissance, résistance, densité, etc. – étudiées dans les parties précédentes, il propose une série de conclusions à propos de la manière dont un sujet uniformément difforme est affectée par une latitude d'altération uniforme ou uniformément difforme (chapitre 1) et par une latitude d'altération difformément difforme (chapitre 2). Swineshead ajoute encore une variable à la situation dans le chapitre suivant, en prenant pour hypothèse que la latitude d'altération ne soit pas d'emblée induite dans tout le sujet, mais qu'elle commence à être introduite dans une de ses parties seulement[112]. S'appuyant sur l'ensemble des traités précédents, et en particulier sur l'analyse du mouvement local, Swineshead peut ainsi étudier les propriétés abstraites du mouvement d'altération en tant que tel et de ses effets sur un sujet au moyen des concepts qu'il mobilisait, dans un premier temps, pour l'étude des qualités concrètes.

3.2   *L'usage de la théorie des proportions chez Richard Swineshead*
3.2.1   Limites d'application des relations de proportion géométrique

La théorie des proportions est le point focal à travers lequel Richard Swineshead aborde la mesure des formes intensives. L'influence de la loi de Bradwardine, même sur des domaines où il ne l'avait pas envisagée, explique partiellement le choix fréquent des relations de proportion géométrique pour calculer une intensité. Swineshead ne recourt pourtant pas systématiquement à la loi de Bradwardine pour les choix de mesure, ni généralement à l'idée de proportion géométrique. Pour la mesure de la densité, par exemple, Swineshead rejette le choix d'une mesure par la relation de proportionnalité géométrique entre quantité et matière, au profit d'un rapport simple entre la quantité variable et la matière qui reste constante. Le choix de cette position s'explique par la plus grande simplicité et la cohérence de cette convention, qui conduit par exemple à dire qu'un sujet est deux moins dense lorsque sa quantité est divisée par deux.

Mais ce point se vérifie encore sur d'autres domaines où des relations semblables à la loi de Bradwardine pourraient trouver à s'appliquer, comme pour certains types d'actions ou de mouvements et, en particulier, pour les lois de

---

112   Richard Swineshead, *Calculationes*, XVI, f. 59va–60vb.

diffusion. Ainsi, ni dans le traité VII sur la résistance qualitative et la diffusion d'une qualité dans un corps, ni dans le traité XIII sur l'action de la lumière dans un milieu, Swineshead n'emploie la relation de proportionnalité géométrique entre distance et résistance, préférant une simple relation de proportion arithmétique plus crédible d'un point de vue physique. Nous l'avons vu, Swineshead décrit la diffusion de la lumière comme uniformément difforme, rejoignant Dumbleton qui affirmait la même chose dans la cinquième partie de la *Summa*. Mais Swineshead s'en sépare en refusant la manière dont Dumbleton mesurait l'intensité d'un point lumineux éloigné de sa source. Contrairement à lui, Swineshead ne la mesure pas par une relation de proportionnalité inverse entre intensité et éloignement de la source, préférant une relation de soustraction simple à partir de cette source. Ce choix évite ainsi la conclusion selon laquelle l'intensité de la source lumineuse serait infiniment intense[113]. La différence de degré intensif d entre deux points P_m et P_n éloignés d'une source P_0 est bien proportionnelle à leur distance à la source, mais le degré d'intensité proprement dite ne peut se prendre que par simple différence à l'intensité de la source, définissant une relation telle que $(d°P_0 - d°P_m) : (d°P_0 - d°P_n) = (D_m : D_n)$, où D représente la distance du point correspondant à la source.

De manière similaire, dans le traité VI, Swineshead rejette les opinions d'autres Calculateurs à propos de la mesure de la vitesse du mouvement selon la quantité. D'abord, celle soutenue par Guillaume Heytesbury dans les *Regulae solvendi sophismata* selon laquelle la vitesse d'augmentation se mesure par la proportion de la quantité acquise à la quantité de départ[114]. Celle de Roger Swineshead, ensuite, selon laquelle la vitesse d'augmentation se mesure simplement par la quantité acquise, qui ne permet pas de mesurer correctement les cas où un sujet gagne certaines parties quand d'autres lui sont simultanément retranchées[115]. Présentant sa propre position comme une correction de celle de Roger Swineshead, Richard choisit de mesurer l'augmentation par la différence nette de quantité acquise, et non pas par la proportion à la manière de Guillaume Heytesbury[116]. Pour la question de la vitesse d'augmentation, liée à la mesure de la densité matérielle, on comprend que la position retenue interdit un parallèle strict avec le mouvement selon la qualité et le mouvement local, puisque Richard Swineshead refuse l'usage

---

113   Richard Swineshead, *Calculationes*, XIII, f. 39va–vb, de même f. 40va.
114   Richard Swineshead, *Calculationes*, VI, f. 22va–24va.
115   Richard Swineshead, *Calculationes*, VI, f. 24va–vb.
116   Richard Swineshead, *Calculationes*, VI, f. 24vb : *Pro ista materia potest corrigi positio, et dicitur quod velocitas augmentationis attenditur penes acquisitionem excessus supra quantitatem praehabitam.*

d'une proportion géométrique pour définir tant la densité matérielle (rapport quantité / matière) que la vitesse d'augmentation (rapport quantité acquise / quantité précédente).

3.2.2   Mesurer, c'est-à-dire comparer

Les conventions de mesure et leurs applications explorées par Richard Swineshead, Jean Dumbleton et, en général, par le courant oxfordien auquel ils se rattachent, mettent toujours en relation deux états, deux corps, ou deux vitesses, en l'absence d'une unité de mesure concrètement exploitable. La teneur essentiellement *relationnelle* des calculs avancés présente, d'un point de vue métrique, plusieurs limites. Si la mesure d'une forme quelconque est toujours comparative, comment distinguer par exemple deux surfaces dont la répartition (le type de distribution interne) est identique, mais dont l'extension est différente ? Dans le cas des corps, la notion de *multitudo formae*, prenant en compte la densité matérielle, permet d'expliquer pourquoi tel ou tel corps peut développer une puissance différente. Le problème est plus délicat quand la latitude d'une forme doit être mesurée selon un seul paramètre, par exemple l'extension, ou quand deux latitudes doivent être comparées entre elles. Dumbleton, pour sa part, choisissait de mesurer l'intensité d'une qualité difformément distribuée par son degré le plus intense. En dépit de l'hésitation que nous avons vue sur la manière de mesurer les intensités difformément réparties, Swineshead envisage la comparaison entre les valeurs des latitudes *comme telles*. Comment traiter, par exemple, deux latitudes dont l'une s'étend de 0 à 4 degrés et l'autre de 4 à 8 degrés ? Si l'on mesure la valeur de ces latitudes par la proportion entre leurs deux moitiés, on aboutit à un résultat paradoxal : la valeur de la première latitude correspond au rapport 3/1, et la seconde, pourtant plus intense, au rapport inférieur 7/5[117]. Comme l'a montré E. Sylla, Swineshead fut conscient de cette difficulté en distinguant entre une latitude considérée « intensivement » (*intensive*) et une « extension ou quantité de latitude », permettant de dire que deux latitudes identiques extensivement (soit de quatre degrés, dans le cas évoqué) ne le sont pas forcément du point de vue de l'intensité[118]. Cette solution exprime les limites d'une notion de mesure reposant sur des relations de proportion dépourvues d'étalon. Elle montre simultanément comment ces difficultés sont appréhendées par une recombinaison des concepts internes aux termes de la théorie en question, permettant de l'affiner.

Le sens du concept de mesure apparaît corrélé au caractère qualitatif d'une philosophie de la nature encore, en un sens, aristotélicienne. Ce caractère,

---

117   Richard Swineshead, *Calculationes*, XIV, f. 46ra–rb.
118   Sylla, *The Oxford Calculators*, p. 421.

partiellement entamé par l'usage du concept de degré, qui suppose l'application d'un terme quantitatif à une qualité, pèse toujours sur la possibilité de définir une unité de mesure absolue, comme le sera la définition de la vitesse comme quotient d'une distance par un temps, c'est-à-dire comme grandeur propre. En l'état, la mesure ne peut passer que par l'idée de proportion. Qu'elle concerne une qualité, une surface, des corps ou des vitesses, la « mesure » est une différence entre deux termes, ou deux rapports, et non un nombre absolu associé à la chose[119]. Mesurer signifie comparer, c'est-à-dire mettre en rapport. L'emploi omniprésent de la théorie des proportions pour la mesure des mouvements, y compris hors de l'altération proprement dite, s'explique de ce point de vue. Il entraîne simultanément qu'aucune constante ne puisse être associée aux fonctions décrites, et que les relations de proportions simples, qu'elles soient arithmétiques ou géométriques, s'avèrent rapidement inadaptées dès qu'un élément externe au mouvement comme la densité ou la résistance du milieu entre en considération.

L'évolution des théories de la quantification des formes chez Jean Dumbleton et Richard Swineshead révèle une abstraction croissante du vocabulaire (latitude d'altération, de vitesse, de proportions, etc.) qui déplace l'objet d'étude vers la notion de lois (ou de règles) mais qui entend respecter une certaine correspondance des descriptions mathématiques à une ontologie sous-jacente économe, associant un référent réel aux variables numériques employées. Alors que le concept de degré chez Roger Swineshead ou Gauthier Burley n'offrait pas de correspondance directe avec un élément réel constitutif de la forme, l'adoption d'une théorie additiste par ces Mertoniens ultérieurs améliore cet aspect. Par là, leurs constructions intellectuelles représentent une figure de transition originale entre une physique purement qualitative et la direction que prendra quelques siècles plus tard la physique moderne.

4 Le traitement géométrique des intensités chez Oresme

4.1 *Le cas Jean Casali*

Nous l'avons vu, l'intuition géométrique sous-tend la compréhension des notions de degrés et de latitude chez les Mertoniens tardifs. L'idée de mesurer la quantité de qualité par la surface enclose dans une figure, qui implique la représentation bi-dimensionnelle des intensités, est une invention dont il n'est pas certain que la paternité revienne à Oresme. Sensiblement à la même

---

119 Voir J.E. Murdoch, « The Medieval Language of Proportions », dans A. C. Crombie (ed.), *Scientific Change* (London : Heinemann, 1963), p. 237–271.

époque, Jean Casali propose dans sa *Questio de velocitate motus alterationis* un système grossièrement équivalent. Grossièrement, doit-on souligner : le traité de Casali sur la rapidité du mouvement d'altération n'atteint, même de loin, ni le détail d'exposition, ni la sophistication mathématique, ni la variété d'application du *De configurationibus* d'Oresme. Comme son nom l'indique, son objet est la rapidité du mouvement d'altération, et non l'étude des propriétés intensives en général. Il n'en présente pas moins une certaine équivalence vis-à-vis de la construction d'Oresme, mettant également en œuvre les principaux acquis de la physique *quoad effectum* oxfordienne, en particulier le théorème de la vitesse moyenne dont il propose aussi une preuve géométrique[120]. La nature des relations chronologiques et d'influences du traité de Casali à celui d'Oresme n'est à ce jour pas résolue, dans la mesure où la présence du premier dans un manuscrit daté de 1346 suggère son antériorité – et, le cas échéant, une filiation indépendante – vis-à-vis du second[121].

L'influence du traité de Casali dans la réception de la *scientia de latitudinibus* à la fin du XIVe siècle, en particulier en Italie[122], est telle qu'on ne saurait passer sous silence deux caractéristiques parmi les plus saillantes de son approche. La première tient au choix de disposition des grandeurs représentées. Casali choisit comme Oresme de représenter l'intensité d'une qualité et son extension au sein du sujet par deux séries de lignes orthogonales. Mais à la différence d'Oresme, il préfère représenter l'extension du sujet par une ligne verticale, et l'intensité de la qualité qu'il porte par une série de lignes horizontales dont la longueur est proportionnelle au degré intensif. Oresme dispose verticalement pour sa part les ordonnées représentant l'intensité en un point. Le choix de Casali de représenter horizontalement les « latitudes » respecte le sens littéral du terme, dont Oresme déplorera justement la distorsion chez ses contemporains.

Ainsi, le rectangle ABDC ci-dessous représente dans le système de Casali un sujet uniformément qualifié, dont toutes les lignes d'intensité sont donc parallèles. Le triangle rectangle EFG représente un sujet uniformément difformément qualifié à partir du non-degré, correspondant au point E (degré 0) dans le sujet étendu, jusqu'à un certain degré d'intensité représenté par le point G. Le même type de distribution qualitative commençant, non au degré 0, mais à un certain degré, sera représenté par le quadrilatère HIJK[123].

---

120   Jean Casali, *De velocitate motus alterationis* (Venise : Heredes Octaviani Scoti per Bonetum Locatellum, 1505), sign. J2vb.
121   Voir Clagett, *The Science of Mechanics*, p. 332 ; Clagett, *Nicole Oresme and The Medieval Geometry*, p. 66–71.
122   À ce sujet, voir Caroti, « La discussione sull'*intensio et remissio formarum* ».
123   Jean Casali, *De velocitate*, f. J3va (texte repris et corrigé dans Clagett, *The Science of Mechanics*, p. 387–388) : *Sic enim est per omnia de calido uniformi sicut est de rectangulo inter duas lineas equedistantes constituto, cuiuslibet talis quelibet pars est eque lata cum alia,*

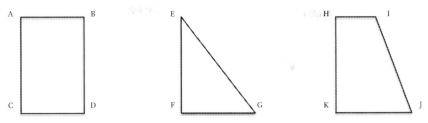

FIGURE 15   Constructions géométriques d'après le *De velocitate motus alterationis* de Jean Casali.

Une seconde caractéristique est la centralité du modèle optique dans la disposition des figures choisies et, généralement, la part des conclusions relatives à la diffusion de la lumière[124]. Ce point explique peut-être le précédent, mais suggère surtout une explication possible à l'invention même de ce système de représentation des qualités, qui fait écho aux diagrammes fréquemment associés dans la tradition manuscrite aux traités d'optique et de perspective.

Comme chez Oresme, les figures servent d'outils pour les démonstrations et, plus précisément, de signes visant à les simplifier. La conceptualité mise en œuvre est conforme à celle en usage à Oxford. Elle comprend les notions de latitude, de degré, d'uniformité/difformité, mais aussi de termes inclusifs et exclusifs. Casali se limite essentiellement aux distributions qualitatives uniformément difformes.

Sans analyser en profondeur leur calcul, il considère aussi des mixtes de qualités, en abordant diverses questions ressortissant à la philosophie naturelle. Il admet qu'un sujet peut être informé par la chaleur et la froideur en même temps en toutes ses parties, mais sans admettre un principe de constance de la somme des degrés et donc sans admettre la relation d'exclusion réciproque entre intension de l'une et atténuation de l'autre[125]. La dernière partie du traité aborde la vitesse d'altération des mixtes, en prenant en compte leur configuration spatiale (leur « forme » au sens commun).

Casali considère les notions d'uniformité et de difformité en relation à l'action des agents naturels, dont elles permettent de décrire les modalités de manifestation. Il admet que tout agent agit de manière uniformément difforme,

---

quia cuiuslibet partis unius talis latitudo mensuratur post basem illlius parallelogrammi. Et sic est per omnem modum de uniformiter calido sicut est de triangulo rectangulo, et hoc si illud uniformiter difformiter calidum terminetur ad non gradum in uno extremo [...]. *Sed latitudo quelibet uniformiter difformis terminata in utroque extremo ad certum gradum similis est quadrangulo, quia causaretur per lineam abscidentem conum trianguli supradicti, ita quod consequenter terminaretur ad gradum minorem in extremo remissiori quantum linea talis plus appropinquatur cono.*

124   Voir par exemple Jean Casali, *De velocitate*, f. J1ra, J3ra, J5va, J6vb–7ra.
125   Jean Casali, *De velocitate*, f. J3ra, concl. 11.

mais en terminant l'action à un degré intrinsèque (et non pas au non-degré). Comme Richard Swineshead, Casali refuse le choix du degré maximal pour la mesure d'une qualité. En dépit de son approche géométrique, il ne considère pas l'extension comme déterminante, et ne la conçoit pas comme devant être multipliée par l'intensité pour obtenir une quantité totale de qualité (à l'instar de Richard Swineshead, qui l'utilise cependant pour sa dénomination). Casali ne traite donc pas totalement l'extension des qualités et ses constructions représentent avant tout leur intensité, à laquelle il rapporte le concept équivalent de latitude. Pour ces raisons, et du point de vue des concepts relatifs à la mesure, Casali se rapproche sans doute davantage des Calculateurs que d'Oresme[126]. Sous l'hypothèse de l'antériorité de son traité aux travaux d'Oresme, il doit être crédité d'une avancée dont le futur évêque de Lisieux explorera bien plus amplement les possibilités. En tout état de cause, les travaux de Jean de Casali exercèrent à partir de la seconde moitié du XIVe siècle une influence directe sur les développements de la physique en Italie – citons, à côté des travaux de Blaise de Parme, les *Questiones super questionem Johannis de Casali* de Messino da Codronchi – et à Bologne en particulier[127].

4.2   *La réinterprétation géométrique des formes chez Oresme*

Nous avons vu comment Oresme proposait une ontologie des qualités favorable aux entités mathématiques, auxquelles il reconnaît un statut particulier. Les méthodes graphiques qu'il développe dans les *Questions sur la géométrie d'Euclide* puis dans le *Traité des configurations* sont connues et ont déjà été décrites en détail du point de vue du procédé et de leurs applications[128]. Pour autant, l'étude du projet dans lequel ces méthodes s'inscrivent reste encore en

---

126   Voir sur ce point les remarques de Sylla, *The Oxford Calculators*, p. 446–453.
127   Clagett, *Nicole Oresme and the Medieval Geometry*, p. 91.
128   Hors des travaux de Duhem, de Maier et de l'école de Clagett déjà cités, voir P. Debroise, *Mathématiques de l'intensité et Merveilles de la nature. Étude sur le* Tractatus de configurationibus qualitatum et motuum *de Nicole Oresme*, Thèse de doctorat (Paris : Université Paris Diderot, 2019) ; U. Taschow, *Nicole Oresme und der Frühling der Moderne : Die Ursprünge unserer modernen quantitativ-metrischen Weltaneignungsstrategien und neuzeitlichen Bewusstseins- und Wissenschaftskultur* (Halle : Avox, 2003) ; V.P. Zoubov, « Traktat Nikolaia Orema *'O konfiguratsii kachestv'* », dans *Istoriko-matematicheskie issledivaniia* 11(1958), p. 601–731 ; A.G. Molland, « The Oresmian Style : Semi-Mathematical, Semi-Holistic », dans A.-P. Segonds, P. Souffrin (eds.), *Nicolas Oresme. Tradition et innovation chez un intellectuel du XIVe siècle* (Paris : Les Belles Lettres, 1988), p. 13–30 ; A.P. Youschkevitch, « La place de Nicole Oresme dans le développement des sciences mathématiques », dans A.-P. Segonds, P. Souffrin (eds.), *Nicolas Oresme*, p. 115–124 ; D.A. Di Liscia, « Sobre la doctrina de las *configurationes* de Nicolas de Oresme », dans *Patristica et Mediaevalia* 11(1990), p. 79–105 ; H. Wieleitner, « Über den Funktionsbegriff und

partie à mener, compte tenu de l'édition récente d'autres œuvres d'Oresme. On s'attachera essentiellement, du point de vue de cette enquête, à évaluer la manière dont Oresme prolonge l'évolution de certains concepts dont on a retracé l'évolution, et infléchit de manière beaucoup plus significative d'autres pans de la théorie des formes intensives.

Comme il est connu, l'originalité d'Oresme tient à l'usage de représentations géométriques des intensités, et à la démonstration, par ce moyen, de certaines propriétés des qualités et des mouvements. L'usage oresmien de la notion de latitude suppose une interprétation de l'être intensif différente des conceptions mertoniennes, dont il est établi que certains textes étaient enseignés dans les années 1340 à Paris[129]. L'usage qu'il fait du concept de *configuratio* des qualités intensives n'est pas purement méthodologique, et est porteur d'une véritable théorie de la structure interne des qualités. Celles-ci s'y trouvent décrites comme agencements particuliers d'intensités dont les configurations expliquent les propriétés naturelles. Les intensités sont représentables d'une manière géométrique, c'est-à-dire comme une dimension spatiale supplémentaire à celles déjà possédées par une entité (qualité simple, surface, volume).

Cette méthode se distingue ainsi des notations numériques privilégiées par les Mertoniens. Elle dégage la possibilité de représenter de manière équivalente l'essentiel des problèmes relatifs à la répartition spatiale des qualités et à l'étude du mouvement comme phénomène intensif. Oresme interprète l'intensité d'une qualité donnée par une droite d'une certaine longueur qui la représente, dans la mesure où toute chose mesurable (*mensurabilis*), à l'exception des nombres, peut être imaginée au moyen d'une quantité continue[130]. Dans la mesure où l'intensité de chaque point d'un corps est représentable, l'intensité d'une qualité étendue sur une ligne le sera au moyen d'une figure plane. La ligne constituée par l'ensemble des points élevés au-dessus de base, qu'Oresme appelle « ligne d'altitude », figurera ainsi les différences d'intensité de la qualité sur cette ligne. De la même manière, la distribution intensive d'une qualité

---

die graphische Darstellung bei Oresme », dans *Bibliotheca Mathematica*, série 3, 14(1914), p. 193–243.

129 Z. Kaluza, *Thomas de Cracovie* (Wrocław / Warszawa / Kraków : Ossolineum, 1978), Annexe V, p. 133–137.

130 Nicole Oresme, *De configurationibus*, I, c. 1, dans Clagett (ed.), *Nicole Oresme and the Medieval Geometry*, p. 164, l. 3–4. Dans les *Questions sur la géométrie d'Euclide* (en part. q. 10–11), Oresme fait face aux objections à cette méthode de représentation des qualités, qu'il justifie par les exemples de la *Perspective* de Witelo et du *De lineis* de Grosseteste, qui usent de la même technique pour représenter l'intensité de la lumière ; *Quaestiones super geometriam Euclidis*, q. 11, p. 139, l. 13 ; cf. aussi q. 10, p. 138, l. 87.

sur une surface le sera au moyen d'un volume érigé au dessus de cette surface. La figuration de l'intensité d'une qualité étendue dans un corps tridimensionnel est plus délicate à imaginer, mais nullement impossible en théorie : la représentation de l'intensité de cette qualité passerait par la superposition de différents volumes correspondant à chaque distribution en coupe de l'infinité des surfaces constituant le corps. Dans ses travaux sur la représentation visuelle des intensités, Oresme s'en tient toutefois aux qualités « linéaires », et n'entreprend guère d'opérer sur les surfaces ou les objets tridimensionnels, dont la complexité eût excédé les ressources mathématiques à sa disposition.

4.2.1 L'élaboration du système dans les *Questions sur la géométrie d'Euclide*

Dans le cadre de ses commentaires à la *Physique* et au *De generatione et corruptione*, Oresme évoquait déjà la possibilité de représenter spatialement les qualités[131]. Rédigées avant le *De configurationibus*, les *Questions sur la géométrie d'Euclide* restent cependant l'œuvre où il propose le premier développement conséquent des représentations graphiques pour quantifier les intensités. Restreint aux qualités physiques, contrairement à la perspective autrement plus ambitieuse du *De configurationibus*, le programme mis en place dans cet écrit installe les bases de ce qui sera par la suite étendu à tous les types de qualité.

Au sein des *Questions sur la géométrie d'Euclide*, la question 10 entame la partie de l'ouvrage consacrée à la géométrie des qualités. Après avoir dédié quatre questions au rapport de la diagonale du carré à son côté, Oresme questionne la possibilité d'une surface quadrangulaire uniformément difforme en altitude et pose à cette occasion les bases d'une représentation graphique des qualités. Il établit ainsi la possibilité de figurer une qualité uniformément difforme par un triangle rectangle, dans le cas où la qualité est uniformément difforme depuis le non-degré de la qualité, ou par un quadrangle dont le plus petit côté représente le point le moins intense de la qualité étendue. Une qualité difformément difforme se laisse dès lors représenter par une surface dont le sujet est représenté par la base et dont la ligne d'altitude ne serait ni droite ni parallèle à la base[132].

La question 11 précise cette technique de représentation des qualités, en établissant qu'une qualité « linéaire », c'est-à-dire qui ne serait étendue qu'en une dimension spatiale, est adéquatement représentée par une surface. Oresme

---

131   Nicole Oresme, *Quaestiones super De generatione*, I, q. 20, p. 164–175 ; *Quaestiones super Physicam*, VI, q. 8, p. 713, l. 73–78.
132   Nicole Oresme, *Quaestiones super geometriam Euclidis*, q. 10, p. 137, l. 80–82.

avance dans la première proposition de la question que le *ratio* de qualités uniformes suit celui de leur sujet, de la même manière que le *ratio* de surfaces rectangulaires de même hauteur suit celui de leur longueur[133]. De là, Oresme établit trois conclusions : que le *ratio* des qualités est au *ratio* des surfaces comme en musique le *ratio* des sons est au *ratio* des cordes (etc.) ; que la similitude et dissimilitude des qualités en intensité et extension sont comme celles des surfaces ; qu'il existe des intensités telles que, représentées par une ligne donnée, il est impossible de représenter par une ligne plus grande ou plus petite[134]. La question 12 interroge quant à elle la possibilité d'une qualité difforme dépourvue de toute uniformité. Oresme aborde ainsi dès ses *Questions sur la géométrie d'Euclide* la distribution des qualités les plus difficiles à quantifier, qu'il classera de manière plus systématique dans le *De configurationibus*. Dans la question 12, toutefois, la discussion de ce point sert avant tout à établir la manière de vérifier le caractère uniformément difforme d'une qualité, en définissant la règle de proportionnalité arithmétique qui doit relier les points d'intensité terminant les droites s'élevant à hauteur égale sur la base représentant le sujet.

Les questions 13 et 14 consolident les bases d'un calcul graphique des qualités. La question 13 interroge la possibilité d'établir une relation d'égalité entre une qualité uniforme et une qualité difforme. Oresme y établit un résultat proche, comme l'a relevé Clagett, du second théorème de Galilée (celui du troisième jour des *Discorsi*). En réalité, le résultat d'Oresme, spécifiant que le *ratio* des qualités est selon le carré du *ratio* de leur sujet, lui est strictement équivalent, à ceci près qu'il porte non sur le mouvement local mais sur les qualités. Oresme notera cependant que le même résultat vaut pour les vitesses du mouvement en rapport au temps[135]. De la même manière que la preuve de Galilée sera établie à partir de la règle de Merton, le résultat d'Oresme repose sur cette même règle concernant le degré moyen appliqué aux qualités[136]. La question 14 étend ce problème à l'égalité éventuelle entre une qualité uniforme ou uniformément difforme et une autre qualité (quelle que soit sa difformité). La discussion est intéressante pour la manière dont Oresme contourne le principe de non-comparabilité de choses relevant de genres distincts, comme un carré

---

133   Nicole Oresme, *Quaestiones super geometriam Euclidis*, q. 11, p. 139, l. 20–24.
134   Nicole Oresme, *Quaestiones super geometriam Euclidis*, q. 11, p. 143–144, l. 121–132. Voir ici Clagett, *Nicole Oresme and the Medieval Geometry*, p. 547.
135   Nicole Oresme, *Quaestiones super geometriam Euclidis*, q. 13, p. 150, l. 66–68 ; voir de même q. 11, p. 140, l. 34–36.
136   Nicole Oresme, *Quaestiones super geometriam Euclidis*, q. 10, p. 137, l. 76–79 ; pour un commentaire, voir Clagett, *Nicole Oresme and the Medieval Geometry*, p. 411.

et un cercle[137]. Généralisant la démonstration (établie chez les Mertoniens) du rapport triple entre la distance parcourue par un mobile uniformément accéléré dans la seconde moitié de son mouvement par rapport à la première, que l'on tire immédiatement du théorème de la vitesse moyenne, Oresme donne aussi un équivalent du corollaire au second théorème de Galilée stipulant que dans le cas d'une accélération uniforme depuis le repos, les distances traversées pendant des temps égaux correspondent à la suite des nombres impairs (*sicut series imparium numerorum*), bien que la proposition soit formulée avant tout pour les qualités[138] :

> Secunda conclusio est quod subiecto taliter diviso et vocetur semper pars remissior prima, proportio partialium qualitatum et habitudo earum ad invicem est sicut series imparium numerorum, ubi prima est 1, secunda 3, tertia 5, etc., ut patet in figura.

La question 15, enfin, laisse au second plan le problème de l'égalité entre qualités différemment configurées et pose celui de la convention de mesure des qualités étendues, rejoignant un problème également couvert par les Mertoniens : celui de savoir si quelque chose de blanc doit être mesuré par son degré le plus grand. La réponse d'Oresme est ici originale si on la compare à celle des auteurs anglais ayant abordé la même question. Lorsqu'un sujet possède un degré uniforme d'intensité étendu sur plus de la moitié d'un sujet, ce degré d'intensité représente le degré permettant de dénommer directement le sujet, c'est-à-dire le degré d'intensité selon lequel le sujet peut être dit blanc[139]. Le cas est cependant différent pour les sujets dont les qualités sont réparties de manière uniformément difforme. Ces sujets n'ont, selon Oresme, aucun degré d'intensité maximal permettant de les *dénommer* « blancs ». Par conséquent, de tels sujets ne peuvent être dits blancs à un degré maximal. Ils ont, cependant, un degré minimal selon lequel ils ne sont pas blancs. Le degré moyen est ainsi le plus petit degré selon lequel le sujet ne peut plus être appelé blanc,

---

137   Nicole Oresme, *Quaestiones super geometriam Euclidis*, q. 14, p. 156–157, l. 114–118.

138   Nicole Oresme, *Quaestiones super geometriam Euclidis*, q. 14, p. 153, l. 29–32. Voir ici Clagett, *The Science of Mechanics*, p. 72–73, p. 266. Voir encore Clavelin, *La philosophie naturelle de Galilée*, c. 2 ; E. Festa, « La notion d'"agrégat d'indivisibles" dans la constitution de la cinématique galiléenne : Cavalieri, Galilée, Torricelli », dans *Revue d'histoire des sciences* 45, 2/3(1992), p. 307–336. Sur l'influence des Calculateurs sur Galilée, cf. W.A. Wallace, *Prelude to Galileo : Essays on Medieval and Sixteenth-Century Sources of Galileo's Thought* (Dordrecht : Reidel, 1981).

139   Voir sur ce point J.E. Murdoch, « Review of Nicole Oresme : *Quaestiones super geometriam Euclidis*. Edited by H.L.L. Busard », dans *Scripta mathematica* 27(1964), p. 75*sq*.

puisqu'il constitue le plus petit degré qui n'est pas supérieur à la moitié du sujet étendu. Tout degré inférieur au degré moyen est possédé par plus de la moitié du sujet, mais dans la mesure où il n'y a pas de plus grand degré immédiatement inférieur au degré moyen, celui-ci ne peut être considéré que comme le *minimum quod non* selon lequel le sujet ne peut pas être dit tel (dénommé à tel degré de blancheur). S'écartant de la solution retenue par Dumbleton et celle de Richard Swineshead, Oresme se range donc dans la question 15 sur la géométrie d'Euclide à l'idée selon laquelle la dénomination d'un sujet qualifié de façon uniformément difforme doit s'effectuer à partir d'une partie du sujet strictement supérieur à sa moitié.

4.2.2   Extension de la méthode dans le *Traité des configurations*
Le *De configurationibus*, sans doute rédigé entre 1351 et 1355, reprend la méthode élaborée dans les *Questions sur la géométrie d'Euclide*, mais étend ses applications à un spectre de phénomènes considérablement plus large, à commencer par une étude plus fine de la dimension temporelle des phénomènes intensifs. Ainsi, si la ligne d'altitude représente l'ensemble des positions d'un corps dans l'espace ou l'ensemble des degrés qu'il atteint en fonction du temps, elle permettra d'en représenter la vitesse. Si chaque segment représente la vitesse atteinte par un corps en fonction du temps, la ligne d'altitude en représentera les variations intensives, c'est-à-dire l'accélération. Les concepts d'uniformité, de difformité et leurs combinaisons permettent dès lors de décrire la vitesse par le même système que les qualités simplement étendues, dans le cas où la ligne d'altitude est droite (parallèle ou non à la base), courbe, composée, etc[140]. Dans le *De configurationibus*, l'analyse des types de difformité propres aux qualités permanentes est appliquée *mutatis mutandis* aux vitesses[141]. Comme ses prédécesseurs anglais, Oresme réfère aux degrés de vitesse atteints à un certain instant par un sujet, supposant une notion implicite de vitesse instantanée dont la définition, comme chez Heytesbury, repose sur l'usage d'un conditionnel spécifiant la distance que le sujet *traverserait* s'il conservait tel degré[142].

---

140   Oresme distingue le mouvement uniforme, qui se dit d'un sujet dont toutes les parties se meuvent à la même vitesse, et le mouvement régulier, qui signifie qu'un sujet parcourt des distances égales en des temps égaux ; voir Nicole Oresme, *De configurationibus*, II, c. 1, p. 272, l. 23–25. En pratique, Oresme tend à confondre ces termes quand il réfère au deuxième cas ; cf. Nicole Oresme, *De configurationibus*, II, c. 4, p. 278, l. 26–27.
141   Nicole Oresme, *De configurationibus*, II, c. 10, p. 294, l. 3–7.
142   Nicole Oresme, *De configurationibus*, II, c. 3, p. 276, l. 14–15 : *Verbi gratia, in motu locali ille gradus velocitatis est maior et intensior quo plus pertransiretur de spatio vel de distantia* [...] ; Guillaume Heytesbury, *Regulae solvendi sophismata* (Venise : Bonetus Locatellus, 1494), f. 38vb. Sur ce point, voir P. Souffrin, « La quantification du mouvement chez les

La division entre choses permanentes et successives, qui commande celle des deux premières parties du *De configurationibus*, est différenciée en plusieurs cas par Oresme, qui modifie ici quelque peu une distinction également présente chez Buridan[143]. Les substances immatérielles – et Dieu en premier lieu – représentent les substances permanentes dont l'essence est étrangère à toute succession[144]. Certaines choses, cependant, ont une essence permanente bien qu'elles soient totalement successives, toutes les choses sujettes à l'intensification et à l'atténuation étant de cet ordre. Le détail de ce second type est instructif : Oresme compte, aux côtés des choses comme la rareté ou la lumière, la similitude et la proportion[145]. D'autres choses ayant une essence permanente présentent une successivité selon les parties mais non selon le tout. Les formes substantielles matérielles, qui acquièrent des parties quantitatives mais non intensives, offrent un exemple de ce type de choses, de même que les surfaces ou les angles. Ces entités peuvent perdre des parties sans devenir différentes du point de vue du tout, de telle sorte qu'elles ne sont pas affectées par le mouvement proprement dit[146].

Héritier des travaux des auteurs anglais, Oresme manifeste une réticence envers le vocabulaire en usage. En toute rigueur, la notion de « latitude » d'une qualité connote l'idée de largeur et, partant, d'extension, tandis que l'intensité en tant que telle est précisément étrangère à l'étendue. La notion de « longitude » mériterait en ce sens d'être réservée à l'intensité, mais Oresme se conforme au langage des théologiens et désigne par « latitude » et « longitude » l'intensité et l'extension d'une qualité, respectivement[147]. Les sommets des segments de droite représentant l'intensité de chaque point d'une qualité permettent de dessiner la ligne d'altitude qu'Oresme appelle aussi « ligne de sommet » et qui, on l'a vu, matérialise la distribution des intensités d'une qualité donnée.

---

        scolastiques. La vitesse instantanée chez Nicole Oresme », dans J. Quillet (ed.), *Autour de Nicole Oresme* (Paris : Vrin, 1990), p. 63–84.

143   Jean Buridan, *Quaestiones super libros Physicorum*, I, q. 10, p. 109–111 ; cf. Nicole Oresme, *Quaestiones super De generatione*, I, q. 13, p. 113–166. Voir ici Pasnau, *Metaphysical Themes*, p. 695–702.

144   Nicole Oresme, *De configurationibus*, II, c. 13, p. 298, l. 6–8.

145   Nicole Oresme, *De configurationibus*, II, c. 13, p. 300, l. 10–11 : *Alie vero sunt res quarum essentia est permanens, sed eadem vel similis potest esse totaliter successiva. Cuiusmodi sunt quaedam accidentia, sicut est proportio, similitudo, curvitas, raritas, lumen, et universaliter omnis qualitas intensibilis et remissibilis*.

146   Nicole Oresme, *De configurationibus*, II, c. 13, p. 300, l. 29–36.

147   Nicole Oresme, *De configurationibus*, I, c. 2, p. 170, l. 18–24 ; I, c. 3, p. 172, l. 23–29.

Le mode d'être des qualités selon Oresme se distingue de la manière dont un auteur comme Richard Swineshead pouvait le comprendre. Bien que son système repose sur la distinction de l'extension et de l'intensité d'une qualité, Oresme pose une relation de corrélation stricte entre ces deux notions qui induit une ontologie des qualités différente de celle de Swineshead. Selon Oresme, une même qualité diminuant en extension gagne proportionnellement en intensité. Une qualité est donc susceptible d'être condensée ou, au contraire, raréfiée[148] :

> Ex dictis autem sequitur quod per solam condensationem qualitas intenditur nisi aliunde minuatur et per solam rarefactionem remittitur nisi aliunde augeatur.

Ce principe de corrélation entre extension et intensité permet de démontrer qu'une qualité finie peut être étendue à l'infini, en diminuant proportionnellement du point de vue de l'intensité, ce qui permet à Oresme de réfuter au passage le préjugé associant l'infinité d'un corps et sa puissance – supposée – infinie[149].

L'usage de la théorie des proportions réunit dans le *Traité des configurations* les analyses de l'*Algorithme des proportions* et du *Traité des proportions des proportions* et leur adaptation aux qualités amorcée dans les *Questions sur la géométrie d'Euclide*. L'analyse de la composition des proportions, ainsi que la méthode par laquelle Oresme envisage leur multiplication et leur division, sont appliquées dans le *De configurationibus* au rapport de l'intensité d'une qualité à son extension. Oresme définit pour le système notationnel mis en place dans la première partie de l'œuvre certaines propriétés relatives aux proportions. Ainsi, une qualité linéaire uniformément difforme obéit à l'égalité $(P_3 - P_2) : (P_2 - P_1) = (D_3 - D_2) : (D_2 - D_1)$, où P_3, P_2 et P_1 représentent trois points pris arbitrairement sur la ligne d'altitude (donc trois degrés d'intensités) et D_3, D_2 et D_1 leurs distances respectives à l'origine de la ligne (horizontale) de base. L'applicabilité du système graphique oresmien à tout type de qualité autorise le transfert des théorèmes relatifs aux proportions à des cas où l'intensité et l'extension d'une qualité dénotent différents types de choses. Dans le sixième chapitre de la troisième partie de l'œuvre, Oresme établit ainsi que si deux qualités sont telles que la première *A* est à la fois plus étendue et plus intense que la deuxième *B*, alors la proportion de l'extension de *A* par rapport à celle de *B* doit être composée avec celle de l'intensité de *A* par rapport à celle

---

148 Nicole Oresme, *De configurationibus*, III, c. 5, p. 404, l. 20–22.
149 Nicole Oresme, *De configurationibus*, III, c. 13, p. 432–434, l. 22–27.

de B pour obtenir la proportion de A par rapport à B^{150} – le premier rapport étant multiplié par le second si la première qualité excède l'autre à la fois en extension et en intensité, et divisé s'il ne la dépasse que sous un seul aspect. Si A est trois fois plus étendue et deux fois plus intense que B, la proportion de A à B sera ainsi de 6/1. Si A est deux fois plus étendue mais trois fois moins intense que B, la proportion résultante sera le rapport sesquialtère (3/2), qui désignera la proportion de B par rapport à A – la proportion résultante désignant toujours le rapport de la qualité la plus grande, c'est-à-dire celle qui possède le terme le plus grand des deux proportions (ici, 3/1)[151]. La même méthode s'applique à la comparaison des vitesses (et, généralement, aux entités successives), en substituant la durée du mouvement à l'extension de la qualité, et le degré de vitesse atteint à son intensité[152].

L'extension de ces procédures à une théorie générale des intensités dans le *De configurationibus* suppose une relation étroite et complexe entre le signe graphique utilisé comme outil de figuration et la réalité des structures qualitatives qu'il représente. Le terme de *configuratio* recouvre deux sens différents, bien que reliés[153]. Au sens technique, la *configuratio* renvoie au signe graphique permettant de représenter l'intensité d'une qualité simple ou la structure intensive interne d'une qualité. Au sens ontologique, la *configuratio* désigne la structure intensive interne représentée au moyen de ce signe. Le lien direct entre ces deux sens, fonction du caractère analogique des représentations graphiques utilisées par Oresme, légitime l'emploi d'expressions métonymiques comme « qualité triangulaire » ou « qualité rectangulaire » pour désigner une qualité possédant une configuration (au sens ontologique) représentable au moyen de la figure correspondante.

Parce qu'elle est enracinée dans la théorie des proportions, la relation analogique de la configuration interne d'une qualité à sa représentation graphique autorise un certain conventionnalisme dans le choix des figures. Une qualité étendue le long d'une ligne de manière uniformément difforme et partant du non-degré ne peut certes être représentée qu'au moyen d'un triangle rectangle. De la même manière, une qualité uniforme le long d'une telle ligne n'est représentable qu'au moyen d'un rectangle. La ligne d'altitude d'une qualité difformément difforme ne peut être qu'une courbe, si elle est unique, ou qu'un ensemble de différents segments[154]. Cependant, Oresme précise que la nécessité d'un certain type de figure pour représenter un type de

---

150   Nicole Oresme, *De configurationibus*, III, c. 6, p. 406, l. 2–8.
151   Nicole Oresme, *De configurationibus*, III, c. 6, p. 406, l. 8–18.
152   Nicole Oresme, *De configurationibus*, III, c. 6, p. 406, l. 22–25.
153   Voir ici Clagett, *Nicole Oresme and the Medieval Geometry*, p. 15.
154   Nicole Oresme, *De configurationibus*, I, c .14, p. 198, l. 3–7.

configuration n'empêche pas plusieurs choix possibles pour l'échelle adoptée, c'est-à-dire pour la longueur des lignes représentant la latitude des qualités. L'unique contrainte imposée est le respect de la proportion des figures soit, techniquement, que deux lignes quelconques érigées sur la base (longitude) de la qualité aient la même proportion de hauteur[155]. Une qualité uniformément difforme partant du non-degré est ainsi représentable au moyen d'une infinité de triangles rectangles. Oresme restreint cependant le degré de liberté des représentations possibles par cette clause qu'une fois une échelle adoptée, une qualité de même type de configuration qu'une autre, mais doublement intense, devra être représentée par une figure deux fois plus grande. Dans le *De configurationibus*, Oresme étend ce principe de proportionnalité au cas d'une qualité représentable par un demi-cercle, en remarquant que d'autres courbes non-circulaires plus ou moins grandes permettent de représenter tout aussi légitimement ce type de qualité[156] :

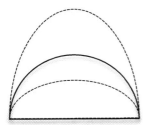

FIGURE 16

Ne disposant pas des *Coniques* d'Apollonius, Oresme refusait de considérer dans ses *Questions sur la Géométrie d'Euclide*, composées avant 1351, qu'une telle qualité soit représentable autrement, ne classant pas le cercle comme cas spécial des figures elliptiques[157]. Le système du *De configurationibus* conduit, pour des raisons qui apparaîtront, à classer les courbes non-elliptiques comme irrationnelles, contrairement aux courbes elliptiques[158].

Le cercle et l'ellipse étant aussi difformément difformes, Oresme peut ainsi distinguer quatre types fondamentaux de difformité simplement difforme : les qualités difformément difformes « proportionnelles au cercle » (elliptiques, Oresme n'employant cependant pas ce terme), et les autres courbes, les deux pouvant être convexes ou concaves[159]. Ces types désignent les figures fonda-

---

155   Nicole Oresme, *De configurationibus*, I, c .7, p. 180–182.
156   Nicole Oresme, *De configurationibus*, I, c. 14, p. 198–202.
157   Nicole Oresme, *Quaestiones super Geometriam Euclidis*, q. 11, p. 141 ; voir Clagett, *De configurationibus*, p. 21–23.
158   Nicole Oresme, *De configurationibus*, I, c. 15, p. 202, l. 3–5.
159   Nicole Oresme, *De configurationibus*, I, c. 15, p. 202–204, l. 3–8.

mentales permettant de représenter des qualités difformément difformes, qu'il est possible de compliquer en prenant en compte les cas où la qualité étendue commence ou se termine au non-degré ou à un degré donné[160]. Ces quatre types s'ajoutent aux deux figures de qualité uniforme, d'une part, et de qualité uniformément difforme, d'autre part. Pris ensemble, ces six types de configuration simple peuvent se combiner de différentes manières, selon le nombre de types impliqués. Par exemple, la figure *a* présente la combinaison de deux configurations (uniforme et uniformément difforme), tandis que la figure *b* combine des types supplémentaires de configuration.

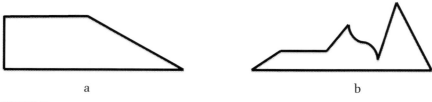

a   b

FIGURE 17

Oresme déduit par des règles arithmétiques (*per regulas arismetrice*) la possibilité de soixante-deux combinaisons difformément difformes de qualités (bien qu'une déduction combinatoire correcte offre en réalité soixante-trois possibilités)[161]. En prenant en compte tous les types envisageables (simples et composés), soixante-huit (ou soixante-neuf en corrigeant l'erreur d'Oresme) types de configurations sont dès lors possibles[162].

Un élément de complexité supplémentaire est introduit par la considération des qualités mixtes. Tandis qu'il refusait dans ses *Questions sur la Physique* la théorie des contraires comme explicative du point de vue de l'ontologie des phénomènes intensifs, Oresme envisage à titre d'hypothèse dans le *De configurationibus* leur coexistence au sein d'un sujet. Il applique le principe d'intensification par condensation aux contraires comprésents en un sujet, l'expérience attestant qu'une eau tiède réchauffe plus facilement un corps froid quand elle est condensée (du point de vue du volume) et refroidit d'autant un corps

---

160   Nicole Oresme, *De configurationibus*, I, c. 15, p. 204, l. 11–18.
161   Nicole Oresme, *De configurationibus*, I, c. 16, p. 206, l. 36. Clagett (*op. cit.*, p. 444) remarque lui-même l'erreur d'Oresme, en interprétant la « règle » évoquée par Oresme par la formule $\binom{n}{k} = \frac{n!}{\left((n-k)!k!\right)}$. Le résultat d'Oresme est correct pour la combinaison des six types entre eux (un seul type), de quatre, trois ou deux types (quinze, vingt et quinze combinaisons possibles, respectivement), mais est erroné pour le cas où cinq types sont en jeu (offrant six combinaisons possibles, et non cinq).
162   Nicole Oresme, *De configurationibus*, I, c. 16, p. 206, l. 38–39.

chaud[163]. Dans une telle transformation, la quantité de qualité, produit de l'extension par l'intensité, demeure constante et la qualité, à proprement parler, n'augmente pas. C'est la raison pour laquelle les contraires, dans ce cas, peuvent s'intensifier *conjointement* sans aucune augmentation essentielle, tandis que l'altération proprement dite de l'une entraîne celle, inverse, de l'autre[164]. On relève donc à la fois un écart vis-à-vis des *Questions sur la Physique*, et semble-t-il, du fait de la thèse de l'intensification par condensation, une position différente de celles de Buridan ou de Marsile d'Inghen qui n'admettent pas que les degrés contraires puissent s'intensifier simultanément. Quand il en vient à la figuration d'un tel mélange de qualités, Oresme rejoint cependant ses contemporains. Il pose que la proportion de chaleur et de froideur au sein d'un sujet se répartit de telle sorte que le sujet est uniforme dans le *genre* des qualités contraires (combinées), dont chacune présente une configuration précise au sein du sujet, nécessairement corrélative de la qualité contraire, et telle qu'à la diminution d'un point de la ligne d'altitude de l'une correspond l'augmentation d'un point de l'autre[165]. Un sujet (linéaire) AB se composant d'une qualité chaude (correspondant à la figure ABC) commençant au point A au non-degré et se terminant au degré maximum au point B, et d'une qualité froide (ACD) ayant une distribution inverse, est représentable de la sorte[166] :

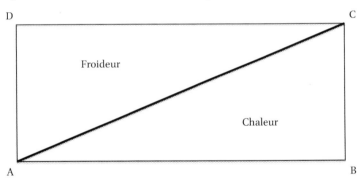

FIGURE 18   Répartition des intensités de chaleur et de froideur selon Oresme.

---

163   Nicole Oresme, *De configurationibus*, III, c. 5, p. 404, l. 24–27.
164   Nicole Oresme, *De configurationibus*, III, c. 5, 404–406, l. 29–34 : *Ymmo secundum quod intenditur proportionaliter minuitur extensive ; quamvis enim non esset possibile quod unum contrariorum augeretur vera alteratione ad ipsum quin aliud minueretur, non tamen est impossibile quod utrumque intendatur dum tamen neutrum essentialiter augeatur vel minuatur sicut fit in condensatione.*
165   Notons la présence d'un schéma similaire dans l'édition citée du commentaire de Marsile au *De generatione*, voir Marsile d'Inghen, *Questiones super libros De generatione*, II, q. 6, a. 1, f. 106va ; le texte fait ailleurs appel de manière plus explicite encore aux représentations graphiques pour les degrés d'action, voir *op. cit.*, I, q. 18, a. 1, f. 85vb–86ra.
166   Nicole Oresme, *De configurationibus*, I, c. 19, p. 212–213.

Cet aperçu de la manière dont Oresme traduit géométriquement les concepts de degré et de latitude donne une première réponse à la question du choix d'une telle méthode : la plus grande lisibilité et la clarté démonstrative de cette approche sur les notations numériques des Calculateurs anglais. La simplicité de la démonstration du théorème de Merton et la « loi des nombres impairs » dans le système d'Oresme résulte, de même, de la facilité apportée au raisonnement par l'aspect visuel des constructions graphiques[167]. De manière plus précise, le recours aux configurations offre au moins deux usages quelque peu différents. L'un consiste à s'en servir comme illustration pour des démonstrations conduites par un raisonnement purement conceptuel ; l'autre, à les employer comme outil de démonstration proprement dit. Pour ce deuxième cas, la décomposition de certaines constructions en des figures basiques permet en particulier un calcul simplifié des qualités. À titre d'exemple, les qualités triangulaires n'ayant pas d'angle droit peuvent être décomposées en deux triangles rectangles (c'est-à-dire en deux qualités uniformément difformes) permettant de mesurer directement la quantité de qualité présente au sein du sujet[168]. La configuration, en ce cas, rend possible un traitement analytique des intensités résultant directement de la possibilité de manipuler les parties homogènes d'une somme d'ordonnées. Cependant, la portée explicative de la théorie oresmienne des configurations dépasse largement leur utilité dans l'ordre des démonstrations mathématiques.

4.3   *Portée de la doctrine des configurations*

L'étude de certains phénomènes naturels via le vocabulaire des intensités était déjà amorcée dans les *Questions sur la géométrie d'Euclide*, dont la question 17 portait par exemple sur les modalités de la diffusion de la puissance (*virtus*) des corps autour d'eux, et plus précisément sur le fait de savoir si cette diffusion s'effectue de manière uniformément difforme, ce qu'admettait alors Oresme. Dans le *De configurationibus*, le champ des phénomènes naturels analysés au prisme du vocabulaire des intensités n'est pas uniquement élargi. Oresme entend dorénavant expliquer au moyen de ce vocabulaire les causes structurelles des phénomènes sensibles, et non plus seulement modéliser leur manifestation extérieure.

Cette évolution résulte de l'approfondissement du concept de configuration, qui rend possible une physique nouvelle des qualités. Dans son interprétation du *Traité des configurations*, Maier a pu suggérer que, par la description imaginaire de ces qualités, Oresme entendait développer un

---

167   Nicole Oresme, *De configurationibus*, III, c .7, p. 408–410.
168   Nicole Oresme, *De configurationibus*, I, c. 9, p. 186, l. 2–4.

véritable « corpuscularisme » des qualités[169]. De fait, Oresme propose diverses applications de sa théorie pour expliquer des phénomènes naturels comme la conduction de la chaleur. La chaleur se transmet mieux d'un corps à un autre selon que les figures représentant son intensité qualitative s'infiltrent plus facilement au sein d'un corps dont la composition ne lui fait pas obstacle. Ainsi de la composition métallique, par exemple, dont on peut imaginer que la configuration des intensités qualitatives offre assez d'aspérités à l'infusion de la chaleur, l'activité des qualités les plus efficaces pouvant être attribuée à la configuration de qualités en pyramides plus ou moins pointues[170]. La tradition platonicienne du *Timée* n'est pas loin. Les propriétés des odeurs, des saveurs ou des qualités en général, comme la chaleur du poivre, s'expliquent de même par la configuration géométrique de ces qualités[171]. La porosité de certaines substances dérive de leur configuration particulière, qui rend compte par exemple de la capacité de l'étain à mieux transmettre la chaleur que le bois[172]. La notion de configuration qualitative introduit donc un paramètre supplémentaire au volume, à la densité et à la figure extérieure des corps pour l'explication des phénomènes matériels.

Oresme emploie encore l'idée de ressemblance structurelle des qualités pour éclairer les phénomènes qui se laissent interpréter comme « sympathies » au sein de la nature. Il s'agit de rendre compte de certaines propriétés naturelles qu'une explication naïve attribuerait à la magie (la capacité d'une plante à guérir certaines pathologies, l'aptitude de certaines substances à influencer fortement certains corps, etc.)[173]. L'originalité de cette approche des phénomènes naturels tient à l'insertion, dans un domaine encore qualitatif, d'un modèle étiologique mécaniste. L'explication de ces divers phénomènes, dont certaines causes sont occultes comme dans le cas de l'attraction de l'aimant par le fer[174], repose principalement sur la double prise en compte de la proportion (*ratio*) de qualités et de leur configuration, qui peut rapprocher ou opposer deux substances[175]. Ce mécanisme rend intelligible un large spectre de phénomènes allant d'observations purement physiques à des faits relevant plutôt de la psychologie : c'est ainsi que la thériaque agit contre les effets du poison, que la

---

169 Maier, « Les *configurationes intensionum* d'Oresme », dans *Ausgehendes Mittelater*, vol. 1, p. 335–352.
170 Nicole Oresme, *De configurationibus*, I, c. 22, p. 226, l. 10–17.
171 Nicole Oresme, *De configurationibus*, I, c. 22, p. 228, l. 22–25.
172 Nicole Oresme, *De configurationibus*, I, c. 24, p. 230–232, l. 12–23.
173 Nicole Oresme, *De configurationibus*, I, c. 25, p. 234–238.
174 Nicole Oresme, *De configurationibus*, I, c. 28, p. 242–244, l. 6–10.
175 Nicole Oresme, *De configurationibus*, I, c. 26, p. 238, l. 24–25, p. 240 ; c. 27, p. 242, l. 15–16, l. 27–28 ; c. 28, p. 244, l. 9–10 ; c. 30, p. 248, l. 16–17 ; II, c. 31, p. 356, l. 30.

foudre frappe certains types de choses plutôt que d'autres, et que certaines personnes la craignent plus que d'autres[176].

La thèse du rôle causal des configurations géométriques est illustrée par l'affirmation que, de deux qualités égales *ceteris paribus*, celle possédant la configuration la plus proche des pyramides sera plus active qu'une qualité de configuration uniforme[177]. Le choix d'inclure les contraires dans le système représentationnel d'Oresme permet de rendre compte de cas qu'une pure physique des qualités peine à expliquer : de deux corps également tièdes, l'un produira un effet refroidissant ou chauffant plus fort que l'autre si la configuration interne de ses contraires se rapproche des structures pyramidales caractéristiques des substances les plus actives, comme le corps A par rapport au corps B[178] :

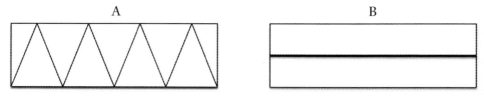

FIGURE 19

La différenciation de l'intensité de la qualité et de sa configuration engendre une dissociation des concepts d'intensité et d'effet, qui ne sont pas strictement corrélatifs[179] :

> Et inveniuntur quandoque due qualitates eiusdem speciei et eque intense et tamen una est magis activa et magis pungitiva quam alia, cuius causa potest assignari secundum ymaginationem prius dictam.

En dépit de ces spéculations, le caractère imaginaire, c'est-à-dire dire essentiellement technique, des constructions d'Oresme, rend problématique l'interprétation de leur portée ontologique et explicative[180]. L'explication de

---

176 Nicole Oresme, *De configurationibus*, I, c. 28, p. 244, l. 11–22.
177 Nicole Oresme, *De configurationibus*, I, c. 22, p. 226, l. 16–17.
178 Nicole Oresme, *De configurationibus*, I, c. 22, p. 228, l. 36–44.
179 Nicole Oresme, *De configurationibus*, I, c. 22, p. 228, l. 25–27.
180 La discussion de la portée ontologique de la doctrine des configurations opposa en particulier Maier et Clagett ; voir Maier, « Les *configurationes intensionum* » ; Clagett, *Nicole Oresme and the Medieval Geometry*, p. 451–455. Voir déjà L. Thorndike, *A History of Magic and Experimental Science* (New York : Columbia University Press, 1923–1958), vol. 3, p.

ces divers types de phénomènes au moyen des concepts de proportion et de configuration des qualités contient en effet une certaine ambiguïté. Alors que ces notions permettent d'interpréter rationnellement certaines causes « occultes », c'est-à-dire des pouvoirs causaux internes aux substances mais non accessibles aux sens (comme l'attraction magnétique), elles justifient d'autres faits physiques dont la cause paraît directement accessible à l'observation, comme le fait que l'âne, à la différence de l'être humain, puisse goûter les épines[181]. De même, la capacité de la mâchoire d'un lion à arracher le tibia d'un bœuf provient de la configuration particulière (difforme) de son mouvement, ce pouvoir effectif étant attribué à la configuration du mouvement, et non l'inverse : « Et causa huius potest esse quia motus iste habet talem virtutem ex configuratione sue difformitatis [...] »[182].

4.3.1   Applications à la psychologie

Il n'en va pas tout à fait de même pour la description d'expériences comme la douleur, la joie ou d'autres phénomènes psychiques. Dès les *Questions sur la Physique*, Oresme employait le vocabulaire des formes intensives pour certains actes cognitifs, caractérisant en particulier les degrés d'évidence en termes d'intensité : les principes mathématiques sont infiniment plus évidents que les principes de la philosophie naturelle, dans la mesure où leur opposé implique contradiction. Par conséquent, même si une évidence tirée de la philosophie naturelle s'intensifiait à l'infini, elle resterait inférieure à l'évidence mathématique qui constitue le degré suprême de la certitude[183].

Dans le *De configurationibus*, la représentation de la structure intensive des états psychiques repose sur un procédé de figuration similaire aux autres qualités. Les figures qui les décrivent ont pour base une ligne qui ne signifie pas leur extension spatiale (ces qualités sont inétendues) : la dimension horizontale de ces figures décrit leur extension temporelle. Les trois genres ou

---

424–439 ; D. Durand, « Nicole Oresme and the Mediaeval Origin of Modern Science », dans *Speculum* 16(1941), p. 167–185 ; cf. la synthèse de Debroise, *Mathématiques de l'intensité*.

181   Nicole Oresme, *De configurationibus*, I, c. 30, p. 246, l. 8.
182   Nicole Oresme, *De configurationibus*, II, c. 10, p. 294–296, l. 17–18.
183   Nicole Oresme, *Quaestiones super Physicam*, I, q. 3, p. 18, l. 100–103. De même, p. 19, l. 119–120 ; et p. 20–21, l. 157–169, où Oresme établit par un procédé similaire que l'antécédent d'une implication ne saurait être plus évident que son conséquent ; cf. plus généralement *Quaestiones de anima*, III, q. 16, p. 433–440. Sur ce thème, voir E. Grant, « Nicole Oresme on Certitude in Science and Pseudo-Science », dans A.-P. Segonds, P. Souffrin (eds.), *Nicolas Oresme*, p. 31–43.

modes des accidents psychiques (appréhension, appétit, passion) peuvent être figurés selon leur évolution dans le temps[184] : uniforme (par exemple la joie fondamentale des bienheureux), uniformément difforme (une douleur qui s'atténue continûment), ou difformément difforme (les tourments subis par l'âme condamnée à l'enfer, qui passe brusquement de la brûlure au froid extrême[185]). La possibilité de mesurer dans ces différents cas la quantité de qualité admet une différence notable vis-à-vis des cas concernant les qualités physiques. Malgré l'équivalence extensionnelle que met en évidence leur figuration, une douleur deux fois moins intense qu'une autre mais deux fois plus longue ne lui est pas équivalente, étant assurément moins pénible. Égale, certes, mais l'une est pire que l'autre[186].

Oresme ne traite pas dans le *De configurationibus* la question de l'uniformité et de la difformité des accidents de l'âme de manière consécutive à la caractérisation des puissances psychiques, les accidents appartenant aux choses successives (deuxième partie), les puissances étant étudiées avec les permanentes (première partie)[187]. La configuration et l'intensité caractérisant les puissances de l'âme s'expriment dans les mêmes termes que ses affects, depuis la perception sensorielle jusqu'à l'intellection. Alors que les qualités de l'objet sont figurées (*figurantur*) dans les sens externes, le sens interne retient la configuration qualitative de ces accidents, qui s'impriment d'abord dans le sens externe selon la quantité[188]. L'indivisibilité de l'intellective autorise aussi à parler d'une *certaine* configuration spirituelle, dans la mesure où l'intellection dépend en dernière instance des sens[189].

Oresme dépeint l'uniformité et la difformité des puissances psychiques en termes d'homogénéité et de diversité de leurs objets. Le sens et l'intellect, comme puissances, sont uniformes quand leurs objets sont semblables, et difformes quand ils présentent une plus grande diversité. Cette caractérisation de la richesse des contenus psychiques ouvre à son tour la voie d'une description de la dynamique de l'esprit en termes de configuration, d'uniformité et de difformité. Oresme soutient que l'esprit qui peine à s'affranchir de certaines pensées s'imposant à lui présente une configuration plus difforme et irrégulière,

---

184   Nicole Oresme, *De configurationibus*, II, c. 36, p. 374.
185   Nicole Oresme, *De configurationibus*, II, c. 39, p. 388, l. 42–43 : *Quelibet igitur pena infernalis difformis est difformitate difformi et secundum magis et minus.*
186   Nicole Oresme, *De configurationibus*, II, c. 38, p. 386.
187   Nicole Oresme, *De configurationibus*, I, c. 31, *De difformitate in potentiis cognoscitivis*, p. 248–250 ; II, c. 36, *De difformitate accidentium anime*, p. 374–376 ; cf. *Quaestiones de anima*, III, q. 15, p. 424–432.
188   Nicole Oresme, *De configurationibus*, I, c. 31, p. 248, l. 9, l. 11.
189   Nicole Oresme, *De configurationibus*, I, c. 31, p. 248–250, l. 15–18.

voire « rugueuse » (*aspera*) qu'un esprit plus pur dont la configuration est uniforme et harmonieuse. Les perturbations mentales qui entravent le libre épanouissement de la pensée expliquent, par contraste, la capacité de l'esprit, en des circonstances exceptionnelles (rêve, extase), à percevoir de manière prophétique les événements futurs. La configuration plus harmonieuse et plus lisse de l'esprit – ordinairement troublé par l'agitation des pensées – lui permet de refléter certains influx qui peuvent atteindre en toute clarté, pour ainsi dire, sa conscience[190] :

> Sed anima que extinctis passionibus et cogitationum varietate deposita per abstractionem facta est quasi uniformis aut etiam difformis difformitate polita vel ordinata ad hoc apta est et in ipsa tanquam in speculo quodam relucere possunt multa que sunt aliis animabus occulta, cuius signum est quod illi qui solent tales visiones habere sunt ut plurimum a passionibus sedati et a tumultu cogitationum semoti.

Le thème des configurations qualitatives permet ainsi à Oresme de justifier de manière presque littérale l'emploi de qualificatifs métaphoriques tirés de l'expérience sensorielle pour décrire la sphère du psychique, dont la centralité pour le langage est attestée d'un point de vue anthropologique[191]. En dehors des expériences visionnaires, Oresme estime que plusieurs différences relatives à la psychologie des individus peuvent s'expliquer grâce aux configurations qualitatives. Ainsi, les individus dont l'acte psychique est plus « clairement » configuré connaîtront plus de succès dans leurs opérations, quand bien même leur affection (par exemple, le désir de vengeance) est de même intensité que chez un autre individu où il l'est moins[192]. Des différences de talent, d'habileté – par exemple projeter une lance correctement – proviennent moins des variations d'intensité présidant à l'éxécution de l'acte qu'à la configuration précise des intentions motrices (une certaine difformité correspondant à un type d'opération, par exemple)[193]. Il est dès lors possible de fournir une explication plus internaliste des causes véritables de la réussite : ce que l'on nomme communément la bonne ou mauvaise fortune (*fortuna*) n'est pas fonction de

---

190 Nicole Oresme, *De configurationibus*, I, c. 33, p. 252, l. 11–16. L'analogie du miroir est développée jusqu'au chapitre 40, servant à modéliser les états visionnaires de l'âme et la réceptivité de ses facultés, des sens à l'intellect possible (I, c. 40, p. 268).

191 G. Lakoff, M. Johnson, *Metaphors We Live By* (Chicago : University of Chicago Press, 1980) ; D. Hofstadter, E. Sander, *L'Analogie. Cœur de la pensée* (Paris : Odile Jacob, 2013).

192 Nicole Oresme, *De configurationibus*, II, c. 37, p. 378, l. 20–25.

193 Nicole Oresme, *De configurationibus*, II, c. 37, p. 378, l. 30–35.

l'intensité des états mentaux causant l'action, mais de leur bonne ou mauvaise configuration[194].

4.3.2   Dimensions esthétiques

Un aspect important du traitement géométrique de ces expériences psychiques est que leur dimension visuelle débouche sur des considérations esthétiques que ne permettrait pas leur traitement purement arithmétique. La réflexion esthétique dans le *De configurationibus*, où l'on a pu constater l'impact d'une réflexion renouvelée par l'*Ars nova* sur le signe dans sa dimension notationnelle, se remarque particulièrement à l'importance accordée à la notion d'harmonie[195]. Le caractère régulier (par exemple, uniformément difforme) de certaines constructions offre ainsi l'occasion d'observer la beauté des qualités figurées, dont l'harmonie peut évoquer celle de phénomènes spatiaux (la danse) ou temporels (la musique)[196]. Ceci vaut avant tout pour le son – Oresme pouvant déjà trouver dans les théories musicales de son époque les termes d'intension et d'atténuation appliqués à la description des modes musicaux. La double modalité d'extension du son (selon le sujet et selon la durée) et sa double modalité d'intensité (selon la hauteur et selon le volume[197]) sont les bases d'analyse de la beauté sonore, qu'Oresme situe volontiers dans la varia-

---

194   Nicole Oresme, *De configurationibus*, II, c. 37, p. 378, l. 35–41 : *Et forsan ista est causa eius, quod communiter accidit, scilicet quod unus faciliter consequitur illud quod intendit, affectat aut sperat ; alius autem quamvis intensius speret et diligentius agat nunquam tamen aut vix poterit propositum adipisci. Propter quod non inconvenienter potest dici quod bona et debita configuratio difformitatis talium accidentium anime ad quam aliquis naturaliter inclinatur est hominis sic inclinati bona fortuna et contrarium esset mala fortuna.*

195   V.P. Zoubov, « Oresme et la musique », dans *Mediaeval and Renaissance Studies*, 5(1961), p. 96–107 ; F. Della Seta, « Idee musicali nel *Tractatus de configurationibus qualitatum et motuum* di Nicola Oresme », dans L. Pestalozza (ed.), *La musica al tempo di Dante* (Milano : Unicopli, 1988), p. 222–256 ; Debroise, *Mathématiques de l'intensité*, p. 822–951. Sur la place des mathématiques dans l'Ars nova, voir E. Werner, « The Mathematical Foundation of Philippe de Vitri's *Ars nova* », dans *Journal of the American Musicological Society* 9/2(1956), p. 128–132. Sur le rapport entre sémiotique et notation musicale au XIVe siècle, voir O. Cullin, « L'*Ars nova* », dans F. Ferrand *et al.* (eds.), *Guide de la Musique au Moyen Âge* (Paris : Fayard, 1999), p 382–393 ; O. Cullin, *Laborintus : Essais sur la musique au Moyen Âge* (Paris : Fayard, 2004), en part. p. 163–181 ; D.E. Tanay, *Noting Music, Marking Culture : The Intellectual Context of Rhythmic Notation 1250–1400* (Holzgerlingen : Hänssler, 1999) ; A.M.B. Berger, *Mensuration and Proportion Signs. Origins and Evolution* (Oxford : Clarendon Press, 1983) ; A.M.B. Berger, « The Origin and Early History of Proportion Signs », dans *Journal of the American Musicological Society* 41/3(1988), p. 403–433.

196   Nicole Oresme, *De configurationibus*, II, c. 11, à propos de la figuration des vitesses, dont Oresme applique l'analyse aux affections psychiques (II, c. 37, p. 376).

197   Nicole Oresme, *De configurationibus*, II, c. 15, p. 306, l. 27–32.

tion, corrélative de la notion d'harmonie. Le son parfaitement continu est beau si sa hauteur est uniforme. Il est moins laid en cas de difformité uniforme que de difformité difforme, tandis qu'une difformité dans le volume rend souvent le son plaisant à l'oreille[198]. De manière générale, la beauté, dans la complexion d'un être, résulte à la fois de la noblesse (*nobilitas*) de proportion des qualités et de celle de leur configuration[199]. La présentation géométrique de l'*intensio* des vécus psychiques peut ainsi faire *voir* la beauté même de ces expériences, étalée sous les yeux selon leur double dimension qualitative et temporelle.

Le *De configurationibus* offre quelques indices du lien de ces réflexions esthétiques au problème de la perfection des espèces, qu'Oresme aborde davantage dans ses *Questions sur la Physique*. Deux points sont particulièrement intéressants à signaler. D'une part, la double prise en compte de la proportion et de la configuration permet d'expliquer les dissemblances entre individus co-spécifiques : deux individus peuvent présenter la même proportion de qualités typique d'une espèce tout en se distinguant par leur configuration individuelle, ou inversement[200]. D'autre part, le degré de perfection individuel au sein d'une espèce suppose une norme de typicalité interprétée comme proportion idéale. L'essence spécifique signifie avant tout une configuration harmonieuse décrite en termes de beauté (*pulchritudo*), le concept de proportion servant d'interface entre l'analyse géométrique des qualités et leur évaluation esthétique, fonction d'une norme spécifique[201] : même si le cercle est une plus belle figure qu'une forme d'amande, cette dernière convient mieux pour l'œil humain.

Cette différence entre un point de vue absolu et un point de vue relatif se retrouve dans les relations d'amitié et d'inimitié entre les espèces. Bien qu'une espèce puisse être plus noble et aimable qu'une autre simplement et absolument (*simpliciter et absolute*), elle peut être objet de haine pour l'autre quand leurs qualités ne s'accordent pas en proportion ou en configuration, et inversement[202].

---

198 Nicole Oresme, *De configurationibus*, II, c. 16, p. 308-309, l. 13-24.
199 Nicole Oresme, *De configurationibus*, II, c. 26, p. 238, l. 21-25.
200 Nicole Oresme, *De configurationibus*, I, c. 26, p. 240, l. 28-32.
201 Nicole Oresme, *De configurationibus*, I, c. 26, p. 240, l. 34-36 : *Nec oportet quod configuratio qualitatum que est huic speciei perfectissima sive pulcherrima sit simpliciter perfectissima sed sufficit quod sit illi speciei convenientissima atque pulcherrima* [...].
202 Nicole Oresme, *De configurationibus*, I, c. 27, p. 242, l. 15-18. Oresme avait déjà cherché à expliquer l'hostilité entre espèces par le caractère irrationnel des proportions de complexion entre elles, et leur amitié par leur caractère rationnel ou harmonique ; cf. *Quaestiones super De generatione*, II, q. 12, p. 268-269, l. 180-186.

4.3.3 L'usage mathématique : représentations des séries et classification des espèces d'objets

En dehors de sa portée explicative et de ses enjeux ontologiques, la doctrine des configurations offre des avancées de nature purement mathématique. L'emploi des représentations graphiques des intensités est particulièrement pertinent pour l'étude des séries qu'Oresme aborde dans les *Questions sur la géométrie d'Euclide* puis dans le *De configurationibus*[203]. Le chapitre 8 de la troisième partie du *Traité des configurations* présente ainsi la reprise d'une situation étudiée par Swineshead dans les *Calculationes*[204]. Oresme y démontre qu'un corps qualifié de manière difforme, dont chaque partie proportionnelle est divisée selon le rapport 2/1 par rapport à la précédente et uniformément qualifiée par un degré de plus, correspond à quatre fois sa première partie (sa moitié). Pour l'établir, Oresme adopte une approche similaire à celle de Swineshead : il imagine deux corps d'un pied chacun également divisé en parties proportionnelles allant à l'infini. La méthode de configuration permet ensuite d'« empiler » la première partie proportionnelle du premier sur la deuxième du second, la deuxième partie du premier sur cette première partie, la troisième sur la deuxième, etc[205]. Il apparaît évident qu'un corps ainsi configuré correspond à quatre fois l'intensité de la première partie proportionnelle[206], ce qui revient en termes modernes à établir que :

$$1 + \frac{1}{2} \times 2 + \frac{1}{4} \times 3 + \ldots + \frac{1}{2^{n-1}} \times n + \ldots = 4.$$

Comme l'a vu Oresme, qui semble renvoyer au traitement de la même série dans ses *Questions sur la géométrie d'Euclide*[207], cette série est équivalente à[208] :

$$2 + \left(1 + \frac{1}{2} + \frac{1}{4} + \cdots + \frac{1}{2^{n-1}} \cdots\right).$$

---

203 Sur le traitement oresmien des séries, voir en priorité E. Mazet, « La théorie des séries de Nicole Oresme dans sa perspective aristotélicienne. Questions 1 et 2 sur la Géométrie d'Euclide », dans *Revue d'histoire des mathématiques* 9(2003), p. 33–80 ; H.L.L. Busard, *Quaestiones super Geometriam Euclidis*, p. 6–8 ; Clagett, *Nicole Oresme and the Medieval Geometry*, p. 495sq.

204 Voir, sur le rapport des deux auteurs, E. Mazet, « Richard Swineshead et Nicole Oresme : deux styles mathématiques », dans Celeyrette, Grellard (eds.), *Nicole Oresme philosophe*, p. 105–138 ; Clagett, *Nicole Oresme and the Medieval Geometry*, p. 58–63.

205 Nicole Oresme, *De configurationibus*, p. 412–414.

206 Nicole Oresme, *De configurationibus*, p. 414, l. 23–25 : *Et per consequens totalis superficies que stat super lineam AB est precise quadrupla ad illam sui partem que stat super primam partem proportionalem eiusdem linee AB.*

207 Nicole Oresme, *De configurationibus*, p. 414–416, l. 43–44 ; *Quaestiones super Geometriam Euclidis*, p. 104–105, l. 41–47.

208 Clagett, *Nicole Oresme and the Medieval Geometry*, p. 132, p. 495.

Dans la deuxième de ses *Questions sur la géométrie d'Euclide*, il tirait ce résultat après avoir établi la convergence de la série (examinée dans la première question) :

$$\frac{1}{2}+\frac{1}{4}+\frac{1}{8}+\cdots+\frac{1}{2^n}+\frac{1}{2^{n+1}}+\cdots=1,$$

ce qu'Oresme présentait comme corollaire de la relation plus générale :

$$\frac{a}{b}+\frac{a}{b}\left(1-\frac{1}{b}\right)+\frac{a}{b}\left(1-\frac{1}{b}\right)^2+\cdots\frac{a}{b}\left(1-\frac{1}{b}\right)^{n-1}+\cdots=a;\text{ où }\frac{a}{b}$$

représente la première partie déduite de a.

Dans le chapitre 10 de la troisième partie du *De configurationibus*, il aborde un autre cas de sommation d'une progression arithmétique infinie. Oresme s'intéresse à un corps divisé de la même manière (selon des parties proportionnelles), mais dont la configuration est telle que chaque partie paire possède une variation uniforme allant du degré de la partie précédente au degré de la partie suivante, tandis que l'intensité de chaque partie impaire est uniforme et double vis-à-vis de la partie impaire précédente (voir Figure 20).

La configuration est telle qu'Oresme peut montrer sur la base d'un raisonnement semblable au précédent que la somme de la série totale vaut 7/2 de la première partie. Oresme déduit la conclusion en reprenant, pour la série impaire, la suite :

$$1+\frac{1}{2}+\frac{1}{4}+\frac{1}{8}+\cdots+\frac{1}{2^n}+\frac{1}{2^{n+1}}+\cdots=1+\sum_{n=1}^{\infty}\left(\frac{1}{2}\right)^n=2,\text{ soit }\frac{4}{2}.$$

Dans la mesure où la série paire est de même type que la première, Oresme peut établir qu'elle vaut[209] :

$$\frac{3}{2}\times\frac{1}{2}+\frac{6}{2}\times\frac{1}{8}+\cdots+3\times\frac{2^{n-1}}{4^n}+\cdots=\frac{3}{2}.$$

---

209 Nicole Oresme, *De configurationibus*, III, c. 10, p. 420, l. 12–14 : *Dico igitur quod qualitas totius erit tripla sesquialtera ad qualitatem prime partis eiusdem, ita quod proportio totius ad illam primam partem erit sicut 7 ad 2*. Oresme donne deux preuves de ce résultat, l'autre démonstration partant de la somme des parties impaires, qui doit valoir 4/3 de la somme des termes pairs, ce qu'Oresme obtient sur la base du théorème du degré moyen (cf. III, c. 7, p. 408), en montrant que la qualité de la première partie entretient ce rapport à celle de la seconde. En additionnant les sommes des termes pairs et impairs grâce au même type de série, on obtient 7/2 pour le rapport de la somme totale des termes à la première partie (p. 424, l. 31–48).

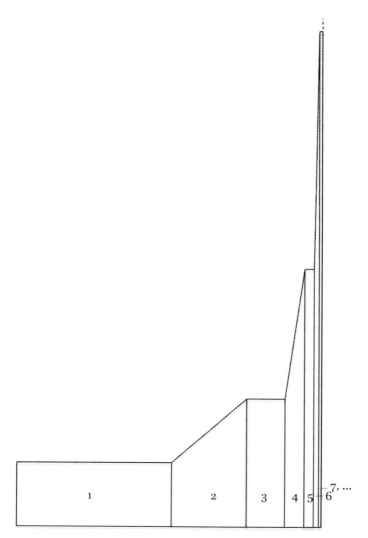

FIGURE 20   Représentation d'une série traitée par Oresme (*De configurationibus* III, c. 10).

La méthode d'empilement des figures, qu'Oresme appelle *transfiguratio*, permet de cette manière un traitement des séries abordant la notion de convergence d'un point de vue pré-analytique, par la variation des cas où la distribution d'une qualité ou sa vitesse d'acquisition est uniforme ou difforme. Les notions de fonctions et de classes de fonctions n'appartiennent pas au vocabulaire de l'époque d'Oresme, qui ne peut donc y référer que par la description verbale de leurs propriétés. Les configurations constituent une illustration géométrique permettant d'appréhender plus aisément, par un calcul de l'aire sous la courbe, certaines opérations arithmétiques sur ces objets. Elles facilitent le repérage visuel des propriétés de convergence des séries infinies et le calcul de leur somme.

Un autre aspect remarquable de l'intrication de la doctrine des propriétés intensives et des mathématiques dans le *Traité* d'Oresme relève de la théorie des proportions et de ses conséquences pour la classification des objets géométriques. Les implications cosmologiques de la théorie oresmienne de la mesure sont bien connues, et tiennent au fait qu'aux mouvements célestes, comme aux mouvements volontaires en général, ne peuvent être appliqués les théorèmes relatifs à la proportionnalité[210]. Dans le *De configurationibus*, Oresme exploite une classification des rapports irrationnels qui conduit à des implications internes au système de représentation des intensités[211]. Selon cette idée, déjà exposée ailleurs[212], les rapports incommensurables en longueur et au carré sont plus incommensurables que les rapports incommensurables en longueur qui deviennent commensurables quand les longueurs sont élevées au carré. La construction d'Oresme prolonge les acquis d'Euclide/Campanus (*Éléments* X, 9) considérant l'idée de commensurabilité entre quantités simples, en l'étendant à la commensurabilité entre rapports. À l'époque d'Oresme, les méthodes de décomposition d'un rapport en parties sont déjà appliquées, on l'a vu, à plusieurs lieux philosophiques et théologiques. Un rapport tel que 32/1 peut être divisé, par exemple, en cinq parties de 2/1, et ces parties peuvent elles-mêmes faire l'objet d'une composition respectant les propriétés de la théorie des proportions appliquée aux entiers naturels : trois parties 2/1 composées entretiennent un rapport de 3/5 à la proportion totale 32/1 – en termes modernes, $(8/1)^{5/3} = 32/1$. Dans le traité *Sur les proportions des proportions*, Oresme différencie, en termes modernes, les rapports dont l'exposant de la fraction est rationnel, et ceux dont l'exposant est lui-même irrationnel, de type:

$$\left(\frac{2}{1}\right)^{\frac{1}{\sqrt{2}}}.$$

Oresme fait pour cela usage d'un concept nouveau de partie d'un rapport, considérant que le rapport $\left(\frac{m}{n}\right)^{\frac{1}{2}}$ vaut la moitié du *ratio* $\frac{m}{n}$ et que, généralement, un rapport $\left(\frac{m}{n}\right)^{\frac{p}{q}}$ vaut p-$q$ème parties du rapport $\frac{m}{n}$.

---

210 Voir l'étude de Grant dans *Nicole Oresme and the Kinematics of Circular Motion*.
211 Clagett, *Nicole Oresme and the Medieval*, p. 473-476.
212 Nicole Oresme, *De configurationibus*, II, c. 17, p. 314, l. 51-56 ; *De proportionibus proportionum*, p. 160-164 ; voir aussi *Quaestiones super Physicam*, VII, q. 5, p. 748.

Par ce biais, Oresme ajoute à la procédure connue de composition des parties proportionnelles d'un rapport l'idée de parties incommensurables d'un rapport[213]. Cette nouvelle définition du concept de partie permet d'aborder de façon renouvelée la notion de commensurabilité, dans la mesure où Oresme appelle commensurable avec un rapport a tout rapport b pouvant être pris comme partie de a. L'idée de rapports plus irrationnels que d'autres découle immédiatement de cette définition, dans la mesure où certains rapports ne peuvent être envisagés comme parties de certains autres rapports au sens indiqué.

La distinction oresmienne entre différents types d'irrationalité n'est pas l'unique résultat dépendant de l'extension du concept de quantité aux rapports mêmes entre quantités. C'est encore la fine classification des types d'accidents proposés par le *De configurationibus* qui provient de cette généralisation de l'idée de grandeurs incommensurables aux parties des rapports. Dans cette œuvre, le traitement des courbes est l'occasion d'établir plusieurs résultats reposant sur l'assignation de degrés aux courbes circulaires de rayons inégaux[214]. Oresme souligne avant tout l'impossibilité d'établir des rapports de proportion entre des courbures différentes, et s'appuie sur Euclide (*Éléments* III, proposition 15 de la version de Campanus) pour établir l'impossibilité de mesurer le rapport de l'angle de contingence à l'angle formé de deux courbes. Ce résultat étant étendu aux rapports de tous les angles curvilignes différents entre eux, Oresme affirme l'appartenance des courbures différentes à des types distincts, non comparables entre eux selon des proportions commensurables (comme 2/1) ou incommensurables (comme $1/\sqrt{2}$). Les paradoxes résultant du caractère non-archimédien des grandeurs en question obligent à reconnaître que les courbes difformes sont composées d'une infinité de parties de nature différente (*ex infinitis partibus alterius rationis*[215]). Les courbures difformes ne sont donc ni représentables par des lignes, ni par des figures en général[216]. Oresme rattache cette idée au problème de la perfection des espèces, dans une

---

213   Voir Rommevaux-Tani, *Les nouvelles théories des rapports*, p. 74–78 ; cf. Grant, dans Nicole Oresme, *De proportionibus proportionum*, p. 327–331.
214   Nicole Oresme, *De configurationibus*, I, c. 21, p. 220, l. 4–8.
215   Nicole Oresme, *De configurationibus*, I, c. 20, p. 218, l. 46–47.
216   Nicole Oresme, *De configurationibus*, I, c. 20, p. 218, l. 55–59 : *Unde patet consequenter quod intensio curvitatis non est per lineas ymaginanda ; nec est aliqua curvitas similis in intensione alicui alteri qualitati de alia specie ; nec curvitas per aliquam figuram ymaginanda est ; nec eius intensio altitudini figure est assimilanda eo quod omnis figure altitudo per lineas designatur.*

allusion à un traité remis à plus tard autour duquel l'incertitude est, encore à ce jour, presque totale[217].

Pourtant, une autre méthode de mesure des courbes peut être, selon Oresme, de calculer la courbure par la même technique de figuration que celle valant pour les qualités : la ligne de base représente l'extension de la courbe proprement dite, tandis que la ligne d'altitude représente la longueur du rayon à chaque point de la courbe[218]. Les courbures sont dès lors comparées par rapport au rayon de leur cercle respectif, le degré de courbure étant inversement proportionnel à la longueur du rayon. Il est alors possible d'assigner des *degrés d'intensité* aux courbes, certaines présentant une courbure plus importante que d'autres, bien qu'il soit impossible de comparer sous ce rapport les lignes droites et courbes[219]. De ce point de vue, les courbes circulaires sont des courbures uniformes, à la différence des autres types de courbes[220]. Les cercles présentent ainsi un degré de courbure proportionnel à la longueur de leur rayon, un rayon plus petit étant corrélatif d'un degré de courbure plus grand. Par le produit de l'intension et de l'extension d'une qualité, qui donne la quantité de qualité, Oresme prouve que la quantité de courbure des cercles est toujours égale[221] :

> Sed tamen posito iuxta predicta in presenti capitulo quod intensio curvitatis attenditur penes semidyametri parvitatem, sequitur inde quod omnium circumferentiarum circularium curvitates sunt simpliciter equales, quoniam sicut postea videbitur in tertia parte huius, si aliqua qualitas sit intensior alia et illa alia sit proportionaliter extensior seu magis extensa, ille due sunt simpliciter equales.

Bien qu'elle ne puisse pas constituer une configuration proprement dite, Oresme interprète la spirale comme dotée d'une courbure uniformément difforme, ce qu'il démontre en construisant cette figure par une approche cinématique, qu'il rattache aux travaux d'Archimède sur la quadrature du cercle[222]. En imaginant un rayon – tournant de manière uniforme autour d'un point – dont la longueur diminuerait à une vitesse uniforme, Oresme établit que la

---

217 Nicole Oresme, *De configurationibus*, I, c. 20, p. 216, l. 18 ; voir Clagett, *Nicole Oresme and the Medieval Geometry*, p. 125–126.
218 Nicole Oresme, *De configurationibus*, I, c. 21, p. 225, l. 52–59.
219 Nicole Oresme, *De configurationibus*, I, c. 21, p. 220–222, l. 19–22.
220 Nicole Oresme, *De configurationibus*, I, c. 21, p. 220, l. 3–4.
221 Nicole Oresme, *De configurationibus*, I, c. 21, p. 222, l. 28–33.
222 Nicole Oresme, *De configurationibus*, I, c. 21, p. 224–226, l. 60–80.

trajectoire du point correspondant à l'extrémité du segment (en constante diminution) définit une courbure uniformément difforme. Ce résultat suppose donc la convention adoptée par Oresme consistant à mesurer le degré de courbure par le rapport entre la vitesse du changement de longueur du rayon et sa vitesse de rotation angulaire. Il explique la distinction spécifique posée par Oresme – déjà relevée – entre courbe elliptique (proportionnel au cercle, dans ses termes) et courbe non-elliptique, qu'il mobilise dans sa combinatoire donnant les types possibles de difformité intensive. De façon plus large, ce point met en évidence la manière dont les concepts de degré et d'intensité sont rapportés aux espèces d'objets mathématiques qu'ils permettent de classer. On aurait sans doute tort de circonscrire totalement la portée de ces résultats au seul domaine de la théorie de la mesure. Il participe par exemple de l'élaboration d'une esthétique nouvelle qui fait place à l'irrationalité dans la musique spéculative de l'époque[223], et, on le verra, c'est aussi par analogie avec les propriétés métriques des figures mixtilignes que le philosophe a réfléchi en retour à l'ordonnancement naturel des espèces *en général*.

L'influence de la doctrine oresmienne des configurations ne saurait être surestimée. Le célèbre *De latitudinibus formarum*, peut-être dû à Jacques de Naples, mais dont l'attribution n'est toujours pas établie de manière ferme, contribuera à la transmission de la doctrine des configurations. Publié à Padoue en 1486 puis à Venise en 1505 en étant attribué à Oresme, il joua un rôle prépondérant dans la diffusion et la vulgarisation des idées exposées de manière autrement plus rigoureuse dans le *De configurationibus*[224]. La doctrine oresmienne eut à Paris une influence immédiate sur Symon de Castello, auteur d'un *De proportionibus velocitatum in motibus*[225], mais surtout sur Henri de Langenstein, qui reprit du *De configurationibus* la technique de figuration des qualités et son application à l'étude de différents phénomènes naturels. L'une des influences les plus originales de la théorie d'Oresme, enfin, s'est manifestée dans l'adaptation de ces techniques – en particulier chez Jacques de Naples – au problème de la perfection des espèces, qui achève vers le milieu du XIVe siècle le mouvement de généralisation du vocabulaire des intensités.

---

223 P. Pesic, « Hearing the Irrational : Music and the Development of the Modern Concept of Number », dans *Isis* 101/3(2010), p. 501–530 ; voir encore M. Husson, « Deux exemples d'utilisation des mathématiques en musique dans le premier quatorzième siècle latin », dans *Early Science and Medicine* 15/4–5(2010), p. 448–473 ; Tanay, « Jean de Murs's Musical Theory ».

224 Sur sa transmission manuscrite, voir Di Liscia, *Zwischen Geometrie und Naturphilosophie*, p. 417–432.

225 Symon de Castello, *De proportionibus velocitatum in motibus*, ed. J. McCue, Thèse de doctorat (Madison : University of Wisconsin, 1961).

CHAPITRE 9

Mesurer les êtres : de l'*intensio formarum* à la *latitudo specierum*

1   Sources et influences des débats sur la perfection des espèces

Les réflexions *de perfectione specierum* constituent la dernière étape de transformation amenée par la notion de degré au concept de forme. Après les accidents, puis les formes substantielles au sein d'une espèce, les espèces elles-mêmes deviennent vers le milieu du XIVe siècle un objet de réflexion abordé dans le vocabulaire des formes intensives, le concept de latitude s'élargissant de manière maximale pour recouvrir l'idée d'une échelle de l'être en tant que tel[1]. Au sein de la latitude des êtres (*latitudo entium*) ou de l'être (*latitudo entis*), le concept de degré permet de désigner la partie de cette latitude qui correspond à la perfection d'une espèce. La notion de degré spécifique dénote alors la quantité de perfection possédée par l'espèce qui détermine sa position relative aux autres espèces au sein de l'échelle. Cette transposition conceptuelle est permise par une conjonction particulière d'influences : des réflexions théologiques sur l'ordre du créé se mêlent au thème de l'intensité des formes, aux apports des nouveaux langages d'analyse, mais aussi à certains problèmes physiques. D'un point de vue thématique, les réflexions *de perfectione specierum* qui se développent à partir des années 1340 s'enracinent dans un ensemble de questions traditionnelles articulées autour de la puissance divine, de l'agencement naturel des espèces et de leur rapport à Dieu. Outre les sources patristiques fréquentes (Augustin, le pseudo-Denys), l'opinion de théologiens de la fin du XIIIe siècle comme Henri de Gand, Gilles de Rome ou Jacques de Viterbe est fréquemment discutée. Le dialogue de ces auteurs sur la puissance divine mettait en particulier en cause la capacité de Dieu à créer une infinité d'espèces – question qui va bénéficier vers le milieu du siècle des avancées liées au traitement logique de la notion d'infini. Cette

---

1   Sur l'histoire de cette idée, voir l'étude classique de A.O. Lovejoy, *The Great Chain of Being* (Cambridge, Mass. : Harvard University Press, 1936) ; pour son moment médiéval, voir E.P. Mahoney, « Metaphysical Foundations of the Hierarchy of Being According to Some Late-Medieval and Renaissance Philosophers », dans P. Morewedge (ed.), *Philosophies of Existence*, p. 165–257 ; E.P. Mahoney, « Neoplatonism, the Greek Commentators and Renaissance Aristotelianism », dans D.J. O'Meara (ed.), *Neoplatonism and Christian Thought* (Albany N.Y. : State University of New York Press, 1982), p. 169–177.

question en contient en fait plusieurs, dans la mesure où l'infinité des espèces peut s'entendre diversement :
- le procès à l'infini d'espèces toujours plus parfaites jusqu'à Dieu (infini *ad superius*) ;
- le procès à l'infini d'espèces toujours moins parfaites jusqu'au non-être (infini *ad inferius*) ;
- l'infinité d'espèces entre deux espèces données, aussi proches que l'on veut (infini *in medio*).

Certaines de ces questions sont moins controversées que d'autres, bien qu'elles soient rituellement discutées. Il est ainsi admis de manière consensuelle que Dieu même ne peut pas créer d'espèces inférieures à la matière, alors que les autres points font davantage problème. Tandis que Thomas d'Aquin, Jacques de Viterbe et Gilles de Rome défendaient par exemple la possibilité pour Dieu de créer une infinité d'espèces *ad superius*, Henri de Gand et Godefroid de Fontaines inclinaient à refuser ce point[2].

Pour ces raisons, les écrits théologiques sont le lieu principal de ces analyses. Nous avons déjà vu comment Roger Roseth, en particulier, intégrait dans une question sur la charité un développement sur la possibilité d'une espèce créée infinie. Dans les années 1340 et 1350, cependant, un contexte différent stimule aussi ces réflexions sur le rapport des espèces. C'est à l'occasion de leurs questions sur la *Physique* d'Aristote que des auteurs comme Nicole Oresme ou Albert de Saxe abordent la perfection des espèces. Il s'agit alors, non pas d'interroger l'ordre du créé au regard de la puissance divine, mais d'examiner les conditions de possibilité d'une comparaison entre espèces différentes, visant à justifier la comparaison des différentes espèces de mouvement et, dans le cas du mouvement local, des mouvements de rotation et de translation.

1.1   *L'enjeu physique du problème (Nicole Oresme et Albert de Saxe)*

Nicole Oresme et Albert de Saxe abordent tous deux le problème de la perfection des espèces à l'occasion du livre VII de la *Physique*[3]. Dans les *Questions*

---

2   Henri de Gand, *Quodlibet* VIII, q. 8, f. 312r–314r ; Godefoid de Fontaines, *Quodlibet* IV, q. 3, p. 243. Voir A. Côté, « Le progrès à l'infini des perfections créées selon Godefroid de Fontaines et Jacques de Viterbe », dans *Les Études philosophiques* 91/4(2009), p. 505–530 ; Trifogli, « Egidio Romano e la dottrina aristotelica » ; E.P. Mahoney, « Duns Scotus and Medieval Discussions of Metaphysical Hierarchy : The Background of Scotus's 'Essential Order' in Henry of Ghent, Godfrey of Fontaines and James of Viterbo », dans L. Sileo (ed.), *Via Scoti. Methodologica ad mentem Joannis Duns Scoti, Atti del Congresso Scotistico Internazionale Roma, 9–11 marzo 1993* (Roma : PAA-Edizioni Antonianum, 1995), vol. I, p. 359–374.

3   L'analyse parallèle de Buridan se concentre sur les conditions (réelles, mentales et dénominationnelles) d'une comparaison entre deux choses. Sa question, davantage

d'Oresme, le traitement du concept de perfection s'inscrit dans le cadre de sa doctrine des modes et des *complexe significabilia*. La perfection n'est selon Oresme pas une chose distincte d'un être, mais un nom connotant sa place dans l'ordre des êtres. Elle est un « esse in tali gradu vel situ vel ordine entium »[4]. La notion de perfection implique donc *comparaison* à autre chose. Dans le cas des espèces, toutefois, cette comparaison est non-proportionnelle. Pour illustrer le caractère non-proportionnel des rapports entre espèces, Oresme va développer une typologie détaillée des angles déterminant une classification des types de comparaisons possibles.

Dans la question 5 de son commentaire au livre VII, Oresme différencie avant tout les rapports proportionnels et non-proportionnels : sont proportionnels les rapports qui supposent une même raison. Ce critère n'implique pas la nature finie du rapport : un rapport proportionnel peut être infini comme dans le cas du rapport de l'éternité à un jour. Les rapports proportionnels finis, sont eux, de trois sortes, selon les trois modes du rapport euclidien repris par Oresme (rationnel ; irrationnel connaissable (*scibilis*) de manière médiate par la dénomination d'un nombre ; irrationnel inconnaissable, comme, d'après Oresme, le rapport du cercle au carré qui s'y inscrit)[5]. Le rapport non-proportionnel se divise en rapport non-proportionnel infini comme le rapport de la ligne à la surface ou de l'angle de contingence à l'angle droit, qui ne partagent en effet pas la même raison, et en rapport non-proportionnel fini, comme celui de l'angle droit à un angle formé par une droite et une courbe, ou encore de deux courbes[6]. Six modes de comparaison (quatre proportionnels, deux non-proportionnels) sont donc possibles.

Dans la question 6 sur le même livre, Oresme complexifie la classification des rapports non-proportionnels. À une première distinction entre rapports *ultra omnem proportionem* (plus que 2/1, 3/1, 4/1…) et *citra omnem proportionem* (moins que 1/2, 1/3, 1/4…), qu'il emploie ailleurs dans ses questions sur la

---

sémantique, effleure seulement la notion de perfection spécifique ; Jean Buridan, *Quaestiones super libros Physicorum*, VII, q. 6, f. 106va–107rb.
4 Nicole Oresme, *Quaestiones super Physicam*, VII, q. 6, p. 758, l. 202–203.7
5 Nicole Oresme, *Quaestiones super Physicam*, VII, q. 5, p. 748, l. 210–226 ; voir Campanus/Euclide, *Elementa*, dans H.L.L. Busard (ed.), *Campanus of Novara and Euclid's Elements* (Stuttgart : Franz Steiner Verlag, 2005), vol. 1, v, def. 3, p. 160–161. Le *De proportionibus proportionum* distingue les rapports rationnels selon qu'ils sont immédiatement dénommés par un nombre, soit avec une fraction, soit avec des fractions, soit sans fraction ; voir *De proportionibus proportionum*, c. 1, p. 160, l. 278–280.
6 Nicole Oresme, *Quaestiones super Physicam*, VII, q. 5, p. 748–749, l. 227–232 ; pour la qualification du rapport entre courbes dans cette classe, voir *De configurationibus*, I, c. 20, p. 214–216.

*Physique*⁷, il ajoute un double type de rapport supplémentaire : *ultra et citra aliquam proportionem*⁸. Ces distinctions étant posées, il est possible d'établir certains rapports entre espèces : si l'âne diminuait en perfection à l'infini, la proportion de l'être humain à cet animal augmenterait à l'infini. Le cheval excède l'âne *citra omnem proportionem*, bien que les deux soient de perfection différente. De là, des comparaisons entre les rapports entre espèces sont possibles, ces conclusions supposant pour une part le principe admis par Oresme qu'un rapport puisse en excéder un autre à l'infini, comme le rapport d'égalité au rapport de moindre égalité (i.e. d'infériorité)⁹. À l'exception de quelques exemples, Oresme ne met toutefois pas en correspondance de manière détaillée les différents rapports irrationnels aux relations entre espèces, s'attachant surtout à en différencier les types. S'il maintient l'égalité perfectionnelle des individus homospécifiques (deux blancheurs inégalement intenses sont égales en perfection essentielle), il fait état d'une distinction entre perfection essentielle et accidentelle que Jean de Mirecourt, nous allons le voir, définit plus précisément à la même époque¹⁰.

La souplesse de l'ontologie d'Oresme, jointe à sa théorie des rapports médiatement comparables, a des conséquences importantes : Oresme accepte la possibilité de comparaisons inter-spécifiques pour des *rapports* de raison différente. Des choses sont immédiatement comparables quand elles le sont dans une espèce (l'être humain est plus blanc que le cheval – la blancheur étant l'élément de comparaison) ; d'autres sont médiatement comparables quand elles le sont dans deux espèces différentes par l'intermédiaire d'une autre chose. Pour illustrer ce dernier cas, Oresme donne l'exemple suivant : l'être humain est plus blanc que le cheval est noir. La possibilité de comparer, ici, repose sur un mode commun, à savoir l'*esse intensum*, qui permet d'établir une proportion (au sens d'une relation entre deux rapports) entre qualités contraires instanciées en deux espèces différentes : « esse intensum dicitur univoce de albedine et nigredine »¹¹. L'approche oresmienne de la perfection des espèces apparaît donc en lien étroit non seulement avec son ontologie des qualités,

---

7 La distinction – également exposée dans la question 19 sur la géométrie d'Euclide – est utilisée pour définir les relations entre les principes de la substance : la forme est plus parfaite *ultra omnem perfectionem* que la matière, et le composé plus parfait *citra omnem proportionem* que la forme ; Nicole Oresme, *Quaestiones super Physicam*, II, q. 9, p. 236, p. 238 ; voir de même Anonyme [Marsile d'Inghen ?], *Quaestiones super libros Physicorum*, f. 27rb. Cf. déjà Richard de Mediavilla, *Questions disputées*, q. 41, p. 358.
8 Nicole Oresme, *Quaestiones super Physicam*, VII, q. 6, p. 754, l. 58–64.
9 Nicole Oresme, *Quaestiones super Physicam*, VII, q. 6, p. 754, l. 78–80.
10 Nicole Oresme, *Quaestiones super Physicam*, VII, q. 6, p. 759, l. 226–236 ; p. 760, l. 265–271.
11 Nicole Oresme, *Quaestiones super Physicam*, VII, q. 5, p. 745, l. 116–117.

mais aussi avec son approche géométrique et ses travaux sur la comparabilité des objets mathématiques, commencés dès l'époque des *Questions sur la géométrie d'Euclide*, dont les quatre dernières portaient sur la nature de l'angle[12]. Des aspects essentiels de son approche, comme la typologie des six types de comparaison, se retrouveront non seulement chez Pierre de Ceffons mais aussi dans d'autres traités sur le même sujet[13].

L'étude du problème chez Albert de Saxe est proche par plusieurs aspects de celle d'Oresme. Comme chez Oresme, le problème s'ouvre par la détermination des conditions de possiblité d'une comparaison entre deux choses (question 4). Élargissant la définition de la proportion donnée par Campanus, Albert indique que comparer suppose une certaine *habitudo* que deux choses partagent selon l'égalité ou l'inégalité au sens large, c'est-à-dire incluant la quantité et la qualité d'un point de vue substantiel ou accidentel[14]. Cette extension de la notion de comparaison, visant à amender sa restriction aux individus de la même espèce spécialissime, en autorise un usage bien plus permissif. Les comparaisons strictes ont lieu entre individus homospécifiques, mais des types moins propres de comparaison sont possibles. Pour Albert comme pour Oresme, la comparaison, qui suppose, sous les choses comparées, *ce en quoi* elles le sont, est ainsi possible médiatement entre deux rapports tels que celui de Socrate à la blancheur et de Platon à la noirceur, qui peuvent être d'égalité ou d'inégalité. La comparaison s'effectue, dans ce cas, *in intensione* – là où Oresme parlait de comparaison selon l'*esse intensum*[15]. Le terme par la médiation duquel s'effectue la comparaison doit être susceptible de plus ou de moins, ce qui explique, d'une part, que deux êtres humains ne soient pas comparables du point de vue de l'humanité et, d'autre part, que la comparaison « Dieu est meilleur que le diable » est mauvaise, la bonté étant absente du second[16].

Comme Oresme, Albert caractérise la signification du terme « perfection » par la connotation de son rang dans l'ordre des êtres[17]. Une comparaison inter-spécifique est certes possible, de manière impropre, dans la mesure où dire de l'être humain qu'il est une espèce plus parfaite que l'âne ne revient pas à dire qu'il est plus parfaitement substance que l'âne, ce qui n'aurait guère

---

12 Nicole Oresme, *Quaestiones super geometriam Euclidis*, q. 18–21, p. 178–184

13 Voir par exemple Anonyme, *De perfectione specierum*, ms. Paris, Bibliothèque nationale de France, lat. 16621, f. 181r, où cette typologie se retrouve *verbatim*.

14 Albert de Saxe, *Quaestiones in libros Physicorum*, VII, q. 4, p. 957, l. 47–51 ; cf. *Tractatus proportionum*, p. 59, l. 1–9.

15 Albert de Saxe, *Quaestiones in libros Physicorum*, VII, q. 4, p. 958, l. 58–66 ; *Tractatus proportionum*, p. 65, l. 300.

16 Albert de Saxe, *Quaestiones in libros Physicorum*, VII, q. 4, p. 958–959, l. 67–86.

17 Albert de Saxe, *Quaestiones in libros Physicorum*, VII, q. 5, p. 964, l. 39–42.

de sens. De même, l'emploi syncatégorématique du terme « infini » ajouté à *homo est perfectior asino*, ne permet pas de conclure à l'infinité perfectionnelle intrinsèque de l'être humain, mais simplement à son excès *ultra omnem proportionem* sur l'autre espèce. Selon Albert, les substances considérées d'un point de vue intra-spécifique ne sont pas plus susceptibles de valeurs infinies. Il est des espèces qui n'admettent d'ailleurs pas de latitude, et les substances d'une même espèce ne sont dans tous les cas pas comparables selon des proportions (un être humain n'est pas deux fois plus parfait qu'un autre).

Les propos d'Albert de Saxe sont très proches de ceux d'Oresme sur le sujet. Ils s'en distinguent d'une part par un usage beaucoup plus restreint des angles et se limitant aux types d'excès « ultra omnem proportionem et citra omnem proportionem seu in infinitum modicum »[18]. Ils s'en démarquent, d'autre part, par la présence d'une discussion rapportée par Albert sur les modèles de représentation de l'ordre total des espèces. D'après son témoignage, certains imaginent les espèces comme différentes lignes s'élevant plus ou moins par rapport au non-degré de perfection[19]. Selon une autre représentation, la latitude créable est comparable à un cercle, dont le centre est la matière première, la circonférence Dieu, et les circonférences contenues entre eux l'ensemble des espèces créables[20]. Il est à noter que ce schéma « circulaire » suppose la mesure d'une espèce par sa distance au centre, idée à laquelle Albert oppose l'opinion selon laquelle la perfection d'une chose se mesure par son rapprochement à la première perfection. Selon lui, cette théorie ne vaut pas davantage pour mesurer les espèces que les qualités[21]. L'infinité de la perfection divine rend inopérante l'hypothèse dans le premier cas. Pour le second, Albert considère absurde la conséquence selon laquelle une chaleur au degré 9, sur une échelle allant à un maximum de 10, soit deux fois plus intense qu'une chaleur de degré 8[22].

---

18   Albert de Saxe, *Quaestiones in libros Physicorum*, VII, q. 4, p. 959–960 ; q. 5, p. 966–968.
19   Albert de Saxe, *Quaestiones in libros Physicorum*, VII, q. 5, p. 966, l. 79–83.
20   Albert de Saxe, *Quaestiones in libros Physicorum*, VII, q. 5, p. 964–965, l. 44–57 : *Unde aliqui de hoc imaginantur quod tota latitudo perfectionalis entium est sicut unus circulus cuius centrum est materia prima et circumferentia est Deus ; et tunc, sicut inter circumferentiam alicuius circuli et circa centrum eiusdem possunt fieri infinitae circumferentiae infinitorum circulorum, quorum unus est maior alio, ita inter Deum et materiam primam possunt imaginari infinitae species, quarum una est perfectior alia ; et, sicut ille circulus est minor cuius circumferentia minus distat a centro, ita illa perfectio speciei est minor quae minus distat a materia prima.*
21   Albert de Saxe, *Quaestiones in libros Physicorum*, VII, q. 5, p. 965–966.
22   Albert de Saxe, *Quaestiones in libros Physicorum*, VII, q. 5, p. 966, l. 76–78.

La présence de ces développements sur la perfection des espèces au sein de questions sur la *Physique* témoigne de la perméabilité des questionnements physiques et métaphysiques pour lesquels l'idée de grandeur intensive ou perfectionnelle est centrale : chez Albert et Oresme, le problème permet de retomber sur la comparaison des mouvements nécessaire à l'explication de *Physique* VII. Dans les années 1360, un auteur comme Facinus d'Aste inclura de même dans ses *Questions sur la Physique* une réflexion sur la perfection des espèces tout imprégnée des réflexions alors davantage développées en contexte théologique.

1.2 *La perspective théologique : entre commentaires et traités*

À partir de la fin des années 1340, la perfection des espèces gagne en contexte théologique une place privilégiée dans les lectures sur les *Sentences*. Jean de Mirecourt, Pierre de Ceffons, Hugolin d'Orvieto et Jean de Ripa accordent tous dans leur lecture une place au problème, qui n'est pas toujours la même : Jean de Mirecourt l'aborde dans son prologue dans le cadre d'une question sur la possibilité d'une connaissance de Dieu ; dans le cadre d'un commentaire au premier livre des *Sentences* pour Pierre de Ceffons (question 6) et Hugolin d'Orvieto (distinction 3) ou Jean de Ripa (distinction 2).

Intégrées au sein de commentaires aux *Sentences* s'apparentant de plus en plus à un ensemble réduit de questions reliées de manière assez lâche au texte original, les controverses relatives aux espèces conduisent à la constitution d'un champ problématique autonome, organisé autour de questions d'un nombre relativement restreint mais étroitement intriquées. Ce champ problématique explique la diffusion de textes comme la question d'Hugolin d'Orvieto – extraite du reste de son commentaire – sous le titre de *Tractatus de perfectione specierum*, mais aussi la rédaction d'œuvres comme le *De perfectione specierum* de Jacques de Naples, écrit composé comme un traité autonome. Des œuvres apparentées au genre des questions disputées sont également produites sur ce thème, c'est-à-dire dans un cadre similaire à celui où des auteurs comme Jacques de Viterbe ou Godefroid de Fontaines les envisageaient.

Le style littéraire de ces productions est marqué par ce contexte d'écriture. En dépit des différences qui séparent le traitement précoce du problème chez Jean de Mirecourt des compositions plus tardives du XIVe siècle, les réflexions sur les espèces affectent à partir des années 1340 un style essentiellement déductif, s'apparentant effectivement au genre du traité. Le recours aux nouveaux langages logiques, généralisant le concept d'intensité à celui – plus abstrait – de perfection, favorise des écrits souvent structurés comme ensembles de conclusions déduites de quelques définitions et distinctions initiales.

2 La transposition des débats

2.1 *Continuité et divisibilité des latitudes spécifiques*

En en récupérant les concepts, les débats sur la perfection des espèces transposent sur un nouveau plan les problèmes associés à l'intensité des formes. L'un des principaux concerne le type de succession des espèces le long de la chaîne des êtres. Ce problème résulte de l'emploi du concept de latitude pour penser l'ordre des espèces s'étalant du degré le plus inférieur de l'être (l'espèce la moins parfaite) jusqu'à Dieu. De la même manière que l'intensification qualitative problématisait la structure supposée continue du mouvement, la latitude des êtres en général engage la question de la structure continue ou discrète de l'ordre des perfections. Le mode de succession des espèces le long de cette échelle suscite une première difficulté liée à leur infinité *in medio*, isomorphe à la question de la structure du continu intensif qui occupait les débats sur les degrés des accidents. C'est sur ce point que la puissance divine entre en jeu : les espèces actuelles sont, de l'avis général, en nombre fini, mais rien n'exclut d'interroger l'ordre des espèces *créables*. Jean de Mirecourt, qui rédige son *Commentaire sur les Sentences* entre 1344 et 1346, résout par exemple la question en affirmant la continuité *in medio* des espèces créables, en ce sens qu'entre n'importe quelles espèces, il est toujours possible à Dieu d'en créer une infinité[23].

Cette question de la continuité des espèces est inséparable du problème des limites qui accompagne au XIVe siècle le thème des formes intensives. Étendu au cas des espèces, ce problème se complique : beaucoup d'auteurs admettent dorénavant, qu'en un sens ou un autre, il existe des différences de perfection entre individus homospécifiques, qu'il s'agisse des qualités (e.g. différentes nuances de rouge) ou des substances (tel cheval pouvant être plus parfait qu'un autre, par exemple). L'affirmation d'un plus ou moins généralisée à différentes catégories d'étants ne suppose dès lors plus seulement de justifier l'indivisibilité essentielle des espèces. Elle implique aussi de comprendre de quelle manière des espèces elles-mêmes plus ou moins parfaites demeurent ordonnées les unes aux autres dans une hiérarchie en dépit de ces variations

---

23 Jean de Mirecourt, *In primum librum Sententiarum*, Prol., q. 10, *Utrum cognitiones excedant se perfectionaliter proportionaliter secundum excessum obiectorum*, ms. Paris, Bibliothèque nationale de France, lat. 15882, f. 36vb-40rb ; cf. édition partielle par M. Parodi en ligne (URL= http://filosofia.dipafilo.unimi.it/~mparodi/mirecourt/home.htm), §5 : *Octava, quod inter quascumque species fieri possunt non tot quin plures ; patet, quia inter quoscumque gradus sunt gradus infiniti. [...] Duodecima, quod infinities infinite sunt ymaginabiles species quarum nulla est posita in esse, immo inter quascumque species sunt ymaginabiles infinite species quarum nulla est posita in esse.*

internes. Autrement dit, il est encore requis de préciser comment une espèce est bornée (c'est-à-dire séparée ou « terminée ») par rapport à une autre étant admis qu'elles contiennent une certaine latitude d'individus plus ou moins parfaits. La question s'avère d'autant plus périlleuse qu'il semble possible qu'à l'intérieur d'une espèce un individu puisse augmenter indéfiniment en perfection (par exemple, un degré de chaleur). Des théologiens antérieurs comme Gilles de Rome ou Godefroid de Fontaines avaient prudemment refusé l'idée d'un procès des perfections à l'infini à l'intérieur d'une espèce, exploitant l'assimilation aristotélicienne des espèces aux nombres pour montrer qu'un nombre inégal à un autre de même espèce est impossible[24].

Reconnaissant au contraire cette possibilité, Jean de Mirecourt établit une distinction entre deux types d'excès destinée à la faire tenir avec l'exigence d'un ordre spécifique hiérarchique, c'est-à-dire à concilier les différences de perfection internes à une espèce et celles séparant les espèces entre elles : selon lui, un excès de perfection peut être *essentiel* ou *accidentel*. L'excès de perfection essentiel est dû à une propriété essentielle à l'individu, qu'il ne peut pas ne pas posséder, et caractérise ainsi la différence de perfection qui sépare l'être humain en tant qu'humain de l'âne en tant qu'âne. Un excès de perfection accidentel est dû à une propriété que l'individu peut posséder plus ou moins sans varier essentiellement. L'excès accidentel entre deux choses peut être *intrinsèque* (la différence entre elles d'intensité d'une propriété inhérente, par exemple) ou *extrinsèque* (leurs différences relatives vis-à-vis d'une troisième). Cette distinction entre deux sortes de quantités de perfection (l'une spécifique ; l'autre individuelle), que nous avons déjà rencontrée sous d'autres formulations chez d'autres auteurs, conduit Jean de Mirecourt à distinguer deux types de latitudes[25] :

> Hac distinctione premissa, pono aliquas propositiones pro evidentia solutionis questionis. Et est prima ista : totalis ymaginabilium rerum perfectio duplicem habet latitudinem : prima est essentialis, alia accidentalis, et utraque est infinita.

---

24 Voir l'étude de Côté, « Le progrès à l'infini », qui montre en outre de quelle manière certaines visions de l'ordre des espèces au XIIIe siècle, comme celle de Gilles de Rome, demeurent étrangères à l'exigence d'homogénéité qui s'impose au XIVe siècle, acceptant par exemple des écarts perfectionnels inégaux entre espèces sur le modèle de la gamme musicale.

25 Jean de Mirecourt, *In primum librum Sententiarum*, Prol., q. 10, §5.

Cette idée d'une double latitude implique qu'une chose peut être comparée à d'autres de deux manières différentes, sans que les deux latitudes soient superposées au sein d'une même échelle. Les deux latitudes de perfection des choses imaginables, toutes deux infinies, ne sauraient être confondues. La possibilité d'un être toujours plus parfait à l'intérieur d'une espèce n'entraîne nullement qu'un être de cette espèce puisse égaler la perfection d'une espèce supérieure. La latitude de perfection accidentelle n'est donc pas une latitude de perfection *spécifique*. On relèvera que cette idée est logiquement indépendante de la thèse d'une infinité d'espèces *in medio*, qui implique un certain type d'indivisibilisme concernant les propriétés spécifiques. La distinction d'une double latitude respecte ainsi simultanément les exigences d'un ordre du créable continu (deux espèces n'étant jamais immédiates ou contigues) et d'une variation perfectionnelle interne aux espèces. Les attributs essentiels de l'espèce occupent un rang fixe au sein de la latitude des perfections spécifiques : l'excès essentiel entre deux êtres ne saurait donc être infini, et seul Dieu dépasse infiniment les créatures. Il n'est d'excès infini que d'un point de vue accidentel et extrinsèque, mais non pas accidentel et intrinsèque[26] :

> Quod aliqua cognitio vel aliqua res creata excedit vel excedere potest aliam infinite accidentaliter extrinsece. Probatur sic : aliqua dilectio potest sic esse infinite melior [...]. Dilectio qua diligitur Deus super omnia infinite melior est dilectione creature qua creatura diligeretur et non propter Deum nec tamen male ; similiter actus malus mortaliter est infinite gravior actu malo venialiter et primum est ratione Dei quod est diligibile infinite melius quacumque creatura, ratione cuius eius dilectio est infinite melior extrinsece, quia, si solum finite posset dari aliquod obiectum cuius dilectio equaretur in perfectione tali dilectioni Dei, et secundum est infinite pene extensive qua punitur peccatum mortale non veniale, igitur. Secundo arguitur sic, quia angulus contingentie est in infinitum acutior angulo rectilineo, sicut demonstrative probat geometer, quia omnium angulorum acutissimus, ut dicit quintadecima propositio est Euclidis, igitur aliqua res creata aliam excedit infinite accidentaliter extrinsece.

On le voit, la distinction de l'excès accidentel et essentiel, dans le cadre de ce prologue sur les *Sentences*, sert avant tout à comprendre la manière dont un acte comme une cognition peut se rapporter accidentellement à son objet

---

26   Jean de Mirecourt, *In primum librum Sententiarum*, Prol., q. 10, concl. 3.

(qui ne le modifie pas en tant qu'acte cognitif)[27]. La présence de l'argument de l'angle de contingence dans le raisonnement n'est pas neutre. Il est largement répandu en contexte théologique pour penser l'accroissement ou la diminution indéfinie d'une grandeur entre certaines limites données[28]. Il permet de justifier l'idée d'un plus ou moins interne aux espèces tout en maintenant le principe d'un ordre inter-spécifique hiérarchique et fixe. Typique de ces discussions, son usage chez Nicole Oresme et Pierre de Ceffons lui donnera une ampleur plus importante encore. Dans la perspective de Jean de Mirecourt, cette analogie vient illustrer l'idée d'un excès extrinsèque *ultra omnem proportionem* entre deux choses finies, qui n'implique pas le caractère positivement infini d'une propriété intrinsèque.

2.2   *Arithmétique et géométrie : des modèles concurrents*

Parce qu'ils engagent une certaine théologie de la puissance divine, les questionnements sur l'ordre des perfections spécifiques conduisent à déterminer la structure du possible. Le problème du caractère discret ou continu de l'ordre des perfections spécifiques entraîne plus précisément la concurrence de deux modèles analogiques : celui de la succession des entiers, d'un côté ; celui des grandeurs continues, de l'autre. En pensant les perfections spécifiques comme potentiellement infinies entre deux espèces données, Jean de Mirecourt favorisait implicitement un modèle géométrique assimilant les degrés spécifiques à des points situés sur une ligne. Le théologien cistercien rejoignait en cela une position partagée, sous des aspects divers, par Thomas d'Aquin, Gilles de Rome et Jacques de Viterbe[29].

Pierre de Ceffons (†ca.1380), lecteur des *Sentences* à Paris en 1348–1349, adopte une attitude critique vis-à-vis des résultats auxquels était parvenu Jean

---

27   Jean de Mirecourt, *In primum librum Sententiarum*, Prol., q. 10 : *Sexta et ultima conclusio est : una res potest aliam excedere in duplo vel in alia proportione, et tamen non oportet cognitionem eius propriam et distinctam excedere sic accidentaliter cognitionem propriam et distinctam alterius. Probatur, quia albedo duplo intensior excedit accidentaliter in duplo albedinem duplo remissiorem, et tamen non oportet cognitionem albedinis duplo intensioris esse duplo intensiorem.*

28   À la même époque, Grégoire de Rimini le convoque à propos de la charité, *Lectura super primum et secundum Sententiarum*, eds. A.D. Trapp *et al.* (Berlin / New York : De Gruyter, 1979–1984), vol. 2, I, d. 17, q. 4, p. 410–411. D'autres usages sont cependant à signaler. Thomas de Strasbourg l'emploie par exemple pour justifier la possibilité d'une diminution indéfinie du bien consécutive au péché, qui n'altère pas la bonté naturelle fondamentale que suppose le péché ; Thomas de Strasbourg, *Scripta super libros Sententiarum*, II, d. 34, q. 1, a. 3, f. 187va–vb.

29   Thomas d'Aquin, *Scriptum super Sententiis*, I, d. 44, q. 1, a. 2, sol. ; Gilles de Rome, *Quodlibet* III, q. 5, p. 139–141 ; Jacques de Viterbe, *Quodlibet* I, q. 2, p. 32–33.

de Mirecourt[30]. D'un point de vue terminologique, il reprend la distinction de son confrère cistercien entre excès essentiel et accidentel, mais adopte une approche résolument géométrique pour analyser les rapports inter-spécifiques – approche qui marque l'intégralité de son commentaire des *Sentences*[31]. Pierre mobilise l'exemple canonique de l'angle de contingence[32]. Mais ce cas usuel est enrichi de la typologie exposée par Oresme dans son commentaire à la *Physique*[33]. À l'angle de contingence s'ajoute la prise en compte des différents rapports entre cet angle, l'angle du demi-cercle (*angulus portionis circuli*) et l'angle droit, permettant une meilleure différenciation des types d'excès non-proportionnels.

À côté de l'excès *ultra omnem proportionem* illustré par le rapport de l'angle droit à l'angle de contingence ($\widehat{BAC}/\widehat{DAC}$ dans la Figure 21 ci-dessous), Pierre distingue l'excès *citra omnem proportionem* (infiniment petit) illustré par le rapport de l'angle droit à l'angle du demi-cercle ($\widehat{BAC}/\widehat{BAD}$)[34]. Pierre ajoute comme Oresme à ces deux types d'excès inverses deux types supplémentaires d'excès *ultra aliquam proportionem* et *citra aliquam proportionem*. Le premier excès caractérise le rapport de l'angle droit à l'angle formé par la moitié d'un angle droit moins l'angle de contingence, supérieur au rapport double : $\widehat{BAC}/\widehat{EAD} > 2/1$. Le second excès caractérise le rapport de l'angle du demi-cercle à la moitié de l'angle droit : le premier excède le second moins que selon le rapport double, qu'il atteindrait si on lui ajoutait l'angle de contingence : $\widehat{BAD}/\widehat{BAE} < 2/1$. Ces propriétés permettent de démontrer un certain nombre de relations entre le tout et l'une de ses parties en termes de proportion d'excès et de divisibilité de ce rapport : une partie (angle de portion) peut être infiniment

---

30   Sur le débat entre Pierre de Ceffons et Jean de Mirecourt sur la perfection des espèces, voir Murdoch, « *Subtilitates anglicanae* ».

31   Voir les études récentes de A. Nannini, C. Schabel, « Pierre Ceffons on Divine Simplicity, Part I : Modality, Sophisms, Physics, and *odium Dei* in his *In Primum Sententiarum*, Distinctio 8, Quaestio 1 », dans *Recherches de Théologie et Philosophie Médiévales* 85/1(2018), p. 135–185 ; A. Nannini, C. Schabel, « Pierre Ceffons on Divine Simplicity, Part II : Mathematical Theology, Infinity, and the Body-Soul Problem in his *In Primum Sententiarum*, Distinctio 8, Quaestio 2 », dans *Recherches de Théologie et Philosophie Médiévales*, 85/2(2018), p. 309–365 ; A. Corbini, « *Fruitio* et *beatitudo* entre volonté et intellect selon Pierre de Ceffons » dans *Quaestio* 15(2015), p. 721–728. Plus largement, voir A.D. Trapp, « Peter Ceffons of Clairvaux », dans *Recherches de théologie ancienne et médiévale* 24(1957), p. 101–154.

32   Pierre de Ceffons, *Commentarius in Sententias*, ms. Troyes, Bibliothèque Municipale 62, I, q. 6, f. 20ra : *Quod aliquid ultra omnem proportionem excedit aliud patet, quia angulus rectus ultra omnem proportionem finitam excedit angulum contingentie*.

33   Voir la comparaison détaillée de E. Mazet, « Pierre Ceffons et Oresme – Leur relation revisitée », dans Caroti, Celeyrette (eds.), *Quia inter doctores*, p. 175–194, dont les analyses et la présentation sont reprises ici ; cf. Murdoch, « *Mathesis in philosophiam* », p. 242–246.

34   Pierre de Ceffons, *Commentarius in Sententias*, I, q. 6, f. 20ra.

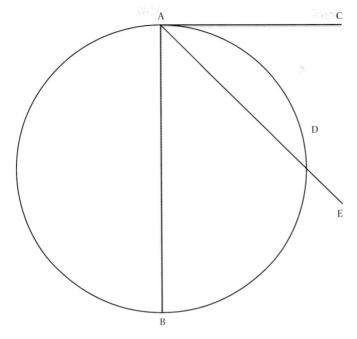

FIGURE 21

plus petite que son tout (angle droit) ; inversement, un tout (angle droit) peut être infiniment plus grand qu'une de ses parties (angle de contingence)[35].

Il faut ainsi distinguer différentes façons dont une espèce peut être dite inférieure à une autre, soit qu'elle ne puisse jamais atteindre l'espèce supérieure, fût-elle augmentée à l'infini, soit qu'elle puisse en un sens atteindre ou même excéder quelque chose de l'espèce supérieure, mais sans en atteindre le degré suprême ou la perfection essentielle, comme un angle curviligne augmentant jusqu'à dépasser la valeur de l'angle droit sans jamais devenir droit[36].

Au demeurant, Pierre exploite ces propriétés à rebours de ses contemporains. Selon lui, l'idée d'un excès (*ultra* ou *citra omnem proportionem*) entre deux espèces finies rend probable la thèse d'un excès infini (intrinsèque) d'une espèce sur une autre, bien que Pierre n'affirme pas catégoriquement l'existence de telles relations à propos d'espèces précises[37], là où ses contemporains exploitent plutôt l'analogie des angles en sens contraire. En d'autres termes,

---

35   Pierre de Ceffons, *Commentarius in Sententias*, I, q. 6, f. 20ra–rb.
36   Pierre de Ceffons, *Commentarius in Sententias*, I, q. 6, f. 22va : [...] *Angulus ex dyametro et recta linea est species alia a rectilineis angulis, et potest tamen angulum rectilineum excedere, et tamen non potest ad quemlibet rectilineum devenire.*
37   Pierre de Ceffons, *Commentarius in Sententias*, I, q. 6, f. 20ra.

Pierre de Ceffons s'oppose à la thèse de Jean de Mirecourt selon laquelle aucun excès infini selon la perfection accidentelle et *intrinsèque* n'est possible entre espèces créables, se servant des propriétés angulaires par lesquelles Jean illustraient (pour l'angle de contingence) les relations externes entre espèces. Les exemples d'applications possibles aux espèces correspondent donc étroitement chez Pierre de Ceffons aux suppositions qu'Oresme tirait de la même typologie des rapports non-proportionnels, bien que le commentaire des *Sentences* de Pierre en multiplie de manière bien plus généreuse les illustrations géométriques.

2.3   La mesure des espèces et le problème de l'infini

Le passage des réflexions *de intensione formarum* aux débats *de perfectione specierum* transpose sur ce nouveau plan les concepts et méthodes de mesure initialement définis pour les qualités. De même que la mesure des intensités invitait à choisir l'un des termes de la latitude d'une qualité pour évaluer sa valeur par écart ou rapprochement, l'idée d'une mesure des espèces implique un choix similaire. Mais dans la mesure où la latitude comprise entre le degré inférieur et le degré supérieur n'est autre, dans ce cas, que l'échelle même des êtres, les données du problème s'en trouvent modifiées.

D'un côté, tout être doit sa perfection à Dieu – terme supérieur de l'échelle de l'être – puisque c'est en vertu d'une relation de participation, d'imitabilité ou de dépendance qu'il tire sa perfection spécifique. Comme la puissance se rapporte à l'acte qui lui est antérieur par nature, l'imparfait n'est tel que par rapport au parfait qui en est la mesure. Cette position consistant à considérer Dieu comme seule mesure d'une perfection spécifique, pouvant s'autoriser de références à Augustin, dominait nettement le XIIIe siècle[38]. En dépit de sa cohérence métaphysique, dans la mesure où elle respecte la dépendance ontologique de l'imparfait envers le parfait, cette idée se heurte à une objection majeure : en admettant que la différence de perfection entre Dieu et les créatures est infinie, on ne pourra différencier les perfections en adoptant ce point de référence, puisque chaque chose finie est également distante de l'infini.

Cette difficulté n'est pas propre aux tenants d'une infinité possible d'espèces *ad superius*, mais provient plutôt de l'infinité positive de l'être divin (un auteur

---

[38]   Augustin d'Hippone, *De Genesi ad litteram*, IV, 4, p. 292. Voir par exemple Albert le Grand, *Super Dionysii De Divinis Nominibus*, ed. P. Simon, Coloniensis 37/1 (Münster i.W. : Aschendorff, 1972), 1, p. 14–15, p. 32–33 ; 4, p. 130–131 ; 5, p. 321 ; 9, p. 387 ; Thomas d'Aquin, *Summa theologiae*, Ia, q. 15, a. 2 ; *Quodlibet* IV, q. 1 ; Gilles de Rome, *Quaestiones de esse et essentia* (Venise : Simon de Luere, 1503), q. 2, f. 5ra ; Jacques de Viterbe, *Disputationes de quodlibet* I, q. 2, a. 1, p. 27 ; Henri de Gand, *Quodlibet* VIII, q. 8, f. 312v–313v.

comme Henri de Gand refusant par exemple l'infini *ad superius* mais caractérisant Dieu comme être actuellement infini). Dans l'hypothèse où le progrès des perfections ne va pas à l'infini, il devrait donc être possible de mesurer les espèces non pas par leur rapprochement à Dieu, mais à l'espèce suprême qui termine la chaîne des perfections créables. Le *Compendium utriusque philosophiae* attribué à Jacques Legrand (†1425)[39], qui offre un clair exposé du problème et en discute les options, distingue ainsi quatre positions possibles, puisque les deux bornes (supérieure et inférieure) peuvent être considérées de manière inclusive ou exclusive. L'une d'entre elles, qui sera effectivement défendue par un auteur comme Jean de Burgo, considère l'espèce suprême comme mesure des êtres[40]. Cette position, qui permet une mesure par le parfait tout en évitant l'introduction d'un terme infini, implique de ne pas considérer l'infinité *potentielle* des espèces *ad superius*, qu'admettent la plupart des auteurs.

D'un autre côté, la mesure de la perfection des espèces par référence au terme inférieur de la latitude de l'être se prête mieux à la quantification de leurs rapports, puisqu'elle permet d'envisager la notion de perfection spécifique par rapport à un degré 0, de la même manière qu'une qualité peut être mesurée, d'un point de vue physique, par rapport à son non-degré. Deux options semblent aussi permises, car le terme inférieur de la latitude de l'être est sujet à interprétation : s'agit de la matière, intermédiaire entre l'être et le non-être, ou du non-être comme tel ? Cette difficulté sera généralement résolue par la distinction du terme inférieur exclusif de la latitude de l'être (le non-être *simpliciter*) et de son terme inférieur inclusif (la matière). Elle témoigne ici encore de la manière dont le cadre conceptuel de l'intensité des formes, en l'occurrence de ses aspects liés aux limites (intrinsèques *vs* extrinsèques), se trouve redéployé sur le plan plus général de l'ordre du créable.

Les controverses sur la perfection des espèces qui agitent le monde universitaire vers 1350 résultent de l'intrication de ces diverses questions qui, en exigeant des réponses cohérentes entre elles, se prêtaient idéalement à des débats tout scolastiques. Les résoudre de manière consistante apparaît une gageure, si l'on résume les contraintes, admises par ces auteurs, qu'il s'agit d'harmoniser :

---

39 Sur cette attribution, voir E. Beltran, « Jacques Legrand O.E.S.A. Sa vie et son œuvre », dans *Augustiniana* 24(1974), p. 132–160 ; p. 387–414, ici p. 395*sq* ; cf. D.A. Di Liscia, « The Subject Matter of Physics and Metaphysics in Jacques Legrand's *Compendium utriusque philosophie* », dans *Revista Española de Filosofía Medieval* 24(2017), p. 249–265.

40 Jacques Legrand, *Compendium utriusque philosophiae*, ms. Paris, Bibliothèque nationale de France, lat. 6752, f. 35v–36r : *Secunda autem opinio fuit aliorum dicentium quod prima intelligentia est mensura totius latitudinis creabilium. Itaque dicunt quod res perfectior est quanto est prime intelligentie propinquior et econverso tanto imperfectior quanto remotior.*

- les espèces s'excèdent de manière telle qu'un individu d'une espèce donnée, aussi parfait soit-il (à l'infini), reste inférieur aux espèces supérieures à la sienne.
- certaines espèces sont plus parfaites que d'autres et doivent être, d'une certaine manière, plus ou moins proches de Dieu.
- les espèces sont toutes infiniment distantes de Dieu et, de ce point de vue, à égale distance de ce terme.

On a déjà pu apercevoir comment une tentative de conciliation de ces contraintes reposait sur l'exploitation, en particulier chez Oresme et Pierre de Ceffons, des paradoxes métriques attachés à certaines propriétés angulaires. Cette solution ne pouvait satisfaire entièrement le point de vue théologique : elle n'était avant tout qu'une analogie, concernant des objets mathématiques (dont la réalité extra-mentale, en contexte aristotélicien, est refusée) et, qui plus est, d'un cas-limite de l'objectivité mathématique (l'angle, dont le statut est controversé[41]). Si l'analogie était acceptable, elle ne pouvait se substituer complètement à une résolution du problème passant par une détermination conceptuelle.

3 La structure de la latitude de l'être

3.1 *Latitude individuelle et noblesse spécifique : la solution d'Hugolin d'Orvieto*

Le *De perfectione specierum* d'Hugolin d'Orvieto (†1373) est une production typique de ces réflexions marquant le milieu du siècle. Lecteur des *Sentences* en 1348–1349 à Paris, Hugolin aborde le problème dans sa troisième question de la distinction 3 sur le premier livre[42]. La latitude d'un être renvoie dans le vocabulaire d'Hugolin à sa quantité de perfection, et ne signifie pas une

---

41   Sur l'histoire du problème de sa définition, entre mathématiques et philosophie, voir R. Rashed, *Angles et grandeur : D'Euclide à Kamāl al-Dīn al-Fārisī* (Berlin : De Gruyter, 2015).

42   Deux éditions ont vu le jour : celle de F. Corvino, « Hugolini de Urbe Veteri Tractatus de perfectione specierum », dans *Acme* 8(1955), p. 119–204 ; celle de W. Eckermann, *Commentarius in quattuor libros Sententiarum* (Würzburg : Augustinus-Verlag, 1980–1988), à laquelle font référence les renvois ci-après. Sur cette question, voir F. Corvino, « Il *de perfectione specierum* di Ugolino d'Orvieto », dans *Acme* 7(1954), p. 73–105 ; S. Roudaut, « Hugolinus of Orvieto and the Controversies on the Perfection of Species : the Context and Influence of his *De Perfectione specierum* », dans *Augustiniana* 69/2(2019), p. 299–331.

variation perfectionnelle, l'ermite de saint Augustin refusant qu'une essence varie en perfection[43] :

> Secundum <corollarium> : Quaelibet illarum perfectionum est in gradu suo indivisibiliter sic, quod non potest intendi vel remitti, stante essentia simpliciter eadem secundum denominationem propriam correspondenter.

Ce point étant posé, Hugolin admet que les individus d'une même espèce peuvent présenter des différences de perfection[44], tout en entendant préserver le principe d'invariabilité des espèces, un être humain ne pouvant être dit plus « humain » qu'un autre. Du point de vue de leur perfection spécifique, les individus appartenant à une même espèce sont équivalents. C'est par une distinction entre deux types de perfection qu'Hugolin résout la difficulté : (1) la noblesse essentielle (*nobilitas essentialis*)[45], caractérisant l'essence en tant qu'essence, et (2) une certaine latitude (*quaedam latitudo*) propre à un individu plus ou moins parfait au sein de son espèce[46] :

> Perfectio accipitur igitur dupliciter, et haec est distinctio principalis probanda, quia vel accipitur ut est quaedam essentialis nobilitas in genere suo seu in ordine essentialium perfectionum, vel ut est quaedam latitudo seu portio in illa nobilitate.

La place d'une espèce au sein de l'échelle des perfections est fixe, et fonction de sa *nobilitas essentialis*. Indépendamment de son degré, une qualité rouge possède en vertu de l'essence de la rougeur une certaine noblesse essentielle.

---

43   Hugolin d'Orvieto, *Commentarius in libros Sententiarum*, I, d. 3, q. 3, a. 1, vol. 2, p. 78, l. 183–185 ; pour le même principe appliqué à la charité, voir *idem* I, d. 14–18, q. 1, a. 1, p. 230–236 ; a. 3, p. 238–240.

44   Hugolin d'Orvieto, *Commentarius in libros Sententiarum*, I, d. 3, q. 3, a. 1, p. 75–78 ; a. 3, p. 96, p. 98, p. 108 ; a. 5, p. 128–129.

45   Le terme « noblesse » en relation à l'idée de latitude est commun au XIVe siècle, en contexte théologique mais aussi médical : voir A. Robert, « Le corps d'après : la Chute entre théologie et médecine (XIIe–XIVe siècle) », dans I. Rosier-Catach, G. Briguglia (eds.), *Adam, la nature humaine, avant et après : Épistémologie de la Chute* (Paris : Publications de la Sorbonne, 2016), p. 173–204 ; Robert, « La latitude de l'humanité » ; plus généralement, et centré sur le XIIIe siècle, voir T.W. Köhler, Homo animal nobilissimum. *Konturen des spezifisch Menschlichen in der naturphilosophischen Aristoteleskommentierung des dreizehnten Jahrhunderts* (Leiden / Boston : Brill, 2008).

46   Hugolin d'Orvieto, *Commentarius in libros Sententiarum*, I, d. 3, q. 3, a. 1, p. 75, l. 70–73.

L'intensification des formes ne saurait donc faire varier cette quantité de perfection qui, en un sens, est indivisible[47] :

> Quaelibet essentia simplex est aliquo gradu essentialis nobilitatis nobilis invariabiliter primo sensu. Isto sensu dicitur species 'atoma' et dici potest quod intensio formae non sit secundum gradum nobilitatis essentialis.

C'est au concept de « latitude individuelle » que revient de distinguer les différences entre individus co-spécifiques. À l'intérieur de chaque espèce, chaque individu constitue un certain degré devant être pensé comme une partie de la latitude spécifique[48]. Le degré individuel ne doit pas être imaginé comme un point (indivisible), mais plutôt comme une partie de l'espèce qui en est une actualisation plus ou moins parfaite[49] :

> Quintum corollarium : Gradus individualis est latitudo seu portio quaedam suae speciei : et improprie dicitur gradus, nisi esset latitudo intensive denominata a summo gradu in ea.

3.1.1 Distinction et structure des ordres

Hugolin se montre réticent à l'emploi des notions de *latitudo creabilium* ou de *latitudo entium* : trois ordres de perfection doivent selon lui être distingués pour rendre compte de manière précise de la perfection des êtres. Deux façons de concevoir l'ordre des perfections sont en effet possibles à côté de la considération de l'espèce[50] :

> Triplex est ordo gradualium perfectionum. Maximus est imaginaria longitudo gradatim possibilium nobilitatum essentialium, cui correspondet infinitas idearum, id est divina perfectio infinitis nobilitatibus gradualiter imitabilis. [...]. Alius ordo, non unus proprie, sed multiplex, est praedicto ordini lateralis et vocatur ordo generis, scilicet proximi, et est imaginaria latitudo proximarum specierum, cuius nulla est prima vel suprema nec duae aequales vel immediatae, ut puto [...]. Minimus ordo huic secundo ordini quasi lateralis est una possibilis continuabilis latitudo vel mere

---

47 Hugolin d'Orvieto, *Commentarius libros Sententiarum*, I, d. 3, q. 3, a. 1, p. 81–82, l. 285–287.
48 L'expression « *gradus individualis* » (*Commentarius in libros Sententiarum*, I, d. 3, q. 3, a. 1, p. 78–79) est le plus souvent abrégée en « *gradus* » pour dénoter les latitudes individuelles ; voir a. 1, p. 80, p. 82 ; a. 3, p. 96–97, p. 101–102, p. 104, p. 107–108 ; a. 4, p. 116, p. 121–122.
49 Hugolin d'Orvieto, *Commentarius in libros Sententiarum*, I, d. 3, q. 3, a. 1, p. 79, l. 207–209.
50 Hugolin d'Orvieto, *Commentarius in libros Sententiarum*, I, d. 3, q. 3, a. 1, p. 79–80, l. 210–233.

discreta, cuius quaelibet pars seu portio est aequalis nobilitatis in suo genere et in perfectione simpliciter [...].

Selon un ordre décroissant de généralité, l'échelle des perfections peut d'abord être entendue comme ordre des perfections *simpliciter*. L'ordre des perfections *simpliciter* correspond aux degrés possibles d'imitabilité de la perfection divine, cet ordre renvoyant à la suite des attributs les plus généraux des êtres créés, comme la triade *esse* / *vivere* / *intelligere*[51], les perfections comme la justice, l'amour ou la sagesse, ou les transcendantaux comme l'acte et l'essence (*actus, essentia*)[52]. Le recours à des propriétés transcendantales est décisif pour la possibilité d'une mesure des espèces, et se retrouve pour cette raison dans les autres productions de l'époque[53]. Il permet en effet de contourner le principe d'incomparabilité des genres, et d'établir sur la base de tels attributs des rapports non seulement entre substances de genres distincts, mais aussi entre substances et accidents (un acte cognitif ou une couleur pouvant par exemple être comparés à une substance sous la raison de l'*esse*).

Deuxièmement, l'ordre des perfections peut signifier celui des genres, qui représentent une hiérarchisation plus fine des êtres, dans la mesure où plusieurs genres peuvent participer à une même perfection *simpliciter* (par exemple, la vie). Chaque genre possède sa propre *nobilitas*, mais aussi une certaine latitude qu'occupent les différentes espèces qui le constituent. Pour désambiguïser les relations entre les ordres, les genres représentant des classes d'espèces et occupant une certaine partie de l'ordre des perfections *simpliciter*, Hugolin emploie l'expression « longitude » pour référer à l'ordre de ces perfections (par opposition à la latitude interne aux espèces), sans qu'un rapport à l'usage du terme chez Oresme ne puisse être ici établi[54].

Enfin, l'ordre des êtres peut être considéré selon les espèces elles-mêmes d'après leur perfection respective. Chaque espèce a sa propre *nobilitas*

---

51 Hugolin d'Orvieto, *Commentarius in libros Sententiarum*, I, d. 3, q. 3, a. 4, p. 104.
52 Hugolin d'Orvieto, *Commentarius in libros Sententiarum*, I, d. 3, q. 3, a. 1, p. 78 ; a. 2, p. 88, p. 90 ; a. 3, p. 107 ; a. 4, p. 113.
53 Hugolin d'Orvieto, *Commentarius in libros Sententiarum*, I, d. 3, q. 3, a. 1, p. 78, l. 178 ; Jean de Ripa, *Lectura super primum Sententiarum*, ed. A. Nannini, dans *La metafisica di Giovanni da Ripa. Le distinctiones 2, 3 e 8 del Commento Sentenziario : edizione del testo e studio dottrinale*, Thèse de doctorat (Salerno : Università degli Studi di Salerno, 2013), vol. 2, I, d. 2, q. 3, a. 2, p. 135, l. 21 ; a. 3, p. 147, l. 6–10 ; q. 4, a. 1, p. 179, l. 56 ; a. 2, p. 199, l. 150 ; a. 3, p. 210, l. 70 ; a. 4, p. 251, l. 29, l. 52 ; Jacques de Naples, *Tractatus de perfectione specierum*, ms. München, Bayerische Staatsbibliothek, Clm. 26838, f. 121v–122r.
54 Hugolin d'Orvieto, *Commentarius in libros Sententiarum*, I, d. 3, q. 3, a. 1, p. 76, p. 79, p. 85 ; a. 5, p. 120.

essentialis qui la différencie des autres espèces co-génériques, mais aussi une *nobilitas generica* partagée avec les espèces du même genre, tout comme les individus d'une même espèce ont une même *nobilitas specifica* (ceci valant encore pour les genres subsumés sous une même perfection *simpliciter*). Chaque espèce ayant une *nobilitas essentialis* propre, sa latitude interne représente une dimension « latérale » sur l'ordre des perfections, selon une expression suggérant une intuition graphique sous-jacente à la théorie[55].

Ces trois ordres de perfection (*simpliciter*, genre, espèce) sont autant de façons de décrire la structure hiérarchique des êtres composant l'univers. En conséquence, plusieurs « non-degrés » de perfection sont à différencier. Le non-degré de perfection *simpliciter* est à distinguer du non-degré d'un genre, par exemple celui des qualités spirituelles[56] ; de même pour le non-degré d'une espèce vis-à-vis du non-degré de son genre ou des perfections *simpliciter*[57]. Cette distinction des ordres permet une comparaison de divers êtres prenant à la fois en compte leur perfection intra-spécifique et leur place dans l'échelle inter-spécifique ou inter-générique[58]. Puisque le non-degré spécifique (par exemple de rougeur) ne correspond pas au non-degré générique (de la couleur), une rougeur individuelle de degré 4 reste plus éloignée du non-degré de son genre qu'une noirceur individuelle de degré 6 (noirceur d'une moins grande noblesse spécifique). Ce type de comparaison vaut de même, dans l'ordre de perfection supérieur, pour des espèces possédant une certaine noblesse générique mais relevant de genres distincts.

Comme Jean de Mirecourt, Hugolin pense l'ordre des espèces créables comme continu, une espèce intermédiaire entre deux espèces données étant toujours possible. L'omnipotence divine s'impose ici comme une raison décisive, que confirme l'autorité de Gilles de Rome[59]. À la différence des espèces, les perfections génériques entretiennent une relation de succession immédiate,

---

55   Voir par exemple Hugolin d'Orvieto, *Commentarius in libros Sententiarum*, 1, d. 3, q. 3, a. 1, p. 79–80 : *Alius ordo, non unus proprie, sed multiplex, est praedicto ordini lateralis et vocatur ordo generis.*

56   Hugolin d'Orvieto, *Commentarius in libros Sententiarum*, 1, d. 3, q. 3, a. 1, p. 77, l. 153–157 : *Si omnino idem est rem esse perfectam nobilitate sui generis et nobilitate simpliciter, igitur quantumlibet res A distat a non gradu perfectionis simpliciter, tantumlibet A distat a non perfectionis in suo genere. Consequentia est evidens et consequens falsum.*

57   Hugolin d'Orvieto, *Commentarius in libros Sententiarum*, 1, d. 3, q. 3, a. 3, p. 104.

58   Hugolin d'Orvieto, *Commentarius in libros Sententiarum*, 1, d. 3, q. 3, a. 1, p. 77–78, p. 82, p. 85–86 ; a. 3, p. 96–97, p. 101–102, p. 104–105, p. 108 ; a. 5, p. 128.

59   Hugolin d'Orvieto, *Commentarius in libros Sententiarum*, 1, d. 3, q. 3, a. 1, p. 78–79 ; a. 3, p. 96–97 ; cf. a. 4, p. 119–121.

étant ordonnées de manière discrète[60]. La caractérisation de l'ordre des êtres en termes de latitude fait resurgir dans ce contexte le problème des limites, dans la mesure où les genres incluent selon Hugolin une infinité d'espèces possibles[61] : l'espèce la plus parfaite d'un genre inférieur est-elle la limite entre deux genres, ou cette limite est-elle l'espèce la moins parfaite du genre supérieur ? La question réadapte pour la classification générique des espèces possibles la distinction du *maximum quod non* et du *minimum quod sic* qui pouvait se poser à propos des limites des variations qualitatives. Hugolin élude partiellement la difficulté du problème, mais il affirme que les genres sont des bornes externes les uns pour les autres[62] :

> De terminis medii ordinis, scilicet generis, ponuntur tres conclusiones. Prima : Ordo essentialium perfectionum primi generis terminatur infra exclusive ad materiam primam, sed supra terminatur exclusive ad genus immediatum. Secunda : Ordo essentialium perfectionum generis intermedii sub et supra terminatur exclusive ad genus immediatum. Tertia : Ordo essentialium perfectionum supremi generis terminatur infra exclusive ad genus immediatum, sed nullum habet terminum, sicut nec totus ordo essentialium perfectionum.

On peut ici constater de quelle manière la notion d'ordre essentiel, dans laquelle Mahoney aperçoit la continuation médiévale du thème plotino-proclien de la gradation des êtres[63], est centrale pour la quantification des perfections spécifiques. La notion d'ordre est prise au sens strict par Hugolin qui admet que, pour deux espèces distinctes a et b arbitrairement données, $a < b$ ou $a > b$. L'indivisibilité de la *nobilitas specifica*, sur laquelle se reporte le principe de simplicité des formes, fonde la densité de cet ordre spécifique, puisque qu'il existe toujours une espèce possible c telle que, pour $a < b$, $a < c < b$. Hugolin semble donc assimiler les genres intermédiaires, en termes topologiques, à des ouverts (aucune espèce ne représentant la limite du genre auquel elle appartient), la continuité de l'ordre se déduisant de cette propriété plus primitive, correspondant à la capacité divine à produire une espèce toujours plus proche au voisinage d'un genre.

---

60 Hugolin d'Orvieto, *Commentarius in libros Sententiarum*, 1, d. 3, q. 3, a. 1, p. 85 ; a. 3, p. 97 ; a. 5, p. 130.

61 Hugolin d'Orvieto, *Commentarius in libros Sententiarum*, 1, d. 3, q. 3, a. 1, p. 79, p. 80, p. 85 ; a. 3, p. 97 ; a. 4, p. 119 ; a. 5, p. 130.

62 Hugolin d'Orvieto, *Commentarius in libros Sententiarum*, 1, d. 3, q. 3, a. 3, p. 97, l. 81–88.

63 Mahoney, « Metaphysical Foundations ».

Hugolin admet cependant au moins une exception dans la structure de l'échelle des perfections. Non seulement les espèces et les genres ne sont pas ordonnés de la même manière, mais Hugolin précise encore que l'ordre des êtres à l'intérieur du genre angélique n'est pas continu. S'appuyant sur Henri de Gand, pour qui seule la matière pouvait induire les variations d'une même forme spécifique, il indique que chaque ange est simultanément le plus et le moins parfait de son espèce, de telle sorte que les individus angéliques ne sont pas des *continuabilia*[64]. L'ordre des perfections présente donc une structure discrète au moins pour certaines espèces.

Pour en décrire les limites, Hugolin enrichit les acquis de Jean de Mirecourt par une distinction entre bornes inclusives et exclusives afin de différencier plus finement le cas des différents ordres. La matière est la limite inférieure exclusive du genre le plus inférieur des perfections (celui des qualités matérielles), et la limite inclusive de l'ordre des perfections en général. La matière est un être d'une perfection infiniment petite et, en ce sens, indivisible. Aucune espèce ne peut lui être immédiate, puisqu'elle devrait être aussi indivisible, sans quoi sa divisibilité entraînerait la possibilité d'une espèce encore plus proche de la matière : suivant l'autorité d'Augustin et de Jacques de Viterbe, Hugolin affirme donc qu'aucun être ne peut être plus proche que la matière du non-être, terme inférieur exclusif de l'ordre des perfections[65]. À l'autre extrémité de l'échelle, Dieu n'est pas à proprement une borne de l'ordre des perfections (ni intrinsèque ni extrinsèque), n'ayant pas de relation directe aux genres inférieurs et demeurant infiniment distant des créatures[66].

L'indivisibilité perfectionnelle de la matière pousse Hugolin à amender la comparabilité de tout étant à n'importe quel autre. La perfection « ponctuelle » (*quasi punctualis*) de la matière semble mener à la contradiction qu'un être humain (composé de matière et de forme) n'est pas plus parfait que son âme (car l'indivisible n'ajoute rien à une quantité donnée). Cette difficulté, qui se trouvait appréhendée chez Oresme à l'aide de la notion d'excès *citra omnem proportionem*, est également prise au sérieux par d'autres auteurs[67]. Hugolin

---

64   Hugolin d'Orvieto, *Commentarius in libros Sententiarum*, I, d. 3, q. 3, a. 1, p. 80, l. 235–238 : *Dixi autem 'vel discreta', quia, sicut vult idem Gandavensis 14 Quodlibeto quaestione 3, aliquae species sunt, cuius individua non sunt continuabilia, sed quodlibet est summum et minimum in specie sua, ut de angelis dicit* ; cf. Henri de Gand, *Quodlibet* XIV, q. 3, f. 557v–558r.

65   Hugolin d'Orvieto, *Commentarius in libros Sententiarum*, I, d. 3, q. 3, a. 3, p. 99, l. 126–127 ; l. 144–147.

66   Hugolin d'Orvieto, *Commentarius in libros Sententiarum*, I, d. 3, q. 3, a. 3, p. 97.

67   Anonyme, *De gradibus specierum*, ms. Vaticano (Città del), Biblioteca Apostolica Vaticana, Vat. lat. 986, f. 125vb–126ra ; Facinus d'Aste, *Quaestiones super libros Physicorum*, ed. I. Bodnár, dans *Archives d'Histoire Doctrinale et Littéraire du Moyen Âge* 65(1998), I, q. 8, p. 360–361.

choisit pour sa part d'y répondre en postulant un autre ordre – celui des choses composées – qui ne peut être comparé directement aux êtres simples[68].

L'échelle des perfections essentielles décrite par Hugolin inclut cependant à la fois les êtres actuels et potentiels (« essentiae absolutae existentes et possibiles seu potentiales »[69]). Dans son découpage de l'ordre des perfections – question récurrente dans ces débats[70] – il place ainsi les substances potentielles à un rang inférieur aux substances actuelles parmi les six grands genres qu'il distingue sur la latitude des perfections essentielles (1/ accidents matériels ; 2/ accidents spirituels ; 3/ entités matérielles ou substances potentielles ; 4/ substances corporelles actuelles, formes végétatives ; 5/ âmes sensitives ; 6/ formes intellectuelles)[71].

3.1.2   La mesure des espèces

Comment comparer, à partir de là, deux espèces ? Hugolin souligne la difficulté de mesurer le fini en rapport à l'infini, autrement dit de la méthode adoptant Dieu comme référence de mesure[72], qui conduit son contemporain Pierre de Ceffons à rejoindre les partisans du degré nul comme point de référence[73]. Hugolin choisit quant à lui de différencier une perspective absolue d'une approche relative à l'être humain. D'un côté, une perfection peut être mesurée de façon intrinsèque et indépendante de toute autre chose. D'un autre, une perfection peut être mesurée en relation à quelque chose d'autre[74] :

> Tertia distinctio est, quia quantitatem attendi penes aliquid potest intelligi dupliciter. Uno modo intrinsece et formaliter, ut per quid intrinsece est A tanta quantitas. Secundo modo extrinsece et mensurative, ut penes quid cognoscimus et metimur A quantitatem fore tantam vel tantam.

Du point de vue de Dieu, et des bienheureux, une perfection se mesure en référence à l'Idée divine qui en est le modèle[75], et est plus grande à mesure qu'elle

---

68   Hugolin d'Orvieto, *Commentarius in libros Sententiarum*, I, d. 3, a. 5, p. 127, l. 94–95 : *Ex ista probatione sequitur, quod hominis genus sit alterius ordinis, quam genus animae vel rerum simplicium.*
69   Hugolin d'Orvieto, *Commentarius in libros Sententiarum*, I, d. 3, p. 84, l. 350.
70   Voir par exemple Facinus d'Aste, *Quaestiones super libros Physicorum*, I, q. 9, qui distingue quatre grands genres ; cf. Jacques Legrand, *Compendium*, f. 47v–48r, qui affiche sa préférence pour l'octonaire, en mentionnant des avis qui en dénombrent dix ou douze.
71   Hugolin d'Orvieto, *Commentarius in libros Sententiarum*, I, d. 3, a. 1, p. 84, l. 349–361.
72   Hugolin d'Orvieto, *Commentarius in libros Sententiarum*, I, d. 3, q. 3, a. 2, p. 87, l. 27–35.
73   Pierre de Ceffons, *Commentarius in Sententias*, I, q. 6, f. 21ra.
74   Hugolin d'Orvieto, *Commentarius in libros Sententiarum*, I, d. 3, a. 2, p. 90, l. 134–138.
75   Hugolin d'Orvieto, *Commentarius in libros Sententiarum*, I, d. 3, a. 2, p. 91–92, l. 164–169 : *Cuiuslibet creatae perfectionis quantitas nobilitatis simpliciter in ordine essentiali specierum*

imite davantage la perfection divine[76]. Du point de vue de l'*homo viator*, l'accès à une mesure possible passe par la référence au non-degré d'une perfection spécifique ou au degré maximal d'un ordre s'il est donné, permettant d'évaluer sa distance à Dieu[77] :

> Cuiuslibet creatae perfectionis quantitas supra materiam nobilitatis attenditur quoad nos penes propinquitatem ad deum in comparatione ad distantiam a non gradu seu ab ultimo gradu vel in comparatione ad certum finite distantem gradum.

La manière dont se mesurent les espèces emprunte à la distinction entre proportions arithmétiques et géométriques. Hugolin refuse strictement l'excès infini d'une espèce créée sur une autre. Chaque espèce représente une addition de perfection vis-à-vis des espèces inférieures, la distance perfectionnelle d'une essence au non-être respectant une proportion arithméique[78]. Une essence B sera dite deux fois supérieure à une autre essence A si elle est deux fois plus distante du non-être absolu des perfections, et non parce que sa distance à Dieu est deux fois moindre que la distance entre Dieu et A. Par contraste, la mesure relative entre deux espèces dépend d'une proportion géométrique, étant fonction du *ratio* de la distance qui les sépare. Ainsi, une essence F deux fois inférieure à A sera dans le même rapport à A que A à B, la progression des espèces du non-degré absolu à Dieu se comprenant de ce point de vue selon une proportion géométrique[79]. Les deux types de proportion entrent ainsi en ligne de compte pour la mesure des espèces[80] :

> Et ita patet, quomodo proportio excessuum et distantiarum in speciebus partim comparatur proportioni geometricae partim proportioni arithmeticae.

Hugolin ne pousse guère plus loin les exemples de sa théorie, qu'il a en revanche souci de justifier par le *dictum* de *Sagesse* XI qui conforte selon lui sa distinction des trois ordres de perfection : chaque individu est fait en fonction d'un nombre, car il est inclus dans l'un des six grands genres distingués. En fonction d'un poids, car il dépend de la noblesse de son espèce au sein de ce genre. Par la mesure enfin, à cause de sa latitude au sein de son espèce.

---

attenditur quoad deum et beatos [...] *penes certam imitationem divinae perfectionis.*
76   Hugolin d'Orvieto, *Commentarius in libros Sententiarum*, I, d. 3, a. 2, p. 92, l. 169–175.
77   Hugolin d'Orvieto, *Commentarius in libros Sententiarum*, I, d. 3, a. 2, p. 93, l. 213–216.
78   Hugolin d'Orvieto, *Commentarius in libros Sententiarum*, I, d. 3, a. 2, p. 94, l. 231–235.
79   Hugolin d'Orvieto, *Commentarius in libros Sententiarum*, I, d. 3, a. 2, p. 94, l. 235–242.
80   Hugolin d'Orvieto, *Commentarius in libros Sententiarum*, I, d. 3, a. 2, p. 94, l. 242–244.

Moins enclin que Pierre de Ceffons à explorer les applications mathématiques de sa théorie de la mesure des espèces, Hugolin propose par sa distinction noblesse/latitude une solution conceptuelle au problème que le cistercien pensait surtout en termes géométriques. Il soumet à un traitement différencié la question de la mesure des perfections, prenant en compte différents ordres (perfection, genre, espèce), différentes topologies (discrète/continue), échelles (choses simples/composées), et possibilités de mesure. La solution d'Hugolin se tient cependant dans un équilibre instable, peinant à concilier de manière totalement satisfaisante les exigences contraires qu'elle se donne : si la noblesse essentielle est supposée être indivisible, comment peut-elle dès lors contenir une latitude individuelle ? Comment l'indivisible, qui caractérise la perfection invariable des espèces, peut-il contenir du divisible ? C'est au dépassement de cette difficulté que la théorie de la latitude des espèces de Jean de Ripa sera en grande partie consacrée.

3.2   *Un monde d'intensités* (*Jean de Ripa*)

Actif à l'université de théologie de Paris vers le milieu du XIVe siècle, Jean de Ripa compose son commentaire aux *Sentences* entre 1355 et 1358[81]. Incontestablement, il représente l'un des penseurs exploitant le plus le cadre des formes intensives, qu'il applique à un nombre spectaculaire de lieux théologiques, au point qu'on n'exagérera pas en disant que l'ensemble de sa réflexion s'élabore au prisme de cette conceptualité.

Le concept de latitude chez Jean de Ripa s'aligne sur le sens qu'il a acquis vers le milieu du siècle : la latitude d'une forme ne signifie pas premièrement la capacité d'une même forme à varier selon le plus ou le moins, mais son degré de perfection par rapport à un référent donné[82]. Jean adapte lui aussi ce concept, comme généralement le vocabulaire des intensités, au problème des espèces. Il hérite de la distinction rencontrée chez Hugolin entre bornes inclusives ou exclusives, qui revêt chez lui une importance toute particulière. Le théologien franciscain défend en effet la thèse selon laquelle un infini intensif actuel distinct de Dieu est possible, là où Duns Scot réservait à Dieu le statut d'*ens*

---

81   Pour une introduction à sa pensée, voir A. Combes, « La métaphysique de Jean de Ripa », dans Wilpert (ed.), *Die Metaphysik im der Mittelalter*, p. 443–457 ; A. Combes, « Présentation de Jean de Ripa », dans *Archives d'Histoire Doctrinale et Littéraire du Moyen Âge* 23(1956), p. 145–242 ; A. Borchert, *Die Trinitätslehre des Johannes de Ripa* (München : F. Schoning, 1974).

82   Sur les influences expliquant la teneur de ce concept, voir J. Coleman, « Jean de Ripa O.F.M. and the Oxford Calculators », dans *Mediaeval Studies* 37(1975), p. 130–189.

infinitum[83]. Cet infini créable oblige Jean de Ripa à l'en distinguer d'un autre type d'infini que le théologien franciscain appelle « immensité » et qui revient proprement à Dieu. La construction scotiste d'un infini intensif était solidaire du concept de séries essentiellement ordonnées, permettant d'indexer le créé à un premier être dont la simplicité se trouvait garantie par son infinité. L'ordre des êtres se reflétait dans la preuve scotiste de l'existence de Dieu, qui refusait un procès à l'infini dans l'ordre des causes en posant un premier terme, positivement infini. L'admission de perfections créées infinies chez Jean de Ripa déstabilise cette construction, obligeant le théologien franciscain à promouvoir un nouveau sens de l'infini « transnumérique » (Combes) – l'*immensitas* divine – qui modifie la compréhension de la structure de l'être. La thèse d'une espèce créable (actuellement) infinie, infiniment éloignée des êtres finis mais immédiate à Dieu, conduit à réadapter les notions de bornes inclusives et exclusives de la latitude de l'être : l'immensité divine en représente le terme supérieur exclusif ; l'espèce suprême infinie, en laquelle concourent unitivement toutes les attributs (ou « dénominations ») de perfection, le terme inclusif[84].

Le traitement du problème est encastré chez Jean de Ripa dans une théorie particulière des intensités, dont la singularité s'affirme par un ensemble de thèses originales et une méthode propre : l'usage débridé des propriétés angulaires, dans l'air du temps, est fustigé[85]. En dépit de plusieurs emprunts terminologiques et doctrinaux, Jean se montre un témoin critique de la théorie des perfections spécifiques d'Hugolin[86]. Il récupère d'Hugolin la différenciation de plusieurs sortes de perfection et en particulier d'un ordre des perfections *simpliciter* qui se fond, chez lui, dans une doctrine des transcendantaux d'inspiration scotiste. Mais la structure de l'ordre inter-spécifique ne s'organise pas selon la même logique du continu que chez Hugolin ou Jean de Mirecourt. Comme Hugolin, son premier interlocuteur, il admet cependant le procès à

---

[83] Jean de Ripa, *Quaestio de gradu supremo*, eds. A. Combes, P. Vignaux (Paris : Vrin, 1964), a. 2, p. 195–205.

[84] Jean de Ripa, *Lectura*, I, d. 2, q. 3, a. 2, concl. 3, p. 126, l. 70–76 : *Cuiuslibet latitudinis denominationis perfectionis simpliciter creaturae communicabilis necesse est poni gradum supremum possibilem inclusivum. Volo dicere quod, signata tota latitudine essendi possibili derivari a primo, huiusmodi latitudo, quamvis terminetur exclusive ad immensum gradum essendi, tamen possibilis est aliquis gradus creabilis qui sit supremus gradus in huiusmodi latitudine et ipsam terminet inclusive.*

[85] Dans le système de Jean de Ripa, ce rejet est justifié : l'angle droit est indivisible, à la différence d'autres angles. Jean affirme que toute espèce contient une latitude divisible ; voir *Lectura*, I, d. 2, q. 4, a. 1, p. 181, l. 119–134.

[86] F. Corvino, « Jean de Ripa, Quaestio de gradu supremo », dans *Rivista critica de storia della filosofia* 21(1966), p. 1–6.

l'infini des individus dans une même espèce, selon une logique du continu. On l'a vu, Hugolin se montrait réticent à la représentation d'une unique *latitudo totalis entium*, distinguant entre trois ordres de perfection « latéraux ». Jean reprend à son compte l'idée exploitée par Hugolin de différents types de non-degrés[87], mais il tend pour sa part à rabattre les latitudes génériques sur les latitudes spécifiques, et celles-ci sur les latitudes individuelles, conduisant à modéliser leur ordonnancement comme une hiérarchie unilinéaire : les latitudes spécifiques sont constituées par les latitudes individuelles, comme les latitudes génériques par les latitudes spécifiques.

Cette divergence induit un retournement complet des deux thèses, couplées chez Hugolin, de l'infinité *in medio* des espèces et de leur indivisibilité essentielle. Refusant l'idée d'une noblesse essentielle indivisible, Jean pose en effet que toute perfection spécifique contient une latitude[88]. Les individus qui composent une espèce, et qui peuvent être plus ou moins parfaits, *ajoutent* quelque chose à leur espèce dont ils augmentent la perfection essentielle. En ajoutant une perfection à sa propre espèce, tout en continuant de lui appartenir, l'individu modifie *essentiellement* sa perfection. Le rapprochement de la latitude individuelle et de la latitude spécifique implique l'abandon du principe qu'Hugolin d'Orvieto et Jean de Mirecourt cherchaient à préserver, à savoir l'égalité de perfection essentielle entre individus homospécifiques, découlant du refus du plus ou moins dans l'espèce en tant que telle. La distinction centrale chez Hugolin entre *nobilitas* et *latitudo* est donc rejetée[89] et, partant, le principe d'indivisibilité des espèces[90]. Les espèces admettent le plus ou moins de manière interne, en ce sens qu'il peut exister des variations entre les latitudes individuelles qu'elles contiennent. Cette thèse a des conséquences. Puisque les perfections spécifiques se trouvent réduites aux latitudes individuelles, Jean doit leur attribuer le caractère de termes mutuellement exclusifs qu'Hugolin d'Orvieto réservait aux genres. L'ordre des espèces est dès lors discret, et il ne peut exister une infinité d'espèces entre deux espèces successives[91] :

> Et ad aliam probationem, dico quod ex illa aeque probatur quod non inter quaslibet duas species est possibilis media, quoniam sic est in numeris. Dico ergo quod latitudo specierum assimilatur numeris non in

---

87   Voir à ce sujet Nannini, *La metafisica di Giovanni da Ripa*, vol. 1, p. XVII–XXIV.
88   Jean de Ripa, *Lectura*, I, d. 2, q. 4, a. 2, *Conclusiones completive*, 2 : *Quilibet gradus specificus infra latitudinem entis continet essentialiter aliquam latitudinem*.
89   Jean de Ripa, *Lectura*, I, d. 2, q. 4, a. 3, p. 209–244.
90   Jean de Ripa, *Lectura*, I, d. 2, q. 4, a. 2, *Conclusiones completivae*, 1, p. 195, l. 1–2 : *Nullus gradus specificus in latitudine entis simpliciter est indivisibilis perfectionaliter*.
91   Jean de Ripa, *Lectura*, I, d. 2, q. 4, a. 3, p. 237, l. 64–72.

> hoc, quod gradus specifici non contineant latitudinem, sed in hoc, quod omnes species rerum fluunt in esse ab unitate divina, et ex replicatione unitatis divinae quantificantur. In hoc etiam species sunt sicut numeri, quoniam latitudo specierum se habet per modum discreti et non continui, quoniam species sunt immediatae, licet quilibet gradus specificus contineat latitudinem quae se habet per modum continui.

Cette thèse s'explique par le mécanisme que Jean de Ripa place à la base de la création : la *replicatio unitatis divinae*. Jean envisage la création et, plus précisément, la constitution de toutes les espèces créables comme une série de réplications de l'unité divine, unité immensément simple mais contenant formellement l'ensemble des perfections (ou dénominations essentielles) participables par les créatures, comme être (première dénomination participée par tous les étants), vivre, intelliger, intelliger sans relation à un corps, etc. La réplication de l'unité divine conduit à la constitution de chaque espèce qui comporte, du fait de réplications successives, une dénomination essentielle supplémentaire à l'espèce qui lui est inférieure[92] :

> Quaelibet species in latitudine entium formabilis est in esse ex replicatione unitatis divinae. Ista conclusio patet : nam quaelibet res citra primam formatur in esse secundum aliquam speciem numeralem. Item, quaelibet species habet Deum ut numerum formantem.

Chaque espèce ajoute une perfection à la précédente dans la série des réplications, la raison spécifique d'une espèce devenant raison générique pour l'espèce suivante[93]. Jean peut ainsi réemployer la distinction classique entre grandeur extensive et intensive d'une manière neuve[94] : une espèce est extensivement supérieure à une autre si elle possède un nombre plus grand de dénominations essentielles, et un être est intensivement supérieur à un autre s'il possède une de ces dénominations à un degré plus intense que l'autre[95]. On

---

[92] Jean de Ripa, *Lectura*, I, d. 2, q. 4, a. 3, concl. 1, p. 209, l. 4–6.
[93] Jean de Ripa, *Lectura*, I, d. 2, q. 4, a. 3, concl. 13, p. 223, l. 552–554 : *Eadem ratio formalis omnino quae in specie inferiori est ultima differentia specifica, in specie superiori est ratio generis*.
[94] Notons l'existence de variantes terminologiques, par exemple entre « latitude extensive » (selon les parties quantitatives) et « intensive » chez Grégoire de Rimini ; voir *Lectura*, I, d. 17, q. 4, p. 386, l. 4.
[95] La thèse a des implications théologiques, notamment que Dieu n'est pas davantage aimable intensivement sous la raison de déité que sous une dénomination essentielle particulière, comme celle de vie, mais il l'est extensivement, dans la mesure où la raison de déité inclut formellement toutes ses dénominations ; voir Jean de Ripa, *Conclusiones*,

comprend dès lors que l'ordre de succession des espèces ne puisse être que discret, chaque espèce représentant un nombre précis de réplications de l'unité divine, qui déploie à travers elles l'infinité des perfections qu'elle contient superessentiellement : l'ordre des espèces constitue une série infinie dénombrable et discrète.

Cette construction, dont l'héritage platonicien est explicitement revendiqué concernant l'assimilation des espèces aux nombres[96], est consolidée par un outillage conceptuel largement redevable au scotisme. Chez un être donné, une perfection essentielle, du point de vue intensif, est fonction de l'addition de degrés qui concourent unitivement. La distinction entre degré, perfection essentielle et l'être qui la possède se comprend au moyen de la théorie des distinctions héritée de Duns Scot et de ses disciples. La composition des degrés intensifs renvoie à une « distinction graduelle », qui constitue la plus faible des distinctions selon Jean. Cette idée reprend le critère « scotiste » de la distinction modale comme non-variation d'une même raison formelle, mais lui substitue l'expression de « degré »[97]. La distinction des degrés n'affecte pas l'unité de la perfection dont ils manifestent l'intensité, de la même manière que la distinction des dénominations essentielles d'un être ne contredit pas son unité. Cette distinction des dénominations renvoie à la distinction formelle de Duns Scot, plus faible que la distinction réelle qui différencie un être par soi d'un autre. L'immensité divine, qui contient une distinction formelle de dénominations, ne connaît pas du fait de sa simplicité de distinction graduelle, ce qui la différencie de l'infini intensif créable (borne supérieure inclusive de la *latitudo entium*) qui lui est immédiat et comporte le concours unitif d'une infinité actuelle de degrés[98]. Il existe une relation de proportionnalité entre ces

---

        ed. A. Combes (Paris : Vrin, 1957), p. 46–47 ; *La théologie naturelle de Jean de Ripa* [extraits de la *Lectura*, I], trad. F. Ruello (Paris : Beauchesne, 1992), p. 74–77.

96   Jean de Ripa, *Lectura*, I, d. 2, q. 3, a. 3, p. 139, l. 42 ; voir aussi *Lectura*, I, d. 24, a. 2, dans *La théologie naturelle*, p. 560–561,

97   Jean de Ripa, *Lectura*, I, d. 8, q. 1, a. 1, concl. 3, p. 65, l. 25–35 : *Distinctio graduum unitive in eandem rationem formalem concurrentium est minima ex natura rei possibilis reperiri. Probatur : nam huiusmodi distinctio non est realis – utpote diversarum rerum – nec formalis – scilicet diversarum rationum formalium concurrentium unitive in eandem rem – sed solum graduum diversorum eiusdem rei secundum eandem rationem formalem*. Sur la distinction modale comme ajout invariant du point de vue de la raison formelle, voir par exemple François de Meyronnes, *Conflatus*, d. 8, q. 5, f. 49rb ; Nicolas Bonet, *Metaphysica*, 3, 7 f. 20vb. Se reporter à Möhle, *Formalitas und Modus intrinsecus*, p. 316–317, pour la reprise de cette définition chez des scotistes plus tardifs.

98   Jean de Ripa, *Lectura*, I, d. 8, q. 1, a. 1, concl. 4, p. 361–362, l. 36–38 : *Licet huiusmodi distinctio intensiva sit minima, nullo tamen modo possibile est ipsam supersimpliciter unitive concurrere in aliquam entitatem*.

deux infinis et le créable fini, l'immensité divine étant à l'infini intensif actuel comme celui-ci est au fini. Cette différence de structure entre Dieu et l'infini créable désamorce le conflit possible entre deux thèmes cohabitant difficilement, et que la notion de concours unitif est censé accorder au sein du créé : la corrélation, d'inspiration néo-platonicienne, entre noblesse ontologique et simplicité ; celle, issu du paradigme additiste, entre perfection et composition de degrés.

La notion de dénomination, qui réfère premièrement à une perfection essentielle possédée par un être (*esse*, *vivere*, *intelligere*, etc.), fonde ici, de façon analogue à son sens mathématique, la comparabilité des choses. Formellement distincte des autres attributs qui s'y ajoutent pour composer une certaine quantité perfectionnelle, une dénomination peut être partagée par diverses espèces, autorisant une description de leurs relations en termes de proportions[99] :

> Nam ad hoc quod aliqua se invicem excedant geometrice, requiritur quod comparentur secundum aliquam denominationem in qua utrumque quoad gradum communicet, sicut si *a* est magis ens quam *b* oportet quod *b* sit sub aliquo gradu entis et quod *a* intensius correspondeat denominatio entis.

Considérées en elles-mêmes, et compte tenu de leur superposition, les latitudes individuelles et spécifiques sont entièrement continues, car chaque espèce contient à la fois une infinité d'individus possibles *in medio* et *ad superius*, bien que Jean emploie aussi l'expression *latitudo numeralis* (qui évoque plutôt un ordre discret) pour désigner la latitude individuelle[100]. La théorie de la réplication de l'unité divine entraîne une articulation nouvelle du discret et du continu. Combinée à la thèse d'une divisibilité à l'infini des latitudes spécifiques, elle induit une modification des rapports, du point de vue de la mesure, entre proportion arithmétique et géométrique : tandis que l'additivité des dénominations fonde des relations d'excès arithmétiques entre les espèces, l'intensité de leurs dénominations, s'échelonnant sur une latitude continue, se mesure selon une proportion géométrique[101] :

---

99 Jean de Ripa, *Lectura*, I, d. 2, q. 4, a. 2, concl. 6, p. 186, l. 100–104.
100 Jean de Ripa, *Lectura*, I, d. 2, q. 4, a. 3, p. 212, l. 126–127 : *Cuiuslibet speciei latitudo tam specifica quam individualis necessario se habet per modum continui non discreti. Haec conclusio probatur : nam cuiuslibet speciei latitudo individualis necessario se habet per modum continui ; sed cuiuslibet speciei latitudo specifica eodem modo se habet sicut latitudo individualis, ergo etc.*
101 Jean de Ripa, *Lectura*, I, d. 2, q. 4, a. 2, p. 187, l. 113–126.

> Quare autem proportio geometrica plus hoc requirat quam arismetica patet ex modo comparationis : nam secundum comparationem geometricam semper est habitudo quoad gradum denominationis, numquid gradus sint aequales vel unus intensior alio ; et si sic, numquid gradus inferior secundum aliquid sui replicatus constituat latitudinem et numquid finities vel infinities replicatus – ita quod semper est habitudo quoad gradum denominationis in qua communicant species – ergo superior infra latitudinem entis utroque modo excedit inferiorem : excedit enim ipsam secundum proportionem geometricam, quoniam species superior intensius participat omni denominatione essentiali in qua communicat cum inferiori, sicut patuit ex praecedenti articulo ; excedit enim ipsam modo habitudinis <arithmeticae>, quoniam species superior generaliter superaddit inferiori aliquam denominationem essentialem quae est denominatio perfectionis simpliciter, in qua non communicat inferior.

La référence choisie pour la mesure d'un être découle des thèses admises : une comparaison par écart à un infini actuel (et, *a fortiori,* à l'immensité divine) étant exclue, Jean favorise le choix d'une mesure par le non-être *simpliciter* ou par le non-être d'une perfection donnée. Le choix d'une même échelle où s'ordonnent les êtres selon leurs diverses perfections n'empêche nullement en effet plusieurs comparaisons possibles entre deux espèces données. Dans la mesure où une espèce est le résultat de l'addition (concours unitif) d'un certain nombre de perfections, il est possible de considérer différemment le rapport entre deux espèces, par exemple l'ange et l'être humain, sous l'angle de l'être *simpliciter* ou celui de l'intellectualité. Jean peut logiquement établir que la proportion entre deux espèces sera plus grande à mesure que la dénomination essentielle sélectionnée pour les comparer sera postérieure dans l'ordre additionnel des perfections, soit généralement, pour deux espèces a et b comparées sous des dénominations M et N, $a°M / b°M > a°N / b°N$ quand M inclut formellement N[102]. On remarquera que Jean adapte ici à la série des perfections spécifiques résultant de la réplication de l'unité divine une propriété des progressions arithmétiques bien connue, d'après le témoignage de

---

102 Jean de Ripa, *Lectura,* I, d. 2, q. 4, a. 3, concl. 18, p. 226, l. 629–640 : *Generaliter signatis quibuscumque duabus speciebus finitis communicantibus in diversis perfectionibus essentialibus, minor est proportio unius ad alteram quoad gradum essendi simpliciter quam quoad gradum cuiuscumque alterius perfectionis essentialis.* [...] *Et eodem modo generaliter maior est proportio unius speciei ad aliam secundum denominationem posteriorem quam secundum denominationem essentialiter priorem.*

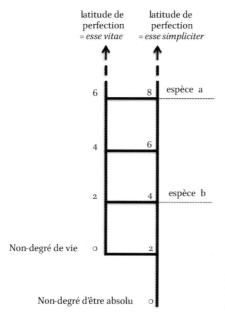

FIGURE 22
Illustration des relations de proportion entre espèces selon Jean de Ripa.

Nicomaque de Gérase[103], des mathématiciens de l'Antiquité, à savoir que pour deux nombres m et n, si $m > n$, alors $(x + m) / (x + n) < (m / n)$. Par exemple, pour deux espèces a et b de degrés respectifs 8 et 4 du point de vue de l'*esse simpliciter*, mais de degrés respectifs 6 et 2 du point de vue de l'*esse vitae*, la valeur du rapport quant à l'être (8/4) sera moindre que le rapport quant aux propriétés vitales (6/2).

3.2.1 L'intensité de la charité

La théorie ripienne de l'intension des qualités s'intègre dans le cadre conceptuel mis en place pour penser la perfection des espèces. Si, d'après son témoignage, ses idées ont évolué sur ce point[104], sa théorie finale sur la question est une version successiviste de la théorie additiste. Une forme accidentelle ne varie pas individuellement en intensité, mais le sujet (le composé substantiel, pas la matière première) croît intensivement en fonction de la latitude de la forme qu'il peut recevoir. Une forme individuelle n'est donc pas inten-

---

103 Nicomaque de Gérase, *Introduction to Arithmetic*, II, c. 23, trad. M.L. D'Ooge, (New York / London : Macmillan, 1926), p. 269 ; cf. Théon de Smyrne, *Expositio rerum mathematicarum ad legendum Platonem utilium*, ed. E. Hiller (Stuttgart : B. G. Teubner, 1995), p. 22–23 et, déjà, Archytas de Tarente, *Fragment 2*, dans H. Diels, W. Kranz (eds.), *Die Fragmente der Vorsokratiker* (Berlin : Weidmannsche Verlagsbuchhandlung, 1960 [10ᵉ ed.]), vol. 1, p. 436.
104 Jean de Ripa, *Lectura*, I, d. 17, q. 2, p. 2, a. 3, dans *La théologie naturelle*, p. 468.

sivement divisible, puisqu'elle est identique à son degré intensif. Si une âme communiquant l'être de vie à un corps sous le degré 8 perdait cette latitude, il y aurait succession des âmes animant ce corps, et donc des êtres humains (c'est-à-dire des composés hylémorphiques)[105].

Toutefois, sa *latitude* est susceptible d'être divisée en un nombre infini d'individus (i.e. de formes individuelles) jusqu'au non-degré, et d'être augmentée jusqu'à l'infini. Conformément à l'enseignement de ses prédécesseurs franciscains, Jean affirme que l'intensification apporte une partie d'essence supplémentaire par rapport à l'état de la forme précédente, de telle sorte que la forme engendrée est composée de plus de degrés que la précédente. Il refuse par contre l'idée d'une distinction réelle des degrés, qui constituent une unité par concours unitif[106]. Certaines formes sont certes capables d'une addition de degrés réellement distincts, mais ces formes n'augmentent que selon une analogie avec les quantités extensives, et leur augmentation n'est pas essentielle, ces degrés constituant une composition non-unitive[107]. Pour les autres formes, dont font également partie les âmes, les degrés ne sont pas réellement distincts, bien que la latitude intensive qu'elles possèdent soit divisible.

La théorie de la charité de Jean de Ripa tient donc d'une conception additiste dans sa version successiviste. Elle se démarque néanmoins d'autres théories similaires par son rejet d'une distinction réelle entre les degrés. Sa théorie met ainsi en œuvre les mêmes ressorts conceptuels employés ailleurs pour décrire les relations entre individus et perfections spécifiques. Ces ressorts reflètent aussi un arrière-plan doctrinal tout particulier, à savoir une métaphysique de la participation qui bouleverse la définition traditionnelle de la causalité formelle.

3.2.2 L'immutation vitale et la redéfinition des actes cognitifs

Chez Jean de Ripa, la question des espèces et celle de la charité sont des cas appliqués d'une théorie générale des formes intensives, qui imprègne l'intégralité des sujets qu'il aborde. Pour comprendre son influence sur le style et le contenu de la théologie de la fin du XIVe siècle, il convient d'en exposer certains traits principaux. L'usage des formes intensives chez Jean ne se limite pas à l'ontologie des qualités et des espèces, mais sert aussi à décrire la dynamique des relations entre les êtres, y compris hors du domaine physique. Il

---

105   Jean de Ripa, *Lectura*, I, d. 17, q. 2, p. 2, a. 4, dans *La théologie naturelle*, p. 477.
106   Jean de Ripa, *Lectura*, I, d. 17, q. 2, p. 2, a. 3, p. 467-470 ; a. 4, p. 479 pour le rapport de l'opinion de Jean à la théorie classique de l'addition.
107   Voir ainsi Jean de Ripa, *Lectura*, Prol., a. 1, a. 1, p. 43-45, où Jean renvoie explicitement à ses distinctions 2 (sur les espèces) et 17 (sur la charité).

domine ainsi le champ théologique et, en particulier, la caractérisation de la vision béatifique.

C'est afin de comprendre comment une forme – Dieu – peut informer dans la vision béatifique un autre sujet dont la perfection ne saurait l'égaler que Jean introduit une distinction capitale pour son système. Selon Jean, il convient de préciser le sens de la notion d'*information*, qui désigne le processus par lequel une forme communique son être à un sujet. Ce processus ne saurait se produire que selon le degré intensif propre à la cause qui communique son être. Dans la mesure où le degré intensif d'une forme est essentiel à la nature de la forme en question, une forme ne peut pas informer un sujet selon un autre degré intensif que le sien. Par conséquent, l'actuation d'un sujet par un être dont l'intensité lui est communiquée (ce que l'on nomme l'information) ne saurait avoir lieu en deçà du degré de latitude de la forme informante.

La conclusion déductible de ce principe est qu'en tant qu'information de l'intellect humain par Dieu, la vision béatifique est impossible, du moins « comme information ». Sa possibilité exige la distinction de deux types de causalité formelle, qui sont deux façons de donner l'être, et dont une seule s'accorde avec la vision béatifique[108]. L'information, selon Jean de Ripa, ne constitue que le degré maximal d'actuation d'une forme. Il existe, à côté du processus d'information, un autre type de causalité formelle non astreint à la règle de l'équivalence intensive de l'actuant et de l'actué : il s'agit de ce que Jean de Ripa nomme « l'immutation vitale » (*immutatio vitalis*). Selon l'immutation vitale, un sujet peut recevoir un acte dont l'intensité lui est supérieure, et même immensément supérieure, à mesure de ses capacités propres. L'immutation vitale se distingue de l'information en ceci que la forme de l'entité informante n'est pas présente *en son être même* dans le sujet qu'elle actue, mais qu'elle y est simplement à titre d'objet intentionnel. La présence de la forme dans le sujet informé n'étant pas réelle, il n'est pas nécessaire dans ce cas que le degré d'intensité de la forme immutante corresponde à son degré d'être intrinsèque. Un être peut recevoir une formalité, qui l'excède intensivement, selon le degré propre dont il est capable. À proprement parler, dans la vision béatifique, l'âme humaine n'est pas *informée* par la forme divine, elle est « vitalement immu-

---

108   Outre les travaux déjà cités de Combes, qui étudie en détail la notion d'immutation vitale, voir P. Vignaux, « Note sur le concept de forme intensive dans l'œuvre de Jean de Ripa », dans P. Vignaux, *De saint Anselme à Luther*, p. 398sq ; P. Vignaux, « Dogme de l'Incarnation et métaphysique de la forme chez Jean de Ripa (Sent. Prol. q. 1) », dans *Mélanges offerts à Étienne Gilson* (Paris / Toronto : Vrin / The Pontifical Institute of Mediaeval Studies, 1959), p. 661–672 ; F. Ruello, « Le problème de la vision béatifique à l'Université de Paris vers le milieu du XIVe siècle », dans *Archives d'Histoire Doctrinale et Littéraire du Moyen Âge* 67(1980), p. 121–170.

tée ». L'immensité de la forme divine excède la possibilité d'être perfective ou constitutive *ad extra*, c'est-à-dire d'être forme informante pour un sujet[109]. L'âme humaine peut cependant participer à un acte dont l'intensité la dépasse infiniment, et jouir d'une *beatitudo formalis*.

Immutation et information traduisent par conséquent l'idée d'une gradation, non pas de l'être transmis, mais de la manière même de donner l'être. L'information en tant que donation d'être n'est pas susceptible de degré, dans la mesure où la forme elle-même ne subit pas de variation intensive, mais un agent peut, par immutation, agir plus ou moins activement sur un sujet : « Forma secundum informationem non potest intensius et remissius informare : potest tamen intensius et remissius vitaliter immutare »[110]. Cette nuance différencie des processus causaux que le terme générique de forme recouvrait indistinctement. Ainsi, l'âme est bel et bien informative vis-à-vis du corps, mais l'idée exemplaire (divine) sur le modèle duquel l'individu est constitué est une forme immutante par rapport à lui[111].

Cette notion d'immutation vitale joue un rôle central dans la doctrine de Jean. Conçue pour déterminer la nature de la vision béatifique, elle est au centre d'un réagencement notionnel impactant toute la théorie de la connaissance. L'égalité des degrés transmis n'étant pas nécessaire dans le cas de l'immutation, ce concept permet de détailler les actes psychiques ayant partie liée au schème de l'information. La forme immutée donne l'être de la chose, mais seulement jusqu'à un certain degré. Dans la mesure où elle ne confère pas l'identité absolue de la forme, mais seulement son être amoindri, qui est l'être simplement connu, l'immutation permet de reconceptualiser l'ordre de la représentation. Ainsi, l'affection d'une *species* sur une substance percevante est définie comme *immutation* de cette substance, l'information renvoyant principalement au domaine spécifique de la prise de forme substantielle. La connaissance (perception, intellection) est une information atténuée, une donation d'être n'épuisant pas la puissance maximale de la forme active, tandis que l'information désigne une transformation du sujet corrélative à son actuation complète[112]. Certains actes cognitifs, malgré tout, restent du domaine de l'information. L'intellect possible, quand il possède une *species* parfaite, susceptible d'être rappelée à la mémoire, est un authentique cas d'information au sein de l'âme. Les actes mémoriels impliquant une telle *species* sont, sous ce

---

109 Jean de Ripa, *Determinationes*, ed. A. Combes (Paris : Vrin, 1957), p. 80*sq*.
110 Jean de Ripa, *Lectura, Prologi, Questiones 1 et 2*, ed. A. Combes (Paris : Vrin, 1961), q. 1, a. 4, p. 263.
111 Jean de Ripa, *Lectura*, prol., q. 1, a. 4, p. 262.
112 Jean de Ripa, *Determinationes*, q. 2, a. 2, II, c. 2, p. 207–209.

rapport, du même ordre[113]. Les formalités reçues ou conçues par l'âme sous un mode imparfait, en revanche, restent dans le régime de l'immutation.

Cette théorie de l'immutation vitale suppose l'infiltration, au sein d'une doctrine empreinte de nombreux thèmes scotistes, de certaines idées averroïstes. La notion d'immutation vitale, en effet, trouve son origine dans la cosmologie d'Averroès, où elle servait à définir l'action des corps célestes sur les corps inférieurs – Jean reprenant la notion de formes assistantes corrélatives de cette doctrine[114]. Cette action qui n'est ni motrice, ni efficiente, ni informative, relève d'une causalité qu'il faut malgré tout rapprocher de la forme, bien qu'elle ne suppose aucune adhérence aux substances sensibles. La construction averroïste de la causalité formelle ou, plus précisément, son interprétation cosmologique, s'avère une pièce décisive de la récupération par Jean du vocabulaire scotiste de l'intensivité de l'étant[115]. Comme l'a montré Combes, ce concept provenant d'un aristotélisme radical garantit chez lui la légitimité philosophique d'une théorie de la vision béatifique dont les implications théologiques sont controversées[116]. Il révèle sans doute aussi les limites d'un concept de forme disloqué entre ses différentes fonctions, sollicité pour conceptualiser le mouvement du sensible autant que les rapports de l'âme aux réalités immuables. La latitude des formes, utilisée de manière systématique, engendre une tension au sein d'un système de concepts prétendant opérer dans des domaines divers de la science (physique, métaphysique, théologie). Tout rapport entre les étants, nécessaire ou contingent, physique ou psychique, naturel ou surnaturel, étant analysé sur le même plan des degrés d'être, une nécessité d'ordonner ces rapports apparaît et oblige le théologien à déconstruire un concept trop large de causalité formelle.

3.2.3   Une extension maximale du vocabulaire de la quantification
De la même manière que la diffusion des débats *de intensione formarum* avaient entraîné chez les théologiens anglais à partir des années 1320 une extension

---

113   Jean de Ripa, *Lectura*, prol., q. 1, a. 3, p. 202–228.
114   Jean de Ripa, *Lectura*, prol., q. 2, a. 1, suppositio 4, p. 323. Sur cette notion, voir J.-B. Brenet, *Les Possibilités de jonction : Averroès – Thomas Wylton* (Berlin / Boston : De Gruyter, 2013), p. 76–104 ; A. De Libera, « Formes assistantes et formes inhérentes. Sur l'union de l'âme et du corps, du Moyen Âge à l'Âge classique », dans *Archives d'Histoire Doctrinale et Littéraire du Moyen Âge* 81(2014), p. 197–248.
115   Certaines remarques suggèrent l'imprégnation déjà actée de ce vocabulaire dans les discussions de l'époque. D'après Jean, « beaucoup » posent que les intelligences séparées et l'âme intellective n'ont pas de *latitudo formalis essendi*, mais seulement une latitude perfectionnelle ; cf. *Lectura*, prol., q. I, a. 4, concl. 11, p. 258.
116   Combes, « Présentation de Jean de Ripa », p. 221–236.

de ces concepts à différents types d'actes cognitifs, les débats *de perfectione specierum* contribuent à étendre ce vocabulaire à l'ensemble des concepts afférents aux champs théologique et métaphysique. Hugolin d'Orvieto usait déjà des concepts de « latitude » et de « degré » en des contextes variés, pour certains faits psychologiques, pour le cas de la vision béatifique et d'autres sujets théologiques. Hugolin envisageait par exemple sous le concept de « latitude d'identité » la relation des personnes divines, et interrogeait encore la consistance de la thèse d'une « latitude de vérité », qu'il rejetait[117]. Chez Jean de Ripa, cette tendance s'amplifie : la notion d'intensité investit toute l'architecture conceptuelle encadrant le champ de la métaphysique. Donnons-en quelques exemples significatifs.

La prise en compte des modalités ontologiques, tout d'abord, repose sur un usage élargi de la notion de latitude, qui ne s'applique pas qu'à l'être actuel ou réellement possible, mais permet aussi de recouvrir la non-existence. Abordant le problème des concepts relatifs à l'être et aux propositions existentielles ayant Dieu pour sujet, Jean conçoit une latitude du non-être ou latitude de la négation qu'il oppose à la latitude de l'être, semblant avoir en vue un éloignement plus ou moins grand vis-à-vis de l'être. De la même manière qu'il existe des degrés plus ou moins parfaits de latitude de l'être, il est permis d'évoquer un éloignement plus ou moins important au premier degré du non-être, terme exclusif de la *latitudo entium*[118]. Jean refuse toutefois l'idée d'un degré infini de non-intensité, posant qu'il serait similaire au cas absurde d'une quantité de l'ordre d'un point dans le domaine corporel[119]. S'il est incertain que Jean de Ripa soit ici une source d'inspiration, le *Compendium utriusque philosophiae* attribué à Jacques Legrand posera une « latitude du non-être » composés de quatre degrés où les êtres possibles occupent un rang précis, intermédiaire au sein de la *latitudo non-entium* ou *latitudo nihilitatis* entre les objets réels passés et les objets imaginables mais impossibles (les objets contradictoires représentant le degré final de cette latitude)[120].

La compréhension du possible et du potentiel, justement, subit aussi un remaniement important. Hugolin d'Orvieto, on l'a vu, plaçait dans des genres de l'être différents les substances actuelles et potentielles. Chez Jean, la

---

117 Voir par exemple Hugolin d'Orvieto, *Commentarius in libros Sententiarum*, I, d. I, q. 5, a. 1 ; d. 3, d. 19, a. 1, p. 260*sq* ; voir encore vol. 1, p. 87.
118 Jean de Ripa, *Lectura*, I, d. 2, q. 2, a. 3, concl. 3, p. 100–107.
119 Jean de Ripa, *Lectura*, I, d. 17, q. 2, p. 3, a. 4, dans *La théologie naturelle*, p. 487–488.
120 Jacques Legrand, *Compendium*, f. 88r ; L. Thorndike, « An Anonymous Treatise in Six Books on Metaphysics and Natural Philosophy », dans *The Philosophical Review* 40(1931), p. 317–340, ici p. 324 ; E. Beltran, *L'idéal de sagesse selon Jacques Legrand* (Paris : Études augustiniennes, 1989), p. 108.

superposition des latitudes individuelles et des latitudes spécifiques induit un rapport différent de l'actuel au potentiel. L'individu n'est plus seulement une partie de la latitude d'une perfection spécifique, mais, selon lui, sa perfection propre s'y ajoute : Jean partage avec Duns Scot l'idée d'une nature commune contractée à la singularité par une différence individuelle[121]. Les individus à l'intérieur de chaque espèce, en d'autres termes, représentent un degré d'actualisation de l'essence spécifique qu'ils instancient plus ou moins parfaitement – le rapport de la potentialité spécifique vis-à-vis de l'actualité individuelle exprimant précisément toute la latitude dont une espèce est capable.

La manière dont les individus sont constitués à l'intérieur de l'espèce représente sans doute un point délicat de la doctrine ripienne. Jean assure en effet que tout degré individuel, à l'intérieur de l'espèce (constituée par un certain nombre de réplications de l'unité divine), est lui-même constitué par réplication de l'unité divine[122]. Pourtant, Jean affirmait, nous l'avons vu, le caractère *continu* de la latitude des individus possibles au sein de l'espèce, tandis que les espèces issues de la réplication divine constituent, elles, une série dénombrable. Le point doit en fait se comprendre par la distinction établie par Jean entre perfection extensive et intensive : dans la mesure où l'individu représente une partie de la latitude de l'espèce, il est le fruit du concours unitif d'un certain nombre de degrés de perfection (non réellement distincts), à mesure qu'il participe plus ou moins à la perfection divine. La réplication divine, au niveau de l'individu, signifie une *participation* à une certaine perfection divine, susceptible d'un ensemble de valeurs continues. Inversement, du point de vue « extensif », la réplication de l'unité divine provoque un ajout (discret) de dénominations essentielles constituant la raison spécifique.

La conception de Jean de Ripa présuppose donc une théorie de l'individuation entièrement transcrite en termes de degré. La réalité des natures communes implique une communicabilité qui s'exprime dans le concept d'une latitude partageable. La raison distinctive d'un individu, en revanche, n'existe ni peut exister en tant que telle sous un degré d'intensité, n'ayant pas de latitude formelle qui la rend distante du non-degré de sa dénomination (car elle

---

121 Jean de Ripa, *Lectura*, I, d. 2, q. 4, a. 4, concl. 4, p. 251, l. 59–61 : *Quodlibet individuum in quacumque signabili specie aliquem actum ulteriorem substantialem superaddit propriae speciei* ; idem, concl. 6, p. 254, l. 160–161 : *Quodlibet individuum in quacumque specie creaturae superaddit perfectioni specificae aliquam rationem perfectionis simpliciter*.

122 Jean de Ripa, *Lectura*, I, d. 2, q. 4, a. 4, concl. 7, p. 255, l. 213–214 : *Quodlibet individuum constituitur in gradu individuali ex replicatione unitatis divinae. Ista conclusio patet : nam [...] quodlibet individuum constituitur in gradu individuali per aliquam rationem quae dicit perfectionem simpliciter in creatura*.

est, précisément, distinctive)[123]. Jean relit donc en termes de *degré indivisible* la thèse scotiste de l'incommunicabilité de l'entité individuelle (haeccéité). Corrélativement, le rapport du possible à l'individualité se modifie[124] :

> Impossibile est duo individua esse distincta et esse sub eodem gradu in latitudine numerali. Ista patet : nam, si detur oppositum, omnis ratio essentialis correspondens uni et alteri – sive sit numeralis sive specifica – et idem gradus secundum utramque rationem ergo penitus sunt idem essentialiter, et per consequens non sunt duo individua sed unum, sicut patet ex quarta et quinta conclusione, nec etiam habent aliqua essentialia distincta unde originentur rationes ultimo distinctivae ipsorum, et per consequens non distinguuntur.

Tandis que l'assimilation de l'ordre des perfections à une échelle continue conduisait plutôt ses prédécesseurs à refuser la possibilité de deux espèces égales, c'est-à-dire occupant le même degré, c'est aux individus que Jean applique le même raisonnement. Cette différence est importante : c'est l'infinité possible des *individus* qui constitue pour lui l'ordre total des perfections, le caractère individuel de chacun d'entre eux, irréductible à une raison commune, étant une quantité de perfection définissant sa place sur l'échelle des êtres.

Le statut des modalités se trouve coordonné dans le même vocabulaire au registre de l'action. Jean aborde la nature de l'agir selon la liberté de contradiction (pouvoir vouloir simultanément A et non-A) en termes de latitude, interrogeant son caractère divisible ou indivisible, et amenant à analyser l'intensité du degré de liberté de contradiction[125]. Cette analyse quantitative de la liberté d'agir suppose la correspondance entre liberté de contradiction et degré d'être, dans la mesure où la perfection d'un être détermine l'éminence de sa causalité. L'ordre essentiel des êtres suppose une « latitude de causalité » ou « latitude d'activité » en laquelle les êtres plus élevés possèdent un rang supérieur, qui détermine un certain degré de dépendance des êtres qui leur sont inférieurs[126].

L'idée d'une latitude de causalité et de degrés de dépendance conduit à la reprise dans ce même lexique de certains concepts théologiques fondamentaux.

---

123   Voir notamment Jean de Ripa, *Lectura*, I, d. 19, a. 2 ; d. 26, a. 2, dans *La théologie naturelle*, p. 514, p. 580.
124   Jean de Ripa, *Lectura*, I, d. 2, q. 4, a. 4, concl. 15 : p. 256–257, l. 268–275.
125   Jean de Ripa, *Lectura*, I, d. 1, q. 3, a. 1 ; voir *La théologie naturelle*, p. 91–92, p. 95–96 ; voir de même d. 39, a. 4, p. 803–805.
126   Jean de Ripa, *De gradu supremo*, a. 1, p. 162, l. 10 ; a. 3, p. 187, l. 18–27 ; p. 208, l. 12 ; a. 4, p. 215, l. 13, p. 216, l. 17–18.

Jean entend ainsi démontrer que plus un être est proche de Dieu dans l'échelle des êtres, plus sa composition d'actualité et de potentialité augmente simultanément (un être plus actuel possède aussi, paradoxalement, plus de potentialité, car il possède formellement plus d'être). La « latitude de simplicité » n'est donc pas proportionnelle à la « latitude d'actualité »[127]. Abordant la question de l'identité des personnes divines déjà traitée sous cet angle par Hugolin d'Orvieto, Jean refuse la notion antinomique de latitude d'égalité, et plus généralement l'idée que des relations comme celles d'égalité ou de similitude fondées sur des propriétés intrinsèques héritent du degré intensif de leurs *relata*[128].

Bien que les notions de latitude et de degré ne puissent être attribuées à de telles relations, Jean les emploie pour les relations opposées d'identité et de distinction en tant que telles, dans son commentaire à la distinction 34 du premier livre des *Sentences*. Les relations entre la distinction réelle et la distinction formelle – moins forte que la précédente – autorisent à parler de degrés d'identité. Le thème des degrés de distinction est sans doute consubstantiel au scotisme[129] ; l'idée d'une distinction plus ou moins *intense* qu'une autre – selon une expression employée par le théologien franciscain – est en revanche plus originale[130].

Selon Jean, Dieu est étranger à toute composition de degrés intensifs, mais le théologien entreprend de décrire en termes de degrés la présence de Dieu et, plus largement, d'une créature spirituelle en un lieu. Il est donc une « latitude de présence » ou d'intimité en un lieu, selon laquelle un être y est plus ou moins intensivement présent[131]. On le voit, le vocabulaire des intensités imprègne chez Jean de Ripa l'intégralité du questionnement théologique et métaphysique. Il déborde non seulement le cas des accidents et des espèces, mais en vient même finalement à se détacher du concept de forme, qui en constituait jusqu'alors le support. Après y être monté, l'échelle est donc jetée : les approches quantitatives issues de la théorie des formes intensives peuvent s'en séparer jusqu'à un certain point, leur légitimité dorénavant acquise dans le champ de la métaphysique.

---

127 Jean de Ripa, *Lectura*, I, d. 8, q. 1, a. 4, p. 392–394 ; *La théologie naturelle*, p. 313–315.
128 Jean de Ripa, *Lectura*, I, d. 31, dans *La théologie naturelle*, p. 648–654.
129 Voir par exemple François de Marchia, *Quodlibet*, ed. N. Mariani (Grottaferrata : Editiones Collegii S. Bonaventurae, 1997) q. 7, a. 2, p. 264–267 ; François de Meyronnes, *Conflatus*, d. 8, q. 1, a. 2, f. 43vb ; Pierre Thomas, *Tractatus Brevis de Modis Distinctionum*, eds. C. Lopez-Alcalde *et al.* (Santa Coloma de Queralt : Institut d'Estudis Catalans, 2011).
130 Jean de Ripa, *Lectura*, I, d. 34, a. 4 ; voir *La théologie naturelle*, p. 689–690.
131 Jean de Ripa, *Lectura*, I, d. 37, a. 2 ; voir *La théologie naturelle*, p. 738–741.

3.2.4 L'influence de Jean de Ripa : François de Pérouse

François de Pérouse, actif à Paris entre le milieu et la fin des années 1360, appartient à la génération de penseurs immédiatement marquée par l'enseignement de Jean de Ripa, dont il reprend de nombreuses thèses relatives à l'immensité divine, la théorie de la réplication et celle de l'*immutatio*[132]. Dans la mesure où la réflexion de François de Pérouse prend pour point de départ celle de Jean, un aperçu de quelques thèses de ses questions sur les *Sentences* donnera une idée de l'importance prise par l'approche méthodologique et stylistique de la pensée ripienne.

Dans son commentaire aux *Sentences*, la distinction 17 du livre I n'est pas utilisée pour exposer les modalités de l'*intensio formarum*[133], qu'il réserve au second livre de son commentaire, où un développement sur l'information de la volonté par le don divin et son rapport à la liberté sert de prétexte à un développement spécial sur les formes intensives. François reprend de Jean de Ripa la théorie de l'intensification selon laquelle aucune forme existant dans un sujet ne peut s'intensifier par l'addition d'un degré distinct de celui qu'il possédait auparavant, puisque cette addition produirait deux latitudes distinctes[134]. La forme intensifiée n'est pas numériquement la même et, du point de vue de l'être formel, aucune forme ne peut véritablement muter[135]. Toute latitude de degrés incluant une diversité, l'immensité divine ne saurait quant à elle avoir de latitude[136].

De Jean de Ripa, François reprend surtout la théorie de la réplication de l'unité divine, qui lui permet d'envisager dans la même perspective quantitative la latitude des espèces. La réplication de cette unité immense rend compte de la structure de l'ordre des perfections conformément à la thèse ripienne rapprochant la continuité des latitudes spécifiques et individuelles[137] :

---

132 Sur cet auteur encore peu étudié, voir G. Fussenegger, « Neues über Franz von Perugia O.F.M. », dans *Franziskanische Studien* 25(1938), p. 285–287, et J. Lechner, « Franz von Perugia, O.F.M., und die Quästionen seines Sentenzenkommentars », dans *idem*, p. 28–64 ; H. Schwamm, *Magistri Joannis de Ripa O.F.M. doctrina de praescientia divina, inquisitio historica* (Roma : In Pontificia Universitate Gregoriana, 1930), p. 166–203 ; cf. aussi A. Combes, *Jean Gerson, commentateur dionysien* (Paris : Vrin, 1973), p. 589–607.

133 François de Pérouse, *Commentarius super Sententias*, I, d. 17, ms. München, Bayerische Staatsbibliothek, Clm. 8718, f. 34va–38rb.

134 François de Pérouse, *Commentarius super Sententias*, II, d. 27–29, a. 1, concl. 6, f. 117va.

135 François de Pérouse, *Commentarius super Sententias*, II, d. 27–29, a. 1, f. 118va.

136 François de Pérouse, *Commentarius super Sententias*, I, d. 34, a. 2, f. 57va : *Essentia divina nullam habet latitudinem ergo nullam habet diversitatem, ergo est indivisibilis. Antecedens est notum et consequentia patet, nam latitudo graduum includit diversitatem graduum realiter distinctorum.*

137 François de Pérouse, *Commentarius super Sententias*, II, prol. a. 2, f. 94vb.

> Quarta conclusio est ista cuiuslibet speciei latitudo tam proprie specifica quam individualis necessario se habet per modum continui et non per modum quanti seu discreti. Probatur cuiuslibet speciei latitudo individualis necessario se habet per modum continui, ergo cuiuslibet latitudo specifica speciei se habet per modum continui. Antecedens patet et consequentia probatur. Nam latitudo individualis et latitudo specifica sunt equales, ergo si una se habet per modum continui et alia.

Selon François, cette structure continue est uniformément difforme. Il mentionne d'ailleurs des objections à la mesure des quantités uniformément difformes par le degré moyen, à quoi il oppose le choix d'une mesure par le degré le plus intense, en distinguant le cas du mouvement local et celui des qualités[138]. François établit que les espèces et les individus se rapportent les uns aux autres selon une proportion géométrique – cet aspect n'étant pas seulement lié à la continuité des latitudes, mais aussi à l'homogénéité des raisons servant de base aux rapports. La proportion arithmétique convient en effet aux choses de raison différente, tandis que celles qui communiquent en une même raison se rapportent entre elles selon une proportion géométrique[139] :

> Si angelus excedit hominem in esse entis vel esse vitae, ille excessus est secundum proportionem geometricam, quia esse vitae in homine et angelo sunt eiusdem rationis.

Le commentaire aux *Sentences* de François hérite des concepts essentiels de la pensée de Jean de Ripa qui se trouvent ici aussi appliqués à un nombre conséquent de lieux métaphysiques. La thèse d'une gradation de la causalité formelle, qui suppose la notion d'immutation, s'appuie semblablement sur la distinction des formes informantes et assistantes. Leur différenciation conduit François à postuler une « latitude de formalité » des formes (*latitudo formalitatis*)[140]. Le rapport de l'être à l'essence, lui, est une relation d'équivalence, en ce sens que la latitude d'être (*latitudo essendi*) et la latitude d'essence (*latitudo essentiae*) sont égales car elles participent de même aux perfections divines[141].

---

138 François de Pérouse, *Commentarius super Sententias*, II, d. 27–29, a. 1, f. 119vb.
139 François de Pérouse, *Commentarius super Sententias*, II, prol. a. 2, f. 94vb. Sur ce point, encore, des opinions variables sont défendues, par exemple la thèse d'une proportion géométrique entre espèces *abstraction faite* des différences individuelles ; cf. Anonyme, *De gradibus specierum*, ms. Vaticano (Città del), Biblioteca Apostolica Vaticana, Vat. lat. 986, f. 129rb.
140 François de Pérouse, *Commentarius super Sententias*, II, d. 1, a. 1, f. 96rb.
141 François de Pérouse, *Commentarius super Sententias*, II, d. 27–29, a. 1, f. 116va.

Le vocabulaire des intensités permet également de souder l'ensemble de ces développements sur la perfection des êtres à l'analyse des modalités de l'action. La latitude de liberté de contradiction exprime la contingence par laquelle la créature peut agir, ce degré de liberté étant variable. Cependant, François établit que toute créature, quel que soit son degré de liberté de contradiction, peut agir dans l'instant[142].

François s'oppose à Jean de Ripa sur plusieurs sujets, comme celui de la concevabilité du non-être du premier degré immense de la latitude d'être[143], ou celui de la communicabilité des perfections, comprises en termes de latitudes participables en des degrés infiniment variés : François refuse que diverses raisons formelles ultimement distinctives concourent unitivement en Dieu, c'est-à-dire la manière dont Jean définissait la co-existence des personnes divines[144].

Ce très bref aperçu de quelques thèses du commentaire de François suffira à se convaincre d'une chose : les points de désaccord vis-à-vis de Jean de Ripa sont exposés sur la base d'un lexique et de fondamentaux communs aux deux théologiens. François aborde en des termes identiques la perfection des espèces. Qui plus est, chez lui aussi, ce thème sert de pivot théorique permettant de généraliser certaines méthodes quantitatives aux matières diverses qui sont l'objet des *Sentences*.

3.3   *La mathématisation de la métaphysique*

3.3.1   Mesure et ordre des espèces : réponses et solutions alternatives

Si l'on atteint avec la période d'activité de Jean de Ripa l'extension maximale du lexique des formes intensives en théologie et en métaphysique, on pénètre aussi dans des zones d'obscurité croissante, en l'état actuel des choses, concernant la biographie des auteurs et la datation des textes qui nous parvenus. Pour le thème de la mesure des êtres en contexte théologique, la figure de Jean de Ripa apparaît comme l'une des plus influentes. Elle n'est toutefois pas la seule. La théologie parisienne des années 1350 affiche une certaine effervescence autour des débats sur la perfection des espèces, comme le révèlent plusieurs témoignages de l'époque[145]. Les productions de la période courant du milieu des années 1350 à 1370 sont en réalité marquées par au moins deux

---

142   François de Pérouse, *Commentarius super Sententias*, II, d. 27–29, a. 2, f. 122vb.
143   François de Pérouse, *Commentarius super Sententias*, I, d. 2, a. 2, f. 12ra–va ; f. 13ra–b.
144   François de Pérouse, *Commentarius super Sententias*, I, d. 4, a. 1, concl. 2, f. 16va ; Jean de Ripa, *Lectura* I, d. 4, q. un., a. 2 (voir *Conclusiones*, p. 92).
145   Voir ici K.H. Tachau, « French Theology in the Mid-Fourteenth Century : Vatican Latin 986 and Wrocław, Milich F. 64 », dans *Archives d'Histoire Doctrinale et Littéraire du Moyen Âge* 51(1984), p. 41–80 ; K.H. Tachau, « The *Quaestiones in primum librum Sententiarum* of

évolutions. D'abord, par une certaine phase de synthèse des concepts, distinctions notionnelles et méthodes démonstratives employés sur le sujet dans des contextes différents. Cette synthèse enregistre en particulier un appel de plus en plus systématique aux modèles mathématiques, qu'ils soient liés ou non à la description des lois physiques du mouvement. Ensuite, ces productions poursuivent une phase d'exploration des possibilités combinatoires offertes par les différentes questions concernant les perfections spécifiques.

Chez des auteurs comme Jean de Mirecourt, Hugolin d'Orvieto ou Jean de Ripa, la thèse d'une infinité d'espèces créables *ad superius* empêchait la possibilité de considérer la borne supérieure inclusive de la latitude des êtres comme référence pour leur mesure. L'espace des positions possibles, en particulier le rejet des thèses infinitistes, comportait en fait des solutions alternatives. Jean de Burgo, qui compose des questions sur les *Sentences* avant 1360[146], et démontre une certaine familiarité avec les travaux d'auteurs comme Roseth ou Kilvington, propose pour sa part de mesurer les espèces par leur distance à l'espèce suprême, et non pas Dieu[147] :

> Tertia <conclusio> quod perfectio specierum attendenda est penes maiorem approximationem seu assimilationem ad speciem supremam et perfectissimam. Patet, quia motus spere attendendus est penes punctum supremum velocissime motum ; igitur similiter et perfectio totius entitatis create, que ad modum spere describitur.

La thèse de l'existence factuelle d'une espèce suprême n'implique certes pas que Dieu ne *puisse* créer une espèce supérieure[148]. Mais Jean de Burgo refuse la conception de Jean de Ripa d'une espèce suprême infinie, en discutant corrélativement la thèse de grandeurs infinies inégales[149]. Il suit dans ses conclusions l'analogie avec le mouvement de la sphère : la mesure des espèces ne saurait se mesurer par référence au non-degré de l'être, tout comme le mouvement d'une sphère ne se mesure pas par rapport au non-degré de la vitesse mais par le point du rayon le plus extérieur, selon une règle soutenue par Bradwardine

---

      Andreas de Novocastro, O.F.M. », dans *Archives d'Histoire Doctrinale et Littéraire du Moyen Âge* 59(1992), p. 289–318.

146 Sur l'auteur, voir l'investigation de Tachau, « French Theology » ; sur ses questions, cf. Murdoch, « *Mathesis in philosophiam* », et Combes, dans Jean de Ripa, *Quaestio de gradu supremo*, p. 10–22.

147 Jean de Burgo, *Quaestiones in primum librum Sententiarum*, ms. Vaticano (Città del), Biblioteca Apostolica Vaticana, Vat. lat. 986, f. 32vb.

148 Jean de Burgo, *Quaestiones in primum Sententiarum*, BAV, Vat. lat. 986, f. 34vb.

149 Jean de Burgo, *Quaestiones in primum Sententiarum*, BAV, Vat. lat. 986, f. 33va–34ra.

puis adoptée par Heytesbury et, on l'a vu, Albert de Saxe[150]. Cette thèse sera vivement discutée par des auteurs contemporains[151].

Jean de Burgo mentionne différentes possibilités graphiques pour représenter les espèces, qui traduisent certaines propriétés caractérisant leurs relations : soit des lignes parallèles prolongées vers le haut (sous-entendu : dont la longueur correspond à la perfection) ; soit par une seule ligne dont les différents points représentent les espèces ; soit par un point autour duquel des cercles plus ou moins grands représentent les espèces. Tandis que le centre du cercle représente le non-degré de perfection, les points d'un cercle donné, par leur équidistance au centre, permettent de symboliser l'égalité perfectionnelle spécifique des individus qui le composent. Ce modèle de la sphère est choisi par l'auteur, et explique sa décision concernant la référence de mesure des espèces[152] :

> Secunda <propositio> quod sicut in spera totius create perfectionis impossibile est duo individua specie distincta in eadem circumferentia spere collocari, ita in spera totius perfectionis individualis seu latitudinis gradualis.

Le mouvement de la sphère comme modèle pour la mesure des espèces correspond à cette représentation déjà évoquée par exemple chez Albert de Saxe[153]. Le rapprochement de la mesure des espèces et de considérations relevant de la physique du mouvement, associé à la thèse d'une espèce suprême finie, permet de transposer directement le calcul des intensités à la quantité de perfection spécifique contenue dans l'univers. Jean de Burgo indique ainsi la possibilité d'appliquer le théorème de la vitesse moyenne pour évaluer sa quantité de perfection spécifique totale si Dieu créait une espèce équidistante à ses deux bornes (*tota latitudo perfectionis esset equalis suo medio gradui vel illi medie perfectioni*)[154].

Les litiges concernant l'infinité des espèces se perpétuent dans les années 1360, certains théologiens refusant la possibilité même de l'infinité des espèces *ad superius*. Henri de Cervo[155], prieur au *studium* dominicain de Cologne vers

---

150   Bradwardine, *Tractatus de proportionibus*, p. 130 ; Guillaume Heytesbury, *Regulae solvendi sophismata*, f. 37v.
151   Voir les textes donnés dans Tachau, « French Theology », en part. p. 49.
152   Jean de Burgo, *Quaestiones in primum Sententiarum*, BAV, Vat. lat. 986, f. 34vb.
153   Voir de même Facinus d'Aste, *Quaestiones super libros Physicorum*, q. 8, p. 361, p. 364.
154   Jean de Burgo, *Quaestiones in primum Sententiarum*, BAV, Vat. lat. 986, f. 32vb.
155   Sur cet auteur et ses relations au *studium* colonais, voir M. Grabmann, « Der Sentenzenkommentar des Magister Henricus de Cervo und die Kölner Dominikanertheologie des 14. Jahrunderts », dans *Archivum fratrum praedicatorum* 12(1942), p. 98–117.

1266 et maître en théologie en 1267, refuse ce point dans une question prenant à contrepied plusieurs thèses courantes des débats *de perfectione specierum*[156]. Après avoir distingué les répartitions possibles de perfection (uniforme, difforme, uniformément / difformément difforme) et les types de proportion associés à l'ordre des espèces correspondant, Henri de Cervo établit que la mesure d'une perfection spécifique se prend indifféremment par rapport au non-degré ou au degré suprême, puisque se rapprocher de l'un revient à s'éloigner de l'autre[157]. Cette équivalence découle de l'existence de termes à la gradation du créable : il doit exister un minimum et maximum aux perfections possibles. La latitude des êtres n'est infinie ni en descendant jusqu'au non-degré, ni en remontant vers Dieu[158] :

> Latitudo specierum non est infinita descendendo usque ad non gradum simpliciter. Secunda <propositio> est quod etiam non est infinita ascendendo usque ad deum.

La thèse n'est pas neuve. Henri de Gand l'avait déjà défendue par une certaine interprétation de l'assimilation des espèces aux nombres. Pour Henri de Gand, celle-ci ne signifiait pas la possibilité d'un procès des espèces à l'infini, mais le fait que l'essence divine est l'unité première à partir de laquelle les espèces sont créées par imitabilité : l'ordre des nombres n'est pas un ordre ascendant depuis la matière, qui pourrait se prolonger à l'infini, mais un ordre « descendant » depuis l'unité divine qui représente le premier terme d'une série finie d'espèces possibles[159].

Henri de Cervo reprend à son compte certains arguments d'Henri de Gand, en particulier le problème de l'infinité actuelle des idées divines dans l'hypothèse contraire, mais il y ajoute des raisons propres. Dans le genre des âmes intellectuelles, une âme comparable à une *tabula rasa*, n'ayant aucune

---

156 Henri de Cervo, *Quaestio de latitudinibus seu gradibus specierum*, ms. Bologna, Biblioteca Comunale dell'Archiginnasio, Serie A 1029, f. 105ra–109rb.

157 Henri de Cervo, *Quaestio de latitudinibus*, Bologna, Biblioteca Comunale dell'Archiginnasio, Serie A 1029, f. 105rb.

158 Henri de Cervo, *Quaestio de latitudinibus*, Bologna, Biblioteca Comunale dell'Archiginnasio, Serie A 1029, f. 105va.

159 Henri de Gand, *Quodlibet* VIII, q. 8, f. 312vE ; cf. *Quodlibet* V, q. 3, f. 155v–156r. Dans le *Quodlibet* XI, q. 11, Henri semble reconsidérer ce point ; voir P. Porro, « *Ponere statum*. Idee divine, perfezioni creaturali e ordine del mondo in Enrico di Gand », dans *Mediaevalia* 3(1993), p. 109–159.

perfection acquise, représente le degré minimal possible[160]. Inversement, l'éminence intellectuelle d'un être étant proportionnelle au nombre plus restreint d'espèces par lesquelles il intellige, il doit exister un être pensant à travers une unique espèce, définissant le maximum de perfection intellectuelle[161]. La multiplication du nombre d'angles des figures géométriques ne prouve nullement la possibilité d'un procès à l'infini des perfections spécifiques, car ces espèces d'objets n'appartiennent pas à l'univers dont il est question ici[162].

Ses arguments pour refuser les autres types d'infinis sont, pour certains, partagés par d'autres auteurs. L'ordre des espèces est caractérisé comme discret, une infinité d'espèces ne pouvant se tenir entre deux espèces données[163], bien qu'Henri paraisse inverser l'ordre habituel des raisons : c'est dans la mesure où la latitude de l'être *simpliciter* n'est pas infinie que la distance entre deux espèces ne peut l'être, et c'est pour cette raison que cette distance n'est pas continue. L'ordre des espèces, assimilé à la *catena aurea*, peut être décrit sur le modèle de la contenance des formes inférieures dans les principes psychiques supérieurs[164].

Les possibilités de variation semblant continues à l'intérieur d'une espèce n'entraînent nullement l'infinité des perfections spécifiques, ce qu'Henri souligne par la distinction entre excès essentiel (caractérisant la latitude de perfection *simpliciter*) et accidentel (différenciant les individus dans l'espèce). Dans une question sur les *Sentences*, Henri admettra en effet la possibilité d'une intensification et d'une atténuation des formes substantielles, tout en refusant – conformément à une ligne toujours plutôt dominicaine – les théories additistes de l'intensification[165]. Abstraction faite de cette variation interne, les espèces forment un ordre borné et discret. La position d'Henri se distingue

---

160   Henri de Cervo, *Quaestio de latitudinibus*, Bologna, Biblioteca Comunale dell'Archiginnasio, Serie A 1029, f. 105vb.
161   Henri de Cervo, *Quaestio de latitudinibus*, Bologna, Biblioteca Comunale dell'Archiginnasio, Serie A 1029, f. 106vb.
162   Henri de Cervo, *Quaestio de latitudinibus*, Bologna, Biblioteca Comunale dell'Archiginnasio, Serie A 1029, f. 105vb–106ra.
163   Henri de Cervo, *Quaestio de latitudinibus*, Bologna, Biblioteca Comunale dell'Archiginnasio, Serie A 1029, f. 107vb : *Si inter aliquos duos gradus non est distantia infinita, tunc inter nullos duos gradus est distantia infinita. Secunda propositio quod inter aliquos duos gradus specificos non est distantia infinita.*
164   Henri de Cervo, *Quaestio de latitudinibus*, Bologna, Biblioteca Comunale dell'Archiginnasio, Serie A 1029, f. 108ra.
165   Henri de Cervo, *In Sententias Petri Lombardi*, I, q. 3, ms. Basel, Universitätsbibliothek, A VI 22, f. 84ra : *Prima <conclusio> est quod nulla forma est intensibilis per additionem. Secunda est quod forma substantialis est intensibilis.*

donc surtout par son refus d'un infini *ad superius*, qui n'exclut pas selon lui une mesure possible des espèces par le non-degré.

3.3.2 L'usage de la géométrie entre analogie et outil de démonstration

La concurrence des modèles de représentation des perfections spécifiques tient à la fois au problème de la mesure et à la dualité des modèles géométriques et arithmétiques. En réalité, elle divise même les tenants de l'approche géométrique, que favorisent les conceptions continuistes des latitudes spécifiques. Vers la fin du XIVe siècle, Marsile d'Inghen, qui abordait déjà le problème des espèces dans ses *Abbreviationes* à propos de la comparabilité des mouvements[166], résumera dans ses *Questions sur les Sentences* les difficultés liées dans ce cadre au choix d'un modèle.

Discutant par ailleurs les vues de Jean de Ripa et d'Hugolin d'Orvieto, il y évoque comment ceux qui représentent l'ordre des perfections par une ligne droite s'élevant du non-degré jusqu'à Dieu s'opposent quant à leur mesure : tandis que certains prennent pour référence l'éloignement au non-être, d'autres considèrent la pluralité des dénominations essentielles qui indiquent – sur le modèle d'une échelle graduée – l'élévation dans l'ordre des êtres[167]. Marsile rejette la représentation de la perfection des espèces par une ligne droite : il est peu cohérent que la perfection d'un arbre ou d'une pierre contienne à la fois la chaleur la plus intense et la froideur la plus intense, ces deux qualités étant contraires[168]. Au moins deux lignes pour ces deux contraires seraient nécessaires pour représenter l'ordre des perfections naturelles en fonction du type d'espèces qu'ils constituent (par exemple les minéraux pour la froideur). Mais il serait tout aussi acceptable de représenter chaque perfection élémentaire dans son rôle d'instrument pour la génération des étants naturels, menant à l'emploi de quatre lignes. Et de ces quatre lignes pourraient encore être tirées d'autres lignes correspondant aux espèces observables, l'une menant à la composition du sang et de la semence jusqu'à l'être humain, une autre au cheval, etc.

Marsile semble donc envisager, de façon frappante, une arborescence correspondant aux différentes espèces, qui se prêtent mal à une hiérarchisation unilinéaire. Il indique sa préférence pour une approche fondée, d'un point de vue *a posteriori*, sur une évaluation de la perfection des choses par la diversité de leurs opérations – solution alternative à la mesure par référence à une

---

166 Marsile d'Inghen, *Abbreviationes*, VII, f. 32va–vb.
167 Marsile d'Inghen, *Quaestiones super quattuor libros Sententiarum*, eds. M.S. Noya *et al.*, (Leiden : Brill, 2000-), vol. 1, Proem., p. 36–37.
168 Marsile d'Inghen, *Quaestiones super libros Sententiarum*, Proem., p. 44.

seule ligne, et qui évite le recours problématique au dénombrement des dénominations ou attributs essentiels. Cette évaluation correspond d'un point de vue *a priori* à la participation d'un être à une actualité plus pure, et à son éloignement vis-à-vis de la puissance. Ces critères permettent de réintroduire un ordre plus cohérent, selon lequel les éléments se tiennent à mi-distance de l'être humain (le plus élevé des êtres générables) et de la matière première, la terre représentant l'élément immédiatement supérieur à la matière première car étant le plus passif[169].

Alors que l'évaluation de ces modèles linéaires relève chez Marsile d'Inghen de l'illustration, l'importation des travaux sur la figuration des qualités dans le champ de la métaphysique accouche d'approches véritablement instrumentales de la géométrie. Le *Tractatus de perfectione specierum* de Jacques de Naples présente de manière éminente un tel usage démonstratif, qui n'est plus simplement illustratif ou métaphorique. Malgré les incertitudes persistantes qui entourent sa datation, son auteur et sa relation possible à l'influent *De latitudinibus formarum*[170], il offre l'un des exemples les plus marquants de la transposition sur le plan métaphysique de constructions apparentables à celles d'Oresme.

S'ouvrant sur une définition du point, de la ligne, de la surface, puis sur une typologie des angles, le traité de Jacques de Naples adopte explicitement la géométrie comme support de caractérisation des perfections spécifiques. L'approche se trouve légitimée par le fait que Jacques assimile l'ordre des espèces à un *continuum* d'espèces possibles, d'où il tire qu'aucune espèce n'en excède une autre infiniment, mais seulement selon un rapport rationnel ou irrationnel. Cette latitude continue est telle qu'elle présente une structure uniformément difforme[171], définie par un excès égal entre degrés équidistants : « Latitudo uniformiter difformis est quae servat equalem excessum et inter gradus eque distantes »[172]. Mais plutôt qu'une seule ligne sur laquelle les points figurent les espèces (possibilité mentionnée mais délaissée), les perfections peuvent être représentées par une ligne orthogonale correspondant à leur grandeur, une figure bidimensionnelle représentant alors la structure générale de l'ordre des perfections, qui justifie l'exposé des propriétés géométriques des figures et des angles[173] :

---

169   Marsile d'Inghen, *Questiones super libros Sententiarum*, Proem., p. 48*sq*.

170   Maier, *An der Grenze*, p. 369–375 ; Clagett, *Nicole Oresme and the Medieval Geometry*, p. 89–91.

171   Jacques de Naples, *Tractatus de perfectione specierum*, ms. München, Bayerische Staatsbibliothek, Clm. 26838, 15 concl., f. 122r.

172   Jacques de Naples, *Tractatus de perfectione specierum*, München, Clm. 26838, f. 118r.

173   Jacques de Naples, *Tractatus de perfectione specierum*, München, Clm. 26838, f. 120v.

Vera opinio ymaginatur specierum perfectionem per latitudinem uniformiter difformem a non gradu incipientem et in infinitum versus summum extensam, et in quolibet huius latitudinis gradu una species collocatur ; et sicut nullus gradus est alteri immediatus ita nec aliqua species alicui alteri ponitur immediata.

Cette structure se laisse représenter comme un angle s'élevant depuis un point signifiant le non-degré, terme exclusif de la latitude de toute perfection. Certains témoins manuscrits du traité de Jacques de Naples sont accompagnés de schémas représentant une telle surface sur laquelle des lignes illustrent les espèces – y compris la hiérarchie angélique reconnue par le théologien[174].

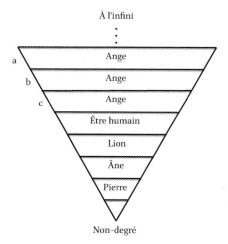

FIGURE 23
Représentation de la perfection des espèces selon Jacques de Naples (ms. München, Bayerische Staatsbibliothek, Clm 26838).

L'isomorphie exploitée par Jacques de Naples entre structure des espèces et propriétés des figures constitue l'un des témoignages les plus marquants, dans la seconde moitié du XIVe siècle, de la réinterprétation géométrique du problème des espèces. Il n'en est pas le seul, d'autres productions confirmant l'influence de cette approche géométrique de la quantification vers la fin du siècle.

Dans son commentaire des *Sentences*, composé entre 1378 et 1380, Pierre de Candie, futur anti-pape Alexandre V († 1410)[175], référera d'abord à Jean de Ripa

---

174   D'après le manuscrit munichois, München, Clm. 26838, f. 80r ; le ms. Vaticano (Città del), Biblioteca Apostolica Vaticana, Chigi F. IV. 66, f. 9r présente une figure similaire utilisant aussi un angle aigu.

175   Pour une présentation du commentaire des *Sentences* de Pierre de Candie, voir S.F. Brown, « Peter of Candia's Commentary on the Sentences of Peter Lombard », dans P.M.

en abordant la perfection des espèces, reprenant au Docteur difficile la terminologie de l'immensité divine et des degrés de dénominations, mais surtout plusieurs thèses : les conventions de mesure des perfections[176], la possibilité d'un individu suprême qui termine une latitude infinie[177], la théorie de la réplication de l'unité divine[178].

Toutefois, Pierre de Candie intègrera à ces éléments doctrinaux une approche géométrique qui – pour des raisons ontologiques et méthodologiques – n'avait pas l'approbation de Jean de Ripa. Pour Pierre de Candie, la succession continue des espèces dans la latitude d'un genre, uniformément difforme, est susceptible d'être représentée dans le plan par un triangle rectangle (isocèle)[179]. En revanche, l'ordre des genres dans la latitude de l'être requiert une autre construction, impliquant une dimension supplémentaire : les genres ne s'élèvent sur la latitude de l'être ni de manière discrète ni de manière continue. La différence de genres comme celui de la substance et de l'accident n'est représentable ni par la série des nombres ni par une ligne, laquelle laisserait entendre qu'un excès divisible existe toujours entre eux. Il faut recourir à un autre modèle géométrique pour représenter la distinction ontologique des genres en même temps que leur caractère orthogonal aux espèces qu'ils comprennent : ils doivent être représentés par des triangles ou des lignes s'élevant du centre d'un corps sphérique (« per modum triangulorum vel linearum egredientium a centro alicuius corporis »)[180]. Par l'usage de tels triangles, on pourra symboliser l'agencement continu depuis le non-être jusqu'à Dieu des espèces au sein des genres qui, entre eux, sont réfractaires à la commensurabilité selon le mode discret ou continu. La raison de cette modélisation géométrique des genres et des espèces au sein de la latitude de

---

Rosemann (ed.), *Mediaeval Commentaries on the Sentences of Peter Lombard*, Volume 2 (Leiden : Brill, 2010), p. 439–469 ; F. Ehrle, *Der Sentenzenkommentar Peters von Candia, des Pisaner Papstes Alexanders V* (Münster i.W. : Aschendorff, 1925), en part. p. 268–277 pour le rapport à Jean de Ripa.

176 Pierre de Candie, *Lectura super Sententias*, II, ms. Paris, Bibliothèque nationale de France, Nouvelles Acquisitions Latines, 1467, f. 138rb-va : *Tertia conclusio est haec : cuiuslibet speciei perfectio quo ad gradum essendi attenditur penes distantiam a non esse simpliciter.* [...] *Quarta conclusio est haec : cuiuslibet speciei perfectio intensiva quo ad esse specificum attenditur penes distantiam a non gradu esse talis denominationis essentialis.*

177 Pierre de Candie, *Lectura super Sententias*, II, BnF, NAL 1467, f. 140ra.

178 Pierre de Candie, *Lectura super Sententias*, II, BnF, NAL 1467, f. 140rb.

179 Pierre de Candie, *Lectura super Sententias*, II, BnF, NAL 1467, f. 151vb : *Ex quo ulterius sequitur quod latitudo huiusmodi ymaginanda est per modum trianguli ortogonii duarum linearum equalium constituentium angulum rectum. Patet ex ymaginatione latitudinis uniformiter difformis.*

180 Pierre de Candie, *Lectura super Sententias*, II, BnF, NAL 1467, f. 151rb–va.

l'être est donc différente de celle que l'on observe chez Jacques de Naples : ici, la construction d'une figure dans un espace tridimensionnel est destinée à articuler les propriétés complexes des genres et des espèces (hiérarchie des espèces ; continuité inter-spécifique ; équivocité des genres) dans une représentation néanmoins unifiée de la gradation des perfections.

Il apparaît ainsi que des questions fondamentales, structurantes pour les disciplines théorétiques, se trouvent vers la fin des années 1360 refondues dans le lexique des formes intensives : pour la théologie, celles de la communicabilité des perfections, de la consubstantialité des personnes, de l'agir divin *ad intra* et *ad extra* ; pour la métaphysique, l'être possible de la chose, la causalité, l'individuation, la structure du composé ; à la frontière de ces deux disciplines, la nature de la liberté et de la contingence. Ces thèmes bénéficient des réflexions menées sur l'*ordo entium*. Les débats engendrés quant à sa structure présentent des similitudes frappantes avec des notions topologiques ou ensemblistes (caractère bien ordonné, limites, continuité, densité, assignation d'une métrique, etc.) qui reflètent, dans ce cadre, la nature du possible, les propriétés assignées à la puissance divine, le rapport de l'individu à l'espèce, etc. On n'observe pas de consensus sur la nature de la latitude (finie ou infinie, continue ou discrète) des êtres, ni sur la manière de mesurer les espèces : ces questions se présentent désormais comme des lieux où s'éprouve la divergence des systèmes. Ces réflexions, fruits du chassé-croisé des disciplines, aboutissent à la promotion d'une approche quantitative de la métaphysique, desservie par les apports de la mathématisation des qualités et, plus largement, des usages extra-mathématiques de la théorie des proportions. Cette tendance n'est toutefois pas universelle : certains auteurs, comme Marsile d'Inghen, abordent le problème sans démontrer l'enthousiasme d'un Jean de Ripa pour les formes intensives ; d'autres se montrent indifférents à la question ; d'autres enfin, comme Jean de Bâle, lecteur critique de Jean de Ripa[181], s'opposent franchement à cette tendance.

Le thème de la perfection des espèces persiste tout au long du XVe siècle, ses traces pouvant être retrouvées jusqu'à l'époque moderne et, peut-être, au-delà[182]. Ses critiques aussi. Une certaine opposition humaniste à la logique scolastique, la transformation progressive de l'enseignement universitaire à partir du XVe siècle et l'importance prise par de nouveaux courants auront raison de ces développements originaux. Non que les critiques contre l'emploi des latitudes et degrés fussent réservées aux métaphysiciens ou théologiens.

---

181   Sur certains traits de cette opposition, voir Combes, *Jean Gerson*, p. 665–671. Pour l'opposition à la théorie ripienne de la mesure de la « latitude du créable », cf. Jean de Bâle, *Lectura super quattuor libros Sententiarum*, Tomus II, 1, q. 4–35, ed. V. Marcolino (Würzburg : Echter Verlag GmbH, 2017), d. 9, q. 10, p. 97–98.

182   Mahoney, « Metaphysical Foundations ».

Vers 1466-1467, Domenico Bianchelli réprimandera les médecins qui perdent leur temps en ces matières[183]. Alors qu'Alessandro Achillini demandera si la latitude des intelligences (au sens des esprits séparés) est uniformément difforme, Pomponazzi dénoncera quant à lui l'usage des latitudes en matière de métaphysique[184]. Aux yeux de Juan Luis Vives, témoin et détracteur de cette décadence, ces *cavillationes* (plutôt que *calculationes*) métaphysiques venaient s'ajouter à ce qui avait d'ores et déjà conduit au pire, à savoir l'idée que la morale elle-même, lieu d'expression de la liberté, pouvait se calculer : se perdre en calculs là où la raison prescrivait d'agir, ce n'était pas simplement perdre son temps, c'était tout simplement intolérable[185].

183   Domenico Bianchelli, *Disputatio de praestantia philosophi et iureconsulti*, cité dans P. Gilli, *La noblesse du droit : débats et controverses sur la culture juridique et le rôle des juristes dans l'Italie médiévale, XIIe–XVe siècles* (Paris : Honoré Champion, 2003), p. 229 : *Secundum tamen modum modernorum medicorum difficile est scire medicinam et fere impossibile ; inducunt enim questiones calculatorias et conterunt tempus in latitudinibus dum debent operam dare textibus.*

184   Voir B. Nardi, *Sigieri di Brabante nel pensiero del Rinascimento Italiano* (Roma : Edizioni Italiane, 1945), p. 48–49 ; C. Wilson, « Pomponazzi's Criticism of Calculator », dans *Isis* 44(1953), p. 355–362 ; E.P. Mahoney, « Il concetto di gerarchia nella tradizione padovana e nel primo pensiero moderno », dans L. Olivieri, *Aristotelismo veneto e scienza moderna. Atti del 25 Anno Accademico del Centro per la Storia della tradizione aristotelica nel Veneto* (Padova : Antenore, 1983), p. 729–741.

185   D.A. Di Liscia, « Kalkulierte Ethik : Vives und die 'Zerstörer' der Moral-philosophie (Le Maistre, Cranston und Almain) », dans S. Ebbersmeyer, E. Keßler (eds.), *Ethik : Wissenschaft oder Lebenskunst ? Modelle der Normenbegründung von der Antike bis zur frühen Neuzeit* (Münster i.W. : C. H. Beck, 2007), p. 75–105.

Conclusion

Il apparaît au terme de ce parcours que l'émergence et le développement de l'idée d'une mesure des êtres, qui se distingue dans la métaphysique du XIVe siècle, résultent des transformations de la problématique de l'intensité des formes. Ces transformations furent à la fois rapides et progressives. Rapides, si l'on tient compte de l'échelle de temps considérée, étant donnés les concepts multiséculaires dont elles ont provoqué la reconfiguration. Progressives, cependant, dans la mesure où ces transformations supposaient une déconstruction par étapes des différentes propriétés soudées au sein du concept de forme.

Le rôle de la forme dans l'hypothèse hylémorphiste tient en effet dans l'association de plusieurs fonctions qui assuraient la cohérence de la doctrine d'Aristote : l'actuation ontologique de la matière et l'unité en acte de la substance, la production des propriétés spécifiques, une causalité propre, la régularité des phénomènes naturels par l'homogénéité de ses effets. Le contexte de sa réception latine entraîne une perte nécessaire de ces attributs. Principe de la nature conférant l'être chez Aristote, entité autonome, intrinsèquement finalisée, agent d'une régularité nécessaire et éternelle – du moins voué à la reproduction éternelle de l'espèce –, le rôle de la forme s'efface au XIIIe siècle devant un principe divin à qui reviennent en droit ces attributs : éternel, dispensateur de l'ordre naturel des choses, l'être nécessaire dispense l'être en même temps qu'il suspend à sa volonté la régularité et l'autonomie du créé. D'une certaine manière, ce que l'on a identifié comme les diverses « controverses » de la forme apparaissent comme différents moments de la déconstruction de ces propriétés qui s'agençaient en un système d'attributs cohérent. L'intension des formes n'en est qu'un aspect, mais un aspect solidaire des transformations qui concernent aussi la composition de la substance, la causalité, les lois de la nature et la définition du mouvement.

La phase initiale de consolidation d'un nouveau vocabulaire de la quantification, qui s'étend jusqu'au début du XIVe siècle, correspond au premier fissurage de cet édifice. C'est paradoxalement en voulant expliquer comment l'accident est susceptible de plus ou de moins, à la différence de la substance, que le statut de cette dernière s'est vu lui-même révisé. Le changement s'expliquant de façon paradigmatique dans le cadre de l'hylémorphisme comme substitution d'une forme par une autre, la volonté de comprendre la mutation interne d'une forme a conduit à un changement de perspective : devenant ce dont le mouvement même est à expliquer, les formes se rapprochent du statut de l'objet matériel, dont on analyse la mécanique interne. Alors que les premières théories des intensités entretenaient une conception de la forme

CONCLUSION 375

comme essence abstraite du monde corporel, favorisée par l'enjeu premier des discussions (la charité, identifiable à l'Esprit saint), la conception des intensités en termes de grandeurs mesurables produit une « physicalisation » de ces entités, conçues comme étendues, divisibles, et, donc, concrètes et particulières. Simultanément, à cause de la transversalité du concept, la notion de degré servant à penser une quantité de forme altère le statut de l'essence, à laquelle on attribue dorénavant une « latitude », et des formes substantielles, elles-mêmes soumises au régime des entités spatiales et divisibles (si l'on excepte le cas spécial de l'âme humaine).

En considérant notre point de départ, un constat s'impose : les théories de l'intension proposées depuis l'époque d'Albert le Grand et Bonaventure, jusqu'à Jean Buridan ou Nicole Oresme ne paraissent pas toujours s'établir sur le même terrain explicatif, c'est-à-dire répondre exactement au même problème. Comme pour d'autres querelles animant l'époque scolastique, la divergence des réponses apportées témoigne autant d'une difficulté à expliquer la chose que de l'équivocité du concept de cause, lequel, non seulement se dit en différents sens, mais évolue aussi en l'espace d'un siècle. Les réponses apportées oscillent en fait entre plusieurs façons de décrire le phénomène. Par exemple, entendue d'un point de vue interne, la théorie du mélange constitue une explication de la manière dont une qualité contient en même temps deux propriétés contraires dont elle est la résultante. Lue d'une autre manière, elle propose une explication dynamique de la cause externe des phénomènes intensifs, qui laisse le champ libre à d'autres descriptions de la mutation intrinsèque de la qualité. L'immiscion au sein des théories de la participation d'autres modèles, puis l'apparition constatée de théories hybrides, témoignent d'une ambivalence semblable. La confrontation de ces modèles produit une interprétation progressive des phénomènes intensifs en termes d'efficience ou, du moins, une explication faisant appel à un type de grandeur aux propriétés extensionnelles.

Cette évolution de la compréhension des phénomènes intensifs s'est effectuée à l'intersection des disciplines. Les réflexions médicales sur l'intensité des formes ont ainsi bénéficié aux réflexions parallèles menées en contexte physique et métaphysique, par les méthodes de calcul des degrés, mais aussi par l'étude de la relation de contrariété nécessaire pour les remèdes composés et la définition des états de santé. L'idée d'une mesure des êtres en contexte métaphysique suppose une conjonction similaire d'influences. Tout d'abord, l'essor d'une métaphysique des intensités à partir, pour simplifier, d'Henri de Gand et de Duns Scot, avait préalablement ouvert la voie d'une application de ces concepts à l'étant dans toute sa généralité. À partir des années 1320, en contexte théologique, l'évolution du style et des techniques d'analyse de thèmes par ailleurs anciens conduisent à des travaux mobilisant volontiers le langage des proportions, et la conceptualité mathématique en général. L'intensité des actes cognitifs, qu'il s'agisse de la connaissance naturelle ou des actes ayant Dieu pour objet, problématise la possibilité d'une augmentation à l'infini d'un individu, substance ou qualité. Ce problème fait naître une approche nouvelle de la comparaison des espèces, dont on admet à présent la variation interne, mais dont on cherche aussi à préserver une certaine essentialité, en maintenant souvent une distinction entre indivisibilité essentielle et latitude individuelle ou accidentelle. Ces réflexions puisent à leur tour leurs ressources dans les travaux menés dans le champ de la physique sur la notion de mesure, envisagée en ce contexte à propos de la comparabilité des genres de mouvements.

C'est à mesure que le vocabulaire des degrés est entériné, à tel point qu'il n'engage plus une ontologie additiste proprement dite, que la question de la cause de l'intensification change : le problème de son explication intrinsèque ne disparaît certes pas, mais demander « en quel sens » une forme varie revient de plus à plus à demander « par rapport à quoi ». La notion de degré s'imposant comme un outil commode pour décrire le mouvement, il s'agit dorénavant de justifier par rapport à quel point de référence la dénomination selon un certain degré s'applique, ce qui suppose la mise en place de conventions de mesure. Le caractère conventionnel du lexique des intensités libère dès lors la portée des spéculations calculatoires, que l'on applique de manière préférentielle aux trois types de mouvements de la physique aristotélicienne, mais que l'on peut aussi employer pour d'autres phénomènes, qu'ils soient physiques ou psychologiques, naturels ou surnaturels. Une généralisation terminale de ces notions, commencée à partir des années 1340 et poursuivie dans les décennies suivantes, amène à décrire en ces termes la structure même de l'ordre des êtres, et à quantifier leur perfection.

C'est ainsi qu'en l'espace d'à peine un siècle, la quantification des formes a participé à fracturer l'édifice théorique constitué autour de l'hylémorphisme. En dépit de cette fracture, la forme demeure un concept central de la philosophie naturelle de l'époque. Pour cette raison même, il explique tout à la fois la parenté et l'écart séparant la théorie médiévale d'une mesure de l'être de l'avènement de la science moderne. Alors que les formes, en contexte aristotélicien, dispensent de lois entendues comme relations contraignantes, assurant elles-mêmes la régularité et la nécessité du cours de la nature, l'intérêt qu'on porte à leur mesure conduit à déplacer l'attention sur leurs relations, que l'on définit en termes de règles. Au XIVe siècle, ces règles ne sont en aucun cas conçues comme indépendantes des formes : elles ne sont qu'une abstraction tirée de la nature des corps. De ce point de vue, cette philosophie naturelle reste donc aristotélicienne : elle fait dépendre les régularités nomologiques de certaines propriétés ou pouvoirs causaux possédés par les sujets, et non l'inverse[1]. Les concepts permettant d'en décrire les modalités retiennent directement leur aspect qualitatif – précisément : uniforme, difforme – même quand le mouvement que l'on décrit, comme l'accélération de la chute d'un corps, s'oppose au principe de similitude entre la cause et l'effet typique de la causalité formelle[2]. L'étude des phénomènes naturels se rapproche donc dès le XIVe siècle de la physique moderne par sa volonté de soumettre à une loi mathématiquement interprétée l'objet du savoir ; elle s'en distingue par son soubassement métaphysique, qui l'attache à une compréhension qualitative de cet objet.

Sans forcément souscrire à la thèse explorée par Jules Vuillemin d'une solidarité de la pensée philosophique et de la réflexion mathématique dans l'histoire générale de la raison[3], on soulignera que la quantification des formes au XIVe siècle repose sur l'adaptation philosophique de la notion de rapport ou de proportion, dont on cherche à imiter dans le champ de la métaphysique l'extension contemporaine en mathématiques. Alors que Thomas Bradwardine et Nicole Oresme étendent le concept de grandeur en traitant les rapports eux-mêmes comme des grandeurs susceptibles de rapports, la possibilité d'une comparaison en termes de proportion des espèces au sein d'une latitude de l'être suppose des percées parallèles. Liée au travail de la notion de *dénomination*, aux confins de la sémantique, des mathématiques et de la métaphysique, la comparaison des êtres correspond au développement de la théorie des transcendantaux, que les auteurs invoquent pour contourner le principe d'homogénéricité des choses comparées, et qui accompagne la noétisation progressive de l'objet de la métaphysique à la fin du Moyen Âge. Le contournement de l'interdit aristotélico-euclidien de comparaison entre genres distincts produit un basculement dans une perspective constructiviste, où la notion de mesure revêt une signification avant tout instrumentale. Tandis que les théologiens les plus influents du XIIIe siècle définissent Dieu comme mesure

---

1 D. Des Chene, *Physiologia. Natural Philosophy in Late Aristotelian and Cartesian Thought* (Ithaca : Cornell University Press, 1996), p. 17 ; p. 24, n. 4.

2 Voir ce texte significatif de Jean Ruchrat de Wesel (†1481) : *In omni motu gravis deorsum forma non est principaliter agens. Probatur quia tunc sequeretur quod talis motus deberet esse uniformis. Sequela patet quia forma uniformiter se habet, ergo etiam actio erit uniformis. Falsum autem hoc est, quia motus gravis deorsum est uniformiter difformis* ; cité par D.A. Di Liscia, dans « Der Kommentar des Johannes Rucherat de Wesalia zur aristotelischen Physik : Seine Bedeutung und Überlieferung », dans *Codices Manuscripti & Impressi* 99/100(2015), p. 11–30, ici p 18. Un autre témoin du même texte décrit le mouvement de la chute des corps comme « *uniformiter difformiter difformis* ».

3 J. Vuillemin, *La philosophie de l'algèbre* (Paris : Presses Universitaires de France, 1962).

des êtres, c'est-à-dire comme exemplaire à l'imitation duquel les essences se rapportent, le choix du non-être pour évaluer les distances relatives entre les choses signale à partir du milieu du XIVᵉ siècle une inflexion subjective et technique de la notion : mesurer, c'est, faute de mieux, comparer les grandeurs relatives accessibles à un intellect fini.

Ce projet ne tient pas simplement dans l'idée d'appliquer des concepts quantitatifs à certains phénomènes naturels, mais obéit sans doute à une tendance plus profonde, qui consiste à déterminer activement les conditions d'une compréhension rationnelle du réel. C'est en ce sens que l'idée d'une mesure des êtres ne sollicite pas encore au XIVᵉ siècle l'appel à l'expérience, mais exprime avant tout l'exigence d'éclairer l'ordre du monde, y compris ses aspects par principe inobservables (comme les espèces angéliques, que l'on n'hésite pas à inclure dans ces spéculations). La réduction progressive du thème de la quantification des formes au mouvement local à l'aube de l'époque moderne, de là, signifie moins la disparition du projet d'une mesure de l'être que le réagencement des notions relatives à l'intensivité qui le portait jusqu'alors, la notion d'intensité cessant d'être recherchée comme propriété réelle du monde physique.

Deux points suggèrent cette interprétation : d'un côté, comme l'a montré Mahoney, les réflexions sur la perfection des espèces et l'ordre essentiel de l'être accompagnent les débats relatifs au concept de mesure durant la Renaissance jusqu'à l'avènement de la physique moderne. Bien qu'elles n'aboutissent pas – n'y étant pas destinées – à des applications concrètes, elles participent à un contexte culturel global où l'idée d'une mesure des êtres est devenue régulatrice : la mesure de l'ordre des êtres par Dieu ou le non-être occupe encore la Renaissance, jusqu'à Galilée, qui discute ce problème également abordé par ses contemporains Jacopo Mazzoni, Cesare Cremonini et son maître Francesco Buonamici, ce dernier le rattachant au problème de la commensurabilité des périodes orbitales[4].

D'un autre côté, la restriction de la science moderne à l'extensionnel achève une tendance déjà esquissée, en un sens, au XIVᵉ siècle. Les transformations du concept d'intensité à la fin du Moyen Âge annoncent le partage nouveau entre la réalité physique et la sphère psychique qui marque les premiers grands systèmes de la philosophie moderne. L'ajustement de la problématique des intensités aux phénomènes de l'esprit – comme la foi, le courage, la certitude ou la

---

[4] Mahoney, « Metaphysical Foundations », p. 204. Sans adhérer à l'ensemble des idées défendues par Koyré, on notera que ces observations rejoignent sa thèse relative à l'arrière-plan métaphysique du problème de la mesure à l'Âge classique ; voir A. Koyré, *Metaphysics and Measurement. Essays in Scientific Revolution* (Cambridge Mass. : Harvard University Press, 1968).

croyance – n'est nullement contingente. Elle apparaît comme le prolongement des premières exploitations calculatoires du thème dans un cadre voyant l'état psychique comme partie du monde naturel, soumis au même statut catégorial que les autres phénomènes qualitatifs. L'esprit, totalement étranger à l'extension, se prête d'autant mieux à une description en termes d'intensité.

Le devenir moderne de la notion d'intension confirme cette observation. Il est aujourd'hui connu que l'un des dénouements les plus étonnants du thème médiéval de l'*intensio formarum* tient dans la reprise par Leibniz du terme *intensio*, pour lui faire désigner le sens (compréhension) d'un terme[5] :

> Car, disant *Tout homme est animal*, je veux dire que tous les hommes sont compris dans tous les animaux ; mais j'entends en même temps que l'idée de l'animal est comprise dans l'idée de l'homme. L'animal comprend plus d'individus que l'homme, mais l'homme comprend plus d'idées ou plus de formalités : l'un a plus d'exemples, l'autre plus de degrés de réalité ; l'un a plus d'extension, l'autre plus d'intensité.

À partir de Leibniz, l'intension en viendra à exprimer l'aspect intrinsèquement signifiant d'un mot, en vertu d'un glissement sémantique témoignant d'une conscience certaine de son arrière-plan conceptuel. L'intensionnalité, devenue centrale pour la philosophie moderne et contemporaine, ne retient sans doute plus rien de l'idée de degré perfectionnel spécifique, ni des tentatives médiévales d'articuler la définition réelle d'un être à son degré d'être intensif. Ce transfert sémantique symbolise cependant à plusieurs égards la tendance amorcée dès la fin du Moyen Âge à interpréter les phénomènes intensifs en termes extensionnels, qui aboutira à restreindre l'intensif proprement dit au domaine mental[6]. Au Moyen Âge, l'intensionnalité linguistique et mentale repose sur l'existence de propriétés intensives immanentes au monde naturel, dont elle reflète, au sein de l'esprit, le caractère irréductible à l'extension. Instaurée par une certaine conjuration de l'intensif, la science moderne achèvera cette rupture entre extension et intensités qualitatives, que Bergson constatera dans son *Essai sur les données immédiates de la conscience* comme marques distinctives de la matière et de l'esprit.

---

5   Leibniz, *Nouveaux essais sur l'entendement humain*, dans Œuvres de Leibniz, ed. M.A. Jacques (Paris : Charpentier, 1846), vol. 1, IV, 17, 8, p. 505. Voir M. Spencer, « Why the 's' of 'Intension' ? », dans *Mind* 80/317(1971), p. 114–115 ; B. Lourié, « *Intensio* : Leibniz in Creating a New Term for the Modal Logic », dans *Studia Humana* 1, 3/4(2012), p. 59–65.
6   I. Shani, « The Myth of Reductive Extensionalism », dans *Axiomathes* 17(2007), p. 155–183.

Avec un regard en aval sur la période étudiée, le projet moderne de la mesure des choses représente moins l'apparition d'une idée nouvelle que la restriction ou, si l'on préfère, la rationalisation à un objet mieux circonscrit d'un projet initial autrement plus vaste. C'est dans le champ de la métaphysique qu'il a pour finir été le plus explicitement formulé, mais grâce à l'interférence de plusieurs champs disciplinaires dont elle a recueilli les fruits. La transformation des théories des intensités donne assurément à penser du point de vue de l'histoire et de la philosophie des sciences, en particulier concernant le débat ayant opposé Paul Feyerabend, tenant d'une conception « anarchiste » de la méthode scientifique, promouvant la pluralité des théories et hypothèses comme voie de progrès du savoir, à Thomas Kuhn, théoricien de la notion controversée de paradigme scientifique[7]. Comme l'a suggéré Edith Sylla, l'échec relatif de la problématique de l'*intensio formarum* à accoucher d'une science expérimentale vient peut-être moins d'un échec interne aux théories qu'à la concurrence entre des théories également plausibles, mais irréductibles entre elles, ayant fini par s'étouffer mutuellement[8]. Dans le cas des théories médiévales de l'*intensio formarum*, cette concurrence ne concerne pas seulement le vocabulaire, des méthodes de mesure ou même des théories physiques divergentes. Les débats ont mis aux prises des *métaphysiques* hétérogènes. Le caractère fructueux de la confrontation des hypothèses suppose une description minimale commune du donné observationnel, qui fait défaut dans ces débats sur les intensités. Les divergences dans les interprétations des phénomènes intensifs sont métaphysiques, en ce sens qu'elles ne s'accordent même pas sur l'identité du phénomène observé (par exemple si l'on nie sa continuité, comme dans le cas des théories de la succession). Elles le décrivent cependant au moyen des mêmes concepts (latitude, degré, forme) auxquelles elles ne peuvent, dès lors, attribuer le même sens, là où un dialogue fécond des théories scientifiques suppose la modélisation dans un vocabulaire différent d'une observation admise par la communauté. Pour cette raison, ces débats ont donc vu se concentrer le conflit des systèmes, qui se sont confrontés par leur capacité à expliquer des observations ordinaires – comme l'accroissement d'une chaleur – en recourant aux clés conceptuelles centrales à leur fonctionnement (participation, différence de l'être et de l'essence, théories des distinctions intermédiaires, etc.).

Il est pourtant indéniable que la volonté de quantifier l'intensif était vouée à rencontrer des difficultés : comment comparer deux blancheurs ou la

---

7   T.S. Kuhn, *The Structure of Scientific Revolutions* (Chicago : Chicago University Press, 2012) ; P. Feyerabend, *Against Method : Outline of an Anarchistic Theory of Knowledge* (London : New Left Books, 1975).
8   Sylla, *The Oxford Calculators*, p. VIII–XII.

perfection de différentes espèces, quand on ne dispose de rien pour vérifier expérimentalement les calculs proposés, à la différence des vitesses du mouvement local où la distance permet vérification ? On a ainsi pu suggérer une limite interne à la *scientia de latitudinibus* : en espérant quantifier le qualitatif, la science médiévale aurait expérimenté la contradiction d'un projet par principe voué à l'échec[9]. Il convient cependant de distinguer les cas. La notion de perfection spécifique, axiologiquement orientée, était appelée à être évacuée du discours scientifique. On pourra douter, par contre, que cette explication du déclin de la théorie des formes intensives à l'aube de l'époque moderne soit totalement satisfaisante pour le cas des qualités. Elle indique moins une impossibilité absolue qu'une difficulté à mettre en œuvre des procédures effectives de mesure : il n'est nullement impossible de définir, au moyen d'un référent donné, une échelle de dureté ou de luminosité, par exemple. Si la physique du XVIIe siècle connaît ses premiers succès – éclatants – dans l'étude du mouvement local, elle appliquera d'ailleurs par la suite ses méthodes à des phénomènes d'abord tenus par ses fondateurs comme réfractaires à la mesure : l'avènement de la méthode expérimentale, solidaire d'une alliance nouvelle de la science à la technique, n'a jamais exclu, ni logiquement, ni historiquement, le maintien d'une ontologie réaliste des qualités.

De ce point de vue, c'est à un ensemble de facteurs contingents que cette évolution est en partie redevable : le cloisonnement progressif des disciplines et de la formation, la mutation des institutions universitaires à partir du XVe siècle, le mouvement culturel porté par l'humanisme, ou plutôt certains de ses acteurs, à l'encontre des *subtilitates anglicanae* auxquelles se rattachait la *scientia de latitudinibus*, expliquent aussi le déclin de ce moment de la pensée scolastique. À la fin du Moyen Âge, sous l'influence de ces facteurs externes, l'idée d'une mesure des choses s'écartera de la direction prise par le thème des formes intensives qui, au XIVe siècle, soudait des branches éloignées du savoir et l'enracinait dans ce monde de qualités réelles qui est celui des médiévaux. En contemplant l'état des choses vers 1370, on devinera donc que la transformation du thème de la quantification des formes, et l'abandon de certains de ses aspects, ne furent dus ni à des causes purement internes, ni sans doute à des causes totalement externes. Au regard de l'histoire des sciences, de son lien à la métaphysique qui l'a accompagnée mais aussi de ce qu'elles auraient pu être dans un autre ordre des choses, cette observation pourra laisser songeur : si le projet général d'une « mesure des êtres » attaché à une vision réaliste du qualitatif et des intensités n'a pas été directement poursuivi, il était sans doute possible.

---

9   Wilson, *William Heytesbury*, p. 146–147 ; cf. le diagnostic sensiblement différent de E. Jung, « The Fourteenth and Seventeenth Century Project of Mathematical Physics. Continuity or Discontinuity ? », dans *Organon* 41(2009), p. 151–164.

Bibliographie

Manuscrits

[Anonyme], *De gradibus specierum*, ms. Vaticano (Città del), Biblioteca Apostolica Vaticana, Vat. lat. 986, f.125rb–133va.

[Anonyme], *De perfectione specierum*, ms. Paris, Bibliothèque nationale de France, lat. 16621, f. 181r–186v.

Alexandre Langeley, *Reportatio in Sententias*, ms. Vaticano (Città del), Biblioteca Apostolica Vaticana, Vat. lat. 13002, f. 175ra–218vb.

François de Pérouse, *Commentarius super Sententias*, ms. München, Bayerische Staatsbibliothek, Clm 8718, f. 1ra–192va ; ms. Oxford, Balliol College, 56, f. 1–152v.

Gauthier Burley, *Tractatus primus*, ms. Vaticano (Città del), Biblioteca Apostolica Vaticana, Vat. lat. 817, f. 203ra–223ra.

Gérard de Bologne, *Quaestiones ordinariae*, ms. Paris, Bibliothèque nationale de France, lat. 17485, f. 188va–214ra.

Gérard de Bologne, *Quodlibeta*, ms. Paris, Bibliothèque nationale de France, lat. 17485, f. 85ra–188rb.

Gérard Odon, *De augmento formae*, ms. Madrid, Biblioteca Nacional 4229, f. 132vb–150rb.

Guillaume de Ware, *Quaestiones in libros Sententiarum*, ms. Bordeaux, Bibliothèque Municipale 163.

Henri de Harclay, *In primum librum Sententiarum*, d. 17, ms. Troyes, Bibliothèque Municipale, 501, f. 82va–83rb.

Henri de Langenstein, *De reductione effectuum particularium in causas universales*, ms. London, British Museum Sloane 2156, f. 116v–130v.

Himbert de Garda, *Commentarium in primum Sententiarum*, ms. Vaticano (Città del), Biblioteca Apostolica Vaticana, Vat. lat. 1091.

Jacques de Forlì, *Expositio et quaestiones in artem medicinalem*, ms. Oxford, Bodleian Library Canonici Miscellaneous 446.

Jacques de Metz, *In quattuor libros Sententiarum commentaria*, ms. Troyes, Bibliothèque Municipale, 992.

Jacques de Naples, *Tractatus de perfectione specierum*, ms. München, Bayerische Staatsbibliothek, Clm 26838, f. 76v–85v et f. 118r–124v.

Jacques Legrand, *Compendium utriusque philosophiae*, ms. Paris, Bibliothèque nationale de France, lat. 6752.

Jean de Burgo, *Quaestiones in primum librum Sententiarum*, ms. Vaticano (Città del), Biblioteca Apostolica Vaticana, Vat. lat. 986, f.31vb–46va.

Jean de Mirecourt, *In primum librum Sententiarum*, ms. Paris, Bibliothèque nationale de France, lat. 15882.

Jean de Rodington, *Super Sententias*, ms. Vaticano (Città del), Biblioteca Apostolica Vaticana, Vat. lat. 5306.

Jean Dumbleton, *Summa logicae et philosophiae naturalis*, ms. Paris, Bibliothèque nationale de France, lat. 16146 ; ms. Vaticano (Città del), Biblioteca Apostolica Vaticana, Vat. lat. 954.

Jean Picardi de Lichtenberg, *Quaestio disputata* 21, Utrum elementa sint actu in mixto, ms. Vaticano (Città del), Biblioteca Apostolica Vaticana, Vat. lat. 859, f. 171ra–172ra.

Jourdain de Turre, *De adinventione graduum in medicinis simplicibus et compositis*, ms. Vaticano (Città del), Biblioteca Apostolica Vaticana, Vat. lat. 2225, f. 53r–66v.

Landulphe Caracciolo, *Super primum librum Sententiarum*, ms. Dole, Bibliothèque Municipale 14 MS-G-3.

Michel de Massa, *Commentarium in primum librum Sententiarum*, ms. Firenze, Biblioteca Nazionale Centrale, Conventi Soppressi C.8.794, f. 1ra–101va.

Nicolas de Strasbourg, *Summa philosophiae naturalis*, ms. Vaticano (Città del), Biblioteca Apostolica Vaticana, Vat. lat. 3091.

Paul de Pérouse, *Lectura super Sententias*, ms. Vaticano (Città del), Biblioteca Apostolica Vaticana, Chigi B. VI. 97.

Pierre d'Auvergne, *Quodlibeta*, ms. Vaticano (Città del), Biblioteca Apostolica Vaticana, Vat. lat. 932, f. 102ra–170ra.

Pierre de Candie, *Lectura super Sententias*, ms. Paris, Bibliothèque nationale de France, NAL 1467.

Pierre de Ceffons, *Commentarius in Sententias*, ms. Troyes, Bibliothèque Municipale 62.

Pierre de la Palud, *Super primum librum Sententiarum*, ms. Basel, Universitätsbibliothek, B II 21.

Pierre de Trabibus, *Lectura in primum librum Sententiarum*, ms. Assisi, Biblioteca del Convento di S. Francesco 154.

Pierre Thomas, *Commentarium in primum librum Sententiarum*, ms. Vaticano (Città del), Biblioteca Apostolica Vaticana, Vat. lat. 1106, f. 1r–328v.

Raoul le Breton, *Quae sit causa susceptionis magis et minus*, ms. Nürnberg, Stadtbibliothek, Cent V 21, f. 125ra–rb.

Richard FitzRalph, *Lectura in Sententias*, ms. Paris, Bibliothèque nationale de France, lat. 15853.

Richard Kilvington, *Quaestiones super libros Sententiarum*, ms. Paris, Bibliothèque nationale de France, lat. 14576, f. 117r–199v.

Richard Swineshead, *In librum De caelo*, ms. Cambridge, Gonville and Caius College, 499/268, f. 204ra–215rb.

Roger Swineshead, *De motibus naturalibus*, ms. Erfurt, Amplonian, F 135, f. 25va–47rb.

Robert Halifax, *Lectura super libros I-II Sententiarum*, ms. Vaticano (Città del), Biblioteca Apostolica Vaticana, Vat. lat. 1111, f. 1r–89v.

Robert de Walsingham, *Quodlibet* I, q. 12, ms. Worcester, Cathedral Library F.3, f. 236v–237r.
Thomas Wilton, *Quaestiones de intensione formarum*, ms. Tortosa, Archivo Capitular 88.
Henri de Cervo, *Quaestio de latitudinibus seu gradibus specierum*, ms. Bologna, Biblioteca Comunale dell'Archiginnasio, Serie A 1029, f. 105ra–109rb.
Henri de Cervo, *In Sententias Petri Lombardi*, ms. Basel, Universitätsbibliothek, A VI 22.

Sources primaires

[Anonyme], *Liber sex principiorum*, dans *Aristoteles latinus*, I 6–7, eds. L. Minio-Paluello, B. G. Dod, Leiden, Brill, 1966.
[Anonyme], *Summa theologica* [Summa fratris Alexandri], 4 vols., Grottaferrata, Editiones Collegii S. Bonaventurae, 1924–1948.
[Anonyme], *Commentarium super libros De anima*, dans Z. Kuksewicz (ed.), « *Commentarium super libros De anima* by an Anonymous Averroist of the Fourteenth Century Erfurt », dans *Studia Mediewistyczne* 17(1977), p. 5–122.
[Anonyme], *Apud antiquos*, ed. M.R. McVaugh, dans « 'Apud Antiquos' and Medieval Pharmacology », dans *Medizinhistorisches Journal* 1(1966), p. 16–63.
[Anonyme / Pseudo-Geber], *The* Summa Perfectionis *of Pseudo-Geber. A Critical Edition, Translation and Study*, ed. R. Newman, Leiden, Brill, 1991.
Adam Wodeham, *Super quatuor libros Sententiarum* [= Henri Totting de Oyta, *Adam goddam super quatuor libros Sententiarum*], Paris, Jean Mair, 1512.
Adam Wodeham, *Tractatus de indivisibilis*, ed. R. Wood, Dortrecht, Kluwer, 1988.
Al-Kindi, *Quia primos*, dans *Arnaldi de Villanova, Aphorismi de gradibus*, vol. II, ed. M.R. McVaugh, Barcelona, Publicacions i Edicions de la Universitat de Barcelona, 1975, p. 269–295.
Albert de Saxe, *Expositio et Quaestiones in Aristotelis libros Physicorum ad Albertus de Saxonia attributae*, ed. B. Patar, 3 vols., 'Philosophes médiévaux' 39–41, Leuven, Peeters, 1999.
Albert de Saxe, *Tractatus proportionum*, ed. H.L.L. Busard, dans « Der Tractatus proportionum von Albert von Sachsen », *Osterreichischen Akademie der Wissenschaften*, 116/2, Wien, Springer, 1971, p. 43–72.
Albert de Saxe, *Quaestiones in libros De generatione*, Venise, Apud Iuntas, 1518.
Albert le Grand, *S. Doctoris Ecclesiae Alberti Magni opera omnia ad fidem codicum manuscriptorum*, ed. Coloniensis, Münster i.W., Aschendorff, 1951–.
Albert le Grand, *Opera omnia*, ed. A. Borgnet, 38 vols., Paris, Vivès, 1890–1899.
Alexandre de Halès, *Glossa in quatuor libros Sententiarum*, Quaracchi, Editionis Collegii S. Bonaventurae, 1951.

Alphonse Vargas Toletanus, *Lectura in primum librum Sententiarum*, Venise, Thomas de Spilimbergo, 1490 [repr. New York, Cassiciacum, 1952].

Anselme de Côme, *De intensione et remissione formarum*, dans *Averroïsme bolonais au XIVe siècle*, dans Z. Kuksewicz (ed.), Wrocław, Ossolineum / Éditions de l'Académie Polonaise des Sciences, 1965, p. 11–21.

Anselme de Côme, *De mixtione ellementorum*, dans *Averroïsme bolonais au XIVe siècle*, p. 21–45.

Anselme de Côme, *Utrum in conversione alimenti in nutrimentum acquiratur aliqua nova forma in materia alimenti*, dans *Averroïsme bolonais au XIVe siècle*, p. 62–72.

Antoine André, *Quaestiones de tribus principiis rerum naturalium*, Padoue, Laurentius Canozius, 1475.

Antoine de Parme, *Utrum virtus sive potentia anime sit idem cum anima*, dans G. Fioravanti (ed.), « La *Questio utrum virtus sive potentia anime sit idem cum anima* di Antonio di Parma », dans C. Panti, N. Polloni (eds.), *Vedere nell'ombra, Studi su natura, spiritualità e scienze operative*, Firenze, SISMEL – Edizioni del Galluzzo, 2018, p. 299–314.

Antoine de Parme, *Questiones super De generatione et corruptione*, q. 7, ed. G. Fioravanti, dans « Antonio da Parma e la mixtio elementorum », dans L. Bianchi, O. Grassi, C. Panti (eds.), *Edizioni, traduzioni e tradizioni filosofiche (secoli XII–XVI). Studi per Pietro B. Rossi*, Volume II, Canterano, Aracne, 2018, p. 369–395.

Archytas de Tarente, *Fragments*, dans H. Diels, W. Kranz (eds.), *Die Fragmente der Vorsokratiker*, 3 vols., Berlin, Weidmannsche Verlagsbuchhandlung, 1960 [10e ed.], vol. 1, p. 421–439.

Aristote, *Aristotelis opera,* ed. I. Bekker, 5 vols., Berlin, G. Reimer, 1831–1870.

Aristote, *Aristoteles Latinus*, Paris / Bruges, Desclée de Brouwer, puis Leiden / New York / Köln, Brill, 1961*sq*.

Aristote, *Catégories*, trad. R. Bodéüs, Paris, Les Belles Lettres, 2001.

Aristote, *Métaphysique*, trad. J. Tricot, 2 vols., Paris, Vrin, 1991.

Arnaud de Villeneuve, *Aphorismi de gradibus*, ed. M.R. McVaugh, dans *Arnaldi de Villanova Opera Medica Omnia*, vol. 2, Barcelona, Publicacions i Edicions de la Universitat de Barcelona, 1975.

Augustin d'Hippone, *Œuvres*, « Bibliothèque Augustinienne », Paris, Desclée de Brouwer / Institut d'Études Augustiniennes, 1936–.

Averroès, *Colliget*, V, c. 57–59, dans *Arnaldi de Villanova, Aphorismi de gradibus*, ed. M.R. McVaugh, Barcelona, Publicacions i Edicions de la Universitat de Barcelona, 1975, p. 311–326.

Averroès, *Colliget libri VII*, Venise, Editio Juntina secunda (vol. 10), 1562.

Averroès, *In De caelo*, Venise, Editio Juntina secunda (vol. 5), 1562.

Avicenne, *Liber canonis medicinae*, Venise, Apud Simonem Papiensem, 1507 [repr. Hildesheim, G. Olms, 1964].

Berthold de Moosburg, *Expositio super Elementationem theologicam Procli*, eds. L. Sturlese *et al.*, Corpus Philosophorum Teutonicorum Medii Aevi VI/1–8, Hamburg, Felix Meiner Verlag, 1984–2014.

Boèce, *In Categorias Aristotelis commentaria*, ed. L. Migne, *Patrologia Latina*, 64, Paris, 1847.

Boèce de Dacie, *Quaestiones super librum de anima I-II*, ed. R. Wielockx, Corpus Philosophorum Danicorum Medii Aevi, vol. 14, Hauniae, Librarium Universitatis Austro-Danicae, 2009.

Boèce de Dacie, *Quaestiones super libros Physicorum*, ed. G. Sajó, Corpus Philosophorum Danicorum Medii Aevi, vol. 5/2, Copenhagen, Gad, 1974.

Bonaventure de Bagnoregio, *Commentaria in Quatuor Libros Sententiarum*, dans *Opera Omnia*, vols. I-IV, Quaracchi, Editiones Collegii S. Bonaventurae, 1882–1883.

Calcidius, *Platonis Timaeus, interprete Chalcidio cum eiusdem commentario ad fidem librorum manus scriptorum...*, ed. J. Wrobel, Leipzig, Teubner, 1876.

Cambioli de Bologne, *Utrum forma substantialis suscipiat magis et minus*, dans Z. Kuksewicz (ed.), *Averroïsme bolonais au XIVe siècle*, Wrocław, Ossolineum / Éditions de l'Académie Polonaise des Sciences, 1965, p. 158–170.

Campanus / Euclide, *Elementa*, dans *Campanus of Novara and Euclid's Elements*, ed. H.L.L. Busard, 2 vols., Stuttgart, Franz Steiner Verlag, 2005, vol. 1, p. 53–530.

Claude Galien, *Galenus Latinus*, ed. R.J. Durling, vol. 1, Berlin / New York, De Gruyter, 1976.

Claude Galien, *Galeni opera*, Venise, Filippo Pinzi, 1490.

Constantin l'Africain, *Liber graduum*, dans *Constantini Africani post Hippocratem et Galenum, quorum, Graece linguae doctus, sedulus fuit lector, medicorum nulli prorsus, multis doctissimis testibus, posthabendi opera*, Bâle, Henricum Petrum, 1536, f. 342–387.

Facinus d'Aste, *Quaestiones super libros Physicorum*, ed. I. Bodnár, dans *Archives d'Histoire Doctrinale et Littéraire du Moyen Âge* 65(1998), p. 331–414.

François de Marchia, *Quodlibet cum quaestionibus selectis ex commentario in librum Sententiarum*, ed. N. Mariani, Grottaferrata, Editiones Collegii S. Bonaventurae, 1997.

François de Marchia, *Commentarius in IV libros Sententiarum Petri Lombardi*, ed. N. Mariani, Grottaferrata, Editiones Collegii S. Bonaventurae, 2007.

François de Meyronnes, *Der Tractatus de Transcendentibus des Franciscus de Mayronis*, ed. H. Möhle, Leuven / Paris / Dudley, Peeters, 2004.

François de Meyronnes, *Preclarissima Scripta in quatuor libros Sententiarum*, Venise, Octavianus Scotus, 1520.

François Marbres, *Quaestiones super VIII libros Physicorum Aristotelis perutiles*, Venise, Octavianus Scotus, 1520.

Gauthier Burley, *De intensione et remissione formarum*, Venise, Octavianus Scotus, 1496.

Gauthier Burley, *Super artem veterem Porphirii et Aristotelis expositio sive scriptum*, Venise, Ottino di Luna, 1497.

Gauthier Chatton, *Lectura super Sententias, Liber I, Distinctiones 8–17*, eds. G.J. Etzkorn, J.C. Wey, Toronto, The Pontifical Institute of Mediaeval Studies, 2009.

Gauthier Chatton, *Reportatio super Sententias, Liber I, Distinctiones 10–48*, eds. G.J. Etzkorn, J.C. Wey, Toronto, The Pontifical Institute of Mediaeval Studies, 2002.

Gentile da Foligno, *Avicenne medicorum principis Canonum liber, una cum lucidissima Gentilis Fulginatis expositione*, Venise, Heredes Octaviani Scoti, 1520.

Gentile da Foligno, *De proportione medicinarum*, dans *Opuscula illustrium medicorum de dosibus, seu de iusta quantitate et proportione medicinarum*, Lyon, Apud Joannem Mareschallum, 1584.

Gentile da Foligno, *Quaestiones et tractatus extravagantes*, Venise, Octavianus Scotus, 1520.

Gentile de Foligno, *Expositio et quaestiones subtilissimae super primo libro microtechni Galeni*, dans Torrigiano, *Plusquam commentum in paruam Galeni artem Turisani florentini medici praestantissimi*, Venise, Apud Iuntas, 1557, f. 231v–239v.

Gérard de Sienne, *In primum librum Sententiarum*, Padoue, Petrus Paulus Tozzius, 1598.

Gérard Odon, *La vision de Dieu aux multiples formes*, ed. et trad. C. Trottmann, Paris, Vrin, 2001.

Gilles de Rome, *Primus Sententiarum*, Venise, Octavianus Scotus, 1521 [repr. Frankfurt a.M., Minerva, 1968].

Gilles de Rome, *Quaestiones de esse et essentia*, Venise, Simon de Luere, 1503 [repr. Frankfurt a.M., Minerva, 1968].

Gilles de Rome, *In libros de physico auditu Aristotelis commentaria* [...] *Eiusdem questio de gradibus formarum*, Venice, Bonetus Locatellus, 1502.

Gilles de Rome, *De gradibus formarum accidentalium*, Naples, Antonium de Frisis de Corinaldo, 1525.

Gilles de Rome, *Commentaria in libros de generatione et corruptione*, Venise, Apud Iuntas, 1518.

Gilles d'Orléans, *Quaestiones super De generatione et corruptione*, ed. Z. Kuksewicz, Amsterdam / Philadelphia, B. R. Grüner, 1993.

Godefroid de Fontaines, *Quodlibet I–XV*, eds. M. De Wulf *et al.*, 5 vols., coll. « Les Philosophes Belges », tomes 2, 3, 4, 5, 14, Louvain, Éditions de l'Institut Supérieur de Philosophie, 1904–1937.

Gottfried Wilhelm Leibniz, *Œuvres*, ed. M.A. Jacques, 2 vols., Paris, Charpentier, 1846.

Grégoire de Rimini, *Lectura super primum et secundum Sententiarum*, eds. A.D. Trapp, V.C. Marcolino, 7 vols., Berlin / New York, De Gruyter, 1978–1987.

Guillaume Crathorn, *Quaestiones super primum Sententiarum*, ed. F. Hoffmann, Münster i.W., Aschendorff, 1988.

Guillaume d'Ockham, *Opera philosophica et theologica*, eds. G. Gál *et al.*, 17 vols., New York, St. Bonaventure University Press, 1967–1988.

Guillaume de Heytesbury, *Hentisberi de sensu composito et diviso, Regulae solvendi sophismata*, Venise, Bonetus Locatellus, 1494.

Guillaume de Rubione, *Disputata in quatuor libros magistri Sententiarum*, Paris, Jodocus Badius Ascensius, 1518.

Guillaume de la Mare, *Scriptum in primum Sententiarum*, ed. H. Kraml, München, Bayerische Akademie, 1989.

Guillaume de la Mare, *Declarationes seu Examinationes Guilelmi de Mara O. F. M. magistri de variis sententii s.Thomas Aquinatis*, ed. F. Pelster, Münster i.W., Aschendorff, 1956.

Guillaume Durand de Saint-Pourçain, *Scriptum super IV libros sententiarum. Distinctiones 4–17 libri primi*, eds. M. Perrone, F. Retucci, *Recherches de Théologie et Philosophie Médiévales*, Bibliotheca 10.4.1/1, Leuven, Peeters, 2017.

Guillaume Durand de Saint-Pourçain, *In Sententias commentaria*, Venise, Guerraea, 1571.

Henri Bate de Malines, *Speculum divinorum et quorundam naturalium*, IV–V, ed. C. Steel, Leuven, Leuven University Press, 1993.

Henri Bate de Malines, *Speculum divinorum et quorundam naturalium*, VI–VII, eds. C. Steel, E. Van de Vyver, Leuven, Peeters, 1994.

Henri de Gand, *Quodlibet I–XV*, dans *Opera Omnia*, R. Macken et al. (eds.), Leuven, Leuven University Press, 1979–.

Henri de Gand, *Quodlibeta*, Paris, Jodocus Badius, 1518 [repr. Louvain, Bibliothèque S. J., 1961].

Henri de Lübeck, *Quodlibet primum*, ed. M. Perrone, Hamburg, F. Meiner, 2008.

Hervé de Nédellec, *De quattuor materiis sive Determinationes contra magistrum Henricum de Gandavo*, ed. L.M. De Rijk, 2 vols., Turnhout, Brepols, 2011.

Hervé de Nédellec, *Commentaria in quatuor libros Sententiarum*, Paris, Apud viduam Dyonisii Moreae et Dyonisium Moreau filium, 1647.

Hugolin d'Orvieto, *Commentarius in quattuor libros Sententiarum*, ed. W. Eckermann, 4 vols., Würzburg, Augustinus-Verlag, 1980–1988.

Hugolin d'Orvieto, *Tractatus de perfectione specierum*, ed. F. Corvino, dans « Hugolini de Urbe Veteri Tractatus de perfectione specierum », dans *Acme* 8(1955), p. 119–204.

Jacques de Forlì, *De intensione et remissione formarum*, Venise, Octavianus Scotus, 1496.

Jacques de Thérines, *Quodlibets I et II*, ed. P. Glorieux, Paris, Vrin, 1958.

Jacques de Viterbe, *Disputationes de Quolibet : prima, secunda, tertia, quarta*, ed. E. Ypma, 4 vols., Roma, Augustinianum, 1968–1975.

Jean Baconthorpe, *Quaestiones in quatuor libros Sententiarum*, Venise, Heredes Octaviani Scoti, 1526.

Jean Baconthorpe, *Quodlibeta*, Venise, Marcus Antonius Zimara, 1527.

Jean Buridan, *Quaestiones super octo libros Physicorum Aristotelis (secundum ultimam lecturam)*, I–IV, eds. P.J.J.M. Bakker, M. Streijger, E.D. Sylla, Leiden, Brill, 2015–2016.

Jean Buridan, *Quaestiones super libros De generatione et corruptione Aristotelis*, eds. P.J.J.M. Bakker, M. Streijger, J.M.M.H. Thijssen, « History of Science and Medicine », 17, Leiden / Boston, Brill, 2010.

Jean Buridan, *Quaestiones in decem libros Ethicorum Aristotelis*, Oxford, H. Cripps, 1637.

Jean Buridan, *In Metaphysicen Aristotelis Questiones argutissimae*, Paris, Jodocus Badius, 1518 [repr. Frankfurt a.M., Minerva, 1964].

Jean Buridan, *Quaestiones super octo libros Physicorum*, Paris, Jean Dullaert, 1509 [repr. Frankfurt a.M., Minerva, 1964].

Jean Casali, *De velocitate motus alterationis*, Venise, Heredes Octaviani Scoti per Bonetum Locatellum, 1505.

Jean de Bâle, *Lectura super quattuor libros Sententiarum*, Tomus II, 1, q. 4–35, ed. V. Marcolino, Würzburg, Echter Verlag GmbH, 2017.

Jean de Bassols, *In quatuor Sententiarum libros*, Paris, Franciscus Regnault et Ioannes Frellon, 1517.

Jean de Dacie, *De gradibus formarum*, ed. A. Otto, dans *Johannis Daci Opera*, Corpus Philosophorum Danicorum Medii Aevi, I, 1–2, Copenhagen, GAD, 1955.

Jean de Jandun, *Super libros Aristotelis De Anima quaestiones subtilissimae*, Venise, Apud Hieronymum Scotum, 1552.

Jean de Naples, *Quaestiones variae Parisiis disputatae*, Naples, Typis Constantini Vitalis, 1618.

Jean de Ripa, *Lectura super primum Sententiarum*, d. 2–3, d. 8, dans A. Nannini, *La metafisica di Giovanni da Ripa. Le distinctiones 2, 3 e 8 del Commento Sentenziario : edizione del testo e studio dottrinale*, 2 vols., Thèse de doctorat, Salerno, Università degli Studi di Salerno, 2013.

Jean de Ripa, *Conclusiones*, ed. A Combes, Paris, Vrin, 1957.

Jean de Ripa, *Determinationes*, ed. A. Combes, Paris, Vrin, 1957.

Jean de Ripa, *Lectura super primum Sententiarum, Prologi, Questiones 1 et 2*, ed. A. Combes, Paris, Vrin, 1961.

Jean de Ripa, *Quaestio de gradu supremo*, eds. A. Combes, P. Vignaux, Paris, Vrin, 1964.

Jean de Ripa, *La théologie naturelle de Jean de Ripa*, trad. F. Ruello, Paris, Beauchesne, 1992.

Jean Duns Scot, *Beati Ioannis Duns Scoti Opera Omnia*, Commissio Scotistica, eds. C. Balić *et al.*, Città del Vaticano, Typis Polyglottis Vaticanis, 1950–.

Jean Duns Scot, *Beati Ioannis Duns Scoti Opera Philosophica*, I–IV, St. Bonaventure N.Y., Franciscan Institute Publications, 1999–2006.

Jean Duns Scot, *Opera Omnia*, 26 vols., L. Vivès (eds.), Paris, 1891–1895.

Jean Duns Scot, *Traité du premier principe*, trad. J.-D. Cavigioli *et al.*, Paris, Vrin, 2001.

Jean Eckhart, *Quaestiones et sermo Parisienses*, ed. B. Geyer, Florilegium patristicum, 25, Bonn, 1931.

Jean Quidort, *Commentaire sur les Sentences, Reportatio I–II*, ed. J.-P. Muller, Roma, Pontificum Institutum S. Anselmi, 1961.

Jean Quidort, *Le correctorium corruptorii « Circa » de Jean Quidort*, ed. J.-P. Muller, Studia Anselmiana, XII–XIII, Roma, Herder, 1941.

Jean Stephani, *Ars medicinarum laxativarum*, ed. K. Sudhoff, dans « Ein anonymer Traktat über die Abführwirkung verschiedener Arzneistoffe aus dem 13. Jahrhundert : nach einer Erfurter Handschrift », dans *Archiv für Geschichte der Medizin* 11(1919), p. 212–213.

Pierre Torrigiano de Torrigiani, *Plusquam commentum in microtegni Galieni*, Venise, Apud Philippo Pincio Mantuano impressis, 1512.

Jean Wyclif, *Miscellanea philosophica*, ed. M.H. Dziewick, 2 vols., London, Triibner, 1902–1905.

Macrobe, *Commentarii in somnium Scipionis*, ed. J. Willis, Leipzig, Teubner, 1970.

Marsile d'Inghen, *Questiones super libros De generatione*, Venise, Apud Iuntas, 1518.

Marsile d'Inghen, *Abbreviationes super octo libros Physicorum Aristotelis*, Venise, Octavianus Scotus, 1521.

Marsile d'Inghen, *Quaestiones super quattuor libros Sententiarum*, eds. M.S. Noya *et al.*, 3 vols., Leiden, Brill, 2000–.

(Ps. ?) Marsile d'Inghen, *Quaestiones subtilissimae super octo libros Physicorum Aristotelis*, Lyon, Jean Marion, 1518 [repr. Frankfurt a.M., Minerva, 1964].

Matthieu d'Aquasparta, *Quaestiones disputatae de anima XIII*, ed. A.-J. Gondras, Paris, Vrin, 1961.

Matthieu d'Aquasparta, *Quaestiones disputatae de gratia*, ed. V. Doucet, Quaracchi, Editiones Collegii S. Bonaventurae, 1935.

Matthieu de Gubbio, *Quaestiones de anima*, dans A. Gishalberti (ed.), *Le 'Quaestiones de anima' attribuite a Matteo da Gubbio*, Milano, Vita e Pensiero, 1981.

Nicolas Bonet, *Habes Nocalae Bonetti viri perspicacissimi quattuor volumina : Metaphysicam videlicet, naturalem philosophiam, praedicamenta, necnon theologiam naturalem*, Venise, Laurentius Venerius, 1505.

Nicolas d'Autrécourt, *Quaestio de qua respondet magister Nicholaus de Ultricuria*, dans J.R. O'Donnell, « Nicholas of Autrecourt », dans *Mediaeval Studies*, 1(1939), p. 268–280.

Nicolas de Strasbourg, *Summa philosophiae naturalis*, ed. G. Von Pellegrino, Corpus Philosophorum Teutonicorum Medii Aevi, V, Hamburg, F. Meiner, 2009–.

Nicole Oresme, *Quaestiones super Physicam*, eds. S. Caroti *et al.*, Leiden, Brill, 2013.

Nicomaque de Gérase, *Introduction to Arithmetic*, trad. M.L. D'Ooge, New York / London, Macmillan, 1926.

Nicole Oresme, *Quaestiones super geometriam Euclidis*, ed. H.L.L. Busard, Stuttgart, Franz Steiner Verlag, 2010.

Nicole Oresme, *Quaestiones super De generatione et corruptione*, ed. S. Caroti, München, Verlag der Bayerischen Akademie der Wissenschaften, 1996.

Nicole Oresme, *Expositio et quaestiones in Aristotelis De anima*, ed. B. Patar, Leuven, Peeters, 1995.

Nicole Oresme, *Nicole Oresme and the Medieval Geometry of Qualities and Motions. A Treatise on the Uniformity and Difformity of Intensities Known as 'Tractatus de configurationibus qualitatum et motuum'*, ed. M. Clagett, Madison, The University of Wisconsin Press, 1968.

Nicole Oresme, *De proportionibus proportionum and Ad pauca respicientes*, ed. E. Grant, Madison, The University of Wisconsin Press, 1966.

Nicole Oresme, *Thomas Bradwardine : Traité des rapports entre les rapidités dans les mouvements suivi de Nicole Oresme : Sur les rapports de rapports*, trad. et commentaires S. Rommevaux-Tani, Paris, Les Belles Lettres, 2010.

Pierre Auriol, *Commentariorum in primum librum Sententiarum, pars prima et secunda*, Roma, Typographia Vaticana, 1596.

Pierre Auriol, *Commentariorum in secundum, tertium et quartum Sententiarum et Quodlibeti tomus secundus*, Roma, Aloysius Zanetti, 1605.

Pierre d'Abano, *Conciliator differentiarum philosophorum et medicorum*, Venise, Luca Antonio Giunta, 1520 [repr. Padova, Antenore, 1985].

Pierre d'Aquila, *Commentaria in quatuor libros Sententiarum*, ed. C. Paolini, 4 vols, Levanti, Conv. S. S. Annuntiationis, 1907–1909.

Pierre de Jean Olivi, *Quaestiones in secundum librum Sententiarum*, ed. B. Jansen, 3 vols., Quaracchi, Editiones Collegii S. Bonaventurae, 1922–1926.

Pierre de Jean Olivi, *Quaestiones de Incarnatione et Redemptione. Quaestione de virtutibus*, eds. A. Emmen, E. Stadter, Grottaferrata, Editiones Collegii S. Bonaventurae, 1981.

Pierre de Jean Olivi, *Traité des contrats*, S. Piron (ed.), Paris, Les Belles Lettres, 2012.

Pierre de Navard, *In primum Sententiarum scriptum*, ed. P.S. Azcona, 2 vols., Madrid, Consejo Superior de Investigaciones Científicas / Instituto Francisco Suárez, 1974.

Pierre de Tarentaise, *In quatuor libros Sententiarum commentaria*, Toulouse, Apud Arnaldum Colomerium, 1652.

Pierre Lombard, *Sententiae in IV libris distinctae*, Grottaferrata, Editiones Collegii S Bonaventurae, 1971.

Pierre Thomas, *Quaestiones de esse intelligibili*, ed. G.R. Smith, Leuven, Leuven University Press, 2015.

Pierre Thomas, *Tractatus Brevis de Modis Distinctionum*, eds. C. Lopez-Alcalde *et al.*, Santa Coloma de Queralt, Institut d'Estudis Catalans, 2011.

Raoul le Breton, *Quaestiones Radulphi super artem veterem*, Venise, Johannes Rubeus Vercellensis et Albertinus Vercellensis, 1499.

Raymond Lulle, *Liber de geometria nova et compendiosa*, dans J.M. Millás Vallicrosa (ed.), *El Libro de la 'Nova geometria' de Ramon Lull*, Barcelona, Ramón Torra, 1953.

Raymond Lulle, *Raimundi Lulli Opera latina*, vols. 1–5, Palma de Mallorca, Consejo Superior de Investigaciones Científicas, 1959–1967 ; vols. 6 et *sq*, *Corpus Christianorum Continuatio Mediaevalis*, Turnhout, Brepols, 1975–.

Raymond Lulle, *Beati Raymundi Lulli Opera Medica*, Mallorca, P. A. Capó, 1752.

Raymond Lulle, *Beati Raymundi Lulli Opera Omnia*, ed. I. Salzinger, 8 vols., Mainz, Häffner, 1721–1742 [repr. Frankfurt a.M., Minerva, 1965].

Richard de Mediavilla, *De gradu formarum*, ed. R. Zavalloni, dans *Richard de Mediavilla et la controverse sur la pluralité des formes*, Louvain, Éditions de l'Institut Supérieur de Philosophie, 1951.

Richard de Mediavilla, *Quaestiones subtilissimae super quatuor libros Sententiarum*, Brescia, Apud Vincentium Sabbium, 1591.

Richard de Mediavilla, *Questions disputées*, trad. A. Boureau, 6 vols., Paris, Les Belles Lettres, 2011–2014.

Richard Kilvington, *Quaestiones super libros Ethicorum*, ed. M. Michałowska, Leiden / Boston, Brill, 2016.

Richard Kilvington, *Sophismata*, eds. N. Kretzmann, B.E. Kretzmann, Oxford, Oxford University Press, 1990.

Richard Knapwell, *Quaestio disputata de unitate formae*, ed. F.E. Kelley, Paris, Vrin, 2002.

Richard Knapwell, *Le correctorium corruptorii* 'Quare', ed. P. Glorieux, dans *Les premières polémiques thomistes*, I, Kain, 1927.

Richard Swineshead, *Calculationes*, Venise, Victor Trincavellus, 1520.

Robert d'Orford, Correctorium corruptorii « Sciendum », ed. P. Glorieux, Paris, Vrin, 1956.

Robert d'Orford, *Reprobationes dictorum a fratre Egidio in primum Sententiarum*, ed. A.P. Vella, Paris, Vrin, 1968.

Robert Holkot, *Super quattuor libros sententiarum questiones*, Lyon, Jean Clein, 1510.

Roger Bacon, *Liber de sensu et sensato*, dans *Opera hactenus inedita*, XIV, ed. R. Steele, Oxford, Clarendon Press, 1937.

Roger Bacon, *Questiones supra libros prime philosophie Aristotelis*, dans *Opera hactenus inedita*, X, ed. R. Steele, Oxford, Clarendon Press, 1930.

Roger Bacon, *Communia naturalium*, dans *Opera hactenus inedita*, II–IV, ed. R. Steele, Oxford, Clarendon Press, 1910–1913.

Roger Marston, *Quodlibeta quatuor*, eds. G.F. Etzkorn, I.C. Brady, Quaracchi / Grottaferrata, Editiones Collegii S. Bonaventurae, 1968.

Roger Roseth, *Lectura super sententias : quaestiones 3, 4 & 5*, ed. O. Hallamaa, Helsinki, Luther-Agricola-Seura, 2005.

Roland de Crémone, *Summae liber tertius*, ed. A. Cortesi, Bergamo, Edizioni Monumenta Bergomensia, 1962.

Simplicius, *Commentarium in Aristotelis Categorias*, trad. G. de Moerbeke, ed. A. Pattin, Corpus Latinum Commentariorum in Aristotelem Graecorum, 5/2, Leiden, Brill, 1975.

Symon de Castello, *De proportionibus velocitatum in motibus*, ed. J. McCue, Thèse de doctorat, Madison, University of Wisconsin, 1961.

Thaddée Alderotti, *In subtilissimum Joannitii Isagogarum libellum*, Venise, Luca Antonio Giunta, 1527.

Thaddée Alderotti, *In C. Galeni micratechnen commentarii*, Naples, Tommaso Dionisio Polio, 1522.

Thaddée de Parme, *Quaestio de mixtione elementorum*, ed. G. Fioravanti, dans « La quaestio de mixtione elementorum di Taddeo da Parma », dans *Archives d'Histoire Doctrinale et Littéraire du Moyen Âge* 83(2016), p. 149–210.

Théon de Smyrne, *Expositio rerum mathematicarum ad legendum Platonem utilium*, ed. E. Hiller, Stuttgart, B. G. Teubner, 1995.

Thierry de Freiberg, *Opera Omnia*, eds. B. Mojsisch *et al.*, 4 vols., Corpus Philosophorum Teutonicorum Medii Aevi, II/1–4, Hamburg, F. Meiner, 1977–1985.

Thomas Bradwardine, *Tractatus de proportionibus*, ed. H.L. Crosby, Madison, The University of Wisconsin Press, 1961.

Thomas Bradwardine, *Traité des rapports entre les rapidités dans les mouvements*, trad. et commentaires S. Rommevaux-Tani, Paris, Les Belles Lettres, 2010.

Thomas Buckingham, *Quaestiones in quattuor libros Sententiarum*, Paris, Jean Barbier, 1505.

Thomas de Garbo, *In libros differentiis febrium Galieni commentum*, Venise, Octavianus Scotus, 1521.

Thomas de Garbo, *Summa medicinalis*, Venise, Heredes Octaviani Scoti, 1531.

Thomas d'Aquin, *Opera omnia*, eds. E. Alarcón *et al.*, en ligne <URL: http://www.corpusthomisticum.org>.

Thomas de Strasbourg, *Scripta super quatuor libros Sententiarum*, Venise, Iordani Ziletti, 1564 [repr. Ridgewood N.J., Gregg, 1965].

Thomas de Sutton, *Quaestiones ordinariae*, ed. J. Schneider, München, Bayerische Akademie der Wissenschaften, 1977.

Thomas de Sutton, *Quodlibeta*, ed. M. Schmaus, München, Verlag der Bayerischen Akademie der Wissenschaften, 1969.

Ugo Benzi, *Expositio super libros Tegni Galeni*, Venise, Luca Antonio Giunta, 1523.

Urso de Salerne, *De gradibus*, ed. K. Sudhoff, dans « Die Salerniter Handschrift in Breslau », dans *Archiv für Geschichte der Medizin* 12(1920), p. 135–138.

Vital du Four, *Quodlibeta tria*, ed. F.M. Delorme, Roma, Pontificium Athenaeum Antonianum, 1947.

Sources secondaires

Andrews, R., Etzkorn, G.J., « Tortosa Cathedral 88. A 'Thomas Wylton' Manuscript and the Question on the Compatibility of Multiple Accidents in the Same Subject », dans *Mediaevalia Philosophica Polonorum* 32(1994), p. 57–99.

Anton, J.P., *Aristotle's Theory of Contrariety*, Londres, Routledge and Kegan, 1957.

Bakker, P.J.J.M., « Aristotelian Metaphysics and Eucharistic Theology : John Buridan and Marsilius of Inghen on the Ontological Status of Accidental Being » dans J.M.M.H. Thijssen, J. Zupko (eds.), *The Metaphysics and Natural Philosophy of John Buridan*, Leiden, Brill, 2001, p. 247–264.

Baladier, C, « *Intensio* de la charité et géométrie de l'infini chez Guillaume d'Auxerre », dans *Revue d'histoire des religions* 225/3(2008), p. 347–342.

Baldner, S., « Albertus Magnus and the Categorization of Motion », dans *The Thomist* 70/2(2006), p. 203–235.

Barbarić, J., *Guilelmi de Nottingham OFM (†1336). Quaestiones sex de Eucharistiae sacramenta*, Vicenza, LIEF, 1976.

Beaujouan, G., *L'interdépendance entre la science scolastique et les techniques utilitaires (XIIe, XIIIe et XIVe siècles)*, Paris, Palais de la Découverte, 1957.

Beccarisi, A., « Johannes Picardi de Lichtenberg : un exemple de thomisme dans l'horizon culturel allemand », dans *Freiburger Zeitschrift für Philosophie und Theologie* 57(2010), p. 286–302.

Beltran, E., *L'idéal de sagesse selon Jacques Legrand*, Paris, Études Augustiniennes, 1989.

Beltran, E., « Jacques Legrand O.E.S.A. Sa vie et son œuvre », dans *Augustiniana* 24(1974), p. 132–160 ; p. 387–414.

Beneduce, C., *Natural Philosophy and Medicine in John Buridan. With an Edition of Buridan's Quaestiones de secretis mulierum*, Thèse de doctorat, Nijmegen, Radboud University, 2017.

Berger, A.M.B., *Mensuration and Proportion Signs. Origins and Evolution*, Oxford, Clarendon Press, 1993.

Berger, A.M.B., « The Origin and Early History of Proportion Signs », dans *Journal of the American Musicological Society* 41/3(1988), p. 403–433.

Berlin, H., « Ramon Llull and his Contemporaries », dans A.M. Austin, M.D. Johnston (eds.), *A Companion to Ramon Llull and Llullism*, Leiden / Boston, Brill, 2018, p. 18–45.

Berti, E., « Paduan Aristotelianism and the Birth of Experimental Medicine », dans *Medicina nei Secoli* 9/1(1997), p. 23–38.

Biard, J., *Science et nature. La théorie buridanienne du savoir*, Paris, Vrin, 2012.

Biard, J., *Logique et théorie du signe au XIVe siècle,* Paris, Vrin, 1989.

Biard, J., « Les controverses sur l'objet du savoir et les complexe significabilia à Paris au XIVe siècle », dans S. Caroti, J. Celeyrette (eds.), Quia inter doctores est magna dissensio. *Les débats de philosophie naturelle à Paris au XIVe siècle*, Firenze, Olschki, 2004, p. 1–31.

Biard, J., « La théorie de l'être et de l'essence de Jean Buridan », dans M. Pickavé (ed.), *Die Logik des Transzendentalen. Festschrift für Jan A. Aertsen*, Berlin / New York, De Gruyter, 2003, p. 383–394.

Biard, J., « L'être et la mesure dans l'intension et la rémission des formes (Jean Buridan, Blaise de Parme) », dans *Medioevo* 27(2002), p. 415–447.

Biard, J., « De la logique à la physique : quantité et mouvement selon Albert de Saxe, », dans *Les Études philosophiques* (1996/3), p. 361–374.

Biard, J. (ed.), *Itinéraires d'Albert de Saxe. Paris-Vienne au XIVe siècle*, Paris, Vrin 1991.

Biard, J., Celeyrette, J., *De la théologie aux mathématiques. L'infini au XIVe siècle*, Paris, Les Belles Lettres, 2005.

Biard, J., Robert, A. (eds.), *La philosophie de Blaise de Parme. Physique, psychologie, éthique*, Firenze, SISMEL – Edizioni del Galluzzo, 2019.

Biard, J., Rommevaux-Tani, S. (eds.), *La nature et le vide dans la physique médiévale. Études dédiées à Edward Grant*, Turnhout, Brepols, 2012.

Biard, J., Rommevaux-Tani, S. (eds.), *Mathématiques et théorie du mouvement. XIVe-XVIe siècles*, Villeneuve-d'Ascq, Presses Universitaires du Septentrion, 2008.

Boland, V., « Aquinas and Simplicius on Dispositions – A Question in Fundamental Moral Theory », dans *New Blackfriars* 82/968(2001), p. 467–478.

Bonin, T., *Creation as Emanation, The Origin of Diversity in Albert the Great's On the Causes and Procession of the Universe*, Notre Dame, Notre Dame University Press, 2001.

Bonino, S.-T., « Le statut ontologique de l'accident selon Thomas de Sutton », dans *Revue Thomiste* 112/1(2012), p. 121–156.

Bonner, A., *The Art and Logic of Ramon Llull. A User's Guide*, Leiden / Boston, Brill, 2007.

Borchert, E., *Die Trinitätslehre des Johannes de Ripa*, 2 vols., München, F. Schoning, 1974.

Borde, M.-B., *Gérard de Bologne O. Carm. (†1317) : sa conception de la théologie et de la puissance de Dieu*, Thèse de doctorat, Paris, Université Paris IV – Sorbonne, 2005.

Bornholdt, J., *Walter Chatton on Future Contingents : Between Formalism and Ontology*, Leiden, Brill, 2017.

Boudon-Millot, V., « La notion de mélange dans la pensée médicale de Galien : *mixis* ou *crasis* ? », dans *Revue des études grecques* 124/2(2011), p. 261–279.

Boulnois, O., « Preuve de Dieu et structure de la métaphysique selon Duns Scot », dans *Revue des sciences philosophiques et théologiques* 83/1(1999), p. 35–52.

Boulnois, O., « Genèse de la théorie scotiste de l'individuation », dans A. Bitbol-Hespériès, P.-N. Mayaud (eds.), *Le problème de l'individuation*, Paris, Vrin, 1991, p. 51–78.

Boureau, A., « Richard de Mediavilla en mathématicien. L'angle de contingence dans les Questions disputées (1292–1300) », dans *I francescani e le scienze: atti del XXXIX Convegno internazionale, Assisi, 6–8 ottobre 2011*, Spoleto, Fondazione Centro italiano di studi sull'alto Medioevo, 2012, p. 353–368.

Boyer, C.B., *The History of the Calculus and its Conceptual Development*, New York, Dover, 1959.

Bréhier É., *La philosophie au Moyen Âge* [1934], Paris, Albin Michel, 1971.

Brenet, J.-B., *Transferts du sujet : la noétique d'Averroès selon Jean de Jandun*, Paris, Vrin, 2004.

Brenet, J.-B., *Les possibilités de jonction : Averroès – Thomas Wylton*, Berlin / Boston, De Gruyter, 2013.

Brenet, J.-B., « Âme intellective, âme cogitative : Jean de Jandun et la *duplex forma propria* de l'homme », dans *Vivarium* 46(2008), p. 318–341.

Bridges, G.G., *Identity and Distinction in Petrus Thomae, O. F. M.*, St Bonaventure N.Y., Franciscan Institute Publications, 1959.

Brower, J.E., « Aquinas on the Problem of Universals », dans *Philosophy and Phenomenological Research* 92/3(2016), p. 715–735.

Brown, S.F., « Peter of Candia's Commentary on the Sentences of Peter Lombard », dans P. M. Rosemann (ed.), *Mediaeval Commentaries on the Sentences of Peter Lombard*, Volume 2, Leiden, Brill, 2010, p. 439–469.

Browne, E.G., *Arabian Medicine*, Cambridge, Cambridge University Press, 1921.

Busard, H. L. L., « Unendliche Reihen in *A est unum calidum* », dans *Archive for History of Exact Sciences* 2(1965), p. 387–397.

Busard, H. L. L., « Über unendliche Reihen im Mittelalter », dans *L'enseignement mathématique* 8, 3–4(1962), p. 281–290.

Busnelli, G., « 'L'inchoatio formae' secondo Alberto Magno e il prof. Bruno Nardi », dans *La Civiltà Cattolica* 3(1932), p. 555–566 ; *La Civiltà Cattolica* 4(1932) p. 139–161.

Buytaert, E., « The Scholastics Writings of Petrus Thomae », dans J. Auer, H. Wolk (eds.), *Theologie in Geschichte und Gegenwart*, München, Karl Zink Verlag, 1957, p. 927–940.

Caiazzo, I., « La forme et les qualités des éléments : lectures médiévales du Timée », dans F. Celia, A. Ulacco (eds.), *Il Timeo. Esegesi greche, arabe, latine*, Pisa, Edizioni Plus – Pisa University Press, 2012, p. 307–345.

Caird, A.P., *The Doctrine of Quiddities and Modes in Francis of Meyronnes*, 2 vols., Thèse de doctorat, Toronto, University of Toronto, 1948.

Calma, D., *Études sur le premier siècle de l'averroïsme latin : approches et textes inédits*, Turnhout, Brepols, 2011.

Calma, D., Coccia, E. (eds.), *Les 'sectatores Averrois'. Noétique et cosmologie au XIIIe–XIVe siècle, Freiburger Zeitschrift für Philosophie und Theologie* 53(2006).

Campbell, D.E.H., *Arabian Medicine and its Influence on the Middle Ages*, 2 vols., London, Kegan Paul, Trench, Trübner & Co, 1926.

Caroti, S., « La discussione sull'*intensio et remissio formarum* nelle università italiane (sec. XIV) », dans L. Bianchi, C. Crisciani (eds.), *Forme e oggetti della conoscenza nel XIV secolo : studi in ricordo di Maria Elena Reina*, Firenze, SISMEL – Edizioni del Galluzzo, 2014, p. 415–460.

Caroti, S., « Walter Burley et Nicole Oresme », dans J. Celeyrette, C. Grellard (eds.), *Nicole Oresme philosophe : Philosophie de la nature et philosophie de la connaissance à Paris au XIVe siècle*, Turnhout, Brepols, 2014, p. 139–162.

Caroti, S., « La filosofia nelle università italiane : spinte dinamiche e resistenze nel dibattito sulla intensio e remissio (secoli XV–XVI) », dans S. Caroti, V.P. Compagni (eds.), *Nuovi maestri e antichi testi. Umanesimo e rinascimento alle origini del pensiero moderno*, Firenze, Olschki, 2012, p. 127–156.

Caroti, S., « La 'reactio' in Italia : Jacopo da Forlì », dans S. Caroti *et al.* (eds.), « *Ad ingenii acuitionem* » *: Studies in Honour of Alfonso Maierù*, Louvain-la-Neuve, Fédération Internationale des Instituts d'Études Médiévales, 2006, p. 13–38.

Caroti, S., « *Configuratio, ymaginatio*, atomisme et *modi rerum* dans quelques écrits de Nicole Oresme », dans C. Grellard (ed.), *Méthodes et statut des sciences à la fin du Moyen Âge*, Villeneuve-d'Ascq, Presses Universitaires du Septentrion, 2004, p. 127–140.

Caroti, S., « Les *modi rerum*... encore une fois. Une source possible de Nicole Oresme : le commentaire sur le livre 1er des *Sentences* de Jean de Mirecourt », dans S. Caroti, J. Celeyrette (eds.), Quia inter doctores est magna dissensio. *Les débats de philosophie naturelle à Paris au XIVe siècle*, Firenze, Olschki, 2004, p. 195–222.

Caroti, S., « Some Remarks on Buridan's Discussion on Intension and Remission », dans *Vivarium* 42/1(2004), p. 58–85.

Caroti, S., « Time and *modi rerum* in Nicole Oresme's Physics Commentary », dans P. Porro (ed.), *The Medieval Concept of Time. Studies on the Scholastic Debate and its Reception in Early Modern Philosophy*, Leiden / Boston / Köln, Brill, 2001, p. 319–349.

Caroti, S., « Nicole Oresme et les *modi rerum* », dans Oriens-Occidens. *Sciences, Mathématiques et Philosophie de l'Antiquité à l'Âge classique* 3(2000), p. 115–144.

Caroti, S., « Da Walter Burley al '*Tractatus de sex inconvenientibus*'. La tradizione inglese della discussione medievale 'De reactione' », dans *Medioevo* 21(1995), p. 257–374.

Caroti, S., « La position de Nicole Oresme sur la nature du mouvement (*Questiones super Physicam* III, 1–8) : problèmes gnoséologiques, ontologiques et sémantiques », dans *Archives d'Histoire Doctrinale et Littéraire du Moyen Âge* 61(1994), p. 303–385.

Caroti, S., « Ein Kapitel der mittelalterlichen Diskussion über *reactio* : das *novum fundamentum* Nicole Oresmes und dessen Widerlegung durch Marsilius von Inghen », dans B. Mojsisch, O. Pluta (eds.), *Historia Philosophiae Medii Aevi. Studien zur Geschichte der Philosophie des Mittelalters. Festschrift für Kurt Flasch zu seinem 60. Geburtstag*, 2 vols., Amsterdam / Philadelphia : B. R. Grüner, 1991, vol. 1, p. 145–161.

Caroti, S., « Da Buridano a Marsilio di Inghen : la tradizione parigina della discussione 'De reactione' », dans *Medioevo* 15(1989), p. 173–233.

Casagrande, C., Fioravanti, G. (eds.), *La filosofia in Italia al tempo di Dante*, Bologna, Il Mulino, 2017.

Celeyrette, J., « Bradwardine's Rule : A Mathematical Law ? », dans W.R. Laird, S. Roux (eds.), *Mechanics and Natural Philosophy before the Scientific Revolution*, Dordrecht, Springer, 2008, p. 51–66.

Celeyrette, J., « *Figura/figuratum* par Jean Buridan et Nicole Oresme », dans S. Caroti, J. Celeyrette (eds.), *Quia inter doctores est magna dissensio. Les débats de philosophie naturelle à Paris au XIVe siècle*, Firenze, Olschki, 2004, p. 97–118.

Celeyrette, J., « La problématique du point chez Buridan », dans *Vivarium* 42/1(2004), p. 86–108.

Celeyrette, J., « L'argumentation mathématique dans la physique d'Oresme », dans C. Grellard (ed.), *Méthodes et statut des sciences à la fin du Moyen-Âge*, Villeneuve-d'Ascq, Presses Universitaires du Septentrion, 2004, p. 201–215.

Celeyrette, J., « Le statut des mathématiques dans la Physique d'Oresme », dans *Oriens-Occidens. Sciences, Mathématiques et Philosophie de l'Antiquité à l'Âge classique* 3(2000), p. 91–113.

Celeyrette, J., Mazet, E., « Le mouvement du point de vue de la cause et le mouvement du point de vue de l'effet dans le *Traité des rapports* d'Albert de Saxe », dans *Revue d'Histoire des Sciences* 56/2(2003), p. 402–419.

Celeyrette, J., Mazet, E., « La hiérarchie des degrés d'être chez Nicole Oresme », dans *Arabic Sciences and Philosophy* 8/1(1998), p. 45–65.

Celeyrette, J., Solère, J.-L., « Jacques de Lausanne, censeur et plagiaire de Durand de Saint-Pourçain q. 2, d. 17 du l. I, de son 'Commentaire des Sentences' », dans K. Emery, R.L. Friedman, A. Speer (eds.), *Medieval Philosophy and Theology in the Long Middle Ages : A Tribute to Stephen F. Brown*, Leiden, Brill, 2011, p. 855–890.

Celeyrette, J., Solère, J.-L., « Édition de la question ordinaire n° 18, '*De intensione virtutum*', de Godefroid de Fontaines », dans J. Meirinhos, O. Weijers (eds.), *Florilegium Medievale. Études offertes à Jacqueline Hamesse*, Turnhout, Brepols, 2009, p. 83–107.

Celeyrette, J., Solère, J.-L., « Godefroid de Fontaines et la théorie de la succession dans l'intensification des formes », dans P.J.J.M. Bakker, C. Grellard, E. Faye (eds.), *Chemins de la pensée médiévale. Études offertes à Zénon Kaluza*, Turnhout, Brepols, 2002, p. 79–112.

Cerami, C., *Génération et substance. Aristote et Averroès entre physique et métaphysique*, Berlin, De Gruyter, 2015.

Cesalli, L., *Le réalisme propositionnel : Sémantique et ontologie des propositions chez Jean Duns Scot, Gauthier Burley, Richard Brinkley et Jean Wyclif*, Paris, Vrin, 2007.

Chandelier, J., *Avicenne et la médecine en Italie. Le* Canon *dans les universités italiennes (1200–1350)*, Paris, Honoré Champion, 2017.

Chandelier, J., Robert, A., « Nature humaine et complexion du corps chez les médecins italiens de la fin du Moyen Âge », dans *Revue de synthèse* 134/4(2013), p. 473–510.

Clagett, M., *The Science of Mechanics in the Middle Ages*, Madison, The University of Wisconsin Press, 1959.

Clagett, M., *Giovanni Marliani and Late Medieval Physics*, New York, Columbia University Press, 1941.

Clagett, M., « The *Liber de motu* of Gerard of Brussels and the Origins of Kinematics in the West », dans *Osiris* 12(1956), p. 73–175.

Clagett, M., « Richard Swineshead and Late Medieval Physics », dans *Osiris* 9(1950), p. 131–161.

Clagett, M., « Some General Aspects of Physics in the Middle Ages », dans *Isis* 39(1948), p. 29–44.

Clavelin, M., *La philosophie naturelle de Galilée. Essai sur les origines et la formation de la mécanique classique*, Paris, Albin Michel, 1968.

Coleman, J., « Jean de Ripa O.F.M. and the Oxford Calculators », dans *Mediaeval Studies* 37(1975), p. 130–189.

Combes, A., *Jean Gerson, commentateur dionysien*, Paris, Vrin, 1973.

Combes, A., « L'intensité des formes d'après Jean de Ripa », dans *Archives d'Histoire Doctrinale et Littéraire du Moyen Âge* 45(1970), p. 17–137.

Combes, A., « La métaphysique de Jean de Ripa », dans P. Wilpert (ed.), *Die Metaphysik im der Mittelalter*, Miscellanea Mediaevalia 2, Berlin, De Gruyter, 1963, p. 443–457.

Combes, A., « Présentation de Jean de Ripa », dans *Archives d'Histoire Doctrinale et Littéraire du Moyen Âge* 23(1956), p. 145–242.

Compagno, C., « The Liber Chaos and Ramon Llull's Doctrine from Creation to the Generation of Material Substance in the Sublunar World », dans *Comprendre* 21/2(2019), p. 25–55.

Compagno, C., « Il Liber de geometria noua et compendiosa di Raimondo Lullo », dans R. Ramis Barceló (ed.), *La obra de Ramon Llull y su recepción en la historia*, *Ámbitos* 31(2014), p. 35–45.

Compagno, C., « La combinatoria degli elementi nelle opere mediche di Raimondo Lullo », dans A. Musco (ed.), *Universality of Reason – Plurality of Philosophies in the Middle Ages, Proceedings of the XII International Congress of the Société Internationale pour l'Étude de la Philosophie Médiévale*, 3 vols., Palermo, Officina di Studi Medievali, 2012, vol. 2, p. 1089–1098.

Conolly, B.F., *Studies in the Metaphysics of Dietrich von Freiberg*, Thèse de doctorat, Bloomington, Indiana University, 2004.

Conolly, B.F., « Dietrich of Freiberg on the Succession of Forms in the Intensification of Qualities », dans *Recherches de Théologie et Philosophie Médiévales* 81/1(2014), p. 1–35.

Conti, A.D., « Ockham and Burley on Categories and Universals : a Comparison », dans *The Modern Schoolman* 86/1–2(2008), p. 181–210.

Conti, A.D., « *Complexe Significabile* and Truth in Gregory of Rimini and Paul of Venice », dans A. Maierù, L. Valente (eds.), *Medieval Theories on Assertive and Non-Assertive Language. Acts of the 14th European Symposium on Medieval Logic and Semantics*, Firenze, Olschki, 2004, p. 473–494.

Conti, A.D., « Ontology in Walter Burley's Last Commentary on the *Ars Vetus* », dans *Franciscan Studies* 50(1990), p. 121–176.

Corbini, A., « *Fruitio* et *beatitudo* entre volonté et intellect selon Pierre de Ceffons », dans *Quaestio* 15(2015), p. 721–728.

Cordonier, V., « Le mélange chez Averroès. Sources textuelles et implications théoriques », dans A. Hasnawi, G. Federici Vescovini (eds.), *Circolazione dei saperi nel Mediterraneo : filosofia e scienze (secoli IX–XVII)*, Firenze, Cadmo, 2013, p. 361–376.

Cordonier, V., « Du moyen-platonisme au néo-platonisme : sources et postérité des arguments d'Alexandre d'Aphrodise contre la doctrine stoïcienne des mélanges », dans T. Benatouïl, E. Maffi, F. Trabattoni (eds.), *Plato, Aristotle, or Both ? Dialogues between Platonism and Aristotelianism in Antiquity (Europea Memoria Reihen I)*, Hildesheim / Zürich / New York, G. Olms, 2011, p. 95–116.

Cordonier, V., « Matière, qualités, mélange. La physique élémentaire d'Aristote chez Galien et Alexandre d'Aphrodise », dans *Quaestio* 7(2007), p. 79–103.

Corvino, F., « Jean de Ripa, *Quaestio de gradu supremo* », dans *Rivista critica de storia della filosofia* 21(1966), p. 1–6.

Corvino, F., « Il *de perfectione specierum* di Ugolino d'Orvieto », dans *Acme* 7(1954), p. 73–105.

Côté, A., « Le progrès à l'infini des perfections créées selon Godefroid de Fontaines et Jacques de Viterbe », dans *Les Études philosophiques* 91/4(2009), p. 505–530.

Côté, A., « Simplicius and James of Viterbo on Propensities », dans *Vivarium* 47(2009), p. 24–53.

Crosby, A.W., *The Measure of Reality. Quantification and Western Society, 1250–1600*, Cambridge, Cambridge University Press, 1997.

Cross, R., *Duns Scotus's Theory of Cognition*, Oxford, Oxford University Press, 2014.

Cross, R., *The Physics of Duns Scotus : The Scientific Context of a Theological Vision*, New York, Oxford University Press, 1998.

Cross, R., « Form and Universal in Boethius », dans *British Journal for the History of Philosophy* 20/3(2012), p.439–458.

Cross, R., « Accidents, Substantial Forms, and Causal Powers in the Late Thirteenth Century : Reflections on the Axiom '*actiones sunt suppositorum*' », dans C. Erismann, A. Schniewind (eds.) *Compléments de substance. Études offertes sur les propriétés accidentelles à Alain de Libera*, Paris, Vrin, 2008, p. 133–146.

Cross, R., « Ockham on Part and Whole », dans *Vivarium* 37/2(1999), p. 143–167.

Cullen, C.M., *Bonaventure*, Oxford, Oxford University Press, 2006.

Cullin, O., *Laborintus : Essais sur la musique au Moyen Âge*, Paris, Fayard, 2004.

Cullin, O., « L'*Ars nova* », dans F. Ferrand *et al.* (eds.), *Guide de la Musique au Moyen Âge*, Paris, Fayard, 1999, pp. 382–393.

Dambergs, Y., « Elemental Figure Symmetry », dans *Studia Lulliana* 40/96(2000), p. 81–110.

Davenport, A.A., *Measure of a Different Greatness, The Intensive Infinite, 1250–1650*, Leiden, Brill, 1999.

De Boer, S.W., *The Commentary Tradition on Aristotle's De anima, c. 1260–c. 1360*, Leuven, Leuven University Press, 2013.

De Boer, S.W., « Where Should We Discuss the Soul ? On the Relation between the Doctrines of *De anima* and *De generatione et corruptione* », dans G. Klima (ed.), *Questions on the Soul by Buridan and Others. A Companion to John Buridan's Philosophy of Mind*, Cham, Springer, 2017, p. 21–43.

De Boer, S.W., « Gerard of Odo on the Atomistic Structure of the Continua. A Discussion and Edition of a Tract Found in ms. Madrid, Biblioteca Nacional 4229 », dans *Documenti e studi sulla tradizione filosofica medievale* 23(2012), p. 387–427.

De Boer, S.W., « The Importance of Atomism in the Philosophy of Gerard of Odo (O.F.M.), dans C. Grellard, A. Robert (eds.), *Atomism in Late Medieval Philosophy and Theology*, Leiden / Boston, Brill, 2009, p. 85–106.

DeGrood, D. H., *Philosophies of essence, An Examination of the Category of Essence*, Amsterdam, John Benjamins Publishing, 1976.

De Libera, A., *Métaphysique et noétique. Albert le Grand*, Paris, Vrin, 2005.

De Libera, A., *La Querelle des universaux, de Platon à la fin du Moyen Âge*, Paris, Le Seuil, 1996.

De Libera, A., *La Mystique rhénane. D'Albert le Grand à Maître Eckhart*, Paris, Le Seuil, 1994.

Dell'Anna, G., *Theorica Mathematica et Geometrica Medievalia*, Lecce, Congedo Editore, 1992.

Della Seta, F., « Idee musicali nel *Tractatus de configurationibus qualitatum et motuum* di Nicola Oresme », dans L. Pestalozza (ed.), *La musica al tempo di Dante*, Milano, Unicopli, 1988, p. 222–256.

Demaitre, L.E., *Doctor Bernard de Gordon : professor and practitioner*, Toronto, The Pontifical Institute of Mediaeval Studies, 1980.

Demange, D., *Puissance, action, mouvement. L'ontologie dynamique de Pierre de Jean Olivi*, Paris, Cerf, 2020.

Des Chene, D., *Physiologia, Natural Philosophy in Late Aristotelian and Cartesian Thought*, Ithaca, Cornell University Press, 1996.

De Rijk, L.M., *Nicholas of Autrecourt : His Correspondence with Master Giles and Bernard of Arezzo. A Critical Edition from the Two Parisian Manuscripts with an Introduction, English Translation, Explanatory Notes and Indexes*, Leiden, Brill, 1994.

De Rijk, L.M., « Burley's So Called *Tractatus primus*, with an Edition of the Additional Questio '*Utrum sit maxima oppositio*' », dans *Vivarium* 34/2(1996), p. 161–191.

De Rijk, L.M., « John Buridan on Man's Capability of Grasping the Truth », dans I. Craemer-Rügenberg, A. Speer (eds.), *Scientia und Ars Im Hoch- Und Spätmmittelalter* (Berlin / New York : De Gruyter, 1994), p. 282–303.

De Rijk, L.M., « On Buridan's view of Accidental Being », dans E. P. Bos, H. A. Krop (eds.), *John Buridan, a Master of Arts : Some Aspects of His Philosophy. Acts of the Second Symposium Organized by the Dutch Society for Medieval Philosophy Medium Aevum on the Occasion of its 15th Anniversary, Leiden-Amsterdam (Vrije Universiteit), 20–21 June, 1991*, Nijmegen, Ingenium Publishers, 1993, p. 41–51.

De Rijk, L.M., « John Buridan on Universals », dans *Revue de Métaphysique et de Morale* 97/1(1992), p. 35–59.

Dewan, L., *Saint Thomas and Form as Something Divine in Things*, Milwaukee, Marquette University Press, 2007.

Dewan, L., *Form and Being, Studies in Thomistic Metaphysics*, Washington D.C., The Catholic University of America Press, 2006.

De Wulf, M., *Un théologien-philosophe du XIIIe siècle. Étude sur la vie, les œuvres et l'influence de Godefroid de Fontaines*, Bruxelles, Hayez, 1904.

De Wulf, M., *Le Traité De unitate formae de Gilles de Lessines*, Louvain, Université Catholique de Louvain, 1901.

Di Liscia, D.A., *Zwischen Geometrie und Naturphilosophie : Die Entwicklung der Formlatitudenlehre im deutschen Sprachraum*, Thèse de Doctorat, München, Ludwig-Maximilians-Universität München, 2003.

Di Liscia, D.A., « La 'latitud de las formas' y la geometrización de la ciencia del movimiento », dans *Mediaevalia. Textos e estudos* 36(2017), p. 75–114.

Di Liscia, D.A., « The Subject Matter of Physics and Metaphysics in Jacques Legrand's *Compendium utriusque philosophie* », dans *Revista Española de Filosofía Medieval* 24(2017), p. 249–265.

Di Liscia, D.A., « The *Latitudines Breves* and Late Medieval University Teaching », dans *SCIAMVS* 17(2016), p. 55–120.

Di Liscia, D.A., « Der Kommentar des Johannes Rucherat de Wesalia zur aristotelischen Physik : Seine Bedeutung und Überlieferung », dans *Codices Manuscripti & Impressi* 99/100(2015), p. 11–30.

Di Liscia, D.A., « Kalkulierte Ethik : Vives und die 'Zerstörer' der Moral-philosophie (Le Maistre, Cranston und Almain) », dans S. Ebbersmeyer, E. Keßler (eds.), *Ethik : Wissenschaft oder Lebenskunst ? Modelle der Normenbegründung von der Antike bis zur frühen Neuzeit*, Münster, C. H. Beck, 2007, p. 75–105.

Di Liscia, D.A., « Sobre la doctrina de las 'configurationes' de Nicolas de Oresme », dans *Patristica et Mediaevalia* 11(1990), p. 79–105.

Doncoeur, P., « La théorie de la matière et de la forme chez Guillaume Occam », dans *Revue des sciences philosophiques et théologiques* 10(1921), p. 21–51.

Drake, S., « Medieval Ratio Theory vs. Compound Medicines in the Origins of Bradwardine's Rule », dans *Osiris* 64(1973), pp. 67–77.

Duhem, P., *Le système du monde*, 10 vols., Paris, Hermann, 1913–1959.

Duhem, P., *Études sur Léonard de Vinci*, 3 vols., Paris, Hermann, 1906–1913.

Dumas, G., « Soupçons, drachmes et scrupules : de la nécessité de mesurer dans la pharmacologie médiévale », dans *Mesure et histoire médiévale*, Paris, Publications de la Sorbonne, 2013, p. 53–68.

Dumont, S.D., « Godfrey of Fontaines and the Succession Theory of Forms at Paris in the Early Fourteenth Century », dans S.F. Brown, T. Dewender, T. Kobusch (eds.), *Philosophical Debates at Paris in the Early Fourteenth Century*, Leiden, Brill, 2009, p. 39–126.

Dumont, S.D., « Duns Scotus's Parisian Question on the Formal Distinction », dans *Vivarium* 43/1(2005), p. 7–62.

Dumont, S.D., « New Questions by Thomas Wylton », dans *Documenti e studi sulla tradizione filosofica medievale* 9(1998), p. 357–381.

Dunne, M.W. « Magister Riccardus de Ybernia : Richard fitzRalph as Lecturer in Early 14th Century Oxford », *Maynooth Philosophical Papers* 3(2006), p. 1–20.

Durand, D., « Nicole Oresme and the Mediaeval Origin of Modern Science », dans *Speculum* 16(1941), p. 167–185.

Düring, I., *Aristoteles. Darstellung und Interpretationes seines Denkens*, Heidelberg, Carl Winter, 1966.

Edwards, R., « Themes and Personalities in *Sentence* Commentaries at Oxford in the 1330's », dans G.R. Evans (ed.), *Mediaeval Commentaries on the Sentences of Peter Lombard, Volume I*, Leiden / Boston / Köln, Brill, 2002, p. 379–393.

Emden, A.B., Powicke, F.M., Rashdall H. (eds.), *The Universities of Europe in the Middle Ages*, 3 vols., Oxford, Clarendon Press, 1936.

Erhet, C., « The Flow of Powers : Emanation in the Psychologies of Avicenna, Albert the Great and Aquinas », dans *Oxford Studies in Medieval Philosophy* 5(2017), p. 87–121.

Ehrle, F., *Der Sentenzenkommentar Peters von Candia, des Pisaner Papstes Alexanders V*, Münster i.W., Aschendorff, 1925.

Erismann C., Schniewind A. (eds.), *Compléments de substance. Études sur les propriétés accidentelles offertes à Alain de Libera*, Vrin, Paris, 2008.

Ermatinger, C.J., « John of Jandun in his Relations with Arts Masters and Theologians », dans *Arts libéraux et philosophie au Moyen Âge*, Montréal, Éditions de l'Institut d'études médiévales, 1969, p. 1177–1184.

Ermatinger, C.J., « Averroism in Early Fourteenth Century Bologna », dans *Mediaeval Studies* 16(1954), p. 35–56.

Etzkorn, G.J., « Roger Marston's Grades' Theory in the Light of His Philosophy of Nature », dans P. Wilpert (ed.), *Die Metaphysik im der Mittelalter, Miscellanea Mediaevalia* 2, Berlin, De Gruyter, 1963, p. 535-542.

Etzkorn, G.J., « The Grades of Form according to Roger Marston », dans *Franziskanische Studien* 44(1962), p. 418-454.

Fabro, C., *Participation et causalité selon Thomas d'Aquin*, Paris, B. Nauwelaerts, 1961.

Festa, E., « La notion d'"agrégat d'indivisibles" dans la constitution de la cinématique galiléenne : Cavalieri, Galilée, Torricelli », dans *Revue d'histoire des sciences* 45, 2/3(1992), p. 307-336.

Feyerabend, P., *Against Method : Outline of an Anarchistic Theory of Knowledge*, London, New Left Books, 1975.

Ficher, W., Unguru, S., « Experimental Science and Mathematics in Roger Bacon's Thought », dans *Traditio* 27(1971), p. 353-378.

Fioravanti, G., « Forma ed esse in Enrico di Gande : preoccupazioni teologiche ed elaborazione filosofica », dans *Annali della Scuola Normale Superiore di Pisa. Classe di lettere e filosofia*, Serie 3, 5(1975), p. 985-1031.

Flasch, K., *Dietrich of Freiberg, Philosophie, Theologie, Naturforschung um 1300*, Frankfurt a.M., Klostermann, 2007.

Flasch, K., « Zur Idee eines Corpus Philosophorum Teutonicorum Medii Aevi », dans M. Meiner (eds.), *Ceterum Censeo... Bemerkungen zu Aufgabe und Tätigkeit einies Philosophischen Verlegers*, Hamburg, F. Meiner, 1983, p. 38-42.

French, R., *Canonical Medicine : Gentile Da Foligno and Scholasticism*, Leiden / Boston / Köln, Brill, 2001.

Frost, G., « Aquinas on the Intension and Remission of Accidental Forms », dans *Oxford Studies in Medieval Philosophy* 7(2019), p. 115-146.

Fussenegger, G., « Neues über Franz von Perugia O.F.M. », dans *Franziskanische Studien* 25(1938), p. 285-287.

Gagné, J., « Du *quadrivium* aux *scientiae mediae* », dans *Arts libéraux et philosophie au Moyen Âge*, Montréal, Éditions de l'Institut d'études médiévales, 1969, p. 975-986.

Galluzzo, G., « *Substantiae sunt sicut numeri* : Aristotle on the Structure of Numbers », dans M. Sialaros (ed.), *Revolutions and Continuity in Greek Mathematics*, Berlin / Boston, De Gruyter, 2018, p. 295-318.

Gayà Estelrich, J., *La teoría luliana de los correlativos. Historia de su formación conceptual*, Palma de Mallorca, Lope, 1979.

Gelber, H.G., *Logic and the Trinity : A Clash of Values in Scholastic Thought, 1300-1335*, Thèse de Doctorat, Madison, University of Wisconsin, 1974.

Gilli, P., *La noblesse du droit : débats et controverses sur la culture juridique et le rôle des juristes dans l'Italie médiévale, XIIe-XVe siècles*, Paris, Honoré Champion, 2003.

Gilson, É., *Jean Duns Scot. Introduction à ses positions fondamentales*, Paris, Vrin, 1952.

Goddu, A., *The Physics of William of Ockham*, Leiden / Köln, Brill, 1984.

Goubier, F., Roques, M. (eds.), *The Instant of Change in Medieval Philosophy and Beyond*, Leiden / Boston : Brill, 2018.

Grabmann, M., *Mittelalterliches Geistesleben*, 3 vols., München, Max Hueber Verlag, 1926–1956.

Grabmann, M., *Gentile da Cingoli, ein italienischer Aristoteleserklärer aus der Zeit Dantes*, München : Verlag der Bayerischen Akademie der Wissenschaften, 1941.

Grabmann, M., « Der Sentenzenkommentar des Magister Henricus de Cervo und die Kölner Dominikanertheologie des 14. Jahrunderts », dans *Archivum fratrum praedicatorum* 12(1942), p. 98–117.

Grant, E., *Physical Sciences in the Middle Ages* [1971], Cambridge, Cambridge University Press, 1977.

Grellard, C., « L'usage des nouveaux langages d'analyse dans la *Quaestio* de Nicolas d'Autrécourt. Contribution à la théorie autrécurienne de la connaissance », dans S. Caroti, J. Celeyrette (eds.), Quia inter doctores est magna dissensio. *Les débats de philosophie naturelle à Paris au XIVe siècle*, Firenze, Olschki, 2004, p. 69–95.

Grellard, C., Robert, A. (eds.), *Atomism in Late Medieval Philosophy and Theology*, Leiden / Boston, Brill, 2009.

Groisard, J., *Mixis. Le problème du mélange dans la philosophie grecque d'Aristote à Simplicius*, Paris, Les Belles Lettres, 2016.

Hallamaa, O., *Science in Theology. Studies in the Interaction Between Late Medieval Natural Philosophy, Logic and Theology*, Thèse de doctorat, University of Helsinki, 2005.

Hallamaa, O., « On the Borderline between Logic and Theology : Roger Roseth, 'Sophismata', and Augmentation of Charity », dans *Documenti e studi sulla tradizione filosofica medievale* 11(2000), p. 351–374.

Hasnawi, A., « Le statut catégorial du mouvement chez Avicenne : contexte grec et postérité médiévale latine », dans A. Hasnawi, R. Morelon (eds.), *De Zénon d'Elée à Poincaré : recueil d'études en hommage à Roshdi Rashed*, Leuven / Paris, Peeters, 2004, p. 561–605.

Hasnawi, A., « Le mouvement et les catégories selon Avicenne et Averroès : l'arrière-fond grec et les prolongements latins médiévaux », dans Oriens-Occidens. *Sciences, Mathématiques et Philosophie de l'Antiquité à l'Âge classique* 2(1998), p. 119–124.

Hasnawi, A., « La définition du mouvement dans la physique du Shifā' d'Avicenne », dans *Arabic Sciences and Philosophy* 11(2001), p. 219–255.

Hasnawi, A., « La Dynamique d'Ibn Sina (la notion d'"inclination' : *mayl*) », dans J. Jolivet, R. Rashed (eds.), *Études sur Avicenne*, Paris, Les Belles Lettres, 1984, p. 103–123.

Hocedez, E., *Richard de Middleton, sa vie, ses oeuvres, sa doctrine*, Louvain / Paris, Honoré Champion, 1925.

Hocedez, E., « La théologie de Pierre d'Auvergne », dans *Gregorianum* 11(1930), p. 526–552.

Hocedez, E., « Les *Quæstiones in Metaphysicam* de Pierre d'Auvergne », dans *Archives de Philosophie* 9/3(1932), p. 179-234

Hocedez, E., « La philosophie des *Quodlibets* de Pierre d'Auvergne », dans A. Lang, J. Lechner, M. Schmaus (eds.), *Aus der Geisteswelt des Mittelalters*, vol. 2, *Studien und Texte Martin Grabmann zur Vollendung des 60. Lebensjahres von Freuden und Schülern Gewidmet*, Münster i.W., Aschendorff, 1935, p. 779-791.

Hoenen, M.J.F.M., Imbach, R., König-Pralong, C., *Thomistes allemands (XIVe siècle) : lectures, stratégies d'appropriation, divergences, Freiburger Zeitschrift für Philosophie und Theologie* 57/2(2010).

Hoenig, C., *Plato's Timaeus and the Latin Tradition*, Cambridge, Cambridge University Press, 2018.

Hoffmann, F., *Die theologische Methode des Oxforder Dominikanerlehrers Robert Holcot* (Beiträge zur Geschichte der Philosophie und Theologie des Mittelalters, New Series, Number 5), Münster i.W., Aschendorff, 1972.

Hofstadter, D., Sander, E., *L'Analogie. Cœur de la pensée*, Paris, Odile Jacob, 2013.

Hopper, V.F., *Medieval Number Symbolism. Its Sources, Meaning, and Influence on Thought and Expression*, New York, Columbia University Press, 1938.

Hugonnard-Roche, H., *L'œuvre astronomique de Thémon Juif, maître parisien du XIVe siècle*, Genève / Paris, Droz / Minard, 1973.

Husson, M., « Deux exemples d'utilisation des mathématiques en musique dans le premier quatorzième siècle latin », dans *Early Science and Medicine* 15/4-5(2010), p. 448-473.

Irwin, T.H., *Aristotle's First Principles*, Oxford, Clarendon Press, 1988.

Jacquart, D., *La médecine médiévale dans le cadre parisien*, Paris, Fayard, 1998.

Jacquart, D., « La complexion selon Pietro d'Abano », dans D. Jacquart, *Recherches médiévales sur la nature humaine. Essais sur la réflexion médicale (XIIe-XVe s.)*, Firenze, SISMEL – Edizioni del Galluzzo, 2014, p. 373-416.

Jacquart, D., « De *crasis* à *complexio* : note sur le vocabulaire du tempérament en latin médiéval », dans G. Sabbah (ed.), *Mémoires V. Textes médicaux latins antiques*, Saint-Étienne, 1984, p. 71-76.

Jacquart, D., Micheau, F., *La médecine arabe et l'Occident médiéval*, Paris, G.-P. Maisonneuve et Larose, 1990.

Joutsivuo, T., *Scholastic Tradition and Humanist Innovation : the Concept of Neutrum in Renaissance Medicine*, Humaniora series, vol. 303, Helsinki, Academia Scientiarum Fennica, 1999.

Jung, E., Podkoński, R., *Towards the Modern Theory of Motion. Oxford Calculators and the new interpretation of Aristotle*, Łódź, Wydawnictwo Uniwersytetu Łódzkiego, 2020.

Jung, E., « Physical Forms and Matter », dans A.D. Conti (ed.), *A Companion to Walter Burley : Late Medieval Logician and Metaphysician*, Leiden Brill, 2013, p. 247-265.

Jung, E., « Intension and Remission of Forms », dans H. Lagerlund (ed.), *Encyclopedia of Medieval Philosophy*, Berlin, Springer, 2011, p. 551–555.

Jung, E., « The Fourteenth and Seventeenth Century Project of Mathematical Physics. Continuity or Discontinuity ? », dans *Organon* 41(2009), p. 151–164.

Jung, E., « Richard Kilvington on Local Motion », dans P.J.J.M. Bakker, C. Grellard, E. Faye (eds.), *Chemins de la pensée médiévale. Études offertes à Zénon Kaluza*, Turnhout, Brepols, 2002, p. 113–134.

Jung, E., « Works by Richard Kilvington », dans *Archives d'Histoire Doctrinale et Littéraire du Moyen Âge* 67(2000,) p. 181–223.

Jung, E., Michałowska, M., « Scotistic and Ockhamist Contributions to Kilvington's Ethical and Theological Views », dans A. Speer, D. Wirmer (eds.), *1308. Eine Topographie historischer Gleichzeitigkeit*, Berlin / New York, De Gruyter, 2010, p. 104–122.

Kaluza, Z., *Thomas de Cracovie*, Wrocław / Warszawa / Kraków, Ossolineum, 1978.

Karger, E., « Walter Burley's Realism », dans *Vivarium* 37(1999), p. 24–40.

Kaye, J., *A History of Balance, 1250–1375. The Emergence of a New Model of Equilibrium and its Impact on Thought*, Cambridge, Cambridge University Press, 2014.

Kaye, J., *Economy and Nature in the Fourteenth Century. Money, Market Exchange and the Emergence of Scientific Thought*, Cambridge, Cambridge University Press, 2000.

Klemm, M., « Les complexions vertueuses : la physiologie des vertus dans l'anthropologie médicale de Pietro d'Abano », dans *Médiévales* 63/2(2012), p. 59–74.

Klima, G., « Buridan's Logic and the Ontology of Modes », dans S. Ebbesen, R.L. Friedman (eds.), *Medieval Analyses in Language and Cognition*, Copenhagen, Royal Danish Academy of Sciences and Letters, 1999, p. 473–496.

King, P, « Duns Scotus and the Common Nature », dans *Philosophical Topics* 20(1992), p. 50–76.

Kirby, J., *Aristotle's Metaphysics : Form, Matter and Identity*, London, Bloomsbury Academic, 2011.

Kirschner, K.H., « Oresme on Intension and Remission of Qualities in his Commentary on Aristotle's *Physics* », dans *Vivarium* 38/2(2000), p. 255–274.

Köhler, T.W., Homo animal nobilissimum. *Konturen des spezifisch Menschlichen in der naturphilosophischen Aristoteleskommentierung des dreizehnten Jahrhunderts*, 2 vols., Leiden / Boston, Brill, 2008.

König-Pralong, C., *Le bon usage des savoirs,* Paris, Vrin, 2011.

König-Pralong, C., *Être, essence, contingence*, intro., trad. et notes, Paris, Les Belles Lettres, 2006.

König-Pralong, C., « Corps, cadavre, matière. Autour de Gilles de Rome, Henri de Gand et Dietrich de Freiberg », dans *Quaestio* 7(2007), p. 339–359.

König-Pralong, C., « Évaluations des savoirs d'importation dans l'université médiévale : Henri de Gand en position d'expert », dans *Revue européenne des sciences sociales* 46/2(2008), p. 11–28.

Koyré, A., *Metaphysics and Measurement. Essays in Scientific Revolution*, Cambridge Mass., Harvard University Press, 1968.

Kretzmann, N., « Socrates Is Whiter than Plato Begins to Be White », dans *Nôus* 11(1977), p. 3–15.

Kretzman, N. (ed.), *Infinity and Continuity in Ancient and Medieval Thought*, Ithaca, Cornell University Press, 1998.

Kuhn, T.S., *The Structure of Scientific Revolutions* [1962], Chicago, Chicago University Press, 2012.

Kuksewicz, Z., *De Siger de Brabant à Jacques de Plaisance. La théorie de l'intellect chez les averroïstes latins des XIIIe et XIVe siècles*, Wrocław, Ossolineum / Éditions de l'Académie Polonaise des Sciences, 1968.

Kuksewicz, Z., *Averroïsme bolonais au XIVe siècle*, Wrocław, Ossolineum / Éditions de l'Académie Polonaise des Sciences, 1965.

Kuksewicz, Z., « Commentarium super libros De anima by an Anonymous Averroist of the Fourteenth Century Erfurt », dans *Studia Mediewistyczne* 17(1977), p. 5–122.

Kuksewicz, Z., « Une question anonyme d'un averroïste du XIVe siècle sur la pluralité des formes » dans *Mediaevalia Philosophica Polonorum* 12(1967), p. 46–66.

Kula, W., *Measures and Men*, Princeton, Princeton University Press, 2014.

Laird, W.R., « The School of Merton and the Middle Sciences », dans *Bulletin de philosophie médiévale* 38(1996), p. 41–51.

Lakoff, G., Johnson, M., *Metaphors We Live By*, Chicago, University of Chicago Press, 1980.

Lambertini, R., « La teoria delle 'intentiones' da Gentile da Cingoli a Matteo da Gubbio : fonti e linee di tendenza », dans D. Buzzetti, M. Ferriani, A. Tabarroni (eds.), *L'insegnamento della logica a Bologna nel XIV secolo*, Bologna, Istituto per la Storia dell' Università, 1992, p. 277–351.

Lamy, A., « L'intensification des qualités dans le *Traité des formes (pars posterior)* de Walter Burley », dans *Cahiers philosophiques* 134 (2013/3), p. 17–34.

Landgraf, A., « Caritas und Widerstand gegen die Versuchungen nach der Lehre des ausgehenden 12. und beginnenden 13. Jahrhunderts », dans *Gregorianum* 24(1943), p. 48–61, p. 327–346.

Lechner, J., « Franz von Perugia, O.F.M., und die Quästionen seines Sentenzenkommentars », dans *Franziskanische Studien* 25(1938), p. 28–64.

Leemans, P., Klemm, M., « Animals and Anthropology in Medieval Philosophy », dans B. Resl (ed.), *A Cultural History of Animals in the Middle Ages*, Oxford / New York, Berg, 2007, p. 153–177.

Lennox, J.G., « Kinds, Forms of Kinds and the More and the Less in Aristotle's Biology », dans A. Gotthelf, J.G. Lennox (eds.), *Philosophical Issues in Aristotle's Biology*, Cambridge, Cambridge University Press, 1987, p. 339–359.

Lewis, C., *The Merton Tradition and Kinematics in Late Sixteenth and Early Seventeenth Century Italy*, Padova, Editrice Antenore, 1980.

Livesey, S.J., « The Oxford Calculatores, Quantification of Qualities, and Aristotle's Prohibition of Metabasis », dans *Vivarium* 24(1986), p. 50–69.

Livesey, S.J., « William of Ockham, the Subalternate Sciences, and Aristotle's Theory of Metabasis », dans *The British Journal for the History of Science* 18(1985), p. 127–146.

Llinarès, A., « Les conceptions physiques de Raymond Lulle : de la théorie des quatre éléments à la condamnation de l'alchimie », dans *Les Études philosophiques* 22/4(1967), p. 439–444.

Llinarès, A., « Références et influences arabes. dans le *Libre de contemplació* », dans *Estudios Lulianos* 24(2), 1980, p. 109–127.

Lohr, C., « Chaos Theory According to Ramon Llull », dans T.E. Burman, M.D. Meyerson, L. Shopkiw (eds.), *Religion, Text, and Society in Medieval Spain and Northern Europe. Essays in honor of J. N. Hillgarth. Papers in Mediaeval Studies. 16*, Toronto, The Pontifical Institute of Mediaeval Studies, 2002, p. 158–165.

Lohr, C., « The Arabic Background to Ramon Lull's Liber Chaos (ca. 1285) », dans *Traditio* 55(2000), p. 159–170.

Lohr, C., « Ramon Lull's Theory of the Quantification of Qualities », dans F. Domínguez, J. De Salas (eds.), *Constantes y fragmentos del pensamiento luliano : Actas del simposio sobre Ramon Llull en Trujillo, 17–20 septiembre 1994, Sonderdruck aus Beiheft zur Iberoromania* 12, Tübingen, Niemeyer, 1996, p. 9–17.

Lorenz, S., *Studium Generale Erfordense : zum Erfurter Schulleben im 13. und 14. Jahrhundert,* Stuttgart, Hiersemann Verlag, 1989.

Lorenz, S., « Studium generale erfordense : Neue Forschungen zum Erfurter Schulleben », dans *Traditio*, 46(1991), p. 261–289.

Lottin, O., *Psychologie et morale aux XIIe et XIIIe siècles*, 6 vols., Louvain / Gembloux, Abbaye du Mont-César / Duculot, 1957.

Lourié, B., « *Intensio* : Leibniz in Creating a New Term for the Modal Logic », dans *Studia Humana* 1, 3/4(2012), p. 59–65.

Lovejoy, A.O., *The Great Chain of Being*, Cambridge, Mass., Harvard University Press, 1936.

Löwe, C.L., « Gregory of Rimini on the Intension and Remission of Corporeal Forms », dans Recherches de Théologie et Philosophie Médiévales 81/2(2014), p. 273–330.

Ludueña, E., *La recepción de Eriúgena en Bertoldo de Moosburg : Un aporte sobre la Escuela de Colonia*, Saarbrücken, Publicia, 2013.

Macken, R., « Unité et dimorphisme de l'homme selon Henri de Gand », dans B. d'Amore, A. Giordano (eds.), *Teoria e prassi*, Napoli, Edizioni Domenicane Italiane, 1979, p. 177–182.

Maclean, I., « Diagrams in the Defence of Galen : Medical Uses of Tables, Squares, Dichotomies, Wheels, and Latitudes 1480–1574 », dans S. Kusukawa, I. Maclean (eds.), *Transmitting Knowledge. Words, Images, and Instruments in Early Modern Europe*, Oxford, Oxford University Press, 2006, p. 135–164.

McMahon, W.E., « Reflections on Some Thirteenth- and Fourteenth-Century Views on Categories », dans M. Gorman, J.J. Sanford (eds.), *Categories : Historical and Systematic Essays*, Washington D.C., The Catholic University of America Press, 2004, p. 45–57.

Mahoney, E.P., « Duns Scotus and Medieval Discussions of Metaphysical Hierarchy : The Background of Scotus's 'Essential Order' in Henry of Ghent, Godfrey of Fontaines and James of Viterbo », dans L. Sileo (ed.), *Via Scoti. Methodologica ad mentem Joannis Duns Scoti, Atti del Congresso Scotistico Internazionale Roma, 9–11 marzo 1993*, 2 vols., Roma, PAA-Edizioni Antonianum, 1995, vol. 1, p. 359–374.

Mahoney, E.P., « Il concetto di gerarchia nella tradizione padovana e nel primo pensiero moderno », dans L. Olivieri (ed.), *Aristotelismo veneto e scienza moderna. Atti del 25 Anno Accademico del Centro per la Storia della tradizione aristotelica nel Veneto*, Padova, Antenore, 1983, p. 729–741.

Mahoney, E.P., « Neoplatonism, the Greek Commentators and Renaissance Aristotelianism », dans D.J. O'Meara (ed.), *Neoplatonism and Christian Thought*, Albany N.Y., State University of New York Press, 1982, p. 169–177.

Mahoney, E.P., « Metaphysical Foundations of the Hierarchy of Being According to Some Late-Medieval and Renaissance Philosophers », dans P. Morewedge (ed.), *Philosophies of Existence, Ancient and Medieval*, New York, Fordham University Press, 1982, p. 165–257.

Maier, A., *Ausgehendes Mittelalter : Gesammelte Aufsätze zur Geistesgeschichte des 14. Jahrhunderts*, 3 vols., Roma, Edizioni di Storia e Letteratura, 1964–1977.

Maier, A., *Studien zur Naturphilosophie der Spätscholastik*, 5 vols., Roma, Edizioni di Storia e Letteratura, 1949–1958.

Maierù, A., Paravicini Bagliani, P. (eds.), *Studi Sul XIV Secolo in Memoria Di Anneliese Maier*, Roma, Edizioni di Storia e Letteratura, 1981.

Marangon, P., *Alle origini dell'aristotelismo padovano (sec. XII-XIII)*, Padova, Editrice Antenore, 1977.

Marchegiani, L., « Gentile da Cingoli tra aristotelismo e averroismo », dans *Annali della Facoltà giuridica di Camerino* 36(1970), p. 81–131.

Markowski M., « Die Anschauunngen des Walter Burleigh über die Universalien », dans A. Maierù (ed.), *English Logic in Italy in the 14th and 15th Centuries*, Napoli, Bibliopolis, 1982, p. 219–229.

Maurer, A., « *Ens Diminutum* : a Note on its Origin and Meaning », dans *Mediaeval Studies* 12(1950), p. 216–222.

Mazet, E., « Richard Swineshead et Nicole Oresme : deux styles mathématiques », dans J. Celeyrette, C. Grellard (eds.), *Nicole Oresme philosophe : Philosophie de la nature et philosophie de la connaissance à Paris au XIVe siècle*, Turnhout, Brepols, 2014, p. 105–138.

Mazet, E., « La théorie des séries de Nicole Oresme dans sa perspective aristotélicienne. Questions 1 et 2 sur la Géométrie d'Euclide », dans *Revue d'histoire des mathématiques* 9(2003), p. 33–80.

Mazet, E., « Pierre Ceffons et Oresme – Leur relation revisitée », dans S. Caroti, J. Celeyrette (eds.), Quia inter doctores est magna dissensio. *Les débats de philosophie naturelle à Paris au XIVe siècle*, Firenze, Olschki, 2004, p. 175–194.

Mazet, E., « Un aspect de l'ontologie d'Oresme : l'équivocité de l'étant et ses rapports avec la théorie des *complexe significabilia* et avec l'ontologie oresmienne de l'accident », dans Oriens-Occidens. *Sciences, Mathématiques et Philosophie de l'Antiquité à l'Âge classique* 3(2000), p. 67–89.

Mazzarella, P., *Controversie medievali. Unità e Pluralità delle forme*, Napoli, Giannini, 1978.

McCord Adams, M., *William Ockham*, 2 vols., Notre Dame, Notre Dame University Press, 1987.

McCord Adams, M., « Ockham on Identity and Distinction », dans *Franciscan Studies* 36(1976), p. 5–74.

McCullough, E.J., « St Albert on Motion as *Forma Fluens* and *Fluxus Formae* », dans J.A. Weisheipl (ed.), *Albertus Magnus and the Sciences. Commemorative Essays 1980*, Toronto, The Pontifical Institute of Mediaeval Studies, 1980, p. 129–153.

McGinnis, J.J., « Avicenna's Natural Philosophy », dans P. Adamson (ed.), *Interpreting Avicenna, Critical Essays*, Cambridge, Cambridge University Press, 2013, p. 71–90.

McGinnis, J.J., « A Medieval Arabic Analysis of Motion at an Instant : The Avicennan Sources to the *forma fluens / fluxus formae* Debate », dans *The British Journal for the History of Science* 39(2006), p. 189–205.

McVaugh, M.R., *The Mediaeval Theory of Compound Medicines*, Thèse de doctorat, Princeton, Princeton University, 1965.

McVaugh, M.R., « The Two Faces of a Medical Career : Jordanus de Turre of Montpellier », dans E. Grant, J.E. Murdoch (eds.), *Mathematics and Its Application to Science and Natural Philosophy in the Middle Ages*, Cambridge, Cambridge University Press, 1987, p. 301–324.

McVaugh, M.R., « An Early Discussion of Medicinal Degrees at Montpellier by Henry of Winchester », dans *Bulletin of the History of Medicine* 49/1(1975), p. 57–71.

McVaugh, M.R., « Quantified Medical Theory and Practice at Fourteenth-Century Montpellier », dans *Bulletin of the History of Medicine* 43/5(1969), p. 397–413.

McVaugh, M.R., « 'Apud Antiquos' and Medieval Pharmacology », dans *Medizinhistorisches Journal* 1(1966), p. 16–63.

Meyer, H., *Die Zahlenallegorese im Mittelalter : Methode und Gebrauch*, München, W. Fink, 1975.

Michael, E., « Averroes and the Plurality of Forms », dans *Franciscan Studies* 50(1992), p. 155–182.

Michałowska, M., « Kilvington's Use of Physical and Logical Arguments in Ethical Dilemmas », dans *Documenti e studi sulla tradizione filosofica medievale* 22(2011), p. 467–494.

Michałowska, M., « Richard Kilvington's *Quaestiones super libros Ethicorum* », dans *Bulletin de Philosophie Médiévale* 53(2011), p. 232–282.

Michalski, K., « La physique nouvelle et les différents courants philosophiques au XIVe siècle », dans K. Flasch (ed.), *La philosophie au XIVe siècle. Six études*, Frankfurt a.M., Minerva, 1969.

Möhle, H., *Formalitas und Modus intrinsecus. Die Entwicklung der scotischen Metaphysik bei Franciscus de Mayronis*, Münster i.W., Aschendorff, 2007.

Molland, A.G., « Roger Bacon's Knowledge of Mathematics », dans J. Hackett (ed.), *Roger Bacon and the Sciences : Commemorative Essays*, Leiden / New York, Brill, 1996 p. 151–174.

Molland, A.G., *Mathematics and the Medieval Ancestry of Physics*, Aldershot, Ashgate, 1995.

Molland, A.G., « The Oresmian Style : Semi-Mathematical, Semi-Holistic », dans A.-P. Segonds, P. Souffrin (eds.), *Nicolas Oresme. Tradition et innovation chez un intellectuel du XIVe siècle*, Paris, Les Belles Lettres, 1988, p. 13–30.

Molland, A.G., « The Geometrical Background to the 'Merton School'. An Exploration into the Application of Mathematics to Natural Philosophy in the Fourteenth Century », dans *The British Journal for the History of Science* 4/14(1968), p. 108–125.

Motte A., Rutten C., Somville P. (eds.), *Philosophie de la forme. 'Eidos, idea, morphè' dans la philosophie grecque des origines à Aristote*, Leuven, Peeters, 2003.

Mueller, I., « Physics and Astronomy : Aristotle's *Physics* II, 2, 193b22–194a12 », dans *Arabic Sciences and Philosophy* 16(2006), p. 175–20.

Muller, J.-P., « Un cas d'éclectisme métaphysique : Jean de Paris (Quidort) O. P. », dans P. Wilpert (ed.), *Die Metaphysik im der Mittelalter, Miscellanea Mediaevalia* 2, Berlin, De Gruyter, 1963, p. 651–660.

Murdoch, J.E., « Rationes mathematice » : *un aspect du rapport des mathématiques et de la philosophie au Moyen Âge*, Paris, Palais de la Découverte, 1962.

Murdoch, J.E., « The Involvement of Logic in Late Medieval Natural Philosophy », dans S. Caroti (ed.), *Studies in Medieval Natural Philosophy (Biblioteca di Nuncius 1)*, Firenze, Olschki, 1989, p. 3–28.

Murdoch, J.E., « Infinity and Continuity », dans N. Kretzmann, A. Kenny, J. Pinborg (eds.), *The Cambridge History of Later Medieval Philosophy*, Cambridge, Cambridge University Press, 1982, p. 564–591.

Murdoch, J.E., « The Analytical Character of Later Medieval Learning. Natural Philosophy without Nature », dans L.D. Roberts (ed.), *Approaches to Nature in the Middle Ages*, Binghamton N.Y., Center for Medieval & Early Renaissance Studies, 1982, p. 171–213.

Murdoch, J.E., « *Scientia mediante vocibus* : Metalinguistic Analysis in Late Medieval Natural Philosophy », dans J.P. Beckmann *et al.* (eds.), *Sprache und Erkenntnis im Mittelalter, Miscellanea Mediaevalia* 13/1, Berlin / New York, De Gruyter, 1981, p. 73–106.

Murdoch, J.E., « Propositional Analysis in Fourteenth-Century Natural Philosophy : A Case Study », dans *Synthese* 40(1979), p. 117–146.

Murdoch, J.E., « *Subtilitates Anglicanae* in Fourteenth-Century Paris : John of Mirecourt and Peter Ceffons », dans M.P. Chandler, B. Cosman (eds.), *Machaut's World : Science and Art in the Fourteenth Century*, New York, New York Academy of Sciences, 1978, p. 51–86.

Murdoch, J.E., « The Development of a Critical Temper : New Approaches and Modes of Analysis in Fourteenth-Century Philosophy, Science and Theology », dans *Medieval and Renaissance Studies* 7(1978), p. 51–79.

Murdoch, J. E., « From Social into Intellectual Factors : An Aspect of the Unitary Character of Late Medieval Learning », dans J.E. Murdoch, E.D. Sylla (eds.), *The Cultural Context of Medieval Learning. Proceedings of the First International Colloquium on Philosophy, Science, and Theology in the Middle Ages*, Dordrecht / Boston, D. Reidel Publishing Company, 1975, p. 271–339.

Murdoch, J.E., « Philosophy and the Enterprise of Science in the Later Middle Ages », dans Y. Elkana (ed.), *The Interaction between Science and Philosophy*, Atlantic Highlands N.J., Humanities Press, 1974, p. 51–74.

Murdoch, J.E., « *Mathesis in philosophiam scholasticam introducta* : The Rise and Development of the Application of Mathematics in Fourteenth-Century Philosophy and Theology », dans *Arts libéraux et philosophie au Moyen Âge*, Montréal, Éditions de l'Institut d'études médiévales, 1969, p. 215–246.

Murdoch, J.E., « Superposition, Congruence and Continuity in the Middle Ages », dans I.B. Cohen, R. Taton (eds.), *Mélanges Alexandre Koyré*, Paris, Hermann, 1964, p. 416–441.

Murdoch, J.E., « Review of Nicole Oresme : *Quaestiones super geometriam Euclidis*. Edited by H.L.L. Busard » dans *Scripta mathematica* 27(1964), p. 67–91.

Murdoch, J.E., « The Medieval Language of Proportions : Elements of the Interaction with Greek Foundations and the Development of New Mathematical Techniques », dans A.C. Crombie (ed.), *Scientific Change, London, Heinemann*, 1963, p. 237–271.

Murdoch, J.E., Sylla, E.D., « The Science of Motion », dans D.C. Lindberg (ed.), *Science in the Middle Ages*, Chicago, University of Chicago Press, 1978, p. 206–264.

Nagel, E., *On the Logic of Measurement*, Thèse de doctorat, New York, Columbia University, 1930.

Nardi, B., *Sigieri di Brabante nel pensiero del Rinascimento italiano*, Roma, Edizioni Italiane, 1945.

Nardi, B., « La Dottrina d'Alberto Magno sull' inchoatio formae », dans B. Nardi, *Studi di filosofia medievale*, Roma, 1960, p. 69–101.

Nardi, B., « L'Averroismo bolognese nel secolo XIII e Taddeo Alderotto », dans *Rivista di storia della filosofia* 4(1949), p. 11–22.

Noone, T., « Ascoli, Wylton and Alnwick on Scotus's Formal Distinction : Taxinomy, Refinement and Interaction », dans S.F. Brown, T. Dewender, T. Kobusch (eds.), *Philosophical Debates at Paris in the Early Fourteenth Century*, Leiden, Brill, 2009, p. 127–150.

Noone, T., « La distinction formelle dans l'école scotiste », dans *Revue des sciences philosophiques et théologiques* 83(1999), p. 53–72.

Normore, C., « Accidents and Modes », dans R. Pasnau (ed.), *The Cambridge History of Medieval Philosophy*, Cambridge, Cambridge University Press, 2009, p. 674–686.

Normore, C., « Ockham's Metaphysics of Parts », dans *Journal of Philosophy* 103/12(2006), p. 737–754.

Normore, C., « Buridan's Ontology », dans J. Bogen, J. McGuire (eds.), *How Things Are*, Dordrecht, Reidel, 1985, p. 180–203.

Normore, C., « Ockham's Metaphysics of Parts », dans *Journal of Philosophy* 103/12(2006), p. 737–754.

Ottaviano, C., *L'Ars compendiosa de R. Lulle : avec une étude sur la bibliographie et le fond ambrosien de Lulle*, Paris, Vrin, 1930.

Ottosson, P.-G., *Scholastic Medicine and Philosophy : A Study of Commentaries on Galen's Tegni (ca. 1300–1450)*, Napoli, Bibliopolis, 1984.

Pagel, J.L., « Über die Grade der Arzneien nach einer bisher ungedruckten Schrift des Bernard von Gordon aus dem Jahre 1303 », dans *Pharmaceutische Post* 28(1895).

Park, K., *Doctors and Medicine in Early Renaissance Florence*, Princeton, Princeton University Press, 1980.

Pasnau, R., *Metaphysical Themes*, Oxford, Oxford University Press, 2011.

Pasnau, R., « Scholastic Qualities, Primary and Secondary », dans L. Nolan (ed.), *Primary and Secondary Qualities : The Historical and Ongoing Debate*, New York, Oxford University Press, 2011, p. 41–61.

Pattin, A., « Documentation concernant la controverse des formes au Moyen Âge », dans *Bulletin de philosophie médiévale* 13(1971), p. 71–109.

Paulus, J., *Henri de Gand. Essai sur les tendances de sa métaphysique*, Paris, Vrin, 1938.

Paulus, J., « Les disputes d'Henri de Gand et de Gilles de Rome sur la distinction de l'essence et de l'existence », dans *Archives d'Histoire Doctrinale et Littéraire du Moyen Âge* 13(1940), p. 323–358.

Pesic, P., « Hearing the Irrational : Music and the Development of the Modern Concept of Number », dans *Isis* 101/3(2010), p. 501–530.

Petrescu, L., « John Duns Scotus and the Ontology of Mixture », dans *Res Philosophica* 91/3(2014), p. 315-337.

Piché, D., *La condamnation parisienne de 1277*, Paris, Vrin, 1999.

Pinborg, J., « Speculative Grammar », dans A. Kenny, N. Kretzmann, J. Pinborg (eds.), *The Cambridge History of Later Medieval Philosophy*, Cambridge, Cambridge University Press, 1982, p. 254-270.

Pinborg, J., « Die Logik der Modistae », dans *Studia Mediewisticzne* 16(1975), p. 39-97.

Pinborg, J., « Some Concepts of Logic and Grammar », dans *Revue internationale de philosophie* 113(1975), p. 286-296.

Piron, S., « Les *studia* franciscains de Provence et d'Aquitaine (1275-1335) », dans K. Emery Jr., W. J. Courtenay, S. M. Metzger (eds.), *Philosophy and Theology in the Studia of the Religious Orders and at Papal and Royal Courts*, Turnhout, Brepols, 2012, p. 303-358.

Pistolesi, E., « Ramon Llull, la geometria i las quadratures del cercle », dans M.I. Ripoll Perelló (ed.), *Actes de les Jornades Internacionals Lul·lianes. Ramon Llull al s. XXI*, Barcelona, Publicacions i Edicions de la Universitat de Barcelona, 2006, p. 107-144.

Podkoński, R., *Richard Swineshead's Theory of Motion*, Łódź, Wydawnictwo Uniwersytetu Łódzkiego, 2019.

Podkoński, R., « Richard Swineshead's *De luminosis* : Natural Philosophy from an Oxford Calculator », dans *Recherches de Théologie et Philosophie Médiévales* 82/2(2015), p. 363-403.

Podkoński, R., « Richard Swineshead's *Liber calculationum* in Italy : Some Remarks On Manuscripts, Editions And Dissemination », dans *Recherches de Théologie et Philosophie Médiévales* 80/2(2013), p. 307-361.

Podkoński, R., « *Summula infinitatum*. Ryszarda Kilvingtona koncepcja nieskończoności na podstawie kwestii : *Utrum unum infinitum potest esse maius alio* », dans E. Jung (ed.), *Księga pamiątkowa ku czci Profesora Zdzisława Kuksewicza*, Łódź, Wydawnictwo Uniwersytetu Łódzkiego, 2000, p. 162-179.

Porro, P., « Essere e essenza in Giovanni Picardi di Lichtenberg : note sulla prima ricezione del tomismo a Colonia », dans M. Pickavé (ed.), *Die Logik des Transzendentalen. Festschrift für J. Aertsen*, Berlin / New York, De Gruyter, 2003, p. 226-245.

Porro, P., « Universaux et *esse essentiae* : Avicenne, Henri de Gand et le 'Troisième Reich' », dans V. Carraud, S. Chauvier (eds.), *Le réalisme des universaux. Philosophie analytique et philosophie médiévale*, Caen, Cahiers de Philosophie de l'Université de Caen, 2002, p. 9-51.

Porro, P., « Possibilità ed esse essentiae in Enrico di Gand », dans W. Vanhamel (ed.), *Henry of Ghent. Proceedings of the International Colloquium on the Occasion of the 700th Anniversary of his Death (1293)*, Leuven, Leuven University Press, 1996, p. 211-253.

Porro, P., « '*Ponere statum*'. Idee divine, perfezioni creaturali e ordine del mondo in Enrico di Gand », dans *Mediaevalia* 3(1993), p. 109-159.

Pring-Mill, R.D.F., *Estudis sobre Ramon Lull*, Textos i Estudis de Cultura Catalana 22, Barcelona, Publicacions de l'Abadia de Montserrat, 1991, p. 138–140.

Pring-Mill, R.D.F., *Le microcosme lullien : introduction à la pensée de Raymond Lulle*, trad. I. Atucha, Fribourg / Paris, Academic Press Fribourg / Cerf, 2008.

Randall, Jr., J.H., « Paduan Aristotelianism Reconsidered », dans P.O. Kristeller, E.P. Mahoney (eds.), *Philosophy and Humanism : Renaissance Essays in Honor of Paul Oskar Kristeller*, New York, Columbia University Press, 1976, p. 275–282.

Rashed, R., *Angles et grandeur : D'Euclide à Kamāl al-Dīn al-Fārisī*, Berlin, De Gruyter, 2015.

Ricci, P.G., « Pietro Olivi e la pluralità delle forme sostanziali », dans *Studi francescani* 8(1936), p. 225–239.

Ricordel, J., « Le médicament composé : théories andalouses sur l'évaluation de son degré (XIIe siècle) », dans *Revue d'Histoire de la Pharmacie* 89/330(2001), p. 135–148.

Robert, A., « Pietro d'Abano et le matérialisme », dans T. Suarez-Nani, A. Paravicini Bagliani (eds.), *Materia. Nouvelles perspectives de recherche dans la pensée et la culture médiévales (XIIe–XVIe siècles). Micrologus Library*, 84, Firenze, SISMEL – Edizioni del Galuzzo, 2017, p. 217–250.

Robert, A., « Le corps d'après : la Chute entre théologie et médecine (XIIe–XIVe siècle) », dans I. Rosier-Catach, G. Briguglia (eds.), *Adam, la nature humaine, avant et après : Épistémologie de la Chute*, Paris, Publications de la Sorbonne, 2016, p. 173–204.

Robert, A., « La latitude de l'humanité dans la médecine et la théologie médiévales (XIIIe–XIVe siècle) », dans *Mesure et histoire médiévale*, Paris, Publications de la Sorbonne, 2013, p.41–52.

Robert, A., « Atomisme et géométrie à Oxford au XIVe siècle », dans S. Rommevaux-Tani (ed.), *Mathématiques et connaissances du réel avant Galilée*, Montreuil, Omniscience, 2010, p. 15–85.

Robert, A., « William Crathorn's Mereotopological Atomism », dans C. Grellard, A. Robert (eds.), *Atomism in Late Medieval Philosophy and Theology*, Leiden / Boston, Brill, 2009, p. 127–162.

Roche, J.J., *The Mathematics of Measurement. A Critical History*, London, The Athlon Press, 1998.

Rodolfi, A., *Il concetto di materia nell'opera di Alberto Magno*, Firenze, SISMEL – Edizioni del Galluzzo, 2004.

Rommevaux-Tani, S., *Les nouvelles théories des rapports*, Turnhout, Brepols, 2014.

Rommevaux-Tani, S., « La détermination de la rapidité d'augmentation dans le *De sex inconvenientibus* : comparaison avec les développements sur le même sujet de William Heytesbury », dans C. Grellard (ed.), *Miroir de l'amitié. Mélanges offerts à Joël Biard*, Paris, Vrin, 2017, p. 153–162.

Rommevaux-Tani, S., « Six inconvénients découlant de la règle du mouvement de Thomas Bradwardine dans un texte anonyme du XIVe siècle », dans M. Malpangotto,

V. Jullien, E. Nicolaïdis (eds.), *L'homme au risque de l'infini. Mélanges d'histoire et de philosophie des sciences offerts à Michel Blay,* Turnhout, Brepols, 2013, p. 35–47.

Roques, M., *L'essentialisme de Guillaume d'Ockham*, Paris, Vrin, 2016.

Roques, M., « Quantification and Measurement of Qualities at the Beginning of the Fourteenth Century. The Case of William of Ockham », dans *Documenti e studi sulla tradizione filosofica medievale* 27(2016), p. 347–380.

Rosier-Catach, I., *La Grammaire spéculative des modistes*, Lille, Presses Universitaires de Lille, 1983.

Rossitto, C., « Aristotele, *Categorie*, 11 : la contrarietà », dans J. Barnes, M. Bonelli, F.G. Masi (eds.), *Studi sulle* Categorie *di Aristotele*, Amsterdam, Adolf M. Hakkert Editore, 2011, p. 265–287.

Roth, B., *Franz von Mayronis O. F. M. Sein Leben, sein Werke, sein Lehre von Formaluntershied in Gott*, Werl, Franziskus-Dr., 1936.

Roudaut, S., « The Definition of Contrariety and the Classification of Forms in Dietrich of Freiberg's *De Natura contrariorum* », dans *Recherches de Théologie et Philosophie Médiévales* 87/1(2020), p. 1–32.

Roudaut, S., « Hugolinus of Orvieto and the Controversies on the Perfection of Species : the Context and Influence of his '*De Perfectione specierum*' », dans *Augustiniana* 69/2(2019), p. 299–331.

Roudaut, S., « Formes partielles et *esse partialia :* les débuts d'une controverse (ca. 1250–1350) », dans *Revue des Sciences Philosophiques et Théologiques* 101/3(2017), p. 379–403.

Roux, S., « Forms of Mathematization (14th–17th Centuries) », dans *Early Science and Medicine* 15, 4/5(2010), p. 319–337.

Rubio, J.E., *Raymond Lulle, le langage et la raison : Une introduction à la genèse de l'*Ars, Paris, Vrin, 2017.

Rubio, J.E., *Les bases del pensament de Ramon Llull : els orígens de l'art lul·liana*, València, Institut Universitari de Filologia Valenciana, 1997.

Ruello, F., *La pensée de Jean de Ripa OFM (XIVe siècle). Immensité divine et connaissance théologique*, Paris, Cerf, 1990.

Ruello, F., « Le problème de la vision béatifique à l'Université de Paris vers le milieu du XIVe siècle », dans *Archives d'Histoire Doctrinale et Littéraire du Moyen Âge* 67(1980), p. 121–170.

Ruiz Simon, J.M., « De la naturalesa com a mescla a l'art de mesclar (sobre la fonamentació cosmològica de les arts lul·lianes) », dans *Randa* 19(1986), p. 69–99.

Ruiz Simon, J.M., « La transformació del pensament de Ramon Llull durant les obres de transició cap a l'etapa ternària », dans M.I.R. Perelló (ed.), *Actes de les Jornades Internacionals Lul·lianes. Ramon Llull al s. XXI*, Palma / Barcelona, Universitat de les Illes Balears / Universitat de Barcelona, 2005, p. 167–196.

Saarinen, R., *Weakness of the Will in Medieval Thought, From Augustine to Buridan*, Leiden / New York / Köln, Brill, 1994.

Sarnowsky, J., *Die aristotelisch-scholastische Theorie der Bewegung. Studien zum Kommentar Alberts von Sachsen zur Physik des Aristoteles (Beiträge zur Geschichte der Philosophie und Theologie des Mittelalters, Neue Folge 32)*, Münster, Aschendorff, 1989.

Sarnowsky, J., « Albert von Sachsen und die Physik des *ens mobile ad formam* », dans J.M.M.H. Thijssen, H.A.G. Braakhuis (eds.), *The Commentary Tradition on Aristotle's De generatione et corruptione. Ancient, Medieval and Early Modern* (Studia Artistarum 7), Turnhout, Brepols, 1999, p. 163–181.

Schabel, C., Nannini A., « Pierre Ceffons on Divine Simplicity, Part I : Modality, Sophisms, Physics, and *odium Dei* in his *In Primum Sententiarum*, Distinctio 8, Quaestio 1 », dans *Recherches de Théologie et Philosophie Médiévales* 85/1(2018,), p. 135–185.

Schabel, C., Nannini A., « Pierre Ceffons on Divine Simplicity, Part II : Mathematical Theology, Infinity, and the Body-Soul Problem in his *In Primum Sententiarum*, Distinctio 8, Quaestio 2 », dans *Recherches de Théologie et Philosophie Médiévales*, 85/2(2018), p. 309–365.

Schabel, C., « Carmelite Quodlibeta », dans C. Schabel (ed.), *Theological Quodlibeta in the Middle Ages : The Fourteenth Century*, Leiden, Brill, 2007, p. 493–544.

Schabel, C. « The Sentences Commentary of Paul of Perugia, O.Carm., with an Edition of his Question on Divine Foreknowledge », dans *Recherches de Théologie et Philosophie Médiévales* 72/1(2005), p. 54–112.

Schipperges, H. *Arabische Medizin im lateinischen Mittelalter. Gehalten In Der Sitzung Vom 5. Juli 1975* [1976], Berlin / Heidelberg, Springer, 2013.

Schmau, M., « Neue mitteilungen zum Sentenzenkommentar Wilhelms von Nottingham », dans *Franzisckanische Studien* 19(1932), p. 195–223.

Schneider, T., *Die Einheit des Menschen. Die anthropologische Formel 'anima forma corporis' im sogenannten Korrektorienstreit und bei Petrus Johannis Olivi, Ein Beitrag zue Vorgeschichte des Konzils von Vienne*, Münster i.W., Aschendorff, 1973.

Schwamm, H., *Magistri Joannis de Ripa O.F.M. doctrina de praescientia divina, inquisitio historica*, Roma, In Pontificia Universitate Gregoriana, 1930.

Segonds, A.-P., Souffrin, P. (eds.), *Nicolas Oresme : tradition et innovation chez un intellectuel du XIVe siècle,* Paris, Les Belles Lettres, 1988.

Senko, W., « Les opinions d'Hervé de Nédellec au sujet de l'essence et l'existence », dans *Mediaevalia philosophica polonorum* 10(1961), p. 59–74.

Shani, I., « The Myth of Reductive Extensionalism », dans *Axiomathes* 17(2007), p. 155–183.

Shapiro, H., *Motion, Time and Place According to William Ockham*, St Bonaventure N.Y., Franciscan Institute, 1957.

Shapiro, H., « A Note on Walter Burley's Exaggerated Realism », dans *Franciscan Studies* 21(1960), p. 205–214.

Shapiro, H., « Walter Burley and the Intension and Remission of Forms », dans *Speculum* 34(1959), p. 413–427.

Siraisi, N.G., *Taddeo Alderotti and his Pupils. Two Generations of Italian Medical Learning,* Princeton, Princeton University Press, 1981.

Siraisi, N.G., *Arts and Sciences at Padua. The Studium of Padua before 1350*, Toronto, The Pontifical Institute of Mediaeval Studies, 1973.

Skabelund, D., Thomas, P., « Walter of Odington's Mathematical Treatment of the Primary Qualities » dans *Isis* 60(1969), p. 331–350.

Slotemaker, J.T., Witt, J.C., *Robert Holcot*, New York, Oxford University Press, 2016.

Smith, G.R., « Bibliotheca Manuscripta Petri Thomae », dans *Bulletin de Philosophie Médiévale* 52(2010), p. 161–200.

Smith, T.M., *A Critical Text and Commentary Upon* De Latitudinibus Formarum, Thèse de doctorat, Madison, University of Wisconsin, 1954.

Solère, J.-L., « Giles of Rome on the Intensification of Forms », dans *Quaestio* 20(2021), p. 217–238.

Solère, J.-L., « Les variations qualitatives dans les théories post-thomistes », dans *Revue Thomiste* 112/1(2012), p. 157–204.

Solère, J.-L., « Thomas d'Aquin et les variations qualitatives », dans C. Erismann, A. Schniewind (eds.), *Compléments de Substance. Études sur les Propriétés Accidentelles offertes à Alain de Libera,* Paris, Vrin, 2008, p. 147–165.

Solère, J.-L., « Tension et intention. Esquisse de l'histoire d'une notion », dans L. Couloubaritsis, A. Mazzù (eds.), *Questions sur l'Intentionnalité*, Bruxelles, Ousia, 2007, p. 59–124.

Solère, J.-L., « Les degrés de forme selon Henri de Gand (*Quodl.* IV, q.15) », dans G. Guldentops, C. Steel (eds.), *Henry of Ghent and the Transformation of Scholastic Thought,* Ancient and Medieval Philosophy. De Wulf–Mansion Centre. Series 1, XXXI, Leuven, Leuven University Press, 2003, p. 127–155.

Solère, J.-L., « The Question of Intensive Magnitudes according to some Jesuits in the Sixteenth and Seventeenth Centuries », dans *The Monist* 84/4(2001), p. 582–616.

Solère, J.-L., « Plus ou moins : le vocabulaire de la latitude des formes », dans J. Hamesse, C. Steel (eds.), *L'élaboration du vocabulaire philosophique au Moyen Âge*, « Rencontres de Philosophie médiévale » 8, Turnhout, Brepols, 2000, p. 437–488.

Solère, J.-L., « D'un commentaire l'autre : l'interaction entre philosophie et théologie au Moyen Âge dans le problème de l'intensification des formes », dans M.-O. Goulet (ed.), *Le Commentaire entre tradition et innovation,* Paris, Vrin, 2000, p. 411–424.

Sorge, V., *Profili dell'averroismo bolognese : metafisica e scienza in Taddeo da Parma,* Napoli, Luciano Editore, 2001.

Souffrin, P., « La quantification du mouvement chez les scolastiques. La vitesse instantanée chez Nicole Oresme », dans J. Quillet (ed.), *Autour de Nicole Oresme*, Paris, Vrin, 1990, p. 63–84.

Spade, P.V., « How to Start and Stop : Walter Burley on the Instant of Transition », dans *Journal of Philosophical Research* 19(1994), p. 193–221.

Spade, P.V., « The Manuscripts of William Heytesbury's *'Regulae solvendi sophismata'* : Conclusions, Notes and Descriptions », dans *Medioevo* 15(1989), p. 271–313.

Speer, A., Retucci, F., Guldentops, G., Jeschke T. (eds.), *Durand of Saint-Pourçain and His Sentences Commentary. Historical, Philosophical, and Theological Issues. Recherches de Théologie et Philosophie Médiévales,* Bibliotheca 9, Leuven, Peeters, 2014.

Spencer, M., « Why the 's' of 'Intension' ? », dans *Mind* 80/317(1971), p. 114–115.

Spruyt, J., « Gerald Odonis on the Notion of Esse Tertio Adiacens », dans *Vivarium* 47/2(2009), p. 221–240.

Spruyt, J., « Gerardus Odonis on the Universal », dans *Archives d'Histoire Doctrinale et Littéraire du Moyen Âge* 63(1996), p. 171–208.

Stella, P. T., *L'ilemorfismo di G. Duns Scoto,* Torino, S.E.I., 1955.

Stone, A., « Avicenna's Theory of Primary Mixture », dans *Arabic Sciences and Philosophy* 18(2008), p. 99–119.

Suarez-Nani, T., *La matière et l'esprit. Études sur François de la Marche,* Paris / Fribourg, Cerf / Academic Press Fribourg, 2015.

Sylla, E.D., *The Oxford Calculators and the Mathematics of Motion, 1320–1350 : Physics and Measurement by Latitudes,* New York / London, Harvard University Dissertations, 1991.

Sylla, E.D., « The Oxford Calculators' Middle Degree Theorem in Context », dans *Early Science and Medicine* 15(2010), p. 338–370.

Sylla, E.D., « The Origin and Fate of Thomas Bradwardine's *De proportionibus velocitatum in motibus* in Relation to the History of Mathematics », dans W.R. Laird, S. Roux (eds.), *Mechanics and Natural Philosophy before the Scientific Revolution,* Dordrecht, Springer, 2008, p. 67–119.

Sylla, E.D., « Walter Burley's Physics Commentaries and the Mathematics of Alteration », dans *Early Science and Medicine* 6/3(2001), p.149–184.

Sylla, E.D., « Transmission of the New Physics of the Fourteenth Century from England to the Continent », dans S. Caroti, P. Souffrin (eds.), *La Nouvelle Physique du XIVe siècle,* Firenze, Olschki, 1997, p. 65–110.

Sylla, E.D., « The Oxford Calculators and Mathematical Physics : John Dumbleton's *Summa Logicae et Philosophiae Naturalis,* Parts II and III », dans S. Unguru (ed.), *Physics, Cosmology and Astronomy, 1300–1700,* Dordrecht, Kluwer, 1991, p. 126–161.

Sylla, E.D., « Mathematical Physics and Imagination in the Work of the Oxford Calculators : Roger Swineshead's On Natural Motions », dans E. Grant, J.E. Murdoch (eds.), *Mathematics and its Applications to Science and Natural Philosophy in the Middle Ages,* Cambridge, Cambridge University Press, 1987, p. 69–101.

Sylla, E.D., « Galileo and the Oxford Calculators : Analytical Languages and the Mean Speed Theorem for Accelerated Motion », dans W.A. Wallace (ed.), *Reinterpreting*

Galileo, Washington D.C., The Catholic University of America Press, 1986, p. 53–108.

Sylla, E.D., « Compounding ratios. Bradwardine, Oresme, and the First Edition of Newton's *Principia* », dans E. Mendelshon (ed.), *Transformation and Tradition in the Sciences. Essays in Honor of I. Bernard Cohen*, Cambridge, Cambridge University Press, 1984, p. 11–43.

Sylla, E.D., « Walter Burley's *Tractatus primus* : Evidence concerning the Relations of Disputations and Written Work », dans *Franciscan Studies* 44/1(1984), p. 257–274.

Sylla, E.D., « Godfrey of Fontaines on Motion with Respect to Quantity of the Eucharist », dans A.P. Bagliani, A. Maierù (eds.), *Studi sul XIV secolo in memoria di Anneliese Maier*, Roma, Edizioni di Storia e Letteratura, 1981, p. 105–141.

Sylla, E.D., « Medieval Concepts of the Latitudes of Forms : the Oxford Calculators », dans *Archives d'Histoire Doctrinale et Littéraire du Moyen Âge* 40(1973), p. 223–283.

Sylla, E.D., « Medieval Quantifications of Qualities : The 'Merton School' », dans *Archive for the History of the Exact Sciences* 8(1971), p. 9–39.

Tachau, K.H., *Vision and Certitude in the Age of Ockham. Optics, Epistemology and the Foundations of Semantics, 1250–1345*, Leiden / New York / Copenhagen, Brill, 1988.

Tachau, K.H., « The *Quaestiones in primum librum Sententiarum* of Andreas de Novocastro, O.F.M. », dans *Archives d'Histoire Doctrinale et Littéraire du Moyen Âge* 59(1992), p. 289–318.

Tachau, K.H., « French Theology in the Mid-Fourteenth Century : Vatican Latin 986 and Wrocław, Milich F. 64 », dans *Archives d'Histoire Doctrinale et Littéraire du Moyen Âge* 51(1984), p. 41–80.

Tanay, D.E., *Noting Music, Marking Culture : the Intellectual Context of Rhythmic Notation 1250–1400*, Holzgerlingen, Hänssler, 1999.

Tanay, D.E., « Jean de Murs's Musical Theory and the Mathematics of the Fourteenth Century », dans *Tractrix* 5(1993), p. 1743.

Taschow, U., *Nicole Oresme und der Frühling der Moderne : Die Ursprünge unserer modernen quantitativ-metrischen Weltaneignungsstrategien und neuzeitlichen Bewusstseins- und Wissenschaftskultur*, 2 vols., Halle, Avox, 2003.

Te Velde, R.A., *Participation and Substantiality in Thomas Aquinas*, Studien und Texte zur Geistesgeschichte des Mittelalters 46, Leiden, Brill, 1995.

Thakkar, M., « Mathematics in Fourteenth-Century Theology », dans E. Robson, J. Stedall (eds.), *The Oxford Handbook of the History of Mathematics*, Oxford, Oxford University Press, 2009, p. 619–638.

Thijssen, J.M.M.H., « The Debate over the Nature of Motion : John Buridan, Nicole Oresme and Albert of Saxony. With an Edition of John Buridan's *Quaestiones super libros Physicorum, secundum ultimam lecturam*, Book III, Q. 7 », dans *Early Science and Medicine* 14/1(2009), p. 186–210.

Thijssen, J.M.M.H., « The Circulation and Reception of Marsilius of Inghen's '*Quaestiones super libros de generatione et corruptione*' in Fifteenth- and Sixteenth-Century

Italy : The Problem of 'Reactio' », dans S. Wielgus (ed.), *Marsilius von Inghen Werk Und Wirkung : Akten des Zweiten Internationalen Marsilius-von-Inghen-Kongresses*, Lublin, Redakcja Wydawnictw KUL, 1993, p. 227–244.

Thijssen, J.M.M.H., « Buridan on Mathematics », dans *Vivarium* 23(1985), p. 55–78.

Thijssen, J.M.M.H., Zupko, J. (eds.), *The Metaphysics and Natural Philosophy of John Buridan*, Leiden / Köln, Brill, 2001.

Thorndike, L., *A History of Magic and Experimental Science*, 8 vols., New York, Columbia University Press, 1923–1958.

Thorndike, L., « An Anonymous Treatise in Six Books on Metaphysics and Natural Philosophy », dans The Philosophical Review 40(1931), p. 317–340.

Thorndike, L., « Vatican Latin Manuscripts in the History of Science and Medicine », dans *Isis* 13(1929), p. 53–102.

Thornton, R., « From Theology through Metaphysics to Logic. John Duns Scotus's Account of the Trinity without the 'Formal Distinction' », dans *American Catholic Philosophical Quarterly* 89/4(2015), p. 585–602.

Trapp, A.D., « Peter Ceffons of Clairvaux », dans *Recherches de théologie ancienne et médiévale* 24(1957), p. 101–154.

Trapp, A.D., « Augustinian Theology of the 14th Century. Notes on Editions, Marginalia, Opinions and Book-Lore », dans *Augustiniana* 6(1956), p. 146–274.

Trifogli, C., *Oxford Physics in the Thirteenth Century (ca. 1250–1270). Motion, Infinity, Place and Time,* Leiden, Brill, 2000.

Trifogli, C., « The Reception of Averroes' View on Motion in the Latin West : The Case of Walter Burley », dans P.J.J.M. Bakker (ed.), *Averroes' Natural Philosophy and its Reception in the Latin West,* Leuven, Leuven University Press, 2015, p. 127–140.

Trifogli, C., « Motion and Time », dans A.D. Conti (ed.), *A Companion to Walter Burley : Late Medieval Logician and Metaphysician*, Leiden / Boston, Brill, 2013, p. 267–299.

Trifogli, C., « Due questioni sul movimiento nel commento alla Physica di Thomas Wylton », dans *Medioevo* 21(1995), p. 31–73.

Trifogli, C., « Thomas Wylton on Motion », dans *Archiv für Geschichte der Philosophie* 77(1995), p. 135–154.

Trifogli, C., « Egidio Romano e la dottrina aristotelica dell' infinito », dans *Documenti e studi sulla tradizione filosofica medievale* 2/1(1990), p. 217–238.

Tummers, P.M.J.E., « Geometry and Theology in the XIIIth century : An example of their interrelation as found in the Ms Admont 442 The influence of William of Auxerre ? », dans *Vivarium* 18/2(1980), p. 112–142.

Vignaux, P., *De saint Anselme à Luther*, Paris, Vrin, 1976.

Vignaux, P., « Dogme de l'Incarnation et métaphysique de la forme chez Jean de Ripa (Sent. Prol. q. 1) », dans *Mélanges offerts à Étienne Gilson*, Paris / Toronto, Vrin / The Pontifical Institute of Mediaeval Studies, 1959, p. 661–672.

Vuillemin, J., *La philosophie de l'algèbre*, Paris, Presses Universitaires de France, 1962.

Vuillemin-Diem, G., Zimmermann, A. (eds.), *Mensura. Mass, Zahl, Zahlensymbolik in Mittelalter*, Miscellanea Mediaevalia 16/2, Berlin / New York, De Gruyter, 1984.

Wallace, W.A., *Prelude to Galileo : Essays on Medieval and Sixteenth-Century Sources of Galileo's Thought*, Dordrecht, Reidel, 1981.

Wallace, W.A., « The 'Calculatores' in Early Sixteenth-Century Physics », dans *The British Journal for the History of Science* 4(1969), p. 221–232.

Ward, T.M., *John Duns Scotus on Parts, Wholes and Hylomorphism*, Leiden / Boston, Brill, 2014.

Ward, T.M., « John Buridan and Thomas Aquinas on Hylomorphism and the Beginning of Life », dans *Res Philosophica* 93/1(2016), p. 27–43.

Ward, T.M., « Animals, Animal Parts, and Hylomorphism : John Duns Scotus's Pluralism about Substantial Form », dans *Journal of the History of Philosophy* 15(2012), p. 531–558.

Wedell, M., « Metrology », dans A. Classen (ed.), *Handbook of Medieval Studies : Terms–Methods–Trends*, vol. 1, Berlin / New York, De Gruyter, 2010, p. 897–919.

Weill-Parot, N., *Points aveugles de la nature. La rationalité scientifique médiévale face à l'occulte, l'attraction magnétique et l'horreur du vide (XIIIe–milieu du XVe siècle)*, Paris, Les Belles Lettres, 2013.

Weisberg, M., Wood, R., « Interpreting Aristotle on Mixture : Problems about Elemental Composition from Philoponus to Cooper », dans *Studies in History and Philosophy of Science* 35/4(2004), p. 681–706.

Weisheipl, J.A., *The development of Physical Theory in the Middle Ages*, Ann Arbor, University of the Michigan Press, 1971.

Weisheipl, J.A., *Early Fourteenth-Century Physics of the Merton « School » with Special Reference to Dumbleton and Heytesbury*, Thèse de doctorat, Oxford, University of Oxford, 1956.

Weisheipl, J.A., « Ockham and some Mertonians », dans *Mediaeval Studies* 30/1(1968), p. 163–213.

Weisheipl, J.A., « Roger Swyneshed, O.S.B., Logician, Natural Philosopher and Theologian », dans *Oxford Studies Presented to Daniel Callus*, Oxford, Clarendon Press, 1964, p. 231–252.

Weisheipl, J.A., « The Place of John Dumbleton in the Merton School », dans *Isis* 50(1959), p. 439–454.

Weisheipl, J.A., « The Concept of Nature », dans *The New Scholasticism* 28/4(1954), p. 377–408.

Welborn, M.C., « Studies in Medieval Metrology. The *De ponderibus and mensuris* of Dino di Garbo », dans *Isis* 24/1(1935), p. 15–36.

Wengel, P.M., *Die Lehre von den rationes seminales bei Albert dem Grossen : Eine terminologische und problemgeschichtliche Untersuchung*, Würzburg, Richard Mayr, 1937.

Werner, E., « The Mathematical Foundation of Philippe de Vitri's 'Ars nova' », dans *Journal of the American Musicological Society* 9/2(1956), p. 128–132.

White, G.G., « Ockham's Real Distinction between Form and Matter », dans *Franciscan Studies* 44(1984), p. 211–225.

Wieland, W., *Die Aristotelische Physik*, Göttingen, Vandenhoeck and Ruprecht, 1992.

Wieleitner, H., « Über den Funktionsbegriff und die graphische Darstellung bei Oresme », dans *Bibliotheca Mathematica*, série 3, 14(1914), p. 193–243.

Wilson, C., *William Heytesbury. Medieval Logic and the Rise of Mathematical Physics*, Madison, The University of Wisconsin Press, 1960.

Wilson, C., « Pomponazzi's Criticism of Calculator », dans *Isis* 44(1953), p. 355–362.

Wilson, G.A., « Le *Contra gradus* de Gilles de Rome et le *Quodlibet* IV, 13 d'Henri de Gand », dans V. Cordonier, T. Suarez-Nani (eds.), *L'aristotélisme exposé. Aspects du débat philosophique entre Henri de Gand et Gilles de Rome*, Fribourg, Academic Press Fribourg, 2014, p. 29–54.

Wippel, J.F., *The Metaphysical Thought of Godfrey of Fontaines, A Study in Late Thirteenth Century*, Washington D.C., The Catholic University of America Press, 1981.

Wippel, J.F., « Aquinas on Creatures as Causes of Esse », dans J.F. Wippel, *Metaphysical Themes in Thomas Aquinas II*, Washington D.C., The Catholic University of America Press, 2007, p. 175–179.

Wippel, J.F., « The Relationship between Essence and Existence in Late Thirteenth-Century Thought : Giles of Rome, Henry of Ghent, Godfrey of Fontaines, James of Viterbo », dans P. Morewedge (ed.), *Philosophies of Existence : Ancient and Medieval*, New York, Fordham University Press, 1982, p. 131–164.

Wippel, J.F., « James of Viterbo on the Essence – Existence Relationship (Quodlibet 1, Q. 4) and Godfrey of Fontaines on the Relationship between Nature and Supposit (Quodlibet 7, Q. 5) », dans J.P. Beckmann *et al.* (eds.), *Sprache und Erkenntnis im Mittelalter, Miscellanea Mediaevalia* 13/1, Berlin / New York, De Gruyter, 1981, p. 777–787.

Wippel, J.F., « Godfrey of Fontaines on Intension and Remission of Forms », dans *Franciscan Studies* 39(1979), p. 316–355.

Wippel, J.F., « Godfrey of Fontaines and Henry of Ghent's Theory of Intentional Distinction between Essence and Existence », dans *Sapientiae procerum amore. Mélanges médiévistes offerts à Dom Jean-Pierre Müller, O. S. B., Studia Anselmiana* 63(1974), p. 289–321.

Wippel, J.F., « Godfrey of Fontaines and the Real Distinction between Essence and Existence », dans *Traditio* 20(1964), p. 385–410.

Wöhler, H.U., « Universals and Individuals », dans A.D. Conti (ed.), *A Companion to Walter Burley : Late Medieval Logician and Metaphysician*, Leiden, Brill, 2013, p. 167–189.

Wolter, A.B., « The Formal Distinction », dans J.K. Ryan, B.M. Bonansea (eds.), *John Duns Scotus 1265–1965*, Studies in Philosophy and the History of Philosophy, 3, Washington D.C., The Catholic University of America Press, 1965, p. 45–60.

Wood, R., « Walter Burley's *Physics* Commentaries », dans *Franciscan Studies* 44(1984), p. 275–327.

Wood, R., « Calculating Grace : The Debate About Latitude of Forms According to Adam De Wodeham », dans S. Ebbesen, S. Knuuttila, R. Työrinoja (eds.), *Knowledge and the Sciences in Medieval Philosophy. Proceedings of the Eighth International Congress of Medieval Philosophy II*, Helsinki, Publications of Luther-Agricola Society B19, 1990, p. 373–391.

Xiberta, B.M., *De scriptoribus scholasticis saeculi XIV ex ordine Carmelitarum*, Louvain, 1931.

Yates F.A., « The Art of Ramon Lull : An Approach to it through Lull's Theory of the Elements », dans *Journal of the Warburg and Courtauld Institutes* 17, 1/2(1954), p. 115–173.

Youschkevitch, A.P., « La place de Nicole Oresme dans le développement des sciences mathématiques », dans A.-P. Segonds, P. Souffrin (eds.), *Nicolas Oresme. Tradition et innovation chez un intellectuel du XIVe siècle*, Paris, Les Belles Lettres, 1988, p. 115–124.

Zoubov, V.P., « Traktat Nikolaia Orema 'O konfiguratsii kachestv' », dans *Istoriko-matematicheskie issledivaniia* 11(1958), p. 601–731.

Zoubov, V.P., « Oresme et la musique », dans *Mediaeval and Renaissance Studies* 5(1961), p. 96–107.

Index des manuscrits

Assisi
Biblioteca del Convento di S. Francesco
    154   53

Basel
Universitätsbibliothek
    A VI 22   367
    B II 21   102

Bologna
Biblioteca Comunale dell'Archiginnasio
    Serie A 1029   366–367

Bordeaux
Bibliothèque Municipale
    163   73, 105

Cambridge
Gonville and Caius College
    499/268   264–265

Dole
Bibliothèque Municipale
    14 MS-G-3   74

Erfurt
Amplonian
    F 135   251

Firenze
Biblioteca Nazionale Centrale
    Conv. Soppr. C.8.794   39, 224

Madrid
Biblioteca Nacional
    4229   129–132

München
Bayerische Staatsbibliothek
    Clm 8718   361–363
    Clm 26838   339, 369–370

Nürnberg
Stadtbibliothek
    Cent V 21   58

Oxford
Bodleian Library
    Can. Misc. 446   188

Paris
Bibliothèque nationale de France
    lat. 6752   335, 343, 357
    lat. 14576   134
    lat. 15853   138
    lat. 15882   328
    lat. 16146   248–250, 252–253, 263–264, 266–268, 271–277, 284
    lat. 16621   325
    lat. 17485   84–85
    NAL 1467   371

Tortosa
Archivo Capitular
    88   105–107

Troyes
Bibliothèque Municipale
    62   332–333
    501   115

Vaticano (Città del)
Biblioteca Apostolica Vaticana
    Chig. B. VI. 97   85–86
    Chig. F. IV. 66   370
    Vat. lat. 817   110–111
    Vat. lat. 859   57, 92
    Vat. lat. 932   46
    Vat. lat. 954   250, 267–268, 273, 275–276, 284
    Vat. lat. 986   342, 362, 364–365
    Vat. lat. 1091   74
    Vat. lat. 1111   142–143
    Vat. lat. 1106   81–84
    Vat. lat. 2225   177
    Vat. lat. 3091   93
    Vat. lat. 5306   138
    Vat. lat. 13002   144

Worcester
Cathedral Library
    F.3   85

Index des sources primaires

[Anonyme – *Liber sex principiorum*] 14, 24, 70, 270
Adam Wodeham 115, 138–140, 145
Al-Kindi 149, 153, 161, 168–176, 257
Albert de Saxe 17, 206, 218n.38, 231, 234, 236, 237–241, 274, 279, 322, 325–327, 365
Albert le Grand 17, 23–28, 60, 86–87, 91, 94, 375
Alessandro Achillini 373
Alexandre d'Aphrodise 202–203, 207
Alexandre de Halès 15
Alexandre de Marchia 38
Alexandre Langeley 144–145
Alphonse Vargas Toletanus 38–39
Angelo d'Arezzo 149
Antoine André 70–71, 73
Antoine de Parme 149, 195–196, 203
Anselme de Côme 200–203
Apollonius de Perge 303
Archimède 16, 319
Archytas de Tarente 352n.103
Aristote 1–3, 6, 12, 14, 24, 31, 70, 96, 100, 120, 133, 185–186, 195, 220, 226, 263, 269–270, 277, 280, 322, 374
Arnaud de Villeneuve 153, 168–177, 206
Averroès (Abū al-Walīd Muḥammad ibn Aḥmad ibn Rushd) 6, 11, 23, 25, 64, 66, 70, 91, 92, 149, 153, 168–171, 174, 192–197, 203, 205–206, 263, 275, 356
Avicenne (Abū 'Alī al-Ḥusayn ibn 'Abd Allāh ibn Sīnā) 6, 11, 23, 25, 64, 79, 91, 92, 149–151, 179, 195, 205, 270
Augustin d'Hippone 12, 41, 49, 91, 321, 334

Berthold de Moosburg 90–91
Bernard de Gordon 176
Blaise de Parme 7, 17, 294
Boèce (Anicius Manlius Severinus) 2, 91
Boèce de Dacie 193, 197
Bonaventure 48–51, 375

Calcidius 152
Cambioli de Bologne 202–203
Cesare Cremonini 378
Chrysippe 202
Constantin l'Africain 152–153, 162

Dino de Garbo 205
Domenico Bianchelli 373

Épicure 24
Ératosthène 168
Euclide 225, 271, 296, 299, 317–318, 323, 325, 377
Évrard de Conty 177

Facinus d'Aste 327, 342n.67, 343n.70, 365n.153
Francesco Buonamici 378
François de Meyronnes 75–82, 84–85, 360n.129
François de Marchia 114, 360n.129
François de Pérouse 361–363
François Marbres 62n.4, 73, 133n.25

Galien 64, 151–153, 178, 183, 185, 207
Galilée 7, 145, 297–298, 378
Gautier Agilon 154
Gauthier Burley 96, 103–113, 128–130, 206, 213, 222, 224, 234, 250, 267, 291
Gauthier Chatton 127–128
Gentile da Cingoli 193–195, 203
Gentile da Foligno 150, 179–182, 187–191, 205
Gérard de Bologne 84–86
Gérard de Bruxelles 239
Gérard de Crémone 154n.20
Gérard de Sienne 38–39
Gérard Odon 128–133
Godefroid de Fontaines 45, 68, 74, 85, 96–100, 116, 128, 322, 327, 329
Gilles d'Orléans 193, 197
Gilles de Lessines 47
Gilles de Rome 35–39, 43, 96, 321–322, 329, 331, 334n.38, 340
Gilles du Foin 221
Grégoire de Rimini 39, 115, 217, 331n.28, 348n.94
Guillaume Crathorn 119–122
Guillaume d'Alnwick 73
Guillaume d'Auxerre 15
Guillaume d'Ockham 103, 113–119, 121, 127, 138, 226, 235, 249, 251, 253

INDEX DES SOURCES PRIMAIRES   429

Guillaume de la Mare   39–41
Guillaume de Moerbeke   64
Guillaume de Nottingham   113
Guillaume de Rubione   75
Guillaume de Ware   73, 105n.34
Guillaume Durand de Saint-Pourçain   101–102
Guillaume Heytesbury   246, 249, 251, 263, 289, 299, 365
Guy Terrene   85

Haly Abbas ('Alī ibn al-'Abbās al-Majūsī)   150, 154, 187
Henri Bate de Malines   94
Henri de Cervo   365–368
Henri de Gand   45, 62–67, 70, 96–97, 116, 224, 249, 321–322, 334n.38, 335, 342, 366, 375
Henri de Harclay   115n.67, 145
Henri de Langenstein   320
Henri de Lübeck   92–93
Hervé de Nédellec   42n.82, 46–47
Himbert de Garda   74
Hugolin d'Orvieto   327, 336–347, 357, 360, 364, 368
Hugues de Novocastro   73

Ibn 'Arabī   155–156
Ibn Gabirol (Abū Ayyūb Sulaymān ibn Yaḥā ibn Gabirol)   54, 57n.149, 92, 93
Ibn Rushd   voir *Averroès*
Ibn Sab'īn   155
Ibn Sīnā   voir *Avicenne*

Jacopo Mazzoni   378
Jacques de Forlì   17, 188, 206–207
Jacques de Lausanne   102n.24
Jacques de Metz   102
Jacques de Naples   320, 327, 339n.53, 369–370, 372
Jacques de Plaisance   149
Jacques de Thérines   100
Jacques de Viterbe   38–39, 60–61, 321–322, 327, 331, 334n.38, 342
Jacques Legrand   335, 343n.70, 357
Jacques Despars   177
Jean Baconthorpe   86–87, 224n.67
Jean Buridan   14, 115, 209, 210n.6, 211, 216–237, 250, 274, 300, 305, 322n.3, 375
Jean Casali   291–294

Jean de Bâle   372
Jean de Bassols   73
Jean de Burgo   335, 364–365
Jean de Dacie   56–58, 92
Jean de Jandun   196–198, 203–204
Jean de Mirecourt   213, 324, 327–332, 334, 340, 342, 346–347, 364
Jean de Naples   34n.42
Jean de Pouilly   100
Jean de Ripa   327, 339n.53, 345–364, 368, 370–372
Jean de Rodington   138n.45
Jean Dumbleton   246–253, 263–264, 266–279, 284, 289–291, 299
Jean Duns Scot   18, 35n.43, 38, 64, 67–77, 78n.78, 81, 84, 112–117, 127, 129, 131, 199, 224, 345, 349, 358, 375
Jean Eckhart   91–92
Jean le Chanoine   voir *François Marbres*
Jean Peckham   51
Jean Picardi de Lichtenberg   57n.149, 92
Jean Ruchrat de Wesel   377n.2
Jean Stephani   154n.21
Jean Quidort   43–44
Jean Went   145
Jean Wyclif   148
Johannitius (Abū Zayd Ḥunayn ibn Isḥāq al-'Ibādī)   149
Jordanus de Nemore   5
Jourdain de Turre   177
Juan Luis Vives   373

Landulph Caracciolo 74
Leibniz   379

Macrobe   152
Matthieu de Gubio   201–203
Matthieu d'Aquasparta   52–54
Marsile d'Inghen   115, 210, 216n.30, 217, 218n.38, 228–232, 234–237, 274, 305, 368–369, 372
Marsile de Sainte-Sophie   177n.91
Messino da Codronchi   294
Michel de Bologne   87
Michel de Massa   39, 224n.67
Mondino De'Liuzzi   177n.91

Nicolas Bonet   115n.67, 224, 349n.97
Nicolas d'Autrécourt   146–148, 212, 221
Nicolas de Strasbourg   93–94

Nicole Oresme   13, 166, 209–210, 212–217, 218n.38, 220, 225–226, 231, 234, 237–238, 241, 256, 260n.41, 278, 291–320, 322–327, 331–332, 334, 336, 339, 342, 369, 375, 377
Nicomaque de Gérase   352

Paul de Pérouse   85–87
Philippe le Chancelier   30
Pierre Auriol   38, 102–103, 117, 217
Pierre Lombard   2, 10, 15, 29, 32, 40
Pierre d'Abano   150, 178–179, 181, 183, 186, 192, 198
Pierre d'Aquila   75
Pierre d'Auvergne   46
Pierre de Candie   370–372
Pierre de Ceffons   142, 325, 327, 331–334, 336, 343, 345
Pierre de Jean Olivi   18, 53–54
Pierre de la Palud   102n.24
Pierre de Navard   75
Pierre de Saint Denys   100
Pierre de Saint-Flour   177
Pierre de Tarentaise   29
Pierre de Trabibus   53n.134
Pierre Thomas   75, 80–84, 360n.129
Pierre Torrigiano   150, 178–179, 186–188, 192–193
Platon   6, 24, 31, 162, 307
Plotin   31, 341
Pomponazzi   373
Porphyre   270
Proclus   90, 94, 341
[Pseudo-] Constantin l'Africain   153
[Pseudo-] Denys l'Aréopagite   321
[Pseudo-] Marsile d'Inghen   210, 232–234, 324n.7
Pythagore   161–162

Raoul le Breton   58n.155
Raymond Lulle   154–165
Rhazès (Abū Bakr Muḥammad ibn Zakariyyā al-Rāzī)   149
Richard de Mediavilla   47, 53–55, 57, 59, 64, 115, 235, 324n.7
Richard FitzRalph   138
Richard Kilvington   6, 133–141, 144–145, 246, 252, 364

Richard Knapwell   40–42
Richard Swineshead   246–247, 249–265, 270, 272, 278–291, 294, 299, 301, 314
Robert de Walsingham   85–86
Robert d'Orford   42
Robert Grosseteste   126, 199, 295n.130
Robert Halifax   142–143
Robert Holkot   140–141
Roger Bacon   51–52, 54, 126, 166–168, 274
Roger Roseth   6, 141–142, 144, 322, 364
Roger Marston   58–61
Roger Swineshead   246, 251, 270, 279, 289, 291
Roland de Crémone   15–16, 30, 96

Sérapion (Yūḥannā ibn Sarābiyūn)   154
Sigismond de Polcastris   177n.91
Simplicius   31, 60–61, 64
Symon de Castello   320

Thaddée Alderotti   150, 178, 184–186, 192–193, 223
Thaddée de Parme   149, 196, 198–201
Thémon Juif   208
Théon de Smyrne   352n.103
Thierry de Freiberg   88–91, 94, 101
Thomas Bradwardine   5, 134, 172, 215, 237–238, 241, 245–247, 270–271, 280, 284, 288, 364, 377
Thomas Buckingham   145
Thomas d'Aquin   17, 25, 28–36, 40, 42, 44–46, 48, 62–63, 74, 85, 87, 91–93, 96, 99–100, 102, 193–194, 199–200, 226, 235, 322, 331, 334n.38
Thomas de Bailly   100–101
Thomas de Garbo   150, 205–206
Thomas de Strasbourg   38, 331n.28
Thomas de Sutton   44–46
Thomas Wilton   105–108, 268

Ugo Benzi   188
Urso de Salerne   153

Vital du Four   55–56

Zénon d'Élée   105, 134

Index des sources secondaires

Andrews, R.   105
Anton, J.P.   2

Bakker, P.J.J.M.   217
Baladier, C.   16
Baldner, S.   23
Barbarić, J.   113
Beaujouan, G.   18
Beccarisi, A.   92
Beltran, E.   335, 357
Beneduce, C.   220
Berger, A.M.B.   312
Berlin, H.   154
Berti, E.   207
Biard, J.   7, 104, 126, 209, 211–212, 219–220, 225, 237–238
Boland , V.   30
Bonin, T.   27
Bonino, S.-T.   45
Bonner, A.   157–158
Borchert, E.   345
Borde, M.-B.   84
Bornholdt, J.   127
Boudon-Millot, V.   11
Boulnois, O.   71–72, 78
Boyer, C.B.   260
Bréhier, É.   236
Brenet, J.-B.   196, 356
Bridges, G.G.   81
Brower, J.E.   31
Brown, S.F.   370
Browne, E.G.   150
Busard, H.L.L.   237, 260, 314

Caiazzo, I.   152
Caird, A.P.   76
Calma, D.   195, 198, 202
Campbell, D.E.H.   150
Caroti, S.   7, 206, 210, 212–214, 218–219, 230, 234, 292
Casagrande, C.   192
Celeyrette, J.   96, 98, 102, 126, 210, 211, 216, 238, 241
Cerami, C.   6
Cesalli, L.   214

Chandelier, J.   149–150, 181, 195, 205
Clagett, M.   5, 7, 166, 168, 215, 235, 239, 248–249, 278, 292, 294, 297–298, 302–304, 308, 314, 317, 319, 369
Clavelin, M.   7, 298
Coccia, E.   198
Coleman, J.   345
Combes, A   345–346, 354, 356, 361, 364, 372
Compagno, C.   155–156, 162
Conolly, B.F.   88
Conti, A.D.   103, 212
Corbini, A.   332
Cordonier, V.   11
Côté, A.   60, 322, 329
Corvino, F.   336, 346
Crosby, A.W.   18
Cross, R.   2, 63, 67, 118,
Cullen, C.M.   48
Cullin, O.   312

Dambergs, Y.   156, 158
Davenport, A.A.   73
De Boer, S.W.   132, 216, 226–227
De Libera, A.   27, 87, 90, 219, 356
Dell'Anna, G.   209
Della Seta, F.   312
Demaitre, L.E.   176
Demange, D.   53
Des Chene, D.   377
De Rijk, L.M.   110, 217, 219–220
Dewan, L.   30
De Wulf, M.   48, 99
Di Liscia, D.A.   7, 125, 211, 294, 320, 335, 373, 377
Doncoeur, P.   118
Drake, S.   172
Duhem, P.   4–7, 70–71, 73, 235, 245–246, 274, 294
Dumas, G.   151, 171
Dumont, S.D.   73, 81, 85, 96, 98, 100, 105, 113, 115
Dunne, M.W.   138
Durand, D.   309
Düring, I.   10

Edwards, R.   144–145
Emden, A.B.   245
Erhet, C.   28
Ehrle, F.   371
Ermatinger, C.J.   196, 198
Etzkorn, G.J.   59, 105

Fabro, C.   33
Festa, E.   298
Feyerabend, P.   380
Ficher, W.   166
Fioravanti, G.   63, 192, 194, 198
Flasch, K.   87–88
French, R.   149, 178, 181
Frost, G.   28
Fussenegger, G.   361

Gagné, J.   209
Galluzzo, G.   4
Gayà Estelrich, J.   155–156
Gelber, H.G.   81
Gilli, P.   373
Gilson, É.   78
Goddu, A.   118–119
Goubier, F.   125
Grabmann, M.   192–193, 365
Grant, E.   309, 317–318
Grellard, C.   146, 148
Groisard, J.   11, 12

Hallamaa, O.   6, 141, 245
Hasnawi, A.   23
Hocedez, E.   13, 46
Hoenen, M.J.F.M.   87
Hoenig, C.   152
Hoffmann, F.   140
Hofstadter, D.   311
Hugonnard-Roche, H.   208
Husson, M.   320

Imbach, R.   87
Irwin, T.H.   219

Jacquart, D.   152, 169, 177–178
Johnson, M.   311
Joutsivuo, T.   181
Jung, E.   6, 9, 110, 134–135, 246, 381

Kaluza, Z.   295

Karger, E.   103
Kaye, J.   18, 178
Klemm, M.   178, 183
Klima, G.   226
King, P.   72
Kirby, J.   219
Kirschner, K.H.   213
Köhler, T.W.   337
König-Pralong, C.   63, 67, 87, 96
Koyré, A.   378
Kretzmann, N.   134–135
Kuksewicz, Z.   195–196, 198, 204
Kula, W.   18
Kuhn, T.S.   380

Lakoff, G.   311
Lambertini, R.   204
Lamy, A.   104
Landgraf, A.   15
Lechner, J.   361
Leemans, P.   183
Lewis, C.   7
Livesey, S.J.   271
Llinarès, A.   156
Lohr, C.   154–156
Lorenz, S.   204
Lottin, O.   3
Lourié, B.   379
Lovejoy, A.O.   321
Löwe, C.L.   39
Ludueña, E.   90

Macken, R.   67
Maclean, I.   189
Mahoney, E.P.   72, 321–322, 341, 372–373, 378
Maier, A.   5–11, 68, 96, 104, 166, 197–198, 202, 209, 211, 219, 294, 306–308, 369
Marangon, P.   198
Marchegiani, L.   193
Markowski, M.   104
Maurer, A.   12
Mazet, E.   209, 216, 238, 241, 314, 332
McCord Adams, M.   71, 81, 113, 118–119
McCullough, E.J.   23
McGinnis, J.J.   6
McVaugh, M.R.   153, 166, 168–169, 171–173, 175–176, 206
Michałowska, M.   134–135
Micheau, F.   152, 169

INDEX DES SOURCES SECONDAIRES 433

Möhle, H.   75–76, 349
Molland, A.G.   166, 269, 294
Mueller, I.   208
Muller, J.-P.   43
Murdoch, J.E.   5, 16, 125, 134–135, 142–143, 153, 208, 245, 291, 298, 332, 364

Nannini, A.   332, 347
Nardi, B.   27, 192, 373
Noone, T.   81
Normore, C.   118, 209, 226

Ottosson, P.-G.   149, 177, 179, 181, 185, 188

Pagel, J.L.   176
Park, K.   149, 205
Pasnau, R.   209, 217, 300
Paulus, J.   63
Pesic, P.   320
Petrescu, L.   71
Pinborg, J.   204–205
Piron, S.   149
Pistolesi, E.   163
Podkoński, R.   7, 135, 257
Porro, P.   63, 92, 366
Powicke, F.M.   245
Pring-Mill, R.D.F.   162, 164

Randall, Jr., J.H.   207
Rashdall, H.   245
Rashed, R.   336
Robert, A.   7, 119, 127, 149, 177, 181, 192, 337
Rodolfi, A.   27
Rommevaux-Tani, S.   7, 245, 271, 280, 318
Roques, M.   113, 118, 125
Roth, B.   76
Rosier-Catach, I.   205
Rossitto, C.   2
Roudaut, S.   54, 90, 336
Rubio, J.E.   154–155
Ruello, F.   354
Ruiz Simon, J.M.   155

Saarinen, R.   220
Sander, E.   311
Sarnowsky, J.   237
Schabel, C.   80, 84–85, 102, 332
Schipperges, H.   150
Schmau, M.   113

Schneider, J.   46
Schneider, T.   54
Schwamm, H.   361
Shapiro, H.   104, 119
Siraisi, N.G.   149, 192
Shani, I.   379
Skabelund, D.   14, 176
Slotemaker, J.T.   140
Smith, G.R.   80
Solère, J.-L.   6, 13, 19, 28, 34, 45–46, 62, 96, 98, 102, 209
Sorge, V.   198
Souffrin, P.   299
Spade, P.V.   112
Speer, A.   101
Spencer, M.   379
Spruyt, J.   132
Stone, A.   11
Suarez-Nani, T.   13, 115
Sylla, E.D.   5–7, 9, 13, 96, 104, 111–112, 115, 134, 208, 245–246, 251–252, 270, 290, 294, 380

Tachau, K.H.   119, 363
Tanay, D.E.,   14, 312, 320
Taschow, U.   294
Te Velde, R.A.   33
Thakkar, M.   126
Thijssen, J.M.M.H.   211, 219, 232, 236
Thomas, P.   14, 176
Thorndike, L.   177, 308, 357
Thornton, R.   80
Trapp, A.D.   332
Trifogli, C.   16, 107, 112, 322
Tummers, P.M.J.E.   16

Unguru, S.   166

Vignaux, P.   78, 354
Vuillemin, J.   377

Wallace, W.A.   298
Ward, T.M.   71–72, 227
Weill-Parot, N.   274
Weisberg, M.   11
Weisheipl, J.A.   105, 245–247, 251–252
Welborn, M.C.   177
Wengel, P.M.   27
Werner, E.   312

White, G.G.   118
Wieleitner, H.   294
Wilson, C.   5, 373, 381
Wilson, G.A.   37
Wippel, J.F.   30, 63, 96, 99
Witt, J.C.   140
Wöhler, H.U.   104
Wolter, A.B.   80

Wood, R.   9, 11, 139

Xiberta, B.M.   84–85

Yates, F.A.,   155
Youschkevitch, A.P.   294

Zoubov, V.P.   294, 312

Index des thèmes

Acte 2, 11–12, 26, 30, 36, 57, 60–63, 80, 87, 107, 126, 128–131, 133–148, 156, 193–194, 199, 201, 205–206, 219n.43, 230, 263, 273, 277, 309, 311, 328, 330–331, 334, 339, 343, 353–358, 360, 374, 376
Angle 15–16, 139, 163, 165, 240, 300, 306, 318, 320, 323, 325–326, 331–334, 336, 346, 367, 369–370
  droit 16, 139, 323, 332–333, 346n.85
  de contingence 15, 139, 323, 331–334
  du demi-cercle 332
  curviligne 318, 323, 331–333
Accident
  séparabilité 131, 226
  inhérence 30, 35–36, 39, 41, 64, 80n.89, 89, 131–132, 148, 166, 197, 213–214, 217, 221, 228, 230, 233, 241, 252, 258, 267
  symbole 41–42, 217
Alchimie 14, 176
Averroïsme 8, 149, 151, 191–207, 356

Beauté 312–313

Catégorie
  philosophie 107, 118–120, 196–197, 204, 212, 236, 240–241, 248, 271, 328, 379
  historiographique 8
Causalité 26, 94, 111, 115, 119, 216, 236, 264, 266, 273–277, 284–285, 353–356, 359, 362, 372, 377
  efficiente 236, 356, 375
  formelle 26, 94, 115, 236, 353–356, 362, 377
  inversée 115, 284–285
  latitude de causalité 359
Chaleur/froideur 1, 41, 63, 106, 108, 111, 115–116, 129, 132, 157–160, 164, 168–177, 179–183, 202, 214, 218, 221–222, 225, 229–231, 235, 247, 253, 257–259, 262, 265–268, 277, 283–287, 293, 305, 307, 326, 329, 368, 380

Charité 2–3, 10, 15–17, 28–29, 32–36, 38, 40–41, 43–54, 59n.162, 60, 65, 67–68, 74–75, 78, 81–84, 86–87, 103, 117, 126–127, 129, 138n.45, 139–142, 154, 228, 322, 331n.28, 337n.43, 352–353, 375
Comparaison
  des qualités 1–2, 15, 31–32, 178, 180–181, 250, 284, 290–291
  des substances 51, 89, 270–272, 284
  des genres 143, 270–272, 297, 339–340, 350
  des espèces 1, 17, 66, 89, 99, 139, 270–272, 322–327, 342–345, 350–351, 376–378, 380
  des proportions 215, 290–291, 318–319
  des mouvements
    de rotation 240, 302, 322, 327, 368, 376
    de translation 1, 302, 322, 327, 368, 376
Complexe significabile 209, 212, 323
Complexion 56, 64, 92, 150, 153, 161–162, 167, 173, 175–185, 191, 192n.137, 205–206, 220, 273–275, 280, 313
Condensation voir *Densité*
Configuratio 212, 294–320
Continu 10, 51, 68, 80, 83–84, 102, 104–105, 108, 110, 112, 126, 129–133, 139, 141, 143–148, 181, 189, 208, 210, 214, 239, 249, 268, 270, 272, 276, 295, 313, 328–331, 340–342, 345–348, 350, 358–359, 361–362, 367–369, 371–372, 380
Contrariété 2, 8, 24–25, 31, 45, 49, 65, 78, 85–86, 90, 93, 106, 109–111, 127, 135–136, 139, 157, 165–166, 168–172, 174–175, 179, 185, 187, 194, 199, 212, 221–225, 228–237, 250, 267, 277–278, 285, 304–305, 308, 324, 368, 375
Couleur 1, 65, 68, 72, 86–87, 89, 121, 158, 186, 204, 213, 224, 247, 271, 298, 324–325, 328, 337, 339–340, 380

Degré   3, 8–10, 12, 16, 23–61, 63, 68–70, 72–80, 83–84, 97–101, 104–105, 109, 113, 116–119, 131–132, 140, 144–145, 151–177, 181, 186–187, 198, 203, 205, 207, 221–226, 231, 233–235, 237–241, 247, 249, 251, 254, 257, 272, 291–294, 298–299, 302, 304–306, 309, 313, 315, 319–322, 326, 328, 333–340, 343–345, 348–349, 353–355, 358–368, 370–371, 375–376, 379–380
   d'être   27, 35–39, 52–53, 60–61, 63, 72–84, 321, 328–329, 335, 341, 354, 357, 359, 364, 366, 368–369
   de l'essence   28–34, 46, 54, 60–61, 63, 83, 98, 271–272, 333, 358–359
   des accidents   39, 42–43, 47, 52, 70, 72, 74, 86–88, 109, 113, 119, 130, 221–226, 229, 231, 233–235, 237, 240–241, 250, 259–262, 267, 272, 278–286, 292, 294, 298–299, 302–303, 326–327, 330, 335, 337–338, 354
   des substances   37, 41, 43, 47, 51–52, 90, 99, 101, 198, 202, 226–228, 263–265, 271–272, 313
   des angles/courbes   16, 318–320, 333
   virtuel   46
   spécifique   78–79, 83, 313, 321, 329, 334, 336, 338–340, 344, 359, 367, 370, 379
Dénomination   113, 125, 134, 197, 254, 259–260, 262–263, 272, 283–286, 294, 298–299, 322n.3, 323, 337–338, 346, 348–351, 358, 368–371, 376–377
Densité
   matérielle   84, 104–105, 133, 247, 253–259, 267, 288–291, 301, 304–305, 307, 342, 373
   mathématique   104–105, 133, 341, 372
Distinction
   de l'être et de l'essence   33–35, 38–39, 46, 63, 85, 96, 99–101, 132, 201
   formelle   71, 76, 77n.73, 80, 83, 112, 116, 349, 353, 360
   graduelle   349
   modale   67, 77n.73, 78–79, 116, 349
   rationnelle   64, 93n.153, 99, 226

Égalité
   ad iustitiam   178, 183–184
   ad pondus   178–184

Élément
   transformation   41–42, 154–157
   identification aux qualités   12, 192–193, 264–265
   proportion et complexion   181–183, 191–192, 275–277, 369
   intensification   11, 25–26, 56, 66, 70, 91, 94, 180, 195–197, 200, 202–203, 215, 227, 263–264
      calcul de l'intensité   151–177, 179, 250, 282–285
   persistance dans le mixte   10–11, 25–26, 28, 37, 52, 55, 57, 91–93, 99, 150, 156–157, 191–207, 227, 230, 274–276
   virtuelle   25–26, 41–42, 47n.11, 57, 92, 99, 194, 199, 230
      esse virtuale   199
   actuelle   11, 57, 71, 205–206
   esse potentiale   200–201
   esse formale   199, 201
   esse diminutum   11, 12n.30
Embryogenèse   37, 41, 59, 193n.142, 199, 226, 227n.79, 276
Espèce   12–14, 16–17, 31–33, 35–37, 41–43, 47, 51–53, 55–56, 57n.152, 60, 65–68, 70–72, 81–84, 86–89, 94, 98–100, 108, 110–111, 114, 117, 121, 137–139, 142, 151, 177–178, 180–189, 197, 204n.182, 205, 215, 222, 224–225, 238, 264, 270–273, 275, 313–314, 318, 320–374, 376–378, 380
   intentionnelle   93
Essence   2–4, 8, 16, 27–29, 31, 33–40, 42–49, 51, 54, 56, 60–65, 69–70, 75, 77–82, 85–86, 88–90, 95–102, 112, 114, 117–118, 126, 131–132, 146–147, 156, 201, 206, 216, 224–225, 233, 236, 249–251, 253, 256, 300, 313, 337, 339, 344, 353, 358, 362, 366, 375, 377, 380

Figures   24, 67, 157–158, 162–165, 183, 188, 196, 209–210, 291–320, 367, 369–372
Force   172, 211, 218, 235–236, 269, 280
Formes
   pluralité / unité des formes   9–10, 12–14, 28, 37, 40, 42, 44, 47, 52, 54–59, 67, 71, 84–85, 90–94, 98–100, 116, 150, 194, 196, 198, 204–205, 215–217, 219, 226, 273, 276–277

INDEX DES THÈMES 437

    formes psychiques 28, 47, 54, 57, 71, 150, 194, 216
    formes partielles 54–55, 71, 150n.6, 215–216
    forme incomplète 12–13, 25, 40, 51, 53, 55, 58–61, 66–67, 107, 227, 355
    éduction des formes 26–27, 86–87, 266, 276
    induction des formes 27, 111, 266, 276
    quantité de forme 16, 114, 120, 223, 227, 254, 256, 258, 375
    multitude de forme 254–258, 290
    latitatio formarum 12, 215n.27, 222n.58
    inchoatio formarum 12, 27n.13, 28, 43n.85, 66, 91, 93, 215n.27, 276,
    formae refractae 180, 195n.149, 200–201, 230, 264
    latitudo formarum voir Latitude

Génération 11, 24, 27–28, 41–42, 44, 46, 51–53, 55, 60–61, 69, 91, 122, 199, 202, 216–219, 222n.58, 227, 230, 276, 283, 368

Habitus 3, 17, 29–30, 33, 44, 48n.114, 51n.122, 52n.131, 78, 87, 128–131, 135–137, 140, 186
Haeccéité 72, 77–79, 359
Homogénéité/hétérogénéité 48, 74, 79–82, 216, 241, 249, 251, 273, 310, 329n.24, 362
Hylémorphisme 11, 14, 19, 26–27, 58, 62, 98, 118, 149, 195, 217–219, 267, 353, 374, 376

Indétermination 34, 44, 46–47, 65–66, 70, 167, 196,
Indivisibilité 3–4, 24, 43–44, 67, 70, 74, 78, 81–83, 85, 93, 97–98, 102, 108, 112, 132, 135, 137, 139, 145, 179, 194, 209, 214, 220, 251, 271–272, 310, 328, 330, 337–338, 341–342, 345, 346n.85, 347, 359, 376
Infini 1, 15–17, 67, 72–73, 76–80, 82–83, 90, 104–105, 108, 110, 112, 125–126, 129–130, 132, 135–137, 139–145, 147, 167, 215, 251, 254–256, 258, 260–263, 278–281, 283–285, 289, 296, 301, 303, 309, 314–315, 317–318, 321–324, 326, 328–336, 338, 341–347, 349–351, 353, 355, 357, 359, 364–370, 372, 376
Invariabilité des espèces 12, 30, 32–35, 37, 39, 47, 49, 51–52, 55, 68–69, 96–97, 337–338, 345

Justice 2, 76, 178, 183, 220, 339

Latitude 3, 7, 14, 18–19, 34, 43–47, 52, 56, 62–95, 97–98, 101, 114, 133, 137, 139, 144–145, 151, 166, 171, 177–190, 205–206, 208, 211–212, 220, 228, 230, 247–251, 254–255, 257–258, 261, 265–272, 277–288, 290–295, 300, 303, 306, 375–376, 382
    des formes
        accidentelles 44, 90, 92–93, 101, 133, 137, 171, 254–255, 258, 261, 265, 267–270, 279–288, 290, 283–288, 290–295, 300, 303, 330, 334, 352–353, 375–376
        substantielles 52, 85, 89, 263–265, 271–272, 330, 339, 375–376
    des espèces 56, 89, 94, 98, 181–184, 228, 270–272, 321–373
    de l'être 89, 94–95, 181–184, 228, 322–373, 377
Ligne 42, 50, 79, 139, 162–163, 166–168, 179, 181–182, 189, 209–210, 239, 267, 269, 272, 278–279, 281, 292, 295–297, 299–303, 305, 309, 318–320, 323, 326, 331, 365, 368–371
Limite 52, 56, 105, 111–112, 125, 133, 139–140, 143, 145–147, 153, 181, 280–281, 298–299, 328, 331, 335, 341–342, 345–346, 349, 365, 372
    exclusive/inclusive 146–147, 298–299, 325, 335, 342, 345
    temporelle 111, 140
    des genres/espèces 329, 341–342, 347, 364–365, 367
Lumière 26, 104–108, 129–130, 247, 255n.30, 257–258, 267, 274, 289, 295n.130, 300

Mathématiques 3–5, 15–16, 19, 125–148, 152, 166, 168–177, 185, 208–212, 214–216, 228, 245–326, 336, 345, 352, 363–373, 376–377

Matière   12–14, 24, 26–27, 32, 34, 37, 42, 49, 51, 59–63, 68, 73, 84, 86–87, 91, 94, 99, 107, 118, 142, 156, 174, 185, 196, 200, 207, 216–220, 223, 227–228, 230, 253–258, 264, 266–268, 273–277, 285, 288, 290, 322, 324n.7, 326, 335, 342, 352, 363, 366, 369, 374, 379
Mécanisme   5, 34, 236, 307
Médecine   6, 11, 14, 17–18, 64, 92, 149–207, 280, 337n.45, 373, 375
   remèdes et calcul des degrés   168–177
   latitude de complexion   56, 64, 92, 150, 153, 161–162, 167, 171, 173, 177–185, 191, 192n.137, 205–206, 220, 273–275, 280, 313
   latitude de santé   184–191
   santé   voir *Santé*
Méréologie   10, 53, 74, 116–118, 148, 230, 235, 273
Mesure   3–4, 14, 17–19, 83, 135–136, 138–139, 151–153, 161n.47, 165, 170, 178, 181, 207, 210, 220, 235, 237–241, 245, 247–248, 250, 253–256, 258–260, 262, 265, 269, 272, 278–291, 294–295, 298, 306, 310, 317–322, 326, 334–335, 339, 343–345, 350–351, 362–366, 368, 371–372, 374–381
Minimum naturel   145, 170
Mode   38–39, 45–46, 57, 61, 67–68, 72–73, 75–81, 84, 89, 131, 193–195, 201, 209–215, 225–226, 234, 257, 310, 312, 323–324
Mouvement   1, 6, 9–10, 13, 16–17, 23, 32, 51–52, 55, 60, 68, 74, 80–81, 98, 101–102, 105, 107–112, 119, 127, 131–132, 134, 139, 143, 146, 150, 179, 199, 207–209, 211–215, 219, 222, 225, 229–230, 235–241, 247–254, 258, 267n.58, 269–271, 274–280, 286–289, 291–292, 295, 297–298, 302, 322, 328, 356, 362, 364–365, 375–378, 380–381
   forma fluens/fluxus formae   10, 17, 23, 107–108, 112, 119, 150, 225, 236, 241, 247, 249, 251–252
   selon la cause   110, 112, 127, 134, 207, 214, 238–239, 269–270, 274–276, 280
      loi dite de Bradwardine   134, 238, 245, 280
   selon l'effet   1, 207–209, 239–241, 248, 269, 277, 364–365
      théorème du degré moyen   239, 245, 248, 258–260, 292, 297–298, 315n.209, 365
Musique   14, 297, 312, 320, 329n.24

Noblesse   41, 62, 72, 87, 272, 313, 337, 340, 344–345, 347, 350
Nombre   4, 32–33, 37, 44–45, 52, 55, 67, 91, 153, 168–169, 173–174, 202, 210, 260, 262, 291, 295, 298, 306, 323, 329, 344, 349, 352, 366, 371
Nominalisme   9, 103, 115, 119, 126, 138, 212, 223, 252

Ordre   3, 19, 27–28, 71–73, 76–77, 79, 80n.89, 83, 85, 95, 99–100, 321–373, 376
   des espèces   17, 99–100, 321–373, 376
   des perfections   17, 95, 321–373
   essentiel   72, 76–77, 79, 83, 85, 95, 100, 330, 341, 359, 378

Perfection   3, 13–14, 16–17, 27, 29–30, 32, 34, 37, 40–41, 45–46, 49–50, 52–56, 59, 61, 65–70, 72–73, 77–78, 80, 83–84, 87–89, 92–95, 98–99, 103, 128, 133, 137, 141–142, 180, 203, 228, 237, 271, 313, 318, 320–373, 376, 378–381
Platonisme   6, 24, 26, 31, 61, 80, 94, 104n.29, 133, 247, 307, 349–350
Plus ou moins   1–2, 4, 8, 13, 24, 32, 35–37, 42n.82, 44, 46n.107, 51–52, 55, 58n.155, 60, 65–66, 67, 70, 82, 86–87, 93–94, 101, 109, 136, 144, 185, 197, 220, 271, 328, 331, 347, 357, 360
Poids   4, 151–152, 155, 161n.47, 170–176, 178, 344
Point   16, 50, 79, 139, 158–163, 166–167, 179, 209–210, 220, 239, 257, 269, 272, 278, 289, 292, 295–297, 300–301, 305, 319–320, 331, 338, 342, 357, 364–365, 369–370
Proportion   8, 50, 83, 104, 125, 136–137, 139–140, 142–144, 146–147, 151–152, 167–178, 210, 214–215, 220, 224–225, 229–230, 235, 237–241, 260–262, 265, 268–272, 275–277, 280–284, 286, 288–292, 297–298, 300–303,

305, 307, 309, 313–315, 317–320, 323–326, 331–334, 342, 344, 349–352, 360, 362, 366–367, 372, 376–377
Puissance   2, 12, 26–28, 34, 37, 42–43, 48, 50, 55, 60, 71n.42, 74, 80, 83–84, 86–87, 90–91, 101, 147, 158–160, 170–172, 175, 194, 196n.150, 199–200, 205, 216, 218, 226, 231, 253–255, 257, 269–270, 273, 276, 288, 290, 301, 306, 310, 334, 355, 369
  puissance active   27, 231
  puissance de l'âme   28, 34, 55, 83–84, 87, 101, 194, 196n.150, 216, 226, 310
  puissance divine   147, 276, 321–322, 328, 331, 372
  puissance motrice   218, 238, 269, 280

Qualité   1–2, 8–9, 11–13, 19, 24–25, 30–32, 34, 37, 40–42, 45, 51–52, 64, 68, 70, 72–73, 78, 85, 88, 91–92, 98, 105–107, 109, 111, 113–115, 117, 119–121, 131, 133–136, 151–153, 155–162, 165–166, 168–179, 181, 185, 192, 194–197, 202–206, 208–209, 211, 213–214, 217–218, 221–226, 238, 240–241, 247, 249–268, 270, 272, 274–316, 319–320, 324–326, 328, 334, 337, 340, 342, 352–353, 368–369, 372, 375–376, 381
  élémentaire   11–12, 41, 92, 155–162, 165, 168–177, 181, 192, 202–203, 218, 230–232, 264–266, 275, 277, 282–288
  qualité seconde   275
  spirituelle   128, 135–136, 148, 221, 232, 309–310
  de première espèce   266
  de deuxième espèce   266
  de troisième espèce   185, 266
  de quatrième espèce   24, 196
Quantité
  matérielle   49, 64, 68, 73, 89, 98, 120–122, 167, 174, 240–241, 253–257, 267, 276, 288–290, 310, 353, 357
  mathématique   42, 35–36, 317–318, 325, 357
    discrète   317–318, voir *Nombres*
    continue   35–36, 42, 210, 295, 317–319
    déterminée   44, 65
    indéterminée   196

  de qualité   16, 36, 73, 83, 114, 228, 233, 235, 241, 249, 258, 287, 290–291, 294, 305–306, 310, 319
  quantitas virtutis   41, 49, 65, 68, 78, 120
  de perfection spécifique   82–83, 321, 329, 336, 338, 350, 359, 365
  premières quantités   170–176
  de forme   voir *Forme*

Radicatio   29–30, 36, 40, 43, 45, 129n.12, 131–132
Raisons séminales   12, 27, 58–61, 67, 156, 215
Raréfaction   voir *Densité*
Réaction   206, 218, 228, 230–232, 235, 254
Réalisme   2, 9, 31, 54, 59–61, 65, 95, 98, 103, 107, 112, 114, 121, 129, 132–133, 197, 204, 213–214, 234, 251, 272, 277, 381
  universaux   2, 9, 31, 54, 59, 65, 95, 98, 103, 114, 121, 129, 132–133, 272
  mouvement   107, 112, 236, 251
  catégories   103, 118–120, 197, 204, 212, 214, 236
Régression à l'infini   1, 35, 215
Résistance   109, 127, 172, 186, 217–218, 223, 231–232, 239, 248, 254, 257–258, 267, 269–271, 280, 288–289, 291

Santé   2, 64, 151, 167, 177–178, 180, 183, 184–191, 206–207, 220, 375
Son   312–313
Statique   5, 172
Stoïcisme   12, 31, 202

Théories de l'intensification
  théories de l'addition   8–9, 13–15, 29, 31–34, 40–42, 44–50, 53–56, 59, 67–71, 73–75, 78, 81, 85–87, 98, 102–108, 110, 112–117, 121, 125, 127–133, 138–139, 146, 213–214, 222–224, 232, 234–235, 238, 249–252, 254, 263, 267–268, 291, 350, 352–353, 361, 367, 376
  persistantistes   115, 121, 129, 131
  successivistes   115, 121, 129, 223, 251–252, 268, 352–353
  théories de la participation   2, 8, 9, 15, 28–48, 56n.145, 65–66, 78, 84–86, 89, 93–95, 97–98, 100, 109, 125, 131, 201, 232, 334, 358, 362–363, 369, 375, 380

Théories de l'intensification (*cont.*)
    théories de la succession   8–10, 15, 24, 45, 52, 59, 68, 74, 88, 96–113, 115–116, 125, 127–131, 133n.25, 146, 213–214, 216, 232–233, 238, 380
    théories du mélange   8–9, 15–16, 24, 49, 85, 106, 109, 112, 125, 127,139, 203, 221–224, 231, 233, 235, 238, 250–251, 266, 305, 375
Transcendantaux   56, 72–73, 75, 339, 346, 377

Universaux   9–10, 13, 16, 27–28, 33, 49, 54, 65, 68, 71, 73, 77, 88, 98, 112, 114, 118–119, 121, 129, 133, 150, 219, 224, 274, 358

Vertu   2–3, 30–31, 35–36, 45, 53, 131, 134–138, 178, 220
Virtuel (*virtute/virtualiter*)   25–26, 33–34, 37, 42, 46–48, 57, 64–65, 78, 80, 91–93, 97, 99, 194, 199–200, 216, 230, 275
Vitesse   141, 146, 172, 211–212, 214–215, 237–241, 245, 248–251, 254, 256, 258, 261–262, 269–270, 277, 280, 283, 287, 289–293, 297–299, 302, 316, 319–320, 364–365, 380

Printed in the United States
by Baker & Taylor Publisher Services